MECKLENBURG
Historische Landeskunde
Mitteldeutschlands

MECKLENBURG
VORPOMMERN

Historische Landeskunde
Mitteldeutschlands

Herausgegeben für die Stiftung
Mitteldeutscher
Kulturrat Bonn
von
Hermann Heckmann

Verlag Weidlich Würzburg

CIP-Titelaufnahme der Deutschen Bibliothek
Historische Landeskunde Mitteldeutschlands /
hrsg. für d. Stiftung Mitteldt. Kulturrat Bonn
von Hermann Heckmann. – Würzburg : Weidlich.
Teilw. hrsg. von d. Stiftung Mitteldt. Kulturrat Bonn. –
NE: Heckmann, Hermann [Hrsg.]; Stiftung Mitteldeutscher Kulturrat
Mecklenburg-Vorpommern. – 1989
ISBN 3-8035-1314-6

Verantwortlich für die einzelnen
Beiträge sind allein die Autoren.

Alle Rechte vorbehalten
© 1989 Verlag Weidlich, Würzburg
Printed in Germany
ISBN 3 8035 1314 6

INHALT

Vorwort	3
Gerhard Mildenberger, Vor- und Frühgeschichte	5
Otto Witte, Geschichte Mecklenburgs	9
Otto Witte, Geschichte Vorpommerns	39
Martin Mantzke, Die Fürstenhäuser	57
Martin Lauckner, Das Staatswappen Mecklenburgs	73
Joachim Niemeyer, Militärwesen	77
Ulrike Asche-Zeit, Sozialgeschichte	85
Helmut Möller, Siedlungsgeschichte	95
Gerold Richter, Städte	109
Gerold Richter, Physische Geographie	117
Gerold Richter, Kulturlandschaft und Wirtschaft	127
Herbert Pruns, Rechts- und Verwaltungsgeschichte Mecklenburgs	159
Wilhelm Hoffmann, Kirchen, Freikirchen, Sekten	189
Annemarie Haase, Bildungswesen	199
Gerd-H. Zuchold, Bildende Kunst und Architektur	219
Elisabeth Scheeben, Volkskunde	229
Bernhard Sowinski, Sprache	245
Bernhard Sowinski, Literatur	251
Harro Kieser, Buch-, Verlags- und Zeitungswesen	261
Maria Elisabeth Brockhoff, Musik	269
Heinz-Peter Schmiedebach, Medizin	297
Hans-Georg John, Sport	303
Otto Witte, Zeittafeln	307
Verzeichnis der Städte	310
Literatur	313
Autoren	332

Abbildungsnachweis 337
Personenverzeichnis 338
Ortsverzeichnis 345
Stadtwappen 350
Abbildungen 356

VORWORT

Die Reihe „Historische Landeskunde Mitteldeutschlands" der Stiftung Mitteldeutscher Kulturrat begann 1985 mit dem Band „Sachsen". Sie wurde 1986 mit den Bänden „Thüringen" und „Sachsen-Anhalt" und 1988 mit dem Band „Brandenburg" fortgesetzt; mit „Mecklenburg" ist sie nun komplett. Sie vermittelt auf breiter landeskundlicher Basis die historischen Grundkenntnisse von den fünf Ländern, die sich als historische, geographische und landschaftliche Begriffe erhalten haben, obwohl sie am 23. Juli 1952 durch das „Gesetz über die weitere Demokratisierung des Aufbaus und der Arbeitsweise der staatlichen Organe in den Ländern der DDR" aufgelöst und in Bezirke umgewandelt worden sind.
Auch dem Band „Mecklenburg" liegen die Verwaltungsgrenzen von 1952 zugrunde. Da seit 1945 aber V o r p o m m e r n und kleine Teile der Westprignitz und der Uckermark Mecklenburg eingefügt worden sind, lautet der vollständige Titel dieses Bandes „Mecklenburg-Vorpommern", obwohl die Landesbezeichnung so nur vorübergehend gelautet hat. Mehr noch: Schon die Aufnahme Mecklenburgs in eine „Historische Landeskunde Mitteldeutschlands" ist ja problematisch; läßt sie sich doch weder geographisch noch klimatisch oder sprachlich rechtfertigen, sondern nur durch die nach dem Zweiten Weltkrieg entstandene Situation, die aus der Nord-Süd-Betrachtungsweise eine ost-westliche werden ließ, und Mecklenburg gehört zu den fünf Ländern, die das Territorium der DDR bilden. Erst mit „Mecklenburg-Vorpommern" bietet unsere „Historische Landeskunde" einen in sich geschlossenen Überblick.
Die Geschichte Mecklenburgs und Vorpommerns verlief anders als die der wettinischen und hohenzollernschen Länder, auch die kulturellen Schlaglichter, Klima, Sprache und Bevölkerungsdichte sind anders. Mecklenburg blickt auf eine sehr individuelle Entwicklung zurück. Germanische Herrschaft wechselte mit wendischer, dänische Herrschaft mit reichsunmittelbarer und brandenburgischer ab. Von 1621 bis 1695 war Mecklenburg in die Herzogtümer Mecklenburg-Schwerin und Mecklenburg-Güstrow geteilt, von 1701 bis 1934 in die Herzogtümer Mecklenburg-Schwerin und Mecklenburg-Strelitz. Vorpommern hatte unter deutscher, polnischer, dänischer und schwedischer Herrschaft gestanden, bevor es 1720 an Preußen kam.
Nachdem der Dreißigjährige Krieg Mecklenburg und Vorpommern besonders schwer verheert hatte, hemmte die Macht der Großgrundbesitzer und des Landadels jahrhundertelang die Entwicklung. Die Landschaft bietet mit den weiten Küsten und vielen Seen mehr Ruhe und Idylle als großartige Bilder, und sie wird als Erholungsgebiet hoch geschätzt. Die Kunst hatte ihre Blütezeit von der Mitte des 13. bis zum Ende des 15. Jahrhunderts, architektonisch stellt sie sich in der Backsteingotik dar. Daß das Volkstum mit Bräuchen und Trachten eine besonders

tief verwurzelte Tradition besitzt, daß die Rechtsverhältnisse und die Verwaltungsstruktur Besonderheiten aufweisen, lassen die Einzelbeiträge dieses Bandes erkennen.

An diesen wirkten 18 Autoren von unterschiedlichen Disziplinen mit, um wiederum in zwanzig Beiträgen das breite Spektrum einer Landeskunde zu erfassen. Wie in den anderen Bänden auch, überschneiden sich mitunter die Einzelbeiträge inhaltsmäßig und lassen unterschiedliche Interpretationen erkennen. Der Vergleich aller fünf Bände zeigt auch unterschiedliche Vertiefungen – ein Kompendium kann die Reihe nur bedingt sein, und schon der vorgegebene Umfang ließ eine wissenschaftliche Ausführlichkeit nicht zu. Sie will vielmehr einen von jedermann gut lesbaren Überblick vermitteln, dargestellt von kompetenten Autoren, die nach eigenem Wissen und Fürhalten ihre Schwerpunkte gesetzt haben; einige als Überblick, andere im Eingehen auf Details, die sie für besonders prägnant und beachtenswert hielten.

Dem Vorwort zum letzten Band sei der Dank an die 52 Autoren angeschlossen, die das Gelingen der ganzen Reihe ermöglicht haben; namentlich Herrn *Dr. Lauckner*, der die von Frau *Barbara Brade* mit großer Sorgfalt umgezeichneten Unterlagen für die Wappendarstellungen zur Verfügung stellte und Ratschläge für den sächsisch-thüringischen Bereich beigesteuert hat; ferner dem Atelier *Freudenthal*, das bei der Anfertigung der Landkarten Hilfe leistete. Die Suche nach sachkundigen Autoren unterstützten für den Band „Thüringen" Herr Professor *Dr. Hömig*, für den Band „Sachsen-Anhalt" Herr Professor *Dr. Busch*. Herr *Glatz* beriet den Herausgeber bei der Vorbereitung des Bandes „Brandenburg". Herr *Jochimi* und Frau *Wetzurek* von der Stiftung Mecklenburg in Ratzeburg und Frau *Wetzel* von der Stiftung Pommern in Kiel leisteten bei der Vorbereitung des Bandes „Mecklenburg-Vorpommern" freundliche Hilfe, und Herr *Dr. Witte* gab sachkundige Hinweise. Und schließlich sei auch allen Lesern gedankt, die Verbesserungen angeregt haben. Den Start der Reihe hat das Ministerium für Innerdeutsche Beziehungen unterstützt. Die Geschäftsstelle der Stiftung Mitteldeutscher Kulturrat in Bonn wickelte die vertragliche und finanzielle Seite ab. Im Verlag Weidlich fand das Werk die tatkräftige Förderung durch Herrn *Thierfelder* und die sorgfältige Vorbereitung durch Herrn *Roth*.

Der Herausgeber hofft, daß alle fünf Bände der „Historischen Landeskunde Mitteldeutschlands" ihre Interessenten finden und nicht nur diejenigen, die die Heimat behandelt sehen. Er hofft, daß die knappe und übersichtliche Darstellungsweise, die so vollständig und vielseitig sonst nicht zu haben ist, vor allem auch die Jüngeren anspricht, die diesen Teil Deutschlands aus eigener Anschauung nur flüchtig oder gar nicht kennen. Sie will auf die Bindungen aller Deutschen in der gemeinsamen Geschichte und Kultur hinweisen, will die bestehenden Bindungen erhalten und Brücken für neue Bindungen schlagen. Sie will zum Bewußtsein einer gemeinsamen und unteilbaren Nation beitragen, dessen Bewahrung Hauptanliegen der Stiftung Mitteldeutscher Kulturrat ist.

Hermann Heckmann

Gerhard Mildenberger
VOR- UND FRÜHGESCHICHTE

Während der letzten *Eiszeit* war Mecklenburg ganz vom skandinavischen Inlandeis bedeckt und daher für den Menschen unbewohnbar. In den vorangegangenen Warmzeiten hatten sich sicherlich altsteinzeitliche Jäger und Sammler im Lande aufgehalten. Ihre Hinterlassenschaft ist noch nicht gefunden worden, sie liegt unter den dicken Grund- und Endmoränenschichten der letzten Vereisung. Erst ganz am Ende der *Altsteinzeit*, zwischen 10000 und 8000 v. Chr., als der Eisrand sich bis nach Skandinavien zurückgezogen hatte, traten wieder Menschen in Mecklenburg auf. Die nicht sehr zahlreichen Funde an Stein-, Knochen- und Geweihgeräten gehören meist zu den vorwiegend im östlichen Mitteleuropa verbreiteten Stielspitzengruppen, vereinzelt auch zur mehr westlichen Federmessergruppe.
Der Übergang zur *Mittleren Steinzeit* (Mesolithikum, 8000–3000 v. Chr.) war fließend. Die altsteinzeitlichen Menschen blieben im Lande und wurden durch weiteren Zuzug verstärkt. Sie lebten weiterhin von der Jagd und vom Sammeln pflanzlicher Nahrung, dazu kam der Fischfang. Die Besiedlung konzentrierte sich im Gebiet der Seenplatte und an der Küste. Die Funde gehören zum großen Teile zum nordwestdeutsch-dänischen Kern- und Scheibenbeilkreis mit seinen charakteristischen Grobgeräten. Eine ältere und eine jüngere Stufe lassen sich unterscheiden. Der Nordosten (mit Rügen) hatte Verbindungen zur dänischen Maglemosekultur. Im späten Mesolithikum beeinflußte die Ertebølle-Ellerbeck-Kultur, die schon in das Neolithikum hineinreicht, das Küstengebiet.
Die Mittlere Steinzeit dauerte in Mecklenburg noch an, als die Menschen in weiter südlich gelegenen Gebieten, etwa in Sachsen und Thüringen, längst zur neolithischen Wirtschafts- und Kulturform übergegangen waren. Neolithische Einflüse erreichten vor allem das Odergebiet, wo Steingeräte der bandkeramischen und der Rössener Kultur gefunden wurden. Und auch nachdem die neolithische Kultur sich nach Mecklenburg verbreitet hatte, lebten Gruppen mittelsteinzeitlicher Jäger, Fischer und Sammler fort, bis in das Spätneolithikum oder gar in die frühe Bronzezeit.
Die *Jüngere Steinzeit* (Neolithikum, 3000–1800 v. Chr.) setzte mit der nach einer charakteristischen Gefäßform benannten *Trichterbecherkultur* ein. Sie war durch eine neue Wirtschaftsform gekennzeichnet, die auf dem Anbau von Kulturpflanzen und der Haltung von Haustieren beruhte. Deren Wurzeln lagen in Vorderasien; von dort verbreitete sie sich über die Balkanhalbinsel nach Mitteleuropa. Dazu kamen technische Neuerungen, wie Schliff und Durchbohrung von Steingeräten und die Herstellung von Keramik.
Die Trichterbecherkultur entstand in der norddeutsch-polnischen Tiefebene und dem südlichen Skandinavien auf Grund von Einflüssen aus dem südlichen und vor

allem aus dem südöstlichen Mitteleuropa. Wie weit bloße Akkulturationsvorgänge oder aber Einwanderungen wirksam waren, läßt sich nicht entscheiden. Während des Frühneolithikums bildete sich eine eigene mecklenburgische Gruppe mit Beziehungen vor allem nach Osten und Süden. Im Mittelneolithikum wurden dann die Beziehungen zu Skandinavien enger.

Wurden die Toten anfangs in einfachen Erdgräbern beigesetzt, so ging die mecklenburgische Trichterbechergruppe wie viele ihrer Nachbarn seit dem späten Frühneolithikum zur Errichtung von Großsteingräbern (Megalithgräbern) über. Sie wurden aus Findlingsblöcken auf der Erdoberfläche gebaut und von einem Erdhügel überdeckt. Die ältesten (Urdolmen) waren für einen Toten bestimmt, doch wurden sie bald zu Grabkammern für viele, in denen die verstorbenen Angehörigen einer Familie oder Großfamilie lange Zeit hindurch bestattet wurden. Dabei gab es regionale Unterschiede: Während im Nordwesten vorwiegend Ganggräber, im Südwesten Hünenbetten ohne Kammer angelegt wurden, herrschten im Seengebiet die erweiterten Dolmen, im Nordosten und auf Rügen, das wegen seiner Feuersteinvorkommen dicht besiedelt war, die Großdolmen vor. Der Südosten ist durch in die Erde eingetiefte Steinkisten gekennzeichnet.

Während der mittleren Jungsteinzeit verbreitete sich vor allem in den südlichen Landesteilen die *Kugelamphorenkultur*, die sich im Gebiet zwischen Oder und Weichsel aus der Trichterbecherkultur entwickelt hatte. Sie stand in engem Kontakt zu den Einheimischen und benutzte die Großsteingräber zur Bestattung ihrer Toten. In der Uckermark trat auch die Havelländische Kultur auf.

Am Beginn des späten Neolithikums verbreitete sich die durch schnurverzierte Keramik und Steinäxte gekennzeichnete *Einzelgrabkultur* auch nach Mecklenburg. Die Trichterbecherkultur verschwand, sie wurde aufgesogen oder verdrängt. Gelegentlich wird angenommen, daß die Viehzucht in der Einzelgrabkultur stärker ausgeprägt war als in der Trichterbecherkultur. Wieder unterschied sich der Südosten mit der *Oderschnurkeramik* vom übrigen Lande.

Die *Bronzezeit* (1800–600 v. Chr.) begann in Mecklenburg nur zögernd. Die jungsteinzeitlichen Kulturverhältnisse dauerten an, doch zeigen die gefundenen Bronzesachen Verbindungen mit der in Sachsen/Thüringen, Schlesien und Böhmen verbreiteten Aunjetitzer Kultur. Von dort bezog man die fertigen Gegenstände. Viele von ihnen stammen aus Hortfunden; sie waren als verborgenes Besitztum oder als Opfergaben in die Erde gekommen.

Im Verlaufe der älteren Bronzezeit ging man zur einheimischen Herstellung von bronzenen Geräten, Waffen und Schmuckstücken über. Es bildete sich eine mecklenburgische Kulturprovinz heraus, die als Randgruppe des in Schleswig-Holstein, Dänemark und Südschweden verbreiteten Nordischen Kreises aufzufassen ist, aber eigenständigen Charakter mit eigenen Formen hat. Sie unterhielt Beziehungen zur süddeutsch-böhmischen Hügelgräberkultur. Ihr Schwerpunkt lag im Bereich der Seenplatte; der Westen gehörte anfangs noch zum nordischen Kerngebiet, auch der Osten mit Rügen nahm eine Sonderstellung ein.

Mit Beginn der jüngeren Bronzezeit vollzogen sich beträchtliche Änderungen. Die Lausitzer Kultur Ostmitteleuropas hatte sich bis zur Odermündung ausgebreitet. Sie wirkte nun auf die mecklenburgische Gruppe ein. Augenfällige Folge war der Übergang zur Leichenverbrennung und zur Beisetzung der Reste in Urnengräbern. Die bis dahin vorherrschenden Grabhügel wurden aufgegeben, Urnenfriedhöfe traten an ihre Stelle. Auch die Keramik wurde vielfach nach lausitzischem Vorbild hergestellt.

Lebensgrundlage blieb die Landwirtschaft. Es sind Anzeichen einer zunehmenden sozialen Differenzierung festzustellen. Die Qualität der einheimischen Bronzegegenstände spricht für die Herausbildung eines Bronzegießerhandwerks. Da die Bronze importiert werden mußte, ist mit Händlern zu rechnen. Gegengaben waren wohl vor allem Bernstein und Erzeugnisse der Viehzucht. Und schließlich sprechen Gräber mit reichen Beigaben und aufwendigem Grabbau wie das „Königsgrab" von Seddin im Kreis Perleberg und nach lausitzischem Vorbild errichtete Burgen für die Herausbildung einer wirtschaftlich und politisch bestimmenden Schicht, die in der Lage war, die Arbeitskraft größerer Menschengruppen für sich einzusetzen.

Mit dem Beginn der *Eisenzeit* (600–Christi Geburt) bildete sich im Raum zwischen Aller und unterer Oder die *Jastorfkultur* heraus. Gerade in Mecklenburg ließ sich zeigen, daß in ihr neben neuem viel bronzezeitliches Formengut fortlebte. Die alten Gräberfelder wurden weiter benutzt und das Siedlungsgebiet blieb im wesentlichen unverändert. Die Jastorfkultur verdankt ihre Entstehung also offensichtlich einheimischen Kulturveränderungen, wobei Einflüsse aus der südmitteleuropäischen Hallstattkultur wirksam waren. In Mecklenburg lassen sich mehrere Gruppen unterscheiden: eine südwestliche, die enge Verbindungen zum linken Elbufer und zum nordwestlichen Brandenburg hat, eine nördliche zwischen Warnow und dem Gebiet rechts der unteren Oder und eine südliche, die die Seenplatte einnimmt und bis zur Uckermark reicht.

Ackerbau und Viehzucht bildeten weiterhin die Lebensgrundlage. Das Eisen wurde anfangs eingeführt, bis man im Verlaufe der Eisenzeit lernte, die einheimischen Raseneisenerze zu verhütten. Die Bedeutung der Bronze ging zurück, doch wurden weiterhin Schmucksachen aus ihr hergestellt, im wesentlichen wohl aus Altmaterial.

Die im letzten Jahrhundert v. Chr. einsetzende antike Überlieferung über die *Germanen* zeigt, daß die Jastorfkultur, also auch ihre mecklenburgischen Gruppen, von germanischen Stämmen getragen war. Sie war es wohl von Anfang an. Ob man auch die bronzezeitlichen Bewohner Mecklenburgs als Germanen bezeichnen kann, ist umstritten. Sie sind zwar sicher die Vorfahren der germanischen Jastorfleute; da sich die germanische Sprache aber wohl erst in der Eisenzeit herausbildete, werden sie auch als „vorgermanisch" bezeichnet. Während der jüngeren Eisenzeit läßt sich auf vielen Friedhöfen eine Bevölkerungsabnahme erkennen; Abwanderungen sind wahrscheinlich. Sie sind wohl durch die in der späten Bronzezeit einsetzende Klimaverschlechterung bedingt, die zu kühlerem und feuchterem Wetter und zur Vernässung mancher Böden führte. Man wich auf andere Böden aus oder verließ die Heimat ganz. So traten denn auch vom 3. bis zum 1. Jahrhundert v. Chr. Träger der Jastorfkultur aus der norddeutschen Tiefebene u. a. im Küstengebiet des Schwarzen Meeres und in Südwestdeutschland auf.

Auch beim Übergang zur *Römischen Zeit* (Christi Geburt–375) blieb die Bevölkerung die gleiche. Mecklenburg gehörte jetzt mit Ausnahme des Nordostens zum elbgermanischen Kreise; die einzelnen Gruppen entsprachen wohl Stämmen, doch lassen die Angaben der antiken Schriftsteller deren genaue Lokalisierung im allgemeinen nicht zu. Lediglich die südwestmecklenburgische Gruppe, die enge

Verbindungen zum linkselbischen Gebiet hatte, kann mit einiger Wahrscheinlichkeit den Langobarden zugewiesen werden. Das Gebiet zwischen Warnow und der Odermündung gehörte zu einem anderen Kreise, der „Odermündungsgruppe", die auch Mittelpommern einnahm. Sie hatte Beziehungen zum Weichselgebiet und vor allem zu Dänemark und Südschweden.

Neben der Landwirtschaft hatte das Handwerk (Edelmetall-, Bronze-, Eisen- und Holzverarbeitung, Töpferei) eine große Bedeutung. Viele römische Erzeugnisse kamen ins Land, darunter auch Münzen. Manches war Beute oder Tribut, anderes wurde als Handelsgut von römischen oder germanischen Händlern gebracht. Eine sozial herausgehobene Führungsschicht (die principes und reges der römischen Quellen) läßt sich durch ihre reich mit Edelmetall und römischem Importgut ausgestatteten Körpergräber (statt der sonst üblichen Brandgräber) nachweisen.

Schon in der zweiten Hälfte des 2. Jahrhunderts gab es Bevölkerungsverschiebungen, die mit Ab- und Zuwanderungen in Verbindung gebracht wurden. Seit dem 4. Jahrhundert ist dann eine deutliche Abnahme der Fundzahl festzustellen, zuerst im Osten, später, im 5. und 6. Jahrhundert, auch im Westen des Landes. Die mecklenburgischen Germanen beteiligten sich an den Wanderungen dieser Zeit. Viele zogen wohl nach Südwestdeutschland und bildeten dort mit anderen Stammesteilen die Alamannen. Andere dürften an der sächsischen Landnahme in England beteiligt gewesen sein.

So war Mecklenburg während der *Völkerwanderungszeit* (375–600) nur noch verhältnismäßig dünn besiedelt. Immerhin gab es germanische Restgruppen bis in das 6. Jahrhundert hinein, auch in den östlichen Landesteilen. Weite Teile der Ackerflächen verödeten aber. In das menschenarme Gebiet drangen dann seit der Zeit um 600 *slawische* Gruppen aus dem Land östlich der Oder ein. Sie trafen wohl nur in Ausnahmefällen noch auf germanische Reste, denn Zusammenfunde germanischer und slawischer Gegenstände, die Gleichzeitigkeit beweisen, sind ebenso selten wie echte Mischformen. Allerdings besiedelten die Slawen die gleichen Gebiete wie vorher die Germanen, das Kulturland war also noch als solches zu erkennen. Die slawischen Einwanderer schlossen sich bald zu Stämmen mit Burgen als Mittelpunkt zusammen, von denen jeweils mehrere die Großstämme der Abodriten im Westen und der Wilzen im Osten bildeten. Deren Geschicke vollzogen sich schon im Lichte historischer Quellen und sind damit Teil der Geschichte.

Otto Witte
GESCHICHTE MECKLENBURGS

Die geschichtlichen Grundlagen der mecklenburgischen Vorzeit

Mecklenburg ist ein geschichtlicher Raum, durch historische Mächte gegründet und trotz der vielen Erbteilungen im Mittelalter als politische Einheit bis in die Jüngstzeit erhalten und in seiner kulturellen und wirtschaftlichen Entwicklung geprägt worden. Abgesehen von der Ostseeküste im Norden ist es nicht durch natürliche Grenzen von seinen Nachbarn geschieden. Es ist ein Land von großer landschaftlicher Schönheit mit seinen weiten, fruchttragenden Feldern, seiner bewegten Hügellandschaft mit ihren eingebetteten, buchtenreichen Seen, den Buchen- und Eichenwäldern und den vielen kleinen Dörfern mit ihren aus dem Granit des Landes erbauten Landkirchen. Viele Landstädte, im Mittelalter gegründet, prägen das Bild des Landes, im Norden an der Küste aber vor allem die alten Hansestädte Wismar und Rostock mit ihren hochragenden Kirchen, den Rathäusern und den trotzigen Stadttoren. Viele Völker siedelten in diesem Land, rangen mit den Nachbarn um seinen Besitz, wohnten schließlich friedlich nebeneinander und bildeten durch Vermischung von Siegern und Besiegten den Stamm der Mecklenburger, der sich durch seinen Dialekt und manche Verhaltensweisen von seinen Nachbarn noch heute unterscheidet.
Auf die ersten Nachweise der menschlichen Niederlassungen ist schon im Abschnitt „Vor- und Frühgeschichte" hingewiesen worden. Bei Hohen-Viecheln im Kreis Wismar grub man zwei Siedlungen aus, die in der Zeit zwischen 6500–5500 v. Chr. bewohnt waren.
Der Mantel der Geschichtslosigkeit bedeckte das menschenleere Land, bis um 600 n. Chr. slawische Völker an eine Grenze kamen, die, von Kiel ausgehend, am Ostrand des Sachsenwaldes entlang die Elbe erreichte und diese zum Teil im Lüneburgischen überschritt, wovon noch heute der Name Wendland in Niedersachsen Kunde gibt. Weiter führte sie die Saale aufwärts über das Fichtelgebirge an den Main. In Mecklenburg siedelten zwei größere wendische Volksstämme, die *Abodriten*[1] im Westen, zu denen die Wagrier in Ostholstein, die Polaben um den Ratzeburger- und Schaalsee, weiter südlich bis an die Elbe die Warnower zwischen Warnow, Elde und Mildenitz und die Abodriten im engeren Sinn zwischen der Wismarschen Bucht und beiderseits des Schweriner Sees und der Elde im Süden gehörten. Im Osten Mecklenburgs wohnten die *Wilzen* bzw. *Liutizen* (wie sie sich nach dem 10. Jahrhundert nannten). Ein breiter Waldgürtel, von der Kühlung bei Kühlungsborn an der Ostsee ausgehend und im Süden den Plauer See erreichend, trennte beide wendischen Stämme. Die Liutizen zerfielen in die Kessiner an der unteren Warnow, die Circipaner zwischen Güstrow, der östlichen Peene, der Trebel und der oberen Recknitz, und in die Tollenser um Demmin.

Im späteren Mecklenburg-Strelitz wohnten wahrscheinlich die *Redarier*, deren berühmter Tempel Rethra bis heute nicht zu lokalisieren ist. Die einzelnen Stammesgebiete zerfielen wiederum in Burgbezirke, civitates, terrae oder pagi genannt. Sie bildeten wahrscheinlich in der Zeit der folgenden deutschen Besiedlung die Grundlage für den Aufbau der späteren deutschen Vogteieinteilung und sogar der ersten Kirchspiele in der Zeit der Christianisierung. Die Burgen dieser terrae waren der Sitz kleinerer Häuptlinge. Ursprünglich wurden die Burgen auf den Kuppen höhergelegener Berge errichtet, später als runde Burgwälle von geringerem, zuweilen aber auch größerem Ausmaß in schwer zugänglichen, sumpfigen Gebieten an Seen oder Flüssen, zum Beispiel Schwerin, Mecklenburg, Werle bei Bützow, Krakow (Kreis Güstrow), Quetzin (Kreis Lübz) und Ilow (nordöstlich Wismar). Der Name *Mecklenburg* leitet sich her von der Wendenburg, die bei dem jetzigen Dorf Mecklenburg, 6 Kilometer südlich von Wismar, lag. Ihre gewaltigen Erdwälle sind noch heute erhalten. Sie wurde zuerst 995 erwähnt, als Kaiser Otto III. anläßlich eines Heerzuges ins Wendenland in „Michelenburg" eine Urkunde ausstellen ließ. Diese bedeutende Burg war Sitz der Abodritenfürsten, ihr Name wurde dann auf das Land ihrer Fürsten ausgedehnt. 1160 diente sie zu Beginn der Christianisierung dem Bischof des Landes als Wohnsitz, der dann später von Heinrich dem Löwen nach Schwerin verlegt wurde. Die Wälle dieser Burgen hatten oft eine beachtliche Höhe, z. B. war der Wall der Burg zwischen Klinken und Friedrichsruh (Kreis Parchim) im sumpfigen Tal des Mühlenbaches 3,75 Meter im Innern und 5,80 Meter nach außen hoch[2]. Die Burgen waren Wohnsitze der Häuptlinge (Fürsten) und dienten in Kriegszeiten der Dorfbevölkerung als Zufluchtsstätten.

Von den wendischen Stämmen bildeten nur die *Abodriten* seit dem 11. Jahrhundert einen fürstlich geleiteten Einheitsstaat. Das Geschlecht der Nakoniden regierte vorwiegend in Wagrien und Polabien, während die Abodriten wohl unter einer eigenen Landesherrschaft standen. Die territoriale Gliederung Mecklenburgs im Mittelalter geht sehr wahrscheinlich auf die Landesherrschaften in der Wendenzeit zurück. Die Liutizen hatten keine einheitliche, fürstliche Landesherrschaft mehr bilden können und wurden daher leichter besiegt. Die Circipaner, Kessiner und Tollenser wurden von den Abodriten unterworfen und ihrem Herrschaftsbereich eingefügt.

Über die soziale Gliederung der Wenden geben die Quellen keine Auskunft. Wir wissen nur, daß die Stämme von Fürsten geführt wurden, unter denen eine größere, mächtige Herrengruppe lebte. Einflußreich waren auch die zu Pferde dienenden Krieger, die ähnliche Aufgaben wie die späteren deutschen Ministerialen erfüllten und sozial zwischen der Herrenschicht und den Bauern einzugliedern sind. Die Bauern waren persönlich frei, aber zu Abgaben und Diensten an den Grundherrn verpflichtet. Zur untersten Schicht gehörten unfreie Knechte, die als Sklaven behandelt wurden.

Der Ackerbau war bei den Wenden nicht sehr ertragreich, da sie nur den hölzernen Haken ohne Vorwagen, vielleicht sogar ohne hölzernes Streichbrett kannten und daher zunächst nur leichtere Böden beackern konnten[3]. Sie kannten später die Dreifelderwirtschaft und bauten vorwiegend Roggen, Gerste, Weizen und Hirse an. Später versuchten sie auch schwerere Böden zu bewirtschaften und Wälder zu roden. Den größten Ertrag lieferte die Viehwirtschaft, zumal sie geringeren

Arbeitsaufwand erforderte und das Vieh in Zeiten der Gefahr leicht in die Burg in Sicherheit gebracht werden konnte.

Das Land war nur dünn besiedelt, trotzdem gab es zahlreichere Dörfer als in der Zeit der deutschen Besiedlung. Die ländlichen Siedlungen waren aber kleiner und hatten nur 6–8 Gehöfte[4]. Viele Dörfer sind später untergegangen. Die frühere Annahme, daß die als Rundlinge bezeichneten Dorfformen typisch slawisch sind, wurde inzwischen von der Geschichtswissenschaft aufgegeben. Charakteristisch für die wendischen Dorfformen sind die Zeilen- und Gassendörfer und die von Niederungen dreiseitig umgebenen, auf einem Hügelrücken gelegenen Sackdörfer[5]. Sie lagen vorwiegend in der Nähe einer Burg, die in Kriegszeiten ihren Bewohnern Schutz gewähren sollte. In der zweiten Hälfte des 10. Jahrhunderts entstanden Suburbien und Burgmärkte. In den fränkischen Reichsannalen der Jahre 808/809 wird der älteste, handeltreibende Ort Reric erwähnt. Er lag wahrscheinlich am Ostufer der Wismarschen Bucht auf dem Schmiedeberg bei Alt-Gaarz[6]. Er wurde von dem Dänenkönig Göttrik zerstört und wird später in den geschichtlichen Quellen nicht mehr erwähnt.

Neuere Grabungen der Denkmalspflege nach 1945 in Mecklenburg haben gezeigt, daß die Wenden auf manchen Gebieten des kulturellen Lebens beachtliche Fähigkeiten entwickelten. Ihre Holzschnitzereien bezeugen eine hohe handwerkliche Kunstfertigkeit. Im Moor hat man Paddel, Spaten, Eimer, Keulen, Holzschalen, Körbe und einen geschnitzten Pferdekopf ausgegraben. Die Befestigungen ihrer Burgen bezeugen eine entwickelte Zimmermannskunst, sei es durch die Länge der Balken (3–5 Meter lang) wie auch durch die Art ihrer Bearbeitung. Auch die Bohlenwege und Brücken über das Moor und den Bach erregen noch heute unsere Bewunderung. Zur Burg im Teterower See z.B. führte ein Bohlenzugang von 750 Metern Länge und zur Burg bei Sukow (Kreis Teterow) war er 1300 Meter lang und 5 Meter breit. Diese Burgen konnten nur im Winter erobert werden, wenn das Moor und das Wasser mit Eis bedeckt waren. Zahlreiche Keramikfunde aus dem 11. Jahrhundert deuten auf ein höher entwickeltes Töpfergewerbe. Man verstand auch aus Hirschgeweihen und Knochen Geräte wie Kämme und Pfriemen zu verfertigen. Besonders die Schmiede stellten Messer, Sicheln, Bohrer, Äxte, Schwerter, Lanzen, Pfeilspitzen, Hufeisen, Sporen, Nägel, Haken und Schlüssel[7] her.

Entscheidend war bei den Wenden trotz ihrer Unterlegenheit den Deutschen gegenüber ihre fanatische, ungebrochene Freiheitsliebe. Die kulturelle und militärische Überlegenheit der Deutschen und der Dänen haben schließlich zur Unterwerfung der Wenden geführt. Sie führten fast ununterbrochen Kriege mit wechselndem Erfolg gegeneinander wie auch gegen die Deutschen und Dänen, wodurch ihr Volk sehr geschwächt wurde.

Mecklenburg wird ein deutsches Land

Die deutsche Geschichte Mecklenburgs beginnt mit der deutschen Einwanderung um 1100, der Bildung des mecklenburgischen Volksstammes durch die Vermischung von Wenden und Deutschen und der Schaffung der mecklenburgischen Kulturlandschaft. Die Kolonialzeit von 1100–1400 bedeutet einen tiefen Einschnitt in die Geschichte des Landes. Die jahrhundertelangen früheren Kämpfe zwischen den Wenden und Deutschen in Ostholstein und im Elbegebiet sind nicht auf rassische oder nationale Gegensätze zurückzuführen. Nationale Feindschaften der Neuzeit mit ihren leidenschaftlichen Auseinandersetzungen sind dem Mittelalter noch unbekannt. Die Kämpfe entbrannten vielmehr an der Unvereinbarkeit von Christentum und Heidentum und der Raublust der Stämme.

Der Gegenstoß der deutschen Stämme gegen die Wenden begann unter *Karl dem Großen* (742/768–814), der zunächst mit den verbündeten Abodriten die Wilzen bekämpfte, die diesen wendischen Stamm bedrängten. Das fränkische Heer drang nach Unterwerfung der Sachsen wahrscheinlich 789 bis an die Peene vor. Karl war auch mit den Abodriten gegen die aufständischen Sachsen in Holstein verbündet, von denen ein Teil nach ihrer Besiedlung durch ihn nach dem Westen umgesiedelt und ihr Land in Ostholstein den Wenden übergeben wurde. Der Kaiser konnte sich aber der Treue der Abodriten nicht sicher sein, die sogar später 817 ein Bündnis mit den Dänen gegen den deutschen Kaiser *Ludwig den Frommen* (778/814–840), den Sohn Karls des Großen, schlossen. Im 11. Jahrhundert bezeichnete der limes Saxonicus die Grenze in Holstein gegen die Wenden. Er begann bei Boizenburg an der Elbe und zog sich in nördlicher Richtung bis zur Kieler Bucht hin. Die Karolinger wollten wohl nur die Ostgrenze des Reiches gegen die Wenden schützen. Holstein wurde endgültig deutsches Reichsgebiet. Sowie innere Zwistigkeiten das Karolingerreich erschütterten, schüttelten die Wenden die Tributherrschaft der Franken wieder ab und unternahmen räuberische Einfälle in das Gebiet der Sachsen, die in die Defensive gedrängt wurden. Die Wende erfolgte dann unter *Otto dem Großen* (912/936–973), der die Abodriten unterwarf und Hermann Billung zum Markgrafen im Wendenland einsetzte. Es folgten nochmals Aufstände, in denen die Wenden sogar Hamburg niederbrannten und Nordelbien verwüsteten.

Der endgültige Umschwung der mecklenburgischen Geschichte wurde bewirkt durch *Heinrich den Löwen* (1129/1156–1180/1195), 1142 Herzog von Sachsen, 1156 Herzog von Bayern, 1180 auf dem Reichstag zu Gelnhausen durch den Spruch der Reichsfürsten seiner Reichslehen Sachsen und Bayern verlustig erklärt. Im Abodritenland herrschte damals der Wendenfürst *Niklot* (?/um 1125–1160), der auch die Kessiner und Circipaner unterworfen hatte. Der größte Teil des Volkes konnte von der christlichen Mission nicht bekehrt werden, der Christengott war für die Wenden der Gott der feindlichen Sachsen. In der Zeit der Kreuzzüge bewirkte ein leidenschaftlicher Appell Bernhards von Clairvaux, daß die ostdeutschen Fürsten und Grafen einen Kreuzzug 1147 gegen die Abodriten und Wilzen unternahmen, der aber scheiterte. 1158 erfolgte der erste erfolgreiche militärische Vorstoß Heinrichs des Löwen ins Abodritenland. Wichtig für Heinrich den Löwen waren seine Beziehungen zu Dänemark, das ebenfalls danach strebte, das Abodritenland, Rügen und Pommern sich lehnspflichtig zu machen. Fortan wurde Mecklenburg bis in die Neuzeit bei seiner militärischen und politischen Schwäche ein Streitobjekt zwischen Dänemark, bzw. später Schweden und den norddeutschen mächtigeren Territorialstaaten Hannover und Brandenburg-Preußen. Heinrich der Löwe war abwechselnd mit den Abodriten gegen die Dänen und mit den Dänen gegen die Abodriten verbündet.

Niklot hatte als Heinrichs Lehnsmann sein Versprechen, die dänischen Küsten in Abwesenheit des Herzogs während seiner Teilnahme an einem Kreuzzug nicht anzugreifen, gebrochen. Daher rückte Heinrich der Löwe mit einem Heer ins

Abodritenland ein, Niklot fiel 1160 im Kampf bei seiner Burg Werle, und sein Sohn *Pribislaw* (?/1160–1178) mußte später den größten Teil seines Landes als sächsisches Lehen empfangen. Heinrich wurde zu diesem Kompromiß durch einen Aufstand sächsischer Fürsten in seinem eigenen Herzogtum gezwungen. Das Bündnis der Sachsen- und Wendenfürsten wurde noch gefestigt durch die Heirat der Tochter Heinrichs des Löwen Mathilde mit Heinrich Burwin (?/1179–1227), dem Sohn Pribislaws. Pribislaw begleitete sogar Heinrich auf einer Pilgerfahrt nach Jerusalem. Pribislaw ist der eigentliche Stammvater des mecklenburgischen Fürstengeschlechtes, das als einziges slawisches sich als regierendes in Deutschland bis 1918 behauptete.

Politisch und militärisch gesichert wurde das eroberte Wendenland zunächst durch die Errichtung der Grafschaften Ratzeburg im Stammesgebiet der Polaben 1142 (1204 nach dem Aussterben des Grafengeschlechtes aufgeteilt), um 1147 der Grafschaft Dannenberg links der Elbe und rechts dieses Flusses um Dömitz und an der Elde um Grabow (am Beginn des 14. Jahrhunderts nach Erlöschen des Grafengeschlechtes aufgeteilt) und der Grafschaft Schwerin, die 1167 Graf Gunzelin verliehen wurde und später Teile der Grafschaften Ratzeburg und Dannenberg erhielt. Die Grafschaft Schwerin erwies sich als lebensfähige Gründung im Wendenland. Sie kam unter dem Herzog Albrecht II. (1318/1329–1379) durch Kauf, Erbrecht und Faustpolitik an Mecklenburg. Die Eroberung Mecklenburgs durch Heinrich den Löwen ermöglichte erst die dauernde, erfolgreiche christliche Missionsarbeit durch die Gründung von Bistümern. Der Staufenkaiser Barbarossa war im Kampf gegen den Papst auf die Hilfe des Sachsenherzogs angewiesen. Er erteilte ihm auf dem Reichstag in Goslar 1154 den Auftrag, im Land jenseits der Elbe Kirchen und Bistümer zu errichten. Er verlieh ihm sogar das königliche Recht, in Oldenburg, Mecklenburg und Ratzeburg Bischöfe zu investieren. Der Herzog erhielt dieses außergewöhnliche Recht ausdrücklich als Vertreter des Kaisers als königliches Recht. Im Streit mit dem Erzbischof von Bremen hatte Heinrich dieses Recht weitgehend ausgeübt und nur ihm ergebene Geistliche als Bischöfe eingesetzt. Die Bistümer wurden mit Landbesitz von ihm ausgestattet, der Sitz des Bischofs in der früheren Wendenburg Mecklenburg nach Schwerin verlegt und der des Bischofs von Oldenburg nach Lübeck.

Heinrich der Löwe ist auch der Domerbauer. Die Grundsteinlegung des ersten Lübecker Domes erfolgte 1163 durch den dortigen Bischof und den Herzog, des zweiten Domes ebenfalls durch die obengenannten. Der Bau des Ratzeburger Domes, um 1170 begonnen, wurde mit Geldmitteln von ihm unterstützt. Der Schweriner Dom wurde 1171 in Gegenwart des Herzogs geweiht. Die Dome von Lübeck und Ratzeburg wurden nach dem Vorbild des St. Blasius Domes in Braunschweig erbaut. Nicht die Kathedralen der Erzbischöfe waren die Mutterkirchen der wendischen Bistümer, sondern der Dom des Herzogs in Braunschweig. Den wendischen Bistümern wurde die fiskalische Immunität verliehen, sie brauchten daher keine Lasten und Abgaben zahlen. Nur die höhere Gerichtsbarkeit behielt der Herzog sich vor. Die mecklenburgischen Bistümer unterschieden sich von den reichsunmittelbaren, da sie die ersten Bistümer im Reich waren, die einem Landesherrn unterstanden. Besonders erfolgreich war auch die Städtepolitik des Fürsten. 1159 wurde Lübeck von ihm neu begründet und als Handelsstadt durch besondere Privilegien der Kaufleute ausgestattet. 1160 wurde die zerstörte Burg Schwerin wieder aufgebaut und eine Kaufmannssiedlung bei ihr angelegt. Schwerin wurde Mittelpunkt der Verwaltung der Grafschaft und des Bistums. Es entwickelte sich bald zu einer Stadt von größerer Bedeutung. Wann es das Stadtrecht erhielt, ist urkundlich nicht mehr festzustellen. Wahrscheinlich erhielt es 1164 das Lübische Stadtrecht. Als Stadtherr behielt der Herzog in diesen Städten die hohe Gerichtsbarkeit und die Einkünfte aus den Markt-, Zoll- und Münzregalien. Heinrich der Löwe wurde 1180 gestürzt, weil die sächsischen Grafen und Lehnsleute sich gegen sein rücksichtsloses Vorgehen empörten. Die innere Zersetzung seiner Macht war die entscheidende Ursache seines Sturzes. Es war wahrscheinlich sein Ziel gewesen, sich außerhalb der Reichsgrenzen eine vom Kaiser unabhängige Herrschaft zu schaffen und für sie vielleicht die Würde eines Königs zu erstreben.

Nach dem Sturz Heinrichs des Löwen entstand am Südwestrand der Ostsee ein Machtvakuum, in das die Dänen eindrangen. Im Feldlager vor Lübeck 1181 hatte der Kaiser Barbarossa den mecklenburgischen Bischöfen die Reichsunmittelbarkeit verliehen, so daß sie nun den Rang eines Reichsfürsten erhielten. Der Kaiser redete den Schweriner Bischof in den Urkunden als „mein Fürst" an. Die pommerschen Fürsten wurden zu Herzögen erhoben, den mecklenburgischen Fürsten wurde nur die Ehrenstellung eines deutschen Fürsten verliehen (in honorem principum terre nostre)[8], sie nannten sich daher häufig nur Herren. Die dänischen Könige nutzten sofort die günstige Lage. Durch einen Feldzug zwang der Dänenkönig Knut II. den Pommernherzog Bogislaw, die mecklenburgischen Fürsten und bald darauf auch die Grafen von Holstein und Ratzeburg, die dänische Lehnsoberhoheit anzuerkennen. Der deutsche Kaiser Friedrich II. trat sogar 1214 die deutschen Länder nördlich der Elbe und Elde einschließlich der freien Reichsstadt Lübeck an Dänemark ab. Der Dänenkönig Waldemar eroberte auch Estland, so daß Dänemark die beherrschende Macht im Ostseeraum wurde. Die Befreiung von der Dänenherrschaft gelang durch die kühne Tat des Schweriner Grafen Heinrichs II., der den Dänenkönig auf der Insel Lyoe 1223 überfiel und ihn gefangen nach Mecklenburg und auf die Burg Dannenberg entführte. Er wurde erst aus der Haft entlassen, nachdem er feierlich auf seine norddeutschen Eroberungen verzichtet hatte. Der Papst entband ihn nach seiner Freilassung jedoch von seinen Eiden. Er versuchte nun mit Gewalt, seine alte Herrschaft wieder zu erkämpfen. Sein Heer wurde aber in der Schlacht bei Bornhöved 1227 von den norddeutschen Fürsten und den Bürgern von Lübeck und Hamburg entscheidend geschlagen. Die dänische Vorherrschaft in Norddeutschland war damit zunächst beendet.

Obgleich keine Kaisermacht im Ostseegebiet die Interessen des deutschen Volkes entscheidend vertrat und die nach dort auswandernden deutschen Bürger, Bauern, Geistlichen und Adligen schützte, begann doch mit der Eroberung Mecklenburgs durch Heinrich den Löwen und vor allem nach seinem Sturz ein Strom von Einwanderern aus vielen Teilen Norddeutschlands in Mecklenburg einzudringen und das Land zu einem deutschen Siedlungsgebiet zu machen. Die wendischen Fürsten, abgesehen von *Pribislaw*, unterstützten die deutsche Einwanderung. Bald wurde das Land mit einem dichten Netz von Dörfern und Städten überzogen, was aus der Verdrängung von slawischen Namen bei Zeugenangaben in den Urkunden durch deutsche zu erkennen ist. Es waren vor allem Westfalen, die durch ihren Pioniergeist und ihre Unternehmungslust entscheidenden Anteil an der Gründung der mecklenburgischen Städte, besonders Wismars und Rostocks hatten. Die

Westfalen waren damals der volkreichste deutsche Stamm und ihr Land vor allem in den Lößgebieten schon dicht besiedelt, so daß den jüngeren Söhnen der Stadt- und Landbevölkerung nur die Möglichkeit der Auswanderung blieb, um im Osten in Freiheit ein neues, erfolgreiches Leben zu beginnen. In Mecklenburg gibt es 56 Städte, von denen 45 in der Zeit der deutschen Besiedlung gegründet wurden. Schwerin erhielt wahrscheinlich schon 1160 von Heinrich dem Löwen das Stadtrecht, es folgten an der Ostsee Rostock vor 1218 und vor 1229 Wismar. In den ältesten Stadtbüchern der Städte kann man aus den Herkunftsnamen der ersten Bürger ihre frühere Heimat erschließen. Danach stammten in Rostock nach dem Stadtbuch bis 1304 12,7% aus Westfalen, in Wismar nach dem ältesten Stadtbuch 11% aus Westfalen. Es waren wahrscheinlich vorwiegend Kaufleute, die schnell als Fernkaufleute reich wurden, das Patriziat bildeten und in den Rat aufstiegen. Die Kaufleute trieben Handel nach Dänemark, Schweden, Gotland und dem Baltikum. Korn und Bier wurden nach Norwegen und Flandern ausgeführt, Eisen und Hölzer aus anderen Ländern in den Hansestädten gestapelt. Die reichen westfälischen Kaufleute beteiligten sich mit ihren Kapitalien an der Gründung neuer Städte in Mecklenburg, z. B. an der Gründung von Ribnitz, Kröpelin und Marlow. Sie kauften auch Grundbesitz in der Nähe z. B. Rostocks und stiegen in den mecklenburgischen Adel auf. In Rostock wanderten z. B. die Coesfelds aus der gleichnamigen westfälischen Stadt ein und stellten von 1260–1305 fünf Ratsmitglieder. Die heutige Coesfelder Straße wurde nach dem Bürgermeister Andreas de Coesfelde benannt [9]. Nach den Herkunftsnamen kamen andere neue Bürger aus Holstein, Ostfriesland, Rheinland und dem Küstengebiet zwischen der Niederelbe und Niederweser. Die ursprünglichen slawischen Orte sind noch heute an den Endungen -ow, -itz und -in zu erkennen. Die mecklenburgischen Städte erhielten das Lübische Stadtrecht, das auf das Soester zurückgeht. Das Schweriner Stadtrecht, das einige Städte Westmecklenburgs erhielten, ist nur eine Abwandlung des Lübischen Stadtrechtes. Die Stadt Schwerin führt noch heute im großen Stadtsiegel das Reiterbild Heinrichs des Löwen mit der Unterschrift: „Dux Henricus et sigillum civitatis Zuerim." Dieses Siegel ist aber erst aus einer späteren Urkunde vom Jahre 1255 erhalten.

Entscheidend für die Entwicklung der Städte war die *Besiedlung des flachen Landes*. Die zunächst rein deutschen Dörfer wurden von Lokatoren gegründet, die einen Landbesitz von 4 Hufen und das Schulzenamt erblich erhielten. Ihnen wurde weiterhin die niedere Gerichtsbarkeit übertragen, dem Gundherrn waren sie in Kriegszeiten zu Reiterdiensten verpflichtet. Sie warben im Westen vornehmlich jüngere Bauernsöhne für die Dorfgründungen in Mecklenburg an. Am Ende des Mittelalters zählte man in Mecklenburg ungefähr 15 000 Bauernhöfe, von denen einige tausend wendischen Bauern gehörten. Man kann daher annehmen, daß ungefähr 5–8000 junge Bauern vornehmlich aus Westfalen einwanderten. Es wurden besonders die Gebiete mit den schweren Lehmböden, die von Buchen- und Eichenwäldern bedeckt waren, von ihnen für ihre Dorfgründungen bevorzugt. Der wendische Bauer konnte vorwiegend nur leichtere Böden mit seinem hölzernen Haken beackern, während die Kolonisten schon einen Haken mit einem Vorwagen und einem Streichbrett, das eine eiserne Spitze besaß, benutzten und daher auch Lehmböden bearbeiten konnten. Bei Gründungen von „wilden Wortelen", d. h. Hagensiedlungen, erhielt der Bauer seine Hufe zur Erbpacht, mußte einen

Zins für ein erbliches Pachtverhältnis zahlen, war vom Grundherrn nicht kündbar und persönlich frei. Es war ein hervorragendes Bauernrecht. Im übrigen war der Bauer „Erbzeitpächter", sein Hof war nur gewohnheitsmäßig erblich. Der Grundherr hatte jedoch kein Interesse, den Bauern zu kündigen, da ein Großgrundbesitz sich noch nicht entwickelt hatte und die Zahl der jährlich einwandernden Bauern keineswegs groß war. An öffentlichen Abgaben zahlte der Bauer an den Bischof den Zehnten, die Grundsteuer, die Bede, erhielt der Landesherr und eine Korn- oder Geldpacht der Grundherr. Sie war oft sehr beträchtlich. Einen besonderen Beitrag der Westfalen zur Gründung der mecklenburgischen Bauerndörfer bilden die Hagendörfer, eine besondere Form der Rodungsdörfer. Diese auf gerodetem Waldboden gegründeten Dörfer ziehen sich vornehmlich an der Ostseeküste entlang, vom Klützerwinkel über den Hägerort zwischen Doberan, Rostock und Bützow, dem Südrand der Rostocker Heide bis in die Gegend zwischen Malchin und Stavenhagen. Der Name dieser Siedlungen mit der Endung -hagen trägt im ersten Teil den Namen des Gründers, z.B. Dietrichshagen, Volkenshagen, Mönchshagen. Zwischen den einzelnen Gehöften an einer lang sich hinziehenden Dorfstraße lag ein weiter freier Raum, hinter den Gehöften breite, handtuchartige Hufen, die sich zum Wald hin erstreckten. Die „Hagenbauern" hatten eine bevorzugte Rechtsstellung[10].

Die norddeutschen „Hagendörfer" sind nur in Lippe, Schaumburg-Lippe und in den Leinegebieten Niedersachsens anzutreffen und erlauben die Annahme, daß die Gründer der mecklenburgischen Hagendörfer aus den Wesergebieten stammten. Über die *Herkunft* der deutschen Siedler gibt uns auch die Bauernhausforschung wichtige Aufschlüsse. Das niederdeutsche Hallenhaus in den mecklenburgischen Dörfern ist eins der schönsten Denkmäler sächsischer Siedler. Es war ursprünglich nur ein Einraumhaus, das später zum Durchgangsdielenhaus und zum Sackdielenhaus weiter entwickelt wurde. Eine besondere Form dieses Hausbautyps ist das Dreiständerhaus, das vorwiegend in Nordmecklenburg, im Gebiet des früheren Klosters Doberan und im Fürstentum Ratzeburg anzutreffen ist. Dieses Dreiständerhaus ist auch in Lippe und im Wesergebiet zu finden und führt ebenfalls zu Hinweisen auf die Herkunft seiner Erbauer. Die einfachere wendische Bauweise der Bauernhäuser wurde bald völlig aufgegeben. Das Niedersachsenhaus war in Mecklenburg vorherrschend nördlich der Linie Dömitz – Plau – Neubrandenburg, südlich ist die fränkische Hausform anzutreffen.

Im Gefolge Heinrichs des Löwen kamen westdeutsche Adlige nach Mecklenburg. In Ostmecklenburg riefen auch die wendischen Fürsten westdeutsche Adlige aus politischen und wirtschaftlichen Gründen ins Land. Sie traten bald im Gefolge dieser Herrscher auf. Als Lokatoren bei der Gründung der Bauerndörfer waren sie besonders tätig. Ihre Namen als Dorfgründer sind in Mecklenburg nicht überliefert. Der größte Teil des mecklenburgischen Adels stammt wahrscheinlich von Bauern und begüterten Bürgern ab, die als Ministeriale und als Gutsbesitzer in den Adel aufstiegen. Man kannte damals noch nicht die scharfen Abgrenzungen der Stände, der Adel war noch mehr Berufs- als Geburtsstand.

Die mecklenburgische Landschaft wird vor allem von ihren Buchen- und Eichenwäldern, den weiten, fruchttragenden Kornfeldern, den vielen kleinen Dörfern und Landstädten geprägt. Ein besonderes Zeichen dieses Landes erscheinen aber dem Wanderer die mecklenburgischen Kirchen mit ihren hohen Türmen in den

Hansestädten und ihren mächtigen, sehr oft aus Feldsteinen erbauten Mauern der Dorfkirchen. Es waren in der Zeit der deutschen Besiedlung vornehmlich westfälische Baumeister, die die westfälische Bauweise der Hallenkirche in ihre neue Heimat übertrugen. Der Hauptteil der mecklenburgischen Kirchen wurde um die Mitte des 13. Jahrhunderts erbaut, teilweise noch im romanischen Stil. Besonders künstlerisch ausgeprägte Hallenkirchen finden wir in Gadebusch und im Dorf Vietlübbe. Hallenkirchen trifft man ferner in Rostock (St. Nicolai), Wismar (St. Marien und St. Georg), Ribnitz, Wittenburg und zahlreichen anderen Städten. Die Türme tragen oft achteckige, mit Ziegeln bedeckte Turmhelme, die sogenannten Bischofsmützen, deren Vorbild man im Turm der Patroklikirche in Soest sehen will. Auch ihre Rippenzierscheiben auf den Gewölberippen trifft man z.B. in Münster im Dom wieder. Westfälisch ist auch der viereckige Turm vor dem Kirchenschiff, während in Ostfalen der queroblonge Turm mit dem Verzicht auf Wölbung des Schiffes vorherrscht[11]. In der Zeit der deutschen Besiedlung des Landes, der großen künstlerischen Schöpfungen des neuen Volksstammes auf dem Gebiete der sakralen Baukunst, fällt auch die Errichtung der schönsten Kirche in Norddeutschland, des Doberaner Münsters, das an Schönheit, Feinheit und Harmonie nicht übertroffen werden konnte. Nach anfänglichem Scheitern wurde schließlich durch Zisterzienser Mönche aus Amelungsborn an der Weser in der Nähe des Wendendorfes Doberan das jetzige Kloster 1186 gegründet und 1386 das heutige Münster vollendet und geweiht, ein Bau höchster künstlerischer Vollendung. In ihm befinden sich mittelalterliche Grabdenkmäler mecklenburgischer Fürsten und Grabstätten des früheren mecklenburgischen Hochadels.
Um 1300 bildete sich die mecklenburgische *Mundart*, sie entstand aus einer Vermischung von nordsächsisch-holsteinischen Sprachbildungen mit westfälisch-ostfälischen Sprachformen. In der Hansezeit konnte man trotz der mundartlichen Ausprägung von einer gemeinsamen Schrift- und Handelssprache, dem Niederdeutschen der Kaufleute, im Ostseegebiet sprechen.
Die Zeit der Eindeutschung und Christianisierung Mecklenburgs von 1100–1400 war eine große Zeit der mecklenburgischen Geschichte. Es bildete sich der Neustamm der Mecklenburger, der die Naturlandschaft in eine Kulturlandschaft verwandelte und, erfüllt von einem starken Bautrieb, die herrlichen Kirchen, die schönen Rathäuser und die stolzen Stadttore schuf. Die kulturellen Leistungen dieses neuen Volksstammes, entstanden aus der Vermischung von Wenden und Deutschen, gehören zu den Großtaten dieses Stammes gleich am Beginn seiner Geschichte!

Die Bildung des mecklenburgischen Territorialstaates

Die Bildung des territorialen Staates wurde in Mecklenburg erschwert, da das Land keinen natürlichen Mittelpunkt besaß. Heinrich der Löwe hatte, um sich den Rücken gegen die aufständischen sächsischen Fürsten und Grafen frei zu halten, Pribislaw seine väterlichen Besitzungen als sächsisches Lehen zurückgegeben. Es war ein politisch und wirtschaftlich geschwächtes Fürstentum, das von Dassow im Westen, der Recknitz im Osten und im Süden bis an die untere Elde, die Müritz und Brandenburg sich erstreckte. Trotzdem ist von diesem ziemlich kraftlosen

Gebilde die Einigung des späteren mecklenburgischen Einheitsstaates dank einiger seiner kraftvollen Fürsten erfolgt. Dieses ursprünglich wendische Fürstengeschlecht hat sich in den folgenden Jahrhunderten in Mecklenburg behauptet. Wie auch andere Fürstenfamilien teilte es beim Tode des regierenden Fürsten sein Land, wodurch eine Schwächung und Zersplitterung der politischen Macht des Staates erfolgte. So bestand das spätere Mecklenburg ab 1229 aus den Grafschaften Ratzeburg, Schwerin und Dannenberg, den Bistümern Schwerin und Ratzeburg und durch Erbteilung aus den vier Herrschaften Mecklenburg, Parchim, Rostock und Werle, bezeichnet nach ursprünglich wendischen Burgen. Die weitere Geschichte Mecklenburgs und seine Entwicklung zu einer zunächst bedeutenden Macht im südlichen Ostseegebiet wurde bewirkt durch den hervorragenden Fürsten *Heinrich II.* (1267/1287–1298/1329). Er hatte sich schon früh in dänischen Diensten durch persönliche Tapferkeit ausgezeichnet, so daß er der Löwe genannt wurde (nicht zu verwechseln mit Herzog Heinrich dem Löwen). Im Küstengebiet der Ostsee, in Mecklenburg, waren die Hansestädte Wismar und Rostock dank ihres stets weit ausgedehnten Handels zu wachsendem Reichtum gelangt und wollten sich daher zunehmend der fürstlichen Bevormundung nicht beugen. Die Führung im Kampf gegen die Seestädte übernahm König Erich von Dänemark (1274/1286–1319), mit dem die mecklenburgischen und pommerschen Fürsten sich verbündeten, wodurch ein zweites Mal die dänische Vorherrschaft über Mecklenburg begann. Mit dänischer Hilfe gelang es, Rostock 1312 in langen Kämpfen und einer Belagerung zur Unterwerfung zu zwingen. Wismar war schon 1311 erobert worden. Die Gegensätze zwischen den Fürsten und den mecklenburgischen Seestädten haben sich unterschwellig aber noch über Jahrhunderte erhalten. Das Lehnsverhältnis zu Dänemark wurde nach dem Tode König Erichs durch eine Übereinkunft mit König Erichs Nachfolger (1323) förmlich gelöst. Heinrich II. hat durch eine glückliche Außenpolitik seine Herrschaft um das Doppelte vergrößert. 1292 heiratete er Beatrix, die Tochter des Markgrafen von Brandenburg, und erhielt als Mitgift das Land Stargard als Lehen, im Verhältnis zu seiner eigenen Herrschaft ein bedeutender Gewinn. Als nach dem Tode seiner Frau Beatrix, die ohne männliche Erben gestorben war, der brandenburgische Markgraf Waldemar das Land Stargard zurückforderte, kam es zum Krieg. In der Schlacht bei Gransee 1316 besiegte Heinrich das brandenburgische Heer und erhielt das Land Stargard als endgültigen Besitz. Im mecklenburgischen Wappen deutet ein weiblicher Arm mit einem Ring zwischen zwei Fingern auf diesen glücklichen Erwerb. Das Land Stargard hatte bis 1236 zu Pommern gehört und war anschließend bis 1292 brandenburgischer Besitz gewesen. Während dieser sechzigjährigen Zugehörigkeit zu Brandenburg war es von hier vorwiegend mit Ostfalen besiedelt worden, worauf der Name Neubrandenburg noch heute hinweist. Von hier war auch der Baustil der Kirchen, der Bauernhäuser und die Mundart seiner Bewohner geprägt. So entstanden damals Unterschiede zur Bevölkerung Mecklenburg-Schwerins, die sich bis heute erhalten haben. Die Herrschaft Mecklenburg erhielt einen weiteren bedeutenden Machtzuwachs, als König Christoph II. von Dänemark (?/1320–1326/1332) aus Geldmangel die Herrschaft Rostock endgültig 1323 an Heinrich II. übertrug. Außerdem erhielt Heinrich II. von Brandenburg noch die Länder Eldenburg und Wredenhagen und die Stadt Grabow. Weitere Ansprüche auf Rügen, Teile Vorpommerns, der Uckermark und der Prignitz konnten nicht durchgesetzt werden.

Die erfolgreiche Politik Heinrichs II. wurde von seinem Sohn *Albrecht II.* (1318/1329–1379) erfolgreich fortgesetzt. Er zeichnete sich schon früh durch starke Willenskraft aus und führte Mecklenburg zu einer bedeutenden Machtstellung im Ostseeraum, wenn auch nur vorübergehend. Eingeleitet wurde diese Politik durch seine Heirat mit Euphemia, der Schwester des Königs Magnus II. von Schweden, wodurch spätere Ansprüche auf den schwedischen Thron durch seinen Sohn Albrecht III. erhoben werden konnten und die Aussicht bestand, daß die Großmacht Schweden-Mecklenburg entscheidend die politische Entwicklung im Ostseegebiet bestimmen würde. Herzog Albrecht II. ergriff im Kampf um den Besitz der Mark Brandenburg zwischen dem Wittelsbacher Ludwig der Bayer (1282/1314–1347) und dem Luxemburger Karl IV. von Böhmen (1316/1346–1378) die Partei des letzteren, so daß Brandenburg an den Luxemburger Kaiser Karl IV. fiel. Zum Dank ernannte dieser ihn und seinen Bruder Johann 1348 zu Herzögen und Reichsfürsten. Sie erhielten ihr Land als Reichslehen, und die brandenburgische Lehnsoberheit über das Land Stargard wurde aufgehoben. Auch Sachsen-Wittenberg verzichtete auf die nur dem Namen nach bestehende frühere sächsische Lehnsoberheit über Mecklenburg. Von größter Bedeutung war der Erwerb der Grafschaft Schwerin, über die infolge des Todes des letzten Grafen Erbstreitigkeiten entstanden. Albrecht erwarb diesen wertvollen Besitz schließlich durch Geldzahlungen, Waffengewalt und aufgrund von Erbverträgen. Schwerin wurde im Laufe der Zeit Wohnsitz der mecklenburgischen Herzöge und gab dem ganzen Land den Namen. Als natürlicher Mittelpunkt bot sich eigentlich Güstrow an, das auch später unter Wallenstein Residenzstadt des ganzen Landes war und in dem bis 1939 alljährlich die Großveranstaltungen der Bauern stattfanden. Die Herzöge führten von nun an auch den Namen „Graf von Schwerin" und nahmen in ihr Allianzwappen den quergeteilten Grafenschild auf. 1372 konnte Albrecht als letzte Erwerbung die Stadt Dömitz mit ihrem Land seinem Herzogtum hinzufügen. Eine Schwächung des mecklenburgischen Herzogtums erfolgte durch die Erbteilung zwischen Albrecht und seinem Bruder Johann 1352 und 1355. Johann erhielt Stargard mit seinen Nebenländern und begründete damit die Teilung des Herzogshauses in eine Schweriner und Stargarder Linie. Der große Versuch, Schweden und Mecklenburg durch Personalunion zu verbinden und zur beherrschenden Macht im Ostseegebiet zu machen, scheiterte. Die schwedischen Adligen und Geistlichen wählten zunächst während der schwedischen Thronwirren Albrechts Sohn zum schwedischen König. Albrecht begleitete seinen Sohn mit einem Heer nach Schweden, wo dieser 1364 vom schwedischen Reichstag zum König gewählt wurde. *Albrecht III.* (um 1340/1364–1412) besaß aber nicht die politischen Fähigkeiten seines Vaters. Er konnte die Zuneigung der Schweden nicht gewinnen. Der Königin Margarete von Norwegen und Dänemark gelang es, Schweden zu erobern und Albrecht gefangen zu nehmen. Erst 1393 wurde er freigelassen, nachdem er zuvor auf die schwedische Krone verzichtet hatte. Seine Herrschaft hatte er in Schweden nur behaupten können, solange sein Vater ihn unterstützte.

Auch die Hanse hatte keine Hilfe geleistet, da sie eine Vorherrschaft Mecklenburgs im Ostseeraum befürchtete. Um die drohende Macht der Königin Margarete zu schwächen, eröffneten Wismar und Rostock einen Kaperkrieg gegen Dänemark. Er wurde von Adligen wie auch von wilden Seeräubern geführt. Sie nannten sich

Vitalienbrüder (abgeleitet vom französischen Wort Vitailleurs für Freibeuter)[12]. Der Seekrieg wurde damit zur Seeräuberei. Nach dem Verzicht Albrechts III. auf die schwedische Königskrone und seine Freilassung aus dänischer Gefangenschaft 1393 hörte die Seeräuberei noch lange nicht auf.

Albrecht III. übernahm nun die Regierung seines Herzogtums Mecklenburg. Das 15. Jahrhundert führte zum Niedergang des mecklenburgischen Landes. Die Räubereien der Vitalienbrüder veranlaßten einflußreiche Adlige zur Nachahmung auf dem Lande und zum hemmungslosen Kampf um Besitz und Macht. Sie überfielen vornehmlich die Kaufmannszüge der Städte, die reich geworden und daher nach mehr Unabhängigkeit und politischem Einfluß strebten. Sogar der Herzog Johann wurde von dem Brandenburger Quitzow überrascht und gefangen genommen. Selbst die mecklenburgischen Fürsten scheuten sich nicht, Lübecker Kaufleute zu überfallen und auszurauben. Auch die reichen Hansestädte wurden von sozialen Unruhen erschüttert. Die Zünfte und unteren Volksschichten erhoben sich gegen die aristokratischen Schichten vornehmlich der Fernkaufleute, die gewohnheitsmäßig den Rat der Stadt stellten und allein die Verwaltung der Stadt ausübten. Im 15. Jahrhundert erfolgte eine Zusammenführung der einzelnen mecklenburgischen Teilfürstentümer, mehr dem Zufall des Aussterbens einzelner Fürstenlinien zu verdanken als politischer Führungskunst. Als 1436 der Herzog Wilhelm von Wenden (Güstrow-Werle) ohne Erben starb, beanspruchten die zwei Schweriner Herzöge und die zwei Stargarder das Land Werle. Diese vier Herzöge nahmen die Erbhuldigung der Prälaten, Ritter und Städte entgegen und regierten gemeinsam das Land. Nur die Einkünfte wurden geteilt. Aber die brandenburgischen Fürsten Friedrich I. und Friedrich II. machten ebenfalls als Lehnsherrn auf dieses Land Ansprüche geltend, die schließlich 1442 zum Abschluß des Wittstocker Vertrages führten. Friedrich II. verzichtete gegen Zahlung einer erheblichen Geldsumme auf seinen Anspruch, ließ sich aber im Falle des Erlöschens der mecklenburgischen Fürstengeschlechter sein Erbrecht auf das ganze Land Mecklenburg ausdrücklich bestätigen. Die Hohenzollern erlangten dadurch das Recht, sich in die inneren Verhältnisse Mecklenburgs bis 1918 einzumischen.

Verhängnisvoll war die lange Regierungszeit *Heinrichs IV.* des Dicken (1417/1436–1477) für das Land. Unaufhörliche Fehden der Adelsgeschlechter untereinander und gegen die Städte, an denen auch die Herzöge teilnahmen, wachsende Schulden der Fürsten und daher Verpfändungen von Vogteien und fürstlichen Rechten an den Adel, Plünderungszüge in das Nachbarland, vor allem Verwüstungen der schutzlosen Bauerndörfer des Feindes waren an der Tagesordnung. Nach dem Tode seines Bruders war Heinrich Alleinherrscher, er hinterließ ein hoffnungslos zerrüttetes Land. Ein unverdienter Glücksfall führte schließlich zur vollständigen Vereinigung der alten Abodritenherrschaft. Der Herzog *Ulrich II.* (?/1466–1471) von Stargard starb ohne männliche Erben und sein Land fiel damit 1471 ohne Widerspruch an Mecklenburg-Schwerin. Mecklenburg hatte damit die geschichtliche Grenze und Einheit erreicht, die spätere Erbschaftsteilungen nicht mehr gefährden konnten. Nur die Bistümer des Landes Schwerin und Ratzeburg bewahrten noch bis zur Reformation ihre Selbständigkeit.

Eine Besserung der Lage erfolgte durch die energische Politik Heinrichs IV. Sohn *Magnus II.* (1441/1477–1503), eines der fähigsten Fürsten Mecklenburgs. Er verstand es, die Schuldenwirtschaft seines Vaters zu beenden und die verpfändeten

Vogteien wieder einzulösen. Ihm gelang es auch, die Sicherheit der Landstraßen wieder herzustellen. Sein Hauptverdienst bestand darin, daß er durch eine beharrliche Verwaltungs-, Finanz- und Wirtschaftsreform das Ansehen der fürstlichen Führung unabhängig von den erstarkenden Ständen entscheidend stärkte. Er war der erste Fürst Mecklenburgs, der versuchte, den Staat im Sinne des Absolutismus zu leiten und die locker verbundenen, nach mittelalterlicher Weise und dezentralistisch regierten Teile des Landes zu einem modernen zentralistisch geleiteten Staat zusammenzufassen. Den Städten und Ständen gegenüber betonte er die Macht des Landesfürsten. Das römische Recht beeinflußte jetzt auch das Staatsrecht, und die Entstehung des absolutistischen Staates in Mecklenburg schien Fortschritte zu machen. Leider gelang der Versuch nicht. Die finanzielle Erholung der Staatsfinanzen machte erhebliche Fortschritte und stärkte daher die Unabhängigkeit der Fürsten. Es entstand ein Berufsbeamtentum, das für die Entwicklung zum modernen Staat von großer Bedeutung war. Vorwiegend waren fortan Juristen die Berater des Herzogs. Die kleineren Bistümer konnten wegen ihrer politischen Struktur und geringen finanziellen Mittel mit dieser Entwicklung zum modernen Staat nicht Schritt halten und gerieten daher zunehmend unter seinen politischen Einfluß. Diese Entwicklung wurde durch das Recht der Schirmvogtei begünstigt, das die mecklenburgischen Fürsten über die Bistümer Ratzeburg und Schwerin für sich beanspruchten und über deren Bischöfe in ihrer zuweilen bedrängten Lage in Anspruch nahmen. Hieraus machten die Schweriner Herzöge den Anspruch geltend, über die Bistümer ein Obereigentumsrecht zu besitzen.

Herzog Magnus II. versuchte vor allem, die Stifte Schwerin und Ratzeburg praktisch seinem Land einzuverleiben. 1494 forderte er vom Schweriner Bischof einen Beitrag zur Kaiserbede, und 1514 wurde dieser gezwungen, 500 Mark Lüb. zur Landessteuer beizutragen. Das Schweriner Bistum, das sich wegen seiner Kleinheit und weil es vom Schweriner Herzogtum umschlossen war, nicht dem politischen Druck des stärkeren Fürstentums entziehen konnte, war am Ende des 15. Jahrhunderts schon eine mecklenburgische Sekundogenitur. Z.B. war der Schweriner Bischof Balthasar (1451/1480–1507) ein Sohn Heinrichs IV. und ein Bruder von Magnus II. Nach 1515 übten die Herzöge einen entscheidenden Einfluß auf die Bildung des Domkapitels und damit auf die Wahl des Bischofs aus. Auch zwang die schlechte Finanzlage z.B. des Bistums Schwerin, Teile des Stiftes und Rechte der Landeshoheit zu verpfänden oder gar zu verkaufen. 1565 nahmen daher die mecklenburgischen Herzöge das Bistum Schwerin unter ihren Schutz und Schirm und bestätigten seine Privilegien. 1517 war schon das Bistum Ratzeburg gegen den Herzog von Lauenburg in Schutz genommen worden, und die Bischöfe hatten hierfür finanzielle Zahlungen zu leisten. Auch die Klöster waren zunehmend unter staatlichen Einfluß geraten. Die Entwicklung um 1500 hatte zur Aufgabe der Reichsunmittelbarkeit der mecklenburgischen Bistümer geführt. Der Schweriner Bischof Peter Wolkow willigte 1514 ein, daß sein Stift beim Kaiser vom Herzog vertreten wurde und verzichtete damit tatsächlich auf die Reichsunmittelbarkeit des Bistums.

Am Ausgang der glanzvollen mittelalterlichen Geschichte Mecklenburgs hat dieses Land auf kulturellem Gebiet mit der Gründung der *Universität Rostock* 1419 noch eine erstaunliche, hervorragende Leistung erbracht. Sie war eine „Spätblüte der großen mittelalterlichen europäischen Stadtkultur" im Ostseeraum der Hanse.

Sie verdankt ihre Gründung dem Herzog Albrecht V. (?/1412–1423) als Landesherrn, der Stadt Rostock, die wirtschaftlich ihr Bestehen ermöglichte, und dem Schweriner Bischof als Vertreter der Kirche. In Rostock entstand eine der ältesten deutschen Hochschulen, die erste im Ostseegebiet, eine Stätte der freien Entfaltung von Forschung und Lehre, die nicht an ein Kloster gebunden war. Es war eine hansische Universität, die die wissenschaftliche Entwicklung in Norddeutschland und den skandinavischen Ländern entscheidend prägte. Von 1419–1625 studierten allein 1238 Westfalen in Rostock und der zweite Rektor in Rostock war der Soester Johannes Vos. Die Universität Rostock hat trotz mancher folgender Zeiten ihres Niederganges eine erstaunliche Lebenskraft bewiesen und ihr hohes Ansehen vor allem in den skandinavischen Ländern bis in die Neuzeit bewahrt[13].

Die Zeit der Reformation

Zu Beginn des 16. Jahrhunderts war das politische, soziale und religiöse Leben in Mecklenburg wie im Reich von starken Spannungen erfüllt. In den größeren Städten Wismar und Rostock kam es zu Unruhen der großen Masse vornehmlich der Zünfte und unteren Bürgerschaft gegen den Rat der herrschenden Oberschicht der Fernkaufleute. Der neue Buchdruck war in nie geahnter Weise in der Lage, umstürzlerische Ideen im Volk zu verbreiten. Wiclifsche und hussitische Wanderprediger tauchten schon früh in Wismar und Rostock auf. In Rostock bildete sich bald eine hussitische Gemeinde, die einen Kellerraum für ihre Zusammenkünfte benutzte. Auch an der Universität fand der Humanismus Eingang. Er wandte sich vor allem gegen den Ablaßhandel. Die ersten Predigten im Sinne Luthers wurden schon 1526 von früheren katholischen Geistlichen in Rostock gehalten, vor allem von Joachim Slüter. Er war 1490 in Dömitz geboren, hatte 1516 in Rostock studiert und predigte seit 1523 in der Marienkirche. Die Schriften Luthers hatten ihn für die Reformation gewonnen. Durch seine volkstümlichen Predigten, in plattdeutscher Sprache gehalten, gewann er eine so große Anhängerzahl, daß selbst die Petrikirche die Zahl der Zuhörer nicht mehr aufnehmen konnte. Seine Feinde waren vorwiegend in der Universität, der noch dem alten Glauben anhängenden Priesterschaft und im Rat der Stadt. Am 1. April 1531 verfügte schließlich der Rat, daß in vier Kirchen evangelischer Gottesdienst stattfinden sollte, womit die Reformation in Rostock gesiegt hatte. Slüters Denkmal bei der Petrikirche erinnert noch heute an diesen tapferen Vertreter der Reformation. Seit 1524 traten auch in anderen mecklenburgischen Städten evangelische Prediger auf. Besonders aus den Klöstern entlaufene Mönche verkündeten in großer Zahl die neue Lehre. Die Herzöge waren zunächst sehr vorsichtig und neigten nur geheim der neuen Lehre zu. Der Administrator Magnus, den Titel führten nach der Reformation die jetzigen „Bischöfe" des Stiftes Schwerin, empfing nicht mehr die bischöfliche Weihe, leistete dem Papst keinen Treueid und führte um 1540 die lutherische Lehre in seinem früheren Bistum ein. Nur der Schweriner Dom blieb infolge des Widerstandes der dortigen Geistlichen eine Stätte der alten Lehre. Im Landesteil des Herzogs Heinrich von Mecklenburg-Schwerin, der der neuen Lehre zuneigte, wurden ein Katechismus in plattdeutscher Sprache und eine neue Kirchenordnung eingeführt. Manche führende Schichten in Mecklenburg neigten der neuen Lehre in der Hoffnung zu, sich an dem säkularisierten Kirchenbesitz bereichern zu können und von kirchlichen Abgaben befreit zu werden. Herzog *Johann Albrecht I.* (1525/ 1547–1576) schrieb einen Landtag der Stände nach Sternberg aus, an dem noch Prälaten, die Vertreter der Universität und auch schon evangelische Geistliche teilnahmen. Am 20. Juni 1549 wurde von dieser Versammlung an der traditionellen Stätte der Sagsdorfer Brücke bei Sternberg die Einführung der Reformation für das ganze Land beschlossen.

Das große reiche Kirchengut, vornehmlich Klöster, wurde zwischen den zwei Herzögen aufgeteilt und führte zu einer erheblichen Vergrößerung des fürstlichen Besitzes. Im Lande gab es vor der Reformation über zwanzig Klöster, deren Grundbesitz ein Viertel des ganzen Landes ausmachte. Die drei Jungfrauenklöster Dobbertin, Malchow und Ribnitz wurden den Ständen „als Entgeld" für eine mögliche Bezahlung fürstlicher Schulden überlassen.

Neben dem Wechsel des religiösen Bekenntnisses und der damit zusammenhängenden Aufteilung des kirchlichen Besitzes, der verhängnisvollen Änderung der rechtlichen und wirtschaftlichen Lage der Bauern war die endgültige Festigung der landständischen Verfassung in der Zeit der Reformation und des Dreißigjährigen Krieges für die politische Entwicklung des Landes von entscheidender Bedeutung. Der wachsende Einfluß des Adels und der wichtigsten Städte geht schon in die Zeit der Kolonisation zurück. Als Grundherrn besaßen die Adligen gewisse Rechte, z. B. das der Gerichtsbarkeit und der Polizeigewalt auf den Dörfern. Der Fürst konnte sich bei Steuerforderungen nur über den Grundherrn an die Bauern wenden. Entscheidend waren die Privilegien, die dem Adel von den Fürsten infolge ihrer dauernden finanziellen Nöte gewährt wurden. Für die endlosen Fehden und Kriege der Fürsten reichten die Einnahmen aus Beden, Zöllen, der hohen Gerichtsbarkeit, den Domänen und außerordentlichen Bewilligungen des Adels und der Städte nicht aus. Die Herzöge veräußerten daher immer häufiger Hoheitsrechte und Grundbesitz. So kauften z. B. die von Plessen, von Preen und von Stralendorf 1318 die ganze Insel Poel und sieben Dörfer an der gegenüberliegenden Küste mit allen Rechten wie hohe und niedere Gerichtsbarkeit, Bede und Verpflichtung zur Heeresfolge. Auf dem Landtag 1549 bei Sternberg erhielten nach langen Verhandlungen die Stände das Recht der dauernden Steuerbewilligung, und 1572 wurden ihnen die Klöster Ribnitz, Dobbertin und Malchow als dauerndes Eigentum übergeben, wofür sie die Bezahlung der fürstlichen Schulden übernahmen. Der Adel behauptete, ein Anrecht auf diese Klöster mit ihrem großen Landbesitz zu haben, da seine Vorfahren bei ihrer Gründung erhebliche Stiftungen an Ländereien gemacht hätten. Die 1549 an der Übergabe der Klöster beteiligten Adligen bezeichneten sich fortan als die eingeborenen und allein an der Nutznießung der Klöster berechtigten. Später nach Mecklenburg verzogene Adlige bildeten den recipierten Adel mit weniger Vorrechten. Die Klöster waren Sinekuren für die unverheirateten Töchter des Adels und einige Töchter mecklenburgischer Bürgermeister. Die Stände willigten jetzt ein, freiwillig Beiträge zur Deckung der landesherrlichen Verbindlichkeiten zu entrichten.

Herzog Johann Albrecht I. war ein sehr tüchtiger Regent. Ausgezeichnete Professoren wurden von ihm an die Landesuniversität berufen, neue Lateinschulen wie die Domschule in Güstrow 1552, die Fürstenschule in Schwerin 1533 und die Lateinschule in Parchim 1564 wurden gegründet. Bedeutende Baumeister wie die

Gebrüder Parr führten einen Erweiterungsbau des Schweriner Schlosses durch und erbauten den Wismarschen Fürstenhof im Stile der italienischen Frührenaissance. Herzog *Ulrich,* Nachfolger Johann Albrechts, regierte von 1555–1603 und ließ das Güstrower Renaissanceschloß erbauen.

Unter den Herzögen *Adolf Friedrich I.* von Mecklenburg-Schwerin (1588/1592–1658) und *Johann Albrecht II.* von Mecklenburg-Güstrow (1590/1611–1636) wurde ein eigener dauernder Ausschuß der Stände 1621 zur Begleichung der fürstlichen Schulden geschaffen. Ihm gehörten 3 Landmarschälle, 7 Landräte, 6 Ritter und 5 städtische Vertreter an. 1621 wurde Mecklenburg wiederum in die Herzogtümer Schwerin und Güstrow geteilt. Es blieben aber gemeinsam ein Konsistorium der Landeskirche, das Hof- und Landgericht, der Landtag und die Universität mit der Stadt Rostock. Die Einheit des Landes Mecklenburg blieb erhalten, wofür sich besonders die Stände einsetzten, die nur, so nahmen sie an, in einem größeren Verband ihre Rechte bewahren konnten. Leider wurde das Recht der Primogenitur nicht besonders für das Land bestimmt.

Bei Ausbruch des *Dreißigjährigen Krieges* schwankten die mecklenburgischen Herzöge unentschlossen zwischen den beiden Parteien, bis schließlich *Wallenstein* (1583–1634) mit seinen Truppen das Land besetzte. Der Kaiser Ferdinand II. setzte die Herzöge wegen Hochverrats ab und belehnte 1629 Wallenstein erblich mit Mecklenburg, der feierlich seinen Einzug in seine Residenz Güstrow hielt. Auch die geistlichen Stifte wurden wie die Klöster eingezogen. Die landständische Verfassung blieb der Form nach bestehen, aber Widerstand gegen Wallensteins Regierung war aussichtslos. Wallenstein hat während seiner nur dreijährigen Regierung sehr weitreichende Reformen in diesem in mancher Beziehung schon rückständigen Land durchgeführt. Er schuf ein Kabinett aus 4 Räten, die nicht aus Mecklenburg stammten. Die Justiz wurde von der Verwaltung getrennt und neue Gerichte wurden geschaffen, die Post durch schnellere Nachrichtendienste modernisiert. Jedes Kirchspiel mußte für die Armen ein Armenhaus bauen und für seine Bewohner sorgen. In Neustadt wurde das dortige Eisenwerk finanziell unterstützt, da es Waffen herstellte. Ruhe und Sicherheit kehrten im Land wieder ein. Besonders die Universität Rostock erhielt eine reichlichere finanzielle Unterstützung. Die lutherische Kirche wurde nicht unterdrückt; nur in den Schloßkirchen von Güstrow und Schwerin wurde der katholische Gottesdienst wieder eingeführt. Einige junge mecklenburgische Adlige mußten die von Wallenstein gegründete Jesuiten-Ritterakademie in Gitschin besuchen. Eine ähnliche Erziehungsanstalt wurde in Güstrow gegründet. Wallenstein hat mit staatsmännischem Geschick Mecklenburg – leider nur zu kurz – verwaltet. Durch seine straffe Ordnung wurden Handel und Gewerbe neu belebt. Seine Regierungszeit war die ruhigste für das Land während des Dreißigjährigen Krieges. Schon im Juli 1629 verließ er das Land für immer. Die Herzöge kehrten nun mit den Schweden aus ihrer Verbannung nach Mecklenburg zurück und nahmen Rache an den Adligen, die mit Wallenstein zusammengearbeitet hatten. Alle Reformen Wallensteins wurden wieder aufgehoben und die alte Rückständigkeit wieder hergestellt. Sogar der von Wallenstein erbaute Flügel des Güstrower Schlosses wurde wieder abgerissen. Während des folgenden Krieges waren kaiserliche und schwedische Truppen im Land und verwüsteten es furchtbar. Viele Dörfer wurden niedergebrannt und menschenleer. Die Bauern, soweit sie nicht in die Städte flohen oder verhungerten, suchten z. T.

in Schleswig-Holstein Sicherheit. Der Viehbestand war auf ein Minimum zusammengeschmolzen. Die Bürger der Stadt Laage flohen vor den marodierenden Soldaten nach Rostock. 1637/38 wurde Laage zerstört und erst zwei Jahre später begannen 16 Bürger mit seinem Wiederaufbau. Hungersnot, Krankheiten und Seuchen verringerten die Bevölkerung. Von 300 000 Bewohnern des Landes überlebten nur 50 000. Mecklenburg war eins der ärmsten Länder des Reiches geworden.

Die Vollendung des mecklenburgischen Ständestaates

Im Frieden 1648 wurde die Macht der Landesfürsten sehr gestärkt, da sie dem Kaiser und den Ständen ihres Landes gegenüber die völlige Unabhängigkeit erhielten. Sie strebten daher nach einer absolutistischen Alleinherrschaft und versuchten, den Einfluß der Stände zu brechen. In Mecklenburg gelang ihnen dies im Gegensatz zu den meisten Staaten nicht, da hier die Stände sich leidenschaftlich gegen die Allmacht der Fürsten auflehnten und energisch ihre Rechte verteidigten. In den übrigen deutschen Staaten regierten fortan die Fürsten absolut, bis im 19. Jahrhundert repräsentative Verfassungen die Mitbestimmung des Volkes sicherten. 1658 starb Herzog *Adolf Friedrich I.* von Mecklenburg-Schwerin, der während der langen Zeit seiner Regierung die Schrecken des Dreißigjährigen Krieges, z. T. in der Verbannung, erlebte. Er versäumte es, die Rechte der Stände nach Wallensteins Abzug aus dem Land zu beschränken.

Hier ist ein kurzer Überblick über die rechtliche und wirtschaftliche Lage der mecklenburgischen *Bauern* nach dem Dreißigjährigen Krieg erforderlich. Die ursprünglich guten rechtlichen Verhältnisse der Bauern in der Zeit der Besiedlung Mecklenburgs sind eingangs dargestellt worden. Im Mittelalter war in Mecklenburg der Bauer noch persönlich frei. Seit Ende des 15. Jahrhunderts erfolgte eine allmähliche Verschlechterung seiner Lage, je mehr der Adel an Macht und Einfluß gewann. Die zerrütteten Finanzen der Fürsten erforderten stets neue Steuerbewilligungen durch die Stände, die nur durch Gewährung neuer Privilegien an den Adel zu bekommen waren. In dem Steuerbewilligungsrecht lag fortan die Ursache der folgenden verhängnisvollen Entwicklung. 1555 übernahmen die Stände die herzoglichen Schulden, wodurch die Fürsten in ihre Abhängigkeit gerieten. Die Ritter erhielten nun die Gerichtsbarkeit über die Bauern ihrer Dörfer und verfügten damit über entscheidende Zwangsmittel, eine Entwicklung, die sich schon seit dem Ende des 13. Jahrhunderts langsam angebahnt hatte. Den Grundherren wurde sogar die hohe Gerichtsbarkeit zuerkannt, wodurch die ritterschaftlichen Bauern dem hohen Gericht des Landesherrn nicht mehr unterstanden. Der Gutsbesitzer hatte jetzt auch die polizeiliche Strafgewalt in seinem Dorf erhalten. Im 16. Jahrhundert machte sich auch die Tendenz stärker geltend, den zur Zeit der Kolonisation verhältnismäßig kleinen Grundbesitz des Ritters (2–4 Hufen) zu einer größeren Gutsherrschaft zu entwickeln. Es bildete sich der landwirtschaftliche Großbetrieb, der vornehmlich Getreide und Wolle zum Verkauf erzeugte. Der Ritter, der infolge der Entwicklung auf dem Gebiete des Heerwesens einem friedlichen Beruf nachgehen mußte, wurde Gutsherr, Unternehmer und vielfach Getreidehändler. Unmittelbar nach dem Dreißigjährigen Krieg erfolgte noch keine

Legung der Bauernstellen, da man billige Arbeitskräfte für die Bestellung der Gutsländereien benötigte. Nur die wüsten, unbewohnten Stellen wurden eingezogen. Die bäuerliche Leibeigenschaft und Erbuntertänigkeit wurde erst 1654 in einem Gesetz festgelegt, um das Entweichen der Bauern zu verhindern. Sie waren fortan persönlich wie auch wirtschaftlich unfrei, an den Wohnort gebunden und durften ohne Genehmigung des Gutsherrn nicht heiraten. Dieser war jedoch verpflichtet, im Falle der Krankheit oder des Alters für seine Bauern zu sorgen. Der Bauer konnte aber nicht verkauft werden wie ein Sklave, sondern nur der Hof mit den Bauern, da er ja an „die Scholle gebunden" (glebae adscripti) war und keine Freizügigkeit besaß. Für die weitere soziale Geschichte der Landbevölkerung war die Einführung einer neuen Wirtschaftsform, der Holsteinischen Koppelwirtschaft, verhängnisvoll, die man an Stelle der früheren Dreifelderwirtschaft (Wechsel von Brache, Sommer- und Wintergetreideanbau) zum Zwecke der intensiveren Bodennutzung und einer höheren Ertragswirtschaft einführte. Man teilte nun die gesamte Flur in Koppeln, woraus sich die mecklenburgische Schlagwirtschaft entwickelte (7–12 Schläge abwechselnd mit Brache, Sommergetreide, Brache mit Stalldung gemistet, Wintergetreide, Sommergetreide oder Erbsen, Weide). Die Kornfelder konnten jetzt um das Doppelte vergrößert und durch bessere Bodenbestellung eine Steigerung der Erträge, vor allem der Weizenerträge und der Rinderzucht, erzielt werden. Diese neue Wirtschaftsweise war nur möglich, wenn der ritterliche Besitz eine zusammenhängende Fläche bildete und nicht in einer Gemengelage mit dem bäuerlichen Land lag. So folgte nun nach dem Dreißigjährigen Krieg die rücksichtslose Legung der Bauernstellen, die die mecklenburgischen Herzöge im Landesgrundgesetzlichen Erbvergleich 1755 ausdrücklich als gutsherrliches Recht anerkannten. Ganze Bauerndörfer konnten fortan bis auf 2–4 Stellen dem Gutsbesitz zugeschlagen werden. Die besitzenden Bauern wurden nun zu besitzlosen, zu *Landarbeitern* hinabgedrückt. Die Gutsherrschaft mit ihren großen Besitzungen hatte sich vorwiegend in Mecklenburg und Pommern gebildet, die im Dreißigjährigen Krieg die größten Menschenverluste erlitten hatten. Ähnliche Zustände hatten sich übrigens auch in einigen anderen deutschen Ländern herausgebildet. In Preußen hatte der durch die Einführung des Absolutismus erstarkte Landesherr durch sein stehendes Heer die Macht und den Widerstand des Adels eingedämmt. Er mußte die Bauern schützen, da sie die Soldaten stellten. Es wurde ein Kompromiß geschlossen. Der Adel behielt seine Macht über die Bauern, verzichtete aber auf seine politische Mitbestimmung. Im 17. Jahrhundert zählte man im Gebiet der Ritterschaft in Mecklenburg noch 12 000 Bauernstellen. 1729 war ihre Zahl schon auf 6235 zusammengeschmolzen, 1755 auf 4900 und 1794 waren nur noch 1953 Bauernstellen vorhanden. Zwischen 1755 und 1782 verschwanden allein 49 Bauerndörfer von der Landkarte. In dumpfer Resignation ergab sich der ritterschaftliche Bauer seinem Schicksal! Fritz Reuter geißelte in seinem Werk „Kein Hüsing" in ergreifender Weise diese schlechten sozialen Verhältnisse der Landarbeiter auf den Gütern.

Auf Herzog Adolf Friedrich folgte sein Sohn *Christian Ludwig I.* (1623/1658–1692), dessen Regierung für Mecklenburg eine glücklose war. Das Land hatte unter den Kriegen fremder Staaten zu leiden, z. B. im Krieg des Schwedenkönigs Karl X. gegen Polen (1655–1660) zogen fremde Truppen durch das Land und forderten Kontributionen für ihren Unterhalt. 1659 verließ der Herzog Christian das Land und lebte längere Zeit am Hofe Ludwigs XIV., dessen Beistand er erwartete. Er heiratete nach der Scheidung von seiner ersten Frau eine französische Prinzessin und trat zum katholischen Glauben über. Im Krieg Schweden gegen Brandenburg (Schweden war mit Ludwig XIV. von Frankreich verbündet und wurde bei Fehrbellin 1675 von dem Großen Kurfürsten entscheidend geschlagen) zogen ebenfalls fremde Truppen durch das Land und mußten unterhalten werden. Da der Herzog Christian durch seine aufwendige Lebensweise in Paris stark verschuldet war und Gelder von den Ständen forderte, wurden lange Prozesse in Wien vor dem Kaiser geführt. Als 1695 die Güstrower Herzogslinie ausstarb, kam es 1701 zum *Hamburger Vergleich* zwischen den streitenden Herzögen, in dem das Herzogtum Mecklenburg-Strelitz geschaffen wurde, bestehend aus dem Kernland Stargard und dem Fürstentum Ratzeburg, durch das der Herzog von Mecklenburg-Strelitz Sitz und Stimme auf den Reichstagen erhielt. Es war die letzte Teilung des Landes. Mecklenburg-Strelitz bestand fortan aus zwei voneinander getrennten Teilen. Beim Aussterben der einen mecklenburgischen Fürstenlinie sollte die andere alleinige Erbin des ganzen Landes sein. Dieser Fall trat 1918 ein. Um weitere Erbstreitigkeiten mit ihren Landesteilungen zu verhindern, wurde für ganz Mecklenburg und für alle Zeiten die Erstgeburtserbfolge bestimmt.

Der Strelitzer Herzog *Adolf Friedrich II.* (1658/1701–1708) war sehr bestrebt, den Wohlstand seines Landes zu fördern. Er begünstigte den Tabak- und Hopfenanbau, das Wollweber- und Tuchmachergewerbe und die Glasfabrikation. Auch sorgte er für den Export der einheimischen Waren ins Ausland. Herzog *Adolf Friedrich III.* (1686/1708–1752) verlegte nach dem Brand seines Schlosses in Strelitz 1712 die Residenz nach Neustrelitz, wo ein neues Schloß erbaut wurde. In Schwerin regierte von 1713–1747 *Karl Leopold* (1678/1713–1747), ein brutaler, gewissenloser Fürst, der seinem Land schweres Unglück brachte. Grenzenlose Genußsucht, hemmungsloser Jähzorn und Uneinsichtigkeit waren seine besonders minderwertigen Charaktereigenschaften. Er heiratete in Danzig eine russische Prinzessin, um die Hilfe Peters des Großen gegen die Stände zu gewinnen. Dieser kam selbst nach Schwerin mit russischen Truppen, deren Verpflegung das Land übernehmen mußte. Karl Leopold versuchte nun, den Absolutismus einzuführen, indem er ein stehendes Heer aufstellte und den Beistand der Bauern durch ihre Befreiung von der Leibeigenschaft und Vererbpachtung ihrer Höfe zu gewinnen hoffte. Die Bauern sollten hierfür eine erhebliche Geldzahlung aufbringen, die sie aber nicht leisten konnten. Die widerstrebenden Adligen wurden zu Rebellen erklärt und ihre Güter eingezogen. Viele Rittergutsbesitzer flohen in die benachbarten Länder. Die Stände wandten sich an den Kaiser um Hilfe. Eine kaiserliche Kommission mit dem Sitz in Rostock verwaltete das Land seit 1719 und bestätigte die alten Rechte der Stände. Der Herzog lebte fortan in der Festung Dömitz, wo er mit unerhörter Grausamkeit regierte, z. B. wurde der Bürgermeister der Stadt aus Argwohn gefoltert und getötet und auch des Herzogs nächste Berater. Als Karl Leopold 1728 durch Verfügung des Reichshofrates in Wien von seinem Amt als Herzog suspendiert wurde, rief er zu einer allgemeinen Volkserhebung auf. Es waren jetzt besonders die Bauern, die ihm zu Hilfe kamen. Auch fand er Unterstützung bei Förstern und vor allem bei der Geistlichkeit, die seinen Aufruf von der Kanzel verlas. Die ungeordneten Haufen der Bauern, oft mehrere 100 Mann stark, sammelten sich in den kleinen Städten und nahmen sogar Güstrow ein. Die vom Kaiser zur Durchführung der Reichsexekution ins Land gerufenen hannoverschen Truppen zersprengten leicht diese schlecht geführten Bauernhaufen. Damit war der einzige und verspätete Bauernaufstand in Mecklenburg niedergeschlagen. Auch preußische Truppen rückten in Mecklenburg ein und führten eine rücksichtslose Soldatenwerbung durch. Die Folgen der Regierung Karl Leopolds für Mecklenburg waren verhängnisvoll, da Rechtlosigkeit und Räuberbanden das Leben der ruhigen, arbeitsamen Bevölkerung hemmten. Die Ritter schalteten auf ihren Gütern fortan nur nach ihrem Willen und Vorteil.

Nach langen Verhandlungen einigte sich der neue Herzog *Christian Ludwig II.* (1683/1747–1756) mit den Ständen, die die Einheit dieser beiden Herzogtümer aufrecht erhalten wollten. Es wurde der Landesgrundgesetzliche Erbvergleich 1755 geschlossen, der vorwiegend ein Finanzgesetz war. Die Lasten der Staatsverwaltung und des herzoglichen Hofes wurden zunächst aus den Einkünften des Domaniums bestritten, in dem der Landesherr absolut regierte, und dann durch zusätzliche Bewilligungen der Stände. Jetzt wurden den Ständen sämtliche früheren Rechte und Freiheiten ausdrücklich von den Herzögen zugesichert. Damit wurde Mecklenburg bis 1918 verfassungsrechtlich in das Domanium (fürstlicher Besitz, 4/9 des Landes), das ritterschaftliche Gebiet (Güter der adligen und bürgerlichen Gutsbesitzer, ebenfalls 4/9 der Herzogtümer) und die Städte (1/9 des Staatsgebietes) aufgeteilt. Für die Ritterschaft und die Städte wurden auf den Landtagen die Gesetze beschlossen. Zu ihnen wurde nicht gewählt, sondern der Besitz eines Rittergutes bedeutete Sitz und Stimme im Landtag. Parteien gab es in ihnen nicht. Die Vertreter der Städte, die Bürgermeister, neigten mehr liberalen, die Ritter konservativen Richtungen zu. In der Ritterschaft, ursprünglich vom Adel gebildet, nahm dessen Zahl ständig ab. 1840 überwogen in Mecklenburg-Schwerin schon die bürgerlichen Gutsbesitzer. Die Steuergesetze begünstigten den Großgrundbesitz, da die Hälfte der ritterschaftlichen Hufen nicht besteuert wurde. Kaum 1000 Mecklenburger entschieden über die Gesetze und Verwaltung des Landes. Die Stände hielten an der Einheit beider Fürstentümer fest. Die Leitung der Geschäfte der Ritterschaft und Landschaft auf dem Landtag hatte der engere Ausschuß, der aus Vertretern der Ritterschaft und der Städte bestand. Die Landtage tagten abwechselnd in Malchin (Herzogtum Werle-Güstrow) und Sternberg (Herzogtum Schwerin). Eröffnet wurden sie durch einen herzoglichen Kommissar. Der Herzog nahm nicht an den Sitzungen teil. Das wichtigste Recht der Stände war das Steuerbewilligungsrecht, ferner hatte der Landtag seine Zustimmung zu den Landesgesetzen zu geben, und vor allem war sein Einfluß auf die Verwaltung der Kirche sehr groß. Als ein besonderes Privileg verteidigte der Adel, der alt eingesessene und der jüngere, der der recipierte, seinen Besitz der Klöster Dobbertin, Malchow und Ribnitz. In ihnen fanden die unverheirateten Töchter des Adels sicheren Lebensunterhalt. Für einige bürgerliche Töchter der Bürgermeister war ebenfalls in ihnen gesorgt. In Not geratene Adlige verwalteten die Ämter des Klosterhauptmannes und der Provisoren, bis sich ihre finanzielle Lage gebessert hatte. Die Klöster blieben Eigentum des Adels.

Im Landesgrundgesetzlichen Erbvergleich wurde die *Leibeigenschaft* der Bauern nochmals gesetzlich festgesetzt. Die Gutsbesitzer erhielten nochmals das Recht, die Bauernstellen zu legen. Nur die gänzliche Niederlegung von ganzen Dörfern sollte allein mit Zustimmung des Landesherrn und des Engeren Ausschusses erlaubt sein. Eine Ausnahme in der Entwicklung zur Recht- und Besitzlosigkeit nahmen die Bauern des Dorfes Niendorf bei Boizenburg ein. Das Dorf hatte der adligen Familie von Sprengel im Mittelalter gehört. Die Familie geriet in große wirtschaftliche Schwierigkeiten, so daß ihr Besitz verkauft werden mußte. 23 Niendorfer Bauern kauften 1762 aus der Konkursmasse von dem Generalmajor Freiherrn von dem Knesebeck für 38 000 Taler 2/3 des Dorfes Niendorf und das benachbarte Gut Steder. Den Boden teilten die Bauern unter sich zwischen 1788 und 1793. Das Gutshaus in Steder wurde abgerissen, und die Bauern zahlten ein Verbittelgeld (Art Steuer). Durch den Besitz des adligen Gutes war die Bauerngemeinde berechtigt, sich auf dem Landtag durch ihren Schulzen vertreten zu lassen. Die Bauern der Nachbardörfer spotteten: „De Niendörper sünd halve Edellüd!"[14] Es gab außerdem noch 5 freie Bauernschaften, die den Gutsherren ihre gutsherrlichen Rechte abgekauft hatten. Trotz der Notlage der Bauern erfolgte in der Mitte des 18. Jahrhunderts ein gewisser wirtschaftlicher Aufschwung, und die Bevölkerung nahm wieder bis auf 150 000 zu. Auch die Seezölle, die Schweden seit 1648 zustanden, hörten 1748 auf, was den Außenhandel sehr erleichterte.

1650 wurde durch eine Verordnung der beiden Herzogtümer bestimmt, daß auf den Dörfern der Pastor oder der Küster mit seiner Frau Schule halten und Knaben im Katechismus, Gebet, Lesen, Schreiben, Rechnen und Nähen unterrichten sollten, damit „sie nicht wie das Vieh aufwachsen". Der Unterricht sollte nur von Michaelis bis Ostern stattfinden, um die Kinder für landwirtschaftliche Arbeiten einsetzen zu können. Die Küster waren meistens zugleich Handwerker. Die Erhaltung der Schule war Pflicht der Gemeinde. Nach dem Landesgrundgesetzlichen Erbvergleich kam die Schule in den Rittergütern ganz unter die Herrschaft der Besitzer und wurde auf einem sehr niedrigen Niveau bis 1918 gehalten.

Mecklenburg zur Zeit Friedrichs des Großen und Napoleons I.

Im Vergleich zu Brandenburg-Preußen war Mecklenburg zur Zeit Friedrichs des Großen ein kleiner, vor allem militärisch schwacher Staat, da es ihm an einem stehenden Heer fehlte. Mecklenburg besaß zu Beginn seiner Geschichte die Voraussetzungen, eine entscheidendere Machtstellung als Brandenburg in Norddeutschland einzunehmen. Sein Land war fruchtbarer als das der „Reichsstreusandbüchse", seine Lage an der Ostsee ermöglichte eine ausgreifende Machtpolitik, unterstützt vor allem durch die zwei erstarkenden Hansestädte Wismar und Rostock. Als 1419 die Universität Rostock gegründet war, bildete sie ein geistiges Zentrum im Ostseeraum. Dem gegenüber war Brandenburg lange Jahrhunderte in Mitteldeutschland eingeschlossen und besaß vor allem in Sachsen einen ursprünglich überlegenen Nachbarn. Mecklenburg verlor seine günstigen Voraussetzungen für die Bildung eines einflußreicheren, machtvollen Staates durch andauernde, kräfteverschleißende Kämpfe mit den Ständen, stete Erbstreitigkeiten und Teilungen des Landes unter den mecklenburgischen Fürstengeschlechtern und Versagen der Fürsten in entscheidenden Phasen seiner Geschichte. Als 1415 die Hohenzollern mit dem Kurfürstentum Brandenburg belehnt wurden und es unter ihrer Herrschaft an Macht gewann, geriet Mecklenburg zunehmend unter den Einfluß seines südlichen Nachbarn. Seine Politik wurde fortan durch Angst und Argwohn vor der Einverleibung durch Brandenburg-Preußen bestimmt. Als Brandenburgs Hohenzollern 1614 durch Heirat in den Besitz der westelbischen Gebiete Kleve, Mark und Ravensberg gelangten, 1618 Ostpreußen mit Brandenburg verbanden und 1648 Hinterpommern mit dem Bistum Kammin erhielten, war Mecklenburgs Unterlegenheit gegenüber diesem mächtigen Nachbarn hoffnungslos. Nur durch eine sehr kluge Politik konnte es seine Selbständigkeit bis zu einem gewissen Grade behaupten. Von großer Bedeutung für die zukünftigen Beziehungen beider Länder war der *Wittstocker Vertrag* vom 12. April 1442, nach dem im Falle des Aussterbens des mecklenburgischen Herzoghauses in der männlichen Linie das ganze Land an Brandenburg fallen sollte. Die mecklenburgischen Stände hatten diesen Vertrag durch ihre Eventualhuldigung vor hohenzollernschen Abgesandten anerkannt. Durch dieses Abkommen hatten die Hohenzollern die Möglichkeit, sich wiederholt in die inneren Angelegenheiten Mecklenburgs einzumischen und z. B. noch im 19. Jahrhundert die notwendige mecklenburgische Verfassungsreform zu verhindern. Zur Zeit der Wirren um Herzog Leopold hatten preußische Truppen Teile Südmecklenburgs, die Ämter Parchim, Plau und Lübz besetzt, und ihre Werber zwangen im Land jeden, den sie zum Soldatendienst für tauglich hielten, zum Eintritt in die preußische Armee. 1740 wurde Friedrich II., der Große, König von Preußen. Von Rheinsberg aus hatte er wiederholt die Strelitzer Herzogsfamilie in Mirow und in Neustrelitz besucht, wo vom Herzog Adolf Friedrich II. das neue Schloß erbaut worden war. Herzliche Beziehungen hatten sich daraus aber nicht entwickelt, da in Mecklenburg wegen der willkürlichen preußischen Werbungen eine preußenfeindliche Stimmung entstanden war. Nach dem 1. Schlesischen Krieg hatten preußische Zieten-Husaren die Städte Parchim, Plau und Lübz zur Sicherung des preußischen Pfandbesitzes in Südmecklenburg besetzt. Von Mitte Oktober bis Ende November 1743 wurden allein 194 Männer von preußischen Werbern nach Parchim geschleppt und verschiedenen preußischen Regimentern als Rekruten zugeteilt. Zu Beginn des Siebenjährigen Krieges war in Deutschland die allgemeine Aussicht, daß Preußen dem übermächtigen Druck seiner Feinde erliegen und aufgeteilt würde. Nun waren auch die mecklenburgischen Fürsten bestrebt, sich ihren Anteil an der Beute zu sichern und alte Ansprüche auf Teile der Uckermark und Prignitz geltend zu machen. Auch hoffte man, von dem mit Preußen verbündeten Hannover das Herzogtum Lauenburg zu erhalten, auf das man Erbansprüche erhob. Nach der militärischen Lage zu urteilen, erschienen diese Ansprüche durchaus realistisch, es handelte sich um keine leichtsinnige Politik des Schweriner Herzogs. Auch wurde ein Vertrag mit Frankreich geschlossen, in dem dieses Mecklenburg militärische Unterstützung versprach und ihm hierfür ein freier Durchzug seiner Truppen durch Mecklenburg erlaubt wurde. Der Strelitzer Herzog *Adolf Friedrich IV.* (1738/1752–1794) hingegen blieb neutral, konnte aber trotzdem sein Land vor den Durchzügen fremder Truppen mit ihren damit verbundenen Plünderungen nicht schützen. Der Schweriner Herzog Friedrich (1717/1756–1785) trat auf dem Regensburger Reichstag 1757 der Erklärung der Reichsexekution gegen Preußen bei, ohne jedoch der Achterklärung zuzustimmen. Friedrich der Große betrachtete nun Mecklenburg als ein feindliches Land und ließ es durch seine Truppen besetzen. Der Herzog mußte mit seiner Familie wiederholt nach Lübeck fliehen. Von den mecklenburgischen Trup-

pen berichtete ein einheimischer Historiker damals, „daß sie rechtzeitig nach Rügen in Sicherheit gebracht wurden". Unter den Offizieren herrschte wegen dieser unwürdigen Politik eine große Erbitterung. Preußen legte Mecklenburg-Schwerin eine schwere Kriegskontribution von fast 7 Millionen Taler auf, dazu mußten Naturalien, Vieh und Rekruten geliefert werden. 1762 schloß Schweden mit Preußen Frieden, dem auch Mecklenburg sich anschloß, worauf die preußischen Truppen das Land räumten. Zurück blieb vornehmlich in Südmecklenburg die Erinnerung an die Bedrückung durch die preußischen Werber. Der Schweriner Herzog *Friedrich Franz I.* (1756/1785–1837) löste die an Preußen verpfändeten vier südmecklenburgischen Ämter wieder ein. 1803 wurden gegen Zahlung einer erheblichen Abfindung an Schweden Wismar, die Insel Poel und das Amt Neukloster wieder mit dem Land vereint. Unter großem Jubel hielt der Herzog am 29. August 1803 seinen Einzug in die wiedergewonnene Stadt. 1795/96 wurde das erste Seebad Heiligendamm an der Ostsee durch Bau eines größeren Badehauses gegründet. Es war im 19. Jahrhundert das vornehme Bad für die fürstliche Gesellschaft und den Adel.
Von den revolutionären Stürmen der *französischen Revolution* wurde Mecklenburg kaum gestreift. Nur in den größeren Städten kam es zu Unruhen in der Handwerkerschaft und den unteren Volksschichten wegen der gestiegenen Lebensmittelpreise. Nach der Schlacht von Jena und Auerstädt zogen preußische Truppen unter Blücher durch das Land, verfolgt von französischen Heeresteilen, eine Belastung für das Land. Mecklenburg mußte jetzt dem Rheinbund beitreten, und sein Handel mit England wurde durch die Kontinentalsperre unterbunden. Französische Zöllner überwachten in Warnemünde die auslaufenden mecklenburgischen Schiffe. Der Schweriner Herzog verdankte die Erhaltung seiner Regierung nur der Fürsprache durch den russischen Zaren bei Napoleon. Das Land mußte dem Rheinbund 1800 Soldaten stellen, Mecklenburg-Strelitz 400. Von diesen Rekruten entzogen sich viele durch Flucht dem Militärdienst, so daß der Kampfwert des mecklenburgischen Truppenkontingents gering war. Von den Schweriner Soldaten kamen nur 14 Offiziere, 4 Unteroffiziere und 16 Mann aus Rußland nach Königsberg zurück. Der Reichsdeputationshauptschluß 1803 erklärte die politischen und rechtlichen Grundlagen des früheren Reiches für aufgehoben, und die Fürsten der Einzelstaaten erhielten damit ihre volle Souveränität, das hieß die alleinige Gesetzgebung, das Steuerrecht, die Gerichtsbarkeit, die Polizei und den Befehl über das Heer. Herzog Friedrich Franz I. von Mecklenburg-Schwerin forderte diese Rechte auch für sich und nannte sich souveräner Herr seit 1808. Die Stände widersprachen den Forderungen des Herzogs mit aller Entschiedenheit und erklärten das alte Recht für noch bestehend. Da der Herzog sich wieder einmal in Geldnöten befand, stimmte er schließlich einem Kompromiß zu, nach dem die alte Landesverfassung erhalten blieb und die Stände sich bereit erklärten, 46,5 Millionen Taler an Landesschulden zu übernehmen. Auch verzichteten sie auf die Steuerfreiheit der Hälfte ihrer Hufen. Die Stände hatten damit ihre alten Vorrechte behauptet, aber durch das Nachgeben des Schweriner Herzogs war eine günstige Gelegenheit versäumt, den Absolutismus in Mecklenburg durchzuführen und die Möglichkeit einer modernen, fortschrittlichen Entwicklung des Landes.
Der *Freiheitskrieg* wurde in Mecklenburg in der Bevölkerung sehr begrüßt, da sie unter der französischen Besatzung sehr gelitten hatte und verarmt war. Als einer

der ersten trat der Herzog Friedrich Franz I. dem Bündnis Rußland-Preußen bei und rief nach dem Vorbild des preußischen Königs zum „freiwilligen Dienst in der Infanterie" auf. Schwerin stellte ein Korps von 2400 Mann, Strelitz ein Husarenregiment von 400 Mann und ein Jägerkorps von 60 Mann im Befreiungskrieg. Die Strelitzer Husaren eroberten in der Schlacht an der Katzbach sogar einen Adler der französischen Garde. Im Wiener Kongreß erhielt Strelitz ein kleineres Gebiet im Saardepartement, das es aber schon 1819 für eine Million Taler an Preußen verkaufte. Schwerins Ansprüche auf das Herzogtum Lauenburg und das Amt Neuhaus rechts der Elbe wurden nicht berücksichtigt; nur die von den Franzosen in den mecklenburgischen Schlössern geraubten Kunstgegenstände wurden zurückerstattet. Die mecklenburgischen Herzöge erhielten eine Rangerhöhung mit der Bezeichnung Großherzog und der Anrede „Königliche Hoheit". Im Bundestag waren beide Großherzogtümer durch einen Gesandten vertreten, der abwechselnd von Schwerin und Strelitz gestellt wurde. Zu Ehren des Marschalls Blücher, der in Rostock geboren war, errichtete seine Vaterstadt am 26. August 1819, zwei Wochen vor seinem Tode, ein Denkmal vor der Universität aus mecklenburgischem Granit von dem Bildhauer Schadow und mit einer Inschrift von Goethe. Das Denkmal steht noch heute vor der Universität.

Die innenpolitische Lage in Mecklenburg nach 1815 und die Wiederherstellung des alten Ständestaates nach 1848

Der Deutsche Bundestag in Frankfurt mischte sich nach 1815 nicht in die inneren Angelegenheiten der einzelnen Bundesstaaten ein. In Mecklenburg war die Landständische Verfassung durch den Landesgrundgesetzlichen Erbvergleich fest verankert, so daß eine Änderung nicht möglich schien. Der größte Teil des Volkes blieb ruhig und war nur bestrebt, die wirtschaftliche Not, entstanden durch die französische Besatzung und die Befreiungskriege, zu überwinden. Auch die Fürsten beider Mecklenburg erstrebten keine Reform der Verfassung. Bittschriften aus Kreisen der Bevölkerung mit dem Wunsch nach Änderung der politischen Verhältnisse fanden kein Gehör. Die demokratische Bewegung unter den deutschen Studenten, die ihren Höhepunkt am 18. Oktober 1817 im Wartburgfest fand, blieb an der Rostocker Universität ohne größere Resonanz, da sie nur von 150 Studenten durchschnittlich im Semester besucht wurde. Die mecklenburgische Regierung trat auch den Karlsbader Beschlüssen 1819 bei. Mecklenburg blieb in der ersten Hälfte des 19. Jahrhunderts die Verkörperung des früheren deutschen Feudalstaates, des Ständestaates des 17. und 18. Jahrhunderts in seinem reinsten Erscheinungsbild.
Die wichtigste Reform war nach Überwindung zähen Widerstandes der Rittergutsbesitzer die *Aufhebung der Leibeigenschaft* 1820. Die Einführung der Schlagwirtschaft hatte die in sie gesetzten Erwartungen und Hoffnungen auf eine gesteigerte Erzeugung landwirtschaftlicher Produkte nicht erfüllt. Die leibeigenen Bauern hatten an einer Erhöhung der Erzeugung kein Interesse, da sie kein Eigentum besaßen. Ihre Neigung zur Arbeit auf dem Gut war daher sehr gering. Auf dem Domanium hatte man schon nach dem Dreißigjährigen Krieg begonnen, den Hof-

dienst der Bauern durch eine Geldpacht abzulösen. Aber die folgende wirtschaftliche Notlage beendete bald diesen Versuch. In Preußen wurde durch die Steinschen Reformen, durch das Edikt vom 9. Oktober 1807, die Erbuntertänigkeit der Bauern aufgehoben. In Mecklenburg hob zuerst der Erblandmarschall Reichsfreiherr von Maltzahn auf Penzlin am 18. Oktober 1816 auf seinen Besitzungen die Leibeigenschaft der Bauern auf. Schließlich wurde für beide Mecklenburg am 18. Januar 1820 nach langen Verhandlungen insgesamt die Leibeigenschaft aufgehoben. Man hatte eine Abwanderung der Bauern befürchtet. Aber wohin sollte der nun freie, aber besitzlose Bauer sich wenden, um Arbeit zu finden? Die Auswanderung nach Amerika war damals noch nicht verlockend. Der Rittergutsbesitzer war nicht verpflichtet, dem Bauern Obdach zu gewähren. Die Zahl der Obdachlosen im Landarbeitshaus in Güstrow nahm ein beängstigendes Ausmaß an. Die Regierung suchte nun durch eine Verfügung über „Ordnung des Armenwesens und des Heimatrechtes" vom 21. Juli 1821 der größten Not entgegenzuwirken, indem bestimmt wurde, daß der Gutsbesitzer verpflichtet war, dem gekündigten Bauern, wenn er keinen neuen Arbeitsplatz fand, eine bescheidene Unterkunft mit Kochgelegenheit und Ofen und Gelegenheit zur Arbeit zur Verfügung zu stellen. Die Gewährung der Freizügigkeit war zunächst ein bedenkliches Geschenk, da dem Abgewanderten nirgendwo das Recht der Niederlassung, das Heimatrecht, zustand. Es bedurfte hierfür der Erlaubnis der betreffenden Obrigkeit.
Ein besseres Los hatte schon der im *Domanium* seßhafte Bauer gezogen. Hier hatte man den Bauern geschützt und vorwiegend nur wüste Stellen dem herzoglichen Pachthof zugefügt. 1788 waren die Bauern im Domanium schon von sämtlichen Hofdiensten befreit worden. Um die Massenauswanderung vornehmlich im 19. Jahrhundert zu verhindern, schuf man im Domanium einen landwirtschaftlichen Mittel- und Kleinbesitz, die Büdnereien mit zwei Pferden und die Häuslereien mit geringem Landbesitz und ohne Zugpferde. Ihre Besitzer mußten später auf der Bahn oder größeren Bauernhöfen noch zusätzlich für ihren Lebensunterhalt arbeiten. So kamen auch nachgeborene Bauernsöhne und Arbeiter zu Eigentum. Um 1800 zählte man 4000 neue landwirtschaftliche Kleinbetriebe, 1830 schon 5300.
In der *Ritterschaft* hatte nach der Aufhebung der Leibeigenschaft das Bauernlegen nicht aufgehört, ja der Großherzog hatte 1851 dieses Recht des Gutsbesitzers ausdrücklich bestätigt. Besonders nach der Mitte des 19. Jahrhunderts begann nun eine Auswanderung aus dem ritterschaftlichen Gebiet, das damals zu den am dünnsten besiedelten Gebieten Deutschland gehörte. Zwischen 1871 und 1900 zogen 80 000 vom Land in die Stadt, und 120 000 wanderten aus. Von 1850–1905 nahm die Bevölkerung um 25 000 ab, während sie vorher zugenommen hatte. Die gesamte mecklenburgische Bevölkerung belief sich 1871 auf 360 000. Erst 1918 wurde die Kündigung und Absetzung der ritterschaftlichen Bauern verboten. In kaum einem anderen deutschen Land erfolgte die Bauernlegung in der Ritterschaft so willkürlich und hart wie in Mecklenburg. Dem Bauern war das Heimatrecht in der Freiheit genommen.
Nach 1919 versuchte man, die Landbevölkerung durch Übertragung von Eigentum seßhafter zu machen. Im Zuge der „inneren Kolonisation" wurden von der Wirtschaftskrise finanziell bedrohte Güter vom Staat aufgekauft und aufgeteilt. Von 1919–1932 wurden 71 000 ha aufgesiedelt und 3900 neue Bauernstellen geschaffen. Nach 1933 bis 1938 wurden nochmals 72 000 ha auf neue Bauernstellen

aufgeteilt. Trotzdem waren noch 48% des landwirtschaftlichen Gebietes Großgrundbesitz und 37% der Erwerbstätigen in der Landwirtschaft tätig (Reichsdurchschnitt damals 21%).

Es sei noch gesagt, daß in der Geschichte der bäuerlichen Bevölkerung in der Neuzeit das Land *Ratzeburg* eine Ausnahme machte. Hier hatten der Bischof und das Domkapitel die Rittergüter schon am Ende des Mittelalters aufgekauft, so daß im ganzen Stift nur drei Rittergüter erhalten blieben. Im Land Ratzeburg blieb daher ein besitzendes, wohlhabendes und selbstbewußtes Bauerntum erhalten.

Die *revolutionären Bewegungen* des Jahres 1848 erschütterten auch in Mecklenburg das feudalistische Gesellschaftssystem. In der Bevölkerung wurde allgemein die Forderung nach Änderung der veralteten Verfassung erhoben, und in den Städten bildeten sich Reformvereine als Träger der neuen Volksbewegung. Als die Revolution in Berlin am 19. März 1848 gesiegt hatte, erließ der Großherzog *Friedrich Franz II.* (1823/1842–1883) eine Proklamation „an meine Mecklenburger", in der er versprach, Mecklenburg in einen konstitutionellen Staat zu verwandeln. Überall fand diese Erklärung im Volk freudige Zustimmung, und in Schwerin kam es zu begeisterten Kundgebungen vor dem Schloß. Auch die Stände erklärten, daß sie auf ihre Vorrechte „freiwillig und gerne" verzichten wollten.

In Rostock wurde vor allem die *Universität* von der demokratischen Bewegung erfaßt. In einer Eingabe an den Großherzog forderte sie eine Beteiligung aller Bevölkerungskreise an der Regierung. Führend war vor allem der radikale Professor Türk, der als Jurist und Historiker seit 1842 Professor an der Hochschule war. Er nahm die Verbindung zur Arbeiterschaft auf und wurde Vorsitzender des Arbeitervereins in Rostock. Als die Reaktion 1850 wieder siegte, wurden die reformistisch eingestellten Professoren Türk, Wiggers und Wilbrand zunächst mit vollem Gehalt entlassen, schließlich jedoch des Hochverrats angeklagt und zu einer mehrjährigen Festungshaft verurteilt.

Am 2. April und 14. April 1848 kamen Liberale, Vertreter aller bürgerlichen Volksschichten, in Güstrow zusammen, um über eine neue *Repräsentativverfassung* zu beraten. Diese sollte aus Vertretern des ganzen Volkes ohne ständische Gruppierungen bestehen. Am 26. April 1848 wurde im Dom in Schwerin ein außerordentlicher Landtag durch eine Rede des Großherzogs von Schwerin eröffnet. In den Städten und besonders auf den Gütern der Warener Gegend kam es zu Zusammenrottungen und zum Aufruhr. In Neustrelitz trat der Minister mit einigen seiner Räte zurück. Die Mitglieder der Abgeordnetenvertretung vertraten alle Berufsschichten, Gutsbesitzer, Bauern, Landarbeiter und Bürgerliche aller städtischen Schichten. Von ihnen gehörten 44 der Linken, 41 dem linken und rechten Zentrum und 9 der Rechten an. 7 Abgeordnete blieben parteilos.

Am 3. August 1849 wurde das *Staatsgrundgesetz* beschlossen, nach dem ein Abgeordnetenhaus aus allgemeiner und direkter Wahl an Stelle der alten Stände die Gesetze beschließen sollte. Der Großherzog in Schwerin unterzeichnete das Staatsgrundgesetz und ließ es veröffentlichen, wodurch Mecklenburg-Schwerin ein konstitutioneller Staat geworden war. Der Großherzog von Mecklenburg-Strelitz, ein sehr konservativer Regent, schloß sich diesem Vorgehen nicht an. Nach dem Scheitern der Frankfurter Nationalversammlung und der Restauration in Berlin und in anderen deutschen Staaten erhoben die nun wiedergestärkten Vertreter der Stände Einspruch gegen die Veränderung der alten Verfassung. Das vom Großherzog und den Ständen angerufene Schiedsgericht in Freienwalde, bestehend aus je einem Schiedsrichter des Königs von Preußen und des Königs von Hannover, erklärte am 11. September 1850 die neue mecklenburgische Verfassung für ungültig und die alte landständische Verfassung für zu Recht bestehend. Damit war das Land wieder in den alten politischen Zustand zurückgeworfen. Er bestand bis 1918. Fritz Reuter, Mitglied des Reformvereins, schrieb in seiner „Urgeschicht von Mecklenburg" vom ersten Landesvergleich: „§ 1 Alles blifwt bi'n Ollen § 2 Wenn sick de Pirdjungens, Schepers un Kauhirders slagen willen, känen sei dat dauhn, un keiner hett sick dor mang tau steken § 3 (fehlt) § 4 (item) usw."[15]

Das Scheitern der Versuche, auch in Mecklenburg eine demokratische Verfassung einzuführen, liegt begründet in der wirtschaftlichen und sozialen Vorherrschaft der Ritterschaft, ihrer Halsstarrigkeit, ihrem Egoismus und dem politischen Versagen der oft verschuldeten Landesfürsten. Es fehlte in Mecklenburg mit seiner agrarischen, vom Großgrundbesitz bestimmten Struktur eine breitgefächerte Industrie, die, verbunden mit einem entwickelteren Handel, zur Bildung einer breiteren Schicht eines besitzenden, gebildeten, politisch interessierten und selbstbewußten Bürgertums führte. So blieb Mecklenburg bis 1918 politisch ein museales Land!

Mecklenburg in der Zeit der deutschen Reichsgründung durch Bismarck

Während des deutsch-dänischen Krieges verhielt sich Mecklenburg neutral, da es Angriffe der dänischen Flotte auf seine ungeschützten Häfen befürchtete. Welche Haltung nahm Mecklenburg zur Zeit der Reichsgründung durch Bismarck ein? Zwischen der mecklenburgischen Fürstenfamilie und den Hohenzollern bestanden enge verwandtschaftliche Bindungen. Luise, die Tochter des Herzogs von Mecklenburg-Strelitz, heiratete den späteren preußischen König Friedrich Wilhelm III. und wurde die berühmte Königin Luise. Ihre Tochter Alexandrine heiratete den Schweriner Großherzog Paul Friedrich (1800/1837–1842). Großherzog Friedrich Franz II., ein Kind aus dieser Ehe, war ein Neffe des späteren Kaisers Wilhelm I. Diese engen verwandtschaftlichen Bindungen bestanden bis 1918, war doch die letzte Kronprinzessin Cäcilie eine mecklenburgische Fürstentochter. Aufgrund dieser engen verwandtschaftlichen Bindung neigte das mecklenburgische Fürstenhaus dem königlichen Preußen zu, nicht aber der Adel, und vor allem sträubte sich der Staatsminister von Oertzen, da Bismarck zu Beginn der Krise 1866 die Bildung eines Norddeutschen Reichstages mit einem freien, gleichen und geheimen Wahlrecht vorgeschlagen hatte. Man fürchtete nun, daß damit bei einer kleindeutschen Lösung des Konfliktes mit Österreich und anderen deutschen Staaten auch die ständische Verfassung in Mecklenburg nicht zu retten wäre. Von Oertzen wünschte daher eine strikte Neutralitätspolitik. Das mecklenburgische Volk war eingedenk seiner Erfahrungen mit den preußischen Werbern keineswegs preußenfreundlich und verhielt sich während des Krieges 1866 gleichgültig. Die Entscheidung für Preußen führte Großherzog Friedrich Franz II. nach einer Unterredung mit seinem Onkel Wilhelm I. in Berlin herbei. Er verpflichtete sich, Preußen mit Truppen zu unterstützen. Durch diese kluge Politik rettete er die Selbständigkeit des Landes, eine bessere Politik als die des Königs von Hannover, der seine Krone durch seine Feindschaft gegen Preußen verlor. Der Großherzog von Mecklenburg-Strelitz nahm zunächst Bismarcks Politik gegenüber eine zögernde Haltung ein. Er mißbilligte Preußens Verhalten in der Schleswig-Hosteinschen Frage und vor allem die Besetzung Hannovers und die Absetzung dessen Königs, mit dem er eng befreundet war. Nach der Schlacht von Königgrätz zwang Bismarck ihn, Preußen militärische Hilfe zu leisten. Während des Krieges wurden die mecklenburgischen Truppen gegen Bayern eingesetzt und besetzten ohne Widerstand Bayreuth und Nürnberg. Als der Norddeutsche Bund gegründet wurde und der verfassunggebende Norddeutsche Reichstag aufgrund des freien, gleichen und geheimen Wahlrechtes zusammentrat, stimmten die mecklenburgischen Liberalen der Bismarckschen Reichsgründung begeistert zu. Fritz Reuter, der glänzende niederdeutsche Dichter, ursprünglich ein Gegner Bismarcks, wurde jetzt sein glühender Verehrer. Die Regierung in Schwerin war gegen das demokratische Wahlrecht für den Norddeutschen Reichstag, mußte sich aber fügen. Die Liberalen hofften nun, daß dieses Wahlrecht auch in Mecklenburg eingeführt würde. Die mecklenburgischen Abgeordneten (Schwerin 6, Strelitz 1), Liberale, stellten wiederholt im Reichstag den Antrag, die Reichsregierung möge auch Mecklenburg zu einer demokratischen Verfassungsänderung veranlassen. Der Bundesrat lehnte aber entgegen den Beschlüssen des Reichstages ab, sich in die inneren Verhältnisse der einzelnen Staaten einzumischen. Mit dem Beitritt zum Norddeutschen Bund mußte Mecklenburg auf wichtige Souveränitätsrechte verzichten, die Geschichte des unabhängigen Mecklenburg war nun beendet. Der Krieg gegen Frankreich 1870/71 wurde als eine Angelegenheit des ganzen deutschen Volkes betrachtet und begeistert bejaht. Mecklenburgische Truppen nahmen an entscheidenden Schlachten in Frankreich teil. Die Schweriner Regierung begrüßte besonders den Beitritt der größeren süddeutschen Staaten zum neuen Reich, weil sie hoffte, daß dadurch der bundesstaatliche Charakter des deutschen Reiches gestärkt würde. Nach der Reichsgründung erfolgte auf vielen Gebieten eine Angleichung an das preußische Vorbild, z. B. in der Verwaltung und dem Bildungswesen. Die geistliche Schulaufsicht hörte in Mecklenburg allerdings erst 1918 auf. Mecklenburg übernahm nach 1871 viele vorbildliche preußische Einrichtungen, lebte aber weiterhin in seiner ruhigen Weise, die den preußischen Drill nicht kannte, das ruhelose Arbeiten, das „unersättliche Wurachen".

Nach 1871 wurden wiederholt auch von den mecklenburgischen Großherzögen Versuche unternommen, eine *Reform der Verfassung* herbeizuführen. Friedrich Franz II. gab dem Staatsminister den Auftrag, auch eine Beteiligung des Domaniums am Landtag herbeizuführen. Auch die Städte stimmten diesem Vorschlag zu. Alle diese und ähnliche Vorschläge scheiterten am engstirnigen Widerstand der Rittergutsbesitzer. Wiederholte Anträge der mecklenburgischen Liberalen auf Verfassungsänderung in Mecklenburg nun im Reichstag, von diesem auch angenommen, scheiterten am Widerstand des Bundesrates und in Mecklenburg an der Uneinsichtigkeit der Stände. Zum Reichstag wählte das ganze mecklenburgische Volk, zum Landtag hatte es keine Mitbestimmung.

Die historische Entwicklung des Landes von 1918–1952

Die Revolution, 1918 in Kiel ausgebrochen, griff sofort auch nach Mecklenburg über, ohne auf Widerstand zu stoßen. In Mecklenburg-Strelitz war am 23. Februar 1918 der Großherzog *Adolf Friedrich VI.* (1882/1914–1918) plötzlich, ohne männliche Erben zu hinterlassen, aus dem Leben geschieden. Daher übernahm als „nächster Agnat" der Schweriner Großherzog *Friedrich Franz IV.* (1882/1897–1918) die vorläufige Regentschaft des Landes. In Mecklenburg-Strelitz wollte die Bevölkerung die Selbständigkeit des Landes aufrecht erhalten. Bevor es zu einer Regelung dieser Streitfrage kam, brach die Revolution aus. In Strelitz wurden sofort am 15. Dezember 1918 die Wahlen zur verfassunggebenden Versammlung durchgeführt. Sie trat schon am 19. Dezember im Neustrelitzer Schloß zusammen und beschloß sofort einstimmig die Selbständigkeit des Landes. In Mecklenburg-Schwerin ergaben die Wahlen nach Abdankung des Großherzogs zum Landtag 32 Sozialdemokraten, 17 Demokraten, 11 Deutschnationale und eine vierköpfige Splittergruppe. Die parlamentarischen Regierungen wurden bis 1932 abwechselnd von Sozialdemokraten, Demokraten, Deutscher Volkspartei und Deutschnationalen gestellt. Wie im Reich kam es in der Zeit der Weimarer Republik auch in Mecklenburg dazu, daß die demokratische Mitte schließlich zerrieben wurde und die radikalen Parteien rechts und links stark anwuchsen. Die auf dem Boden der Verfassung stehenden Parteien konnten sich auch in Mecklenburg nicht zu einer Mehrheit zusammenschließen. Schließlich errang die NSDAP bei den Landtagswahlen am 5. Juni 1932 eine knappe Mehrheit und stellte fortan die Regierung. Damit begann das Ende der Eigenständigkeit des Landes. Mecklenburg-Strelitz mit seinen 110 000 Einwohnern, aber einem großen Staatsvermögen an Waldungen, wollte in der Zeit der Weimarer Republik keine Vereinigung mit Mecklenburg-Schwerin. Am 13. Oktober 1933 wurden aber beide Länder durch den Schweriner Gauleiter vereint, um später durch den nationalsozialistischen Zentralismus von Berlin regiert zu werden.
1945 wurde Mecklenburg, im Herzen Deutschlands gelegen, noch in die Schrecken des Krieges hineingerissen. In den Kämpfen der letzten Tage wurde noch die Innenstadt von Neubrandenburg mit der herrlichen Marienkirche zerstört, auch die Innenstadt von Malchin erlitt schwere Zerstörungen. Sowjetische Truppen besetzten schließlich nach dem Rückzug der englischen Heeresteile das ganze Land. Viele Flüchtlinge aus Hinterpommern, der Neumark, Danzig und Ostpreußen kamen 1945 und verblieben hier. Ihre Zahl betrug 1945 27% der gesamten Einwohnerzahl. Am 10. Dezember 1946 wurde unter Führung der SED (Zusammenschluß von KPD und SPD) eine neue Regierung gebildet. Zunächst wurde Vorpommern bis an die polnische Demarkationslinie mit Mecklenburg vereint. Am 25. Juli 1952 wurde das Land in die Bezirke Schwerin, Rostock und Neubrandenburg geteilt, vermehrt um die Westprignitz, die Uckermark und das rechtselbische, frühere Amt Neuhaus.
Durch die tiefgreifende politische, wirtschaftliche und soziale Wandlung wurden auf dem Lande zunächst der Großgrundbesitz aufgeteilt und Neubauern auf ihm angesiedelt. Seit Juli 1952 wurden alle Bauern gezwungen, landwirtschaftlichen Produktionsgemeinschaften nach dem Vorbild sowjetischer Kolchosen beizutreten. Das mecklenburgische Dorf mit seiner jahrhundertelangen Geschichte und

Tradition stirbt damit allmählich und an seine Stelle treten geschichtslose Industrie-Agrarsiedlungen mit großen Wirtschaftsgebäuden. Mit der Wandlung der wirtschaftlichen und soziologischen Struktur des Landes ist auch die Kontinuität der Überlieferung alten Volksgutes und des Brauchtums gefährdet.

Das Land Mecklenburg als staatliche Einheit und mit seiner jahrhundertelangen Geschichte hat aufgehört. Im mecklenburgischen Volk mit seiner alten Tradition, seinen besonderen, geschichtlich geprägten Stammeseigenschaften lebt jedoch das Gefühl der Einheit fort.

Anmerkungen

1 Manfred Hamann: Mecklenburgische Geschichte, Köln/Graz 1968, S. 37.
2 K. R. Schultz: Die Chronik von Klinken. Sonderdruck der wissenschaftlichen Zeitschrift der Universität Rostock 1954/55, S. 17.
3 Schultz: a.a.O., S. 25.
4 Schultz: a.a.O., S. 27.
5 Hamann: a.a.O., S. 44.
6 Hamann: a.a.O., S. 46.
7 Hamann: a.a.O., S. 48.
8 Manfred Hamann: Das staatliche Werden Mecklenburgs, Köln/Graz 1962, S. 10.
9 Otto Witte: Westfalen und Mecklenburg, Dortmund 1961, S. 24.
10 Witte: a.a.O., S. 32 ff.
11 Witte: a.a.O., S. 37 ff.
12 Hamann: Mecklenburgische Geschichte, S. 196.
13 Elisabeth Schnitzler: Die Gründung der Universität Rostock 1419, Köln/Wien 1974.
   Günter Heidorn: Geschichte der Universität Rostock 1419–1969, 2 Bde., Rostock 1969.
   Otto Witte: Die Geschichtswissenschaft in Forschung und Lehre an der Universität Rostock von 1918–1933; (= Schriften zur mecklenburgischen Geschichte, Heft 4, 1979).
14 Ina Kahns: Zur Volkskunde des Landes Mecklenburg am Beispiel des alten Amtes Boizenburg zu Beginn des 20. Jahrhunderts. Überarbeitet von Otto Witte, Dortmund 1983, S. 34.
15 Fritz Reuters Werke, Berlin/Weimar 1965, 3. Bd., S. 282.

Otto Witte
GESCHICHTE VORPOMMERNS

Vorpommern wie auch das ganze Pommern erlebten in ihrer Vergangenheit eine wechselvolle, nicht immer glückliche Geschichte, oft mehr erleidend als sie gestaltend. Sie ist nur zu verstehen in Verbindung mit der politischen Entwicklung und dem Machtstreben der anrainenden Völker des Ostseeraumes. Pommerns geopolitische Lage an der Ostsee mit seinen langen Küsten, dem schwer zu verteidigenden, oft schmalen Küstenstreifen und den geschützten Häfen Stralsund und Stettin zogen die umliegenden Völker an in ihrem Bestreben, durch Beherrschen dieses strategisch so wichtigen Landes Macht über den Ostseeraum auszuüben. Die vom Binnenland aus an die Ostsee vordringenden Polen und Brandenburger erstrebten einen Zugang zu den großen Verkehrsstraßen, die aus der Ostsee nach dem wirtschaftlich und kulturell überlegenen Westeuropa führten, zur Hebung ihrer eigenen Entwicklung. Vom Norden kamen die Wikinger, die Dänen und ihnen folgten die Schweden, vom Westen die Deutschen, die das Land besiedelten und zu einem deutschen machten. Das ganze Pommern war jahrhundertelang ein Zankapfel der es umwohnenden Völker.
Geographisch bilden Mecklenburg und Vorpommern eine Einheit, denn beide haben dieselbe Bodenbeschaffenheit, beide durch die Ostsee vielfach in ihrem Klima geprägt, und beide haben durch ihre Lage am Meer eine ähnliche geschichtliche Entwicklung durchlaufen, vor allem aber wohnen seit Jahrhunderten in beiden Ländern Menschen mit derselben niederdeutschen Sprache, derselben Denkweise und demselben Brauchtum. Aber Mecklenburg behauptete im Gegensatz zu Vorpommern seine politische Selbständigkeit bis 1918 bzw. 1952, da sein Fürstenhaus bis 1918 nicht ausstarb und daher keine Erbansprüche von seinen Nachbarn an dieses Land erhoben werden konnten.
Die folgenden Betrachtungen sind Vorpommern gewidmet, einem Land, das erst seit 1817 amtlich diese Bezeichnung trägt. Den Namen Pommern erhielt das ganze Land durch seine früheren Bewohner, die Pomoranen, die „am Meer wohnenden", die in Hinterpommern zwischen Ostsee, Netze und unterer Weichsel und Oder wohnten. Vorpommerns jetzige östliche Grenze beginnt einige Kilometer westlich von Swinemünde, verläuft dann in südlicher Richtung ungefähr 20 km westlich Stettin, bis sie bei Gartz die Oder erreicht. Vorpommern wurde 1945 mit Mecklenburg zum Land Mecklenburg-Vorpommern vereint, seit 1947 unter dem Namen Mecklenburg. Jedoch am 25. Juli 1952 wurde dieses Land wieder aufgelöst und in die Bezirke Schwerin, Rostock und Neubrandenburg aufgeteilt, womit die in Jahrhunderten gewachsene Einheit auch Vorpommerns zerschnitten wurde.
Die seit dem 2. Jahrtausend hier seßhaften Germanen wanderten bis zum 6. Jahrhundert n. Chr. aus. Aus dem Osten kommend, sickerten langsam Slawen ein (vgl.

„Vor- und Frühgeschichte"). Es waren wendische Stämme, aber keine Polen, welche von Vorpommern und Mecklenburg Besitz ergriffen. Die Wilzen, die später Liutizen genannt wurden, siedelten in Vorpommern und die Ranen auf Rügen. Die Wilzen bildeten einen lockeren Verband mehrerer Stämme. Zu ihnen gehörten im nördlichen Vorpommern die Kessiner, die auch südlich von Rostock wohnten und sich nach dem Osten ausbreiteten, die Circipaner zwischen Güstrow, der östlichen Peene, der oberen Recknitz und der Trebel, die Tollenser südlich von Demmin und südlich von diesem wohnend die Redarier, deren Stammgebiet nicht genau begrenzt werden kann. Die Liutizen gerieten später in ein gewisses Abhängigkeitsverhältnis zu den straffer geführten Obotriten Mecklenburgs. Kennzeichen der wendischen Besiedlung sind noch heute die Reste zahlreicher Burgen mit ihren hohen Wällen in den Sumpf- und Moorgebieten, in denen bei Kriegsgefahren Menschen mit ihrem Vieh sich in Sicherheit bringen konnten. In ihnen wohnten auch die „Gaufürsten" und ein mit Vorrechten ausgestatteter Adel, die von hier das in Burgwardbezirke (terrae) eingeteilte Land regierten. Berühmt waren die Tempelburgen des Gottes Swantewit in Arkona auf Rügen und des Gottes Radegast in Rethra, bei letzterer ist die Lokalisierung der Geschichtswissenschaft bis heute nicht mit absoluter Sicherheit gelungen. Die wendischen Priester nahmen in ihrem Volk eine geachtete, herausragende Stellung ein und übten nicht selten auf die Entschließungen der Häuptlinge einen entscheidenden Einfluß aus. Die Götter wurden durch große Opferfeste geehrt. In der Nähe der Burgen entstanden auch oft größere Orte, von Handwerkern und Kaufleuten und zuweilen auch von den Gaufürsten bewohnt. Zur Bildung von Städten mit weitgehender Selbstverwaltung wie bei den deutschen Orten ist es aber im ganzen Wendenland nicht gekommen.

Die Wenden in Vorpommern hatten sich zu verteidigen gegen Angriffe, die sie von allen Seiten bedrängten.

Von Norden kamen raubend und plündernd um 900 die Wikinger, die an der Ostsee die große Handelssiedlung, die Jomsburg, das spätere Wollin, gegründet hatten und die Ostsee beherrschten. Es bildete sich hier eine Mischung aus nordischen und slawischen Kulturelementen. Von ihrer Herrschaft an den Küsten Vorpommerns und ihrem Reichtum legen Zeugnisse ab der große Goldschmuck der Wikinger, gefunden auf der Insel Hiddensee, und Reste einer Wikingerburg an der Mündung der Peene.

An der Westgrenze der Wenden in Holstein und Mecklenburg hatten viele Jahrhunderte erbitterte Grenzkämpfe, ausgetragen als Raubkriege und Brandschatzungen, zwischen den Sachsen und Obotriten getobt. Es waren aber keine rassischen oder gar nationalistischen Feindschaften, die zu diesen Kriegen führten, denn nationale Gegensätze in der Leidenschaft der Neuzeit kannte das Mittelalter noch nicht. Es waren vielmehr die Unvereinbarkeit von Christentum und Heidentum und die Pflicht der deutschen Fürsten, das Christentum den Heiden zu bringen. Der Gegenstoß gegen die Wenden erfolgte von *Karl dem Großen*, der von den Obotriten gegen die Liutizen zur Hilfe gerufen wurde und bis an die Peene vordrang. Er zwang 789 die Liutizen unter ihrem Oberkönig *Dragawit* zur Anerkennung seiner, wenn auch losen Lehnshoheit bis zur Peene. Eine dauernde Unterwerfung haben jedoch weder Karl der Große noch die sächsischen Kaiser *Otto der Große* und sein Sohn *Otto II.* erreicht. Der Wendenaufstand 983 vernichtete alle deutschen Versuche, eine bleibende Unterwerfung der Wenden in Vorpommern zu sichern. Die Luitizen in Vorpommern mußten einen verzweifelten Kampf um ihre Selbständigkeit durchstehen, da sie von fast allen Seiten in den folgenden Jahrhunderten bedrängt wurden. Bewundernswert ist ihr leidenschaftlicher Kampf um ihre Unabhängigkeit. Die Polen unter *Boleslaw I. Chrobry* (992–1025) drangen sogar bis an die Peene vor, und der Pommernherzog *Wratislaw I.*, (?/1124/28–1147/48), der auch von den Dänen bedroht wurde, mußte sich dann den Polen unterwerfen. Als jedoch Boleslaw I. 1025 starb, das polnische Reich sich in Teilfürstentümer auflöste und damit entscheidend geschwächt wurde, konnte der Pommernherzog die polnische Lehnshoheit abschütteln. Später nahm der Polenkönig *Boleslaw III.* 1135 Pommern mit Rügen vom deutschen Kaiser *Lothar III. v. Sachsen* (?/1125–1137) zu Lehen, wodurch staatsrechtlich die spätere Einbeziehung Pommerns ins Reich begründet wurde. Unter dem Einfluß der Kreuzzugsstimmung unternahmen 1147 *Albrecht der Bär* und *Konrad von Wettin* einen Kriegszug nach Vorpommern und belagerten ergebnislos die inzwischen schon christlich gewordenen Städte Demmin und Stettin. Ihre Eroberungszüge wurden von dem Sachsenherzog *Heinrich dem Löwen* fortgesetzt. Durch seinen Zug nach Vorpommern bis an die Oder zwang er die Pommernherzöge zur Anerkennung seiner Lehnsoberhoheit.

Von Norden drangen die Dänen unter *Waldemar I. dem Großen* (1131/1157–1182) nach Vorpommern vor, unter ihm begann die *dänische* Großmachtpolitik im Ostseegebiet. Zusammen mit Heinrich dem Löwen unternahm er Kriegszüge gegen die vorpommerschen Wenden, die ihn sogar tief ins mecklenburgische Land bis Teterow führten. Er eroberte 1168 die Tempelburg des wendischen Götzen Swantewit in Arkona, mußte aber die Hälfte des erbeuteten großen Tempelschatzes an Heinrich den Löwen ausliefern. Der wendische Fürst von Rügen hatte seine Lehnshoheit anzuerkennen, seine Nachfolger waren bis 1325 Dänemark lehnsuntertänig. Waldemar ließ auf Rügen 11 Kirchen erbauen und in der Mauer der Kirche von Alten Kirchen das Bild des Wendengottes Swantewit verkehrt einmauern, um den Geist des Götzen zu bannen.

Waldemars Nachfolger *Knut IV.* (1163/1182–1202) zwang 1185 den Pommernherzog *Bogislaw I.*, ihm als Lehnsherrn zu huldigen und nannte sich fortan König der Dänen und Slawen. Von Dänemark aus drang das Christentum in Rügen und Vorpommern ein. Dänische Nonnen gründeten das Kloster Dargun in Ostmecklenburg. Infolge der dortigen unsicheren politischen Lage verlegten sie ihr Kloster nach Eldena bei Greifswald und gründeten den benachbarten Marktflecken Greifswald. Rügen wurde dem dänischen Bistum Roskilde unterstellt. Den Dänen, wie auch später den Schweden, war es wegen ihrer geringen Bevölkerungszahl nicht möglich, Rügen und Vorpommern zu besiedeln und damit dauernd ihre Herrschaft zu befestigen. Sie eroberten ihre Gegenküsten in der Weise der Wikinger, die nur Stützpunkte für ihren Handel und ihre Herrschaft schufen, ohne durch Gründung von Bauerndörfern und vielen Städten das Land dauernd zu einem ihrigen zu machen.

Vorpommern wurde ein *deutsches* Land erst durch *Heinrich den Löwen* und die folgende Besiedlung durch deutsche Bauern und Bürger. Die Pommernherzöge hatten die Lehnsoberheit Heinrichs des Löwen 1163 nach seinen Eroberungszügen nach Vorpommern anerkennen müssen. Als dieser jedoch 1181 vom Kaiser geächtet und das großsächsische Herzogtum zerschlagen wurde, wandten sich die pommerschen Herzöge an den deutschen Kaiser, um Schutz gegen die Dänen zu erhalten. Kaiser Friedrich I. belehnte nun den Herzog Bogislaw I. in Lübeck 1181 mit Pommern, wodurch dieser reichsunmittelbarer Herzog wurde. Da aber die deutschen Kaiser durch ihre Kämpfe gegen den Papst vorwiegend in Italien gefesselt wurden, gerieten die wendischen Gebiete Mecklenburgs und Pommerns erneut unter dänische Oberhoheit mit Unterbrechung von 1185–1225. Schließlich verzichtete der deutsche Kaiser *Friedrich II.* 1214 auf alle Länder nördlich der Elbe und Elde zu Gunsten Dänemarks, um dessen Beistand gegen die Welfen zu gewinnen. Die dänische Vorherrschaft zerbrach aber schon 1227 in der Schlacht bei Bornhöved, wodurch nun Pommern unter brandenburgischen Einfluß geriet. Es mußte die brandenburgische Lehnshoheit mit Ausnahme Rügens, das ein Teil Dänemarks blieb, anerkennen. Das ursprünglich pommersche Circipanien mit Dargun, das erst 1162 an Pommern gefallen war, wurde an Mecklenburg abgetreten. 1282 wurde übrigens das Land Stavenhagen an Mecklenburg verpfändet und damit die vorpommersche Grenze gegen Mecklenburg endgültig festgesetzt.

Pommern wurde wie auch andere Länder bei Erbstreitigkeiten oft zerschnitten. 1295 wurde es geteilt in die Herzogtümer Pommern-Wolgast, zu dem das nördliche Vorpommern bis zur Peene und Hinterpommern mit Ausnahme des Bistums Cammin und des zu Pommern-Stettin zählenden Besitzes westlich Stargard gehörten, und Pommern-Stettin mit dem Gebiet südlich der Peene und Stettin bis Stargard in Hinterpommern. Diese Teilung führte zu einer folgenschweren Schwächung der Macht der pommerschen Fürsten. Nach langen Kämpfen gegen Brandenburg wurde schließlich auf dem Reichstag in Frankfurt 1338 das Herzogtum Stettin von Brandenburg als kaiserliches Lehen anerkannt, es verzichtete aber nicht auf das Erbrecht, wenn das pommersche Herzogshaus aussterben würde, was 1637 erfolgte. 1325 erlosch das rügensche Fürstenhaus und die Insel fiel damit an Pommern-Wolgast, das nun das ganze Vorpommern nördlich der Peene mit der Insel Usedom besaß.

Der letzte rügensche Fürst, *Wizlaw III.* (1286/1302–1325) war ein bedeutender Minnesänger und Dichter eines Herbstliedes. Wegen des rügenschen Erbes kam es zu einem dreijährigen Krieg mit Mecklenburg, der schließlich durch die Hilfe der Stadt Stralsund für Pommern-Wolgast siegreich verlief, womit auch Vorpommerns endgültige Grenze gegen Mecklenburg festgesetzt wurde. Fortan schwächten die dauernden Teilungen 1372, 1376 und 1402 das ganze Pommern. Die Raubritter verwüsteten das Land, es war eine schreckliche Zeit. Schließlich verbündeten sich Stralsund, Greifswald, Anklam und Demmin 1375–1400 gegen die Raubritter, um die Sicherheit des Handels wiederherzustellen.

Da inzwischen die dänische Macht durch den König *Waldemar IV.* (um 1320/1340–1375) erneuert worden war, er die Rechte der Hanse auf Schonen und Gotland beschränkt hatte und die freie Durchfahrt der hansischen Schiffe durch den Sund behinderte, erklärte die Hanse ihm 1367 den Krieg. Führend in ihm war Stralsund. Nach dem Sieg der Hanse über Dänemark wurde daher zu Ehren dieser Stadt der Friede 1370 in Stralsund abgeschlossen. Der Sieg der Hansestädte war besonders bedeutungsvoll, da er ohne Unterstützung des Kaisers erkämpft worden war. Aber die Macht des vorpommernschen Fürstenhauses wurde 1372 durch die Teilung von Pommern-Wolgast in die Herzogtümer Wolgast und Barth erneut gemindert. 1472 kam Stettin zu Pommern-Wolgast, das aber durch Teilungen 1532, 1544, 1568 wieder geschwächt wurde. Der bedeutendste pommersche Herzog war *Bogislaw X.* (1454/1474–1523), der ganz Pommern 1478 vereinte und durch eine Reform der Landesverwaltung die Grundlagen für eine moderne Landesverwaltung schuf. Er begünstigte den Handel der Städte und sicherte 1521 auf dem Reichstag zu Worms durch Bestätigung der kaiserlichen Lehnsoberhoheit nochmals die Unabhängigkeit des Landes gegenüber Brandenburg, das sich nur sein Erbfolgerecht sichern konnte.

Vorpommern wird ein deutsches Land

Die deutsche Besiedlung Vorpommerns ist ein Werk aller deutschen Stämme, allerdings vorwiegend der Westfalen. Sie haben dank ihrer größeren Volkszahl planmäßiger und zielbewußter diese große Leistung vollbracht, haben in Vorpommern Städte gegründet, in ihnen die hohen Kirchen und stattlichen Rathäuser erbaut, ihr Recht und ihre Sprache in die neue Heimat übertragen und den neuen sich bildenden Volksstamm der Pommern entscheidend geprägt.
Die Einwanderung konnte erst erfolgen, als die wendischen Fürsten Christen geworden waren und die Oberhoheit des deutschen Kaisers anerkannt hatten. Dann hörten auch die Kämpfe zwischen Deutschen und Wenden auf. Wendische Fürsten riefen selbst deutsche Kolonisten ins Land, da sie sich durch die fleißigen Bauern und Kaufleute finanzielle Vorteile sichern konnten. Obgleich Rügen und die südlichen Teile Vorpommerns lange in dänischem Besitz waren, ist der Anteil der Dänen an der Bevölkerung äußerst gering. Der größte Anteil der westfälischen Einwanderer stammte aus den dicht besiedelten Lößgebieten am Hellweg und der Münsterschen Bucht. Im 13. und 14. Jahrhundert erfolgte hier eine starke Vermehrung der Bevölkerung, und da das fruchttragende Land aufgeteilt war, mußten wegen des in Westfalen herrschenden Anerbenrechtes die jüngeren Bauernsöhne auswandern, zumal die Grundherrn den Bauern die Freiheit aufdrängten und mehrere Bauernhöfe zu Meierhöfen zusammenlegten. Im Osten erwartete auch ein besseres Bauernrecht den Auswanderer. Er war persönlich frei und erhielt das Land zu einem Erbzins. Die Lokatoren warben stets mit den besseren Lebensbedingungen im Osten. Ein anschauliches Bid von der Auswanderung junger Westfalen entwirft Rolevink[1].
Die Gründung der vorpommerschen Städte und der Bauerndörfer erfolgte gleichzeitig, da keins ohne das andere Bestand gehabt hätte. Die vor allem in Westfalen und Niedersachsen frei gewordenen Bauern, die z.T. ihr Vieh, Geld und ihre Ackergeräte mitgebracht hatten, waren für die Besiedlung, die auch ein gewisses Vermögen erforderte, von größter Bedeutung als entlaufene Hörige. Für die Besiedlung waren Menschen, Kapital und Aufschwung des Handels wichtigste Voraussetzungen, denn wirtschaftliche Gründe waren äußerst bedeutungsvoll für die Ostbewegung. Die den friedlichen Handel im Ostseeraum gefährdende Wikingerzeit ging durch das Erstarken der dänischen Königsherrschaft und den Übertritt der skandinavischen Völker zum Christentum zu Ende, was zur Belebung des Handels führte. Die Verlagerung eines Teils des europäischen Handels nach Westeuropa und dem Ostseeraum erfolgte nach Zurückdrängung der arabischen Vor-

herrschaft im Mittelmeer, wodurch sich die entstehenden Städte im Ostseegebiet zu Handelszentralen entwickeln konnten, deren Handel vor allem nach Flandern, Skandinavien und den östlichen Gebieten des Ostseeraumes ausgerichtet war. Sie nahmen die Getreideüberschüsse einer sich blühend entwickelten Landwirtschaft für ihren eigenen Bedarf auf und exportierten sie außerdem in Länder, in denen ein Mangel an Brotgetreide bestand. Das Korn, gemahlen oder ungemahlen, wurde vornehmlich in das dichtbevölkerte, reiche Flandern und nach Norwegen auf Hanseschiffen exportiert, da diese Länder sich nicht selbst ernähren konnten. Die von den flandrischen Häfen zurückkehrenden Schiffe wurden im Austausch mit flandrischen Tuchen und Metallwaren beladen und diese nach Nowgorod und baltischen Häfen gebracht. Von dort beförderten sie nun russische Pelze und Wachs in die heimatlichen Städte und nach Westeuropa. Ein wichtiges Handelsgut der Hansestädte an der Ostseeküste war vor allem der Hering, der in der Laichzeit in großen Mengen an der Küste Schonens bei Skanör und Falsterbo gefangen wurde. Dort hatten die pommerschen Städte Stralsund, Anklam und Greifswald je einen Landstreifen an der Küste, der als Fitte bezeichnet wurde und auf dem Gebäude und Schuppen für die Verarbeitung und Lagerung des Herings sich befanden. Hier wurde der von Anfang August bis Anfang Oktober gefangene Fisch von einheimischen Arbeitern gesalzen und in von den Kaufleuten mitgebrachten Tonnen verpackt. Anklam konnte allein 20 000 t bis 30 000 t Heringe von Falsterbo als begehrte Fastenspeise nach Mittel- und Süddeutschland bringen.
Die wichtigste Stadt Vorpommerns und die später zu den bedeutendsten Städten des wendischen Quartiers der Hanse gehörte, war *Stralsund*, 1239 von dem Fürsten Wizlaw I. von Rügen gegründet, mit einem Recht, „wie es die Stadt Rostock" besaß, d. h. nach lübischem Recht, das auch alle vorpommerschen Städte erhielten. Den Kern der ursprünglichen Stadtgründung bildete ein slawisches Fischerdorf auf einer kleinen Anhöhe am Strelasund. Die Sümpfe und Moore, die die Anhöhe umgaben, entwickelten sich später zu einem Kranz von Teichen und kleinen Seen, so daß die Stadt vom Land kaum zu erobern war. Neben der slawischen Siedlung bauten nun die ersten Stadtbewohner eine neue Niederlassung. Nach dem ältesten Stadtbuch kamen 13,1% von ihnen aus Ost- und Westfalen, 7,1% aus dem Rheinland, 14,4% aus dem benachbarten Mecklenburg, 31,3% aus dem umliegenden Osten Vorpommerns und nur 4,4% aus den skandinavischen Ländern. Die Stadt wurde zunächst um den rechteckigen Markt erbaut, von dem gitterförmig, z. T. leicht geschwungen, die Straßen nach allen Seiten verlaufen. Die Grundfläche der ursprünglichen Stadtgründung belief sich auf 490 m × 490 m. Durch den Handel mit den übrigen Ostseeländern, der durch die günstige Lage des Hafens sich rasch entwickelte, wuchs die Stadtbevölkerung so schnell, daß schon 1250 mit dem Bau der Neutstadt in Form eines langgestreckten Rechtecks mit dem neuen Markt als Mittelpunkt begonnen werden konnte. Die Bürger, vor allem die bald reich gewordenen Fernkaufleute, errichteten nun ihre hoch ragenden, raumumfassenden Kirchen, deren Silhouetten noch heute das Stadtbild bestimmen. Die Baumeister der Kirchen, Rathäuser und Stadttore der neuen Städte strebten danach, durch monumentale Bauten Lübeck und die alte Heimat im Westen zu übertreffen. Selbst in den kleinsten Landstädten wurden Kirchen erbaut, die durch die Höhe und Weite des Kirchenschiffes beeindrucken. 1254 wurde in Stralsund mit dem Bau der Johanniskirche (Hallenkirche) begonnen, es folgten 1270 die hochgotische Niko-

lai-Kirche als Kirche des Rates und 1298 zum ersten Male genannt, die Marienkirche, ein gewaltiger Bau der norddeutschen Spätgotik. Sie wurde von den Gewandschneidern in einer monumentalen Größe errichtet, um die Nikolai-Kirche, die Kirche des Rats, zu übertreffen und der Lübecker Marienkirche ebenbürtig zu sein. Als ihr Bau 1461 beendet war, hatte ihr Schiff im Innern eine Höhe von 32,4 m und die ganze Kirche eine Länge von 99 m. Im Vergleich hierzu weist das Straßburger Münster eine Länge von 104 m und eine Höhe von 31,5 m auf! Es folgte schließlich noch die 1303 erstmals erwähnte Jakobi-Kirche. Von dem weit gespannten Handel der Stralsunder Kaufleute zeugt das Nowgorodfahrer-Gestühl in der Nikolai-Kirche, dessen Reliefs russische Pelzjäger während der Jagd und den Verkauf der Jagdbeute in einer naiven, aber gut beobachteten Weise darstellen. Das Rathaus, wahrscheinlich in der Mitte des 15. Jahrhunderts erbaut, gehört mit seinem glanzvollen Schaugiebel zu den schönsten Bauten der Ostseestädte und bildet mit der angrenzenden Nikolaikirche eins der prächtigsten Städtebilder auch unserer Zeit. Trotz der Zerstörung im letzten Krieg ist die Stadt noch reich an schönen alten Bürgerhäusern einstmals reicher Kaufleute, deren Giebel Stilelemente der Gotik, Renaissance und des Barocks aufweisen und Zeugnis ablegen von dem Reichtum dieser einst so bedeutenden Hansestadt.

Die vorpommerschen Hansestädte, die schnell eine größere Bedeutung erlangten, wurden vorwiegend so angelegt, daß sie von den Hanseschiffen leicht angelaufen werden konnten, z. B. Stralsund, an Flußmündungen Anklam und Greifswald und weiter landeinwärts an der schiffbaren Peene Demmin als Verladeort für das binnenländische Getreide. 1242/43 erfolgte die planmäßige Gründung von *Anklam* an einem Übergang über die Peene. Das Stadtbild wird von den hohen Kirchen, der Nikolai- und der Marienkirche, beherrscht. Die Kaufleute der Stadt handelten vorwiegend mit Getreide, Fisch, Tuchen, Leder und Wachs. Die reichen Fernkaufleute, das Patriziat, leiteten die Stadtverwaltung, an der die Bürgerschaft trotz des Aufstandes der Zünfte 1387 keinen Anteil hatte. Im 16. Jahrhundert gewannen die Herzöge auf die bis dahin fast unabhängige Stadt den beherrschenden Einfluß, und seit 1715 war die Bürgerschaft im Rat der Stadt durch eine Körperschaft von 50 Männern vertreten. Um 1350 belief sich die Einwohnerzahl auf 3000, sie wuchs bis 1937 auf 18 000.

Von größerer Bedeutung für Vorpommern und den Ostseeraum wurde *Greifswald* durch seine 1456 gegründete Universität. Es wurde erstmalig 1193 urkundlich erwähnt und erhielt 1250 vom Fürsten von Rügen das Lübische Stadtrecht. Von Bedeutung für das Entstehen der Stadt war die Gründung des Klosters Eldena an der Mündung des Rik 1207. Greifswald nahm auch als Bundesgenosse 1361 im Krieg der Hanse gegen den Dänenkönig Waldemar III. Atterdag teil.

Urkundlich wurde die spätere Stadt *Demmin* erstmals 1140 erwähnt. Von politischer und militärischer Bedeutung war die Burg der Stadt, in der oft pommersche Herzöge wohnten. Sie war für die Pommern in ihren Kriegen gegen die Sachsen von großer Bedeutung als schwer zu erobernde Befestigung. An ihrem Widerstand scheiterte der „Wendenfeldzug" deutscher Fürsten 1147 unter Führung Heinrichs des Löwen und Albrechts des Bären nach dreimonatiger Belagerung. Später hatte Demmin wegen seiner strategisch wichtigen Lage unter feindlichen Belagerungen und Verwüstungen sehr zu leiden. Es hatte sicherlich 1269 das Lübische Stadtrecht[2] erhalten. Die Stadt bekam von den pommerschen Herzögen das Recht der freien Schiffahrt auf der Peene mit kleinen Schiffen bis Anklam und Stettin, mit denen es Handel betrieb. Die Stadt war auch Mitglied der Hanse und unterstützte sie in ihrem Kampf gegen die Vitalienbrüder 1394. Später beschickte Demmin die Hansetage nicht mehr und spielte nur noch eine untergeordnete Rolle. Am Marktplatz steht die im 14. Jahrhundert errichtete hohe Stadtkirche, eine dreischiffige Hallenkirche. Reste der mittelalterlichen Stadtmauer aus Felssteinen sind noch erhalten. Die übrigen vorpommerschen Städte wurden alle in der Zeit der Ostsiedlung vorwiegend im 13. Jahrhundert gegründet und blieben größtenteils kleinere Landstädte. Durch die oft ellipsenförmig angelegte Stadt zieht sich über ihren in der Mitte befindlichen Marktplatz die Hauptstraße von Stadttor zu Stadttor hin. Kleine schmale Gassen umrunden den Marktplatz mit ihren meist einstöckigen Häusern und dem holperigen Kopfsteinpflaster. Solche Landstädte, früher von kleinen Handwerkern, Kaufleuten und Ackerbürgern bewohnt, sind z. B. Tribsees (1938 mit 3587 Einwohnern), Jarmen (1938 mit 3652 Einwohnern) oder Grimmen 1938 mit 6096 Einwohnern. Die Bevölkerungszahl dieser Städte nahm erst nach dem Zweiten Weltkrieg durch die Aufnahme der Ostvertriebenen zu.

Am Ausgang des Mittelalters erstarkten die Territorialstaaten, die nun danach strebten, die fast selbständigen Städte sich zu unterwerfen. In Vorpommern galt ihr Kampf besonders der mächtigen Hansestadt Stralsund. Der Fürst *Wizlaw III.* von Rügen versuchte, verbündet mit mehreren norddeutschen Fürsten, die Stadt 1316 zu erobern, wurde aber von den Bürgern in der Schlacht im Heinholz entscheidend geschlagen. Erst in der Schwedenzeit verlor dann die Stadt die letzten Reste ihrer Selbständigkeit aus einer goldenen Zeit.

Die Einwanderung der Bauern

Die Besiedlung des flachen Landes in Vorpommern erfolgte ziemlich schnell, wie aus dem raschen Verschwinden slawischer Ortsbezeichnungen und der wachsenden Zahl deutscher Personennamen bei Zeugenangaben in den Urkunden ersichtlich ist. Die vorwiegend aus Westfalen kommenden Bauern wanderten überwiegend über Lübeck auf der Küstenstraße Wismar und Rostock nach Vorpommern. Ihren Wanderweg kann man z. T. noch an den von ihnen gegründeten Dorfnamen erkennen. Im Kreis Franzburg z. B. liegen die Dörfer Neuenlübke und Neuenrost, deren Namen andeuten, daß ihre ersten Bauern über Lübeck und Rostock einwanderten. Vor allem die Dorfformen bezeugen die Herkunft der Bauern. Der Siedler erhielt bei der Gründung von „wilder Wortelen", d.h. bei Hagensiedlungen, seinen Hof zur Erbpacht, wofür er einen Zins zu zahlen hatte; er war vom Grundherrn unkündbar und persönlich frei. Es war ein hervorragendes Bauernrecht, da es die persönliche Freiheit und die Unabsetzbarkeit vom Hof gewährleistete. Es gab aber auch Bauern, die Erbzeitpächter waren und deren Hof nur gewohnheitsmäßig erblich war. Dem Bischof mußte der Zehnt entrichtet werden und die Grundsteuer, die Bede, dem Landesherrn. Zwischen Damgarten und Stralsund gibt es viele Hagendörfer wie Beyershagen, Hermannshagen, Cordshagen, Lüdershagen und bei Greifswald Hiwichshagen, Friedrichshagen und Dietrichshagen. Der erste Teil des Dorfnamens bezeichnet den Gründer, der zweite Teil -hagen die Gründung aus „wilder Wortelen". Diese Dörfer hatten zwischen den einzelnen Gehöften einen breiten Zwischenraum und hinter den Hofstellen zogen sich die breiten, handtuchartigen Hufen bis an den noch nicht gerodeten Wald hin. Die Hagensiedlungen mit ihren Dreiständer-Bauernhäusern findet man mit der besonderen Rechtsstellung ihrer Bewohner in Lippe-Detmold, Schaumburg-Lippe und den Leinegebieten Hannovers, woraus man bei den Hagendörfern Vorpommerns mit ziemlicher Sicherheit auf die Herkunft ihrer Gründer schließen kann.

Auch westfälische *Adlige* wanderten nach Vorpommern, teilweise über Mecklenburg, aus. Ihre Einwanderungen auch in der Spätzeit der Ostwanderung vollzogen sich in ähnlicher Weise wie in der Hochzeit der Ostkolonisation. Am Beispiel der Familie von Scheven, früher auf dem Gut Scheven bei Sprockhövel in der Mark ansässig, läßt sich urkundlich lückenlos die Wanderung dieser Familie in die mecklenburgischen und vorpommerschen Hansestädte nachweisen. Sie gehörte ursprünglich zu den Ministerialen der Reichsabtei Werden und ist seit 1319 auf dem Gute Scheven bei Sprockhövel nachzuweisen. Bis ins 18. Jahrhundert war diese Familie hier wohnhaft geblieben, ist heute aber erloschen. Der damalige Landbesitz derer von Scheven war erstaunlich groß. Ein Arnold von Scheven wanderte im Alter von 12 Jahren zu Beginn des 17. Jahrhunderts nach Rostock aus, wo schon sein Onkel Peter Kleinenberger als Seidenhändler ansässig war. Arnold wurde durch ererbten und erworbenen Wohlstand reich und stieg in die auch politisch führenden Familien Rostocks auf. Dieser Zweig der Familie erlosch jedoch schon im nächsten Glied. Johann, ein Bruder Arnolds, ging nach Stralsund, erwarb durch Handel hier ebenfalls einen erheblichen Reichtum und heiratete eine Adlige. 1629 gehörte Johann schon dem Rat der Stadt an und erwarb durch Kauf vom schwedischen König Gustav Adolf die Güter Simckendorf, Moisall, Neuenhagen, Sternhagen, Pernien und Borgwall bei Stralsund. Seine Tochter Maria, geb. 1623, heiratete den Stralsunder Ratsherrn Martin Klinkow und wurde Stammutter der heute noch in Schweden wohnhaften Familie der Grafen von Klinkowström. Vier Enkel Johanns wanderten nach Stockholm aus, wurden 1719 in die schwedische Ritterschaft aufgenommen und Gründer der schwedischen Linie von Scheven, deren Nachkommen noch heute in Schweden und den Vereinigten Staaten von Nordamerika leben. Die Familie Scheven in Stralsund ist inzwischen ausgestorben. Von der zweiten Rostocker Familie von Scheven, begründet durch Cord (I). und noch heute blühend, ging Cord II., geboren 1653 in Rostock, nach Anklam, war daselbst als Kaufmann tätig und gehörte dem Rat der Stadt an. Sein Sohn studierte Theologie, war Pfarrer und Begründer der pommerschen Linie von Scheven. Die Familie Scheven wurde wie auch der mecklenburgische Zweig in das Chaos von 1945 hineingerissen und kehrte nach dem Westen zurück. Damit schließt sich für die Familie ein Kreis, über Jahrhunderte geschlagen, der für die Ostwanderung westfälischer Familien typisch war. Die Spätwanderungen dieser Familien gleichen in vielen Merkmalen den Auswanderungen westfälischen Adels im Mittelalter nach den Ostseegebieten und vermitteln uns wertvolle geschichtliche Aufschlüsse.

Vorpommern und Schweden

Von größter Bedeutung für die politische, kulturelle und wirtschaftliche Entwicklung Vorpommerns waren seine Beziehungen zu Schweden, denn von der Insel Rügen bis zur Südspitze Schonens beträgt die Entfernung nur 36 Seemeilen, woraus sich allein schon manche Berührungspunkte ergaben. Im 14. und 15. Jahrhundert wanderte eine beträchtliche Zahl von deutschen Grundbesitzern, Handwerkern, Bergleuten und Kaufleuten von Vorpommern nach Schweden aus. Von 1412–1439 war Herzog *Erich von Pommern* durch Erbschaft König von Dänemark, Schweden und Norwegen, scheiterte aber an seinem Unvermögen, durch eine geschmeidige Politik die Länder zu regieren. Viele Vorpommern waren mit ihm nach Schweden gelangt, vor allem nach Kalmar, das rege Handelsbeziehungen zu Stralsund unterhielt. 1539 kam Georg Norman nach Schweden. Er war als Angehöriger des Adels auf Rügen geboren und mit Empfehlungsbriefen Luthers und Melanchthons zum Schwedenkönig Wasa gekommen. Dieser ernannte ihn von 1552–1553 zu seinem Ratgeber in kirchenpolitischen Fragen. Auch übte er einen entscheidenden Einfluß aus beim Übergang Schwedens vom „aristokratischen Konstitutionalismus" zur Erbmonarchie, obwohl er die schwedische Sprache nur mangelhaft beherrschte.

Die Beziehung Vorpommerns zu Schweden wurde entscheidend durch *Gustav II. Adolf* (1594/1611–1632) geprägt, den bedeutendsten schwedischen König, der in seiner Politik religiöse Motive mit machtpolitischem Streben verband. Das einheitliche Herzogtum Pommern wurde damals von dem Herzog *Bogislaw XIV.* (1580/1620–1637) als letztem Herzog Gesamtpommerns regiert. Gegen den Widerstand des mächtigen Adels gelang es ihm, erst 1627/28 einen einheitlichen, zentralistisch geleiteten Staat zu schaffen. Er war aber den schweren Krisen zu Beginn der dreißiger Jahre wegen seiner mangelnden politischen Entscheidungskraft und seiner Krankheit nicht gewachsen. Von ihm sagte Gustav Adolf: „Er liebte, in Ruhe zu sitzen und seinen Bierkrug zu leeren." 1628 erschien der kaiserliche Feldherr Wallenstein vor Stralsund, um es zu einem wichtigen Stützpunkt der geplanten Herrschaft des Hauses Habsburg im Ostseeraum zu machen. Die Stadt rief dänische und schwedische Truppen rechtzeitig zur Hilfe, so daß sie sich erfolgreich gegen Wallenstein verteidigen konnte. Gustav Adolf landete 1630 auf Usedom, und Herzog Bogislaw ertrug es mit Gleichmut, daß die Schweden die Verwaltung des ganzen Herzogtums übernahmen. Als 1637 mit Bogislaws Tod das pommersche Herzogshaus erlosch, erhob Brandenburg Erbansprüche auf Pommern. Im Frieden von 1648 konnte es aber seine Ansprüche nicht durchsetzen, und Schweden erhielt Vorpommern mit den Inseln Usedom, Wollin, der Stadt Stettin und einen Landstreifen östlich der Oder. Schweden erwarb mit Vorpommern die Reichsstandsschaft und der Schwedenkönig erhielt als Fürst von Rügen und Herzog von Pommern Sitz und Stimme im deutschen Reichstag. Da Hinterpommern an Brandenburg fiel, hörte damit Pommern auf, ein selbständiger Staat des deutschen Reiches zu sein, gehörte aber staatsrechtlich weiterhin zu ihm. In Pommern blieb das Gefühl der Einheit des Stammes erhalten, geformt durch ein gemeinsames Volkstum, dieselbe Sprache, dasselbe Recht und vor allem vereint durch die Geschichte.

Brandenburg war nun bestrebt, mit Stettin und Stralsund einen besseren Zugang zur Ostsee zu erlangen, denn vor allem Vorpommern war für die Politik im Ostseegebiet von größter strategischer Bedeutung. Im Krieg gegen Schweden eroberte der *Große Kurfürst* nach dem Sieg über die Schweden bei Fehrbellin 1675 ganz Vorpommern, mußte es aber auf Einspruch Frankreichs bis auf einen kleinen Landstreifen östlich der Oder im Frieden zu St. Germain wieder herausgeben. Die günstigere Gelegenheit für Brandenburg, Vorpommern zu erwerben, bot sich im Nordischen Krieg (1700–1721), als der schwedische König Karl XII. den Krieg gegen Rußland verloren hatte und vor Frederikshall gefallen war. Brandenburg trat nun in den Krieg gegen Schweden ein und erwarb im Frieden zu Stockholm 1720 Vorpommern bis zur Peene und die Inseln Usedom und Wollin. Als Schweden im Siebenjährigen Krieg sich gegen Friedrich den Großen wandte, vermochte es nicht, von dem bedrängten Preußen Vorpommern südlich der Peene zurückzuerobern.

Was bedeutete der Besitz Vorpommerns für Schweden? Besonders durch den Besitz von Stralsund und der weit in die Ostsee vorstoßenden Insel Rügen hatte es in Verbindung mit Wismar, Riga, Reval und Finnland entscheidende Stützpunkte seiner Herrschaft über die Ostsee. Die Vorpommern dienten vielfach in schwedischen Regimentern und wurden wegen ihrer Tapferkeit geschätzt. Sie gehörten gern der schwedischen Armee an, da sich in ihr gute Aufstiegsmöglichkeiten boten. Bekannt war der Feldmarschall und Königliche Rat *Carl Gustav Rehnskiöld*, der in Stralsund geboren und deutsch-schwedischer Abstammung war. Sein Bruder stieg als schwedischer Beamter zum Staatssekretär auf. In der Armee Karls XII. dienten am Ende seiner Regierung mehr als 12 vorpommersche Offiziere. Als höherer Offizier stieg in höhere Ränge *Carl Gideon Sinclair* auf, der in Stralsund geboren und väterlicherseits schwedischer Abstammung war. Bedeutendes Ansehen erwarb sich auch *Baltzar von Platen*, auf Rügen geboren, als schwedischer Vizeadmiral, später als Staatsrat und schließlich Reichsstatthalter in Norwegen. Er war der Erbauer des Götakanals, der nach seinem Tode 1832 fertiggestellt wurde. Berühmt war in Schweden der Baumeister *Nicodemus Tessin d. Ä.*. Er war in Stralsund als Sohn eines Ratsherrn geboren, im Festungsbau tätig und kam 1640 nach Stockholm. Sein dort bedeutendstes Werk ist der Bau des Königsschlosses Drottningholm. Sein Sohn *Nicodemus Tessin d. J.*, ebenfalls ein bedeutender Baumeister, errichtete das königliche Schloß in Stockholm. Seine Mutter war eine Schwedin.

Wichtig für Schweden war Vorpommern auch aus wirtschaftlichen Gründen. Das Land war besonders auf Getreideeinfuhr aus seinem pommerschen Besitz angewiesen. Diese erfolgte vor allem von Stralsund aus nach Stockholm und Göteborg. In Verbindung mit dem Getreidehandel kamen vorwiegend Kaufleute nach Schweden. Zu erwähnen ist *Bernhard Beskow*, Sohn eines Zunftmeisters in Stralsund, der in Stockholm zu den bedeutendsten Großhändlern gehörte. 1812 wanderte *J. C. Kempe* im Alter von 12 Jahren aus Vorpommern nach Stockholm. Seinen späteren Reichtum erwarb er im Holzhandel. Sein Reichtum erlaubte es ihm, die beginnende Industrialisierung Schwedens zu fördern und auch als Kunstmäzen eine hohes Ansehen zu erwerben.

Mit den pommerschen Lastschiffen kamen deutsche und französische Bücher nach Schweden und halfen, die Ideen der Aufklärung und später der Romantik in Schweden zu verbreiten. Bedeutungsvoll war vor allem auch die Universität Greifswald, 1456 gegründet und die älteste Universität Schwedens. Wenn auch ihr

Einfluß in der Schwedenzeit sehr nachließ, da die Zahl ihrer Studenten und ihre wissenschaftliche Leistung erschreckend abnahmen, so ist ihr Einfluß auf die kulturelle Entwicklung in Schweden erheblich gewesen. Von 1637–1815 sind 1500 schwedische Studenten in den Matrikeln der Universität eingetragen, darunter später bedeutende Schriftsteller und Gelehrte. Als Bibliotheksdirektor und Professor war der Schwede Thomas Thorild bis zu seinem Tode 1808 an der Universität tätig. Seine Vorlesungen hielt er nur in schwedischer Sprache. Als Greifswald schwedisch war, lehrten zwanzig schwedische Professoren an ihr. Von großer Bedeutung für die deutsch-schwedischen Beziehungen war *Ernst Moritz Arndt*, 1796 in Groß Schoritz auf Rügen als Sohn eines leibeigenen Gutspächters geboren. Er studierte zunächst Theologie in Greifswald, unternahm längere Wanderungen auch durch Schweden, dessen Land und Menschen er sehr schätzte. Aufsehen erregte seine Schrift „Versuch einer Geschichte der Leibeigenschaft in Pommern und Rügen" 1803. Vor der Verfolgung durch Napoleon mußte er zunächst nach Schweden fliehen. Aus einem schwedisch-pommerschen Monarchisten entwickelte er sich später zu einem leidenschaftlichen gesamtdeutschen Vaterlandsfreund. Pommersche Ärzte gingen häufig nach Schweden, da die ärztliche Betreuung der Bevölkerung dort sehr zu wünschen übrig ließ. Von 1719–1815 sind allein sechzig pommersche Zivil- und Militärärzte in Schweden nachzuweisen. Bekannt war in diesem Land *Christian Ehrenfried von Weigel*, geboren in Greifswald, seit 1808 in Stockholm als Arzt und als Leibarzt bei drei schwedischen Königen tätig. Als Apotheker war *Carl Wilhelm Scheele* berühmt. In Stralsund geboren, ging er im Alter von 15 Jahren 1757 nach Schweden und lebte in der kleinen Stadt Köping als Apotheker bis zu seinem Tode. Ihm gelang die Entdeckung des Sauerstoffs. Verwandt mit ihm war der Physiker *Johann Carl Wilke,* geboren in Wismar, väterlicher- wie mütterlicherseits vorpommerscher Abstammung. Er wurde Sekretär der Akademie der Wissenschaften in Stockholm. Die Vorpommern haben in Schweden einen bedeutenden Einfluß ausgeübt auf dem Gebiete der Artillerie, der Lebensmittelversorgung, des Gesundheitswesens und der schönen Literatur. Sie haben viel dazu beigetragen, eine drohende kulturelle Isolierung des Landes zu verhindern. Ihre Leistungen erscheinen um so größer, wenn man berücksichtigt, daß um 1800 in Vorpommern nur eine Bevölkerung von 100 000 Menschen lebte, gleich 3% der gesamten schwedischen Einwohnerzahl.

Und was bedeutete Schweden für Vorpommern? Die Einwanderung von Schweden nach Vorpommern war nur gering im Vergleich zur vorpommerschen nach Schweden, desgleichen der schwedische Einfluß auf den Adel und die Professoren der Universität Greifswald. Nur das Amt eines Generalgouverneurs in Vorpommern war einem Schweden vorbehalten. Eine Versetzung eines schwedische Beamten nach Vorpommern wurde als Strafversetzung betrachtet. Im großen ganzen erfolgte eine erstaunlich gute und reibungslose Zusammenarbeit zwischen den Schweden und der einheimischen Bevölkerung. Es wurde auch nicht der Versuch unternommen, schwedische Kultur und Eigenart der Provinz aufzupressen. Verhängnisvoll war jedoch die schwedische Herrschaft für die Bauern nach 1648. Sie erfolgte in Mittel- und Ostdeutschland schon vor dem Dreißigjährigen Krieg durch die Einführung der holsteinschen Koppelwirtschaft, ein begrenztes Bauernlegen, aber nach dem Krieg im schwedischen Vorpommern viel radikaler als im übrigen Preußen, wo die Könige die Bauern, die ihre Soldaten stellten, besonders auf den Domänen schützten. In Vorpommern wurden nach dem großen Krieg die in schwedischen Diensten gestandenen Offiziere mit großem Landbesitz belohnt, d.h. mit Bauerndörfern, die nun in große Güter umgewandelt wurden. Es gab daher hier fast nur leibeigene Tagelöhner und Knechte. Im schwedischen Vorpommern waren 71% des Landes Großgrundbesitz! Im preußischen Pommern dagegen nur 54,5–57%. Der Schwedenkönig *Karl IV.* (1792–1809) lebte längere Zeit in Vorpommern und nahm sich als Freund des Volkes der Bauern sehr an. Er hob schon ein Jahr vor der Steinschen Bauernbefreiung in Preußen in Vorpommern 1810 die Leibeigenschaft und die Vorrechte des Adels auf und führte die Vier-Ständeverfassung ein, nach der Adel, Geistliche, Bürger und Bauern ihre Vertreter in den Landtag entsenden sollten. Er beabsichtigte, die Staatsgüter unter den Bauern aufzuteilen, eine Flurbereinigung durchzuführen und wie in Schweden ein freies, selbstbewußtes Bauerntum zu entwickeln. Diese Reform wurde besonders von Ernst Moritz Arndt begrüßt. Sie konnte jedoch nicht durchgeführt werden, weil inzwischen die Franzosen eingerückt waren. Die Verfassung Vorpommerns während der Schwedenzeit bildete im übrigen einen Kompromiß zwischen königlichem Absolutismus und beschränkter Ständeherrschaft. Die Stände hatten die Steuern für die Erhaltung des stehenden Heeres aufzubringen, behielten aber ihre Vorrechte. Im allgemeinen hatte Schweden für Vorpommern eine größere Bedeutung als umgekehrt. 1814 wurde zunächst Schwedisch-Vorpommern an Dänemark abgetreten, was aber am Widerstand des Generalgouverneurs Fürst Malte zu Putbus scheiterte. Auf dem Wiener Kongreß wurde dann 1815 Schwedisch-Pommern und Rügen mit Preußen vereinigt und damit eine geeinte Provinz Pommern geschaffen.

Der Übergang des Landes an Preußen vollzog sich ziemlich reibungslos, da auch ein tiefgreifender Unterschied im Denken und Verhalten, der Sprache und Kultur zwischen den „Preußen" und den Vorpommern nicht bestand. Preußen ging beim Anschluß bei der Behandlung der Bevölkerung sehr vorsichtig und geschickt vor. Der letzte schwedische Zivilgouverneur Fürst *Wilhelm Malte* zu Putbus wurde zum ständigen Kommissar und Präsidenten der vorpommerschen Stände und zum Kurator der Universität Greifswald ernannt. Auch die Eingliederung in das preußische Steuersystem und in den Zollverband erfolgte erst nach einer Übergangszeit 1821. 1818 wurde das Land in die Kreise Anklam, Demmin, Randow und Ueckermünde geteilt und der Regierungsbezirk Stralsund gebildet, letzterer jedoch 1932 mit dem Regierungsbezirk Stettin vereinigt. Von 1826–1881 gab es in der Provinz Pommern noch zwei Kommunallandtage für Neuvorpommern in Stralsund und für Altpommern in Stettin. Sie wurden dann 1875–1934 vom Provinziallandtag abgelöst, dessen Mitglieder von den Kreistagen und Stadtverordnetenversammlungen gewählt wurden. Die Eingliederung Neuvorpommerns erfolgte schnell und reibungslos, so daß die „Schwedenzeit" sehr schnell von der Bevölkerung vergessen wurde.

Die Bauernbefreiung in Preußen wirkte sich auf den Besitzstand der Bauern sehr ungünstig aus. Entgegen den ursprünglichen Plänen der Reformer wurde durch sie die Zahl der noch selbständigen Bauern um ein Drittel vermindert, und die schon großen Güter nahmen nochmals an Umfang zu. 1820 zählte man im Regierungsbezirk Stralsund noch 1461 Voll-, Halbbauern und Kossäten, 1836 aber nur noch 1123 in 247 Dörfern. Die Bauern hatten bis zur Hälfte ihrer Hufe an den

Grundherrn abtreten müssen als Entschädigung für die Aufhebung der bäuerlichen Dienste und der Leibeigenschaft. Die besitzlosen Bauern wanderten nach Stettin, Berlin, Hamburg, Amerika und nach Polen und Rußland aus. Eine Vermehrung der Bevölkerung der Kleinstädte erfolgte nicht. Die wirtschaftliche Besserung der Lage der noch selbständigen Bauern in Vorpommern trat erst nach der neuen Schutzzollgesetzgebung des Reiches 1879 ein und nach der Modernisierung der Ackerbestellung. 1868 wurden Mähmaschinen eingeführt und in den siebziger Jahren Milchzentrifugen und Molkereien gebaut. Die Bearbeitung der großen Kartoffel- und Rübenfelder erfolgte auf den Gütern durch polnische Wanderarbeiter, ihre Zahl belief sich für ganz Pommern 1912 auf 42 000. Die Neugründung von Bauernhöfen begann wieder nach 1919. Von 1933–1939 wurden in ganz Pommern 14 000 Bauernstellen neu geschaffen.

Preußen hat nach 1813 viel für die wirtschaftliche und kulturelle Entwicklung der neuen Erwerbung in Vorpommern getan. 1863 wurden Bahnlinien zwischen Stralsund, Stettin und Berlin hergestellt und 1909 die Eisenbahnverbindung Berlin–Stockholm durch moderne Eisenbahntrajektfähren von Saßnitz nach Trelleborg ermöglicht. 1936 wurde schließlich Rügen durch den Bau des Rügendammes dem Straßennetz des Festlandes angeschlossen. Bedeutend ist für Vorpommern der Fischfang, der besonders in Saßnitz und Stralsund seine Stützpunkte hat. Von großer Wichtigkeit für Vorpommern war ferner die Entwicklung des Fremdenverkehrs und die Entstehung größerer Badeorte auf Usedom, Wollin, dem Darß und vor allem auf Rügen.

Besonders hervorzuheben ist die Fürsorge des preußischen Staates für die Universität Greifswald, die am Beginn des Anschlusses an Preußen nur von 70 Studenten besucht wurde und an der nur 11 Professoren lehrten. Vom Staat wurde zunächst besonders die medizinische Fakultät gefördert, die bald nach der medizinischen Fakultät der Universität Berlin höchstes Ansehen in Preußen erwarb. 1908 wurde ein Institut zur Bekämpfung von Tierseuchen auf der Insel Riem im Greifswalder Bodden gegründet, das sich auch außerhalb Deutschlands eines besonderen Ansehens erfreute. Auch wurden mehrere Institute zur Erforschung der skandinavischen Kultur und Lehre der nordischen Sprachen gegründet. Zu den bedeutendsten Gelehrten ihres Faches auch außerhalb Deutschlands gehörten die Ontologen *Johannes Rehmke* (1885–1922) und *Günther Jacoby* (1905–1951). Die Universität besitzt ein wertvolles Kunstwerk aus dem 14. Jahrhundert, den Croy-Teppich. Herzog Philipp I. von Pommern gab dem Teppichmacher Peter Hegmann aus Stettin den Auftrag, auf einem Wandteppich nach berühmtem niederländischen Vorbild die pommersche und sächsische Fürstenfamilie darzustellen. Herzog Philipp I. hatte eine sächsische Prinzessin geheiratet. Dieses künstlerisch bedeutende Werk enthält außer den zwei fürstlichen Familien auch die Porträts von Luther und Bugenhagen. Der Teppich, 1554 vollendet, war ursprünglich für das Wolgaster Schloß bestimmt.

Auch hatten Stralsund und Greifswald ein stehendes Theater. Vorpommern hat außerdem eine beachtliche Zahl von Wissenschaftlern und Künstlern aufzuweisen, die das Bild dieses stark bäuerlich geprägten Landes geistig erhellten und einen wichtigen Beitrag zur Kultur des Ostseeraumes leisteten. Politisch gesehen war wohl Ernst Moritz Arndt der bedeutendste. Wenden wir uns nun den Künstlern und Erfindern zu, die in Vorpommern geboren wurden.

Zu den berühmtesten Malern am Ausgang des Mittelalters nicht nur Vorpommerns sondern des ganzen Ostseegebietes zählte zweifelsohne *Bernt Notke*, der zwischen 1430 und 1440 in dem kleinen vorpommerschen Städtchen Lassan geboren wurde. Er gehörte wahrscheinlich zu einer geachteten Reederfamilie in Reval. Sein Vater in Reval unterhielt vor allem Handelsbeziehungen zu Flandern. Wie es oft bei Fernkaufleuten damals Sitte war, blieb seine Frau in der Heimatstadt Lassan wohnen. In dieser kleinen Stadt war es nicht möglich, dem künstlerische Begabung zeigenden Jungen eine entsprechende Ausbildung zukommen zu lassen. Bernt Notke ging daher nach Flandern, das auf künstlerischem Gebiet in Westeuropa sehr geschätzt wurde. In der Stadt Tournay erlernte er die Bildweberei. Von Flandern suchte der junge Künstler Lübeck auf, wo er nun die Tafelmalerei zur höchsten Entfaltung entwickelte. Hier schuf er eins der größten Kunstwerke seiner Zeit, den Totentanz, in dem er Motive mittelalterlichen Hexenglaubens mit christlichem Glauben und aufkeimenden gesellschaftlich-revolutionären Gedankengängen verband. Wenn er sich vornehmlich als Maler begriff, so war er doch auch zugleich ein Bildhauer. So schuf er das Triumphkreuz im Lübecker Dom, das den von Schmerzen gepeinigten Christus zeigt, der noch nicht den Tod überwunden hat. Für Notke und die Künstler der damaligen Zeit war der Ostseeraum eine kulturelle Einheit und wurde bei den Anrainern auch so aufgefaßt. Notke hat sich bei seinen folgenden Aufenthalten in Schweden nie als Fremder gefühlt und wurde von der einheimischen Bevölkerung auch nicht als solcher empfunden. So schuf er nun im baltischen Raum seine großen Werke, z. B. den Hochaltar in Aarhus, den Totentanz in Reval, die St. Jürgengruppe in Stockholm, alle Werke zeigen die Größe und Tiefe seines künstlerischen Schaffens. Notke war sehr vielseitig, er malte, schnitzte, zeichnete Entwürfe für Holzschnitte und Stickereien. Wahrscheinlich ist dieser begabte Künstler Anfang 1509 in Lübeck gestorben. Er wurzelte in seiner niederdeutschen Heimat, überwand aber die heimatliche Begrenzung und beeinflußte schöpferisch die abendländische Kultur.

Einer der bedeutendsten Maler der Neuzeit ist *Caspar David Friedrich,* der am 5. September 1774 in Greifswald geboren wurde. Die unendliche Weite des Meeres in der Nähe seiner Geburtsstadt und die in der Ferne unbegrenzte ebene Landschaft Vorpommerns hatten schon früh eine starke Liebe zu seiner Heimat erweckt. Ein längerer Aufenthalt in Kopenhagen und Dresden brachte ihn in Verbindung mit einem Kreis romantischer Dichter, die ihn in seinem künstlerischen Schaffen stark beeinflußten. In seinem Bild „Das Kreuz im Gebirge – Teschener Altar" begründete er die religiösen Anschauungen der romantischen Malerei, in der die Natur ihm Ausdruck und Gegenstand seiner religiösen Verehrung wurde und der Mensch in seiner Einsamkeit Gott und der Natur allein gegenüber steht. Oft bildeten Motive seiner Heimatstadt Greifswald und die Ruinen des in der Nähe gelegenen Klosters Eldena Gegenstände seiner Malerei. Einen großen Teil seines späteren Schaffens verlebte er in der Kunststadt Dresden, in der er einen Lehrstuhl für Landschaftsmalerei erhielt und Mitglied der Dresdner Akademie wurde.

Zu den berühmtesten Malern der Romantik gehört auch *Philipp Otto Runge*, am 23. Juli 1777 in Wolgast geboren. Schon als Kind wurde seine künstlerische Begabung erkennbar. In Hamburg, wo er sich einige Zeit lang bei seinem Bruder aufhielt, lernte er den Dichter Matthias Claudius kennen, der ihn weltanschaulich

und in seinem Bestreben, Maler zu werden, sehr beeinflußte. Ebenso wie Caspar David Friedrich ging er nach Kopenhagen, um die dortige damals berühmte Kunstakademie zu besuchen und später nach Dresden, dem Mittelpunkt der romantischen Bewegung. Später kehrte er mit seiner Familie zu seinen Eltern nach Wolgast zurück. Hier schuf er seine bedeutendsten Werke, eins der größten Bildnisse der romantischen Malerei „Wir drei", das 1931 beim Brand des Münchener Glaspalastes verbrannte. Besonders beeindruckend sind die großen Gemälde seiner Eltern, Ausdruck ihres schweren Lebens, und seine Selbstbildnisse. Runge verdient auch als Dichter eine besondere Würdigung, z. B. als Verfasser pommerscher Märchen („Vom Fischer un syner Frau"), und plattdeutscher Gedichte, die in viele Sprachen übersetzt wurden. Das pommersche Platt war die Sprache, aus der er die Kraft der schöpferischen Gestaltung schöpfte. Nur 33 Jahre alt starb dieser vielversprechende Künstler an Tuberkulose, einen Tag vor der Geburt des dritten Kindes.
Von der Universität Greifswald wurde geistig in seinem Studium *Johannes Bugenhagen* nachhaltig geprägt. Er wurde am 24. Juni 1485 in dem damals zu schwedisch-Vorpommern gehörenden Wollin geboren. Nach dem Besuch der Lateinschule studierte er an der Universität Greifswald, in der damals der Humanismus begann, seinen Siegeszug anzutreten. Hier lehrte seit 1493 der aus Westfalen stammende Professor Lowe im Geist der neuen Lehre des Humanismus. Seit 1502 hielt Hermann Buschius im Sinne der neuen Richtung seine Vorlesungen über die Klassiker des Altertums, die fortan Gegenstand der Vorlesungen an der Universität wurden. Bugenhagen pflegte zum Studium der Antike besonders seine lateinischen Sprachkenntnisse, so daß später Melanchthon ihn „Grammaticus" nannte. Bedeutungsvoll für die pädagogischen Bestrebungen wurde sein Briefwechsel mit Murmellius, dem Rektor des Gymnasiums in Münster, damals wichtigen Stätte der humanistischen Pädagogik, die nun auch in Pommern ihren Siegeszug antreten konnte. Bugenhagen hat durch seinen späteren Übertritt zum Protestantismus und seine Freundschaft zu Luther entscheidenden Einfluß auf die Gestaltung der lutherischen Kirche in Norddeutschland und in Dänemark ausgeübt und war führend auf dem Gebiete der neuen evangelischen Pädagogik.
Als Schriftsteller wurde der in Greifswald am 21. Juli 1893 als Sohn eines dortigen Landrichters geborene *Hans Fallada* bekannt. Nachdem er unruhig Höhen und Tiefen des menschlichen Lebens kennengelernt hatte und er zur Ruhe gekommen war, begann er mit seinem ersten Roman „Bauern, Bonzen und Bomben" seine Laufbahn als erfolgreicher Schriftsteller und setzte sie fort durch den große Beachtung erzielenden Roman eines Arbeitslosen „Kleiner Mann – was nun?", der zweimal verfilmt wurde. Diesem Werk folgten weitere Romane, Märchen und Erinnerungsbände. Sein letzter Roman „Jeder stirbt für sich allein" hatte seine letzten physischen Kräfte verzehrt, so daß er schon am 2. Februar 1946 starb.
Und eines vorpommerschen kühnen Pioniers der Luftfahrt ist auch noch zu gedenken. Am 23. Mai 1848 wurde in Anklam *Otto Lilienthal* geboren. Nach Besuch des Gymnasiums, der Provinzialgewerbeschule in Potsdam und einer Tätigkeit als einfacher Arbeiter am Schraubstock arbeitete er in einem Zeichen- und Konstruktionsbüro. Er begann nun, sein zweites Flugzeugmodell zu konstruieren, ein erstes hatte er schon als 14jähriger Junge entworfen. Lilienthal versuchte nun, die theoretischen Erkenntnisse des Fliegens in die Praxis umzusetzen. Nach Beendigung seines Studiums 1870 als Ingenieur konstruierte er zusammen

mit seinem Bruder einen „Drachen mit gewölbten Flächen", der ohne Höhenverlust gegen den Wind fliegen sollte. Nur in seiner Tätigkeit als Theaterdirektor scheiterte er. Bei seinem letzten Flugversuch am 9. August 1896 stürzte er mit seinem Flugapparat aus einer Höhe von 15 Metern in die Tiefe und starb am nächsten Tag an den Folgen der schweren Verletzungen, die er sich zugezogen hatte. Vom Zweiten Weltkrieg blieb Vorpommern am Beginn des Krieges lange verschont, nur die Städte Stettin und Stralsund hatten unter Luftangriffen sehr zu leiden. Während der Kämpfe in den letzten Tagen des militärischen Ringens wurde die Innenstadt Demmins zerstört. Nach den Beschlüssen der Potsdamer Konferenz wurde Vorpommern Mecklenburg zugeschlagen, aber das neue Land 1952 schon wieder aufgelöst.

Die Geschichte Vorpommerns ist ein Spiegelbild der wechselnden politischen Machtverhältnisse in Nordeuropa, des Erstarkens und der folgenden Schwächen der umwohnenden Völker. Sie haben die Entwicklung Vorpommerns beherrscht, gehemmt und gefördert. Geblieben ist in der Bevölkerung das Gefühl der Zusammengehörigkeit des ganzen deutschen Volkes auch über Zeiten der Trennung und Spaltung hinweg.

Anmerkungen

1 Rolevink, Werner: De laude veteris Saxoniae nunc Westphaliae dictae 1478. Hg. v. Ludwig Troß, Köln 1865, S. 151.
2 Kratz/Klempin: Die Städte der Provinz Pommern, Berlin 1865, S. 116.

Martin Mantzke
DIE FÜRSTENHÄUSER

Mecklenburg

Stammvater des Hauses Mecklenburg war *Niklot* (?/um 1125–1160), Fürst der Abodriten. Nach dem Tode dieses heidnischen Wendenfürsten im Kampf gegen Heinrich den Löwen im Jahre 1160 begründete sein Sohn *Pribislaw* (?/1160–1178) die Dynastie, die König Karl IV. zu reichsunmittelbaren Herzögen erhob und die das Land bis 1918 regierte.
Pribislaws Sohn *Heinrich Burwin I.* (gest. 1227), ein Schwiegersohn Heinrichs des Löwen, und dann seine Nachfolger riefen deutsche Siedler ins Land, die sich in neugegründeten Dörfern und Städten wie Wismar, Rostock, Schwerin, Güstrow und Parchim niederließen.
Heinrichs Nachkommen teilten um 1230/35 Haus und Land in die Linien Mecklenburg, Werle (Residenz Güstrow), Rostock und Parchim. Die Linien Parchim (1315), Rostock (1314) und Werle (1436) erloschen wieder, so daß die Nachkommen *Johanns I.* (um 1211/1226–1264) das Gesamthaus wieder vereinigten. Doch auch sie trennten sich erneut 1352 in die Linien Schwerin und Stargard. Johanns Urenkel *Albrecht II.* (1318/1329–1379) und *Johann I.* (um 1323/1352–1392/93) wurden im Jahre 1348 durch Karl IV. zu unmittelbaren Lehnsträgern des Heiligen Römischen Reiches und zu Herzögen erhoben. Bis dahin waren die Herzöge von Sachsen-Lauenburg die Oberlehnsherrn der Mecklenburger gewesen. Der Sohn Albrechts II. aus der Ehe mit der Tochter des schwedischen Königs Magnus II., *Albrecht III.*, gewann 1363 die schwedische Königskrone. Im schwedisch-dänischen Krieg wurde Albrecht jedoch geschlagen und geriet in dänische Gefangenschaft. Aus dieser kehrte er 1395 zurück und lebte bis 1412 in Mecklenburg. Damit fand die mecklenburgische Großmachtpolitik im Ostseeraum ihr Ende; das Fürstengeschlecht wie das Land spielten in der europäischen Geschichte des Mittelalters keine Rolle mehr.
Nach dem Erlöschen der Zweige Goldberg (1374) und Waren (1426) konnte die Hauptlinie Schwerin mit der Nebenlinie Stargard die Hauptmasse der werlischen Linie gegen die Ansprüche Kurbrandenburgs behaupten, allerdings mußte der Herzog von Mecklenburg im Jahre 1442 den Hohenzollern die Erbanwartschaft auf das Gesamtherzogtum zugestehen.
War unter dem seit 1442 allein regierenden Herzog *Heinrich IV. dem Dicken* (1417/1436–1477) die Zerrüttung des Landes fortgeschritten, so gelang es seinem hochbefähigten Sohn *Magnus II.* (1441/1477–1503), die Finanzen zu ordnen, die Regierung zu straffen und das Land, das nach Erlöschen der Stargarder Linie (1471) nun geschlossen in seiner Hand lag, grundlegend neu zu ordnen. Nach seinem Tod erfolgte unter seinen drei Söhnen eine erneute Landesteilung; aus ihr ging der Älteste, *Heinrich V. der Friedfertige* (1479/1503–1552), als stärkster her-

vor. Er festigte Gerichtshoheit und Polizei und überließ durch den Neubrandenburger Hausvertrag von 1520 seinem Bruder *Albrecht VII. dem Schönen* (1488/1519–1547) nur noch eine beschränkte Nutzungsteilung. Als Schwager Johann Friedrichs und Moritz von Sachsens sowie Philipps des Großmütigen frühzeitig mit der reformatorischen Bewegung in Berührung gekommen, führte Herzog Heinrich das Land dem neuen Glauben zu. Er mußte es jedoch den zum Katholizismus zurückgekehrten Söhnen Albrechts V., *Johann Albrecht I.* (1525/1547–1576) und *Ulrich III.* (1528/1555–1603) überlassen.

Johann Albrecht I. hatte in seinem Landesteil die Primogenitur eingeführt; schwache Nachfolger, Vormundschaften und Rivalitäten mit der Güstrower Linie führten zu erneuten Spannungen. Das Erlöschen der Schweriner Linie im Jahre 1610 vereinigte zunächst den Besitz, bis die Linie Güstrow nach erbitterten Streitigkeiten 1621 erneut eine Landesteilung vornahm. Dabei erhielt *Adolf Friedrich I.* (1588/1592–1658) die westliche, *Johann Albrecht II.* (1590/1611–1636) die östliche Hälfte des Landes.

Nach einer schwankenden Politik in der Frühphase des Dreißigjährigen Krieges vertrieben und wegen Hochverrats abgesetzt, mußten die Herzöge Land und Residenz räumen. 1629 belehnte der Kaiser *Wallenstein* mit der Herzogswürde, ehe Gustav Adolf im Jahre 1635 die vertriebenen Herzöge wieder restituierte. Im Westfälischen Frieden von 1648 mußten sie Wismar an Schweden abtreten, wurden jedoch durch die säkularisierten Bistümer Schwerin und Ratzeburg entschädigt.

Nach Erlöschen der Güstrower Linie 1695 kam es einmal mehr zu einer Landesteilung: *Adolf Friedrich II.* (1658/1701–1708) erhielt ein selbständiges Herzogtum Mecklenburg-Strelitz (Fürstentümer Stargard und Ratzeburg) samt Sitz und Stimme auf Reichs- und Kreistagen; die Hauptmasse dagegen ging als Fürstentum Mecklenburg-Schwerin an Herzog *Friedrich I.* (1638/1658–1688). Beide Linien bestimmten Primogenitur und bei Erlöschen Erbgang an den Erstgeborenen des zweiten Hauses. Stände, Kirchenordnung und oberstes Landesgericht blieben Gesamtinstitution.

Gegenüber den fürstlichen Teilungen hatten die Stände, deren Anfänge bis ins 13. Jahrhundert zurückgingen, die Einheit des Landes gewahrt. Herzog *Friedrich Wilhelm* (1675/1692–1713) geriet mit ihnen in heftige Auseinandersetzungen. Sein Bruder und Nachfolger, *Karl Leopold* (1678/1713–1747), versuchte, den Absolutismus einzuführen, wobei er auf Unterstützung seines Schwagers, des russischen Zaren Peter des Großen, hoffte. Dieser Versuch führte zum offenen Konflikt mit der Ritterschaft und der Stadt Rostock, die schließlich das Reich gegen den Herzog anriefen. Nach siegreicher Reichsexekution entsetzte der Reichstag im Jahre 1728 Karl Leopold der Regierung und bestellte dessen Bruder, Christian Ludwig (1683/1747–1756).

Nach Karl Leopolds Tod 1747 als *Christian Ludwig II.* selbst Herzog, gelang diesem nach langen Verhandlungen mit den Ständen schließlich 1755 ein landesgrundgesetzlicher Vergleich; die Linie Strelitz trat diesem Vergleich allerdings nur für das Fürstentum Stargard bei. Die Herzogtümer behielten in der Folge eine ständische Verfassung, die die gutsherrliche Ritterschaft außerordentlich begünstigte und die Souveränität der Herzöge erheblich einschränkte.

Christian Ludwigs Sohn, *Friedrich der Fromme*, auch der Gütige genannt (1717/1756–1785), geriet wegen seiner pietistischen Haltung mit dem Land in Konflikt.

Sein Neffe, *Friedrich Franz I.* (1756/1785–1837), verbesserte das gespannte Verhältnis zu Rostock und eröffnete 1793 in Doberan das erste deutsche Bad.
Nach Napoleons Sieg über Preußen 1806 depossediert, gelang Herzog Friedrich Franz durch Fürsprache des Zaren Alexander I. im Jahre darauf die Restitution, im Jahre 1808 trat er dem Rheinbund bei. Nach dem sofortigen Anschluß an die Alliierten 1813 und dem Beitritt zum Deutschen Bund nahm er am 17. Juni 1815 den Titel Großherzog an.
In Mecklenburg-Strelitz organisierte Herzog *Adolf Friedrich II.* (1658/1701–1708) die Zentralverwaltung neu, beließ die Verwaltung im Fürstentum Stargard aber fast selbständig. Sein Sohn *Adolf Friedrich III.* (1686/1708–1752) gründete sich in Neu-Strelitz eine neue Residenz. Ihm folgte sein Neffe *Adolf Friedrich IV.* (1738/1752–1794), der sein Land durch eine kluge Politik aus dem Siebenjährigen Krieg heraushielt und als „Dörchläuchting" in der Darstellung Fritz Reuters in die Literatur einging.
Herzog *Karl II.* (1741/1794–1816), Vater der Königin Luise von Preußen, führte wesentliche Reformen der Agrarstruktur durch. Ihm gelang es, sein Land durch den Anschluß an Frankreich und den Beitritt zum Rheinbund 1808 sowie dann durch den sofortigen Übergang zu den Alliierten im Jahre 1813 gut durch die Fährnisse der napoleonischen Zeit zu steuern. 1815 erhielt auch er die großherzogliche Würde.
Sein jüngster Sohn, Herzog *Karl* (1785–1837), trat 1799 in die preußische Armee ein; er nahm an den Befreiungskriegen teil, wurde 1816 Kommandierender General des Garde-Korps, 1825 zum General der Infanterie befördert und 1827 zum Präsidenten des Preußischen Staatsrats berufen.
Im 19. Jahrhundert wurde die mecklenburgische Geschichte maßgeblich von dem Streit um die Reform der landesständischen Verfassung bestimmt. Eine solche Reform scheiterte am Widerstand der Ritterschaft ebenso wie an der konservativen Haltung der Herzöge von Mecklenburg-Strelitz. Die in der Revolution von 1848 vereinbarte konstitutionelle Verfassung wurde durch den Bundestag wieder aufgehoben, und Mecklenburg behielt als einziges deutsches Land bis 1910 seine landesständische Verfassung.
In Mecklenburg-Schwerin folgte auf Großherzog Friedrich Franz I. sein Enkel *Paul Friedrich* (1800/1837–1842), der mit Alexandrine von Preußen, der Schwester König Wilhelms I. verheiratet war. An militärischen Dingen in erster Linie interessiert, war er Kgl. preußischer Generalleutnant und Generalinspekteur des Mecklenburgischen Militärs.
Auch sein um Reformen bemühter Sohn *Friedrich Franz II.* (1823/1842–1883) zeichnete sich auf dem Schlachtfeld aus. Im Krieg von 1866 stand er auf preußischer Seite; 1870/71 befehligte er in Frankreich zunächst die mecklenburgische Division und dann eine Armeeabteilung, die sich bei den Winterkämpfen hervortat. Der Großherzog war Kgl. preußischer Generaloberst, außerdem besaß er den Rang eines Kaiserlich russischen Generalfeldmarschalls.
Ihm folgte Großherzog *Friedrich Franz III.* (1851/1883–1897), der mit der russischen Großfürstin Anastasia (1860–1922) verheiratet war. Beider Tochter Cecilie (1886–1954) heiratete 1905 den deutschen Kronprinzen Wilhelm (1882–1951).
Da der Sohn des Großherzogs, *Friedrich Franz IV.* (1882/1897–1918/1945), beim Tod seines Vaters noch unmündig war, führte für ihn zunächst sein Onkel Herzog

Johann Albrecht (1857–1920) die Regentschaft. Der Herzog war von 1907 bis 1913 nochmals Regent für den welfischen Herzog Ernst August im Herzogtum Braunschweig.

Sein Bruder, Herzog Adolf Friedrich (1873–1969), führte 1907/08 und 1910/11 zwei große wissenschaftliche Forschungsreisen in Zentralafrika durch; von 1912 bis 1914 war er Gouverneur der deutschen Kolonie Togo. Seit 1926 Mitglied des Internationalen Olympischen Komitees, war der Herzog, dem die Philosophische Fakultät der Universität Rostock die Ehrendoktorwürde verliehen hatte, nach dem Zweiten Weltkrieg zunächst Präsident, dann Ehrenpräsident des Deutschen Olympischen Komitees.

Sein jüngerer Bruder, Herzog Heinrich (1876–1934), heiratete 1901 Königin Wilhelmina der Niederlande und erhielt den Titel eines Prinzen der Niederlande. Beider Tochter Juliana (geb. 1909) war von 1948 bis 1980 Königin der Niederlande.

In Mecklenburg-Strelitz folgte dem Großherzog Karl II. sein Sohn *Georg* (1779/1816–1860), diesem sein Sohn *Friedrich Wilhelm* (1819/1860–1904). Als streng konservativer, reichsfeindlich eingestellter Landesherr verzichtete er weitgehend auf Reformen und verstand es, sein Privatvermögen derart zu mehren, daß er bei seinem Tode als einer der reichsten Fürsten galt. Ihm folgten die Großherzöge *Adolf Friedrich V.* (1848/1904–1914) und *Adolf Friedrich VI.* (1882/1914–1918). Dieser war unverheiratet und beging aus ungeklärten Gründen am 23. Februar 1918 in Neustrelitz Selbstmord. Da der nächste Agnat, sein Onkel Herzog Carl Michael (1863–1934), russischer General war und offenbar im Ersten Weltkrieg auf russischer Seite gekämpft hatte, übernahm Großherzog Friedrich Franz IV. von Mecklenburg-Schwerin die Regentschaft auch über Strelitz. Am 14. November 1918 dankte er für Schwerin wie für Strelitz ab, jedoch unterblieb eine Vereinigung beider Länder.

Friedrich Franz IV., der letzte Großherzog, Kgl. preußischer General der Kavallerie a. D. und Kgl. dänischer General sowie Ehrendoktor und Kanzler der Universität Rostock, lebte nach seinem Thronverzicht auf Schloß Ludwigslust. Kurz vor der Besetzung Mecklenburgs durch die Rote Armee kam er 1945 als Flüchtling nach Schloß Glücksburg an der Ostsee; am 17. November 1945 ist er in Flensburg gestorben.

Als Chef des Hauses folgte ihm Erbgroßherzog Friedrich Franz (geb. 1910); die hausrechtlichen Befugnisse werden in seiner Eigenschaft als Familienoberhaupt und Vorsitzender des Familienverbandes von Herzog Christian Ludwig (geb. 1912) wahrgenommen.

Vorpommern

Rund 500 Jahre herrschte das Geschlecht der Greifen über Pommern. Slawischen Ursprungs, stellte es über 16 Generationen hinweg dem Land in verschiedenen Linien zahlreiche Herzöge. Seine ersten beglaubigten Vertreter waren *Wratislaw I.* (?/1124/28–1147/48), der vor 1124 in Magdeburg die Taufe nahm, sowie sein Bruder *Ratibor I.* (?/1136–1155/56). Durch die Errichtung des Bistums Wollin im Jahre 1140 und die Bestätigung seiner Exemtion 1188 wurde die Selbständigkeit des Herzogtums gesichert.

1181 wurde *Bogislaw I.* (um 1130–1187) zu Lübeck durch Kaiser Friedrich Barbarossa mit dem Herzogtum Pommern belehnt. Das Land wurde damit dem Reich unmittelbar unterstellt, doch mußte Bogislaw im Jahre 1185 auch den Dänenkönig Knut VI. als Lehnsherrn anerkennen, und bis 1227 stand Vorpommern unter dänischer Herrschaft. Danach suchten die pommerschen Herzöge Anschluß an Brandenburg. Unter den Herzögen *Barnim I.* (1210/1220–1278) und *Wratislaw II.* (um 1210–1264) nahm das Land allmählich einen deutschen Charakter an. Im Jahre 1295 wurde es erstmals unter die Herzogtümer Pommern-Wolgast und Pommern-Schwerin aufgeteilt. Unter Herzog *Bogislaw X.*, dem Großen (1454/1474–1523) wurden die Lande 1478 wieder vereinigt.

Herzog *Wratislaw IX.* (um 1400/1425–1457) gründete 1426 die Landesuniversität Greifswald. Zwischen 1532 und 1541 erfolgte eine erneute Teilung zwischen Wolgast und Stettin, bevor es mit dem Aussterben der Wolgaster Linie im Jahre 1625 zu einer letzten, schon durch die Wirren des Dreißigjährigen Krieges getrübten Einigung des Landes kam. Herzog *Bogislaw XIV.* (1580/1620–1637) war seit 1620 Herzog von Pommern-Stettin und wurde nach dem Tode seines Vetters, Herzog *Philipp Julius* (1584–1625) von Pommern-Wolgast, im Jahre 1625 Herzog von ganz Pommern. Als Bogislaw XIV. am 10. März 1637 starb, starb mit ihm auch das Greifengeschlecht aus – Pommern trat als selbständiges Herzogtum aus der Geschichte aus.

Stammtafel Mecklenburg

Erläuterungen

(Nach Isenburg, Wilhelm Karl von: Stammtafeln 2. Gesch. d. europ. Staaten, Bd. I Die deutschen Staaten. Hg. von Frank Baron Freytag von Loringhoven, Reprint von 1953, Marburg 1956; Geneal. Hdb. d. Adels. Geneal. Hdb. d. Fürstl. Häuser, Bd. V, Limburg 1959; Wigger in: Hamann, Manfred: Mecklenburg. Gesch., Köln/Graz 1968)

Die jeweiligen Jahreszahlen bedeuten:

    Geburtsjahr
    Jahr des Regierungsantritts
    Jahr des Regierungsendes
    Sterbejahr

∞ = verheiratet mit . . .

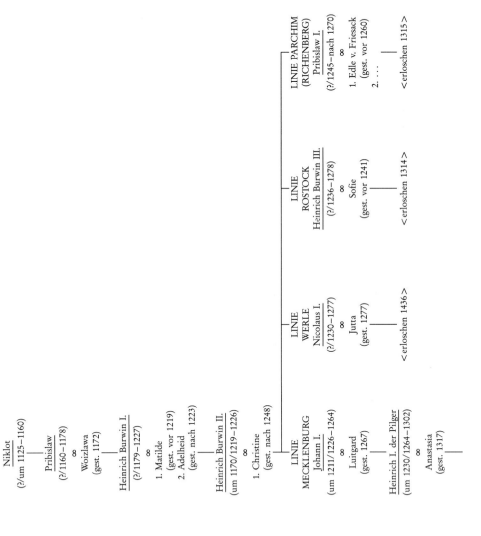

Heinrich II. der Löwe
(1267/1287–1298/1329)
⚭
1. Beatrix (gest. 1314)
2. Anna (gest. 1327)
3. Agnes (gest. 1343)

┌─────────────────────────────┐

LINIE SCHWERIN
Albrecht I. (II.)
(1318/1329–1379)
⚭
1. Eufemia (gest. 1370)
2. Adelheid (gest. 1380)

Magnus I.
(?/1379–1384)
⚭
Elisabeth (gest. 1377)

Johann IV.
(um 1365/1395–1422)
⚭
1. Jutta (gest. 1415)
2. Katharina (gest. 1448)

Heinrich IV. der Dicke
(1417/1436–1477)
⚭
Dorothea (gest. 1491)

LINIE STARGARD
Johann I.
(nach 1321/1352–1392/93)
⚭
1. Rixa (gest. vor 1346)
2. Anna (gest. vor 1356)
3. Agnes (gest. vor 1402)

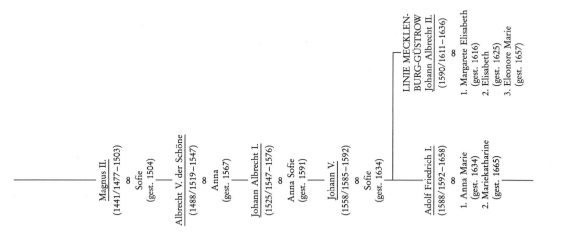

LINIE STRELITZ
Adolf Friedrich II.
(1658/1701–1708)

1. Marie (gest. 1701)
2. Johanna (gest. 1704)
3. Christiane Emilie (gest. 1751)

Karl I.
(1708–1752)
∞
Elisabeth Albertine
(gest. 1761)

Karl II.
(1741/1794–1816)
∞
1. Friederike (gest. 1782)
2. Charl. Wilh. Chr. Maria (gest. 1785)

Georg Fr. Carl Joseph
(1779/1816–1860)
∞
Marie Wilh. Frieder.
(gest. 1880)

Friedrich Wilhelm
(1819/1860–1904)

Auguste Karoline
(gest. 1916)

LINIE SCHWERIN
Friedrich I.
(1638/1658–1688)
∞
Christine Wilhelmine
(gest. 1722)

Christian Ludwig II.
(1683/1747–1756)

Gustave Karoline
(gest. 1748)

Ludwig
(1725/1756–1778)
∞
Charlotte Sophie
(gest. 1810)

Friedrich Franz I.
(1756/1785–1837)
∞
Luise
(gest. 1808)

Friedrich Ludwig
(1778/1815–1819)
∞
1. Helene Pawlowna (gest. 1803)
2. Karoline (gest. 1816)
3. Auguste Friederike (gest. 1871)

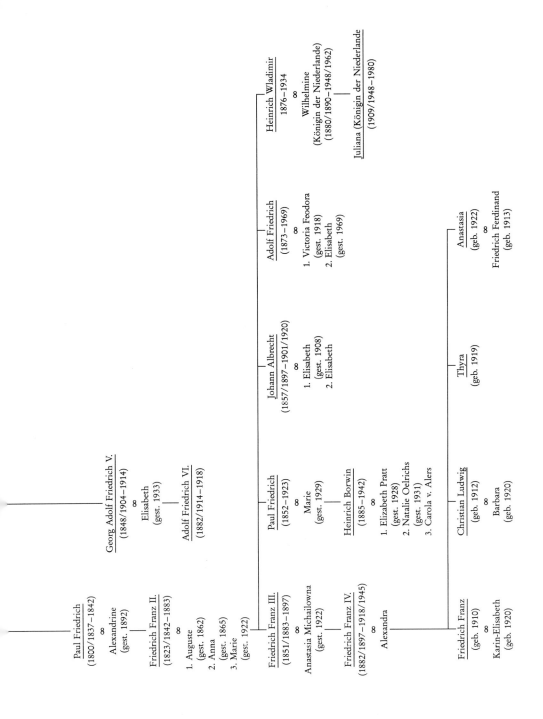

Stammtafel Vorpommern

Erläuterungen

(Nach Cohn, Ludwig Adolf: Stammtafeln z. Gesch. d. dtsch. Staaten u. d. Niederlande, Braunschweig 1871; Wegener, Wilhelm: Geneal. Tafeln z. mitteleurop. Gesch. – Die Herzöge v. Pommern, Göttingen ²1969; Isenburg, Wilhelm Karl von: Stammtafeln z. Gesch. d. europ. Staaten, Bd. I Die deutschen Staaten. Hg. von Frank Baron Freytag von Loringhoven, Reprint von 1953, Marburg 1956)

Die jeweiligen Jahreszahlen bedeuten:

  Geburtsjahr
  Jahr des Regierungsantritts
  Jahr des Regierungsendes
  Sterbejahr

∞ = verheiratet mit …

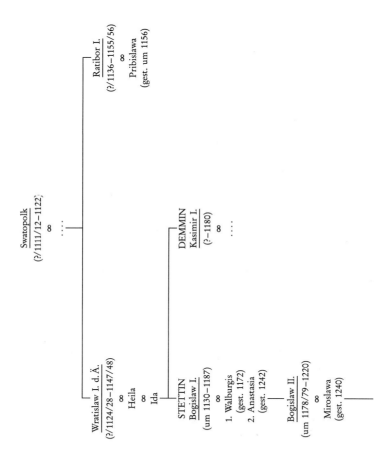

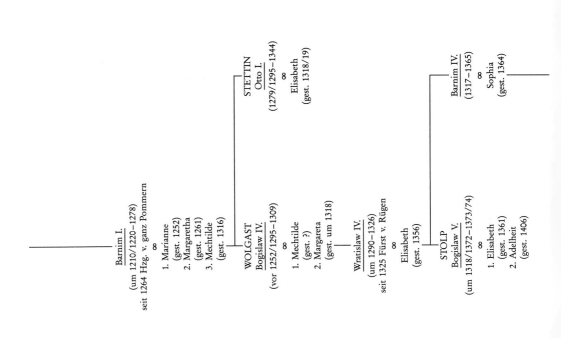

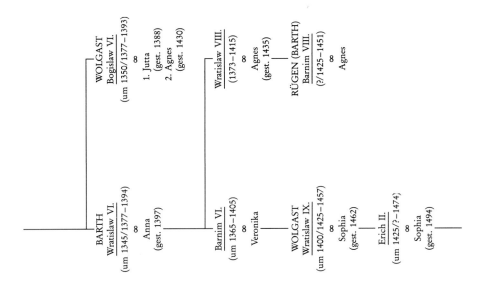

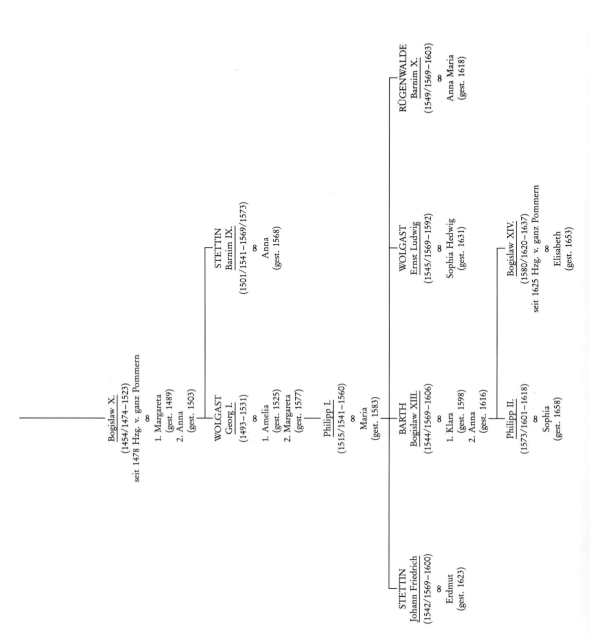

Martin Lauckner
DAS STAATSWAPPEN

Per aspera ad astra, so lautet die Devise des mecklenburgischen Hausordens der Wendischen Krone. Durch Schwierigkeiten hindurch hinauf zu den Sternen! Die Kette dieses 1864 gestifteten Ordens umgibt den Schild des großen Staatswappens des *Großherzogtums Mecklenburg-Schwerin,* so wie dieses im Jahre 1884 neu bestimmt worden ist. Ein schwarzer Stier rechts und ein goldener Greif links stehen als Schildhalter zu den Seiten. Der Schild weist sechs Felder und einen Herzschild auf. Das erste Feld zeigt in Gold einen schwarzen Stierkopf mit Halsfell, roter Zunge, silbernen Hörnern und goldener Krone; das zweite Feld in Blau einen goldenen Greif (Rostock); das dritte Feld ist geteilt, oben in Blau ein goldener Greif, unten grünes Feld mit silberner Einfassung (Fürstentum Schwerin); das vierte Feld zeigt in Rot ein silbernes Kreuz, auf dem eine goldene Krone ruht (Fürstentum Ratzeburg); das fünfte Feld zeigt einen aus einer Spaltlinie hervorgehenden, einen goldenen Ring haltenden bloßen Arm, über dem Ellbogen mit einem weißen Puffärmel bekleidet, der Vorderarm mit schmaler weißer Binde umwunden (Herrschaft Stargard); das sechste Feld zeigt das Bild wie Feld eins. Die Felder eins, zwei und sechs stellen die Stammwappen des Hauses dar: Mecklenburg (Stier-

Das große Staatswappen des Großherzogtums MECKLENBURG-SCHWERIN (1884)

kopf), Rostock (Greif) und Werle oder Wenden (Stierkopf ohne Halsfell). Der Herzschild ist von Rot und Gold geteilt (Grafschaft Schwerin). Auf dem Gesamtschild liegt eine offene Krone, dazu gehören fünf Spangenhelme mit Helmzier (hier nicht dargestellt).

Das große Staatswappen des Großherzogtums Mecklenburg-Strelitz vom Jahre 1871 zeigt dasselbe Bild wie Mecklenburg-Schwerin mit der geringen Abweichung, daß Ordenskette und Devise fehlen, der Arm im fünften Felde etwas anders bebändert und die Krone auf dem Gesamtschild rot gefüttert ist. Die einzelnen Felder des großen Wappens repräsentieren die mecklenburgischen Landesteile, die alten und die beiden durch den Westfälischen Frieden erworbenen Fürstentümer, das sind die ehemaligen Bistümer Schwerin und Ratzeburg.

Das erste Stammwappen des Hauses Mecklenburg und auch des Landes ist der Stierkopf *ohne* Halsfell, wie ihn das sechste Feld zeigt. Der Stierkopf erschien erstmalig geführt von Fürst Niklot II., der 1225 gestorben ist. Zu seiner Zeit trug der Kopf einen Stirnreif, der sich in der Folge rasch in eine Krone verwandelte. Das älteste farbige Vorkommen dieses Wappens ist eine Malerei aus dem 13. Jahrhundert in der Kirche zu Röbel.

Das Wappen der 1358 erkauften Grafschaft Schwerin behauptete schon seit alter Zeit die Ehrenstelle als Herzschild im fürstlichen Wappen. Das große Staatswappen ist, wie alle derartige Wappen, ein Produkt der Neuzeit. Im Mittelalter kannte man eine solche Ansammlung unterschiedlicher Einzelwappen in einem Gesamtschild nicht. Diese Ansammlung ist auch heraldisch unerfreulich, im Eindruck verwirrend, sie verfehlt so den ursprünglichen Zweck des Wappenwesens, mit einem Blick den Wappenträger klar und deutlich kenntlich zu machen. Dieser Erkenntnis trägt die Tatsache Rechnung, daß neben dem großen, repräsentativen, unübersichtlichen Staatswappen stets auch ein kleines Wappen, sozusagen für den täglichen Gebrauch bei Regierung und Verwaltung, geführt worden ist. Im Falle Mecklenburg zeigt der Schild des kleinen Wappens allein in goldenem Feld einen Stierkopf, mit Halsfell und einer Krone über dem Schild, die 1918 bei der Umwandlung der Großherzogtümer in Freistaaten wegfiel.

Bemerkenswert ist, daß die Freistaaten Mecklenburg-Schwerin und Mecklenburg-Strelitz im Unterschied zu den meisten anderen deutschen Bundesstaaten auch unter den neuen Verhältnissen neben dem kleinen ein größeres Staatswappen beibehielten resp. einführten. *Mecklenburg-Schwerin* behielt das große Staatswappen des früheren Großherzogtums unter Wegfall der Krone, der Helme und Ordenskette unverändert bei. *Mecklenburg-Strelitz* schuf sich ein neues großes Wappen: Im gespaltenen Schild rechts in blauem Feld eine silberne Zinnenmauer mit silbernem zinnengekröntem Turm, links geteilt, oben in Gold ein schwarzer ungekrönter Stierkopf, unten in Rot ein silbernes Kreuz. Beide Wappen wurden 1921 amtlich.

In der Zeit des Nationalsozialismus wurden durch Reichsgesetz, das hieß ohne daß das Volk gefragt worden wäre, mit Wirkung vom 1. Januar 1934 die beiden Mecklenburg miteinander zum „Land Mecklenburg" mit der Hauptstadt Schwerin vereinigt.

Nach Ende der Kriegshandlungen 1945 kam Mecklenburg zusammen mit Vorpommern zur sowjetischen Besatzungszone. Vorpommern ist der Rest der ehemaligen preußischen Provinz Pommern. Für Mecklenburg bedeutete das eine be-

Schwerin   Strelitz

trächtliche Vergrößerung des Staatsgebietes und auch der Einwohnerzahl, weil dieses Vorpommern ohne jeden Vorbehalt eingegliedert worden war. Das nun so vergrößerte Land Mecklenburg erhielt unter dem 16. Januar 1947 eine neue Verfassung und war ein selbständiger Staat, gab es doch damals weder eine Bundesrepublik Deutschland noch eine Deutsche Demokratische Republik. Alles allerdings unter sowjetrussischer Besatzungsmacht. Dieses neue Groß-Mecklenburg gebrauchte das unveränderte kleine mecklenburgische Wappen, also den Stierkopf. Die Verfassung von 1947 enthält keine Bestimmung über das Landeswappen, wohl aber über die Landesfarben. Im Artikel 1 der Verfassung heißt es: „... die Landesfarben sind Blau-Gelb-Rot". Und eine Verordnung vom 10. Januar 1949 bestimmt: „Die Standarten für den Ministerpräsidenten und für die befugten Regierungsmitglieder zeigen Blau-Gelb-Rot mit dem mecklenburgischen Wappen".

Bemerkenswert ist, daß man in Mecklenburg die Vergößerung durch Vorpommern zunächst nicht als selbstverständlich hinnahm. 1946 hieß es amtlich „Landesverwaltung Mecklenburg-Vorpommern" und entsprechend „Der Präsident des Landes Mecklenburg-Vorpommern", und als 1947 die Regierungsgewalt von der sowjetischen Besatzungsmacht zurückgegeben war, hieß es „Landesregierung Mecklenburg-Vorpommern" und „Der Ministerpräsident von Mecklenburg-Vorpommern", so auch das „Amtsblatt der Landesregierung Mecklenburg-Vorpommern". Das ging so eine Weile. Da erschien im Regierungsblatt 1947, Nr. 4 eine „Bekanntmachung vom 1. März 1947 betreffend die amtliche Bezeichnung der Landesregierung und des *Landes Mecklenburg*".

Der Chef der Sowjetischen Militäradministration, Herr Generalleutnant Trufanow, hat Veranlassung genommen, mich darauf hinzuweisen, daß nach dem Befehl Nr. 5 des Obersten Chefs der Sowjetischen Militäradministration vom 8. Juli 1945 eine Landesverwaltung für das Verwaltungsgebiet Mecklenburg zu bilden war, in dessen Grenzen der Westteil von Pommern – Stadt Stettin ausgenommen – eingeschlossen werden sollte. Der Herr Generalleutnant hat weiter darauf hingewiesen, daß die Landesregierung infolgedessen nicht das Recht hat, sich als eine Landesregierung für das Land Mecklenburg-Vorpommern zu bezeichnen, sondern, daß sie nur befugt ist, die Bezeichnung

„Landesregierung Mecklenburg"

zu führen. Mit sofortiger Wirkung wird daher angeordnet, daß in allen amtlichen Schreiben nur noch die amtliche Bezeichnung „Landesregierung Mecklenburg" und „Land Mecklenburg" geführt werden darf.

*Der Ministerpräsident
Höcker*

Die Absicht dabei ist einsichtig. Der Name Vorpommern, wie Pommern überhaupt, sollte verschwinden, ganz Pommern sollte aufhören zu bestehen, zumal das große Hinterpommern unter polnische Verwaltung gekommen war.
Der Bekanntmachung zufolge erschien als Nr. 1 nunmehr das „Regierungsblatt für Mecklenburg" am 12. März 1947. Es enthält die neue Verfassung vom 16. Januar des Jahres. Auf diesen Zusammenhang muß hingewiesen werden, weil, was das Wappen betrifft, sich die Frage erhebt, in welcher Weise heraldisch Vorpommerns nach der Inkorporation in Mecklenburg gedacht werden sollte oder warum Vorpommerns, tatsächlich heraldisch nunmehr nicht gedacht worden ist. Vorpommern hat zur staatlichen Heraldik Mecklenburgs nach 1945 nichts beitragen dürfen.

An dieser Stelle nun soll und muß in gebotener Kürze des *Wappens von Pommern* gedacht werden. Dieses Wappen zeigt *in silbernem Schild einen goldbewehrten roten Greif*. Der Greif ist wohl das ursprüngliche Stammwappen. Aus dem Jahre 1212 ist ein Greif im Schild auf dem Siegel des Herzogs Kasimir II. nachweislich. Dies ist der früheste Beleg. Aus den Jahren 1237 und 1248 liegen weitere Belege vor. Farbige Darstellungen erscheinen erst später, wobei die Farben wechseln. Der rote Greif in Silber aber ist der pommerische Urgreif, bei dem auch beide Linien der Herzöge bei der Teilung 1295 blieben. Die preußische Provinz Pommern, die erst 1815 gebildet worden ist, führte historisch und heraldisch richtig eben den goldbewehrten roten Greif im silbernen Schild. Das blieb so bis zum Mai 1945.

Provinz Pommern

Joachim Niemeyer
MILITÄRWESEN

Die Geschichte des mecklenburgischen Militärwesens im eigentlichen Sinne beginnt erst mit der Schaffung eines stehenden Heeres zur Mitte des 18. Jahrhunderts. Dennoch wird man zu den konstitutiven Merkmalen eines solchen Militärwesens noch zwei weitere Elemente mitzählen müssen, deren Ursprünge schon vor dem Dreißigjährigen Kriege liegen. Zum einen ist dies die Reichskriegsverfassung mit ihren Reichskreisen als Klammer der Wehrpolitik, zum anderen die schon frühe Aufstellung von Trabantengarden und anderen Haustruppen zum persönlichen Schutz der Herzöge. Das mecklenburgische Gebiet gehörte dem Niedersächsischen Kreis an, während Vorpommern Kreisstand des Obersächsischen Kreises war. Zwar belasteten den Niedersächsischen Kreis keine konfessionellen Gegensätze, dafür waren aber seit 1648 durch die Mitgliedschaft zweier ausländischer Staaten – Schweden für das Herzogtum Bremen und Dänemark für das Herzogtum Holstein – sowie der aufstrebenden Staaten Brandenburg und Braunschweig-Lüneburg Mitglieder vorhanden, die im politischen Großraum Feinde und Rivalen waren.

Diese widerstrebenden Elemente, die in den Rahmen dieses Kreises gezwängt waren, ließen eine effektive Kreispolitik kaum noch zu. Schon seit 1674 kämpften die aufgestellten Verbände nicht mehr als Kreistruppen, sondern als brandenburgische oder lüneburgische Regimenter in den Feldzügen des Reiches. Gerade die zeitweise durch Preußen und Braunschweig-Lüneburg als Armierte erbrachten Reichsauxiliartruppen, die nicht als Kreistruppen galten, obwohl als solche gefordert, und von den Nichtarmierten Kreisständen wie Mecklenburg durch Geld unterstützt werden mußten, hatten Mecklenburg gezeigt, daß diese Lösung auf Dauer teurer war, als eigene Truppen zu stellen. Unmittelbar nach dem Ende des Dreißigjährigen Krieges war dieses ausgeblutete Land, das zudem durch den schwedisch-dänischen Krieg in Mitleidenschaft gezogen worden war und durch das schwedische Wismar bei jedem neuen schwedischen Krieg wieder in diesen verwickelt wurde, nicht in der Lage, eigene größere Truppenverbände zu formieren. Die Ansätze einer Truppengestellung für den Kreis – so hatte das Herzogtum Mecklenburg 1664 40 Mann zu Pferd und 67 zu Fuß, das Fürstentum Schwerin 6 Mann zu Pferd und 6 Mann zu Fuß zu stellen – bereiteten noch keine Schwierigkeiten. Erst als die Kreisbeschlüsse ein Vielfaches forderten, lösten dies die Herzöge mit Geld ab. Die Geldforderungen häuften sich und sehr bald war Mecklenburg das typische Beispiel eines von seinen stärkeren Nachbarn ausgebeuteten nichtarmierten Staates. Für das vereinigte Mecklenburg wurde es, wollte es nicht weiter Spielball seiner Nachbarn sein, unbedingte Notwendigkeit, ein kleines stehendes Heer zu errichten.

Als besonderes Kennzeichen, woran der Stellenwert territorialer Souveränität gegenüber den Ständen erkennbar ist, gilt die *Heeresverfassung*. Mit dem Aufkommen der stehenden Heere in der zweiten Hälfte des 17. Jahrhunderts konsolidierte sich das unabhängige Staatsgebilde, wenn es gelang, die Forderungen nach regelmäßigen Heeressteuern durchzusetzen. Der seit dem Dreißigjährigen Krieg das politische System beherrschende Streit zwischen der absolutistischen Staatsform und den althergebrachten ständischen Kräften wurde insbesondere durch die Frage nach dem stehenden Heer und der damit verbundenen finanziellen Absicherung verschärft. Paradigmatisch für diese Auseinandersetzung von Ständen und Fürst ist Mecklenburg. So hatten bereits in der zweiten Hälfte des 17. Jahrhunderts die Herzöge versucht, die Garnison- und Festungskosten durch langfristige Steuern zu sichern, um von den Landtagen unabhängig zu werden. Zwar wurde 1701 in dieser Frage durch eine kaiserliche Kommission ein Vergleich erreicht, der eine jährliche Militärsteuer in den ständischen Landkasten festlegte, aber im Zuge des Nordischen Krieges gelang es dem Herzog, diese Kontribution direkt an die fürstliche Kasse zu übertragen, was zur Klage der Stände vor dem Reichshofrat führte, die dieser zugunsten der Stände entschied.

1699 trat auch Mecklenburg in den Kreis der armierten Staaten über. Zwar hatte es neben Geldleistungen auch stets einzelne kleinere Truppenkörper in den vorausgegangenen Kriegen wie dem Türkenkrieg 1664, den Feldzügen in den Niederlanden 1672/74, am Oberrhein 1674/75 und Ungarn 1688 gestellt; doch waren diese nach dem Ende des Feldzuges sogleich wieder entlassen worden. Die von den Herzögen nun betriebenen Verstärkungen der mecklenburgischen Truppen waren aber nur durch Subsidien fremder Mächte möglich. Der Vorteil solcher Subsidienverträge lag nicht nur in einer augenblicklichen finanziellen Leistung – dem Werbegeld – des Vertragspartners, sondern vor allem in der Entlastung von den laufenden Kosten des Unterhalts der Truppen, wie Sold und Verpflegung. Meist wurde in den Vertrag noch ein Passus eingebracht, daß die Truppen nicht gegen das Reich verwandt und nicht in andere Regimenter untergesteckt werden durften. So stellte man 1701 zwei Regimenter zu Fuß auf, die in niederländische Dienste traten und nahezu den gesamten spanischen Erbfolgekrieg mitmachten, u. a. auch die Schlacht bei Höchstedt (1704). Weiterhin tat ein Dragoner-Regiment Dienst in preußischem Sold und ein Bataillon in dänischen Diensten. Zudem stellte Mecklenburg ein Regiment zu Pferd als Reichsstand für den Feldzug am Oberrhein 1702–1713. Bei dem hohen Bedarf an Truppen und der langen Dauer des Spanischen Erbfolgekrieges und des Nordischen Krieges war es zuletzt nicht mehr möglich, den ganzen Bedarf an Rekruten durch die Werbung zu decken. Mecklenburg sah sich genötigt, auf das System der Landrekrutierung überzugehen, d. h. jedes Amt hatte ein gewisses Kontingent an Mannschaften zu stellen. Daneben wurde für die Landesverteidigung eine regulierte Landmiliz aufgestellt, die aber nur in Mecklenburg eingesetzt werden durfte. Die Präsenzzeit bei dieser Truppe betrug zwei Jahre und betraf ausschließlich die bäuerliche Bevölkerung. Die Übungen der Mannschaften fanden regelmäßig nach dem sonntäglichen Kirchgang statt. Zunächst wurden zwei Bataillone aufgestellt, eines im ehemaligen Herzogtum Güstrow und das andere im Herzogtum Schwerin.

Die *strategische Schlüsselstellung* Mecklenburgs in der russischen Westpolitik zur Zeit des Nordischen Krieges verband sich mit der Suche der Schweriner Herzöge, insbesondere Karl Leopolds, nach einem potenten Verbündeten im Streit mit den Ständen. In einem außergewöhnlichen Kraftakt, unterstützt durch russische Hilfe, verstärkte Karl Leopold seine Truppen erheblich und befestigte zugleich die Stadt Rostock. Diese zwischen 1717 und 1719 betriebenen Rüstungen ließen den Sollstand der mecklenburgischen Truppen auf drei Kavallerieregimenter und fünf Infanterieregimenter und zwei Bataillone von insgesamt 8200 Mann steigen; und dies, obwohl das Land selbst durch die Ausplünderung durch die russische Armee 1716/1717 in seiner wirtschaftlichen Kraft gebrochen war. Nach dem Rückzug der Masse der russischen Truppen – es blieben noch 3300 Mann im Dienste des Herzogs, aber unter dem Befehl des Zaren – sah sich Karl Leopold 1719 den hannöverschen und braunschweigischen Truppen gegenüber, die im kaiserlichen Auftrage die Reichsexekution durchführten. Die nahezu 10000 Mann Exekutionstruppen erlitten am 3. März 1719 bei Walsmühlen eine Schlappe, als der mecklenburgische General Curt von Schwerin, der spätere preußische Generalfeldmarschall, ein hannöversches Bataillon angriff und auseinandersprengte. Dennoch mußte sich Schwerin der Übermacht beugen und seine Truppen zurückziehen. Schwerin und Rostock wurden besetzt, die Russen verließen das Land und nur die Festung Dömitz verteidigte sich weiter. Nachdem aber sich auch Herzog Karl Leopold auf preußisches Gebiet begeben hatte, war an einen weiteren Kampf nicht zu denken. Die Masse der mecklenburgischen Truppen wurde in russischen Sold genommen und marschierte durch Pommern und Polen in die Ukraine, wo sie in fast 27jähriger Dienstzeit nahezu vollständig zusammenschmolz. Ihre geringen Reste kehrten – durch Kamele und Tartarenweiber vermehrt – 1746 in die Heimat zurück.

Erst mit Herzog Christian Ludwig, der nach dem Tode seines Bruders Karl Leopold 1747 zur Regierung kam, ist der Neuanfang einer stehenden Truppe des mecklenburgischen Militärs zu konstatieren. Er errichtete im gleichen Jahr ein Infanterieregiment, nach seinem Chef, dem Generalmajor von Zülow, „Infanterie-Regiment von Zülow" genannt, welches in Schwerin garnisonierte. Dieses Regiment stellt 1754 den Stamm eines zweiten Infanterieregiments, welches Rostock als Garnison hatte, und da der jüngere Bruder des Generalmajors v. Zülow Chef des Rostocker Regiments geworden war, führten die beiden Regimenter die Bezeichnung Alt- und Jung-Zülow. Zudem lagen in Dömitz einige Garnisonskompanien. An Kavallerie bestand nur eine ca. 60 Mann starke Leibgarde zu Pferde, die vorwiegend für den Wachdienst in den herzoglichen Schlössern bestimmt war. Diese beiden Infanterieregimenter wurden nach dem preußischen Exerzierreglement ausgebildet, wie auch preußische Verwaltungsnormen die Kompaniewirtschaft bestimmten. Hingegen war der Dienstbetrieb der Leibgarde nach der württembergischen Garde du Corps geregelt.

Während des *Siebenjährigen Krieges* wurden die Truppen erheblich vermehrt, so daß es 1760 drei Infanterieregimenter mit zusammen 24 Kompanien, die auf vier Halbeskadronen verstärkte Leibgarde, eine Schwadron Husaren sowie eine Halbbatterie mit zwei Geschützen gab. Sowohl Mecklenburg als auch Vorpommern litten schwer unter dem Krieg; sei es wie in Vorpommern als Kriegsschauplatz, sei es durch die preußischen Beitreibungen, Kontributionsgelder und vor allem durch das schonungslose Vorgehen bei der Beschaffung von Rekruten. Der zunehmend schwieriger werdende Ersatz der preußische Regimenter führte zu zahlreichen

Übergriffen und gewaltsamen Werbungen in Mecklenburg, da das Land sich 1757 für die Reichsexekution gegen Preußen ausgesprochen hatte, wenn auch der Herzog sich von jeder Kampfhandlung fernhalten wollte. So hatte z. B. das Dragoner-Regiment Bayreuth Nr. 5 stets zahlreiche Mecklenburger in seinen Reihen, die sich erstaunlicherweise als ausexerzierte Urlauber während der Friedenszeit auch stets wieder zu den jährlichen Besichtigungen und Übungen beim Regiment einfanden, doch nahm deren Zahl während des Krieges nochmals zu. Als diesen Soldaten mecklenburgischer Herkunft, die sich unter den preußischen Kriegsgefangenen in der Steiermark befanden, 1759 und 1762 die Erlaubnis erteilt wurde, nach Hause zu gehen, verzichteten sie auf dieses Angebot und blieben bei ihren kriegsgefangenen Kameraden.

Um die mecklenburgischen Truppen vor preußischen Zugriffen zu schützen – 1758 waren bereits zwei Kompanien in Güstrow ausgehoben und in preußische Regimenter gesteckt worden –, wurden sie gemäß eines Abkommens mit Schweden 1759 auf Rügen verlegt, ohne sich am Kriege zu beteiligen. Zwar hatte Vorpommern eine Reihe kleinerer befestigter Plätze und Schanzen wie Anklam, Peenemünde, Greifswald-Wieck oder Demmin, doch bildete die eigentliche Hauptfestung Stralsund den Rückhalt zur Verteidigung des Landes. Dieser gute und widerstandsfähige Platz war in der Lage, eine längere Belagerung auszuhalten, wie er dies bereits durch den vergeblichen Versuch Wallensteins 1628 bewiesen hatte. Die durch mehrere Forts geschützte Insel Rügen gab der Stadt und Festung Stralsund eine schwer angreifbare Ernährungsbasis sowie die Möglichkeit, dort große Truppenreserven in Bereitschaft zu halten. Stralsund selbst hatte genügend Besatzungstruppen und galt, wenn auch seine Werke nicht mehr ganz zeitgemäß waren, doch als ein so starker Stützpunkt, daß er nur genommen werden konnte, wenn der Angreifer die Überlegenheit zur See besaß. Zudem waren die Festungstruppen Stralsunds meist reguläre schwedische Feldtruppen, wenn auch die Ausrüstung und Versorgung der schwedischen Armee durch innenpolitische Streitigkeiten und Korruption sehr zu wünschen übrig ließ. Die Kapitulation der Festung 1807 vor den Franzosen erfolgte daher mehr aus gesamtstrategischen Gesichtspunkten, da es Schweden sinnlos erschien, als letzter Feind Frankreichs auf dem Festlande, die Festung halten zu wollen. Die Franzosen ließen 1809 die Festungswerke schleifen.

1782 erhielt der Erbprinz Friedrich Franz den Auftrag, das Militärwesen Mecklenburgs zu erneuern. Neben den bisherigen zwei Infanterieregimentern wurde das Grenadier-Regiment Prinz Friedrich aufgestellt, auf welches sich das spätere Grenadier-Regiment Nr. 89 zurückführt und das Ludwigslust, Güstrow und Dömitz als Garnison erhielt. Wie auch in den Zeiten vor dem Siebenjährigen Kriege lehnte man sich eng an die Dienst- und Exerziervorschriften der preußischen Armee an und kommandierte zur Erlernung des Dienstbetriebes Offiziere zur preußischen Armee. Auch die Uniformierung nahm sich des preußischen Vorbildes an, ebenso wie die Bewaffnung aus Preußen kam. So wie dort, wurde die große Montierung alle zwei Jahre geliefert, deren Stoffe im Lande hergestellt wurden. Eine Eigenheit des Grenadier-Regiments waren seine jungen Spielleute, die im Alter von 14 Jahren aufgenommen wurden; eine Einrichtung, die sich bis 1914 erhalten sollte. Bis in die 1780er Jahre waren infolge der Karl Leopoldschen Wirren die westlichen Ämter an Kurhannover, die südlichen an Preußen verpfändet – daher hatten einige Schwadronen der preußischen Zietenhusaren ihre Garnison in Parchim,

Lübz und Plau. Diese enge Nachbarschaft führte dazu, daß die mecklenburgischen Husaren, ca. 50 Mann, nach dem Vorbild der Zieten-Husaren uniformiert waren. 1788 wurde mit Holland ein Subsidienvertrag abgeschlossen, der den Generalstaaten drei Bataillone Infanterie stellte. Außer Sold und Bekleidung zahlten diese jährlich 100 Gulden pro Mann und übernahmen zudem die Kosten für die Beförderung. Die Truppen durften nur im Lande verwendet werden und behielten ihre eigene Gerichtsbarkeit. Erst 1796 kehrten die drei Bataillone nach Mecklenburg zurück.

Auch Mecklenburg wurde wie Vorpommern in den Strudel der *napoleonischen Kriege* 1806 hineingerissen, Mecklenburg zum feindlichen Gebiet erklärt und die mecklenburgischen Truppen aufgelöst, wobei es den Offizieren verboten war, weiterhin Uniform zu tragen. Durch die Intervention des Zaren konnte Herzog Friedrich Franz Ende Juni 1807 wieder in sein Land zurückkehren, mußte aber am 22. März 1808, als letzter deutscher Fürst, dem Rheinbund beitreten, nachdem Mecklenburg-Strelitz diesen Schritt bereits am 18. Februar 1808 vollzogen hatte. Schwerin verpflichtete sich, ein Kontingentsregiment von 1900 Mann zu stellen und ließ dieses Infanterieregiment nach französischem Muster neu formieren. Zudem wurde das französische Konskriptionssystem mit der Möglichkeit der Stellvertretung eingeführt, welches sämtliche Rheinbundstaaten übernommen hatten. Danach waren alle Männer vom 20. bis 25. Lebensjahr militärpflichtig. Diese neu aufgestellten und wenig gefestigten Bataillone des Kontingentsregiments erhielten 1809 als ersten militärischen Auftrag, den Zug Schill's von Dömitz nach Pommern aufzuhalten, wobei die mit dem Korps Schill geführten Gefechte am 26. Mai bei Damgarten und Triebsees verloren gingen. Für den Rußlandfeldzug hatte Mecklenburg-Schwerin sein Kontingentsregiment in Stärke von 1900 Mann zu stellen – es erreichte aber nur 1700 Mann –, welches unter dem Befehl des Generals v. Fallois der 4. Division des I. französischen Armeekorps Davout angehörte, während Mecklenburg-Strelitz ein leichtes Infanteriebataillon stellte, welches dem 127. französischen Linienregiment zugeteilt wurde. Von diesem Regiment, überwiegend aus Hamburgern gebildet, sollten nur wenige Soldaten aus Rußland zurückkehren, wie auch vom Schweriner Regiment nur 130 Mann die Heimat wiedersahen. Ein Ersatztransport, in Danzig zurückgehalten, gelangte erst nach der Kapitulation der Festung Ende des Jahres 1813 zurück.

Schwerin war auch der erste deutsche Staat, der sich am 14. März 1813 wieder vom Rheinbund löste. Bereits im gleichen Monat wurde der einzig intakte Verband, das Grenadier-Garde-Bataillon, mobilisiert und auf Wagen nach Hamburg entsandt, wo es u.a. beim Gefecht bei Wilhelmsburg erfolgreich eingriff. Inzwischen erfolgte in Rostock die Neuaufstellung eines Infanterieregiments, einer halben Feldbatterie sowie je eines freiwilligen Jägerregiments zu Fuß und zu Pferde. Ferner erging am 8. April 1813 eine Landwehr- und Landsturmordnung, welche die Aufstellung von sechs Landwehrbataillonen ermöglichte, deren Fahnenweihe am 19. November erfolgte. Bei einer Gesamtbevölkerung von 350 000 Menschen stellte Mecklenburg-Schwerin während der Befreiungskriege nahezu 12 000 Mann aus eigenen Mitteln auf, die nur auf die Hilfe englischer Waffenlieferungen zurückgreifen mußten. Ähnlich lagen die Verhältnisse in Mecklenburg-Strelitz, welches in kurzer Zeit ein Husarenregiment sowie ein Reitendes Jägerkorps aufstellte, welches dem Husarenregiment attachiert war. Während die Schweriner als eigene Brigade in der schwedischen Division Vegesack zum Einsatz kamen, kämpften die Strelitzer Truppen bei den Gefechten von Katzbach, Wartenberg und Möckern mit. Beide Korps wirkten 1815 bei der Einschließung von Montmédy mit.

Die nun folgende Epoche des *Deutschen Bundes* brachte das Militärwesen der beiden mecklenburgischen Linien enger zusammen, während Vorpommern preußisch wurde. Dort wurde aus den ehemaligen vorpommerschen Regimentern der schwedischen Krone das preußische Infanterie-Regiment Nr. 33 rekrutiert, das spätere Ostpreußische Füsilier-Regiment Nr. 33. Nach Greifswald kam 1816 die 3. Eskadron des Dragoner-Regiments Königin, aus der 1819 das 2. Kürassier-Regiment gen. Königin (Pommersches) entstand und welches im gleichen Jahr nach Pasewalk verlegt wurde; dieses Regiment führte die Tradition der Bayreuth-Dragoner fort. Auf Ansuchen der Universität Greifswald – das preußische Wehrgesetz von 1814 hatte das Institut des Einjährigen-Freiwilligen geschaffen, und die Studenten wünschten ihrer Dienstpflicht am gleichen Ort nachzukommen – wurden 1821 zwei Jägerkompanien dorthin verlegt, die den Stamm des 2. Jäger-Bataillons bildeten, des späteren Pommerschen Jäger-Bataillons Nr. 2, welches 1884 nach Kulm überwechselte. In ihm diente Bismarck 1838/39 als Referendar sein zweites Halbjahr ab. An die Stelle der nunmehrigen Kulmer Jäger trat 1886 das III. Bataillon des 5. Pommerschen Infanterie-Regiments Nr. 42, welches Regiment 1860 aus den vorpommerschen Landwehrbataillonen aufgestellt worden war.

Beide Mecklenburgs gehörten zum Verbande der 2. Division des 10. Bundesarmeekorps und bildeten dort eine gemeinsame Brigade. Mecklenburg-Schwerin stellte neben einem Grenadier-Garde-Bataillon, zwei Infanteriebataillonen und einem leichten Infanteriebataillon (Jäger) zudem ein Dragonerregiment sowie zwei Fußbatterien. Seit 1843 übernahm Schwerin auch die Stellung von Kavallerie, Artillerie und Jägern für Strelitz, das zum Ausgleich seinen Anteil an Infanterie in der gemeinsamen Bundesbrigade erhöhte. Strelitz stellte nur ein Infanteriebataillon von vier Kompanien sowie ein Kommando Husaren, die als Gendarmen ihren Dienst versahen. In der Residenzstadt Schwerin lagen die Gardegrenadiere und Jäger, in Wismar und Rostock die Füsiliere, und das Dragonerregiment, welches bis 1837 als Cheveauleger-Regiment bezeichnet wurde, lag in Ludwigslust. 1839 wurden für die Brigade das preußische Exerzierreglement und die preußische Felddienstordnung eingeführt.

Die Truppen ergänzten sich durch freiwilligen Eintritt und Aushebung. Die Dienstzeit betrug sechs Jahre, davon vier im aktiven Dienst, zwei bei der Reserve. Die auf der Militärbildungsanstalt in Schwerin ausgebildeten Offiziere, die Unteroffiziere und Spielleute waren stets im Dienst. Im übrigen war, abgesehen von der alljährlichen vierwöchigen Übungszeit, bei der Infanterie nur ein Viertel und bei der Kavallerie und Artillerie nur die Hälfte der Mannschaft anwesend. Seit 1849 kommandierte der ehemalige preußische Major v. Witzleben die mecklenburgische Brigade. Sowohl der seit 1842 regierende Großherzog Friedrich Franz II., der sich als Heerführer in den Einigungskriegen 1864, 1866 und 1870/71 einen Namen machen sollte, wie auch sein jüngster Bruder hatten enge persönliche Bindungen zur preußischen Armee als Chef des 4. Brandenburgischen Infanterie-Regiments Nr. 24 (Großherzog v. Mecklenburg-Schwerin) bzw. als aktiver Offizier bei der preußischen Garde du Corps. Diese Bindungen erleichterten die von Preußen seit 1848 angestrebte Gleichschaltung der norddeutschen Kleinstaaten. Ebenso wie Anhalt-Bernburg und Braunschweig schlossen Mecklenburg-Strelitz (April 1849) und Mecklenburg-Schwerin (Juli 1849) eine Militärkonvention mit Preußen, die eine militärische Verklammerung mit dem preußischen Heere bewirken sollte.

Damit war der Weg für die *Eingliederung in die preußische Armee* nach 1866 beschritten. Dennoch zogen sich die Verhandlungen über die Militärkonventionen sehr in die Länge, da Schwerin auf einer Reihe von Reservatsrechten bestand. Am 24. Juli 1868 kam die Militärkonvention zwischen Preußen und Schwerin zum Abschluß, in der Schwerin eine eigene begrenzte Militärverwaltung zugestanden wurde, die aber bereits 1872 wieder aufgehoben wurde. Strelitz unterzeichnete die Konvention am 9. November 1868. Die Militärverfassung des Norddeutschen Bundes wurde durch die diversen Militärkonventionen ergänzt und modifizert; sie sollte teilweise wörtlich in der Reichsverfassung von 1871 (Reichskriegswesen) ihren Niederschlag finden. Nach dem preußischen Vorbild wurde überall die allgemeine Wehrpflicht eingeführt und dreijährige aktive Dienstzeit vorgesehen. Vereinbart wurde darüber hinaus eine Anpassung in Fragen der Gliederung, Bewaffnung und Vorschriften sowie gemeinsame Übungen.

Die Truppen des mecklenburgischen Kontingents waren ausschließlich in den beiden Großherzogtümern stationiert und sollten nur in außerordentlichen Fällen andere Garnisonen erhalten. Das Kontingent bestand aus dem Grenadier-Regiment Nr. 89 (I./III. Bataillon in Schwerin, II. in Neustrelitz), Füsilier-Regiment Nr. 90 (I./III. in Rostock, II. in Wismar), Jäger-Bataillon Nr. 14 (Schwerin, seit 1890 in Colmar), Dragoner-Regiment Nr. 17 (Ludwigslust), Dragoner-Regiment Nr. 18 (Parchim) sowie die III. Fußabteilung des Feldartillerie-Regiment Nr. 9 aus der das Feldartillerie-Regiment Nr. 60 (Schwerin) hervorgehen sollte. Es blieben nur noch wenige Bereiche, in denen „mecklenburgisches" übrig blieb; hierzu gehörte die Uniformierung: so war das Grenadier-Regiment Nr. 89 als einziges innerhalb des Deutschen Reiches verschieden uniformiert. Bei diesem Regiment hatten das I. und III. Bataillon weiße Litzen, Knöpfe und Achselklappen mit dem Namenszug „FF", während das II. Bataillon gelbe Litzen und Knöpfe und rote Achselklappen mit dem Namenszug „FW" trug. Uniformkundlich einzigartig war auch bei der 1. Kompanie, der Leibkompanie, die Bärenfellmütze. Bis 1914 führte sie diese Kopfbedeckung als einzige Einheit in der deutschen Armee bei besonderen Anlässen. Hatten die Mecklenburger in den Kriegen von 1864 und 1866 keinen ernsthaften Einsatz erlebt, so sollten sie sich im Krieg 1870/71 im Verband der 17. Division bei der Einschließung von Metz und den Belagerungen von Toul und Paris sowie in der Schlacht von Loigny bewähren. Auch während des Ersten Weltkrieges bildeten die beiden Infanterieregimenter eine gemeinsame Brigade innerhalb der 17. Infanterie-Division, der auch das Feldartillerie-Regiment Nr. 60 angehörte. Als besonders zuverlässig ausgewählte Verbände waren sie bei der Erstürmung der Festung Lüttich beteiligt. Die Regimenter waren ausschließlich im Westen eingesetzt, während die beiden Kavallerieregimenter im Verbande der 4. Kavallerie-Division ausschließlich im Osten zum Einsatz kamen. Die Traditionen der mecklenburgischen Truppen wurden sowohl in der Reichswehr als auch in der Wehrmacht gepflegt, Truppen, die sich im Laufe ihrer Geschichte stets als besonders zuverlässig und tapfer bewährt haben.

Ulrike Asche-Zeit
SOZIALGESCHICHTE

Einleitung

Die Sozialgeschichte Mecklenburgs beginnt ähnlich, wie in den anderen Landschaften Mitteldeutschlands: auch hier sind es die Probleme der *Besiedlung*, der *Christianisierung* und *Urbanisierung*, denen man sich zunächst zuzuwenden hat. Jedoch hat sie einen Verlauf genommen, der sich kaum mit dem etwa des benachbarten Brandenburg vergleichen ließe.
Die *sozialen Strukturen* haben sich aufgrund der *geographischen Gegebenheiten* – Mecklenburg ist reines Agrarland – geprägt; über sie wurde – deshalb müssen einige Fakten der *Verfassungsgeschichte* genannt werden – in der frühen Neuzeit in jenem Dualismus zwischen Landesherr und Ständen, anders als in den anderen deutschen Territorien, zugunsten der Stände und zuungunsten der Herzöge entschieden. Es sollte sich keine große Dynamik entwickeln und die Herrschafts- und Besitzverhältnisse sollten bis 1918 die mittelalterlichen bleiben. Gegenstand dieser Betrachtung also wird der Ritter als Gestalter der gesellschaftlichen Ordnung und der Bauer als deren Unterworfener sein.

Ausgangssituation – Rechtslage und soziale Situation der Einwanderer

Grundsteine zur Einbeziehung in den Verband des Deutschen Reiches wurden gelegt, nachdem Heinrich der Löwe *Niclot Mitte des 12. Jahrhunderts zu seinem Lehnsträger gemacht hatte*. Von ihm ging auch der stärkste Impuls zu einer systematischen Kolonisierung aus.
Die *Einwanderer* – sie kamen ausschließlich aus dem Norden Altdeutschlands – besaßen persönliche Freiheit und erhielten ihren Hof zu vererbbarer Pacht bzw. Zinspflichtigkeit. Der Landesherr gab alles Land, das er nicht selbst behielt (Domanium), zu Lehen an Adlige, Klöster und Bauern aus.
Vermittler zwischen den Gründern und den Einwanderungsgruppen waren die *Lokatoren*; ihnen wurde ein Gebiet unterstellt, für das sie Familien in Altdeutschland anwarben, das sie nach einem Siedlungsplan gliederten, in dem sie Dörfer anlegten. Als Entgelt für ihr „Dienstleistungs-Unternehmen" bekamen sie ein größeres Stück steuerfreien Landes, einen Anteil am bäuerlichen Zins, oder das Recht, Mühle, Schänke o. ä. zu betreiben. Sie wurden die *Dorfschulzen*, damit Inhaber der *niederen Gerichtsbarkeit*. Nahmen sie diese Stellung in einem größeren Siedlungsbereich mit mehreren Dörfern ein, war dies ein Weg in den Adelsstand[1]. Aus der Tatsache, daß dem *Gerichtsherrn* von Anfang an gewisse umgrenzte Dienstleistun-

gen seiner Hintersassen zustanden, entwickelte sich ein wichtiges Gewohnheitsrecht, das später der Grundherr für sich reklamierte, auch als es sich längst von der Funktion der Gerichtsbarkeit gelöst hatte: jene in der Verfassung 1755 festgeschriebene umfassende Dienstpflichtigkeit, die den Bauern völlig in seine Abhängigkeit brachte.

Das Dorf war Verwaltungseinheit und die *Dorfgemeinschaft* oft mit der *Kirchengemeinde* identisch, da ein Pfarrgut Bestandteil des Siedlungsplanes war. Das normale Dorf hatte 12 Hufen, größere hießen Doppeldörfer. Es waren also relativ kleine Einheiten im Vergleich zu Brandenburg, wo ein Dorf 30–80 Hufen hatte. Die Hufenordnung war auch die Bemessungsgrundlage für die bäuerlichen *Steuern*. Der Hufenmodus betrug 9 Taler. Jeder Bauer zahlte zunächst die gleiche Steuer, ob er dem Ritter oder einem Kloster lehnspflichtig war oder im Domanium lebte, hier zahlte er außerdem hin und wieder eine zu einem bestimmten Zweck erhobene Sondersteuer.

Die Ritter hatten insofern eine herausragende Stellung, als ihr Land größer war und keine Steuern auf ihm lasteten, weil sie dem Landes- bzw. Lehnsherr Heeresfolge zu leisten hatten. Aber: Noch 1755 sind die Ritterhufen steuerfrei, obwohl längst der Rechtsgrund dafür entfallen war, nachdem die Ritter seit dem 16. Jahrhundert keine Heeresfolge mehr leisten mußten.

Wo die Versuche, *Wenden* nach deutschem Recht als Bauern anzusiedeln, d. h. sie in die Dörfer zu integrieren, scheiterten, wurden sie in neu zugeteiltem Land, ebenfalls in Dörfern zusammengefaßt, oft in der Nähe oder als Vordorf. In den Städten waren sie kaum vertreten. Daß auch Zwangsumsiedlungen, Vertreibung und Gewalt geschahen, sollte nicht unerwähnt bleiben.

Der *wendische Adel* hingegen, mit dem deutschen unter gleichem Recht Ritterdienste leistend, wurde assimiliert, nachweisbar in der Namensforschung (um 1300 noch etwa mit 170, im Jahre 1572 mit 130 Familien, im 19. Jahrhundert immer noch mit 40 Familien). Die Ritterschaft wuchs zu einer einheitlichen Gruppe sichtbar eng zusammen, bis sie schließlich im 19. Jahrhundert, da es nun inzwischen Adelige aus dem Bürgertum (Landbegüterte) gab, als Abgrenzung eine besondere Landtagsuniform verlangte.

Bis zum *Abschluß der Besiedlung 1450* entstanden, neben den *750 Dörfern* – auch die Klöster, wie Doberan, Dargun, Ribnitz, Dobbertin und Malchow und die Bistümer Schwerin und Ratzeburg waren an diesem Werk beteiligt – auch *45 Städte*. Alle Städte Mecklenburgs sind, von Ludwigslust, Neustrelitz und einigen Badeorten abgesehen, Gründungen der Siedlungszeit, d. h. überwiegend von den vier Enkeln des Heinrich Burwin I., die Herren von Mecklenburg, Werle-Güstrow, Rostock und Parchim waren.

In den Städten herrschte eine fest umschriebene Rechtssituation nach außen und ein differenziertes Sozialgefüge im Inneren. *Stadtrecht* konnte nur der Landesherr verleihen; hier gab es keine ständische Zwischeninstanz, der Landesherr nahm durch seinen Vogt/Amtmann die Hoheitsrechte (Gerichtswesen, Besteuerung, Zoll, Münze etc.) wahr. Demgegenüber schuf sich die Bürgerschaft als mächtiges Organ den Stadtrat. Er vertrat die Stadt nach außen, ihm oblag Rechtspflege, Verwaltung, Wirtschaftsführung, Gewerbeaufsicht, Wohlfahrtspflege, Polizei, militärische Organisation. Seit dem 14. Jahrhundert mußten Verwaltungsbeamte eingestellt werden, die die jeweiligen, von den Ratsherrn beaufsichtigten Geschäftsbereiche versahen, noch später gab es im niedrigen Dienst Beamte für Hilfstätigkeiten (Marktaufsicht, Feuerwehr, Botendienst).

Zu Anfang besaßen alle Einwohner das *Bürgerrecht*. Die soziale Aufspaltung wurde aber bald Tatsache durch die Mitbewohner minderen Rechts: Das Bürgerrecht, ursprünglich nur an den Grundbesitz gebunden, mußte erkauft werden, ebenso von Bürgersöhnen, wie von Hinzugezogenen; diese mußten sich außerdem einer formellen Prüfung unterziehen. Kein Bürgerrecht erhielten Geistliche, Gesellen und Lehrlinge, Gesinde und Tagelöhner. Nur der Bürger durfte ein Geschäft betreiben, ein Handwerk ausüben. Während viele vermögende Bürger durch großen Landbesitz in den Adelsstand gelangten, erwarb nur selten ein Adeliger das Bürgerrecht. Es gab kaum „bürgerliche Hantierung" in Mecklenburg. Wenige Städte – voran Wismar und Rostock als Hansemitglieder, dann Schwerin, Parchim, Güstrow, Malchin – findet man am überregionalen oder Fernhandel beteiligt, (Tuchhandel, Bierverlag) die meisten anderen blieben selbstversorgende Landstädte. Der Ackerbürger hatte in der Regel eine Kuh auf der Allmende und ein Stück Feld.

Die *wichtigste Bürgerpflicht* war die Steuer: Haussteuer nach Grundstücksgröße, Vieh- und Schlachtsteuer, Mühlensteuer, eine Ackersteuer wurde nach dem Ertrag erhoben, Handwerker und Künstler zahlten jährlich je nach Anzahl der Gesellen; die bedeutsamste schließlich war die Verkaufssteuer.

Über das *Zunftwesen* und damit über die einzelnen Berufsgruppen unterrichtet uns eine „Fragebogen-Aktion", die 1506 von der Landesregierung durchgeführt und von 14 Städten beantwortet wurde.

Selbst in den drei größeren Landstädten, Parchim mit 8000, Güstrow mit 6000 und Malchin mit 6000 Einwohnern, sind es durchaus überschaubare Gruppen, in denen sich „bürgerliche Hantierung" organisierte. Parchim hatte in sechs Zünften 140 Mitglieder (die beiden größten Gruppen bildeten 60 Weber, 30 Schuster und 14 Fischer); Güstrow hatte in acht Zünften 80 Mitglieder (darunter 12 Schuster, 20 Weber, 7 Bäcker, 10 Schmiede, 8 Schneider); Malchin in sieben Zünften 25 Schneider und 25 weitere Handwerker.

Solche soziologischen Erhebungen sollten nicht nur die Organisation der städtischen Bevölkerung ermitteln, sondern die Grundlage bilden für Reglementierungen – wir kennen den Erfolg der Polizeiordnungen in Brandenburg etwa zur selben Zeit –, um die Standesschranken aufrechtzuerhalten, das Konsumverhalten zu kontrollieren und den Luxus einzudämmen.

Die Berufsgruppen waren abgestuft; den vornehmsten, Schneidern, Kaufleuten, Silberschmieden, Seidenhändlern, Brauern, folgten Krämer und Schiffer; erst zu unterst standen die kleinen Handwerksmeister wie Bäcker oder Schuster.

Der *Stadtrat* spiegelt die Schichtung wider. Obwohl die Zünfte seit dem 14. Jahrhundert um feste Plätze im Stadtparlament für alle Berufsgruppen kämpften, blieben es die Kaufherren und vornehmen Handwerker, die sich hier repräsentieren durften, allerdings erst nachdem die Verwandten der Ratsherrn an die Reihe kamen in der Amtsnachfolge – jedes Jahr wurde die Hälfte der Mitglieder ausgewechselt.

Während es sich bei den Zünften um Berufs- und Zwangskörperschaften handelte, gab es daneben die religiösen Vereinigungen, sie hatten meistens als Namenspatron einen Schutzheiligen, die *Bruderschaften*. Sie erfüllten mit Armenfürsorge und

Krankenpflege sehr wichtige Funktionen, ihnen verdankten die Städte die ersten Hospitäler.

Schließlich organisierten das gesellige Leben *Gilden oder Vereine* (z.B. die Schützengilden), die gerne auch Gäste aus der Ritter- und Bauernschaft aufnahmen. Die Festtage waren Kristallisationspunkte für die ländliche Umgebung. Zum Pfingstmarkt „finden sich die meisten Gutsbesitzer und Edelleute des Landes ein, ihre Geldumsätze zu machen, ihre Frauen zu vergnügen, ihre Töchter zu zeigen und sich ihre Bedürfnisse und Schwiegersöhne einzukaufen."

Das Zitat gehört in eine spätere Zeit (Friedrich von Buchwald, 1782), aber die Verhältnisse hatten sich kaum geändert. Noch im 19. Jahrhundert gab es in Mecklenburg nur drei Städte mit mehr als 10000 Einwohnern. Alle anderen waren Ackerbürgerstädte in einer Größenordnung von 2000–3000 Einwohnern, ohne Gewerbefreiheit und ohne industriellen Impuls. Höhepunkte des gesellschaftlichen Lebens waren immer noch der Pfingstmarkt, die Tierschau und der Landtagsball, wie uns Fritz Reuter in seiner „Stromtid", dem Schlüsselroman zu Mecklenburgs Sozialgeschichte, eindrucksvoll schildert.

Mecklenburg blieb immer ein reiner Agrarstaat. Genauer muß es heißen: ein Staat eines Standes, weil noch um 1900 unter etwa 600 Ritterfamilien auf etwa 1000 Haupt-Gütern ein Drittel der Landbevölkerung in Erbuntertänigkeit lebte, weil Mecklenburg mit 60% den höchsten Prozentsatz an Großgütern (mit Betriebsgrößen 100 ha und darüber) im Deutschen Reich hatte (zum Vergleich: in Pommern waren es 57%, und in Ostpreußen 46%), weil es Familien gab, die 7000 ha und 9000 ha Land besaßen und über deren Bewohner allein geboten. Versuchen wir, diese Entwicklung kurz nachzuvollziehen.

Sieg der Stände über den Landesherrn

Aus der Idealsituation – der Landesherr ist oberster Grund- und Gerichtsherr – entwickelte sich seit dem 14. Jahrhundert in dem Maße, in dem er Geld brauchte und dafür Rechte hergab, der Adelsstaat. Hatte ein Ritter die Steuern des Dorfes, in dem er wohnte, durch Kauf oder Belehnung erworben, so betrachteten sich die Bauern dieses Dorfes nach einiger Zeit dem Grundherrn als untertänig, dies um so eher, wenn sie ihm außerdem Dienste leisteten, weil das Schulzenamt seit Generationen seine Familie innehatte.

Die Ursachen waren Kriegsabenteuer und *dynastische Ambitionen* der Herzöge – auch dies ein Grundzug der frühen Neuzeit in vielen deutschen Territorien – die die Kassen des Herzoghauses überforderten. Die Entwicklung gipfelte in dem außenpolitischen Fiasko Albrechts VII., der 1535/36 nach dem dänischen Königsthron getrachtet und damit seine Finanzen völlig erschöpft hatte. Seine Schulden übernahmen 1555 die Stände, aber nun auch die gesamte Finanzverwaltung; die landesherrliche Zentralkasse (Rentei) wurde aufgelöst, alle Steuern des Landes zunächst in den landständischen Kasten abgeführt.

Der Landtag hatte allerdings schon früh die beiden Schlüssel zur Macht. Das Steuerbewilligungsrecht war der eine (erstmals 1279 Schuldentilgung durch eine außerordentliche Landbede mit Genehmigung des Landtages), der andere war das Widerstandsrecht, (erstmals in einer herzoglichen Urkunde von 1304, daß die

Vasallen und Städte des Landes Stargard im Falle einer eigenmächtigen Gewaltanwendung der Herzöge sich einen neuen Landesherrn unter den brandenburgischen Markgrafen wählen dürften). Ungehindert entwickelten die Stände dieses Herrschaftsinstrument, bis daß die Lehnsträger ihren Lehnsherrn lediglich als den größten Grundbesitzer in ihren Reihen ansahen, der zwar den Landtag einberief, an ihm aber nicht teilnahm. In Mecklenburg entstand aus jenem Dualismus zwischen Fürsten und Ständen n i c h t der neuzeitliche Staat. Nicht nach dem Dreißigjährigen Krieg, da *keine Verwaltung,* wie sie im Nachbarland Brandenburg einer starken zentralen Regierung Vorschub leistete, hier nennenswert den Ausbau der Landesherrschaft förderte, auch nicht im Jahrhundert des Absolutismus, weil Herrscher wie Carl Leopold und Christian Ludwig ihre geschichtliche Chance verspielten. Schließlich mußte selbst nach dem Reichsdeputationsschluß 1803, als die Souveränität den Landesherren „unbedingt anheimfiel", der Herzog, da er dringend Geldbewilligungen brauchte, darauf verzichten, „seine Souveränität dazu zu nutzen, die bisherige Landesverfassung aufzuheben". Was im 18. Jahrhundert nicht „von oben" gelang, vermochte selbst das 19. Jahrhundert nicht „von unten": Der feudale Lehnsstaat ließ sich in einem Land schwer beseitigen, das keine industrielle Revolution erlebt hat, in dem sich kein mächtiges Bürgertum entfalten konnte und es keine Industrie-Arbeiterschaft gab.

Drei Daten muß man notieren, um festzuhalten, warum die Geschichte Mecklenburgs als die Geschichte eines Standes geschrieben werden könnte: Die Union der Stände von 1523; ihre Bestätigung bei der Landesteilung 1621 und den Landesgrundgesetzlichen Erbvergleich 1755, die Verfassung Mecklenburgs, die bis 1918 Bestand hatte: Nachdem Herzog Magnus II. einen einheitlichen Staat mit Ansätzen zu zentralen Behörden und Residenzen in Schwerin und Güstrow hinterlassen und es vermocht hatte, die bei seinem Regierungsantritt 1477 fast ausnahmslos verpfändeten Nutzungen, Einkünfte und Ämter wieder in herzogliche Hand zu bringen, setzten dies alles seine Söhne Albrecht und Heinrich wieder aufs Spiel. Heinrich rief 1523, um die Einheit des Landes zu retten, die Stände zu Hilfe, die sich zwar als einigende Kraft, aber auch als eigene Kraft zusammenschlossen. Bei der Realteilung des Herzogtums 1621 – eine „Nutzungsteilung bei halbgemeinschaftlicher Regierung"[2], die immer wieder Familienstreitigkeiten hervorrief, jedoch bis 1918 bestand – wurde diese Ständische Union bestätigt. Sie erhielt 1755, abgesehen von wichtigen Reversalen, die ihre politische Macht steigerten (den aus der Schuldentilgungskommission hervorgegangenen Engeren Ausschuß, der bis 1918 die Landesherrschaft kontrollierte), die entscheidenden Reversalen zur *Leibeigenschaft* und zum *Bauernlegen.*

Nachdem die Prälaten Mecklenburgs 1549 die politische Bühne des Landtages für immer verlassen hatten und damit als soziale Gruppe nicht mehr in Erscheinung traten, blieben die einzigen Partner der Ritterschaft, kaum deren Konkurrenten, die Städte. Mecklenburg wurde also wie kein anderes Territorium von einer Gruppe beherrscht. Aus dieser anfangs homogenen Gruppe kristallisierte sich *eine Reihe von Familien* heraus, die jahrhundertelang als alleinigen Maßstab politischen Handelns wirtschaftlichen Egoismus kannten. Es sind immer dieselben Namen, die bei den Verträgen von 1523, 1621, von 1755 auftauchen: Bassewitz, Hahn, Blücher, Lützow, Plessen, Oertzen, Levetzow, Flotow, Moltke, Bülow, Malzan.

Für 1621 sind 493 landtagsfähige Personen, um das Jahr 1700 mehr als 700 nachgewiesen; grundsätzlich konnten adelige und bürgerliche Familien Lehnsträger bzw. Inhaber von Landbesitz sein. Jedoch arbeitete nur ein kleiner Kreis aktiv an den Landtagen mit, hatten nur Mitglieder der ältesten Familien ständische Ämter inne. Obwohl im 19. Jahrhundert die Zahl der bürgerlichen Gutsbesitzer die der adeligen überstieg, hatten sie keinen Sitz im Engeren Ausschuß. Noch am Ende des 18. Jahrhunderts legte sich der Landtag darauf fest, daß nur die Familien, die schon für 1572 Grundbesitz im Lande nachweisen konnten, zum eingeborenen bzw. schon recht früh rezipierten (z.B. wendischen) Adel gehörten. Das wesentliche Vorrecht für sie bestand in der Versorgung ihrer unverheirateten Töchter in den Landesklöstern[3]. Die Klöster von Dobbertin, Malchow und Ribnitz, die nach der Säkularisation an den Landesherren heimgefallen und bei der Verteilung der Ständeschaft zugesprochen worden waren, ernährten nach Auskunft des Staatskalenders von 1910 alle unverheirateten Töchter derer von Bassewitz, Maltzan, Blücher, Oertzen, Bülow. Einen Anteil von 5% hielten Bürgerliche aus städtischer Oberschicht (Bürgermeisters- und Ratstöchter). Die Äbtissinnen aller drei Klöster waren Damen der Familie Bassewitz.

Wandel der Agrarverhältnisse

Es verwundert nicht, daß Mecklenburg kaum soziale Bewegungen erlebt hat. Wie in ganz Norddeutschland gab es im frühen 16. Jahrhundert in Mecklenburg *keine Bauernaufstände*. Die Stellung des Bauern war so fest im sozialen Gefüge, daß sich die Frage nach politischen Rechten für ihn noch nicht stellte. Auch litt er noch keine große Not, solange die Grundherrn bestrebt waren, das noch reichlich vorhandene Land mit Bauernstellen besetzt zu halten.
Eine andere Konsequenz hatte die *Annahme der Reformation:* die Bauern ernährten nicht mehr die Heerscharen von Geistlichen (1200 Mönche und Nonnen und etwa 14000 Weltgeistliche), sondern wurden, da die heimfallenden Lehen im Ruppiner Machtspruch 1556 dem seit dem 14. Jahrhundert erheblich geschrumpften Dominium angefügt wurden, nun direkte Untertanen des Landesherrn.
Der verheerende Ausgang des Dreißigjährigen Krieges, der das Land, das 1610 noch 300000 Einwohner hatte, bis auf 50000 Menschen entvölkert hat, beschleunigte die Konzentration des Ritterbesitzes. Das *Bauernlegen* machte aus dem Pächter einen Untertanen.
1572 hatten die Ritter durchgesetzt, daß die den Bauern zur Pacht überlassenen Hufen „zurückfallen" könnten, 1621 hieß es dann in den Reversalen, daß Bauernhufen den Rittern gehören, sofern jene nicht ihre Erbzinsgerechtigkeit schriftlich vorweisen könnten. Beim Erbanspruch der Ritter genügte hingegen der Nachweis fünfjährigen Besitzes. Das alte Gewohnheitsrecht des Aushandelns der Pachtverträge (das Festsetzen der Pachtzinsen erfolgte ursprünglich einvernehmlich) entfiel. Diese guten Vorbereitungen kamen den Adligen nun zustatten, als es darum ging, das ehemals hochkultivierte Land wieder zu bewirtschaften, die wüsten Dörfer zusammenzufassen. Sie waren die einzigen, die Inventar stellen und Wirtschafts- und Wohngebäude erneuern lassen konnten.

Zu den geänderten Rechtsgrundlagen kam die Institution des Hofdienstes hinzu: 1645 und 1654 taucht der Begriff Leibeigenschaft in den Reversalen auf, wobei als ihre Herkunft die Gewohnheit geltend gemacht wurde. Daß eine Heirat nur mit Zustimmung des Grundherrn möglich sei, wurde im Jahre 1654 begründet: „weil sie ihrer Herrschaft dieser Unser Lande und Fürstentümer kundbarem Gebrauche nach mit Knecht- und Leibeigenschaft samt ihrem Weib und Kindern verwandt und daher ihrer Person nicht mächtig".[4]

Mit Beginn des Bauernlegens endete auch die Freizügigkeit der Bauern. Die Grundherrn brauchten für die zusammengelegten Fluren jede Arbeitskraft. Wanderlustige und vor allem Flüchtige, die während des Krieges in den Städten oder in Nachbarherrschaften Schutz gesucht hatten, wurden zurückgefordert und tatsächlich ausgeliefert (Rechtsgrundlage: Schollenbindung). Zu Anfang des 16. Jahrhunderts wird man durchschnittlich einen Tag für Hofdienste ansetzen müssen, am Ende waren es drei Tage.

Besiegelt wurde die Untertänigkeit des Bauern durch den einschneidenden Wandel der Wirtschaftsform, den Übergang von der Dreifelder- zur *Koppelwirtschaft*. Enorme Ertragssteigerung und Vergrößerung des Viehbestandes bedeutete Fortschritt in ackerbautechnischer und volkswirtschaftlicher Hinsicht, aber auch enormen Arbeitskräftebedarf. Die Bauern wurden zu Gutstagelöhnern herabgedrückt, die Gutswirtschaft näherte sich immer mehr kapitalistischen Betriebsformen.

Reformbestrebungen gegen die erstarrten Zustände

Auf dem Höhepunkt des Bauernlegens zur Mitte des 18. Jahrhunderts hin ging bereits die auf herzoglichem Land ansässige Bevölkerung – hier war der Einzelne schon deshalb mehr geschützt, weil immerhin das Dorf als Ganzes, vertreten durch den Schulzen, dem herzoglichen Amt gegenüberstand – besseren Zeiten entgegen: Herzog Christian Ludwig II. erkannte, daß Landflucht und Auswanderung nicht gerade zu Meliorisierung und Ertragssteigerung in Domänen und Forsten führen, hingegen mehr seßhafte Bauern Bevölkerungswachstum und Steuereinnahmen zur Folge haben würden. Er schuf 1753 gesetzliche Voraussetzungen, daß wüste Hufen und Rodungsländereien mit Büdnereien (2–9 ha) besetzt werden konnten – gesetzliche Voraussetzungen, die für den „Staat im Staat", nämlich das Land der Ritter, keine Geltung erlangten. Sie bürdeten ihren Hintersassen mehr und mehr Arbeit auf, während für die Domänenbauern zwischen 1768 und 1778 auch die Hofdienste abgeschafft wurden und sie als Kleinbauern einen bescheidenen sozialen Aufstieg erlebten.

Eine Zahl: 1910 gab es im Domanium 7800 kleine Höfe, in der Ritterschaft 120! Sie soll aber das Elend, das insgesamt die Bevölkerung litt, nicht verschleiern: Ihr steht eine andere Zahl gegenüber: 80 000 Auswanderer gegen Ende des 19. Jahrhunderts (bei einer Gesamtbevölkerung von 650 000). Die Statistik belegt, daß es die erdrückenden Verhältnisse in der Ritterschaft waren, die die meisten Mecklenburger vertrieben.

Nur in 42% der Mecklenburgischen Ländereien, also „verstreut" fand die Abschaffung der Erbuntertänigkeit statt, im Domanium nämlich – wie in den Nachbarländern Pommern und Brandenburg-Preußen, die ja ebenfalls mittelalterliche Agrarstrukturen bis zur Bauernbefreiung 1806 in die Neuzeit geschleppt hatten. Ein landesherrlicher Vorstoß, der im Revolutionsjahr 1848 die Rechte der Stände in Bezug auf das Bauernlegen aufheben sollte, wurde ignoriert. Das Wort „Revolutionsjahr" ist für Mecklenburg nicht anwendbar; es steht, um die historische Relation im Auge zu behalten, wenn als nächstes Faktum genannt wird, daß im Landtag 1862 das Recht auf Bauernlegen wieder durchgebracht wurde.

Daß auch die Städte 11000 Auswanderer verließen, lag an ihrer hoffnungslosen Rückständigkeit. Die *gewerbliche Produktion* war völlig auf den Binnenmarkt konzentriert und wurde nicht anders als im Mittelalter von den Zünften organisiert, es gab noch immer krasse Beschränkungen im Niederlassungsrecht. Die Verarbeitungsbetriebe der Landwirtschaft, Zuckerfabriken, Brennereien, Mühlen, wurden von der ritterlichen Eigenwirtschaft wahrgenommen und basierten auf den Dienstleistungen der Bauern bzw. Landarbeiter. Industrien konnten sich nicht etablieren, da Mecklenburg ein Land geringer Bodenschätze ist. So ist es nicht verwunderlich, daß es hier keine Gründerzeit gab.

Um so erstaunlicher ist es, daß nach der März-Revolution 1848 auch in Mecklenburg sich eine demokratische Bewegung bemerkbar machte, wenn sie auch nur von Einzelpersönlichkeiten, wie etwa Julius Polentz getragen wurde. Seit der März-Revolution galten auch in Mecklenburg Presse-, Vereins- und Versammlungsfreiheit, spontan organisierten sich Arbeitervereine mit Gesellschafts-, Bildungs- und sozialen Aufgaben, wenn sie auch nur geringe Mitgliederzahlen aufwiesen.

Ein Zentrum war Schwerin (eine Stadt von 19 500 Einwohnern mit 1000 Arbeitern und Gesellen), wo erstmals Arbeiter Beschwerden und Bittschriften vor den Magistrat und den Großherzog brachten. Hier befand sich das Bezirkskommitee auch von ländlichen Arbeitervereinen und hier erschien vom 2. Juli 1848 bis zum 27. März 1849 der von Polentz begründete „Mecklenburgische Bürgerfreund", der sich dem „Kampf für ein einiges, freies Deutschland, für Presse, Versammlungs- und Petitionsfreiheit, gegen alle durch Geburt oder für Geld zu erwerbenden Grundrechte einzelner Stände und Personen" verschrieben hatte und – da es ein Organ auch des gewerbetreibenden Bürgertums war – für „Verbesserung des Gewerberechts, des Steuer- und Zollsystems und des Niederlassungsrechts" eintrat. Bereits 1851 erstickten solche Artikulationsversuche und politischen Aktionen, als per Verordnung Arbeiter-, Handwerker- und Reformvereine wieder verboten wurden.

Das Gesellschaftssystem hielt sich, bis der Ständestaat 1918 zusammenbrach, das Domanium wurde Staatsland. Bis zum Jahre 1923 rangen die Landtage um die „Umwandlung bäuerlicher Nutzungsrechte in Erbpacht. Umwandlung von Erbpachtrecht in ein freies, von jedem Bauer erwerbbares Eigentum erfolgte unter großem propagandistischen Aufwand schließlich 1938. Allerdings ist zu erkennen, daß die innere Kolonisation schwerpunktmäßig auf Staatsland erfolgte, die Rittergüter jedoch kaum von der Aufsiedlung betroffen waren. 1945 gab es immer noch 7300 Erbpachthufenstellen (20–50 ha) und 126 000 Büdnerstellen (5–10 ha). Die Bodenreform von 1945 enteignete alle Betriebe, die größer als 100 ha waren. Es begann noch einmal mit Landzuteilungen, ein Landarbeiter erhielt 5 Hektar.

Anmerkungen

1 Steinmann, S. 17f.
2 Hamann, S. 31.
3 Hamann, S. 54ff.
4 Zu diesem Komplex: Steinmann, S. 47ff.; Zitat: Pagel, S. 125.
5 Steinmann, S. 104.

Helmut Möller
SIEDLUNGSGESCHICHTE

Siedlungsgeschichte seit dem Frühen Mittelalter
Siedlungsgrundlagen und ihre Folgen

Siedlung ist – menschlichem Leben entsprechend – von einem Komplex, einer Fülle von sich gegenseitig bedingenden Faktoren abhängig: politischer, soziologischer, kultureller, wirtschaftlicher und natürlicher/naturräumlicher Art. Zu den wichtigsten *politischen und sozialen Kräften,* Entwicklungen im Raum des „Landes Mecklenburg" (1946–52) gehörten die slawische Landnahme seit dem 7. Jahrhundert sowie die „Große deutsche Ostkolonisation" des 12./13. Jahrhunderts, die hier durch die Verschmelzung slawischer und deutscher Völkerteile und Menschen zu den neudeutschen Stämmen der Mecklenburger und Pommern (hier in Vorpommern) führten – und damit eine siedlungsgeschichtliche Zäsur begründeten (gegenüber der vor- und frühgeschichtlichen Entwicklung). Mit durch die geographische Lage im südlichen Küstensaum der Ostsee bedingt, führten die wechselnden politischen Zugehörigkeiten wie die Herrschaftskämpfe zwischen ferner Dänen, Pommern, Schweden und Preußen immer wieder auch im Siedlungswesen zu Stagnation und Rückschlägen. So führte zum Beispiel die schwedische Herrschaft in Vorpommern (1648–1815) oder Wismar (rechtlich sogar bis 1903) durch das Abschneiden der im Hochmittelalter blühenden Hansestädte von ihrem natürlichen Hinterland zu einer Stagnation der Entwicklung. Erst ab Anfang des 19. Jahrhunderts konnte die Weiterentwicklung über die mittelalterlichen Stadtgrenzen hinaus erfolgen (Stralsund, Wismar) – teilweise durch bewußte preußische Wirtschaftspolitik unterstützt (Vorpommern ab 1815). Andererseits erhielten Städte Bedeutung als Grenzfesten, wie das damalige rügensche Damgarten gegen Mecklenburg oder das ehemals brandenburgische Friedland gegen Pommern. Besonders die schweren Kriege verwüsteten immer wieder das Land, allen voran der Dreißigjährige Krieg: Bevölkerungsverluste zwischen 50% und 70% waren zu beklagen („Pommerland ist abgebrannt"). Durch diesen Krieg erfolgte so zugleich der endgültige Durchbruch der sich seit dem Spätmittelalter entwickelnden Gutswirtschaft, der – adligen – Großgrundherrschaft; zugleich Merkmal des in Mecklenburg bis 1918 bestehenden Ständestaates, der den Fürstenhäusern gleichberechtigten Ritterschaft, also fehlender absolutistischer Zentralmacht (im Gegensatz zum benachbarten Brandenburg-Preußen): Aus einem ehemaligen Bauernland mit dörflicher Siedlung und Flur wurde weitgehend ein Land der Gutshöfe mit Großblockfluren, kennzeichnend zum Beispiel im Gegensatz zur Insel Poel, das durch die schwedische Herrschaft (bis 1803) keine sogenannte zweite Leibeigenschaft erlebte, hier die Büdner- und Fischerorte vorherrschend blieben. Und endlich: „Land Mecklenburg": einschließlich Vorpommern

(1946–52): eine Maßnahme der Sowjetadministration. Und die Niederlage von 1945 führte zugleich – erneut – zu einem Abbruch Jahrhunderte lang organisch gewachsener Bindungen nach West und Ost; andererseits teilweise zu neuem Aufschwung, vor allem der alten Überseehäfen durch die für die DDR zwingend gewordene Nord-Südausrichtung von Handel und Verkehr.

Direkter Ausdruck politischen Willens, politischer Macht wurden die *Befestigungswerke* aller Art: Burgen; Wallsysteme – meist slawischen Ursprungs (Rugard, Teterow) –; Städte – durch ihre Verteidigungssysteme, zudem oft in direkter Verbindung zu Burgen stehend (Burg-Stargard, Wismar) –; spätere Festungsbauten (Dömitz, 1554/56; Plau, bis 1660) und nicht zuletzt die befestigten Anlagen der Kirche: wie der Klöster, speziell der Feldklöster (Johanniter-Comturei Malchin, Prämonstratenserkloster Broda/Tollensesee) und sogar der Dorfkirchen (Kirchdorf auf Poel). Die Burgen und Städte, im Hochmittelalter zugleich wirtschaftlichen, Gerichts- und Verwaltungszwecken dienend, erstere anfänglich als Burgwarde (teilweise schon in slawischer Zeit, als Mittelpunkte einer terra wie ferner Bützow oder Garz/Stammesburg Charuza) sicherten Straßen (Ribnitz-Damgarten) und Straßenkreuzungen (Demmin, Neubrandenburg), Flußübergänge (ferner Greifswald, Jarmen), Flußmündungen (Boizenburg), Naturhäfen (Hansestädte) und Grenzen. Sie lagen, den jungglazialen und nachglazialen Grundlagen gemäß, ferner fast ausschließlich auf Flußterrassen – auf Platten-(Moränen-)rändern (Anklam, Wolgast) oder Sandschwellen (Bützow) –; auf Halbinseln/Landspornen (Altentreptow, Demmin) oder Inseln (Schwerin, Teterow). Sie lagen auf Landzungen zwischen vermoorten Niederungen (Grevesmühlen), auf Moränenhängen (Bergen, Pasewalk), auf Moränenplatten (Loitz) – zum Teil von Sandern überdeckt (Hagenow, Waren). Besonders in den Mecklenburgischen Seegebieten wurde die Lage zwischen Seen charakteristisch (Malchin, Neustrelitz); Seeuferlagen waren oft mit Flußeinmündungen oder -ausläufen verbunden. Teilweise waren sie Wasserburgen (Breesen, Gnemern); andere bildeten ganze Verteidigungssysteme (wie schon der limes saxoniae, Anfang des 9. Jahrhunderts, zwischen Sachsen und Obodriten). Neben den Festungen des Landadels, ritterlichen Gründungen (Gadebusch, Volsrade) und der Kirche (Bützow und Warin der mecklenburgischen Bischöfe) existierten landesherrliche, eine Art Landesfestungen – wie Schwerin als Gründung Heinrichs des Löwen für das Obodritenland, wie es schon vorher in slawischer Zeit Fürstensitz der Obodriten gewesen war (ähnlich Garz und Rugard für die slawischen Fürsten von Rügen).

Die *Burgen* gestalteten das Landschaftsbild durch Mauern und Türme, Zinnen, Tore und Zugbrücken, Wälle und Gräben, Wohngebäude (Kemenaten, Pallas), Stallungen, Burgfriede und teilweise auch Vorburgen (Stuer). Vor allem bei *Städten* kamen oft mehrere und große Wälle und Gräben hinzu (Neubrandenburg). Zusammen mit den Türmen der Rathäuser, in der Regel mehreren Pfarr- (oder Stadt-) und Klosterkirchen, der Dome (Greifswald, Güstrow, Schwerin) und Kapellen zeigten die mittelalterlichen Stadtbilder im Aufriß eine turmreiche Silhouette, ein sehr bewegtes Relief. Die modernen Festungsbauten, seit dem 15./16. Jahrhundert, fügten Zitadellen und Bastionen hinzu (ferner Spantekow, Stralsund). Trotz zahlreicher Zerstörungen durch Brände und Kriege blieb vieles erhalten, so fast völlig die Befestigungen in Neubrandenburg (14. Jahrhundert) und Friedland. Andererseits erfolgte bis zum 19. Jahrhundert ihre planmäßige Beseiti-

gung (Schwerin Ende 18. Jahrhundert; Stralsund 1873) und ihr Ersatz durch Straßen, Promenaden (Greifswald), Parks oder auch Wohnblocks.
Weitere Symbole politischer Macht wurden die *Schlösser,* die häufig die alten Burgen ersetzten (Bützow, Schwerin). Sie zeigten – wie auch geistliche und bürgerliche Bauten (Musterbeispiel die Altstadt Stralsunds: von der Gotik bis zum Klassizismus, zur Moderne) – das Stilempfinden ihrer Zeit, wie die romanische Alte Burg in Neustadt an der Elde (Ende 13. Jahrhundert), die gotische Burg von Bützow (um 1200), der Neue Fürstenhof zu Wismar im Renaissancestil (1553/54), das Barockschloß Diekhof (1732/39), das Schloß in Körchow im Empirestil (1822), das klassizistische Schönfeld (1805) sowie die Rückgriffe auf alte Vorbilder seit der Mitte des 19. Jahrhunderts, wie durch das neugotische Hoppenrade (1850/53) oder das im englischen Tudorstil erbaute Kittendorf (um 1850). Das Baumaterial wurde in der Regel der Umgebung entnommen: Fachwerkbau (Bernstorf, Mitte 18. Jahrhundert), Ziegelbau – das vorherrschende Material für Mauern, Tore und Türme seit dem Hochmittelalter –, Putzbau (klassizistisches Mildenitz, um 1800); Granitblöcke wurden dagegen nur in seltenen Ausnahmefällen verwendet, wie beim Renaissancebau im niederländischen Stil von Altentreptow (Ende des 16. Jahrhunderts).
Eine besondere Rolle spielten die *Residenzstädte,* stets Mittel der Darstellung fürstlicher Macht, kultureller Höhe, des Wohlstandes; neben den älteren, zeitweisen Herzogssitzen (Demmin, Güstrow, Neubrandenburg und Wolgast) aus dem 18./19. Jahrhundert das umgestaltete Schwerin (Schloß nach dem Vorbild von Chambord/Loire, 1844/57), die Sommerresidenz Doberan (stark klassizistisch geprägt) und vor allem die absolutistischen Neugründungen – anstelle alter Jagdschlösser – von Ludwigslust (seit 1727) und Neustrelitz (1700), barock und klassizistisch, die „Weiße Stadt" Putbus (1810). Mathematisch angelegt, zum Teil ohne Rücksicht auf die natürlichen Gegebenheiten: so endeten die strahlenförmig vom Markt ausgehenden Straßen von Neustrelitz teilweise schon nach kurzer Strecke in umliegenden sumpfigen Niederungen. Blickpunkt auf das Schloß gerichtet, zum Beispiel in Ludwigslust von der Stadtkirche durch beiderseitige Parkanlagen an der Zuführungsstraße zur Kaskade – mit Bildwerken – vor dem Schloß, oder die Straße vom Rathausplatz her. Ausgestattet mit verschiedensten Nebengebäuden wie Marstall, Glockenturm, Spritzenhaus, Orangerie (Neustrelitz), Denkmalen und Schloßparks – mit Wasserspielen, Seen und Teichen, Wasserläufen und Brücken –, im 18. Jahrhundert nach französischem Muster, im 19. Jahrhundert oft nach englischem Muster (Naturstil) umgestaltet. Und entsprechender Aufbau von Stadtteilen, der Beamten- und Bürgerhäuser, folglich zugleich ganze (Pracht-) Straßenzüge bildend (klassizistische Wohnbauten in den Ludwigsluster „Kanal"- und „Schweriner"-Straßen); ergänzt durch Plätze – wie Paradeplätze (Schwerin) –, Kirchen, Museen, Schauspielhäuser und höhere Schulen aller Art.
Die Residenzstädte waren seit dem 17./18. Jahrhundert in der Regel zugleich *Garnisonstädte;* neben Festungen und anderen Städten wie Greifswald (1627/31 unter Wallenstein, danach schwedisch) oder Stralsund. Dies zeigte sich in Kasernen(-vierteln) mit Exerzierplätzen, benachbarten Schieß- und Übungsplätzen, Ställen und Fahrzeughallen, Munitionslagern, Kommandanturen, Wohnblocks für die Familien der Berufssoldaten, Kasinos und Vergnügungslokalen. Nach 1933 kamen *Fliegerhorste* hinzu (Flugzeugwerke in Anklam und Lübtheen), in der Regel im

Umland einer Stadt liegend, wie die zivilen Flugplätze (Barth) mit ihren abgestellten Flugzeugen, Flugzeugboxen und Hangars, Landebahnen, Flugleitungstürmen, Verwaltungsbauten, Reparaturwerkstätten, Zuführungsbahnen und -straßen. Residenzstädte und andere Verwaltungszentren entwickelten sich zugleich zu *Beamten-* und oft auch *Pensionärsorten* (wie ferner Neubrandenburg als „Vorderstadt" der mecklenburgischen Stände seit dem 18. Jahrhundert), mit entsprechenden *Villenvierteln*, Einkaufs-, Unterhaltungs- und Erholungseinrichtungen – wie Parks und Promenaden. Der Verlust von Verwaltungsfunktionen führte umgekehrt wiederholt zur Stagnation (Ludwigslust ab 1837) oder gar zum Rückschritt (Loitz nach 1815, Verlust der Kreisstadtfunktion).

Eine weitere Großgruppe bilden die *Kräfte der Naturlandschaft,* Lebensmöglichkeit, Wirtschaftsweisen und damit Siedlungsmöglichkeiten und -formen wesentlich bestimmend: Oberflächengestalt, Bodenbeschaffenheit, Klima, Wasserhaushalt und Vegetation (siehe Beitrag „Geographie"). Besiedelt wurden bevorzugt – und zuerst, anfänglich periodisch, *seit Ende der Altsteinzeit* (circa 10 000 vor Christus) – die tiefer liegenden, wettergeschützten und so wärmeren Gebiete, also insbesondere Tal- und Muldenlagen (Malchin, Gletscherzungenbecken; Randow-Recknitz-Urstromtal). Trockene Flächen, wie die Trockeninseln und Randterrassen in Flußtälern. Mit dem *Übergang zum Ackerbau,* nun steter und damit Beginn eigentlicher Besiedlung (Bandkeramiker, circa 4–3000 vor Christus), wurden primär leicht zu bearbeitende Böden bevorzugt (Grabstock- und Hakenpflugbau), sandige – obgleich minderwertig – bis sandig-lehmige. Vegetationsmäßig ursprünglich offene Landschaften. So bildeten zur Römerzeit, Zeit germanischer Landnahme, die Gebiete zwischen Wismar und dem Nordteil des Schweriner Sees, südlich davon um Wittenburg, der Trebel-Tollense-Raum, das Seengebiet zwischen Plau und Neustrelitz wie um Neubrandenburg, die Inseln Rügen und Usedom (Südosten) Siedlungsschwerpunkte; auch in slawischer Zeit, da die Slawen anfänglich diese verlassenen Gebiete übernahmen. Erst mit Entstehen von Bevölkerungsdruck, speziell seit der deutschen Ostkolonisation im 12./13. Jahrhundert, ging man im großen Stil zur Rodung der umliegenden Wälder und zur Trockenlegung von Sümpfen/Bruchlandschaften und Mooren über, zumal die deutsche Tiefpflugtechnik mit Pflugschar auch die Bearbeitung schwerer Böden wie Lehme, Tone und Schlicke ermöglichte. Zu unterscheiden sind also selbst hier Altsiedelland – letztlich der slawischen Landnahme – und Neusiedelland, deutscher Landnahme. Und stets ist also der anthropogene Faktor zu beachten, denn letztlich wurde aus einer Naturlandschaft – bis auf Reste – eine Kulturlandschaft.

Einige weitere wichtige naturlandschaftliche Auswirkungen. Leben ist an *Wasser* gebunden. So lagen schon in der Steinzeit die Siedlungen an Quellen, Bächen, Flüssen, Seen und an Ostseeküsten, zumal die Gewässer Fischfang erlaubten. Noch die Slawen mieden trockene Plattenflächen, auch ihre Wirtschaft war sehr stark auf Fischfang ausgerichtet (relativ dichte Besiedlung der Inseln Rügen und Usedom). Flüsse, Meeresarme und Bodden konnten abgrenzende Wirkung besitzen (Fürstentum Rügen), andererseits jedoch selbst die großen Ströme wie Elbe und Oder weder permanent noch absolut. So stießen Slawen ferner nach Westen über die Elbe vor (Wendland; letztmalig 983), wie umgekehrt schon die Sachsen immer wieder versuchten, nach Osten überzugreifen. Die Gewässer besaßen andererseits ein verbindendes Element, wirkten wegweisend, ermöglichten binnenländische und Überseefahrt, Binnen- und Fernhandel, förderten damit auch Gewerbe und Industrie und somit das Siedlungswesen – speziell die Entwicklung von Binnen- und Überseehäfen (Boizenburg, Hansehäfen). Unterstützt durch planmäßige *Wasserkunst,* seit der Ostkolonisation, insbesondere jedoch durch den Kanalbau seit dem 17./18. Jahrhundert: so gestalteten Dämme, Deiche, Kanäle, Stauwerke und Brücken das Landschaftsbild mit. Auf die hohe Bedeutung der Flußterrassen, -inseln und -halbinseln für jede Art von Siedlung – also auch die dörfliche – wurde bereits verwiesen. Gewässer boten zudem Schutz gegen Feinde – ganz speziell bei Wasserburgen. An Furten entstanden Brückenorte; alle größeren Orte Mecklenburgs wurden an Ostseebuchten, Flußübergängen und Seen gegründet. Wasser bildete stets eine der wichtigsten *Energiequellen* (ursprünglich neben Holz, Wind und Torf); schon im Mittelalter bestimmten *Wassermühlen* – neben den *Windmühlen* wie beim Dorf Mecklenburg (Mühlenmuseum Krakow) – das Landschaftsbild; für vielseitige Zwecke; Getreide-, Öl-, Papier-, Walkmühlen, als Sägewerke. Mühlen konnten zu Siedlungskernen werden, vor allem solche gewerblicher Art wie ferner Eisenhämmer (Torgelow). In neuerer Zeit bildete Wasser eine Grundlage für die Gewinnung elektrischer Energie, den Aufbau von Kraft- und Umspannwerken, Überlandleitungen. Stauwerke dienten ferner der Bewässerung und zu Wasserstandsregulierungen, besonders bei Flußwassertiefstand im Sommer, der hier allein herrschenden Tieflandsflüsse (Elde: 16.9, Uecker 9.74 Kubikmeter mittleren Jahresabflusses).

Gewässer, meist verbunden mit Waldungen, führten seit etwa 1800 (1793 erstes deutsches Ostseebad Kühlungsborn) zur Herausbildung von *Erholungslandschaften;* neben zahlreichen kleineren Seengebieten die beiden Großräume der gesamten Ostseeküste – ein schmaler Streifen von Boltenhagen über Fischland, Darß, Zingst, Hiddensee, Rügen (primär an der Ostküste) bis nach Ahlbeck auf (Ost-) Usedom – sowie ein breiter Streifen über die mecklenburgischen Seen von Schwerin bis Neubrandenburg und Neustrelitz – im Süden bis weit ins Brandenburgische hineinreichend. Vom Fischerdorf (Ahrenshoop, Lubmin), Kolonistendorf (Trassenheide) bis hin zum – ehemaligen – Nobelbad (Doberan, Binz oder auch Heringsdorf bis Ahlbeck); besonders letztere mit oft Kilometer langen Strandpromenaden, Freitreppen (Sellin), Schiffslandebrücken, Musikpavillons oder auch Strandbühnen (Kühlungsborn), villenartigen Hotels – weiß gestrichen (Doberan: „Weiße Stadt am Meer"), mit Balkonen und Terrassen –, Pensionen, Restaurants, mit Kurhäusern (Binz), Meeresschwimmbecken (Kühlungsborn), Parks und parkähnlichen Strandwäldern, mit Spiel- und Sportplätzen aller Art.

Zum Ostseeraum gehörten stets zahlreiche *Fischer- und Seefahrerdörfer* (Ortsteil Wieck/Greifswald: strohgedeckt, weißgetünchte Wand, geteertes Balkenwerk), vor allem aus der Zeit der Segelschiffahrt (Kapitänshäuser in Ahrenshoop, Seefahrerschule Wustrow ab 1846), Kleinstädte (Barth: noch Anfang des 19. Jahrhunderts Heimathafen für über 100 Segelschiffe; Wolgast) und nicht zuletzt die großen Hansehäfen, heute Überseehäfen (Wismar, Rostock, Stralsund), mit – Rostock als Beispiel – mehreren Hafenbecken wie speziellen Fahrgast-/Fähr- und Ölhäfen, Überseebecken; mit ihren Kais, Kränen, Bahnanlagen (insgesamt 150 Kilometer Gleislänge!), Lagerschuppen und angeschlossenen Großfabriken, für Fischverarbeitung, Kühlhäuser, Silos, Maschinen- und Motorenreparatur, Werften. Nicht zu vergessen Fachhochschulen, – moderne – Wohntrabantenstädte (wie gegenwärtig Lütten – Klein oder Südhafen), und Verwaltungszentren („Deutsche See-Reederei" der DDR).

Im *ozeanisch* beeinflußten (subatlantischen) Klima zur *sommergrünen* Laubwaldzone gehörend, beherrschte auch hier ursprünglich der Wald die Landoberfläche: circa 85%; seit etwa 2500 Jahren Laubmischwald aus (Trauben- und Stiel-)Eichen, (Hain-)Buchen, Birken, auf Sand auch Kiefern. Waldfrei waren vor allem Hochmoore, auf Bruchlandschaften – Gebieten mit hohem Grundwasserstand – stockten teilweise Erlenbruchwälder, im Elbtal auch Auenwald. Den glazialen Grund- und Endmoränen gemäß herrschten sandig-lehmige, auf Sandern auch Sandböden vor. So bildeten sich vor allem *Waldböden* – Fahlerden, Braunpodsol- und Braunerden – sowie in feuchten Niederungen Vega-, Halbgley- und *Gleyböden;* der jungglazialen Drei-(Groß-)gliederung – kuppige und flache Grundmoränen nördlich des Mecklenburgischen (Baltischen) Landrückens, südlich davon starke Verbreitung von Sandern – gemäß Fahlerden vorherrschend nördlich und südlich des Landrückens, in dessen Bereich auch Braunpodsole-Braunerden, die Feuchtböden im Elbe-Eldebereich sowie in der Recknitz-Trebel-Peene-Tollensesenke (dem Randow-Recknitz-Urstromtal).

Auf diesen natürlichen Grundlagen bauten sich unterschiedliche *Landbauzonen* auf, bäuerliche und gutsherrliche Siedlungsräume, unterschiedlich in Grund- und Aufriß, von Ansiedlung und zugehöriger Flur, in Kulturpflanzen und Nutzungsformen. Der ursprüngliche Wald wurde weitgehend zu Ackerland (Kreis Anklam: 71,2% der Landoberfläche) beziehungsweise auf minderwertigen Böden, seit dem 19. Jahrhundert, durch Forste verdrängt (meist gutsherrlicher oder staatlicher Besitz); damit Laubwald überwiegend durch Nadelwald ersetzt, Fichten und – vorherrschend auf Sanden – Kiefern (Griese Gegend, Ueckermünder Heide). Wald hielt sich ferner auf Höhen und steileren Hängen (Endmoränen- und Seengebiet zwischen Schwerin und Neustrelitz, Die Kühlung oder auch die Stubbenkammer), teilweise also in ursprünglicher Zusammensetzung (Traubeneichenwald beim Zierkersee). *Forste:* also Monokultur in mathematisch unterteilten Blöcken mit entsprechenden Forstwegen, Baumreihenpflanzungen. Das natürliche *Grasland* wurde meist ebenfalls Ackerland, während das heutige Grasland wesentlich auf Meliorationen zurückgeht (Lewitz/Friedrichsmoor, Friedländische Große Wiese); in Bach- und Flußläufen: Wiesen und Gemüsekulturen. Den *Ackerbau* auf besseren Böden kennzeichneten Weizen und Zuckerrüben (Grevesmühlen-Klütz, Demmin-Altentreptow), auf schlechteren primär Kartoffeln (seit Ende 18. Jahrhunderts) und Roggen (Kreise Hagenow, Ludwigslust). Spezialkulturen wie Obst und Weinbau (Crivitz bis ins 19. Jahrhundert) blieben von lokaler Bedeutung. Die slawischen Siedlungen waren, in Anpassung an die Umgebung, meist noch klein und unregelmäßig im Grundriß; solche Formen hielten sich besonders westlich einer Linie Rerik-Lenzen, auf Rügen und Usedom. Die deutschen Siedlungen und Fluren, besonders auf den Moränenplatten, waren, durch großflächige Rodung und Entwässerung ermöglicht, in der Regel groß und planmäßig angelegt.

Holz, Wälder bildeten weitere vielseitige Grundlagen für Leben, Siedlung. Sie dienten der *Jagd*, geleitet von Jagdschlössern (ferner Granitz/Rügen) und Forsthäusern aus (Grünen, Ueckermünder Heide). Ferner verlief die Waldwirtschaft stets parallel zu Ackerbau und Viehzucht, so als Allmende für Viehtrieb und Streugewinnung – allein Viehverbiß drängte übrigens Laubholz zugunsten Nadelholz (von Tieren gemieden) zurück. Holz war für viele Gebiete das Brennmaterial schlechthin, gewonnen durch Holzeinschlag, als Leseholz. Desgleichen war es unentbehrlich als Baumaterial: für Blockhaus- und Fachwerkbau, Schloß- und Kirchenbau. Große Kirchen benötigten für bestes Bauholz ganze Wälder. Bäume dienten der Harzgewinnung, Gerbrinde der Leder- und Pottasche der Glasproduktion („Glashütte": Plauersee, Ueckermünder Heide). Holz blieb immer eine der wichtigsten Energiequellen: Holzkohle zum Beispiel für das Blaufeuer im Eisenhüttenwesen (Torgelow); Meilerlandschaften begründend.

Eine weitere Gruppe von Siedlungsgrundlagen bildeten die *Bodenschätze;* der jungglazialen Oberfläche entsprechend: nur wenige. So bildeten die wichtigsten die Steine und Erden (Feuersteine schon in der Steinzeit: Feuersteinfelder/Schmale Heide bei Neu-Umkran auf Rügen), für Bausteine (Waren, Altentreptow), Ziegelherstellung (Grimmen, Ueckermünde), Keramikproduktion (Friedland). Quarzsande dienten zugleich der Glasherstellung. Raseneisenstein führte zu Hüttenwesen – Torgelow wurde so erster (1753) vorpommerscher Industrieort, 1945: 7 Hütten, zuletzt allerdings Erzeinfuhr über die schiffbare Uecker. Die Kreidekalke begründeten Schreibkreideherstellung (Kap Arkona, Jasmund). Muschelkalkschollen standen an bei Neubrandenburg. Andere Vorkommen des mesozoischen Untergrunds (Schollengebirges) blieben sehr begrenzt und nur bis zum Beginn dieses Jahrhunderts nutzbar: Kali des Zechsteins bei Lübtheen, Jessenitz, Conow; bei letzterem Ort und Malliß auch tertiäre Braunkohle, bergbaumäßig im Tiefbau gewonnen; Sol- und Mineralquellen (Glashagen, um Goldberg). Jüngster Rohstoff: Torf, für Brand und Düngung.

Bodenschätze führten also ebenfalls zur Entwicklung von *Badeorten,* Eisenmoor- und Solebädern (ferner Doberan, Heringsdorf, Sülze). Andere Badeorte gründeten auf Wasser und Wald (Kaltwasserheilbad Stuer/Plauersee, Herz- und Kreislaufbad Graal-Müritz). Auf die Ostseebäder wurde bereits hingewiesen – und dabei auf die landschaftsformenden Kräfte von Erholungsorten und -landschaften.

Industrie und Verkehr entschieden oft, ob sich eine Stadt weiter entwickelte oder verkümmerte (Usedom) beziehungsweise wesentlich Ackerbürgerstadt blieb. Wie bereits erkennbar wurde, entwickelten sich nur wenige *Industriestandorte:* diejenigen der großen Überseehäfen, daneben Ludwigslust, Neustadt-Glewe, Neustrelitz, Neubrandenburg, Schwerin (Metallverarbeitung, Elektroindustrie, Instandsetzung). Trotz planmäßiger Ansiedlung neuer Industrien nach 1945 (ferner Chemie: Bützow) blieb Mecklenburg ein Agrarland (um 1966 im Bezirk Neubrandenburg nur 10,5% der Werktätigen in der Industrie tätig), ein Land von Klein- und Kleinststädten (Bezirke Rostock und Schwerin: Großstädte, über 100 000 Einwohner: 1; Mittelstädte, 20–100 000 Einwohner: 6; Kleinstädte, meist Kreisstädte, 5–20 000 Einwohner: 26; Kleinstädte, 2–5000 Einwohner: 45!). Ihre Industrie basierte vorzüglich – neben Baustoffproduktion – auf acker- und forstwirtschaftlichen Rohstoffen: Nahrungsmittelindustrie – Bäckerei, Fleischerei-, Molkerei- und Brauereibetriebe, Zuckerraffinerien, Textilherstellung- und Holzverarbeitung – Bauholz und Möbelproduktion; bis 1945 meist Klein- und Kleinstbetriebe.

Die Abhängigkeit von der *Verkehrslage* zeigten bereits die Stadtgründungen als Brückenorte, an Flußläufen; ferner Stadtreihen an den Hauptstraßen: Siedlungs- und Heerweg im Küstenhinterland, von Lübeck über Wismar, Rostock, Stralsund,

Greifswald, Anklam, Pasewalk nach Stettin, oder die jetzige Transitstraße von Berlin über Neustrelitz, Neubrandenburg, Jarmen, Greifswald, Stralsund nach Saßnitz und Skandinavien. Die Voraussetzungen waren sehr günstig: Tiefland; trockene Höhenplatten boten dem Straßenverkehr Möglichkeiten, feuchte Niederungen und Sümpfe zu meiden (uralte Straße – von Mitteldeutschland her – über Dömitz nach Ludwigslust, Schwerin und Wismar). Bis zum 18. Jahrhundert waren die Landstraßen unbefestigt, durch Umfahren von Löchern und Radfurchen sich oft bänderartig durch die Landschaft ziehend. Es waren Handelswege – wie die Hansestraße Wismar-Schwerin-Perleberg-Berlin (Herings-, Salz- und Getreidetransporte) –, Missionswege – zwischen Mutter- und Tochterklöstern –, ab 16. Jahrhundert auch Postwege, Heerstraßen. Die zweite Phase, Chausseebau, Kunststraßen, ganzjährig befahrbar, begann Anfang des 19. Jahrhunderts mit Steinstraßen (Chaussee Berlin-Stettin, 1822). Zuletzt Asphalt- und Zementstraßen, von Baumreihen begleitet, im 20. Jahrhundert oft auch von Strom-, Telefon- und Telegraphenleitungen. Die dritte Phase setzte mit dem Autobahnbau ein: Berlin-Wittstock/Dosse weiter nach Rostock (1978) und Hamburg. Schon der Anschluß an eine Chaussee konnte über die Weiterentwicklung eines Ortes entscheiden.

Zu den Straßenverbindungen kamen die *Kanalisierung* von Flüssen und Kanalbauten hinzu; wichtigste: Elde- und Störkanäle-Schwerinersee-Wismar; über Elde-Müritzkanal, die großen Seen zur Havel; so doppelte Verbindung zwischen Elbe und Ostsee; der schiffbare Peene-Trebel-Kanal und die untere Uecker. Diese Bauten gestalteten die Landschaft durch Dammbauten, Schleusen, Hafenanlagen (Schwerin, Anklam, Ueckermünde). Wesentlich wichtiger für Mecklenburg (Kanäle: sommerlicher Wassertiefstand, geringe Tonnenzahl) wurden jedoch die *Bahnanschlüsse,* seit der Mitte des 19. Jahrhunderts (1843 Berlin-Stettin, 1863 Stettin-Stralsund, 1883 Fortführung bis Saßnitz). Die Hauptbahnen folgten im großen den alten Straßenlinien. Sie gestalteten die Landschaft durch ihre Gleiskörper mit Bahnübergängen, Schranken und Wärterhäuschen, Bahnbrücken und -dämme (Rügendamm!). Gleichfalls verbunden mit Telegraphenleitungen und – soweit elektrifiziert – Stromleitungen. Sie gestalteten durch Bahnhöfe und in Großstädten ganze *Bahnhofsviertel:* mit Hotels und Pensionen, Einkaufsstraßen (Bahnhofstraße), Vergnügungszentren, Verwaltungseinrichtungen (Bahn- und Postverwaltungen); sie gestalteten durch Verschiebebahnhöfe, Ausbesserungswerke und Ansiedlung von Industrie. Auf die Auswirkungen des *Flugverkehrs* wurde bereits verwiesen. Mit Entwicklung des *drahtlosen Nachrichtenverkehrs* kamen Funk- und Fernsehtürme hinzu (Schwerin 257 Meter, Zippendorf 138 Meter Höhe).

Bleibt abschließend noch betont darauf zu verweisen, daß neben den weltlichen die *kirchlichen Einrichtungen zweite Hauptstütze* der deutschen Ostsiedlung bildeten, an erster Stelle die Einrichtung von Bistümern, Schwerin (1158) – neben den Einflüssen der benachbarten Bistümer Ratzeburg (1154), Roskilde (1022, dänisch, für Rügen) und Kammin (1174, in Pommern). So wurden kirchliche Einrichtungen durch spätere Ansiedlung ebenfalls oft Kerne größerer Siedlungen (ferner: Zisterzienserklöster Doberan, 1171, und Eldena/Greifswald, 1199); oder vervollständigten diese durch Stadtklöster (meist Bettelorden wie der Dominikaner in Stralsund und Klarissinnen in Ribnitz), in der Regel in einer Stadtecke angelegt. Auf den Einfluß kirchlicher Bauten auf den Aufriß der Städte wurde bereits verwiesen, desgleichen die Übernahme des jeweiligen Baustils (Prerow: barocke Seemannskirche). Weit vorherrschend blieben jedoch die hoch- und spätmittelalterlichen, früh- bis spätgotischen Backsteinbauten (Muster: Doberan); kennzeichnend als St. Marien, ferner St. Nicolai und St. Jacobi – für Kaufmanns-, Schiffer- und Handwerkerviertel.

Eine besondere Rolle spielten die *Feldklöster*, meist von Zisterziensern gegründet (ferner Bergen, 1193; Krummin, 1303). Sie siedelten selbst bald wieder aus, so Doberan nach Dargun (1209), Neuencamp (1234) nach Hiddensee (1296), und beteiligten sich am Landesausbau (Darß: Neuencamp), durch Eigenwirtschaften, wie den sogenannten Grangien der Zisterzienser, bald Mustergüter darstellend – allerdings auch früh Grund legend für die Entwicklung der Gutswirtschaft (Güter Gersdorf: Doberan, Dolfen: Heilig-Kreuzkloster Rostock) – und führten neue Kulturpflanzen ein. Sie gestalteten die Landschaft durch ihre planmäßigen (Groß-)Anlagen, mit Mauern und Toren; innerem Kloster mit Kirche, Kreuzgang, Wohn- und Schlafräumen für die Mönche, Abtshaus; mit äußerem Kloster: Hospiz, Hospital, äußerer Schule, Werkstätten, Brauerei, Wirtschaftsgebäuden, Scheunen und Ställen; umgeben von Gärten (Gemüse-, Gewürz- und Arzneipflanzen) und Teichen (Fischzucht für die Fastenzeit). Nicht zu vergessen – als kirchlich-kulturelle Einrichtungen – Dorfkirchen (frühgotisch, graniten: Gültz), Wegekreuze; die Ortsbilder sehr bestimmend die – christlichen – Friedhöfe mit ihren Umfriedungen, Eingängen, Kapellen, Grabsteinen – Totenhallen und Krematorien, Verwaltungsgebäuden.

Auch die mittelalterlichen *Schulen* standen unter dem Einfluß der Kirche, wie Lateinschulen und selbst *Universitäten* (Rostock, 1419; Greifswald, 1456). Sie förderten den Zuzug von Studenten und damit örtlichen Erwerb aller Art. Universitäten entwickelten bis heute ganze Universitätsviertel, mit Hauptgebäude, Instituten, Labors, Kliniken, mit Mensen und Studentenwohnheimen – früher Korporationshäusern mit ihren Fahnen und Emblemen. Daneben traten seit dem 19. Jahrhundert spezielle Hochschulen (Seefahrtschule Wustrow, 1848, heute Ingenieurschule für Seefahrt; für Forstwirtschaft: Güstrow); gegen Ende des Jahrhunderts die Großbauten für Volks-, Berufs- und Realschulen, Gymnasien.

Die Siedlungsepochen

Auf ein Jahrtausend germanischer Geschichte (siehe Vor- und Frühgeschichte) folgte zu Beginn des Frühmittelalters (6.–9. Jahrhundert), nach Abwanderung der Germanen (3.–6. Jahrhundert), die Zeit slawischer Besiedlung. Ursprünglich wahrscheinlich Sippenverbände oder Kleinstämme, wuchsen sie bis zum 8./9. Jahrhundert zu Territorialverbänden heran, die selbst in die großen politischen Kämpfe ihres Raumes eingriffen – wie die *Abodriten (oder: Obotriten)* auf Seiten Karls des Großen gegen die Sachsen (794–799), letztere daher verbündet mit den Wilzen gegen die Abodriten. So drangen die Slawen nach Westen bis Ostholstein, Wagrien vor, Westgrenze: Sachsenwald-Kieler Hafen (798 Sieg bei Swentine über die Nordalbingier); übernahm der erste christliche Abodritenfürst Gottschalk (1066 erschlagen) ebenfalls die Slawenmission (um 1066 Gründung der Bistümer Mecklenburg und Ratzeburg, 1066 wieder zerstört). Immer wieder bildeten sich Untergruppen, wie um 950 *Polaben* im Südwesten, an der Elbe; *Redarier*, Kerngruppe der *Liutizen/Wilzen* im Peenebogen und der *Ranen* auf Rügen. Ursprünglich siedelten sie – wie bereits erwähnt – vorzüglich auf überschwemmungssicheren, trockeneren Talflächen und -rändern, an Gewässern (Orte auf Kietz – wie bei Hagenow). Sie bildeten eine Art Wohngaue, die Orts- und Landschaftsnamen von Naturgegebenheiten und Persönlichkeiten/Adelsgeschlechtern abgeleitet (Pomeranen: von po morje = die am Meer wohnen; Gören = Berg, Sellin = grün); Ortsnamen – wie bereits angeführt – mit Endungen auf = ow, = itz, = nitz, = (v)witz, = in; kennzeichnend überwiegend zum Beispiel auf Rügen. Die Wohngaue durch geschlossene Waldungen und Ödland getrennt, neue Wohngaue allmählich durch Rodung gewonnen. Gesiedelt wurde in Kleinsiedlungen, eine Art Weiler, mit unregelmäßigen Grundrissen, geschlossen oder offen: Anger-, Rundlings-, Sackgassen- und Straßendörfer; auch die Fluren unregelmäßig: Blöcke und Streifen gemischt; die Häuser oft Blockhaus auf Steinfundamenten, klein. Später wurde ferner um Burgen gesiedelt, mit Burgwällen aus Erde, Holzbalken, Trockenmauern und Wehrgängen. Die Burgen bildeten zugleich Herrschaftssitze/Verwaltungszentren (Burgwarde – wie ferner Loitz und Demmin der Liutizen), teilweise als Vorort eines Gaues/Territoriums (Schwerin/Abodriten; Rugard/Ranen), teilweise auch Kultplätze (Kap Arkona: Tempelburg der Ranen/Bild der Gottheit Swantewit; 1168 von Dänen zerstört; Swante Wustrow: Heilige Insel). In ihrem Schutz siedelten wahrscheinlich zuerst Hörige. Starke soziale Gliederung bildete sich aus: Adel, Priester, Freie (Lehnsleute), Hörige und Sklaven. Handwerk wurde beherrscht (Metall, Textil, Keramik); so bildeten sich Märkte heraus, mit stadtähnlichem Charakter. Die alten Handelsstraßen wurden weiterhin genutzt. – Fränkische Vorstöße blieben ohne Dauer (wie 789 gegen die Wilzen). Auch die ersten Erfolge der Deutschen (wie Heinrichs I.: 929 Vorstoß sogar bis in die Uckermark; 936/7 Einrichtung der Marken Hermann Billungs und Markgraf Geros; 955 Ottos I. Sieg an der Recknitz) gingen 983 im Großen Slawenaufstand wieder verloren. Die Christianisierung setzte sich jedoch im 10. Jahrhundert fort (1045: Erzbischof Adalbert von Bremen).

Das *12./13. Jahrhundert*, zweite Hälfte des *Hochmittelalters* (10.–13. Jahrhundert) brachte dann in der sogenannten Großen Ostkolonisation, vor allem des flachen Landes, einen gewissen Abschluß der Landnahme: *Bürger und Bauern dritte Stütze* der deutschen Besiedlung. Die Ursachen waren vielfältig: fürstlicher Machtwille (ferner: 1136 Vorstoß Albrechts des Bären in die Prignitz, 1147 Heinrichs des Löwen nach Mecklenburg); Christianisierung galt als gutes Werk (Pommernmission Ottos von Bamberg ab 1124, Wendenkreuzzug 1147). Kolonisation bedeutete für alle Herrschaft Machtzuwachs – also auch für die einheimischen slawischen Herrn wie Niklot (Tod 1160, Stammvater der mecklenburgischen Herzöge) und seinen Sohn Pribislav (1170 Gründung des Klosters Doberan) –, brachte ferner Grenzsicherung und -klärung in bisherigen Grenzsäumen, wirtschaftlichen Aufschwung, Reichtum. Die ländliche Bevölkerung in Altdeutschland stand zunehmend unter Bevölkerungsdruck (Realteilung!), teilweise war dadurch bereits Überrodung, Übergriff auf ungünstige Böden erfolgt. Die Grundherrschaft weitete sich aus, unter laufender Verschlechterung der sozialen Lage der Bauern. Umgekehrt die Situation in den Städten: Handel und Gewerbe blühten auf und förderten das Selbstbewußtsein der Bürger, ferner unterstützt durch grundherrliche Stadtrechtsverleihungen, Stadtluft machte frei. Mächtige Stadtbünde entwickelten sich

(12.–15. Jahrhundert die Hanse). Die Herren schätzten die deutsche Landbautechnik: Dreifelderwirtschaft, Gewannflur, Pflugwendetechnik.

Zwei Unterepochen bildeten sich heraus: die Zeit bis *etwa 1200* sowie nach 1227, nach dem Sieg bei Bornhöved über die Dänen, der den Weg endgültig frei machte für die deutsche Besiedlung des Landes und die Vorherrschaft der Hanse auf der Ostsee. Kennzeichnend: schon um 1170 war das Gebiet westlich Schwerin – weitgehend sächsisch – besiedelt, bildete sich ein Grenzsaum jetzt regelmäßiger ländlicher Kleinformen mit stärkerem Anteil von Rundformen heraus (wahrscheinlich durch Dazwischenschieben, aus Schutzbedürfnis), etwa zwischen Sachsenwald-Kiel im Westen (!) und Lenzen-Rerik im Osten; östlich dieser Linie herrschten dann große Anger- und Straßendörfer vor, im Küstenraum von Lübeck bis Greifswald Hagen- und Waldhufendörfer – die Kleinformen kennzeichnenderweise ferner auf Rügen und Usedom vorherrschend bleibend. Bis 1250 war die Oder, mit Zustimmung der slawischen Fürsten, erreicht (Pasewalk 1250/76) – zunächst noch vermischt mit Slawen.

Die *Siedler* kamen aus allen altdeutschen Gebieten, vor allem jedoch aus dem heutigen Niedersachsen und Westfalen, aber auch aus Mitteldeutschland, Franken und vom Niederrhein (Mönche: aus Amelungsborn nach Doberan, aus Altencamp nach Neuencamp); aus allen Ständen: Adel und Geistliche, Freie und Hörige, Bauern, Bürger – Kaufleute und Handwerker –, Dienstleute und Knechte. Gesiedelt wurde also teilweise neben slawischen Siedlungen, Namen auf Groß- und Klein-(welzin), Alt- und Neu-(sülstorf) sowie Deutsch- und Wendisch-(Neuwendischthun) wiesen darauf hin; unter häufigem Namenswechsel: Deutsch- oder Wendisch- zu Kurz- oder Lang-(trechow) beziehungsweise zu Groß- und Klein-(luckow). Bevorzugte Orte/Siedlungskerne wurden deutsche und slawische Burgen, Stadtgründungen und kirchliche Einrichtungen wie Feldkirchen (frühgotische, achteckige Dorfkirche Ludorf bei Röbel) und Klöster.

Die *ländliche Besiedlung* erfolgte vor allem – nach 1200 – in den bisher siedlungsleer gebliebenen Gebieten, auf den – trockeneren – Grundmoränenplatten und in Feuchtgebieten, also vorzüglich durch Rodung in den bisherigen Waldgebieten (Heiden); kennzeichnend die flächenhafte Ausbreitung deutscher Namen wie „Hagen"; ferner Bildungen mit -wald(e), -heide, -busch, -krug, -dorf, -hof, -feld(e), -mühlen, -berg, -burg, -kirchen und -rade/rode. Meist große Dörfer, auch aus Schutzbedürfnis heraus, planmäßig und regelmäßig im Grundriß. Die Angerdörfer mit breitem Raum zwischen zwei Häuserzeilen, der Anger länglich, rechteckig oder oval, selten dagegen rund (letztere Dörfer dürfen nicht mit den slawischen Rundweilern verwechselt werden); die Flur Gewannflur, der Dreifelderwirtschaft (seit etwa 1100) angepaßt, für Winter- und Sommergetreide, Brache. Es mußten also wenigstens jeweils drei Großgewanne mit langen Streifen (Wendetechnik beim Tiefpflügen) entsprechend der Hofzahl vorhanden sein (Gemengelage der Parzellen: folglich Flurzwang = gleichzeitige Bestellung und Ernte, Viehtrift). Daneben gab es die Gelängeflur, die einzelnen Streifen in Garten, Feld, Wiese und Wald unterteilt, ähnlich den Gewannen; in Radiallage (bei Rundformen) dagegen auch hinter den Höfen liegend. Mischformen waren möglich. Bei den Wald- und Marschhufendörfern (Zeilendörfern), oft mit Hagenrecht, folgten die Höfe dem Gelände, etwa einem Bach entlang, ein- oder zweizeilig, die Gelänge ebenfalls an die Hoffolge gebunden. Größe einer Landhufe etwa 20,8 Hektar (nordwestliche mecklenburgische: 40, südwestliche mecklenburgische Landhufe: 32 Morgen), eine Hägerhufe 41,6 Hektar (64 Morgen) – die Morgengröße im Kolonialgebiet etwa doppelt so groß wie in Altdeutschland. Entlang der Küste vorherrschend das niederdeutsche Hallenhaus, in mehreren Formen (Hasenburg/Freesenort, Schöndorf): meist zwei, doch auch bis vier Ständerreihen, teilweise mit Kübbungen für die Ställe (an den Längsseiten), Walmdach; als Einzelhaushof oder bei mittel- und großbäuerlichen Betrieben auch mit Nebengebäuden (Ställen, Scheunen, Altenteil). Von Brandenburg her, besonders im Südosten (Land Stargard), das sogenannte „Fränkische Gehöft", hufeisenförmig: Wohnhaus, Scheune, Ställe um den Hof gelagert, das große Tor zum Anger/zur Straße hin. Das Baumaterial aus der Umgebung: Feldsteine, Blockbau und Fachwerk, die Dächer aus Stroh oder Schilf; später auch hier Ziegelbau und -dach. Einem Dorf konnte ein Gut angeschlossen sein, eines weltlichen oder kirchlichen Herrn oder eines Lokators – der die Besiedlung im Auftrag eines Herrn durchgeführt hatte (Schultheißenhof); seine Flur (4–6 Hufen) lag entweder mit in den bäuerlichen Gewannen oder blockartig über die Flur verstreut; der Gutshof ähnlich dem bäuerlichen, oft jedoch mit Schloß, Wall und Graben. – Die Anpassung der Slawen zeigte sich in der allmählichen Übernahme der Hofform – so als Spitzform im Rundling – und Gewannflur; es entwickelte sich ein einheitliches Bauerntum (Ausnahme: im Altjabelland hielten sich wendische Sprache und Kultur bis ins 16. Jahrhundert).

Gleichermaßen wuchsen die Städter zusammen, so unterschiedlich ihre Herkunft auch war: ehemalige Hörige (anfänglich bei ursprünglichen Burgsiedlungen), Bauern, zugewanderte Kaufleute und Handwerker, Ritter (Stadthöfe); Deutsche, Slawen, Juden. Das 13. Jahrhundert hier – nach der ersten, slawischen Epoche – die zweite und Hauptgründungsepoche, nur eine deutsche Gründung vorher (Schwerin, 1160), vereinzelte später (Garz, 1316; Lübz, Ende 15. Jahrhundert, Bergen, 1613) – 3. Epoche: die fürstlichen Gründungen des 18. Jahrhunderts; 4. Epoche: 20. Jahrhundert (Krakow, 1928; Kühlungsborn, 1938; Saßnitz, 1957; Putbus, 1960 Stadtrecht). Die Grundrisse der planmäßigen Neuanlagen waren gleichfalls regelmäßig, die Umrisse dem Gelände angepaßt: fast rund (Parchim, 1225), elliptisch (Pasewalk, 1276), oval (Barth, 1255) oder auch fünfeckig (Boizenburg, 1267). Die Straßen und Gassen parallel, sich rechtwinklig kreuzend (Gitterform), das Quadrat an der Kreuzung der beiden Hauptstraßen für Markt und Rathaus ausgespart, abseits ein weiterer Platz für die Kirche (Teterow, 1235). Organisch gewachsene, meist aus Dörfern entstanden, zeigten auch unregelmäßigen Grundriß (Grevesmühlen, Lübz). Neben einkernigen Anlagen existierten auch mehrkernige, dabei in Anlehnung an eine alte Siedlung unregelmäßige und regelmäßige Teile (Anklam, 1264); kam der Ausbau einer Neustadt schon jetzt hinzu, auch dreikernig (Wismar: altes Fischerdorf, Marktstadt, 1226; Neustadt, 1250). Neben Klöstern, Stiften, Adelshäusern waren oft auch Bauernhöfe einbezogen, ferner Wiekhäuser (Friedland); viele Stadtgründungen waren hier von vornherein als Landstädte konzipiert. Es gab Branchenstraßen (wie Gerbergasse) und soziale Abgrenzungen (Juden- und Wendische Gassen). – Was „Stadt" im Mittelalter von „Dorf" unterschied, war primär das Stadtrecht (Selbstverwaltung, gewisse Gerichtsbarkeit, persönliche Freiheit); hier vorherrschend lübisches Recht, vor allem im Küstenbereich, sowie Schweriner Recht im Innern, neben kleineren Rechtsgebieten wie des Parchimer oder Brandenburger Rechts, im Südosten auch Magdeburger

Recht. Ferner wirtschaftlich das Recht zu Handel und Gewerbe/Handwerk. Äußeres Merkmal: Stadtmauer, Rats-, Zunft- und Gildenhäuser, in den reichen Hansestädten teilweise mit gotischen Schauwänden zum Markt hin (Stralsund); Giebel- und Traufseitenstellungen.
Die folgenden *Epochen bis zum Anfang des 20. Jahrhunderts* brachten keine so grundlegenden Veränderungen mehr, obgleich es immer Wandlung gab. Das *Spätmittelalter* brachte im 14./15. Jahrhundert zwar zunächst die – erste – Blütezeit der Hanse, zum „Wendischen Kontor" (Lübeck) gehörend; Merkmale ferner Kontore, Hafenbecken mit Lagerhäusern und Verladeeinrichtungen, Werften; doch noch im 15. Jahrhundert auch den Niedergang (Erstarken der Territorialherren, Verlagerung des Überseehandels auf den Atlantik/die Weltmeere). Im 14./15. Jahrhundert erlitt ferner die Landwirtschaft durch zuletzt auch hier bereits wieder Übersiedlung, Übergriff auf ungünstige Böden erste schwere Rückschläge: durch Wiederaufgabe entstanden zahlreiche Orts- und Flurwüsten, allerdings gebietsweise verschieden (relativ gering zum Beispiel im uralt besiedelten Raum Rügens). Weitere Folge wurde die frühe Ausdehnung der Gutswirtschaft.
Der *Beginn der Neuzeit* brachte im 16. Jahrhundert durch die *Reformation* (1525: Stralsund, 1534: pommersche Kirchenordnung Bugenhagens) die Aufhebung der Bistümer, Klöster und Stifte, doch landschaftsbildend nur geringen Einfluß (Säkularisierung der geistlichen Güter). Schwerwiegender waren die zahlreichen Kriege 17. bis Anfang des 19. Jahrhunderts (vom Dreißigjährigen Krieg über den schwedisch-polnischen, schwedisch-brandenburgischen, Nordischen Krieg bis hin zu den Napoleonischen Kriegen, seiner Kontinentalsperre). Es wurde nicht nur immer wieder vieles zerstört (Wolgast, 1713), sondern Handel und damit Gewerbe behindert. Vor allem wurde von landschaftsbildender Bedeutung die permanente Weiterführung der *Umstrukturierung im Agrarwesen*. Wüst liegendes Land wurde von Grundherrn eingezogen (Übergang von der Naturalwirtschaft zur Geldwirtschaft, Gewinn durch Großproduktion/Getreidehandel); unterstützt durch Bauernlegen (Verschuldung) und Einführung neuer persönlicher Abhängigkeiten, der sogenannten zweiten Leibeigenschaft; gefördert durch bauernfeindliche Gesetzgebung (Ordnungen von 1616, 1646); und selbst durch die Bauernbefreiung am Anfang des 19. Jahrhunderts wurde über Entschädigungsleistungen nur nochmals viel Bauernland abgegeben. An der Gesamtentwicklung änderten Kolonisation im 18. Jahrhundert (Friedrich II.: Usedom) sowie Rentengutsgesetz von 1890 und das Reichssiedlungsgesetz von 1919 nur wenig. Besonders seit dem 17. Jahrhundert verschwanden Bauernhöfe und -dörfer zugunsten der grundherrlichen Gutsgroßbetriebe (Bezirk Neubrandenburg 1945: 75% der landwirtschaftlichen Nutzfläche in Gutsbesitz). Gutshöfe beherrschten ganze Landesteile mit ihren Großstallungen und Scheunen, Wirtschaftsbetrieben – von der Gutsschmiede bis hin zur Brennerei, Brauerei, Zuckerherstellung und Kartoffelverarbeitung –, Tagelöhnerkaten und Schnitterkasernen für die sommerlichen Saisonarbeiter (besonders aus dem russisch-polnischen Osten), mit Großblockfluren. Viele der durch die Bauernbefreiung frei gewordenen Kräfte *wanderten ab*, nach Berlin und anderen Industriegebieten, ins Ausland. So wurde Mecklenburg zugleich zum *dünnstbesiedelten* Raum Deutschlands (ohne Vorpommern: 1816: 379 000, 1933 erst 805 207 Einwohner).
Auch das Industriezeitalter ging am Land vorbei, trotz Bahn und Straße – abgesehen von lokalen Einwirkungen. Allein die *Bäderentwicklung* wurde besonders im

Küstenland landschaftsbestimmend; die Entwicklung des *Dampferverkehrs* (1826: zuerst Stettin-Swinemünde) verlagerte dagegen die Überseefahrt schwerpunktmäßig in die Nordsee.

Der Erste Weltkrieg brachte zwar große Menschenverluste; Inflation, später Börsenkrise (1929) und Arbeitslosigkeit gewisse Stagnation, eine wirklich *neue Epoche* leitete dagegen der *Zweite Weltkrieg* ein: große Bevölkerungsverluste im Feld und in der Heimat, Zerstörung alter Bausubstanz durch Bombenangriffe (Wismar: 14) und die letzten Kämpfe im Frühjahr 1945 (siehe ferner Zerstörung der Altstädte von Rostock und Neubrandenburg), gewaltige Bevölkerungsverschiebungen durch Flucht und Zuwanderung aus den verlorenen Gebieten (Land Mecklenburg bis Dezember 1947: 930 774 Ostflüchtlinge, also Verdoppelung der Bevölkerung!). Und die Regierung der *DDR veränderte planmäßig* Sozial- und Wirtschaftsverhältnisse und damit das Siedlungsbild. Die Güter wurden aufgeteilt zu Neubauernstellen, später die Bauern zu genossenschaftlichen Verbänden vereinigt. Die alten Wirtschaftsgebäude verloren meist ihre Funktion, an ihre Stelle traten Großställe, Silos, Landmaschinenstationen und Werkstätten. Die Schlösser wurden, soweit nicht abgerissen, Heime aller Art oder Schulen. Die Fluren wurden in Großblöcke unterteilt, für industrielle Produktion nun auch auf dem Lande. In den Städten erfolgte wohl Wiederaufbau, doch unter sozialistischen Gesichtspunkten (wie Einrichtung sogenannter Kulturzentren, Neustrelitz). In geförderten Industriestädten entstanden neue Wohnstädte, häufig häßliche Anlagen: Baukastensystem, Fertigbau, einförmige Aufteilung – Wohnblocks mit Spielplätzen, Kindergarten, Kaufhallen. Andererseits verfiel Altbaumasse. Im gewerblichen Bereich wurde einerseits Streuung über das Land, andererseits Zusammenfassung in Großbetrieben angestrebt (Industriegebiet Schwerin-Süd).

Gerold Richter
STÄDTE

Mit der Entwicklung der deutschen Ostkolonisation, die im Kapitel „Kulturlandschaft und Wirtschaft" eingehender behandelt ist, begann im 12. Jahrhundert die Stadtgeschichte Mecklenburgs und Vorpommerns, nicht aber die Siedlungsgeschichte vieler der zu Städten heranwachsenden Plätze. Sehen wir die Geschichtsquellen über die insgesamt 65 zwischen etwa 1200 und 1350 entstandenen Städte durch, so dürften nur relativ wenige von ihnen an einer Kreuzung von Fernstraßen, an einem Flußübergang oder einer Solquelle planmäßig „auf grüner Wiese" gegründet und angelegt worden sein. In etwa 75% aller Fälle wird als Keimzelle der Stadtentwicklung eine Burg genannt. Oft ist eine slawische Burg bezeugt, neben der sich ein Markt oder eine Handwerkersiedlung entwickelte.
Der Zeitpunkt der Verleihung der Stadtrechte ist für viele dieser Gründungen nicht exakt bekannt. Die wachsende Siedlung des Suburbiums wird in den Urkunden als „civitas" oder „oppidum" bezeichnet. Irgendwann ist das Vorhandensein eines Rates und der Erwerb der Niedergerichtsame bezeugt. Später erfolgt dann die Ummauerung der Stadt.
Mit dieser Entwicklung, deren wichtigster Markstein die Verleihung der Stadtrechte war, vollzog sich der Übergang von dem vorher oft schon vorhandenen Siedlungskern zum zentralen Ort mit bestimmten, rechtlich fixierten Funktionen, eben zur Stadt. Zu den Funktionen zählen die territoriale Verwaltung, die Produktion nichtlandwirtschaftlicher Güter, der Güteraustausch mit dem bäuerlichen Umlande (Marktfunktion), die Vermittlung des Fernhandels und das Angebot an Dienstleistungen. Art und Umfang dieser Funktion bestimmten die Stadtentwicklung. Manche der Stadtgründungen wuchsen rasch an Größe und Bedeutung, vor allem Hafenstädte, in denen sich der Fernhandel konzentrierte. Andere, nur kümmerlich mit Stadtfunktionen ausgestattet, blieben kleine Ackerbürgerstädte.
Die Zeit der Ostkolonisation wurde in Mecklenburg und Vorpommern zur Ära der Stadtgründung. Zwischen der Gründung von Schwerin (1160) und der ersten Hälfte des 14. Jahrhunderts entstanden 65 der heute insgesamt 86 Städte des Raumes[1]. Dieses Netz der zentralen Orte wurde gleichzeitig mit der bäuerlichen Besiedlung des Raumes geknüpft, wobei Handels- und Unternehmenskonsortien aus den Städten des Altsiedellandes gemeinsam mit den Territorialherren die Gründungen vorantrieben (siehe Kapitel „Kulturlandschaft und Wirtschaft"). Das räumliche Verteilungsmuster der Gründungszeit stimmt daher mit dem Fortschreiten der ländlichen Kolonisation gut überein. Auch die städtische Bevölkerung kam vielfach aus dem Altsiedelland. Engel (1956) konnte z. B. an Karten veranschaulichen, daß ein bedeutender Teil der Bevölkerung von Stralsund und Stettin im ersten Jahrhundert nach der Stadtgründung aus Westfalen stammte. Als

Rechtsform wurde von den Städten im Gebiet der Küstenwanderung das Lübische Recht übernommen, von denen der nordsächsisch-mecklenburgischen Wanderung das Magdeburger Recht. Letzteres herrschte daher in Mecklenburg-Strelitz, der Uckermark und an der unteren Oder vor.

Die Plangründung der Städte bedingt ihren meist recht regelmäßigen Grundriß. Man bevorzugte ein Gitter von Straßen, die sich rechtwinklig kreuzen. Für Markt und Rathaus sowie für die Kirchen wurden Baublöcke ausgespart. *Greifswald* kann als besonders regelmäßige Stadt dieses Typs gelten. Als Gründe für die Platzwahl gelten der Übergang des Handelsweges Stralsund-Stettin über den Ryck-Fluß und eine 1193 bezeugte Solquelle. So entstand um die Nikolaikirche eine Handelssiedlung. Östlich anschließend gründete das Zisterzienserkloster Eldena eine weitere Siedlung um die Marienkirche. Um 1240 wurde die Handelssiedlung nach Westen um das Gebiet an der Jacobikirche erweitert. 1249 ging die Doppelsiedlung vom Kloster Eldena auf das pommersche Herzogshaus über, 1250 erhielt sie das Lübische Stadtrecht. Schließlich wurden beide Teile 1264 zu einer Stadt vereinigt und mit Mauern umgeben.

Im Falle von *Rostock* waren es sogar drei selbständige Siedlungskerne, die neben einer wendischen Burgsiedlung entstanden: Kurz nach 1200 ließen sich deutsche Kaufleute auf einer Erhebung um den Alten Markt und die Petrikirche nahe dem Warnowufer nieder. 1218 erhielt die Siedlung das Lübische Stadtrecht. 1232 bestand daneben um den heutigen Thälmann-Platz und die Marienkirche eine weitere Siedlung. Die dritte Gründung entwickelte sich in den folgenden Jahrzehnten westlich davon um den Hopfenmarkt (heute Universitätsplatz) und die Jacobikirche. 1265 schlossen sich die drei Siedlungen zusammen; darauf wurde die Stadt ummauert und mit Toren und Türmen versehen. Im Grundriß der Altstadt sind alle drei Siedlungskerne noch deutlich rekonstruierbar.

Eine ähnliche Entwicklung ist aus dem Grundrißbild auch für *Stralsund* und *Wismar* abzulesen: Das Vorhandensein mehrerer mittelalterlicher Kirchen, Änderungen in der Straßengliederung und Form der Baublöcke oder Richtungsänderungen in der Ummauerung deuten auf die Erweiterung der Altstadt um eine „Neustadt" bald nach der Gründung hin.

Mittelalterliche Stadterweiterungen sind stets Zeichen eines starken Bevölkerungszustromes als Folge wirtschaftlicher Blüte. Quelle dieser Blüte und des städtischen Reichtums, welcher sich in den Backsteinbauten der Rathäuser, Kirchen und Bürgerhäuser spiegelt, wurden der Fernhandel auf der Ostsee und der Zusammenschluß der Städte in der Hanse.

Die Hansestädte Rostock, Stralsund, Wismar und Greifswald verfügten über wichtige Rechte und Privilegien (z.B. Stapelrecht, Zollfreiheit, Münzrecht, Obergerichtsbarkeit, Handelsprivilegien in anderen Staaten), und sie wußten ihre Rechte gegenüber den Landesfürsten zu wahren. Die Hanse wurde im Ostseeraum zur politischen Macht, die sich zur Durchsetzung ihrer Interessen notfalls auch der kriegerischen Auseinandersetzung bediente. So begann mit dem Frieden von Stralsund, welcher den von 1361–1370 dauernden Konflikt mit Dänemark beendete, die höchste Machtentfaltung der Hanse.

Rostock wurde die führende Stadt im „Wendischen Viertel" der Hanse. Die Städte verfügten über bedeutende Handelsflotten; allein unter Stralsunds Flagge fuhren zeitweilig mehr als 300 Schiffe. Die Städte wurden durch den Erwerb von Dörfern auch zum Grundherren. So erwarb Greifswald im 13. und 14. Jahrhundert rund 20 Dörfer, Rostock brachte es sogar auf 25 Dörfer. Schließlich bestand in den Städten eine bedeutende handwerkliche Warenproduktion, welche die wirtschaftliche Bedeutung der Städte mehrte. Allerdings sorgte der Interessenkonflikt zwischen den Handwerkszünften und dem vom Handelspatriziat beherrschten Rat immer wieder für soziale Spannungen.

Den erstrebenswerten Status einer freien Reichsstadt erlangten die Hansestädte Mecklenburgs und Vorpommerns bei aller Machtentfaltung jedoch nicht. Ihre relativ unabhängige Stellung gegenüber dem Landesherren hatte daher nur so lange Bestand, wie die Hanse blühte. So unterlag Rostock in der „Domfehde" 1487–1491 dem mecklenburgischen Herzog und mußte ihm die Stadtschlüssel übergeben. Zwar verfolgte die Stadt noch weiter das Ziel der Reichsunmittelbarkeit und verbündete sich zu diesem Zweck mit der Ritterschaft, mußte jedoch schließlich nachgeben. 1573 wurde die Stadt durch Vertrag endgültig in das Herzogtum eingegliedert. Es war die Zeit, in welcher der Ostseehandel zurückging, die Hanse ihren Machtverfall erlebte.

Seit dem „Jahrhundert der Städtegründungen" kam es bis zum Beginn des Industrie-Zeitalters nur fünfmal zur Neugründung von Städten: *Franzburg* 1587, *Bergen/Rügen* 1613, *Hagenow* 1754, *Rehna* 1791 und *Schönberg* 1822. Nur Franzburg war die echte Neugründung einer Handwerkerstadt mit zugewanderter Bevölkerung. Alle anderen waren bereits seit Jahrhunderten als Flecken vorhanden, die erst relativ spät das Stadtrecht erhielten. Auch in den seit dem 13. Jahrhundert bestehenden Städten gab es in all diesen Jahrhunderten kaum Stadterweiterungen über den mittelalterlichen Kern hinaus. Dafür gibt es neben den Hemmnissen, welche die Stadtbefestigung jeder Stadterweiterung entgegenstellt, einen plausiblen Grund: Die anfangs teils stürmische Entwicklung der Städte war in ruhige Bahnen zurückgekehrt, oftmals in die Stagnation. Die Gründe sind vielschichtig und betreffen einen weitaus größeren Siedlungsraum als Mecklenburg und Vorpommern (z.B. Bevölkerungsrückgang und wirtschaftliche Rezession durch die Pestepidemien und durch den Dreißigjährigen Krieg). Aber es gibt speziell für den Raum Mecklenburg und Vorpommern geltende Gründe: In dem Maße, wie der Fernhandel an Bedeutung verlor bzw. sich in andere Räume verlagerte, wurden die Funktionen der Städte auf die Verwaltung und den Warenaustausch mit ihrem Umland verwiesen. Dieses Umland durchlief jedoch gerade nach der Entvölkerung durch den Dreißigjährigen Krieg und dann besonders im 18. und 19. Jahrhundert den Strukturwandel von der Bauernwirtschaft zur Gutswirtschaft. Nach den bei Mager (1955) ausgebreiteten Quellen muß damit gerechnet werden, daß zwischen 50% und 75% der Bevölkerung am Ende des 18. Jahrhunderts leibeigen waren, also nicht freizügig und auf einen niedrigen Lebensstandard gedrückt. Ein so strukturiertes Umland konnte den Städten keine Wachstumsimpulse vermitteln. In dem Maße, wie sich die Stände als Grundherren zum Staat im Staate entwickelten, entzogen sie auch dem Landesherrn die Möglichkeit, an dieser Entwicklung wesentliches zu ändern. Hinzu kam die weitere Teilung des Wirtschaftsraumes. Der Dreißigjährige Krieg beendete die Existenz Pommerns als selbständiger Staat, und Vorpommern wurde schwedisch, ebenso Wismar.

Einige Städte jedoch profitierten von der Fürstenmacht: die Residenzstädte Schwerin, Güstrow und Neustrelitz, zeitweilig auch Gadebusch und Ludwigslust.

Mit *Schwerin* wurde, nahe einer schon 1018 erwähnten wendischen Burgsiedlung, durch Heinrich den Löwen 1160 die erste deutsche Stadt in Mecklenburg gegründet. Sie wurde Residenz und Bischofssitz. Als Hauptstadt des 1348 geschaffenen Herzogtums Mecklenburg, 1621 bis 1934 von Mecklenburg-Schwerin, wurde es zum administrativen und kulturellen Zentrum ausgebaut, und dieser Residenzcharakter dominierte noch bis ins Industriezeitalter hinein.

Güstrow, eine Gründung des 13. Jahrhunderts, entwickelte sich zuerst als Handelsstadt und war bekannt durch seine Tuchmacherei. 1556 wurde es zur Residenz der mecklenburgischen Herzöge und 1621 zum Hauptort des Herzogtums Mecklenburg-Güstrow. Dieses wurde jedoch 1701 zwischen Mecklenburg-Schwerin und dem neugegründeten Mecklenburg-Strelitz aufgeteilt, und die Hauptstadtfunktion erlosch.

Strelitz erhielt 1349 Stadtrecht und wurde 1701 Hauptort des Herzogtums Mecklenburg-Strelitz. Nach dem Brande des Schlosses wurde in der Nachbarschaft der Stadt am Zierker See seit 1733 eine neue Residenzstadt Neustrelitz mit dem Grundriß eines achtstrahligen Sterns erbaut, die um 1820 bereits fast 5000 Einwohner hatte. Das bisherige Strelitz wurde zu Alt-Strelitz, welches 1931 in der Stadt Neustrelitz aufging. Die Bauten der Residenz, ursprünglich in barockem Stil errichtet, wurden später klassizistisch oder neugotisch überprägt. Neustrelitz erhielt seine Funktion als überregionaler Verwaltungssitz bis in die Nachkriegszeit. Zwar wurde 1952 das etwas kleinere und stark zerstörte Neubrandenburg als Sitz der Bezirksregierung gewählt, doch blieben die meisten Bezirksbehörden in der Aufbauphase bis zum Ende der sechziger Jahre in Neustrelitz.

Ludwigslust bildet ein weiteres Beispiel für eine Residenzgründung „auf grüner Wiese". 1757 beschloß Herzog Friedrich von Mecklenburg-Schwerin, neben einem hier vorhandenen Jagdschloß eine neue Residenz zu errichten. Zuerst wurde von der Lewitz her der Ludwigsluster Kanal erbaut, dann folgte 1772–1776 das Schloß. Davor entstand der Ort als Plansiedlung. Der Marktflecken von 1793 stagnierte jedoch seit der Rückverlegung des Hofes nach Schwerin und erhielt erst 1876 Stadtrecht. So fällt die Gründung der Stadt bereits in das Industriezeitalter und hängt mit der günstigen Verkehrslage als Bahnknotenpunkt zusammen.

Man sollte meinen, daß das 19. Jahrhundert eine Zeit von Entwicklungen war, welche den Städten generell Wachstumsimpulse vermitteln konnten: Aufhebung der Leibeigenschaft, Eisenbahnbau, Industrialisierung. Sicher, die Leibeigenen wurden nun freizügig, aber die Gutswirtschaft auf dem Lande blieb. Bedeutende Wanderungsbewegungen brachten die Bevölkerungsentwicklung Mecklenburgs um die Mitte des vorigen Jahrhunderts fast zur Stagnation. In der ersten Hälfte des 19. Jahrhunderts überwog die Auswanderung nach Amerika, in der zweiten Hälfte gefolgt von der Binnenwanderung in die Industriegebiete und Großstädte Deutschlands, wie Hamburg oder Berlin. Mecklenburg und Vorpommern wurden zum Exporteur von Agrarproduktion und von Menschen. Sie wurden zu Agrarregionen mit hoher landwirtschaftlicher Produktionsleistung, aber geringer Bevölkerungsdichte.

Dies erklärt die geringen Wachstumsimpulse des Gros der Städte in Mecklenburg und Vorpommern. Der Bau der Eisenbahn-Hauptstrecken zwischen 1846 und 1890 zog zwar Industrie-Ansiedlungen nach sich und in ihrem Gefolge auch Bevölkerungswachstum. Allerdings profitierte davon nur ein rundes Dutzend von Städten in stärkerem Maße. So nahm die Bevölkerung von 1880 bis 1900 in den Hafenstädten Rostock und Wismar sowie in den Residenzstädten Schwerin und Neustrelitz um mehr als 20% zu, ebenso in Neubrandenburg und Demmin, in Malchin und Teterow, in Waren und Güstrow. Alle diese Städte liegen an Eisenbahn-Hauptstrecken. Eine Besonderheit bildet Torgelow. 1884 erhielt es Eisenbahnanschluß, ab 1885 siedelten sich Eisengießereien an. Dies ließ die Einwohnerzahl von 1880 bis 1900 um 150% steigen, von 2100 auf 5300 Einwohner. Allerdings wurde Torgelow erst 1945 zur Stadt erklärt.

Ein Vergleich der Einwohnerzahlen von 1880 bis 1925 im Verzeichnis der Städte läßt erkennen, daß die Stagnation oder das Schrumpfen der Bevölkerungszahlen im Industriezeitalter eher die Regel, das oben beschriebene Wachstum der Städte die Ausnahme darstellt. Mehr als ein Viertel der damals rund 70 Städte schrumpfte in dieser Zeit, wohl als Folge der Binnenwanderung in die Großstädte und Industrieviere. Fast ausnahmslos handelt es sich bei den Städten mit deutlichem Wanderungsverlust um Kleinstädte mit 2000–3000 Einwohnern, oft in abseitiger Verkehrslage, die wir wohl in ihrer Mehrzahl als typische Ackerbürgerstädte bezeichnen können.

Städtegründungen waren in der Zeit der ersten Industrialisierung selten. 1875 erhielt Dargun Stadtrecht, 1876 Ludwigslust und 1879 Doberan. Mit Bad Doberan erschien erstmalig ein neuer Städtetyp, der durch den Badetourismus geprägt ist. Das 20. Jahrhundert ist mit 13 Stadtgründungen verbunden. Es begann 1919 mit der Stadtwerdung von *Feldberg* und *Mirow*. 1938 folgten *Dassow, Klütz, Kühlungsborn, Lübtheen, Neukloster, Rerik* und *Zarrentin*. Seit 1945 sind es das obengenannte *Torgelow* und die nach Errichtung der DDR entstandenen jüngsten drei Städte *Saßnitz* (1957), *Putbus* (1960) und *Eggesin* (1966). Von allen diesen neuen Städten stehen die Gründungen von Kühlungsborn, Rerik und Putbus in Zusammenhang mit dem stark aufstrebenden Badetourismus. Das Ostseebad Kühlungsborn entstand 1938 durch den Zusammenschluß dreier dörflicher Badeorte und ist heute das größte Seebad der DDR. Bei Saßnitz waren es die Bedeutung als Fährhafen (Eisenbahnfähre Saßnitz-Trelleborg seit 1909) und das 1949 gegründete Fischkombinat (mit einer Flotte von Fang- und Kühlschiffen sowie mit Fischverarbeitungsindustrie), welche die Einwohnerzahl von 7400 (1950) auf 14400 (1985) steigen ließen.

Mit der Überwindung von Inflation und Wirtschaftskrise begann die Bevölkerung in den Städten Mecklenburgs und Vorpommerns in den dreißiger Jahren wieder generell zu wachsen. Gerade bei den größeren Städten wird dies deutlich. So wuchs z.B. Rostock 1925–1939 von 78000 auf 121000 Einwohner, Stralsund von 30000 auf 49000 Einwohner und Schwerin von 46000 auf 65000 Einwohner. Diese Entwicklung erklärt sich aus der Wirtschaftspolitik des Dritten Reiches. Die Vergrößerung des Heeres und seine Aufrüstung ließ nicht nur Kasernenkomplexe und Reichsarbeitsdienst-Lager am Rande der Städte entstehen, sie brachte auch bedeutende Investitionen in der Rüstungsindustrie, in ihren Folgeindustrien und in der Bauwirtschaft. Als Beispiel sei der Aufbau der Flugzeugwerke in Rostock genannt. So stieg die Zahl der Beschäftigten im Baugewerbe Mecklenburgs 1932–1938 von 2000 auf 15000, im Maschinen- und Fahrzeugbau von 1500 auf 29000. Dies löste einen Bevölkerungszustrom aus allen Teilen des Reiches aus, der sich gerade auf die Standorte der neuen Rüstungsindustrie konzentrierte.

Aber erst die Flüchtlingsbewegung in der Folge des Zweiten Weltkrieges brachte wirklich große Menschenströme ins Land. Sie ließen die Bevölkerung von rund 1,2 Mill. auf 2,1 Mill. anwachsen. Dieser Stand wurde bis heute gehalten. Dies war nur möglich durch die Bodenreform auf dem Lande und durch die Schaffung vieler neuer Arbeitsplätze in den Städten, sowohl in der Industrie als auch in Handel, Verkehr und Dienstleistungen[2].

Der Vergleich der Einwohnerzahlen von 1939 und 1964 macht das unterschiedliche, aber doch allgemeine Wachstum der Städte gegenüber dem Vorkriegsstand deutlich (siehe Verzeichnis der Städte). Einen leichteren Überblick vermittelt die folgende Tabelle der Größenklassen, zusammengestellt nach Werten aus dem Staatshandbuch für Mecklenburg (1939) und dem amtlichen Gemeindeverzeichnis der DDR von 1966. Von den 60 mecklenburgischen Städten waren die Größenklassen wie folgt besetzt:

Tabelle 1

Größenklasse	Zahl der Städte 1933	Zahl der Städte 1964
unter 2 000 Ew.	7	0
2 000 – 5 000 Ew.	35	26
5 000 – 10 000 Ew.	10	19
10 000 – 50 000 Ew.	6	12
50 000 – 100 000 Ew.	2	2
über 100 000 Ew.	0	1
	60	60

Die Zahl der größeren Städte war gegenüber der Vorkriegszeit deutlich gestiegen, aber noch immer fand sich 1964 die am stärksten besetzte Klasse in der Größe von 2000–5000 Einwohnern.

Nach der Prozentzahl der Arbeitsplätze in Landwirtschaft, Industrie und Dienstleistungen lassen sich funktionale Stadttypen ausgliedern. So haben z.B. Städte wie Schwerin, Güstrow oder Greifswald dominante Dienstleistungsfunktionen, neben denen die Bedeutung der Industrie zurücksteht. In den Hafenstädten wie Rostock und Stralsund stehen industrielle Produktion und Dienstleistungen in einem ausgewogenen Verhältnis. Nur wenige Städte sind jedoch als Industriestädte zu bezeichnen. Neben den Hafenstädten Wismar und Saßnitz fallen in diese Kategorie Boizenburg und Neustadt-Glewe, wohl auch Wittenberge und Wolgast. Allgemein dominiert der Städtetyp des zentralen Ortes mit überwiegenden Dienstleistungsfunktionen für ein agrarisch geprägtes Umland.

Die Stadtentwicklung der Nachkriegszeit ist gekennzeichnet durch ein deutliches weiteres Wachstum gerade der größeren Städte. Der Bevölkerungszustrom wird durch die Freisetzung von Arbeitskräften aus der Landwirtschaft und durch einen gezielten Ausbau der Industrie genährt. Auch zielt die Investitionspolitik im Bereich der Infrastruktur und des Wohnungsbaues auf die schwerpunktmäßige Entwicklung der größeren Städte. Beispiele bieten die Entwicklung von Rostock (1946 – 115000 Ew., 1984 – 244000 Ew.) oder der Ausbau von Neubrandenburg

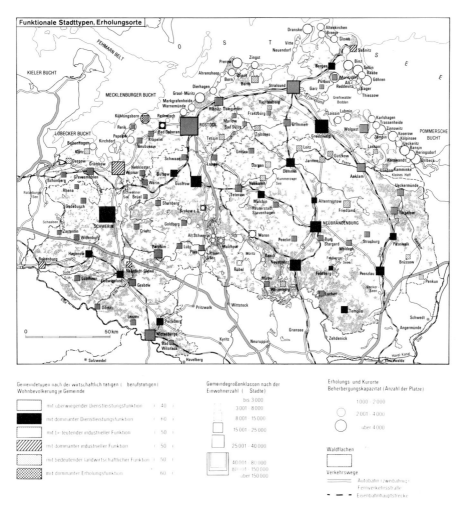

zur Bezirkshauptstadt und Industriestadt (1946 – 20 000 Ew., 1985 – 85 000 Ew.). So entstanden in diesen Zentren des Ausbaues große Neubauviertel, während die bauliche Entwicklung in vielen kleineren Städten weiter zurückbleibt.

Rückschauend auf die Entwicklung des Städtewesens in Mecklenburg und Vorpommern wurden die baulichen Akzente im Grundriß wie im Aufriß der Städte immer in Zeiten der wirtschaftlichen Blüte und des Bevölkerungswachstums gesetzt. So wurde das „goldene Zeitalter der Städtegründungen" im 13. und 14. Jahrhundert wirtschaftlich von der durch die Fürsten geförderten Erschließung des Landes im Rahmen der Ostkolonisation und vom aufblühenden Fernhandel der Hanse getragen. Die wachsende Macht und der Reichtum der Handelsstädte fanden ihren Ausdruck nicht nur in Stadterweiterungen, sondern auch in den prächtigen Kirchen und Rathäusern der Backsteingotik, deren Architektur oft dem Vorbild Lübecks folgt. So wird die Lübecker Marienkirche zum Beispiel für viele Kirchenbauten des „wendischen Kontors" der Hanse, und der im 14. Jahrhundert entstandene Schaugiebel des Stralsunder Rathauses zeigt die Ausdrucksformen des Lübecker Rathauses. Daneben traten reich geschmückte Tortürme der Stadtbefestigung, wie das Stargarder Tor in Neubrandenburg, und wenige erhaltene Bürgerhäuser der Backsteingotik.

Mit dem Niedergang des Fernhandels endete in den Städten die große Zeit des Bauens. Die mittelalterliche Stadtfläche reichte für weitere Jahrhunderte aus, Neubauten von Kirchen und Rathäusern waren selten. Nach Bränden und Zerstörungen wurde die Bausubstanz erneuert, wobei das Bürgerhaus der Renaissance oft niederländische Einflüsse erkennen läßt.

Größere bauliche Aktivitäten standen nun im Zeichen der Fürstenmacht, und es sind die Residenzen, die planmäßig gegründet oder weiter ausgebaut wurden (s. o.). Ihre Architektur zeigt barocke, klassizistische und neugotische Züge und den Einfluß von Baumeistern aus verschiedenen Teilen Mittel-, Süd- und Westeuropas.

Die übrigen Städte wuchsen in der Regel erst im 19. Jahrhundert deutlich über ihren mittelalterlichen Kern hinaus. Mit der Industrialisierung entstanden zuerst noch dicht bebaute Vorstädte, die den Raum zwischen Stadtkern und Bahnhof füllen oder an den Ausfallstraßen orientiert sind. Gründerzeitliche Bauten der gehobenen Wohnansprüche finden sich oft im Zuge von Straßen, die entlang der Wallanlagen entstanden. Die Sektoren zwischen den Ausfallstraßen werden oft von lockerer Wohnbebauung aus der Zeit zwischen der Jahrhundertwende und den dreißiger Jahren eingenommen.

Die Zerstörung der Innenstädte im *Zweiten Weltkrieg* betraf vor allem die Hafenstädte Rostock, Wismar und Stralsund und auch eine Reihe kleinerer Städte zwischen der Oder und etwa der Linie Stralsund-Demmin-Malchin-Neubrandenburg. Das Ausmaß des Wiederaufbaus ist sehr unterschiedlich und richtet sich nach der von der staatlichen Planung bestimmten, an der Entwicklung von Industrien und zentralen Funktionen orientierten Vorrangigkeit. Einerseits wurde der Raum der Altstädte teils völlig neu bebaut: „Die bauliche Umgestaltung der zerstörten Städte geschah bis in die jüngste Zeit hinein über Flächenabbrüche. Neubauten wurden in den fünfziger Jahren in historisierender Weise stilisiert. Seitdem werden gleichförmige, unschöne Neubauten in Großblockbauweise in einem Rastersytem aufgestellt, ohne Bezug auf ältere Stadtstrukturen ... Auch Hochhäuser als „städtebauliche Dominanten", gebaute Siegeszeichen, fehlen nicht." (Helas 1986, S. 147). An den Schwerpunkten der Wirtschaftsentwicklung, wie in Rostock, Wismar, Schwerin, Stralsund, Neubrandenburg und Greifswald entstanden an der Peripherie große neue Wohngebiete in Größenordnungen von 20000–40000 Ew., teils noch größer.

Anmerkungen

1 Diese Zahlen betreffen die zur Zeit der Auflösung der Länder in der DDR (1952) zu Mecklenburg oder Vorpommern gehörenden Städte, nicht die der drei heutigen Nordbezirke.
2 Bei Richter (1986) näher ausgeführt.

Gerold Richter
PHYSISCHE GEOGRAPHIE

Mit rund 26700 km², das sind etwa 25% der Fläche der DDR, bilden die drei Bezirke Rostock, Schwerin und Neubrandenburg den Nordteil des Landes. Ihre Fläche deckt sich etwa mit der Erstreckung des 1945 gebildeten Landes Mecklenburg-Vorpommern (später Mecklenburg), das bis zur Neugliederung in Bezirke im Jahre 1952 bestand. Die Landkreise Templin, Prenzlau und Perleberg, die vor dieser Neugliederung zu Brandenburg gehört hatten, wurden den neugegründeten Bezirken Neubrandenburg und Schwerin zugeordnet. So umfassen die drei Nordbezirke den gesamten Küstenraum der DDR von der Lübecker Bucht bis zur Oder und sein Rückland in 100–150 km Tiefe, welches im Südwesten bis zum Elbetal unterhalb von Wittenberge reicht.

Beginnen wir die Darstellung mit der *erdgeschichtlichen Entwicklung* des Raumes. Er gehört zum norddeutschen Senkungs- und Sedimentationsbecken, welches seit dem Jungpaläozoikum immer wieder mariner oder terrestrischer Sedimentation unterlag. Die kristallinen bzw. metamorphen Gesteine des Grundgebirges an seiner Basis liegen in einer Tiefe von mehreren Kilometern und sind bisher nur aus geophysikalischen Untersuchungen erschlossen worden. Auch über paläozoische Sedimente ist wenig mehr bekannt, als daß permische Zechsteinsalzlager weit verbreitet sind. Salzquellen sind in Mecklenburg und Vorpommern nicht selten (z.B. um Bützow, Bad Sülze, Stralsund, Greifswald, Usedom). In Südwest-Mecklenburg, das zur nordwestdeutschen Salzstock-Provinz gehört, ist eine Reihe von Salzstöcken bekannt. In ihnen steigt das sonst in Tiefen von 3000 m lagernde Zechsteinsalz bis dicht unter die Oberfläche. Bei Lübtheen, Jessenitz und Conow wurde dieses Zechsteinsalz zwischen 1886 und 1926 in Salzbergwerken gewonnen, bis Wassereinbrüche die Stillegung erzwangen.

Über dem Zechstein liegen mächtige Sedimentserien, die mehr oder weniger die gesamte Schichtfolge des Mesozoikums vom Buntsandstein bis zur Oberkreide umfassen. Die Schichten sind vielfältig tektonisch beansprucht, aufgewölbt und entlang von Störungen gegeneinander versetzt. Wie die magnetischen, gravimetrischen und seismischen Untersuchungen erkennen lassen, sind die Strukturen im Deckgebirge häufig hercynisch angeordnet (Nordwest-Südost). An einigen dieser Aufwölbungen im Raum von Grimmen-Reinkenhagen wurden Erdöl- und Erdgasvorkommen erschlossen. Ansonsten bieten die mesozoischen Sedimente an Lagerstätten nur die Schreibkreidevorkommen von Jasmund (Rügen).

Die bis zu 1600 m mächtigen Ablagerungen des Tertiärs konzentrieren sich auf den Westen und Südwesten des Landes und bestehen vorwiegend aus Tonen und Sanden. Bisweilen finden sich Braunkohlenflöze, die bei Parchim und Malliß in Südwest-Mecklenburg abgebaut wurden. Heute sind als Lagerstätten nur Tone und Quarzsande von Bedeutung.

Im Jungtertiär wurde das Gebiet von Mecklenburg und Vorpommern zum Festland. Das folgende Quartär legte in drei *Inlandsvereisungen* (Elster-Vereisung, Saale-Vereisung und Weichsel-Vereisung) und zwischengeschalteten Warmzeiten eine Decke von Moränenmaterial, Schmelzwasser-Kiesen und -Sanden, Beckentonen, fluviatilen Ablagerungen und Torfen über die präquartären Schichten, randlich auch marine Sedimente der interglazialen Meerestransgressionen. Die quartäre Decke hat eine wechselnde Mächtigkeit, meist 50–150 m, stellenweise jedoch bis mehr als 300 m. An verschiedenen Stellen finden sich Durchragungen älterer Gesteine, wie z. B. die der Schreibkreide auf Rügen. Es ist jedoch oft ungeklärt, ob es sich bei diesen Durchragungen um autochthone Vorkommen handelt oder um Schollen, die von den Gletschern verdriftet wurden.

Jede neue Inlandvereisung zerstörte und überdeckte die Oberflächenformen, die durch die vorangehende Vereisung geschaffen worden waren. Elstereiszeitliche Ablagerungen können daher nur erbohrt werden. Saaleeiszeitliche Grund- und Endmoränen sind in Südwest-Mecklenburg im Raum Boizenburg-Hagenow-Ludwigslust-Parchim-Perleberg erhalten, der von den weichseleiszeitlichen Gletschern nicht mehr erreicht wurde. Ihre Endmoränen erreichen in den Ruhner Bergen südlich Parchim eine Höhe von 178 m NN. Das Relief dieser „Altmoränen" ist jedoch durch periglaziale Prozesse ausgeglichener als das der weichseleiszeitlichen „Jungmoränen". Hinzu kommt, daß die Altmoränen Südwest-Mecklenburgs auf weiten Flächen von weichseleiszeitlichen Schmelzwassersanden (= Sandern) überdeckt wurden, so daß die über den Sander herausragenden Altmoränenreste als Inseln mehr oder weniger isoliert sind.

Die Weichseleiszeit vollzog mit ihren beiden jüngeren Vorstößen, dem Frankfurter und dem Pommerschen Stadium, die geomorphologische Großformung des Raumes. Da die Leitlinie des weichseleiszeitlichen Gletschervorstoßes die Ostseefurche war, kam dieser Vorstoß nicht von Norden, sondern von Nordosten. Am Hochgebiet von Rügen teilte sich der Ostsee-Großgletscher in den Beltsee- und den Oder-Gletscherstrom. Zwischen diesen beiden Gletscherströmen verliefen die verschiedenen Eisrandlagen bis hin zum spätglazialen Gletscherrückzug von Nordwesten nach Südosten. Aus dieser Situation entstand eine Gliederung des Raumes in 5 etwa parallele, von Nordwesten nach Südosten ausgerichtete Landschaftsräume (siehe Abbildungsteil):

1. Die Heidesandgebiete und Niederungen Südwest-Mecklenburgs
2. Der Landrücken mit der Seenplatte
3. Das Rückland des Landrückens
4. Die Grundmoränenplatten zwischen Küste und Grenztal
5. Das Küstengebiet mit Bodden, Inseln und Halbinseln

Der erste Landschaftsraum umfaßt die bereits kurz beschriebenen *Altmoränenplatten und -höhen mit Sandern und Schmelzwasserrinnen*, welche sich vom Landrücken (Linie Schaalsee-Schwerin-Parchim) nach Südwesten abdachen und am Elbe-Urstromtal bei etwa 20 m NN enden. Die kleinen Flüsse, wie Boize, Schaale, Sude und Elde, folgen den eiszeitlichen Schmelzwasserrinnen in vermoorten Niederungen, deren größte die Lewitz ist. Sandige Böden überwiegen auch auf den Altmoränenplatten. Beiderseits der unteren Elde und Rögnitz erstrecken sich in den ausgedehnten Wäldern zwischen Neuhaus und Dömitz, Lübtheen und Lenzen weite Flugsandfelder und Binnendünen der „Griesen Gegend", oberhalb Wittenberge die der Perleberger Heide. Podsolige Braunerden und Podsole, Anmoor und Niedermoorböden bilden überwiegend basenarme Standorte, auf denen Buchen-Kiefern-Mischwälder sowie Stieleichen-Birkenwälder die natürliche Vegetation darstellen. Heute überwiegen Kiefernbestände in einer waldreichen Landschaft mit ausgedehnten Grünlandflächen.

Der zweite Landschaftsraum, der *Landrücken,* bildet als Zone der größten Erhebungen gleichsam das „Rückgrat" Mecklenburg-Vorpommerns. Es ist ein etwa 40 km breites Moränen-Hügelland, dessen Südrand von den Endmoränen des Frankfurter Stadiums, dessen Nordrand von denen des Pommerschen Stadiums der Weichselvereisung gebildet wird. Dazwischen eingebettet erstreckt sich das Sander- und Moränengebiet der Seenplatte. Im Westen liegen der Schaalsee, der Ratzeburger und der Schweriner See. Nach Südosten folgen das Seengebiet des oberen Warnowlandes, das Großseengebiet zwischen Krakower See, Plauer See und Müritz sowie das Neustrelitz-Templiner Kleinseen-Gebiet.

Die nördlich und südlich begrenzenden Endmoränen erreichen in Westmecklenburg Höhen von 60–100 m NN und steigen nach Südosten zu auf 80 bis über 150 m NN an. Die größten Massenerhebungen finden sich am Nordrand des Landrückens, wo die Endmoränenzone in der Hohen Burg (144 m) und der Kühlung (129 m) westlich der Warnow weit nach Nordosten zurückspringt, vor allem aber im Gebiet der Feldberger Seen, von denen aus ein ähnlicher Rücksprung über die Helpter Berge bis zu den Brohmer Bergen erfolgt. Der Helpter Berg ist mit 179 m NN noch 1 m höher als die Ruhner Berge im Altmoränengebiet und damit der höchste Berg Mecklenburgs.

Die Endmoränen formen eine „bucklige Welt" von Hügeln und Toteis-Senken. Da hier Sande, Geschiebemergel, Kiese, Blockpackungen und Tone auf kleinem Raume wechseln, liegen steile und flache, feuchte und trockene, basenreiche und basenarme Standorte im Wechsel. Dies hat eine Parklandschaft entstehen lassen, in der Feld, Wald und Grünland einander durchdringen. Die Endmoränenhöhen tragen oft weite Buchenwälder (Moränen-Fagetum).

Innerhalb der begrenzenden Endmoränenzonen finden wir einerseits offene, hügelige Moränenlandschaften mit einzelnen Toteis- und Zungenbeckenseen, wie im Gebiet zwischen Ratzeburg und Schwerin oder im Raum Röbel-Plau-Lübz. Der zweite Landschaftstyp ist der einer Sanderlandschaft mit vielen Toteishohlformen, gekennzeichnet durch weite Nadelwälder, in die große und kleine Seen eingebettet sind, wie im Gebiet der Großseen und Kleinseen.

Das *Rückland des Landrückens,* die dritte große Landschaftseinheit, bildet seine Nordabdachung. Sie reicht vom Pommerschen Endmoränenzug bis an die Talzone auf der Linie Ribnitz-Demmin-Pasewalk, wo die welligen Grundmoränenplatten nur noch 20–40 m hoch liegen. Der Abfall nach Nordosten ist jedoch nicht gleichmäßig. Immer wieder überragen von Nordosten nach Südwesten streichende Endmoränenkomplexe die wellige Grundmoränenlandschaft und flankieren ebenso ausgerichtete schmale Tal- und Beckenzonen, die stellenweise bis unter NN ausgeschürft und von Seen erfüllt sind: das Teterower und Malchiner Becken, das Tollense- und das Ueckersee-Becken. Höhen und Becken verdanken ihre letzte Formung spätglazialen Vorstößen schmaler Gletscherzungen in einen von niedertauenden Eisfeldern bedeckten Raum. Das Nebeneinander von nur wenig über NN liegenden Seebecken und über 100 m hohen bewaldeten Endmoränen hat dem Raum Teterow-Malchin den Namen „Mecklenburger Schweiz" eingebracht.

Auf den von Geschiebemergel bedeckten Grundmoränenplatten entwickelten sich Braunerden und Parabraunerden. Die natürliche Vegetation ist die eines artenreichen Buchenmischwaldes. Heute dehnt sich hier eine weitläufige Ackerbaulandschaft aus, und der Wald ist mehr oder weniger auf die Moränenhöhen beschränkt. Die Seebecken und Talzonen weisen große Niedermoorflächen mit Grünlandnutzung auf.

Nordöstlich schließen sich die *Grundmoränenplatten zwischen Küste und Grenztal* an. Es handelt sich um die reliefarme, niedrige Eiszerfallslandschaft Vorpommerns. Die flachwellige bis ebene Grundmoräne wird nur von wenigen kleinen Endmoränenstaffeln und Sanderkegeln überragt und durch vermoorte Schmelzwasserrinnen gegliedert, die das Schmelzwasser vom Haffstausee zur westlichen Ostsee leiteten. Aus der weiten, fruchtbaren Ackerbaulandschaft treten die Sanderflächen der Velgaster Moränenstaffel als Streifen verbreiteter Bewaldung hervor.

Die Ueckermünder Heide bildet die südöstliche Fortsetzung der Grundmoränenplatten, doch ist hier die Grundmoräne von den Sanden eines spätglazialen Schmelzwasser-Stausees, des sog. Haffstausees, überdeckt. Flugsandfelder und Binnendünen, weite Kiefernwälder und Niedermoore kennzeichnen dieses dünnbesiedelte Gebiet.

Der fünfte Landschaftsraum ist das *Küstengebiet*. Vom Klützer Winkel bis zur Kühlung schließt er rund um die Wismarbucht direkt an den Landrücken an. Nach Osten zu folgen das Untere Warnowland und die Rostocker Heide. Dann beginnt hinter der Halbinsel Fischland-Darß-Zingst die Kette der Bodden, die sich in den Rügenschen Bodden und im Greifswalder Bodden fortsetzt und bis zum Achterwasser und Oderhaff auf der Rückseite der Insel Usedom reicht. Die Bodden sind nur wenige Meter tiefe Meeresbuchten, die im Laufe der nacheiszeitlichen Ostseetransgression überflutet wurden. Die Prozesse der Ausgleichsküsten-Bildung haben die höheren Moränen-Inselkerne durch Haken und Nehrungen miteinander verbunden, so daß die meisten der Bodden nur noch über schmale Fluttore mit der Ostsee in Verbindung stehen.

Auf Usedom sowie im Raum von Ost- und Nordrügen stießen die Transgressionen der letzten ca. 7000 Jahre in eine Endmoränenzone vor, welche ein letzter energischer Gletschervorstoß im Spätglazial geschaffen hatte: die Rügenstaffel. Zwischen ihren im Piekberg auf Jasmund bis zu 161 m hohen Endmoränen überflutete das Meer die Zungenbecken und machte sie zu Meeresbuchten, die später durch Haken und Nehrungen von der offenen See getrennt wurden. So entstand aus der gegenseitigen Durchdringung von Meer und Land, im Wechsel von Moränenhöhen mit Buchenwäldern, Ackerflächen und Wiesen-Niederungen, von Steilküsten und sandigen, von Kiefernwald bestandenen Nehrungen, eine der reizvollsten Küstenlandschaften der Ostsee.

Fragen wir am Schluß dieses erdgeschichtlichen Überblickes nach den nutzbaren *Bodenschätzen*, welche Eiszeit und Nacheiszeit entstehen ließen, so ist die Auswahl klein, aber nicht unbedeutend. Eiszeitliche Schmelzwässer schufen große Kies-

und Sandlagerstätten besonders im Südteil des Landes, und in Schmelzwasserbecken bildeten sich Beckentone als Grundlage der Ziegelei-Industrie. Die Nacheiszeit ließ große Lager an Torfen und Seekreiden in den Tälern und Becken heranwachsen. Die Niederungen bergen auch Raseneisenerz, das in Torgelow (Ueckermünder Heide) und Neustadt-Glewe (Lewitz) im 18. Jahrhundert zum Ausgangspunkt der Eisenindustrie wurde. Zu den wichtigsten Bodenschätzen aber zählt zweifellos der große Vorrat an Grundwasser und Oberflächenwasser, über den der Raum verfügt.

Hurtig (1957, S. 156) bezeichnet die Mecklenburgische Seenplatte als „den großen Wasserturm des Landes". Hier im Gebiet des Landrückens verläuft die *Hauptwasserscheide* zwischen Ostsee und Nordsee. Sie pendelt zwischen dem nördlichen und südlichen Hauptendmoränenzug hin und her. Nach Norden ziehen die meist kurzen Küstenflüsse Stepenitz, Warnow, Recknitz, Peene und Uecker (siehe Tab. 1). Nach Süden zur Elbe entwässern Boize, Sude, Elde, Löcknitz und Stepenitz (gleicher Name wie der o.g. Küstenfluß). Die Elbe-Zuflüsse folgen meist in geradliniger Bahn alten Schmelzwasserrinnen, die vom Landrücken zum Elburstromtal führen. Im Urstromtal unterliegen sie der Mündungsverschleppung stromabwärts. Die Küstenflüsse haben dagegen einen vielfach abgeknickten Verlauf, denn sie mußten ihre Bahn in der Spät- und Nacheiszeit aus einem System von Zungenbecken und oft quer zur Abdachung verlaufenden Schmelzwasserrinnen in der Jungmoränenlandschaft herausbilden. So sind Talwasserscheiden und Räume mit Binnenentwässerung (ohne Anschluß an ein Flußsystem) dort keine Seltenheit.

Nach dem Abflußverhalten gehören die Flüsse zum Regenregime des Tieflandes. Das Abflußmaximum fällt in die an sich regenarme Zeit des Spätwinters, das Abflußminimum in den Spätsommer bis Frühherbst, es folgt also auf das sommerliche Regenmaximum. Beides ist ein Zeichen dafür, daß das Abflußverhalten

Tabelle 1: Die wichtigsten Flüsse Mecklenburgs und Vorpommerns

Fluß	Quelle m NN	Mündung m NN	Lauflänge km	Einzugsgebiet km^2
Küstenflüsse				
Stepenitz[x]	65 m		52 km	707 km^2
Warnow	64 m		151 km	3 238 km^2
Recknitz	45 m	Ostseespiegel	111 km	704 km^2
Peene	35 m		126 km	5 099 km^2
Uecker	69 m		93 km	2 375 km^2
zur Elbe entwässernd				
Sude	65 m	6 m	85 km	2 174 km^2
Elde	90 m	13 m	206 km	3 050 km^2
Löcknitz	108 m	13 m	74 km	914 km^2
Stepenitz[x]	140 m	19 m	80 km	1 293 km^2

Quelle: Karbaum und Reinhard, 1962
x Es handelt sich um zwei verschiedene Flüsse gleichen Namens

hauptsächlich vom Grundwasserstand gesteuert wird. Durch den nacheiszeitlichen Spiegelanstieg der Ostsee haben die Küstenflüsse in ihrem Unterlauf das Gefälle verloren und unterliegen teils weit landeinwärts einem Rückstau von der Ostsee her. Dieser reicht in der Warnow bis Bützow, in der Peene bis zum Malchiner See. Als Wasserstraßen haben heute nur die Peene und die Elde-Müritz-Wasserstraße eine eingeschränkte Bedeutung.

Der Anteil der *Seen* an der Landesfläche wird mit rund 4,5% beziffert. Die großen Seen des Landes entstanden durch die ausschürfende Wirkung von Gletschern als Zungenbeckenseen, durch die Bewahrung von Hohlformen durch Toteis oder stagnierendes Eis und durch die ausstrudelnde Wirkung von Schmelzwässern als Rinnenseen. Größter See ist die Müritz (115 km^2), gefolgt vom Schweriner See (63 km^2) und vom Plauer See (38 km^2). Viele der Seen reichen mit ihrem Boden bis unter den Meeresspiegel, so der Schaalsee, der Schweriner See, der Malchiner und Kummerower See, der Tollense-See und die Uecker-Seen. Die tiefsten der Seen sind der Schaalsee mit 71,5 m und der Schweriner See mit 51 m Wassertiefe. Die anderen großen Seen weisen meist Tiefen um 20–30 m auf (siehe Tab. 2).

Das *Klima* Mecklenburgs und Vorpommerns ist das eines Überganges zwischen dem atlantisch geprägten Nordwestdeutschland und dem zunehmend kontinentalen Gebiet östlich der Oder: Von Nordwesten nach Südosten nehmen die Sommertemperaturen zu, die Wintertemperaturen ab. Die Jahresniederschläge erreichen ganz im Westen 650 mm, an der Linie Waren/Müritz-Greifswald 600 mm. Der Südosten ist mit Niederschlägen um 550 bis unter 500 mm am trockensten. Dies ist vor allem auf die geringen Niederschläge im Winterhalbjahr zurückzuführen (250 bis unter 200 mm).

Tabelle 2: Die wichtigsten Seen Mecklenburgs und Vorpommerns

Name	Spiegelhöhe ü. NN	max. Tiefe (m)	Fläche km^2
Rückland des Landrückens:			
Kummerower See	0,3 m	25,5 m	32,6 km^2
Malchiner See	0,6 m	10,6 m	14,4 km^2
Tollense-See	14,8 m	32,2 m	17,4 km^2
Unter-Uecker-See	17,7 m	18,3 m	11,3 km^2
Ober-Uecker-See	18,6 m	21,5 m	7,5 km^2
Seenplatte:			
Müritz	62,0 m	31,0 m	115,3 km^2
Kölpinsee	62,0 m	27,8 m	20,5 km^2
Fleesensee	62,0 m	25,5 m	11,0 km^2
Plauer See	62,0 m	23,8 m	37,8 km^2
Krakower See	47,7 m	27,5 m	16,0 km^2
Westmecklenburg:			
Schweriner See	37,8 m	51,0 m	62,9 km^2
Schaalsee	34,7 m	71,5 m	19,8 km^2

Quelle: Karbaum und Reinhard, 1962

Im Jahresgang stehen einander zwei Niederschlagstypen gegenüber. Im kontinentaler geprägten Binnenland zeigt der Juli eindeutig das Niederschlagsmaximum. Nach Westen zu und mit Annäherung an die Küste wird der August zum regenreichsten Monat. Letzteres ist auf die Verzögerung in der Erwärmung der Ostsee zurückzuführen. Der Februar ist generell der trockenste Monat, gefolgt vom März und April.

Im Detail ist der Reliefeinfluß deutlich mitbestimmend. So erhalten z. B. die Hochgebiete der Kühlung und der Hohen Burg, die Endmoränen um Neustrelitz-Feldberg und die Erhebungen auf Zentral- und Ostrügen deutlich höhere Niederschläge. Andererseits ist die relative Trockenheit des Peene- und Tollense-Gebietes auch auf die niedrige Lage im Lee hoher Endmoränen zurückzuführen. An der Küste entlang erstreckt sich eine relativ schmale Zone verringerter Niederschläge. Der thermische Einfluß der Ostsee reicht ebenfalls nicht sehr weit ins Binnenland und wirkt im Herbst und Frühling gegensätzlich. Während im Herbst das mittlere Datum des ersten Frostes im Küstengebiet um bis zu zwei Wochen hinausgezögert wird, verschiebt sich im Frühjahr, wenn die Ostsee noch kalt ist, der mittlere Beginn der Apfelblüte an der Küste um etwa denselben Zeitraum. Insgesamt hat Reinhard (1962) eine Gliederung in drei *Klimabezirke* vorgestellt: den Küstenraum, den Bezirk der kuppigen Ackerplatten und Becken sowie den von Südwest-Mecklenburg, der Seenplatte und der Uckermark. Alle drei Klimabezirke, die in großen Zügen von Westen nach Osten verlaufen, lassen sich nochmals in ozeanische Unterbezirke im Westen und zunehmend kontinentale Unterbezirke nach Osten hin unterteilen.

Die *bodengeographische Großgliederung* ist relativ einfach. Die weit verbreiteten Moränendecken ließen vorwiegend Parabraunerden und basenreiche Braunerden entstehen, die mit Pseudogleyen, Gleyen und Niedermoor vergesellschaftet sind. Diese Bodengesellschaft dominiert im Rückland des Landrückens und auf den Grundmoränenplatten zwischen Küste und Grenztal. Der Landrücken selbst zeigt einen bunten Wechsel von Parabraunerden, Braunerden, Podsolen und grundwasserbeeinflußten Böden. Die Podsole dominieren auf den Sanderflächen und Flugsanddecken Südwest-Mecklenburgs, auf den Schmelzwassersanden der Rostocker Heide und Ueckermünder Heide sowie auf den Seesandebenen, die besonders auf dem Zingst und Darß sowie auf Usedom eine weite Erstreckung haben.

Sehen wir von den grundwasserbeeinflußten Standorten der Erlenwälder und Erlen-Eschenwälder in den Niederungen ab, so kann die Gliederung in *natürliche Waldgesellschaften* nach Bochnig und Fukarek (1962) entsprechend dem Nährstoffangebot der Standorte vorgenommen werden:

1. Von der Pommerschen Endmoräne bis hinauf nach Rügen dominieren *reiche Buchenmischwälder* (Melico-Fageten, Fraxino-Fageten u. ä.) auf den Moränendecken mit Böden guter Basenversorgung. Sie sind heute weitgehend gerodet und bilden die Hauptstandorte für den Anbau von Weizen, Zuckerrüben und Raps.
2. Auf sandigen Moränenstandorten und solchen, die nur noch im Untergrund relativ gut mit Basen versorgt, im Oberboden aber bereits podsolig sind, kamen *bodensaure Buchenmischwälder* (Querco-Fageten) mit Buchen, Trauben-

Tabelle 3: Klimadaten der Station Greifswald/Ostsee
Lage 54°06′N/13°27′E   Höhe ü. NN 2 m   Klimatyp: Köppen Cfb   Troll III,3

		J	F	M	A	M	J	J	A	S	O	N	D	Jahr	Z	
1	Mittl. Temperatur	in °C	-1,0	-0,6	2,4	7,1	12,3	16,1	18,1	17,7	14,4	9,2	4,5	1,0	8,3	30	1
2	Mittl. Max. d. Temperatur	in °C	2,3	2,3	6,2	11,3	16,4	20,1	22,0	21,6	18,5	12,6	6,9	3,4	12,0	23	2
3	Mittl. Min. d. Temperatur	in °C	-2,3	-3,2	-0,6	3,2	7,5	10,9	13,2	13,0	10,0	6,0	2,2	-0,5	4,9	23	3
4	Absol. Max. d. Temperatur	in °C	11,8	15,2	21,4	25,9	30,3	33,7	33,8	32,5	30,3	22,8	15,8	13,5	33,8	30	4
5	Absol. Min. d. Temperatur	in °C	-22,8	-27,2	-18,5	-10,6	-3,2	2,5	5,0	5,2	1,2	-3,6	-8,1	-17,4	-27,2	30	5
6	Mittl. relative Feuchte	in %	87	85	82	77	74	74	77	79	80	83	89	90	81	20	6
7	Mittl. Niederschlag	in mm	40	33	30	39	45	55	69	55	59	51	36	41	553	30	7
8	Max. Niederschlag 24 h	in mm	18	22	25	27	34	39	68	52	43	31	23	20	68	30	8
9	Tage mit Niederschlag	>0,1 mm	17	15	12	14	12	13	15	14	15	15	15	16	173	23	9
10	Sonnenscheindauer	in h	50	66	136	181	268	270	252	221	181	112	51	46	1 834	30	10
11	Potentielle Verdunstung	in mm	0	0	14	39	78	106	121	104	71	40	15	4	593	40	11
12	Mittl. Windgeschw.	in m/sec.	5,8	5,5	6,0	5,8	5,3	4,9	4,4	4,4	4,6	4,9	5,1	5,8	5,3	30	12
13	Vorherrschende Windrichtung		SW	SW	W	W	NE	W	W	SW	SW	SW	SW	SW		30	13

Quelle: Müller, 1987

Z = Dauer der Meßreihe in Jahren

eichen und Birken zur Entwicklung. Auf zunehmend trockenen und sauren Standorten wächst der Anteil der Kiefer. Das Hauptverbreitungsgebiet ist der Landrücken mit der Seenplatte. Heute tragen diese Standorte vorwiegend Kiefernwälder.
3. Die sandigen, stark podsoligen oder podsolierten Böden Südwestmecklenburgs, in der Rostocker und Ueckermünder Heide sowie auf dem Darß-Zingst und auf Usedom, bilden den Standort von *Eichen-Birkenwäldern* und *Eichen-Kiefern-Birkenwäldern*, wobei die Zusammensetzung nach der Trockenheit des Standortes, nach dem Grad der Bodenversauerung und nach dem klimatischen Kontinentalitätsgrad wechselt. Auch sie sind heute weitgehend in Kiefernforsten umgewandelt. Allerdings existieren vor allem im Küstengebiet noch größere Bestände in naturnahem Zustand.
4. *Natürliche waldfreie Standorte* bilden die Dünen und Salzwiesen an der Küste sowie die in West- und Nordwest-Mecklenburg auftretenden wenigen Hochmoore.

Die heutige *Waldverbreitung* folgt den naturräumlichen Gegebenheiten. So tragen die vorwiegend nährstoffarmen Böden Südwest-Mecklenburgs und der Seenplatte zu 20–30% Wald, und in den Sandergebieten der Kreise Neustrelitz und Templin sind 45% bzw. 43% der Fläche von Wäldern bedeckt. Einen ebenso hohen Waldanteil hat sonst nur der Kreis Ueckermünde (43%). Das Rückland des Landrückens und die Grundmoränenplatten sind nur zu 10–20% bewaldet, denn hier liegt der Schwerpunkt der landwirtschaftlichen Nutzung. Die geringsten Waldanteile (um 9–10%) haben die Landkreise Grevesmühlen, Strasburg und Pasewalk.
Es fehlt an Raum, um auf die Tierwelt Mecklenburgs und Vorpommerns einzugehen, doch soll wenigstens die besondere Bedeutung der Boddengewässer und der Seenplattte für die *Vogelwelt* und den Vogelzug erwähnt werden. Sie bieten nicht nur Lebensraum für die einheimischen Stand- und Zugvögel, sondern auch wichtige Rastetappen der nordeurasischen Durchzügler und Wintergäste. Auch aus diesem Grund liegt etwa ein Drittel aller *Naturschutzgebiete* an der Ostseeküste, ein weiteres Drittel im Bereich des Landrückens.

Gerold Richter
KULTURLANDSCHAFT UND WIRTSCHAFT

Die großen Wandlungen, welche die Kultur- und Wirtschaftslandschaft Mecklenburgs und Vorpommerns seit 1945 so nachhaltig veränderten, stellen nur das vorerst neueste Kapitel einer Kulturlandschaftsentwicklung dar, die neben Zeiten der Evolution auch solche mit einschneidenden Umbrüchen erlebte.
Das erste Kapitel der Kulturlandschaftsgeschichte, das in einer Vielzahl von Ortsnamen noch heute nachklingt, schrieben die slawischen Stämme der Wenden (Abodriten, Liutizen, Ranen, Redarier usw.), die das Gebiet zwischen Oder und Elbe nach der Völkerwanderung des 4.–6. Jahrhunderts besiedelten. Die Besiedlung dürfte weder dicht noch gleichmäßig gewesen sein. In einem wohl fast siedlungsleeren Waldland mit einer Vielzahl von Mooren und Seen suchte man vorzugsweise das natürliche Milieu, welches den traditionellen Wirtschaftsformen der Wenden mit ihrer Betonung der Viehwirtschaft, Fischerei, Jagd und Bienenzucht gegenüber einer eingeschränkten und extensiv betriebenen Feldgraswirtschaft entgegenkam.
F. Mager (1955, S. 15–24) hat das wenige, das wir über die Kulturlandschaft, Besiedlungsverhältnisse und Wirtschaft der *wendischen Zeit* wissen, zusammengefaßt. Danach ist generell mit einer dichteren Besiedlung des Südens und Südwestens von Mecklenburg zu rechnen. Das Gebiet südlich der Endmoränen des Pommerschen Stadiums (des Landrückens) bot mit seinen sandigen Altmoränenflächen, mit seinen Sandern und Flugsandgebieten große Areale, die mit dem hölzernen Hakenpflug der Wenden leicht zu bearbeiten waren. Der Reichtum an Seen liegt ebenfalls hier in der Mecklenburgischen Seenplatte. Der Bezirk Neubrandenburg hat noch heute mit 708 km² Seenfläche (= 6,5% der Gesamtfläche) die weitaus größten Wasserflächen aller Bezirke der DDR.
Nördlich des Landrückens dagegen waren auf den schweren Geschiebelehmen der Grundmoränen große Flächen unbesiedelt, die Flußtäler weithin vermoort, ... „werden doch in den mecklenburgischen Urkunden des 13. Jahrhunderts außer verschiedenen großen Waldwildnissen beiläufig ,12 deserta' oder ,loca vastae solitudinis' von z. T. bedeutender Ausdehnung namhaft gemacht ..."[1].
Die wendischen Dörfer waren wohl vornehmlich kleine Zeilen- und Gassendörfer sowie Weiler, wie sie aus der Ansiedlung in Geschlechterverbänden hervorgehen. Aus dem ursprünglichen Gemeinschaftseigentum an der Dorfflur bildete sich wohl nach und nach das Grundeigentum des aus der Institution des Dorfältesten hervorgegangenen wendischen Adels heraus, so daß den freien „Kmeten" außer ihrem Hof nur das Nutzungsrecht an der Flur verblieb. Die Organisation der Verwaltung basierte auf der Gauverfassung: „Die alten Gaue dürften aus kleineren, gut zur Ansiedlung geeigneten Landschaftseinheiten entstanden sein, deren natürliche Zusammengehörigkeit durch den Lauf eines Flusses, die Nachbarschaft eines

Sees oder durch eine gute Schutzlage bedingt war"[2]. Diese Vizinalverfassung bildete den Grundbaustein für die Entwicklung der späteren Herrschaften und Stammesfürstentümer. „Jeder Gau hat offenbar einen größeren Burgwall als Verwaltungs- und Kultusmittelpunkt sowie als Zufluchtsort bei feindlichen Einfällen gehabt"[2]. Im Falle des Burgwalls auf einer Insel im Teterower See wurde die hölzerne Burg rekonstruiert (Burgwallinsel bei Teterow).

Der Ackerbau auf Getreide dürfte wohl hauptsächlich der Selbstversorgung gedient haben. „Wenn bei wendischen Dörfern noch bis tief in die deutsche Kolonialzeit hinein keine Hufen unterschieden und die einzelnen Dörfer mit Pauschalsummen oder nach der Zahl der von den Bauern verwendeten Haken zur Steuer veranlagt wurden, so beweist dies, wie Folkers mit Recht annimmt, offenbar ‚den ungeregelten, unübersichtlichen Charakter der wendischen Ackerwirtschaft, die wahrscheinlich eine Art Einfeldwirtschaft mit Umlage war'"[3].

Größeres Gewicht hatten wohl die übrigen Betriebszweige, voran die Viehhaltung. Mager erwähnt eine Urkunde des Fürsten Jaromar von Rügen, in der die deutschen Siedler von Sarntkewitz dazu ermahnt werden, die dortigen Wenden nicht zum Ackerbau anzuhalten, sondern diesen die Nutzung der Wälder und Weiden zu belassen. „Damit war hauptsächlich die Viehzucht gemeint, für die die Waldungen und die graswüchsigen feuchten Niederungen und Brücher die Grundlage boten, nicht zu vergessen auch die Gelegenheit zur Schweinemast in den Eichen- und Buchenbeständen, ferner der Fischfang in den zahlreichen fließenden und stehenden Gewässern, die Jagd und die wichtige Waldbienenzucht"[4].

Mittelpunkt der Siedlungsstruktur waren wohl in erster Linie die Burgen der Stammesfürsten, vor denen in günstiger Verkehrslage auch Handelsplätze entstanden. Auch städtische Siedlungen entwickelten sich bereits zu wendischer Zeit, wie das auf Wollin entstandene Jumne (Vineta). Die eigentlichen Wurzeln der Stadtkultur liegen jedoch in der *deutschen Ostkolonisation* und im Aufblühen des Ostseehandels, dessen Träger die Hanse wurde.

Vorangegangen war eine Entwicklung, welche das Herrschergeschlecht der Obodriten durch Lehensverträge mehr und mehr an das Herzogtum Sachsen und damit an das Reich band. Obwohl Heinrich der Löwe um 1160 die gewaltsame Eroberung des Obodriten-Gebietes versuchte, so blieb es doch noch längere Zeit bei der Herrschaft verschiedener Linien der Obodritenfürsten, die – christianisiert und mit dem deutschen Adel verschwägert – wechselnde Gebiete regierten. In der zweiten Hälfte des 12. Jahrhunderts und im 13. Jahrhundert kam es dann zu einer sich verstärkenden Belehnung deutscher Ministerialen mit Land zu dem Zwecke, dieses zu kolonisieren. Gleichzeitig begann der Zustrom von Siedlern, die von den Landesfürsten, von der Kirche und ihren Klöstern, später mehr und mehr auch von den ritterlichen Grundherren ins Land gerufen wurden.

Im deutschen Altsiedelland war das Hochmittelalter die Zeit einer Intensivierung der Landwirtschaft und eines starken Bevölkerungsanstiegs. Der entstehende Bevölkerungsdruck begünstigte die Arbeit der Lokatoren, welche im Auftrage der kirchlichen und weltlichen Grundherren Siedler anwarben.

„Die Hinneigung der wendischen Fürstenhäuser zur deutschen Kultur, der Einfluß der deutschen Kirche und der wachsende Wohlstand der deutschen ländlichen und städtischen Kolonisten, die die dünne wendische Bevölkerung zahlenmäßig bald einholten, führte schließlich im Verlaufe des 13. Jahrhunderts dazu, daß die ganze Staatsverfassung nach deutschem Recht reguliert wurde und daß das slawische Recht seine Geltung allmählich verlor"[5]. Der Weg zur deutschen Lehensverfassung war damit begangen.

Unter diesem, nach Lehensrecht vollzogenen Kolonisationswerk konnte sich jede der beteiligten Interessengruppen Vorteile ausrechnen. Die Siedler, die im Herkunftsgebiet nicht über Land verfügten oder Kätner gewesen waren, lockte die Aussicht, zum Vollbauern aufzusteigen. Die Lokatoren als Organisatoren, oft auch als Finanzierer des Besiedlungsganges, erhielten für ihre Tätigkeit steuerfreie Hufen (das Lehngut) und oft auch das Schulzenamt mit entsprechenden Rechten. Der Grundherr wertete seinen Besitz nicht nur durch die Zahl der neuen Dörfer und Siedlerstellen auf, sondern auch durch die nach Lehensrecht übernommenen Hoheitsrechte (Zehnt und Zins, Dienste und Fuhrleistungen), die nach wendischem Recht größtenteils dem Landesfürsten zugestanden hatten. Der Fürst nahm an der Wertsteigerung des Besitzes als größter Grundbesitzer selbst teil und erhielt dazu das Anrecht auf die Lehens- und Kriegsdienste der von ihm belehnten Grundbesitzer.

Die nach Mecklenburg und Vorpommern einströmenden Siedlerzüge kamen aus Friesland, Holstein, Niedersachsen und Westfalen, aus dem Rheinland, Flandern und Franken. Sie brachten die niederdeutsche Mundart und das Niedersachsenhaus mit. Engel rekonstruierte anhand der Siedlungsformen zwei Hauptwanderungsrichtungen in Mecklenburg, die Küstenwanderung (Ostholstein-Nordmecklenburg-Usedom-Wollin) und die nordsächsisch-mecklenburgische Wanderung (Lauenburg-Südmecklenburg-südliches Vorpommern). Der Schwerpunkt der Besiedlung dürfte im Bereich der schwereren Böden nördlich des Landrückens gelegen haben, die bisher nur dünn besiedelt waren. Die deutschen Siedler, ausgestattet mit einer entwickelteren Agrartechnik (Pflug, Sense, Pferd als Zugtier), mit der fortschrittlichen Rotation der Dreifelderwirtschaft und mit dem Getreidebau als Hauptbetriebsziel, suchten gerade die schwereren, fruchtbareren Böden.

Dabei darf die Zahl der Siedler ebensowenig überschätzt werden, wie die der wendischen Bevölkerung. Verschiedene, bei Mager zusammengestellte Quellen sprechen von etwa 50 000 Wenden in Mecklenburg und von einer Verdoppelung dieser Einwohnerzahl durch die Zuwanderung deutscher Siedler. Es war also genügend Platz vorhanden, schon besiedelte Gebiete oder solche, die durch Unzugänglichkeit, Vermoorung oder unfruchtbare Sanderböden zur Besiedlung ungeeignet erschienen, zu umgehen. Die Zahl der deutschen Siedler scheint nicht ausgereicht zu haben, die für die Besiedlung vorgesehenen Dörfer und Siedlerstellen in vollem Umfange zu besetzen. So gibt es eine Anzahl historischer Quellen, die von der Einbeziehung auch slawischer Bevölkerungsteile in das neue Siedlungswerk zeugen. Andererseits blieben gerade in Südwestmecklenburg, aber auch im Norden, wie auf Rügen, noch längere Zeit größere wendische Siedlungsräume erhalten.

Gegenüber den Zeilen- und Gassendörfern sowie Sackgassendörfern, die Engel als Hauptformen der slawischen Besiedlungsperiode bezeichnet, zeigten die neu entstehenden Kolonistendörfer durchwegs die Kennzeichen einer Plangründung: Hufenfluren, Streifenfluren und die Gliederung in Gewanne sowie regelmäßig angelegte Dorfformen, die immer wiederkehren. Dabei scheint sich die Mode in der Wahl der Dorfformen im Laufe der Kolonisation gewandelt zu haben, wie die Karten der Siedlungsformen bei Engel (1953) und Schröder-Schwarz (1969) deut-

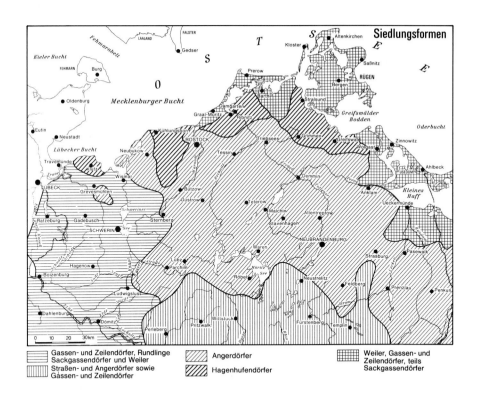

	Gassen- und Zeilendörfer, Rundlinge Sackgassendörfer und Weiler		Angerdörfer		Weiler, Gassen- und Zeilendörfer, teils Sackgassendörfer
	Straßen- und Angerdörfer sowie Gassen- und Zeilendörfer		Hagenhufendörfer		

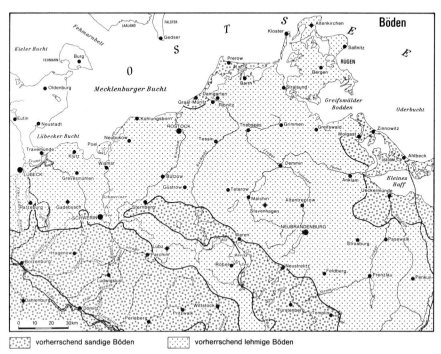

vorherrschend sandige Böden   vorherrschend lehmige Böden

lich erkennen lassen: In West- und Südwestmecklenburg dominieren wie im angrenzenden Hannoverschen Wendland kleine Rundlinge und Sackgassendörfer, während in den vor allem im 13. Jahrhundert besiedelten östlicher gelegenen Gebieten größere Angerdörfer mit Gewannfluren entstanden. Als Sonderform, die entlang der Ostseeküste bis nach Vorpommern verbreitet ist, müssen die Hagenhufendörfer bezeichnet werden. Nach Engel entstanden sie fast ausschließlich um 1220–1240 als Rodungen mit Hufenflur. Die Bauern dieser Dörfer erhielten „... wegen der Schwierigkeit der Rodung und Urbarmachung stets eine größere Zahl von Freijahren und günstigere Besitzbedingungen als in den anderen Neudörfern zugebilligt"[6].

Als Vorreiter der landwirtschaftlichen Erschließung, der Melioration und Kulturtechnik gelten die Zisterzienser-Klöster und die Klöster verwandter Orden, die in rascher Folge vor und nach 1200 gegründet wurden, bald zu wirtschaftlicher Bedeutung gelangten und die Kolonisation mitgestalteten: Doberan bei Rostock (1171), Dargun bei Demmin (1172), Verchen am Kummerower See (1191), Bergen auf Rügen (1193), Eldena bei Greifswald (1199), Neukloster bei Wismar (1219), Dobbertin südlich Güstrow (1227) und Neuenkamp (Franzburg, südwestlich von Stralsund 1231). Fast alle diese Gründungen liegen im Schwerpunktgebiet der Kolonisation nördlich des Landrückens.

Etwa zwei Drittel aller mecklenburgischen und vorpommerschen *Städte* der Jetztzeit führen ihren Ursprung auf das 13. Jahrhundert, das Jahrhundert der Städtegründungen zurück. Viele von ihnen blieben unbedeutende Ackerbürgerstädte. Nur die Städte, welche in den aufblühenden Fernhandel auf der Ostsee oder zur Ostsee hin einbezogen wurden, gelangten zu überregionaler Bedeutung und wirtschaftlicher Blüte.

Die erste deutsche Stadt im Kolonisationsgebiet war Schwerin, gegründet 1160 durch Heinrich den Löwen als Burg und Bischofssitz auf einer älteren Burganlage der Obodriten. Weitere Stadtgründungen überzogen das Kolonisationsgebiet bald mit einem Netz zentraler Orte.

Es waren unterschiedliche Wurzeln, aus denen die Städte in Mecklenburg und Vorpommern entstanden. Das Gros der Städtegründungen jener Zeit erfolgte durch die Territorialherren, oft in Anlehnung an eine Burg, an einer Handelsstraße, an einem Flußübergang gelegen. Bei ihrer Entstehung bediente sich die Territorialherrschaft teils der Mitwirkung von Lokatoren, welche den Zuzug der Stadtbevölkerung organisierten. Gedacht waren diese Städte als Sitz von Handwerk und Handel, später auch mehr und mehr als Verwaltungszentren, kurz als zentrale Orte des gleichzeitig aufzusiedelnden bäuerlichen Umlandes. Daß sie das Ziel einer zentralörtlichen Bedeutung oft nicht erreichten und kleine Ackerbürgerstädte mit einer gewissen Handwerksbevölkerung blieben, liegt einerseits an der Wirtschaftsstruktur ihres Umlandes, andererseits aber daran, daß das Binnenland im verkehrsarmen Winkel zwischen den sich herausbildenden Fernhandelswegen verblieb.

Abb. 1: Ländliche Siedlungsformen in Mecklenburg und Vorpommern im Vergleich mit der Verbreitung vorwiegend sandiger oder lehmiger Böden
Quellen: Siedlungsformenkarte n. Engel 1953, für Rügen ergänzt n. Lenz 1958; Bodenkarte n. Liedtke 1981, stark vereinfacht

Die sich im 12. und 13. Jahrhundert herausbildenden Fernhandelswege konzentrierten sich entlang der Ostsee. Hier verlief der Fernhandel zwischen dem hochentwickelten Westen, dem Niederrhein, Flandern und später England, und dem Rohstofflieferanten Osteuropa. Er überkreuzte sich mit den Fernhandelswegen, die vom Mittelmeerraum über Süd- und Mitteldeutschland nach Skandinavien führten. Im Mittelpunkt dieses Verkehrskreuzes entstand 1158 Lübeck am Nordende der „Salzstraße".

Vorangegangen war eine Umstrukturierung des Fernhandels. Der Händler des 13. und 14. Jahrhunderts war nicht mehr der vergangener Jahrhunderte, welcher noch selbst auf weiten Reisen die Waren begleitete, handelte und tauschte, also Wanderhandel betrieb. Nun entwickelte sich ein Fernhandel, der sich der Schrift bediente und wesentlich vom heimischen Kontor aus abzuwickeln war. Die Einführung des schriftlichen Rechnungswesens und der Kommissionshandel gehörten zu seinen Grundlagen. Ein solcher Handel mußte sich auf feste Handelsplätze und ein organisiertes Rechtswesen stützen, also auf Handelsstädte mit einem auf den Schutz des Handels ausgerichteten Stadtrecht. So entstand der Städtebund der Hanse als Nachfolger der gotländischen Genossenschaft, als besser organisierter Träger dieses Fernhandels, schließlich auch als politische Macht, deren Mitglieder gegenüber den jeweiligen Territorialherren relativ unabhängig waren oder sogar, wie Lübeck, den Status der freien Reichsstadt erlangten.

Die Gründung dieses Netzes von Handelsstädten erfolgte nicht spontan, sondern im Zusammenwirken von Unternehmerkonsortien aus den Handelsstädten des Westens mit dem jeweiligen Territorialherrn: „Wagendes Unternehmertum aus den altdeutschen Städten, aus Köln und Soest, Dortmund und Münster, aber auch aus Bardowiek, dem ältesten Handelsplatz des Niederelbegebietes, übernimmt das Risiko einer städtischen Gründung großen Stiles..."[7].

So entstand, ausgehend von dem 1158 gegründeten Lübeck, auch an der mecklenburgischen und vorpommerschen Küste eine Reihe von Handelsstädten, teils in Anlehnung an Burgwallanlagen und ältere Handelsplätze, teils ohne diese Vorläufer. Sie alle erhielten mit ihrer Gründung oder bald danach das Lübische Stadtrecht als Grundlage und Ausdruck ihrer Fernhandelsfunktion: Rostock 1218, Wismar 1229, Stralsund 1234, Stettin 1243, Greifswald 1250, Barth 1255, Ueckermünde 1276, Wolgast 1282 und Anklam 1292. Auch bei den Stadtgründungen des Binnenlandes dominierte das Lübische Recht. Eine Ausnahme bildet der Südosten Mecklenburgs, wo das Magdeburger Stadtrecht herrscht. Stockfisch aus Norwegen, Heringe von Schonen, Eisen und Kupfer aus Schweden, Pelze aus Rußland, Bernstein von der Ostseeküste, Salz aus Lüneburg, Getreide und Mehl aus dem Binnenland wie Tuche aus Flandern und England waren die wichtigsten Handelswaren. Die Städte, besonders Rostock, Wismar, Stralsund und Greifswald wurden wohlhabend. Rostock, Stralsund und Wismar erweiterten bereits wenige Jahrzehnte nach ihrer Gründung die Stadtanlage, und Rostock wurde zum Vorort des „Wendischen Kontors" der Hanse.

Als Plangründungen sind alle diese Städte innerhalb des rechteckigen bis ovalen Stadtgrundrisses mit mehr oder weniger regelmäßigen Schachbrettsystemen der Baublöcke ausgestattet. Große rechteckige Märkte, repräsentative Rathäuser und hohe Backsteinkirchen zeugen vom Wohlstand ebenso wie die Türme und Tore der Stadtbefestigungen oder die Bürgerhäuser in Backsteingotik und Renaissance.

Das ausgehende Mittelalter (14. und 15. Jahrhundert) war für Mitteleuropa eine Zeit sozial- und wirtschaftsgeschichtlicher Wandlungen. Zwischen 1350 und 1386 kam es zu wiederholten, verheerenden Pestepidemien, denen wohl ein Drittel der Bevölkerung erlag. Weitere Gründe, wie die hohe Sterblichkeitsrate in den Städten, trugen mit dazu bei, die Bevölkerung zu reduzieren. Sinkende Bevölkerungszahlen und fallende Preise für Agrarprodukte führten zur spätmittelalterlichen Wüstungsperiode, die sich vor allem auf den Grenzertragsböden der Mittelgebirge auswirkte.

Im Norddeutschen Kolonisationsraum, auch in Mecklenburg und Vorpommern, dürfte sich der Wüstungsprozeß nicht so kraß ausgewirkt haben. Lenz kommt zu dem Ergebnis ... „daß der mittelalterliche Wüstungsprozeß auf Rügen mit nur 58 ermittelten totalen Ortswüstungen (19,3% von der Gesamtzahl) und einem Wüstungsquotienten von 9,2% relativ unbedeutend ist"[8].

Hier im Kolonisationsraum war eine andere Entwicklung als Folge der Agrar- und Bevölkerungskrise des 14./15. Jahrhunderts wichtiger: die *Herausbildung der Gutsherrschaft*, die schließlich zur Gutswirtschaft führte. Es gibt eine Reihe von Gründen für diese Entwicklung, wie

– das Ausbleiben des weiteren Zustromes von Siedlern aus dem entvölkerten Altsiedelland
– die relativ schwache Stellung des Städtewesens in Ostelbien
– die wachsende politische Macht der Stände, vor allem der Ritterschaft, gegenüber den Landesherren
– das aus der wirtschaftlichen Situation geborene Interesse der Grundherren, den Bauern und seine Arbeitskraft im Dorf zu halten, aber gleichzeitig die ritterschaftliche Landwirtschaft zu vergrößern.

Die Handhabe hierzu erwuchs aus den Hoheitsrechten, welche die Grundherren nach dem Lehensrecht während der Zeit der Ostkolonisation dereinst unter ganz anderen wirtschaftlichen und rechtlichen Voraussetzungen vom Landesherrn erhalten hatten (s.o.). Nun war die Versuchung groß, jene ererbten Rechtstitel und die steigende politische Macht des Ritterstandes zum eigenen Vorteil gegenüber den nachgeordneten Bauern einzusetzen. Hinzu kommt, daß sich die Landesherren zur Linderung ihrer fast permanenten geldlichen Nöte mehr und mehr weiterer Rechte durch Verpfändung und Verkauf begaben, vor allem der Bede (Grundsteuer) und der Gerichtsbarkeit. Gerade der Aufstieg des Grundherren zum Gerichtsherren machte die Bauern zu Gutsuntertanen. Der Weg war nun nicht mehr weit, die ehemaligen Burg- und Brückendienste in Hof- und Pflugdienste umzuwandeln, den Bauern hiermit und durch das Abforderungsrecht (Auslieferung geflüchteter Bauern) an die Gutsherrschaft zu binden, seine Wirtschaft zu verlegen oder sie zu kassieren, zu „legen".

Dieser Prozeß des Fortschreitens von der Gutsherrschaft zur Gutswirtschaft begann in Mecklenburg und Vorpommern im 16. Jahrhundert. Mit der vorangehenden Steigerung der Getreide- und Wollpreise bei gleichzeitiger Geldentwertung mußte es viel lohnender erscheinen, an die Stelle der an Wert verlierenden Abgaben der Bauern die landwirtschaftliche Eigenproduktion unter Nutzung bäuerlicher Dienstleistungen treten zu lassen.

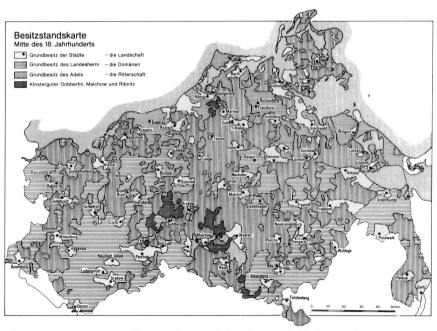

Abb. 2: Grundherrschaft um die Mitte des 18. Jahrhunderts in Mecklenburg und Vorpommern
Quelle: Mager 1955, Karte im Anhang

Für die Vergrößerung der Eigenwirtschaft des Gutsherren gab es verschiedene Möglichkeiten: die Einziehung freiwerdender oder wüst liegender Hufen, die Umsetzung von Bauern in andere Flurteile oder Dörfer, die Einbeziehung von Waldrodungen oder Allmendflächen in die Eigenwirtschaft, später auch die wirtschaftliche Ruinierung der Bauern durch Erhöhung der Dienstleistungen und Abgaben. Die Ackerflächen der ritterlichen Eigenwirtschaft, die sich bisher mit denen der Bauern in Gemengelage befanden und dem Flurzwang unterworfen waren, wurden dabei Zug um Zug herausgelöst und miteinander zur Gutsflur vereinigt. Aus der Gutsherrschaft wurde die Gutswirtschaft geboren.

Der Dreißigjährige Krieg brachte eine tiefgreifende Zäsur in der Bevölkerungs- und Siedlungsentwicklung. Mecklenburg und Vorpommern wurden außerordentlich stark in Mitleidenschaft gezogen. Nach den bei Mager (1955, S. 135/136) wiedergegebenen Schätzungen verschiedener Autoren ging die Einwohnerzahl Mecklenburgs von ca. 200000 auf 40000–50000 zurück, also auf 20–25%. Besonders groß waren die Verluste auf dem Lande, wo wohl nur noch jede zehnte Bauernstelle besetzt war. „Der Dreißigjährige Krieg wurde ... zur Katastrophe für das Bauerntum. In weiten Teilen des Landes war dasselbe größtenteils vernichtet und sein Rest wirtschaftlich derartig geschwächt, daß es nunmehr, ohne noch wesentliche Widerstandskraft zeigen zu können, der Grundherrschaft völlig hörig wurde"[9].

Die Nachkriegskolonisation brachte zwar wieder Siedler ins Land, doch war deren wirtschaftliche und rechtliche Stellung nicht mehr die der früheren Bauern, und sie waren nicht so zahlreich. Auch kam es durch Verarmung der einen Gutsbesit-

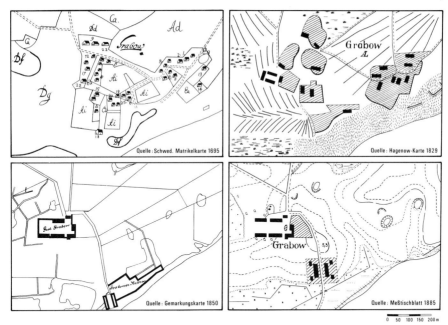

Abb. 3: Die Wandlung des Dorfes Grabow, Kirchspiel Zudar, Insel Rügen, vom Bauerndorf zur Gutssiedlung in alten Karten
Quelle: Lenz 1958, Karte 19–22

zer, durch Kriegsgewinne bei anderen zur Besitzkonzentration: „War bis dahin der mecklenburgische Gutsbesitz in starkem Maße Streubesitz gewesen, hatte das einzelne Dorf vielfach verschiedenen Herren gehört, so kauften die neuen Besitzer die Anteile der Dörfer zusammen. Ja, sie begnügten sich nicht mit einem Dorf, sondern erwarben mehrere nebeneinander liegende Dörfer. Es entstanden die sogenannten Grafschaften oder Begüterungen"[10].

Man besetzte also von den wüsten Bauernstellen des Krieges nur so viele neu, wie man für die Hand- und Spanndienste des Gutes benötigte. Die Einführung einer neuen Betriebsform, der holsteinischen Koppelwirtschaft, half im 18. Jahrhundert mit, die Zahl der benötigten Bauern weiter zu verringern. Bei dieser Koppelwirtschaft wird die Gutsflur in Schläge geteilt, die abwechselnd als Ackerland und Weide genutzt werden. Dabei wird die Ackerfläche gegenüber der bisherigen Drei- bis Fünffelderwirtschaft erheblich reduziert, entsprechend auch der Umfang an notwendigen bäuerlichen Diensten.

Die Auswirkung auf das Siedlungsbild konnte nicht ausbleiben. So stellt Lenz fest: „Vom Beginn des Dreißigjährigen Krieges bis etwa 1700 erfolgte auf Rügen eine erste stärkere Umgestaltung des bis dahin noch im wesentlichen intakten Siedlungsbildes aus der zweiten Hälfte des 16. Jahrhunderts"[11]. Etwa 25–40% der Hofstellen gingen verloren, und entsprechend stieg die Zahl der partiellen Ortswüstungen an.

„Bei den partiellen Ortswüstungen lassen sich grundsätzlich zwei Typen unterscheiden ... Aus einem ursprünglichen Bauerndorf wird durch Legung eine Einliegersiedlung; die Feldmark ist einem benachbarten Gut einverleibt, die Bewohner müssen dorthin Dienste leisten. Nach und nach werden die oftmals baufälligen Gebäude abgebrochen und die dort wohnenden Familien umgesiedelt. Typ zwei wird durch die Errichtung eines Gutes innerhalb der Dorfgemarkung gekennzeichnet. Entweder wird ein schon bestehender Hof im Ort erweitert ... oder man legt das Gut an einem abseits liegenden Platz an ... Die Bauernhöfe der Siedlung verschwinden vollständig oder werden zum Teil Einliegerkaten"[12].

Da die Hauptphase des *Bauernlegens* und der entsprechenden Umwandlung von Bauerndörfern in Gutssiedlungen in die Zeit des 18. und 19. Jahrhunderts fällt (besonders 1780–1880), kann dieser Prozeß auch durch kartographische Quellen von der schwedischen Matrikelkarte von 1695 bis zum Urmeßtischblatt von 1885 belegt werden. Lenz hat eine Reihe von Beispielen gebracht, von denen hier das Dorf Grabow auf Rügen ausgesucht sei (siehe Abb. 3). Die Zahl der Ortswüstungen erreichte nun ihr Maximum: Von 1780 bis 1880 entstanden nach Lenz 144 totale und 45 partielle Ortswüstungen auf Rügen. Von den rund 21 000 auf dem Lande lebenden Einwohnern der Insel waren um 1780 etwa 15 000 Leibeigene, und den etwa 200 Dörfern, von denen viele reine Einliegersiedlungen waren, standen etwa 300 Gutssiedlungen gegenüber (Grümbke 1805, 1819 n. Mager, S. 181, S. 324).

Auch die Landesherren trieben auf ihrem Domanium (Besitz) eine wechselnde, oftmals zwiespältige Bauernpolitik. Im Ganzen aber blieb hier die bäuerliche Siedlungsstruktur erhalten, wie Mager betont. Die Zahl der Stellen wuchs durch ein Programm der Büdneransiedlung seit 1753 wieder. Gegenüber den Ständen aber konnten sich die Landesherren nicht durchsetzen. Vor allem auf dem Besitz der Ritterschaft ging das Bauernlegen verstärkt weiter, wie E. M. Arndt (1803, 1817) von Vorpommern als Augenzeuge berichtete, wie es die Karte der Besitzverteilung von 1780 und der Verbreitung von Wüstungen auf Rügen bei Lenz (siehe Abb. 4) eindrucksvoll darlegt. Auch die in Vorpommern 1806 ausgerufene, in Mecklenburg durch die Stände bis 1820 verzögerte Entlassung der Bauern aus der Leibeigenschaft brachte nicht ein Verbot des Bauernlegens, stand doch auch dem Gutsbesitzer aufgrund des Befreiungsgesetzes ein Kündigungsrecht zu. Vielfach hatte der Bauer also lediglich die Freiheit erlangt, zu gehen.

In dem seit 1720 preußischen Teil von Vorpommern (südlich der Peene) wurde die Erbuntertänigkeit durch Geldzahlung oder Landabtretung abgegolten, wodurch sich der Gutsbesitz noch wesentlich vergrößerte. In dem bis 1815 schwedischen Teil von Vorpommern und auf Rügen dagegen wurde die preußische Agrargesetzgebung erst 1892 gültig. Hier ging das Bauernlegen unvermindert weiter. So kann Lenz anhand eines Vergleiches der Steuerregister aus der Zeit um 1570 mit der Agrarstatistik von 1895 für Rügen als Ergebnis die völlige Verwandlung der landwirtschaftlichen Besitzstruktur in nur drei Jahrhunderten konstatieren (siehe Tab. 1). Rund 6200 Klein- und Kleinstbetriebe bewirtschafteten 1895 nur 7,3%, rund 500 Bauernbetriebe von 10–100 ha rund 20% und die Güter >100 ha den Anteil von 72,6% der landwirtschaftlichen Nutzfläche. Nimmt man zum Vergleich die größeren Verwaltungseinheiten, so bewirtschafteten 1907 die Betriebe mit >100 ha in Pommern 51,1%, in Mecklenburg-Schwerin 59,7% und in Mecklenburg-Strelitz 60% der landwirtschaftlichen Nutzfläche gegenüber 22,2% im Durchschnitt des Deutschen Reiches.

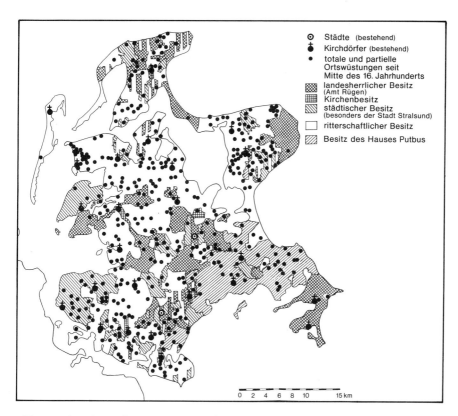

Abb. 4: Totale und partielle Ortswüstungen auf Rügen seit dem 16. Jahrhundert und Grundherrschaft 1780
Quelle: Lenz 1958, Karte 40

Tabelle 1: Zahl der Betriebe nach Größenklassen um 1570 und 1895 auf Rügen

Zahl der Betriebe	um 1570	1895	absolute Veränderung
unter 10 ha	1 199	6 249	+ 5 050
10 – 20 ha	554	213	– 341
20 – 100 ha	1 121	316	– 805
100 – 200 ha	1	57	+ 56
200 – 500 ha	—	121	+ 121
>500 ha	—	12	+ 12

Quelle: Lenz 1958, S. 71

Diese Dominanz des Großgrundbesitzes konnte nach Erlangung der Freizügigkeit im 19. Jahrhundert nicht ohne Einfluß auf die Bevölkerungsdichte und *Bevölkerungsentwicklung* bleiben. Nach dem bei Mager (S. 390–392, 417–425) zusammengetragenen Zahlenmaterial betrug die Einwohnerzahl Mecklenburgs um 1820 ca. 460000 Einwohner, um 1900 ca. 710000 Einwohner. Aus der Differenz zwischen Geburtenüberschuß und Bevölkerungszunahme ist für die Zeit von 1820 bis 1890 mit einem Wanderungsverlust von ca. 260000 Menschen zu rechnen, der die Bevölkerungszunahme überstieg. Lagen die Hauptziele der Wanderbewegung in der ersten Hälfte des vorigen Jahrhunderts noch in Amerika, so wurden es seit dem Einsetzen der Industrialisierung die deutschen Großstädte und Industriegebiete, vor allem Hamburg. Um 1900 lebte etwa ein Drittel der gebürtigen Mecklenburger außerhalb der heimischen Territorien.

Tabelle 2: Entwicklung der Bevölkerung Mecklenburgs 1816–1938

Jahr	Einwohnerzahl in Tausend	mittlere jährliche Zunahme der Bevölkerung in Tausend	mittlere jährliche Zunahme in %
1816	380	–	–
1831	538	10,5	2,8%
1852	642	5,0	0,9%
1871	655	0,7	0,1%
1890	676	1,1	0,2%
1910	746	3,5	0,5%
1919	764	2,0	0,3%
1933	805	2,9	0,4%

Quelle: Staatshandbuch für Mecklenburg 1939, T.3, S. 6

Die Tab. 2 zeigt deutlich die Abnahme der mittleren jährlichen Wachstumsrate der Bevölkerung seit der Bauernbefreiung, wobei zwischen 1852 und 1871 fast eine Stagnation eintritt. In der Zeit des Kaiserreiches wird die Zunahme wieder etwas größer, aber der Erste Weltkrieg, Inflation und Wirtschaftskrise dämpfen diese Entwicklung. Insgesamt liegt die mittlere jährliche Zunahme seit 1850 mit meist weniger als 0,5% recht niedrig, ein Ausdruck der bis in dieses Jahrhundert anhaltenden Abwanderungstendenz.

Innerhalb Mecklenburgs wie in Vorpommern läßt sich das Bild der Bevölkerungsentwicklung weiter differenzieren. Während die zum Domanium gehörenden Gebiete aufgrund der Aufsiedlungspolitik und der Büdner- und Häusler-Kolonisation des 19. Jahrhunderts trotz Abwanderung einen langsamen Anstieg der Bevölkerung und eine Bevölkerungsdichte um 35 Ew./km² zu verzeichnen hatten, gingen Bevölkerungszahl und -dichte in den Gebieten der Ritterschaft weiter zurück: „Während Ritterschaft und Domanium um 1800 ungefähr gleich dicht bevölkert waren, zählte das letztere 1905 ... etwa 62000 Einwohner mehr als ein Jahrhundert zuvor, wogegen die Ritterschaft ... 1905 kaum noch die Bevölkerungszahl von 1800 aufzuweisen hatte. In ganz Deutschland gab es keine Gegend, die so dünn wie das überaus fruchtbare ritterschaftliche Gebiet bevölkert war, blieb dieses doch mit der Volksdichte 21 immer noch hinter dem sonst am dünnsten bevölkerten deutschen Kreis (Isenhagen in der Lüneburger Heide mit 22) zurück"[13]. Für Vorpommerns Regierungsbezirk Stralsund ergibt die aufgegliederte Statistik der Bevölkerungsentwicklung für 1871–1905 eine ganz ähnliche Entwicklung (s. Tab. 3). Der Großgrundbesitz umfaßte also um 1900 fast 80% der Fläche des Regierungsbezirkes, aber nur etwa 30% der Einwohnerschaft.

Tabelle 3: Entwicklung der Bevölkerung im Regierungsbezirk Stralsund 1871–1905

		Fläche	1871	1885	1895	1905
Bevölkerungszahl im Regierungsbezirk gesamt		4 011 km²	208 000	210 000	214 000	220 000
Prozentualer Anteil der Bevölkerung			100%	100%	100%	100%
Bevölkerungsdichte			51	52	54	55
Bev. der Städte	Prozentualer Anteil	198 km²	39%	42%	44%	44%
	Bevölkerungsdichte		412	444	473	493
Bev. der ländlichen Siedlungen	Prozentualer Anteil	3 813 km²	61%	58%	56%	56%
	Bevölkerungsdichte		33	32	32	32
Bev. der Landgemeinden	Prozentualer Anteil	644 km²	28%	28%	28%	26%
	Bevölkerungsdichte		90	90	92	89
Bev. der Gutsbezirke	Prozentualer Anteil	3 169 km²	33%	30%	28%	30%
	Bevölkerungsdichte		21	20	19	21

Bevölkerung der Landgemeinden und Bevölkerung der Gutsbezirke = Bevölkerung der ländlichen Siedlungen

Quelle: Mager 1955, S. 425

Durch die gesamte wirtschaftsgeschichtliche Entwicklung und bis in die neueste Zeit ist die Landwirtschaft, ihre Produktion, Verarbeitung und Vermarktung der landwirtschaftlichen Produkte die eigentliche Wirtschaftsgrundlage von Mecklenburg und Vorpommern gewesen und geblieben. Die Kornkammer Ostelbien lieferte seit der Zeit der Hanse ihr Getreide nach Nord- und Westeuropa. Die Blüte der Hanse war nun längst erloschen, andere Seenationen beherrschten den Fernhandel auch in der Ostsee, aber über die Seestädte floß noch immer ein Getreide-Export, der sich mit der Entwicklung der Gutswirtschaft und mit der steigenden Produktivität der Landwirtschaft bei nur gering wachsender Bevölkerung im 19. Jahrhundert rasch steigerte. Die Ablösung der Koppelwirtschaft durch die mecklenburgische Schlagwirtschaft mit Fruchtfolge, besseres Saatgut und wachsender Einsatz von Düngung und Melioration trugen dazu bei, daß sich die Getreideausfuhr Mecklenburgs von 100 000–120 000 t um 1800 bis 1930 auf 300 000–350 000 t steigerte.

Statistisch läßt sich die *landwirtschaftliche Bodennutzung* erst etwa ab 1880 sicher fassen. Man kann jedoch davon ausgehen, daß der Trend zur Ausweitung der Ackerfläche bis um 1850 bestand. Mit zunehmender Intensivierung der Landwirtschaft ging dann die Ackerfläche zurück und überließ die minder geeigneten Standorte der Grünland- und Waldnutzung (siehe Tab. 4).

Innerhalb der Nutzung der Ackerfläche kommt die Intensivierung der Landwirtschaft im Rückgang von Ackerweide und Brache wie im Wachsen der Hackfruchtfläche ohne Verringerung der Getreidebaufläche zum Ausdruck (siehe Tab. 5). Die Relationen der Feldfrüchte zueinander bleiben auch bis in die jüngste Zeit etwa gleich. Allerdings scheint die Einführung des Grün- und Silomaises vor allem auf

Tabelle 4: Bodennutzung 1878–1938 in Prozent der Gesamtfläche

Nutzung als	Mecklenburg-Schwerin			Neuvorpommern und Rügen			Zum Vergleich: Nordbezirke der DDR 1985
	1878	1913	1938	1878	1913	1937	
Ackerland	58%	57%	50%	65%	63%	58%	48%
Wiesen	8%	9%	8%	11%	10%	8%	6%
Weiden	5%	5%	8%	5%	6%	9%	7%
Wald	17%	19%	21%	14%	16%	16%	22%

Quellen: Mager 1955, S. 484/486 und Stat. Jahrbuch der DDR 1986

Kosten der Getreidefläche gegangen zu sein, ein Zeichen wachsender tierischer Produktion.

Das Wachstum der Industriegebiete und Großstädte wie der Export nach England machten die Rinderhaltung in der zweiten Hälfte des 19. Jahrhunderts immer attraktiver. Der Gesamtrinderbestand, der für Mecklenburg 1803 auf 276 000 Stück geschätzt wurde, vergrößerte sich bis 1873 nur auf 315 000, bis 1913 auf 421 000 und bis 1937 auf 511 000 Stück, davon 266 000 Milchkühe. Die Schweinehaltung stieg vor allem mit der Ausdehnung des Hackfruchtbaus von 223 000 Stück im Jahre 1873 über 596 000 (1913) auf 843 000 Stück 1938. Insgesamt hat sich die Viehhaltung, die um 1800 in Mecklenburg der Getreideproduktion deutlich nachgeordnet war, aufgrund des laufend erweiterten Absatzmarktes zum zweiten wichtigen Betriebszweig der Landwirtschaft entwickelt.

Zum wichtigsten inländischen Abnehmer für die Agrarprodukte Mecklenburgs entwickelte sich Berlin. Um 1930 erhielt die nahe Großstadt 91% der mecklenburgischen Ausfuhren an Frischfleisch, 78% derer an Milch, 67% derer an Schweinen, 57% derer an Rindern und um 45% derer an Kälbern, Mehl, Obst und Gemüse (Büchner 1936, S. 86). In der Rangfolge weiterer Absatzmärkte folgten Leipzig und Hamburg. Der Hauptteil der Getreideüberschüsse ging nach wie vor ins Ausland. Die Saldierung zwischen Güterempfang und Güterversand gibt uns einen Überblick über Güterarten und Umfang der in Mecklenburg um 1930 erzielten Überschüsse (siehe Tab. 6).

Keine Statistik kann die hervorragende Bedeutung der Landwirtschaft, gleichzeitig die erschreckende Monostruktur der mecklenburgischen *Wirtschaft* klarer belegen als der Prozentsatz der in der Landwirtschaft Erwerbstätigen und ihrer mithelfenden Angehörigen. Beziehen wir ihre Zahl auf die Gesamtbevölkerung von Mecklenburg-Schwerin bzw. von Mecklenburg, so gehörten zur landwirtschaftlichen Bevölkerung (einschließlich Forstwirtschaft und Fischerei)

```
1882  – 52,9 %
1895  – 48,7 %
1907  – 45,0 %     aller Einwohner
1925  – 40,4 %
1933  – 38,2 %
```

Tabelle 5: Ackernutzung in Mecklenburg 1878–1985 in Tausend ha und Prozent

Feldfrucht	1878		1913		1937		Zum Vergleich: Nordbezirke der DDR 1985	
	1000 ha	%	1000 ha	%	1000 ha	%	1000 ha	%
Getreide	402	45	479	55	474	60	685	54
Kartoffeln	44	5	76	9	91	12	117	9
Zuckerrüben	1	1	22	3	19	2	58	5
Futterrüben	3		21	2	43	6	21	2
Hülsenfrüchte	92	10	49	6	40	5	n.n.	
Raps, Ölfrüchte	15	2	6	1	7	1	90	7
Futterpflanzen	109	12	104	12	80	10	148	12
Ackerweide	116	13	45	5	17	2	–	
Brache	104	12	63	7	17	2	–	
Grün- u. Silomais							82	6
sonstige							74	6
gesamt	886	100	865	100	788	100	1275	

Da es sich nicht um dieselbe Fläche handelt, sollten für 1985 nur die Prozentwerte zum Vergleich herangezogen werden.
Quellen: Mager 1955, S. 440 und Stat. Jahrbuch der DDR 1986

Tabelle 6: Saldierung zwischen Empfang und Versand von Gütern in Mecklenburg-Schwerin (Durchschnitt von 1929 und 1930)

Güterart	Mehrempfang (1000 t)	Mehrversand (1000 t)
Getreide (Weizen, Roggen, Hafer, Gerste)	–	280
Mehl	–	40
Kartoffeln	–	143
Rohzucker, Raffinadezucker	–	34
Obst, Gemüse	–	2
Milch	–	41
Frischfleisch, Fleischwaren	–	16
Fische	–	–
Schweine	–	204 000 Stück
Kälber	–	61 000 Stück
Rinder	16 000 Stück	–
Bauholz	–	45
Grubenholz, Eisenbahnschwellen	–	99
Brennholz	–	23
Steinkohle	539	–
Braunkohle	377	–
Natursteine	250	–
Industriesteine (Ziegel etc.)	–	1

Quelle: Büchner 1936, S. 95

Tabelle 7: Berufstätige in den Wirtschaftszweigen Mecklenburgs 1933 und in den drei Nordbezirken der DDR 1985 (in Tausend und Prozent)

Wirtschaftszweig	Mecklenburg 1933		Nordbezirke der DDR 1985	
	absolut	in Prozent d. Berufstätigen	absolut	in Prozent d. Berufstätigen
Wohnbevölkerung	805		2114	
Berufstätige	353		1060	
in Land- u. Forstwirtschaft	181	51%	213	20%
in Industrie u. Handwerk	68	19%	351	33%
in Handel und Verkehr	55	16%	218	21%
in öffentl. und priv. Dienstleistungen	49	14%	274	26%

Da es sich nicht um dieselbe Fläche handelt, sollten nur die Prozentwerte zum Vergleich herangezogen werden.
Quelle: Staatshandbuch für Mecklenburg 1939 und Stat. Jahrbuch der DDR 1986

Auf die Bevölkerung der einzelnen Landkreise bezogen, lebten 1933 zwischen 42,1% der Einwohner im Kreise Ludwigslust und 65,6% im Landkreis Schwerin von der Landwirtschaft. Zählen wir nur die hauptberuflichen Erwerbspersonen und beziehen sie auf die Gesamtzahl der erwerbstätigen Bevölkerung, so ergibt sich für Mecklenburg 1933 ein noch krasseres Überwiegen der Landwirtschaft über die anderen Wirtschaftszweige im Landesdurchschnitt (siehe Tab. 7).
Wir sehen zwar, daß die Zahl der in der Landwirtschaft Beschäftigten nach 1945 weiter stark abgenommen hat, während Industrie und Handwerk die Spitzenposition übernommen haben. Dennoch liegt auch 1977 die Zahl der in der Landwirtschaft Tätigen der drei Nordbezirke mit 20% noch fast doppelt so hoch wie im Durchschnitt der DDR (11 %).
Fragen wir nach den Gründen dieser langen, bis in unser Jahrhundert hinein währenden wirtschaftlichen Beharrung, deren Auswirkungen noch heute spürbar sind, so lassen sich eine Reihe von Gründen anführen. Teils wurden sie hier bereits erörtert.
Beginnen wir mit der *territorialen Entwicklung* und der Machtstellung des Staatswesens. Das 1348 geschaffene Herzogtum Mecklenburg zerfiel 1621 wieder in die Herzogtümer Mecklenburg-Schwerin und Mecklenburg-Güstrow. Der Dreißigjährige Krieg führte zur Zerschlagung Pommerns. Vorpommern wurde schwedisch, damit auch die Odermündung und die Häfen bis Damgarten. 1701 wurde Mecklenburg-Güstrow teils zu Mecklenburg-Schwerin geschlagen, teils zum neugegründeten Kleinstaat Mecklenburg-Strelitz, dessen hinterwäldlerische Verhältnisse Fritz Reuter später in seinem Werk „Dörchläuchting" so treffend geschildert hat. 1720 kam „Altvorpommern" südlich der Peene zu Preußen, „Neuvorpommern" mit Stralsund und Rügen folgte erst 1815. Wismar war von 1648 bis 1803 ebenfalls schwedisch. 1934 wurden dann beide Mecklenburgs vereinigt, und 1945 kamen Teile von Vorpommern als Rest von Pommern hinzu. 1952 erfolgte schließlich die Gliederung in die drei Bezirke Rostock, Schwerin und Neubrandenburg.

Wichtig für die Wirtschaftentwicklung war daran vor allem, daß die wichtigsten *Handelswege* im Westen und Osten an den Territorien von Mecklenburg und Vorpommern vorbeiführten, daß für Mecklenburg auch der Zugang zur Küste großenteils blockiert wurde.

Wichtiger war, daß der Landesherr die politische Macht bis 1918 mit den Ständen zu teilen hatte, d. h. mit der Ritterschaft, den Städten und der Kirche. In ihrer Eigenschaft als Grundbesitzer übten sie obrigkeitliche Funktionen aus, repräsentierten sie die Bewohner ihres Herrschaftsbereiches, schmälerten sie die Zentralgewalt des Staates. Dies führte zur Gutswirtschaft und zur Entvölkerung des Landes, über die bereits berichtet wurde. Die relative Stagnation der Bevölkerungsentwicklung aber wurde zum hauptsächlichen Hemmnis für die wirtschaftliche Entwicklung. Ging dem Land doch durch die Abwanderung im 19. Jahrhundert wahrscheinlich vor allem der aktivere und besser ausgebildete Teil der Bevölkerung verloren.

„Einen gewissen Maßstab für das kulturelle Niveau einer Bevölkerung gibt gewöhnlich der Zustand des *Volksschulwesens* ab"[14]. Mecklenburg und Vorpommern hatten zwar mit den 1419 in Rostock und 1456 in Greifswald gegründeten Landesuniversitäten Hochschulen von bedeutendem Rang, aber zwischen den Bildungsmöglichkeiten der Begüterten und denen der Landbevölkerung lagen Welten. Das Volksschulwesen ... „befand sich in Mecklenburg auf dem Lande noch bis tief in die zweite Hälfte des 19. Jahrhunderts hinein zumeist in einer traurigen Verfassung, vor allem in den ritterschaftlichen Territorien, in denen die Dorfschulmeister durchschnittlich von einer ganz erstaunlichen Unwissenheit waren"[14]. Wozu sollten die Kinder auch mehr lernen, als sie später als Tagelöhner und Mägde gebrauchen konnten. Die Entstehung eines Potentials für Arbeitskräfte in Handwerk und Industrie wurde sicherlich sehr gehemmt.

Da wäre weiter die Diskrepanz zwischen einem hohen landwirtschaftlichen Ertragspotential mit guten Möglichkeiten für einen ausgedehnten Ackerbau wie auch für die Viehzucht einerseits und der relativen *Armut an Bodenschätzen*, vor allem an Energieträgern, andererseits zu nennen. Außer einigen Solquellen, den Steinsalzen und Kalisalzen im Salzstock von Lübtheen (Südwest-Mecklenburg, Gruben seit langem stillgelegt), den geringwertigen Torfen und Raseneisenerzen, die nur zeitweilig eine Rolle spielten, sind es nur die Schreibkreide-Lager auf Rügen, Sande und Kiese für die Bauwirtschaft, Tone als Grundlage der Ziegelherstellung und der keramischen Industrie sowie die Grundwasservorräte, die eine begrenzte wirtschaftliche Bedeutung hatten und haben. Die Erdöl- und Erdgasvorkommen um Grimmen wurden erst in den letzten Jahrzehnten entdeckt und erschlossen. Von den Bodenschätzen konnte also ein Anstoß zur *Industrialisierung* nicht kommen.

Dieser kam dann in begrenztem Umfang durch die Notwendigkeit der Verarbeitung der Erzeugnisse einer seit dem 19. Jahrhundert immer leistungsfähiger werdenden Land- und Forstwirtschaft. Sitz dieser Verarbeitungsindustrie der Lebensmittel- und Holzbranche und der Zulieferer für landwirtschaftliche Produktionsmittel wurden in der Regel die kleinen Städte, allerdings ohne daß von der relativ bescheidenen industriellen Ausstattung erhebliche Wachstumsimpulse ausgingen. Im konkreten Falle des Kreises Malchin werden z. B. im Staatshandbuch für Mecklenburg 1939 folgende Industrien in den Städten des Kreises genannt:

1. *Kreisstadt Malchin, 7382 Ew.:* Kahnbauanstalt, Dampfmühle, Dampfmolkerei, drei Dampfsägereien, Zuckerfabrik, Kartoffelflocken-Fabrik, Milchzuckerfabrik, Möbelfabrik, Schloßfabrik, Fensterfabrik, Seifenfabrik, 2 Druckereien, chemische Reinigungsanstalt und Dampffärberei.
2. *Dargun, 2238 Ew.:* Molkerei-Genossenschaft, 2 Windmühlen, Wassermühlen, 3 Dampfsägereien, Bürstenholzfabrik.
3. *Gnoien, 3671 Ew.:* Maschinenfabrik, 2 Dampfmolkereien, Windmühle, 2 Wind- und Dampfmühlen, Dampf- und Wassermühle, 3 Dampfsägereien, Parkettfabrik, 2 Zementwarenfabriken.
4. *Neukalen, 2104 Ew.:* Dampfziegelei, 2 Windmühlen mit Motorbetrieb, Dampfmolkerei, 3 Dampfsägereien, Flachsröste.
5. *Stavenhagen, 4628 Ew.:* Zuckerfabrik, Dampfmühle, Molkerei-Genossenschaft, Dauermilchwerk, 3 Dampfsägereien, 2 Maschinenbauwerkstätten.
6. *Teterow, 8000 Ew.:* 3 Maschinenfabriken, 2 Drahtwarenfabriken, Kunstdrechslerei, 6 Dampfsägereien, Dampfmühle, 2 Wassermühlen, 2 Windmühlen, Zentralmolkerei.

Die Zahl der in gewerblichen Betrieben mit mehr als 5 Personen Beschäftigten wird für Mecklenburg 1932 mit ca. 21 000, 1938 mit 92 400 angegeben (Gesamtbevölkerung 1933 = 805 000, Erwerbspersonen = 391 000). Nur etwa 5% der Erwerbspersonen von 1932 arbeiteten in Gewerbebetrieben mit >5 Beschäftigten.
Die Aufteilung nach Branchen ist in Tab. 8 wiedergegeben. Zuerst zeigt sich in der Relation der Zahl der Betriebe zu der der Beschäftigten die Kleinheit der meisten Betriebe. Sodann wird in der Entwicklung des Gewerbes 1932 bis 1938 nicht nur die Überwindung der Weltwirtschaftskrise in Deutschland sichtbar, sondern auch die Aufrüstungspolitik des Dritten Reiches. Sie beschert Mecklenburg neben der Gründung der Heinkel-Flugzeugwerke in Rostock und der Erweiterung der Werftkapazitäten auch einen enormen Aufschwung der Bauwirtschaft. Dadurch tritt neben die Leichtindustrie, welche die führende Rolle behält, der Maschinen- und Fahrzeugbau, während das Dienstleistungsgewerbe relativ an Gewicht verliert. Eine so schmale gewerbliche Basis wie die mecklenburgische mußte auf die veränderten Vorgaben der Wirtschaftspolitik viel deutlicher reagieren als die der industrialisierten Räume des Deutschen Reiches. Es ist kennzeichnend, daß mit dem Ende des Dritten Reiches 1945 auch die aufgepfropfte Rüstungsindustrie ohne Entwicklung zu Folgeindustrien wieder verschwand. Nur im Falle der Werftindustrie gelang eine solche Anknüpfung an die industrielle Entwicklung der Nachkriegszeit.
Aus der Schwäche von Handwerk und gewerblicher Wirtschaft erklärt sich die relative Schwäche des *Städtewesens* im Kolonisationsraum, die bis in unsere Tage weiterwirkt. „Die Städte sind die Mittelpunkte kleiner Wirtschaftsgebiete, deren Bedürfnisse durch einen einzigen Marktplatz vollauf befriedigt werden. Darin ist auch das langsame Wachstum oder der Stillstand, ja relativer Rückgang in der Einwohnerzahl der meisten Orte begründet. Denn wie sich die Zahl der Bevölkerung auf dem Lande unter dem Einfluß der sozialen Verhältnisse kaum vermehrt hat

Tabelle 8: Gewerbebetriebe Mecklenburgs nach Branchen 1932 und 1938

Branche	Zahl der Betriebe		Zahl der Beschäftigten		Prozent der Beschäftigten in den Gewerbegruppen		Gewerbegruppe
	1932	1938	1932	1938	1932	1938	
Steine und Erden	51	112	885	3 800			Grundstoffe, Chemie und Maschinen
Metallwaren, Maschinen u. Fahrzeuge	124	281	1 452	28 553	13%	38%	
Elektrotechnik, Feinmechanik, Optik	22	44	229	1 985			
Chemie	16	14	223	1 080			
Textilien und Lederwaren	103	147	1 183	3 575			Leichtindustrie und Bauwesen
Holz und Papier	160	381	2 172	9 358	41%	39%	
Nahrungs- u. Genußmittel	235	363	3 006	7 699			
Baugewerbe	171	633	2 047	15 165			
Handel und Versicherung	362	721	4 669	12 671			Dienstleistungen
Beherbergung und Gaststätten	244	294	2 279	3 123	46%	23%	
Verkehrswesen	15	47	178	1 272			
übrige Dienstleistungen, sonstige	193	177	2 361	4 122			
Σ	1 696	3 214	20 684	92 403	100%	100%	

Quelle: Staatshandbuch für Mecklenburg 1939, T. 3, S. 30

und vermehren konnte, so blieb auch die Größe der Städte unverändert ... Es sind zum größten Teil echte Landstädte in dem Sinne, daß der Stallgeruch noch bis in das Innere dringt, und daß unter den Bewohnern sich zu dem Kaufmann, Handwerker und Beamten auch der Bauer gesellt"[15].

Nur wenige Städte konnten früh Bedeutung erlangen, sei es aus Gründen ihrer Beteiligung am Fernhandel, sei es durch ihre Funktion als Residenzstadt. Im Eisenbahnzeitalter kamen dann die Städte zu einem zwar begrenzten, aber deutlichen wirtschaftlichen Aufschwung, die an den Eisenbahn-Hauptstrecken lagen und eine Verbesserung ihrer Verkehrslage erfuhren.

Damit sind wir bei der *Verkehrslage*. „Das Land bildet einen toten Winkel zwischen Hauptverkehrslinien, die das Binnenland mit dem Meere verbinden, zwischen der Elbestraße im Westen und der Oderstraße im Osten, und selbst der Weg von der unteren Elbe zur Ostsee umgeht es in der Travesenke. Dazu kommt noch, daß der mecklenburgischen Küste gute Häfen mit einem bequemen Zugang zum Hinterland fehlen"[16].

Daher konnten auch die Hafenstädte an der Ostsee nur solange blühen und gedeihen, wie sie Anteil am Fernhandel zwischen dem Norden und Süden, dem Osten und Westen Europas hatten. Mecklenburg und Vorpommern selbst waren zu klein, zu wenig bevölkert und von zu geringer Wirtschaftskraft, um diese Städte und ihren Handel auch nach dem Ende der Fernhandelsfunktion prosperieren zu lassen. Immerhin haben die Hafenstädte vor den anderen mecklenburgischen und vorpommerschen Städten einen Entwicklungsvorsprung behalten, der sich noch heute in der verstärkten Industrialisierung der Städte im Küstenbezirk Rostock niederschlägt.

Die innere Verkehrslage war bis ins letzte Jahrhundert durch desolate *Straßenverhältnisse* gekennzeichnet. Die Unterhaltung der Fahrwege lag in der Hand des Grundherren. Damit war es in seinem Belieben, dafür mehr oder weniger der bäuerlichen Hand- und Spanndienste einzusetzen, die dann seiner Wirtschaft fehlten. Das Ergebnis schildert Hempel: „In solchen Gegenden zerbrochene Wagen, krepierte Pferde und versunkene, auf Vorspann wartende Fuhrwerke anzutreffen, ist nichts seltenes"[17]. Und auch der mecklenburgische Dichter Fritz Reuter wird von Mager mit seinem humorvollen Ausbruch herangezogen: „O Wagenrungen, Achsen, Speichen und Felgen! O Knochen, Rippen, Muskeln und Sitzfleisch! Was ist das für ein Weg!"[18].

Mit dem Bau fester Chausseen wurde 1826 begonnen, und die Verbindung zwischen den wichtigsten Städten wurde zwischen 1836 und 1855 hergestellt. Aber noch bis in unser Jahrhundert hinein blieb das Straßennetz in Mecklenburg wie in Vorpommern zu weitmaschig, war der Ausbau der kleineren Straßen oftmals schlecht, blieb ein nicht unbedeutender Teil der Dörfer und Güter ohne feste Straßenverbindung. Der Rückstand in der inneren Verkehrserschließung konnte letztlich bis heute nicht aufgeholt werden, wie die Statistik der Straßendichte im Vergleich zwischen der gesamten DDR und ihren drei Nordbezirken zeigt (siehe Tab. 9).

Tabelle 9: Straßendichte (Straßenlänge in km je 100 km² Fläche) in Mecklenburg-Schwerin 1850–1929, in Mecklenburg (1938) und in den drei Nordbezirken der DDR (1977)

Jahr	Straßenlänge	Straßendichte je 100 km² Fläche
1850	962 km	7 km
1870	1 420 km	11 km
1890	1 670 km	13 km
1908	2 316 km	18 km
1929	3 176 km	24 km
1938	3 986 km	26 km
1977	7 110 km	27 km
Zum Vergleich: gesamte DDR		
1977	47 530 km	44 km

Da es sich nicht um dieselben Flächen handelt, sollten nur die Werte der Straßendichte miteinander verglichen werden.
Quellen: Mager 1955, S. 497/498, Staatshandbuch f. Mecklenburg 1939 und Statistisches Jahrbuch der DDR 1978

Der Ausbau des *Eisenbahnnetzes* begann in Mecklenburg 1846 mit der Strecke Berlin-Hamburg, die über Ludwigslust und Hagenow (Land) führt. Von Hagenow aus wurden weitere Strecken vorgetrieben, 1847 bis Schwerin, 1848 bis Wismar, 1850 bis Rostock, um die Seestädte an das Eisenbahnnetz anzuschließen. Vorpommern wurde 1862/63 durch die Strecke Pasewalk-Stralsund erschlossen. Nach Schaffung der Querverbindung von Lübeck und Rostock über Güstrow-Neubrandenburg-Pasewalk nach Stettin erhielt Stralsund 1877 eine direkte Verbindung mit Berlin über Demmin-Neubrandenburg-Neustrelitz. Die zweite Querverbindung Rostock-Stralsund folgte erst um 1890.

In den folgenden Jahrzehnten wurde das Streckennetz durch die Schaffung von Nebenlinien ausgebaut, darunter einer ganzen Reihe von Schmalspurbahnen, die in erster Linie dem Transport landwirtschaftlicher Produkte dienten. „Mecklenburg besitzt zwar ein ziemlich dichtes Netz von Eisenbahnen, aber es sind meist Lokalbahnen mit langsamem und seltenem Verkehr. Nur wenige Hauptlinien durchschneiden das Land, es sind das die Linie von Berlin nach Kopenhagen, Hamburg und Saßnitz, sowie von Hamburg nach Stettin. Diese dienen jedoch in erster Linie dem Durchgangsverkehr"[19]. Eine Wirkung auf die Entwicklung von Industrie und Handel konnte die Eisenbahn daher nur in den Hafenstädten und in begrenzterem Umfang in den Städten des Binnenlandes haben, die an diesen wenigen Hauptstrecken liegen.

Kein Wunder, daß die *Fluß-, Haff- und Küstenschiffahrt* bis zur relativ späten Verdichtung des Eisenbahnnetzes durchaus eine Rolle spielten, selbst auf kleinen Flüssen und in heute unbedeutenden Häfen. Die Statistik des Güterumschlages der Haff- und Küsten-Schiffahrt (nicht der Hochsee-Schiffahrt) der Häfen Stralsund, Greifswald und Damgarten aus dem Jahr 1872 gibt davon einen Eindruck (siehe Tab. 10). Auch ist ein Vergleich mit dem Umschlag der Hochsee-Schiffahrt in Stralsund und Greifswald interessant (siehe Tab. 12).

Die Haff- und Küstenschiffahrt diente demnach der Versorgung der Hafenstädte mit Brennstoffen (vor allem Torf und Brennholz) sowie mit Baustoffen. Außerdem wurde Getreide aus den ländlichen Gebieten antransportiert, das dann von der Hochseeschiffahrt exportiert wurde. Für Stralsund und Greifswald werden daher nur Ausladungen der Küstenschiffahrt notiert, eine nennenswerte Rückfracht gab es offenbar nicht.

Damgarten, an der Recknitzmündung in die Boddenreihe hinter Fischland, Darß und Zingst gelegen, vermittelte dagegen den Abstransport von Getreide aus dem agrarischen Hinterland in die Hafenstädte und den Antransport von Brennholz, Bauholz und Düngemittel für das agrarische Hinterland.

Mit der wachsenden Getreideproduktion und der Konjunktur landwirtschaftlicher Erzeugnisse kam im vorigen Jahrhundert auch die *Seeschiffahrt* mit dem Segelschiff zu einer letzten Blüte. Die ersten amtlichen Statistiken des Deutschen Reiches erfassen gerade noch den letzten Abschnitt dieser Blütezeit, die etwa um 1900 mit dem Dampfschiff zu Ende ging. Damals um 1870 gehörten Rostock, Stralsund und Barth nach der Zahl der hier beheimateten Seeschiffe zu den ersten sechs Häfen des Reiches, und auch die anderen mecklenburgischen und vorpommerschen Häfen wie Wolgast, Greifswald, Wismar, Ueckermünde, Swinemünde und Anklam finden wir in der Liste der ersten 40 Häfen (siehe Tab. 11).

Tabelle 10: Güterverkehr der Haff- und Küstenschiffahrt 1872 in Stralsund, Greifswald und Damgarten in Tonnen

Warengruppe Warengattung	Stralsund Ausladung		Greifswald Ausladung		Damgarten Einladung		Damgarten Ausladung	
Steinkohle	300		680				940	
Koks	–		170				–	
Holzkohle	–		135				–	
Torf	21 755		2 750				45	
Brennholz	6 920	∑ 28 975	4 865	∑ 8 600	160	∑ 160	95	∑ 1 080
Bauholz	2 250		120		–		165	
Ziegel	5 850		4 365		–		–	
Zement	125		65		–		–	
Kies, Sand	–	∑ 8 225	1 215	∑ 5 765	–		–	∑ 165
Getreide	4 155		5 420		2 030		–	
Mühlen- fabrikate	290		210		–		–	
Kartoffeln	1 125		505		–		35	
Salz	175	∑ 5 745	250	∑ 6 385	–	∑ 2 030	15	∑ 50
Düngemittel (bes. Guano)	–		20				445	
Roheisen	215	∑ 215	430	∑ 450	–		–	∑ 445
gesamt	43 160 t		21 200 t		2 190 t		1 740 t	

Quelle: Statistik des Deutschen Reiches Bd. VII, 3. Abt., 1874

Tabelle 11: Bedeutende Heimathäfen von Seeschiffen im Deutschen Reich 1873
Unter den ersten 40 Häfen des Deutschen Reiches, gerechnet nach der Zahl der hier beheimateten Schiffe, waren an

Stelle	Hafenstadt	Zahl d. Schiffe	ges. Tonnage in Registertons
1.	Hamburg	397	179 000
2.	Rostock	357	91 000
3.	Stralsund	268	48 000
4.	Bremen	248	173 000
5.	Stettin	228	54 000
6.	Barth	222	40 000
und ferner			
15.	Wolgast	63	13 000
16.	Greifswald	55	13 000
19.	Wismar	48	11 000
29.	Ueckermünde	36	10 000
30.	Swinemünde	33	7 000
34.	Anklam	25	5 000

Quelle: Statistik des Deutschen Reichs Bd. VIII, 3. Heft, 1. Abt., 1874

Nach der Tonnage lagen Rostock und Stralsund deutlich hinter Hamburg und Bremen, denn die Handelsflotte der Ostseehäfen bestand hauptsächlich aus kleineren Einheiten. Die Eigner gehörten überwiegend zur seefahrenden Bevölkerung, viele wohnten nicht in den Hafenstädten, sondern in den Dörfern entlang der Küste. So waren um 1800 herum 70 Schiffe im Eigentum von Bewohnern des Fischlandes, 1862 sogar 132 und 1899 immer noch 89 Schiffe. Die meisten Schiffe waren Familieneigentum, das Kapital zum Bau wurde gemeinsam aufgebracht. Entsprechend diesen Parten verteilten sich Gewinne und Verluste. „Das Schiff und die Besitzer seiner Parten stellten ein festes Bindeglied unter den Fischländer Familien dar. Wie oft gehörte zur Aussteuer einer Braut ein Schiffspart dazu, oder die neue Verwandtschaft tat sich zusammen, um einem jungen Seemannspaar ein Schiff mit auf die Lebensfahrt geben zu können"[20]. Im Winter lagen die Schiffe in Rostock, Stralsund oder anderen Häfen. Vom Frühjahr bis zum Herbst ging es auf Fahrt, z.B. mit Getreide nach England, von dort mit gemischter Ladung zum La Plata und nach Valparaiso, und von Iquique mit Guano zurück nach Rostock oder Stettin. Erst die niedrigeren Frachtraten der größeren und schnelleren Dampfschiffe machten dieser Parten- und Korrespondent-Reederei zwischen 1880 und 1900 ein Ende.

Es wäre jedoch irrig, die beschriebene Blüte der Handelsschiffahrt mit einer Blütezeit der mecklenburgisch-vorpommerschen Häfen und ihrer Wirtschaft automatisch gleichzusetzen. Sicherlich gab die große Zahl der hier beheimateten Schiffe wirtschaftliche Impulse, vor allem für die Werftindustrie. Der Warenumschlag in Wismar, Rostock und Stralsund muß jedoch im Vergleich zu Stettin und Lübeck als dürftig bezeichnet werden (siehe Tab. 12). Der Fernhandel dieser Handelsflotte bezog ihre Heimathäfen nur randlich ein.

Dabei gibt der Warenumschlag in den mecklenburgisch-vorpommerschen Häfen die Wertrelation vor allem im Vergleich zu Lübeck nur unvollkommen wieder. Unter den Exporten von Lübeck finden wir viele hochwertige Stückgüter (Kaffee, Tee, Tabak, Südfrüchte, Branntwein, Wein, Baumwolle etc.). Rostock, Stralsund und Wismar liefern vor allem Getreide nach London, Leith oder Antwerpen und beziehen Steinkohle aus Newcastle, Grangemouth oder Leith, Petroleum von New York und Philadelphia und Hölzer aus den schwedischen Häfen.

Tabelle 12: Umschlag des Seeverkehrs in den Ostseehäfen zwischen Lübeck und Stettin 1873 (in 1000 t)

Hafen	Einfuhr	Ausfuhr	gesamter Umschlag von Waren
Lübeck	331	64	395
Wismar	42	9	51
Rostock	45	11	56
Stralsund	47	14	61
Greifswald	7	1	8
Wolgast	17	3	20
Swinemünde	217	13	230
Stettin	718	302	1 020

Quelle: Statistik des Deutschen Reiches Bd. XI, 1875

Von 1873 bis 1937 steigerte sich der Warenumschlag der mecklenburgischen und vorpommerschen Häfen (Wismar bis Wolgast) zwar von 196 000 t auf 859 000 t. Die Zeit dieser Häfen sollte jedoch erst nach 1950 kommen, als die großen Konkurrenten – Stettin und Hamburg – außerhalb des Wirtschaftsgebietes der DDR verblieben und der Ausbau vor allem von Rostock, aber auch von Wismar zu den Haupthäfen der DDR zwingend wurde.

Ein anderer Wirtschaftszweig hat den Küstenlandschaften Mecklenburgs und Vorpommerns vor allem in den letzten hundert Jahren neue Impulse gegeben: der *Fremdenverkehr*. Hierzu hatte die Natur ein Kapital von 380 km Küstenlinie beigesteuert, von denen etwa 200 km für Badezwecke als Sandstrand geeignet sind, dazu eine abwechslungsreiche Ausgleichsküste mit Steilufern und Flachküsten, Moränenhöhen, Buchenwäldern, Bodden und Nehrungen.

Das erste deutsche Seebad war Heiligendamm, heute ein Teil von Bad Doberan. Als Großherzog Friedrich Franz I. von Mecklenburg 1793 Doberan zu seiner Sommerresidenz machte, gründete er etwa 7 km entfernt am Strande das Seebad. „Die erste Bade-Anlage bestand aus zwei schwerfälligen Badeschiffen. 1795 erfolgte die Errichtung eines Badehauses"[21]. 1814–1817 wurde das Kurhaus in klassizistischem Stil erbaut, 1825 das Eisenmoorbad. Zwischen 1845 und 1865 erbaute spätklassizistische Logierhäuser ergänzen das Ensemble um den Kurplatz. Buchenwälder mit Promenaden und Reitwegen sowie die älteste deutsche Pferderennbahn liegen zwischen Doberan und Heiligendamm.

Eine ähnliche Anlage war das Friedrich-Wilhelmsbad in Putbus-Lauterbach auf Rügen. Die Fürsten von Putbus errichteten es 1818 nach Plänen von Schinkel im Zusammenhang mit dem Ausbau ihrer Residenz in Putbus. „Das 50 m lange Gebäude ist mit einer Säulenhalle und einer großen Terrasse geziert. Das Innere enthält einen großen Speisesaal, die Zellen für warme Seebäder und ca. 30 geräumige, gut eingerichtete Logierzimmer"[22].

Diese Anfänge des Badewesens hatten noch wenig mit dem späteren Bädertourismus zu tun, waren exklusiv und in ihrer Standortwahl auf die nahe fürstliche Residenz bezogen. Später, als die Ausdehnung und Qualität der Strände sowie ein vielseitiges und preislich gestaffeltes Angebot an Dienstleistungen mehr und mehr eine Rolle spielten, blieb die Bedeutung dieser ersten Bäder hinter der späterer Gründungen weit zurück.

Aber auch in den Fischer- und Bauerndörfern an der Küste begann in der ersten Hälfte des vorigen Jahrhunderts allmählich der Tourismus. In Saßnitz z. B. verbrachte die Familie des Berliner Professors Schleiermacher 1824 die Ferien, und Fritz Reuter war 1855 und später mehrmals den Sommer über in Boltenhagen. Für den einzelnen Ort ist es oftmals nicht möglich, den Beginn dieser Entwicklung durch Jahreszahl zu belegen. Insgesamt aber gliedert Weber (1970, S. 7 ff.) für die Zeit bis zum Ersten Weltkrieg auf Rügen drei Phasen aus, die auch für die übrige Küste Gültigkeit haben:

1. die Zeit der relativ kurzen Blüte der Feudalbäder bis um 1830
2. die Improvisationsphase von etwa 1830 bis 1880, in der der Zustrom der Sommergäste in die Bauern- und Fischerdörfer zuerst langsam, dann ab 1870 rasch anwächst
3. die Phase der Entfaltung des Seebäderwesens auf breiter Front von etwa 1880 bis 1911/12.

Die erste Phase umfaßte die Entstehung der Bäder Heiligendamm und Putbus-Lauterbach. Sie wurde bereits kurz gestreift. Erst die zweite Phase bezog die Bauern- und Fischerdörfer in die Entwicklung ein. Aufgrund der verbesserten Absatzbedingungen erfolgte zuerst eine Intensivierung der Landwirtschaft und Fischerei. So berichtet Büchner, daß sich für die zweite Büdnerkolonisation um 1850 in der Nähe der Badeorte besonders viele Siedlungswillige fanden: „Das Aufblühen der Badeorte war bei Doberan der Grund zur Büdnersiedlung, denn neben der Vermietung lockte vor allem die Möglichkeit, Gemüse, Obst und Blumen günstig abzusetzen"[23].

Mit der Erweiterung der Arbeitsmöglichkeiten in Handwerk und Dienstleistungen begannen die Einwohnerzahlen zu wachsen, ganz im Gegenteil zu denen der ländlichen Siedlungen im Binnenland. Die Wandlung vom Bauern und Fischer zum Pensionsinhaber begann. Die Verbesserung und Erweiterung der Unterbringungsmöglichkeiten erfolgte durch Aufstockung, Umbau oder Neubau im traditionellen Stil eingeschossiger Bauten. Oftmals wurde sie durch Landverkauf finanziert, denn mit steigendem Fremdenzustrom gaben die Pensionsinhaber die Landwirtschaft auf.

Über den Gegensatz zwischen Bauerndörfern und Gutsdörfern steuerten auch die Grundbesitz-Verhältnisse die Entwicklung mit. Die Bewohner der Bauern- und Fischerdörfer ..." konnten über ihre Belange selbst entscheiden, sie hatten vor allem die freie Verfügbarkeit über den Grund und Boden, über Kauf und Verkauf. Das war m. E. ein sehr wesentlicher Grund für die frühe Entwicklung von Saßnitz zum Badeort. Die freien Gemeinden waren wohl auch hinsichtlich der Aufnahmefähigkeit für Fremde besser gestellt. Der durch die Schiffahrt zum Wohlstand gelangte Ort Breege zählte in den 1860er Jahren über 100 vermutlich gut ausgestattete Häuser, das Gutsdorf Sellin über 30 recht ärmliche Katen"[24].

In vielen Fällen hinderte ritterlicher oder städtischer Grundbesitz an Stränden oder strandnahen Arealen die mögliche Erweiterung der Orte und ihres Fremdenverkehrs über längere Zeit.

Einen Entwicklungsvorsprung im Fremdenverkehr erhielten Gemeinden in verkehrsgünstiger Lage, wie Warnemünde. Nach Marold zählte man hier schon 1833 um die 1000 Badegäste, denn der Ort war von Rostock aus über die untere Warnow rasch zu erreichen. Die Einrichtung regelmäßiger Schiffsverbindungen Rostock-Warnemünde 1834 und der Anschluß Rostocks an das Eisenbahnnetz 1850 förderten den Aufschwung und mit ihm die Bautätigkeit in Warnemünde.

Die dritte Phase in der Entwicklung des Bädertourismus brachte mit dem wirtschaftlichen Aufschwung der Gründerjahre hohe jährliche Zuwachsraten und eine Baukonjunktur. Neben den vorhandenen Seebädern entwickelten sich weitere Siedlungen in rascher Folge zu Badeorten. Mit dem Ausbau des Eisenbahnnetzes erhielten immer mehr Orte direkten Netzanschluß: Rügenbahn 1883 bis Bergen, 1891 bis Saßnitz, Rostock-Warnemünde 1886, Bad Doberan-Heiligendamm 1886, Verlängerung bis Kühlungsborn-West 1910, Ausbau des Kleinbahnnetzes auf Rügen um 1900 usw. Dies heizte die Konjunktur noch weiter an.

Weber hat die Etappen der Bautätigkeit anhand der Bauakten von Saßnitz rekonstruiert: „In der Improvisationsphase bis Mitte der 70er Jahre überwog die Regeneration und die Erweiterung der alten Bausubstanz durch Aufstocken ... In der Hauptphase, die bis Mitte der 90er Jahre angesetzt werden kann, entstand die

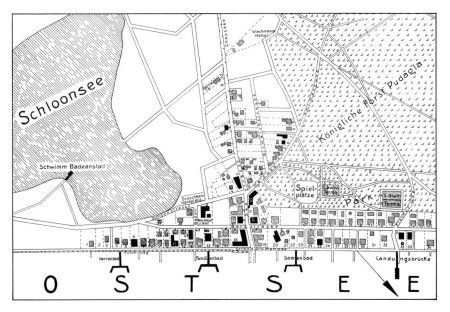

Abb. 5: Seebad Bansin (Usedom) 1911, 14 Jahre nach der Gründung
Quelle: Verband Deutscher Ostseebäder 1912

Mehrzahl der großen Pensionen.... In der Spätphase um die Jahrhundertwende wurden die größten Hotels gebaut, über die Saßnitz verfügt"[25].
Am Rande der gewachsenen Dörfer wurden nun oft größere Parzellierungen für Villen und Pensionen ausgewiesen. Brunshaupten und Arendsee wuchsen entlang der Strandpromenade zusammen. Aus ihnen entstand 1938 die Stadt Kühlungsborn, heute das größte Seebad der DDR. Es entstanden auch völlig neue Badeorte ohne vorhergehende dörfliche Wurzel. Bansin auf Usedom z.B. entwickelte sich aus einer von der Kirche getragenen Villenkolonie. In einem Bäderführer von 1912 heißt es dazu: „Wohl noch nie hat ein Bad ein so rapides Aufblühen zu verzeichnen gehabt, als das 1897 gegründete Ostseebad Bansin. 1897 begründet, zählt es heute bereits über 100 elegante Villen, meist Häuser, die nur christliche Badegäste aufnehmen, darunter 6 Hotels, 9 Pensionate, 9205 Badegäste besuchten 1911 Bansin..."[26].
Eine solche Entwicklung wurde einerseits durch den sich verändernden Tourismus getragen, bei dem Strand und Meer, Wellenbad und Sonnenbad gegenüber der früheren Sommerfrische mit Strandpromenade und Wannenbad immer mehr in den Vordergrund traten. Andererseits war sie nur durch einen erheblichen Zustrom von Kapital aus den Städten des Binnenlandes möglich, angelockt durch die Aussicht auf erhebliche Anlagerendite.
Kurz vor dem Ersten Weltkrieg war die Entwicklung mit dem Besucherrekord von 1911 auf dem Höhepunkt angelangt. Glaubt man den inoffiziellen, von den Bäderverwaltungen herausgegebenen Zahlen der Gästefrequenzen 1911, dann ergibt sich für die mecklenburgischen und vorpommerschen Seebäder die in Tab. 13 zusammengestellte Hierarchie.

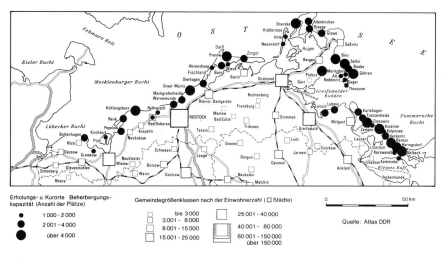

Abb. 6: Seebäder und Erholungsorte an der Ostseeküste und ihre Beherbergungskapazität
Quelle: Atlas DDR

Um 1900 mehrten sich bereits die Anzeichen, daß man mit dem raschen Ausbau des Badewesens entlang der Küste an die Grenze der damaligen Nachfrage heranzukommen begann. Dies machte sich dort zuerst bemerkbar, wo die Strandverhältnisse der neuen Art des Tourismus nicht voll entsprachen, wie in Saßnitz. Die Bautätigkeit hörte nach Weber auch in den meisten anderen Bädern Rügens zwischen 1905 und 1912 allmählich auf.

Krieg, Inflation und Weltwirtschaftskrise unterbrachen dann die weitere Entwicklung. Nach einer kurzen Erholungsphase in den dreißiger Jahren folgte der Zweite Weltkrieg und machte die Badeorte zu Lazarett- und Flüchtlings-Siedlungen. In der Nachkriegszeit wurde dann die Ostseeküste zum Fremdenverkehrsgebiet Nr. 1 in der DDR, wo etwa 40% der Ferienplatz-Kapazität und 45% der Camping-Kapazität des Landes konzentriert sind, ohne daß die Nachfrage nach Ferienplätzen auch nur annähernd erfüllt werden kann.

Einen Bauboom wie den der Gründerjahre hat es seitdem in den Badeorten nicht wieder gegeben: „Das Jahr 1912 muß daher als Wendepunkt im rügenschen Seebäderwesen angesehen werden... Was uns heute in den Seebädern an Bausubstanz gegenübertritt, ist im wesentlichen bis zu diesem Zeitpunkt entstanden; alles Spätere blieb Zutat"[27].

Das heißt, daß damals in den Jahrzehnten zwischen 1880 und 1910 die Struktur des Bädertourismus und seiner Verteilung entlang der Küste gelegt wurde, wie sie im Prinzip auch noch heute besteht.

Die meisten der Orte, die damals Bedeutung erlangten und am Bauboom teilhatten, haben diese Bedeutung noch heute. Andere, die sich erst später entwickelten, haben ihre Unterbringungskapazität vorwiegend auf der Schaffung von Kleinpensionen, Ferienkolonien, Wochenendhausgebieten und Campingplätzen gegründet. Die Relationen in der Rangordnung der Feriengebiete, wie sie von Kohl, Jacob, Kramm, Roubitschek und Schmidt-Renner gegeben werden, stimmen mit

Tabelle 13: Gästefrequenzen der mecklenburgischen und vorpommerschen Seebäder nach Angaben der Bäderverwaltungen für 1911

Gebiet, Gesamtzahl der Gäste	Anzahl der Feriengäste in Tausend je Ort				
	30–20	20–10	10–5	5–2	<2
Wismar-Bucht ~4000	–	–	–	Boltenhagen	Kirchdorf/Poel
Kühlung bis Graal-Müritz ~63 000	Kühlungsborn Warnemünde	Graal-Müritz	–	–	Rerik Nienhagen Heiligendamm
Fischland, Darß Zingst ~11 000	–	–	–	Prerow Zingst	Neuhaus Dierhagen Wustrow Ahrenshoop
Hiddensee ~2000	–	–	–	–	Kloster Vitte Neuendorf
Rügen ~90 000	Binz Saßnitz	Göhren Sellin	–	Breege Lohme Baabe	Glowe Thießow Putbus
Greifswalder Bodden, Peenestrom, Strelasund ~4000	–	–	–	Lubmin	Freest Devin
Usedom ~69 000	Ahlbeck	Heringsdorf Zinnowitz	Bansin	Koserow Carlshagen	Ueckeritz Kölpinsee Zempin

Σ ~243 000 Badegäste

Quelle: Verband Deutscher Ostseebäder 1912

Tabelle 14: Frequentierung der Urlaubsgebiete an der Küste 1911 und um 1970

Urlaubsgebiet	% der langfristigen Urlauber	
	1911	um 1970
1. Rügen und Hiddensee	38%	36%
2. Usedom und Greifswalder Bodden	30%	29%
3. Kühlungsborn bis Graal-Müritz	26%	17%
4. Fischland, Darß und Zingst	4%	12%
5. Wismarbucht und Poel	2%	6%

Quelle: Verband Deutscher Ostseebäder 1912 und Kohl u. a. 1974

Tabelle 15: Herkunft der Wohnbevölkerung von Mecklenburg und Vorpommern im Oktober 1946

Herkunftsregion	Gesamtzahl		davon aus dem Gebiet		
	Tausend	Prozent		Tausend	Prozent
seit Kriegsbeginn ansässig	1164	54%	–		–
Ostgebiete und Osteuropa	898	42%	Hinterpommern	340	16%
			Ostpreußen	189	9%
			Tschechoslowakei	170	8%
			Schlesien	57	3%
			Polen	52	2%
			Danziger Raum	35	2%
			Neumark	31	1%
			Rumänien, Baltikum u. a.	24	1%
Mittel- und Westdeutschland, sonstige Gebiete	78	4%	Berlin	25	1%
			westl. Besatzungszonen	39	2%
			sonstige Gebiete	14	1%
gesamt	2140	100%		976	46%

Quelle: Statistische Praxis Jg. 3, 1948, H. 7 (zitiert n. Mager 1955, S. 564).

denen von 1911 noch immer etwa überein (siehe Tab. 14). Lediglich die kleineren Feriengebiete wie Fischland, Darß und Zingst sowie die Wismarbucht haben etwas aufgeholt. Eine Entlastung der Küste von Kühlungsborn bis Graal-Müritz trat nicht ein, denn dieser vor Rostock gelegene Küstenabschnitt wird durch den Tagestourismus stark frequentiert.

Der Zweite Weltkrieg leitete zunächst erhebliche *Wanderungsbewegungen* ein, in deren Folge die Bevölkerungszahlen in Mecklenburg und Vorpommern stark anstiegen. Mit dem Bombenkrieg begann die Zuwanderung von Ausgebombten und Evakuierten, vor allem aus Hamburg und Berlin, weniger aus den westdeutschen Großstädten. Was lag näher, als vor allem die vorhandenen Unterbringungskapazitäten der Seebäder für ihre Unterbringung und für Lazarettzwecke zu nutzen. Anfang 1945 kamen dann die Ströme von Flüchtlingen aus den Ostgebieten hinzu. Für Oktober 1946 nennt die Statistik für die Herkunft der ansässigen Wohnbevölkerung die in Tab. 15 aufgeführten Zahlen. Es kam zu einem enormen Bevölkerungswachstum in diesem mit Ausnahme einer Reihe von bombardierten oder verbrannten Städten wenig zerstörten Raum, die Bevölkerung verdoppelte sich fast. 1946 stammten 42% der Wohnbevölkerung aus den Ostgebieten.

Auf einem solchen Zustrom war das Land nicht im geringsten eingerichtet. Vor allem bot es außerhalb der Landwirtschaft zunächst kaum Arbeitsmöglichkeiten. Kein Wunder, daß sich in den folgenden Jahren weitere größere Wanderungsbewegungen anschlossen, die heute im einzelnen kaum zu rekonstruieren sind. Viele,

Tabelle 16: Zahl der landwirtschaftlichen Betriebe (1939 und 1946) und ihr Anteil an der landwirtschaftlichen Gesamtfläche

Betriebsgrößen	Zahl der Betriebe in Mecklenburg und Vorpommern		Anteil der Betriebe an der landw. Gesamtfläche in Prozent	
	1939	1946	1939	1946
<5 ha	31 009	127 496	3,6%	5,5%
5– 20 ha	25 680	94 694	21,4%	57,3%
20– 50 ha	13 733	10 682	24,6%	21,8%
50–100 ha		1 894		7,9%
>100 ha	2 500	333	50,4%	7,5%
gesamt	~73 000	~235 000	100,0%	100,0%

Quelle: Mager 1955, S. 536/537

die das Kriegsende hierher verschlagen hatte, wanderten ab, sobald sie in anderen deutschen Gebieten bessere Arbeits- und Wohnmöglichkeiten gefunden hatten oder auch nur erwarteten. Ihren Platz nahmen andere ein, die nach und nach aus den Ostgebieten zugeschoben wurden. Nur so ist es erklärlich, daß die Bevölkerungszahlen von 1955 noch über denen von 1946 liegen (siehe Tab. 17).
Es gibt noch einen weiteren Grund dafür, daß das Agrarland Mecklenburg-Vorpommern in die Lage versetzt wurde, einen relativ großen Anteil der seit 1945 zugewanderten Bevölkerung hier zu halten und heimisch zu machen: die *Bodenreform* von 1945/46. Alle Güter über 100 ha Fläche wurden mit allem Inventar entschädigungslos enteignet.
Etwa 66% der eingezogenen Flächen wurden in der gesamten DDR an die Privatbetriebe von „Neubauern" verteilt (DDR-Handbuch).
Da in Mecklenburg und Vorpommern etwa 50 % der landwirtschaftlichen Nutzfläche in der Hand des Großgrundbesitzes gewesen waren (gegenüber etwa 30% in Brandenburg, 27% in Sachsen-Anhalt, 13% in Sachsen und 10% in Thüringen), lag hier auch der Schwerpunkt in der Auswirkung dieser Bodenreform.
Mager hat die Zahl der landwirtschaftlichen Betriebe in den verschiedenen Größenklassen und ihren Anteil an der landwirtschaftlichen Gesamtfläche für 1939 und 1946 kreisweise zusammengestellt. Hier sei nur die Zusammenfassung für Mecklenburg und Vorpommern wiedergegeben, aber auch diese zeigt die enorme Zäsur in der landwirtschaftlichen Betriebsstruktur (siehe Tab. 16). Während 1939 etwa die Hälfte der Flächen in der Hand des Großgrundbesitzes war, waren 1946 mehr als 60% bei den kleinen Bauernwirtschaften (meist um 5–10 ha) konzentriert. Die bei Obenaus publizierten Zahlen differieren von den Angaben bei Mager nur geringfügig.
Die Auswirkung in agrar- und siedlungsgeographischer Hinsicht war zunächst, daß – bei aller Improvisation in der Nutzung der vorhandenen oder neuzuschaffenden Baulichkeiten und Betriebsmittel – aus den Gutsdörfern wieder Bauerndörfer mit kleinparzellierter Flur entstanden. Mager hat diese Entwicklung für

Abb. 7: Wandlung des Gutsdorfes Trinwillershagen bei Barth zum Bauerndorf durch die Bodenreform von 1945/46
Quelle: Mager 1955, S. 533/534

Tabelle 17: Bevölkerungsentwicklung in den drei Nordbezirken der DDR 1955–1985 (1955 = 100%)

Bezirk	1955		1965		1975		1985	
	1000 Ew.	%	1000 Ew.	%	1000 Ew.	%	1000 Ew.	%
Rostock	846	100%	842	99,6%	869	102,7%	902	106,6%
Schwerin	651	100%	595	91,4%	590	90,6%	592	90,9%
Neubrandenburg	687	100%	633	92,1%	626	91,1%	620	90,2%
Nordbezirke gesamt	2184	100%	2070	94,8%	2085	95,5%	2114	96,8%

Quelle: Stat. Jahrbücher der DDR

das Dorf Trinwillershagen südwestlich von Barth im Kartenvergleich dargestellt (siehe Abb. 7).
Die Auswirkung in bevölkerungspolitischer Hinsicht war, daß die Zahl der bäuerlichen Betriebe von etwa 70 000 auf mehr als 230 000 stieg, d. h. etwa 160 000 Bauernfamilien, ehemalige Landarbeiter, Flüchtlinge und Vertriebene aus den Ostgebieten wurden hier zumindest vorübergehend, die meisten wohl auch dauerhaft, heimisch. Daran ändert auch der bald erfolgende genossenschaftliche Zusammenschluß der Kollektivierung und damit die Schaffung neuer landwirtschaftlicher Großbetriebe im Prinzip nichts. Nur so aber ist es erklärlich, daß die Bevölke-

rungszahlen der Nordbezirke der DDR, die ja nach wie vor im Schwerpunkt agrarisch ausgerichtet sind, in den folgenden Jahrzehnten nicht noch stärker durch Abwanderung abnahmen (siehe Tab. 17). Für die wirtschaftliche Entwicklung der Nordbezirke bildete dieser gegenüber der Vorkriegszeit große Gewinn an Menschen jedoch ein außerordentlich wichtiges Potential.

Schließlich darf nicht verkannt werden, daß die *Grenzziehung* im Westen wie im Osten den Nordbezirken im Rahmen der sich entwickelnden Volkswirtschaft der DDR eine neue wichtigere Rolle zuwies, als diese Gebiete in der Vergangenheit spielen konnten. Besonders der unmittelbare Küstenraum, der Bezirk Rostock, wurde in seiner Bedeutung für den Verkehr, die Industrie und den Tourismus deutlich aufgewertet. Dies drückt sich ebenso in der Bevölkerungsentwicklung 1955–1985 aus, die als einzige der drei Nordbezirke insgesamt positiv verlief. Aber das ist eine Entwicklung, die der Verfasser bereits in einem anderen Zusammenhang zusammenfassend dargestellt hat. Auf diese Veröffentlichung sei hier verwiesen (Richter 1986, S. 120–130).

Anmerkungen

1 Mager 1955, S. 22.
2 ders., S. 18.
3 ders., S. 19.
4 ders., S. 20.
5 ders., S. 25.
6 ders., S. 30.
7 Rörig 1955, S. 18.
8 Lenz 1958, S. 31.
9 Mager a.a.O., S. 135.
10 Franz 1940, S. 114.
11 Lenz a.a.O., S. 38.
12 ders., S. 39.
13 Mager a.a.O., S. 418.
14 ders., S. 520.
15 Ule 1930, S. 11, S. 9.
16 ders., S. 7.
17 Hempel 1842, zitiert n. Mager a.a.O., S. 495.
18 Mager a.a.O., S. 497.
19 Ule a.a.O., S. 8.
20 Miethe 1953, S. 75/76.
21 Quade 1897, S. 138.
22 VERBAND DEUTSCHER OSTSEEBÄDER 1912, S. 111.
23 Büchner 1936, S. 25.
24 Weber 1970, S. 77.
25 ders., S. 83.
26 VERBAND ...a.a.O., S. 143.
27 Weber a.a.O., S. 81.

Herbert Pruns
RECHTS- UND VERWALTUNGSGESCHICHTE MECKLENBURGS

Staatsgebiet und Name

Das Staatsgebiet des späteren *Mecklenburg* besteht im wesentlichen aus den Siedlungsräumen der slawischen (wendischen) Stämme der *Abodriten* (Obotriten) und *Wilzen* (Liutizen, Lutizen), die nach der Völkerwanderung gegen 600 n. Chr. in die von den früheren germanischen Stämmen der Langobarden, Angeln, Sachsen, Warnen und Semnonen entvölkerten Siedlungsräume von Osten her nachgerückt waren. Die Trennlinie zwischen den Stammesgebieten der Abodriten und Wilzen verlief in einem breiten Waldgürtel zwischen dem Fulgenbach und Doberan in südlicher Richtung. Das spätere Staatsgebiet Mecklenburgs läßt sich räumlich umschreiben als das Gebiet östlich und nördlich der Elbe in einer Linie von Lauenburg und Lübeck, von Dassow bis zur Recknitz, nördlich begrenzt durch die Ostsee, östlich bis zur Elde und Peene reichend und südlich von der unteren Elde und Müritz bis an die spätere Nordmark grenzend. Der Name Mecklenburg leitet sich ab von der *Mikilinburg*, 6 km südlich von Wismar neben dem heutigen Dorf Mecklenburg. Diese Burg war zur Zeit der Wenden eine große Grenzwallfestung der Abodriten auf der Linie vom Schweriner See bis nach Wismar im Norden.

Herrschaft der Wenden

Der Beginn der mecklenburgischen Geschichte wird mit dem Jahre 780 n. Chr. angesetzt, als die Sachsen vom Frankenkönig und späteren Kaiser (800) *Karl dem Großen* besiegt waren und die Abodriten mit *Karl* gegen ihre östlichen Nachbarn, die Wilzen, ein Bündnis abschlossen. Während der Zeit der Wendenherrschaft gliederte sich das Abodritenland, ähnlich wie das Frankenreich Karls des Großen, in kleinere Stammesgebiete, die sog. Gaue, die von Häuptlingen verwaltet und geleitet wurden. Bei den Abodriten entwickelte sich über den Häuptlingen ein Stammesfürstentum. Die abodritischen Häuptlinge verwalteten die Gaue als Kastellane von den Hauptburgen aus. Die Burgen waren zugleich politische, Verwaltungs- und Wirtschaftszentren in einer Zeit, als es in Mecklenburg noch keine Städte gab. Nach dem römisch-rechtlichen Vorstellungsbild waren die genannten Gaue weitgehend den *civitates* oder *terrae* gleichzusetzen. Aus diesen terrae entwickelten sich im Mittelalter Territorien und Länder. Kleine terrae blieben in Form von Vogteien und Ämtern bis zur Neuzeit erhalten. Größere und mehrere Territorien wurden später zu Herrschaften oder unter den Stauferkaisern zu Titularfürstentümern erhoben.

Teilweise wurde die Herrschaft der Wenden bereits durch den Einfluß der *Karolinger* eingeschränkt, indem zeitweilig eine Tributpflicht gegenüber den Karolingern aufgrund von Bündnisabsprachen bestand. Dieser Einfluß lockerte sich vorübergehend unter den fränkischen Nachfolgern *Karls des Großen* im 9. und Anfang des 10. Jahrhunderts. Zur Zeit des Sachsenherzogs und deutschen Königs *Heinrich I.* erhoben sich die Wenden, um sich von dem politischen und militärischen Druck der Sachsen zu befreien. Der Aufstand wurde 929 von *Heinrich I.* niedergeschlagen. Diese Niederlage hatte eine für die Territorien der Wenden gravierende Folge: Die wendischen Lande wurden (928/929) unter Kaiser *Otto I.* nach fränkischem Vorbild durch die Bildung von *Markgrafschaften* als Grenzmarken in das Reich einbezogen. Die Markgrafschaften waren vom Kaiser ausgegebene persönliche Reichslehen, verliehen an kaiserliche Gefolgsleute. Östlich der fränkisch/sächsischen Grenzen waren diese sog. *marchias* Grenzterritorien, die in das Reichsgebiet eingegliedert wurden. Sie umfaßten regelmäßig mehrere Gaue oder *terrae*.
Markgrafschaften waren gleichzeitig Verwaltungsterritorien. Ihre Verwaltungsstruktur war jedoch noch sehr einfach. Verwaltung war in erster Linie die Ausübung von Herrschaft durch Rechtsprechung und Tributpflichtigkeit. Die Grenzmarken wurden von Grafen (comes) oder Markgrafen (marchio, dux) verwaltungsmäßig, militärisch und wirtschaftlich geleitet. Teils unterstanden einem Markgrafen mehrere Grafschaften. Markgrafen und Grafen waren die höchsten weltlichen Vertreter und Beamte (Ministranten) des Königs oder Kaisers in den Grafschaften. Die wachsenden Marken wurden seit Mitte des 10. Jahrhunderts in Burgwarde bezirksmäßig unterteilt. Diese Burgbezirke deckten sich im Abodritenland weitgehend mit den Gauen oder terrae, denen Burgvögte vorstanden. Sie waren Hof- und Lehensmannen, Verwalter der Burg, der Bezirke und der Abgaben. Der größte Teil des späteren Mecklenburgs, die Gaue der Abodriten und die nördlichen Gaue der Wilzen (Kessiner und Zirzipaner), das Gebiet von der Küste bis zur Elde und Peene, wurden dem Markgrafen *Hermann Billung* zugeschlagen. Diese *Billunger Mark* bestand von 937 bis 983. Da die Markgrafen meistens unter dem Gesichtspunkt ausgewählt wurden, ob sie im Gebiet der verliehenen Mark umfangreiche freie Eigengüter (Allodialbesitz) hatten, ist davon auszugehen, daß die Billunger in den wendischen Territorien bereits über großen Güterbesitz mit Burgen verfügten. Die südöstlichen Gaue der Wilzen (Tellenser und Redarier) fielen an den Grafen *Gero*, dessen Mark nach seinem Tode (965) geteilt wurde.
Trotz weiterer Siege der Sachsen gegen die Wenden, zu denen u. a. der Sieg an der Recknitz aus dem Jahre 955 zählt, trotz des politischen Übergewichts der Sachsenkaiser, trotz der Einbeziehung der wendischen Territorien in das Reich und trotz der Bildung der Bistümer Ratzeburg und Mecklenburg (südlich von Wismar) um die Mitte des 11. Jahrhunderts wurde die Herrschaft des Reiches bis ins 12. Jahrhundert hinein in den Gebieten östlich der Elbe oft nur sporadisch ausgeübt. Das gilt auch für die wendischen Territorien. Wiederholte Aufstände der Wenden sowohl gegen die Christianisierung (1018) als auch gegen Markgrafen und deutsche Fürsten (1142, 1147, 1160, 1164) machten die Territorien als Verwaltungsräume instabil. Reichsrecht setzte sich noch nicht durch. Die Verwaltungsstruktur der Gaue blieb jedoch erhalten.

Verwaltung und Verfassung in der Zeit von Niklot und Heinrich dem Löwen

Die Herrschaft innerhalb der wendischen Gaue verlagerte sich durch Heiraten und Morde immer wieder innerhalb mehrerer Familien. Nach 1127 trat in den östlichen Territorien des späteren Mecklenburgs der Wendenfürst *Niklot* hervor, der zum Stammvater des mecklenburgischen Fürstenhauses wurde. In seine Herrschaftszeit fiel die Konfrontation mit dem welfischen Sachsenherzog *Heinrich dem Löwen*, der die Angriffe *Niklots* auf Wagrien und dessen Seeräubereien wiederholt zum Anlaß nahm, um in die wendischen Territorien einzudringen und zugleich die alte Tributpflichtigkeit der Wenden gegenüber den Sachsen zu erneuern. Hervorzuheben ist in diesem Zusammenhang der von *Heinrich dem Löwen* und seinem Schwiegervater *Conrad von Zähringen* ausgeführte Kreuzzugauftrag gegen die Wenden aus dem Jahre 1147. Dieser Kreuzzug brachte die Erneuerung der Tributpflichtigkeit der Wenden gegenüber dem Welfenherzog. Der aus wirtschaftspolitischen Gründen vorsichtig geführte Kreuzzug brachte im Bereich der Rechtsordnung der Wenden kaum Veränderungen. In militär- und verwaltungspolitischer Hinsicht gab es jedoch unter *Heinrich dem Löwen* wesentliche Veränderungen. Nach dem Muster der im 10. Jahrhundert errichteten Marken der *Billunger, Askanier* und *Wettiner* errichtete *Heinrich der Löwe* nach dem Verfall der *Billunger Mark* in kleinerem Maßstab als die früheren Kaiser in den Räumen nördlich und östlich der Elbe oberhalb Brandenburgs ein relativ engmaschiges Netz von neuen Grafschaften, die nicht auf der kaiserlichen, sondern auf einer unmittelbar von ihm abgeleiteten Lehenshoheit beruhten. Es waren dies die Grafschaften *Holstein, Ratzeburg* (seit 1142), *Dannenberg* (vermutlich seit 1147, spätestens seit 1153) und *Schwerin* (seit 1167). Diese Grafschaften waren als eine Art Wall den sächsischen Kernlanden zum Schutz gegen die Slawen vorgelagert. Sächsische Vasallen wurden mit den Grafschaften belehnt.
Auf Betreiben des Erzbischofs *Hartwig von Bremen* wurden seit 1150 bis 1154 die wendischen Bistümer erneuert. *Heinrich der Löwe*, der 1154 von Kaiser *Friedrich I., Barbarossa*, das *Investiturrecht* übertragen erhalten hatte, erneuerte nicht nur die Bistümer und setzte neue Bischöfe ein, sondern verlegte den Sitz des alten Bistums Mecklenburg von der Burg Mecklenburg nach Schwerin. Damit schuf *Heinrich der Löwe* in Schwerin auch ein neues kirchliches Zentrum. Die Bistümer hatten einen Doppelcharakter. Sie waren sowohl kirchliche als auch weltliche Zentren. Die strategische Verwaltungspolitik *Heinrichs des Löwen* diente sowohl der Kirche als auch der inneren Stabilisierung des Landes in wirtschaftlicher und verwaltungsmäßiger Hinsicht. Herrschaftsterritorium und Bistum waren jedoch nicht deckungsgleich. Die Herrschaftsterritorien der Bischöfe waren wesentlich kleiner als die Bistumsbezirke und oft wenig in sich geschlossen. Nach dem Sturz *Heinrichs des Löwen* (1180) wurden die Bischöfe bereits 1181 in den Reichsfürstenstand erhoben. Damit wurde die Anbindung an das Kaiserreich *Friedrichs I.* politisch und strategisch unterstrichen. Die beiden geistlichen Territorien blieben trotz früher Säkularisierung bis 1698 erhalten und wurden dann erst in das Staatsgebiet von Mecklenburg eingegliedert.
Die Auswahl des Zisterzienser-Mönches *Berno* aus dem Kloster Amelungsborn an der Weser zum Bischof von Schwerin hatte nicht nur Einfluß auf die Kolonisie-

rung der Schweriner Grafschaft und des Bistums, sondern auch auf die Gründung der ersten und wichtigsten Klöster des Landes. So wurde Kloster *Doberan* im benachbarten *Althof* 1171 gegründet, 1179 von den Wenden zerstört, 1186 in Doberan neu gegründet. Kloster *Eldena* in Vorpommern folgte 1190, *Dargun* in Pommern 1209. Doberan und Dargun wurden von rheinischen Zisterzienserklöstern aus gegründet. Beide waren wesentlich an der Ostsiedlung des 13. Jahrhunderts beteiligt. Bäuerliche Siedler von den Niederlanden, dem Niederrhein und Holstein füllten seit Ende des 12. Jahrhunderts allmählich das durch viele Kriege und Fehden menschenarm gewordene Land. Der mecklenburgische Haken als primäres Bodenbearbeitungsgerät erhielt durch den Pflug Konkurrenz, den die Siedler insbesondere auf den schweren Böden einsetzten.

Militärisch und politisch am wichtigsten wurde die Grafschaft *Schwerin*. Sie war dem sächsischen Vasallen *Gunzelin von Hagen*, bisher Statthalter im Wendenland, von *Heinrich dem Löwen* übertragen worden. Dieses Schweriner Grafenhaus verwaltete die Grafschaft rund 200 Jahre. Bereits vor der Einrichtung des neuen Bistums Schwerin hatte *Heinrich der Löwe* im Schatten der Schweriner Burg 1160 auch eine Stadtsiedlung anlegen lassen, die sich im Kern auf eine Dorf- und Kaufmannssiedlung zurückführen läßt. Schwerin wurde damit die erste Stadt des Landes, während die Wenden vorher nur Marktplätze kannten, sich aber nicht zu Stadtgründungen entschlossen.

Einfluß des Reiches

Nach dem Sturz *Heinrichs des Löwen* füllte sich von Dänemark aus vorübergehend das entstandene Machtvakuum bis 1227. Die dänische Königsmacht breitete sich über den Ostseeraum hinaus ins Abodritenland aus. Dem Schweriner Grafen *Heinrich* gelang es jedoch, den Dänenkönig *Waldemar II.* wegen eines Erbstreits gefangen zu nehmen und später in der Schlacht bei Bornhöved in Holstein 1227 zu schlagen und so die Dänenherrschaft im Abodritenland zu brechen und unter dem Schutz des Reiches die alte sächsische Herrschaft zu festigen. Während die dänische Lehnshoheit auf die Entwicklung von Recht und Verwaltung im Land keinen Einfluß hatte, wuchs im Gegenstrom dazu der Einfluß des deutschen Reiches. Denn zeitlich und machtpolitisch fiel diese Entwicklung in der ersten Hälfte des 13. Jahrhunderts überwiegend mit der expansiven Reichspolitik *Friedrichs II. von Hohenstaufen* als deutscher Kaiser zusammen. Die von *Heinrich dem Löwen* und *Friedrich I. von Hohenstaufen* begonnene reichsfürstliche Territorialpolitik wurde unter *Friedrich II.* als kaiserliche Reichspolitik fortgesetzt. Wichtige Stützen dieser reichsrechtlichen Entwicklung waren die Bistümer, die deutschen Siedler, Kaufleute und Städtegründer. Die unter den Sachsenkönigen und -kaisern durch Eroberung begonnene Reichspolitik wurde mit den Mitteln der Besiedlung, der Übernahme deutscher Wirtschafts-, Rechts- und Kultureinflüsse fortgesetzt. Innere Streitigkeiten zwischen Holstein und Ratzeburg, den wendischen Territorien und den sächsischen Grafen von Schwerin, nutzte der Kaiser, die Territorien als Reichslehen neu an Reichsfürsten, Reichsgrafen und einheimische Fürsten zu vergeben. So wurde z.B. 1224 beschlossen, daß der Graf von Schwerin die Lande Boizenburg und Schwerin, die der König von Dänemark erobert hatte und 1226

an das Reich herausgeben mußte, aus der Hand des Kaisers als Reichslehen neu erhalten sollte. Auch die Bischöfe von Lübeck, Ratzeburg und Schwerin erhielten ihre Regalien vom Reich neu zum Lehen.
Die Wirtschafts- und Verwaltungspolitik *Heinrichs des Löwen* wirkte nach seinem Sturz u. a. unter dem Einfluß der sächsischen Grafen von Schwerin und der Siedlungsbewegung des 13. Jahrhunderts durch Stadtgründungen fort. So entstanden von den 60 Städten, die Mecklenburg 1945 hatte, bereits 37 im 13. Jahrhundert. Sieben weitere Städte wurden im 14. Jahrhundert gegründet. Die meisten Städte gründeten mecklenburgische Fürsten. Im Land Stargard wurden die Städte vorwiegend bereits von den Markgrafen von Brandenburg gegründet. Die beiden Küstenstädte Rostock, vor 1218 gegründet, und Wismar, um 1228 gegründet, sind Kaufmannssiedlungen, deren natürliche Hafenanlagen jedoch früher auch von den wendischen Fürsten als Ausgangspunkte für ihre Kaperflotten benutzt wurden.

Stadtverfassungen

Mit den wichtigen Stadtgründungen unter dem Einfluß des Reiches wurde auch regelmäßig die Ausstattung einer Stadt mit Rechten verbunden. Diese Rechte konnten in Privilegien, Regalien und dem umfassenden Recht auf Rechtsetzung, Rechtsprechung und Verwaltung bestehen. Die Privilegien und Regalien bezogen sich oft auf die Inbesitznahme von Gütern und Dörfern im Rahmen einer Lehnspflichtigkeit, wie sie bei der Belehnung eines Vasallen durch den Kaiser, König oder Territorialfürsten üblich war. Es wurde regelmäßig das Recht gewährt, Märkte allgemeiner oder spezieller Art (Getreidemärkte, Obst- und Gemüsemärkte, Viehmärkte, Märkte für Gewerbeprodukte) einzurichten und abzuhalten, Marktplätze und Markthallen zu schaffen, Marktmagazine einzurichten, Marktwaagen und Marktgerichte zu unterhalten, Marktabgaben zu erheben, Zoll- und Steuerfreiheiten zu gewähren, Wasser-, Schürf- und Mahlrechte, Rechte an Waldungen, Mooren, Jagden, Fischereigründen und andere Regalien zu verleihen. Bedeutende Städte entzogen sich der Rechtsetzung, Gerichtsbarkeit, Verwaltung und dem Heeresdienst des Territorialfürsten.

Landverfassung

Parallel zur Städtegründung und ihrer frühen Verfassung entwickelten sich unter dem Einfluß des deutschen Reiches im hohen Mittelalter auch die einzelnen abodritischen Territorien im 13. Jahrhundert allmählich fort vom Stammesrecht der Wenden hin zur sächsischen und reichsrechtlichen Verfassung. Eingeleitet und begünstigt wurde diese Entwicklung durch die deutsche Siedlungspolitik, getragen von der Kirche, den Markgrafen und den eingeborenen Territorialherren. Am Beginn dieser Entwicklung standen die Bistümer. Sie standen sowohl im Dienst der Kirche, der Christianisierung der Wenden und im Dienst der Territorialherren.
Nicht nur in den Städten, sondern auch in den Territorien, bei Bischöfen, Klöstern, Mönchen, Kaufleuten und deutschen Bauern folgten das sächsische, fränki-

sche, römische und canonische Recht. Seit dem 13. Jahrhundert gewann neben dem sächsischen Recht in Gestalt des Sachsenspiegels (1233) auch das römisch-fränkisch (karolingisch) orientierte Reichsrecht zunehmend an Bedeutung. Träger dieses Einflusses waren einerseits die Bistümer und Klöster und andererseits die im Dienst insbesondere des Stauferkaisers *Friedrich II.* stehenden deutschen Adligen, die von den Kreuzzügen zurückkehrenden Ritter. Als letzte, aber wirksamste Gruppe sind schließlich die teilweise in Bologna, Padua und insbesondere in Neapel studierenden adligen und bürgerlichen Juristen zu nennen.

Mit dem zunehmenden Einfluß deutscher Siedler in den wendischen Territorien strahlte auch das römisch-karolingische Recht auf das Recht der Siedlung aus. Die Zisterzienserklöster trugen viel zu dieser Fortentwicklung und Tradierung des Rechts über die Elbe hinaus bei. Unter dem Sammelbegriff *Villikationssystem* vereinten sich Feudal- und Siedlungsrecht, Wirtschafts- und Verwaltungsrecht. Das Villikationssystem herrschte auf der unteren Ebene der Gesellschaft zwischen dem Feudalherrn und einer Gruppe von Bauern oder mehreren bäuerlichen Ansiedlungen. Die Villikation war auch das nach dem damaligen Entwicklungsstand der Landwirtschaft bestehende Versorgungssystem des herrschaftlichen Hofes und Haushaltes mit Gütern des Grundbedarfs (Nahrung, Kleidung, Wohnen) bei geringer Arbeitsteilung und weitgehendem Fehlen von Außenbeziehungen. Das Villikationssystem strahlte auf die dörfliche Verfassung und die örtliche Gerichtsbarkeit aus. Die Villikation prägte auch die Bodennutzung durch die von den Römern entwickelte und von Karl dem Großen wieder eingeführte *Dreifelderwirtschaft* im dreijährigen Turnus von Wintergetreide, Sommergetreide und Brachfläche.

Die Landverfassung umschloß auch das damals bereits ausgeprägte Lehensrecht, die bäuerlichen Pflichten im Rahmen einer Leibeigenschaft, die Naturalabgaben, Zehnten und Zölle. Die landesherrlichen Einnahmen beruhten einerseits auf den Stamm- und Erbgütern, dem Allodialbesitz, dem Warenzoll, den Auflagen und Beden, denen jeder Landesbewohner außer den Geistlichen und deren Untergebenen unterlagen, und schließlich den Zehnten der deutschen Bauern, an denen auch die Landesfürsten anteilig durch die Bischöfe von Lübeck und Ratzeburg partizipierten. Schließlich zählten auch die Gerichtsgefälle zu den wichtigen Einnahmen der Landesherren. Sie stellten die niedere und höhere Gerichtsbarkeit durch ihre Richter (iudices), Vögte (aduocatos) und Gräven oder Grafen (comites); folglich erhielten die Landesherren auch den größten Teil der Einnahmen aus Streitfällen. In Strafsachen wurde oft das Vermögen des schuldig Gesprochenen eingezogen. Dies reizte die Begehrlichkeit der Inhaber der Gerichtsbarkeit.

Verfassung und Verwaltung seit der Hauptlandesteilung 1229 bis zur Wiedervereinigung des Landes 1436/1442

Nach dem Tode des Abodritenfürsten *Niklot* im Jahre 1201 war Fürst *Heinrich Burwin* Alleinherrscher im Abodritenland. Bei seinem Tode 1227 hinterließ er vier Enkel seines Sohnes *Heinrich Burwin II.* Unter diesen unmündigen Kindern wurde das Land 1229 in vier Herrschaften aufgeteilt. Das Land zerfiel in die Herrschaften *Mecklenburg*, *Werle* (später Fürstentum Wenden), *Rostock* und *Parchim-Richenberg*. Die Herrschaften ergaben sich nach den Namen alter wendischer Burgsitze. Die Gliederung in vier Herrschaften ist eine verfassungs- und staatsgeschichtlich bemerkenswerte Folgewirkung der wendischen Regionalgründung der *Gaue* und der karolingischen *terrae*, die auch während der reichsgebietlichen Struktur der Markgrafschaften in Gestalt von Burgwarden, Burgbezirken und Grafschaften unterhalb der Ebene der Markgrafschaft fortbestand. Mit den vier Herrschaften wurden die entsprechenden Burgwarde und neu angelegten Städte gegenüber den anderen Burgwarden und Städten herausgehoben und als Regierungs- und Verwaltungszentren den anderen Burgsitzen übergeordnet. Gleichzeitig wurden diese Burgwarde und Städte residenzmäßig ausgebaut. Denn bereits im hohen Mittelalter begann mit der Aufteilung des Landes in mehrere Herrschaften auch die Einrichtung von festen Regierungs- und Verwaltungssitzen.

Durch innere Fehden und weitere Erbteilungen, Erbverträge, dynastische Verbindungen mit anderen Grafen während der nächsten 200 Jahre schwankte das politische, strategische und militärische Gleichgewicht zwischen den vier Herrschaften sehr. Die Parchimer Linie beugte sich bald dem Druck der Grafen und Bischöfe von Schwerin. Die Herrschaft Parchim wurde aufgeteilt an die Grafen von Schwerin, die Herren von Mecklenburg und die Herren von Werle. Die Herrschaft Werle konnte sich ebenfalls nicht über das Mittelalter hinwegretten. Werle wurde wiederholt geteilt. Als Fürstentum Wenden (1418) ging die Herrschaft Werle trotz einer vorübergehenden Anlehnung an Brandenburg bald unter, als die Linie der Herrschaft Mecklenburg gezielt durch Fehden, Bündnisse und Erbverträge expandierte und sich Schritt um Schritt in den Besitz der Territorien und Herrschaften setzte, bis die Landesteile 1436/1442 unter der Mecklenburger Linie wieder vereinigt waren.

Der Aufstieg der Herrschaft Mecklenburg zur Vorherrschaft begann unter Fürst *Heinrich II.* (1267/1287–1298/1329). Trotz starker Verschuldung und Verpfändungen war es ihm gelungen, von seinem Schwiegervater, dem Markgrafen *Albrecht III. von Brandenburg* aus *askanischem* Hause, 1298/99 die seit 1236 brandenburgischen Länder Stargard und Beseritz als brandenburgische Lehen sowie kurz nach 1300 weitere märkische Lehen im Südteil des späteren Mecklenburg-Strelitz zu erwerben. Auch das Land Rostock konnte unter *Heinrich II.* an die Herrschaft Mecklenburgs gebunden werden, nachdem der letzte Herr von Rostock sein Land gegen 1300 dem Dänenkönig *Erich Menved* zu Lehen übertragen hatte. Aber bereits dessen Nachfolger mußte das Land Rostock 1317 an seinen mächtigsten Vasallen, eben den genannten *Heinrich II. von Mecklenburg*, pfandweise übertragen. 1324 wurde die Herrschaft Rostock als dänisches Lehen an die Herren von Mecklenburg übertragen. Erst 1405 entfiel diese Lehnshoheit. Dem ältesten Sohn *Heinrichs II. von Mecklenburg*, *Albrecht II.*, gelang es dann im Konflikt zwischen den *Wittelsbachern* und *Luxemburgern* auf der Seite der Luxemburger in der Mark Brandenburg seinen Besitz zu sichern, indem Kaiser *Karl IV.* aus dem Hause Luxemburg das Lehnsverhältnis der Fürsten von Mecklenburg zu den Markgrafen von Brandenburg und den Herzögen von Sachsen aufhob und zugleich 1347 das Land Stargard und die übrigen brandenburgischen Lehen der Mecklenburger zu *unmittelbaren* und erblichen Reichslehen erhob. Ein Jahr später, 1348, wurden die Brüder *Albrecht* und *Johann* von Mecklenburg zu *Herzögen* von Mecklenburg erhoben und damit zu Reichsfürsten ernannt.

Leider konnten sich auch die neuen Herzöge von Mecklenburg nicht entschließen, das neue Herzogtum ungeteilt zu regieren und zu verwalten. Das Bewußtsein einer starken Territorialherrschaft im Sinne eines späteren Territorialstaates war noch zu schwach ausgebildet, als daß Teilungen verhindert werden konnten. Trotz eines machtpolitischen Höhepunktes am Ende des 14. Jahrhunderts zerfiel die herzogliche Macht im Landesinnern im Laufe des 15. Jahrhunderts wieder durch innere Streitigkeiten und Verwüstungen des Landes durch Raubzüge. Wirtschaft und Verwaltung verfielen. Dennoch gelang es durch Zufall, die Landesteile wieder zu einigen, als 1436 das Haus Werle-Güstrow ausstarb und dessen Länder an die mecklenburgischen und stargardischen Herzöge fiel. Als 1471 der letzte stargardische Herzog ebenfalls ohne männliche Erben starb, vereinte der mecklenburgische Herzog *Heinrich IV.* am Ende des Mittelalters als *Herzog zu Mecklenburg, Fürst zu Wenden, Rostock und Stargard der Lande Herr* bis auf die Herrschaftsräume der beiden Bistümer Ratzeburg und Schwerin die Räume der künftigen zwei mecklenburgischen Territorialstaaten, die zumindest im verfassungsrechtlichen Bereich als ein Gesamtstaat anzusehen sind. Trotz der wiederholten Realteilungen der Herrschaftsgebiete in selbständige Herrschaften blieb dennoch die Form der Verwaltung in den einzelnen Herrschaften über mehrere Jahrhunderte hinweg vom hohen bis einschließlich zum späten Mittelalter weitgehend gleich. Weder in zeitlicher noch in regionaler Hinsicht gab es wesentliche Veränderungen, so daß die folgende verfassungs- und verwaltungsrechtliche Darstellung alle Herrschaftsgebiete Mecklenburgs umfaßt.

Landständische Verfassung

Das Lehnsrecht zwischen Fürst und Ständen war die Grundlage der Herrschaft. Die Lehnsherrschaft beruht auf einer landständischen Verfassung. Den Landesherren stand gegenüber den einzelnen Grundherren, Prälaten, Rittern und Städten eine Reihe von Herrschaftsrechten zu, die sich gegenüber den Grundherren und Rittern aus dem Lehnsverband, gegenüber den Prälaten aus dem Stiftungs- oder Grundvertrag und gegenüber den Städten aus Stadtgründungs- oder nach kriegerischen Auseinandersetzungen aus den Friedensverträgen ableiten lassen. Das Lehnsverhältnis ist zweiseitig. Es kennt den Lehnsherren als den aus dem Lehnsverhältnis vorwiegend Berechtigten einerseits und den aus dem Lehnsverhältnis überwiegend Verpflichteten, die Grundherren, Ritter, Prälaten und Städte, andererseits. Im Gesamtstaat Mecklenburg war das Lehnsverhältnis überwiegend zweistufig. Aus dem Lehnsverhältnis von Landesherren zu den Grundherren, Rittern, Prälaten und Städten folgte vielfach gegenüber der ländlichen Bevölkerung eine Abhängigkeit, die sich in der persönlichen und vermögensmäßigen Abhängigkeit der Bauern und dörflichen Handwerker zu den Grundherren, Rittern, Prälaten oder Städten widerspiegelt, die mit dem Begriff der *Leibeigenschaft* umschrieben wird.

Die Herrschaft der Landesfürsten blieb in den mecklenburgischen Territorien sowohl im Mittelalter als auch in der Neuzeit relativ schwach ausgebildet. Im Mittelalter beschränkte sie sich auf die Roßdienste der Ritter und auf die Landwehrdienste der grundherrlichen und ritterschaftlichen Hintersassen im Kriege, auf die höhere Gerichtsbarkeit, die teilweise auch die Rechtsaufsicht über die ständische Gerichtsbarkeit beinhaltete und eine dem Landesherren zu gewährende feststehende Abgabe, die *Bede*. Dem Oberhof in Rostock, dem einzigen fürstlichen Gerichtshof des Landes, saß der Kanzler eines Landesfürsten vor. Der Entscheidungsaufwand des Oberhofs war groß. Er tagte oft nur alle Vierteljahre und an vielfach wechselnden Orten. Bei ständischen Streitigkeiten war die Autorität des Oberhofs, seines vorsitzenden Kanzlers und damit auch des Landesfürsten dadurch geschwächt, daß vor Entscheidungen vielfach die Rostocker Juristenfakultät gutachtlich befragt oder das Reichskammergericht, damals noch mit Sitz in Speyer, angerufen werden konnte. Zeit- und Kostenaufwand stiegen. Der Rechtsfrieden verzögerte sich erheblich.

Im Verlauf des Mittelalters verfestigte sich die Landesherrschaft zu einem einheitlichen, dem Inhalt nach relativ fest umrissenen *Landesregiment*. In ihm wurden die sog. *regalia majora* der Landesherren ausgeübt. Eine wichtige Stütze des landesherrlichen Regiments war das landesfürstliche *Domanium*. Unter ihm versteht man das Grundeigentum des Landesherrn. Aus dem Domanium wurde ein wesentlicher Teil der Kosten des Landesregiments, die Bedürfnisse der fürstlichen Familie und der Hofverwaltung bestritten. Das Domanium betrug zu bestimmten Zeiten bis über 40% der Gesamtfläche Mecklenburgs. Wichtig war das Domanium nicht nur wegen der Gesamtfläche, sondern gerade auch wegen der unmittelbaren Geltung der landesherrlichen Gesetzgebung und Verwaltung. Das Domanium bildete neben dem Grundeigentum der Ritterschaft und der Immediatstädte mit ihren städtischen Gütern staatsrechtlich einen eigenen, dritten Landesteil. Alle drei Landesteile waren keine zusammenhängenden, einheitlichen Gebiete, sondern vielmehr völlig regellos über das gesamte Land verteilt und vermischt. Das Domanium wurde in Vogteien und Ämter eingeteilt. Neben den im Mittelalter entstandenen Vogteien mit relativ geschlossenen Bezirken aus landesfürstlichem und ritterschaftlichem Eigentum entstanden zugunsten des Domaniums zwischen 1551–1558 die sog. kleineren und jüngeren Ämter aus säkularisiertem Kirchen- und Klosterbesitz. Bei großen Klosterbezirken wurde die alte Verwaltung des Klostergutes in Form eines Amtes weitergeführt, wie z. B. bei den Zisterzienser-Abteien Dargun und Doberan.

Gegenüber dem Landesregiment erschienen die Rechte der Grundherren und Städte als *Privilegien*. Obwohl diese Betrachtungsweise in letzter Konsequenz zu einem Abbau der ständischen Herrschaftsposition geführt hätte, wie es sich unter Herzog *Magnus II.* (1441/1477–1503) aus dem Hause Mecklenburg durch eine Neuordnung der Finanzen, Einrichtung eines juristisch vorgebildeten Berufsbeamtentums und teilweiser Neuordnung der Verwaltung ansatzweise zeigte, vollzog sich entgegen der Mehrheit der anderen Territorialstaaten zu Beginn der Neuzeit in Mecklenburg letztendlich doch eine gegenläufige Entwicklung. Sie führte zur Stärkung der Herrschaft der Stände und zur Schwächung der Herrschaft der Landesfürsten. Innere Fehden mit den Grundherrschaften und Städten, äußere Fehden mit Territorialnachbarn und schließlich immer wieder eine hohe Verschuldung der Landesfürsten führten zu deren politischen und bald auch verfassungsrechtlichen Schwächung. Diese Entwicklung hatte durch die Reformation und die damit verbundene Aufhebung der Klöster und des Prälatenstandes nicht eingedämmt werden können. Waren die Vögte der Herzöge ursprünglich zugleich Gerichts-,

Verwaltungs-, Polizei, Finanz- und Notarpersonen gewesen, so schränkte sich mit dem Verkaufen und Verpfänden von Domänen die landesherrliche Gewalt bald wieder ein. In der zweiten Hälfte des 16. Jahrhunderts traten ritterschaftliche Gerichte oft gleichberechtigt neben die Gerichte in den Amtsverwaltungen der Landesfürsten. Als 1555 die Verwaltung der Bede auf die Stände überging, reduzierten sich die Befugnisse des Amtsmannes vielfach auf die Verwaltung der landesfürstlichen Domänen.

Die Macht der Stände fand 1523 einen vorläufigen Höhepunkt, als zwischen den Grundherren, Prälaten und Städten der Territorien Mecklenburg, Wenden, Rostock und Stargard eine *landständische Union* geschlossen wurde. Das wichtigste Ergebnis dieser Union war die ständische Vereinigung aller Stände in allen Territorien des Gesamtstaates Mecklenburg, dessen landesherrliche Herrschaft seit 1471 vorübergehend bis 1552 allein in der Hand der Herzöge aus der Linie des Hauses Mecklenburg lag. Die landständische Union gliederte die Stände regional zugleich in folgende drei Kreise: den Mecklenburgischen (Herzogtum Schwerin), den Wendischen (Herzogtum Güstrow) und den Stargardischen (Herzogtum Strelitz). Diese landständische Union blieb auch erhalten, als 1552 nach dem Tode des Herzogs das Gesamtherzogtum an dessen drei Söhne fiel. Die landständische Union war die zentrale Klammer und Basis für den territorialen Gesamtstaat Mecklenburg. Sie schuf die Grundlage für die Unteilbarkeit für fast hundert Jahre. Durch den *wismarschen Gemeinschaftsvertrag* von 1555 und den *ruppinschen Machtspruch* von 1556 wurde die geplante *Realteilung* vermieden und durch eine *Nutzungsteilung* ersetzt. Es zeigte sich, daß das herzogliche Haus aus den Verhandlungen mit den Ständen im Zuge der Nutzungsteilung geschwächt hervorging. Fehden und Kriege hatten die herzoglichen Kassen geleert. Die Einkünfte aus den Domänen, Regalien, Städten und aus der alten Bede reichten nicht aus, um die landesherrlichen Ausgaben zu decken. Die Stände setzten es sogar 1555 im Rahmen einer kaiserlich bestätigten Zusicherung, eines sog. *Assekurations-Revers*, durch, daß sie ein freies Bewilligungsrecht über die alte ordentliche Bede erhielten. Durch sog. *Reversalen* von 1572 wurden den Ständen alle ihre früher von den Herzögen bestätigten Privilegien bestätigt.

Landständische Verwaltung

Aus dem Aufbau und der Gliederung der Stände ergab sich auch die Verwaltung. Ähnlich wie die Lehnsverhältnisse im Gesamtgefüge des sich allmählich herausbildenden Territorialstaates war auch die Verwaltung mehrstufig. Zu unterscheiden ist zwischen der Verwaltung in den ursprünglich vier Herrschaften als untereinander vergleichbare Verwaltung der Landesherren, die dann im zweigeteilten oder vorübergehend vereinheitlichten Gesamtstaat Mecklenburgs bis Mitte des 16. Jahrhunderts fortbestand. Auf der gleichen Ebene existierte die Verwaltung der Bistümer, die landesherrliche Kirchenverwaltung und zum Teil auch die Verwaltung der bedeutendsten Immediatstädte Rostock und Wismar.

Unterhalb der fürstlichen, oft mehrfach geteilten „Zentralgewalt" der Landesherren bestand ein Netz von Vogteien und Ämtern als untere Verwaltungsebene. Gewalt- und Verwaltungsunterworfene waren vielfach verschieden. Im Verhältnis zu den Lehnsherren waren es die Grundherren, Ritter, Prälaten und Städte. Aus deren Sicht waren es vorwiegend die bäuerlichen Siedlungen und ihre bäuerlichen und handwerklichen Bewohner. Der verwaltungsmäßige Durchgriff der Landesherren auf die Bauern und Handwerker auf dem Lande war gering. Abgesehen vom Landwehrdienst und der Bede fehlte jeder direkte Durchgriff. Die Städte genossen eine vielfache bürgerliche Selbstverwaltung. Gemeinden im Sinne einer gemeindlichen Selbstverwaltung gab es kaum.

Herrschaftliche und fürstliche Verwaltung

Die herrschaftliche und fürstliche Verwaltung in den mecklenburgischen Territorien kannte ursprünglich nur eine zentrale Verwaltung, die Hofverwaltung, die zugleich für die landesherrlichen Aufgaben im gesamten Herrschaftsterritorium zuständig war. Dieser Hofverwaltung stand der *Marschall* vor. Sein Amt war seit dem 14. Jahrhundert vielfach erblich und mit der Ausgabe von Lehnsgütern als Zeichen des Amtes und des Entgelts verbunden. Das Amt wurde regelmäßig an Mitglieder des eingesessenen Adels vergeben. Oft war der Marschall, auch Erbmarschall, rangmäßig der erste in der Ritterschaft des Landes. Mit der Vereinigung mehrerer Herrschaften richteten die Fürsten vielfach neben dem erblichen Marschall noch die Ämter eines *Hofmarschalls* und eines *Hofmeisters* ein, die mit den Fürsten von Residenz zu Residenz zogen und die Hofverwaltung leiteten. Daneben bestanden als Hofämter der *Kammermeister* (protocamerarius), der *Küchenmeister* und der *Schenk*. Während die Ämter eines Küchenmeisters und Schenken im hohen Mittelalter zu Repräsentationsämtern degenerierten und vielfach nicht mehr besetzt wurden, gewann das Amt des Kammermeisters zunehmend an Bedeutung. Ursprünglich leitete oft ein befähigter Vogt die Hofkammer. Je größer, systematischer und verwaltungsorientierter seine Aufgaben über den Hofbereich hinaus wurden, desto mehr wählten die Fürsten auch juristisch vorgebildete, festbesoldete Bedienstete und Räte aus, die entweder aus dem Lande oder auch aus anderen Fürstentümern oder Reichsstädten stammten. Der Kammermeister, später *Kämmerer*, stand der Hofkammer und später der Rentkammer vor. Von der Kammer wurden bald auch die Domänen und Regalien der Landesherrschaft verwaltet. Die Verwaltung umfaßte die wirtschaftliche Erschließung der Güter und Regalien, die Eigenbewirtschaftung oder Verpachtung der Ressourcen und die Verwaltung der Naturalien und Geldbeträge aus diesen Gütern und Regalien. Schließlich gehörte auch die Einnahme der Bede und deren Verwaltung zu den Aufgaben der Kammer. Das wohl wichtigste Regal war im allgemeinen das Münzregal der Landesfürsten. In Mecklenburg blieb das eigene Münzregal unterentwickelt, weil, durch den Ostseeraum beeinflußt, Lübecker Münzen und rheinische Gulden als Leit- und Landeswährungen im Mittelalter vorherrschten und die Kurse der anderen Münzen beeinflußten. Teilweise hatten die Landesfürsten das Münzregal an die großen Seestädte Rostock und Wismar verkauft, die auf dem ehemals landesherrlichen Münzoffizin eigene Währungen prägten, wie z. B. die Rostocker Mark. Wismar prägte Pfennige nach lübischem Münzfuß. Daneben bestanden Schweriner Pfennige und Stargarder „Finkenaugen" (Vienkenogen, vincones).

Neben der Hofkammer gewann seit dem hohen Mittelalter die jeweilige *Kanzlei* der Herrschaft an Bedeutung. Ihre Einrichtung war bereits früh von den landesherrlichen Aufgaben gegenüber den Ständen und gegenüber anderen Herrschaften und Ländern bestimmt. Der Kanzlei oblagen u. a. Beurkundungen, der Abschluß von Verträgen, insbesondere Erb- und Friedensverträgen, Vormundschaftsangelegenheiten, die Ausgabe von Lehen und der allgemeine Schriftverkehr. Der Kanzlei unterstand bald das gesamte Justizwesen, die Verwaltung nach innen und außen sowie teils auch das fürstliche Einnahmewesen. Die Kanzlei wurde von einem *Kanzler* geleitet. Dieses Amt war vielfach im 15. und 16. Jahrhundert nicht mehr dem eingesessenen Adel vorbehalten. Oft waren es im späten Mittelalter bürgerliche Domherren und bald auch in Italien ausgebildete Juristen aus einheimischen oder auswärtigen Familien. Der aus Nürnberg stammende Kanzler im Dienste des fürstlichen Hauses Mecklenburg, *Dr. A. Gravenwoldt* (1495–1501), führte anstelle der plattdeutschen die hochdeutsche oder sog. obersächsische Sprache als Kanzleisprache ein. Der Kanzler wurde teils von einem *Protonotorius,* einem obersten Schreiber, unterstützt, der vielfach zugleich Pfarrer war. Kleinere Herrschaften, wie z. B. die Herren von Werle-Güstrow hatten nur teilweise einen Kanzler; teilweise leitete bei ihnen auch nur ein Protonotorius die Kanzlei.

Dem Kanzler standen vielfach rechtswissenschaftlich ausgebildete Räte und Schreiber (Secretarius, Vicarius) zur Seite. Sie wurden, solange der fürstliche Hof noch von Residenz zu Residenz zog, von ausgewählten Vögten, Hauptmännern und Ratsmannen unterstützt. Vielfach wurden die Räte des Fürsten auch durch ausgewählte Magistratsmitglieder der größeren Städte und vereinzelt auch durch geistliche Ratgeber ergänzt.

Die herrschaftliche und fürstliche Zentralverwaltung setzte sich außerhalb der Hof- und Kanzleiverwaltung auf der unteren Verwaltungsebene fort durch die Gliederung der Herrschaften in Amts- und Vogteibezirke. Ihnen standen Amtmänner (Ambachtlüden, Praefectes), Vögte (Aduocates) und Hauptmänner vor, die die Burgen, Schlösser und die ihnen angeschlossenen Domänen und Regalien, insbesondere Forsten, Seen, Flüsse, Mineralquellen, Jagden, Fischereien, Flußschiffahrt und Mühlen verwalteten. In der Hand der Amtmänner und Vögte lag meistens auch die Vereinnahmung der Bede und der Warenzölle in ihren Amtsbezirken.

Verwaltung der Bistümer

Die territoriale Bistumsverwaltung entsprach in vielem der herrschaftlichen und fürstlichen Zentralverwaltung. Auch innerhalb der Bistümer als Territorialherrschaft gab es vielfach eine zweistufige Verwaltung. Sie gliederte sich in die bischöfliche Zentralverwaltung, die zugleich noch Hofverwaltung war. Unterhalb dieser Ebene bestand die grundherrschaftliche Gewalt des Adels und die städtische Verwaltung, die jedoch innerhalb der Bistümer wegen der geringen Größe der wenigen Städte unbedeutend blieb.

An der Spitze der territorialen Bistumsverwaltung stand unterhalb des Bischofs als Träger der Zentral- und Hofverwaltung innerhalb der Hierarchie der Marschall an der Spitze der Hofbeamten. Sein Amt wurde im Mittelalter oft innerhalb einer

Adelsfamilie vererbt. Verbunden damit waren oft Lehnsgüter des Bistums. Weitere Hofämter waren der *Kammermeister*, der *Protocamerarius*. Die Ämter eines Küchenmeisters und Schenken waren in den Bistümern vielfach nicht besetzt. Ähnlich wie die weltlichen Herrschaften hatten die Bistümer für die eigentlichen Verwaltungssachen jeweils eine *Kanzlei*, der ein *Kanzler* vorstand. Teilweise hielten sich die Bischöfe auch Stiftskanzler. In kirchlichen Angelegenheiten bestellten die Bischöfe vielfach *Procuratoren*. Der Bischof von Schwerin verfügte am Ende des 15. Jahrhunderts bereits über ein Ratskollegium, den Stiftsräten, bestehend aus den Mitgliedern des Domkapitels, einem Ritter, einem Stiftsmarschall und mehreren geistlichen und im canonischen Recht ausgebildeten Räten und Stiftsmannen.

Landesherrliche Kirchenverwaltung

Die landesherrliche Kirchenverwaltung spiegelte in besonderer Weise die Landesstruktur, die Landesteilungen und den ständischen Aufbau der Verwaltungen wider. Nachdem die Stargarder Herzogslinie 1471 ausgestorben war und zwei Herzogtümer unter der Schweriner Linie wiedervereinigt waren, verstärkte sich der politische Druck der Herzöge auf die Stiftsländer. Die bischöflichen Territorien wurden seit dem 15. Jahrhundert vielfach mit nachgeborenen Söhnen der Herzöge besetzt und nach außen vom regierenden Fürstenhaus vertreten. In ähnlicher Weise gerieten die Klöster Ende des 15. Jahrhunderts unter die herzogliche Aufsicht. Dieser Entwicklung folgte im 16. Jahrhundert die innerkirchliche Organisation, in die sich die Herzöge auf Grund der in Mecklenburg auf dem Landtag zu Sternberg 1549 öffentlich bestätigten *Reformation* zunehmend einmischten, bis schließlich nach dem Vorbild von Sachsen, Brandenburg und Hessen durch die Landeskirchenordnung von 1557 der letzte und entscheidende Schritt zur Staatskirche, der mecklenburgischen Landeskirche, getan war. Auf der obersten Verwaltungsebene errichteten die Herzöge ein Konsistorium mit Sitz in Rostock unter dem geistigen und geistlichen Einfluß der dortigen Universität. Dem Konsistorium oblagen neben den Kirchen- auch die staatlichen Schulangelegenheiten.

Stadtverfassung und -verwaltung

Die Verfassung und Verwaltung der Städte Mecklenburgs kann exemplarisch an den Städten Rostock und Wismar dokumentiert werden. Kleinere Städte waren zwar vielfach nach demselben Muster organisiert, aber nicht so ausgeprägt und aufwendig. Sie waren in die Verwaltung der einzelnen Vogteien eingegliedert und wurden entweder von den Vögten und Amtmännern für den Landesherren *immediat* verwaltet oder sie waren als *Mediat*städte mit der gesamten Vogtei einschließlich der allgemeinen Landbede an Grundherren verpfändet und damit unter deren Verwaltung gestellt.
Die bedeutendste Stadt des Mittelalters an der Ostsee war zur Zeit der *Hohenstaufer Lübeck*. 1066 zum ersten Mal erwähnt, 1138 verwüstet, neu gegründet, förderte *Heinrich der Löwe* die Entwicklung der Stadt. 1170 erhielt Lübeck *Soester* Stadtrecht, das den Stadtrechten bedeutender flandrischer und rheinischer Städte nach-

gebildet war. Als *lübisches* Recht wurde es Vorbild für die bedeutendsten Handelsstädte u.a. an der Ostseeküste und im wendischen Binnenland. So übernahmen *Rostock* und *Wismar* lübisches Recht genauso wie *Schwerin* und *Gadebusch*. Rostock Stadt und Land wurden von Fürst *Heinrich Burwin I.* (Henrich Borwin) 1213 mit lübischem Stadtrecht ausgestattet. Gleichzeitig wurde der Stadt und dem Land Rostock die vollständige Zollfreiheit gewährt.

Nach lübischem Vorbild wurde in Rostock ein oberster Gerichtshof, der sog. *Oberhof*, eingerichtet, der nicht nur Recht in Stadt und Land Rostock sprach, sondern nach Vereinbarungen mit den Fürsten und Grafen des Landes auch für andere Territorien als letzte Instanz zuständig wurde. Die Bedeutung des Rostocker Oberhofes stieg noch, nachdem Rostock im Jahre 1419 eine Universität erhielt, so daß deren Juristenfakultät gutachtlich und durch Mitglieder am Oberhof Einfluß auf die Weiterentwicklung des Rechts in fast allen Territorien des späteren Gesamtmecklenburgs nahm.

Ausgehend vom lübischen Recht bildeten die größeren Städte einen Magistrat. Die Stadtverwaltung bestand regelmäßig aus einem von der Bürgerschaft gewählten Bürgermeister (Magistros Burgensium) und Ratsmännern (Consiliarios, Consules). Bürgermeister und Ratsmänner bildeten als Kollegium den Rat (Consilium) einer Stadt. Er bestand in Rostock und Wismar aus jeweils vier Bürgermeistern und einer großen Anzahl von Ratsmännern (Rostock: 1419: 19, 1428: 24; Wismar: 1384: 17). Die größere Zahl der Bürgermeister spricht dafür, daß nach dem damaligen Territorialprinzip das von den lombardischen Städten her bekannt war, eine Stadt sich verwaltungsmäßig vielfach in mehrere *Quartiere* gliederte. Jeweils ein Bürgermeister stand einem Stadt*viertel* vor. Die Ratsmänner stammten aus Kaufmanns-, Schiffahrts- und später auch aus zünftigen Handwerkerfamilien der einzelnen Stadtviertel. Die Einheit der Stadtverwaltung wurde durch den Magistrat gewährleistet. Er wurde seit dem 14. Jahrhundert vielfach wie in den fürstlichen Kanzleien von einem *Notarius* oder *Protonotarius*, dem obersten Stadtschreiber unterstützt. Mit zunehmender Bedeutung der juristischen Fachkenntnisse in der Stadtverfassung und Stadtverwaltung nahmen entsprechende, auf den bekannten oberitalienischen Universitäten in Bologna und Padua juristisch ausgebildete Notarien und Protonotarien auch die Stellung eines *Syndikus* ein.

Das in *Schwerin*-Stadt und in der gleichnamigen Graftschaft geltende und dem früheren obotritischen Stammesrecht angepaßte lübische Recht wurde als *Schweriner Recht* auch auf die Städte *Güstrow*, *Röbel* und *Penzlin* übertragen. In Schwerin selbst wurde das geltende Recht nach dem Vorbild z.B. des lübischen Rechts und des Sachsenspiegels (1233) in einer sog. städtischen *Regimentsverfassung* zusammengetragen. Der deutsch-sächsische Rechtskreis herrschte in dieser Sammlung vor, untermischt bereits mit römischen Rechtseinflüssen. Es war Stadtrecht. Landesherrliches Recht enthielt dieses Schweriner Recht noch nicht. Im Land *Stargard* herrschte märkisches Recht vor, das von *Magdeburg* aus über die *Stadt Brandenburg* in die *Mark Brandenburg* getragen wurde.

Die Gerichtsbarkeit in Straf- und Zivilsachen wurde in den kleineren Städten durch Schöffengerichte ausgeübt. Der Landesfürst begnügte sich oft damit, die Richter in den Städten zu bestellen oder durch seine Burgvögte Recht sprechen zu lassen. Die Rechtsprechung festigte sich oft durch Urteilssammlungen, Analogieschlüsse und hergebrachtes Stammesrecht.

Der Magistrat verwaltete alle die Stadt berührenden Angelegenheiten der Bürgerschaft. Dazu zählten das Bau- und Verkehrswesen, das Hausbau-, Straßen- und Hafenbauwesen, die Stadtsicherung durch Wall-, Mauer- und Grabenbau, die Regelung des Feuerschutzes, das Zoll-, Stapel-, Accise- und Steuerwesen, das Münzwesen, das Jahrmarktwesen und der Handel mit landwirtschaftlichen Produkten auf Wochen- und Tagesmärkten. Die Accise als Konsumsteuer wurde teils im 14. und teils im 15. Jahrhundert meistens auf Bier und Wein erhoben, um die städtischen Einnahmen zur Schuldentilgung zu erhöhen. Rheinweine durften in Rostock nur im Stadtkeller ausgeschenkt werden, so daß die Erträge aus diesem Rheinweinausschank, der damals unter den angebotenen Weinen das Übergewicht hatte, als Monopol in städtischer Hand lag. Ähnlich wie in Lübeck und Hamburg war das Bierbrauen auf der Grundlage eines florierenden Getreidehandels als Gewerbe auf die Städte beschränkt, um die Einnahmen zu erhöhen. Wismar, z. B. hatte im Mittelalter bereits über 200 Brauereien, deren Zahl mit dem Dreißigjährigen Krieg allerdings stark zurückging und sich auch später nicht wieder anglich. Rostocks Brauereigewerbe war noch bedeutender als in Wismar. Das Mahl- und Schlachtwesen wurde ebenfalls sehr früh aus Ernährungssicherungs- und Hygienegründen von der städtischen Verwaltung erfaßt.

Im Handel- und Wirtschaftsrecht standen Rostock und Wismar bis Ende des 13. Jahrhunderts unter dem Einfluß der Hanse, die sich bereits im 12. Jahrundert als eine Wehr-, Opfer-, Schutz- und Handelsgemeinschaft von Kaufmannsstädten verstand. Nach dem Vorbild Lübecks und Hamburgs, die 1241 ein Schutz- und Wirtschaftsabkommen schlossen, entstanden auch unter den neuen wendischen Städten Schutz- und Wirtschaftsabkommen. Ihre Tagungen und Beschlüsse sind erstmals 1256 in Wismar nachweisbar. Als bevorrechtigte Kaufmannsgenossenschaft prägte die Hanse seit Ende des 13. bis Anfang des 16. Jahrhunderts auch das städtische Wirtschafts-, Währungs- und Verwaltungsrecht.

LANDESHERRSCHAFT UND LANDESTEILUNGEN VON 1621 UND 1701

Landesteilung von 1621

Die Landesherrschaft der Herzöge von Mecklenburg litt im 17. Jahrhundert einerseits unter den wiederholten Landesteilungen, die die landständische Union nicht mehr verhindern konnte, und andererseits unter dem Dreißigjährigen Krieg sowie seinen politischen und wirtschaftlichen Folgen.
Nachdem 1610 eine vorübergehende Konsolidierung des Landes eingetreten war, wurde 1621 über die landständische Union hinweg durch den *fürstbrüderlichen Vergleich wegen der Landesteilung* das Gesamtteritorium in *zwei selbständige* Herzogtümer zerlegt. Es entstanden das Herzogtum *Mecklenburg-Schwerin* und das Herzogtum *Mecklenburg-Güstrow*. Das Herzogtum Mecklenburg-Schwerin um-

faßte das alte Herzogtum Mecklenburg, einen Teil des Fürstentums Wenden und einen Teil der Herrschaft Rostock sowie die Grafschaften Schwerin und Dannenberg, während das Herzogtum Mecklenburg-Güstrow aus dem jeweils anderen Teil des Fürstentums Wenden und der Herrschaft Rostock sowie aus der Herrschaft Stargard gebildet wurde. Von der Teilung ausgeschlossen, aber zur gemeinsamen Nutzung bestimmt, blieben die Stadt Rostock und die zu Rostock gehörenden Gemeinschaftsörter.

Trotz dieser Teilung setzten es die in Folge der Reformation um die Prälaten reduzierten Stände, die Ritter und Städte, die sog. *Ritter- und Landschaft*, durch, daß die einheitliche landständische Verfassung durch die landständische Union erhalten blieb.

Verwaltungsveränderungen aufgrund der Landesteilung von 1621

Die landesherrliche Verwaltung veränderte sich durch die Teilung des Landes in zwei Herzogtümer grundsätzlich nach dem Muster der bisherigen herzoglichen Zentralverwaltung des Gesamtstaates. Unberührt von der Landesteilung blieben mehrere Landeseinrichtungen und Verwaltungen, die durch die Landesteilung zwangsläufig eine stärkere Selbständigkeit erhielten. Sie entfernten sich von der Macht und dem Einfluß der Herzöge und kamen zwangsläufig mehr unter den Einfluß der Stände. Mit diesen bestehenden und teilweise neu eingerichteten Verwaltungsträgern mit einem Verwaltungsauftrag für den Gesamtstaat wurde zu einem Zeitpunkt eine landständische Verwaltung aufgebaut, als in anderen Territorialstaaten der ständische Einfluß zurückgedrängt wurde. Als gemeinsame Einrichtungen bestanden fort das Konsistorium zur Verwaltung der evangelischen Kirchenangelegenheiten, die Universität in Rostock und das Hofgericht. Kriegsabgaben, Kontributionen, konnten nur einheitlich für das gesamte Land durch die Stände bewilligt werden. Die Verwaltung der Schuldentilgung übernahmen die Stände durch die Bildung einer Kasse, des sog. *Landkastens*, der ausschließlich unter der Verwaltung eines ständischen Ausschusses stand. Die Einheit des Landes spiegelte sich schließlich auch durch einheitliche Landtage aller Kreise wider. Unterhalb der ständischen Kreise blieb die bisherige Ämterstruktur erhalten.

Verwaltung und Rechtspflege Wallensteins in Mecklenburg

Obwohl *Wallenstein* während des Dreißigjährigen Krieges nur rd. ein Jahr, vom Juli 1628 bis Juli 1629, Zeit hatte, die ihm anfangs pfandweise, später als Herzog übertragenen beiden mecklenburgischen Herzogtümer zu vereinigen und als solche bis 1631 zu verwalten oder verwalten zu lassen, hat er verwaltungsorganisatorisch Bemerkenswertes geleistet, das auch in einer Skizze zur Verwaltungsgeschichte Mecklenburgs kurz gestreift werden muß, um die Unterschiede zu den einheimischen, zwischenzeitlich geflohenen Herzögen aufzuzeigen. *Wallenstein* wählte eine Mischung von Altem und Neuem in Rechtspflege und Verwaltung aus dem, was er in den mecklenburgischen Herzogtümern für gut befunden und was sich im böhmischen Friedland bereits bewährt hatte.

Wallenstein bestimmte als zentralen Residenz- und Verwaltungssitz Güstrow, das im Gesamtterritorium zentral lag und nach der Teilung des Gesamtherzogtums ein neues Schloß erhalten hatte. Bei der Organisation seiner Hof- und Landesverwaltung ging Wallenstein klug und vorsichtig vor. „... ich bin sonst willens, in den Räten sowohl auch anderen Diensten im Land und bei mir desselbigen Adels mich zu gebrauchen, als die vorigen Herzöge getan haben"[1]. So wurden die Hofchargen, wie Oberhofjäger und Forstmeister, aus einheimischem Adel besetzt.

Das vorgefundene Kanzlersystem war zwar einfach, mußte *Wallenstein* aber gerade wegen der Einbindung in die ständische Verfassung zugleich als zu kompliziert, zu unbeweglich und schwerfällig erscheinen, um für die Rechtssicherheit effektiv zu sein. Der Kanzler war durch die angehäuften Aufgaben von Justiz, Verwaltung, Einnahmensicherung und auswärtige Angelegenheiten überlastet. Zwar bestand die bisherige Kanzlei fort, sie erhielt aber wegen der bisherigen Überlastung einen reduzierten, aber immer noch bedeutenden und klar umrissenen Aufgabenkreis. Die Kanzlei, geleitet von einem *Kanzler*, hatte die Aufgaben, Landesherrliche Rechte, Lehns- und Grenzsachen, auswärtige Angelegenheiten und die Beziehungen zum Römischen Reich des Kaisers zu betreuen. Der Kanzler wurde von einem Direktor und fünf Räten unterstützt. Das damalige übersteigerte Selbstbewußtsein und Repräsentationsbedürfnis erforderte umfangreiche Beurkundungen und eine komplizierte Korrespondenz. Zur Kanzlei gehörten daher auch ein *Archivar*, ein *Pronotar*, drei Sekretäre und drei Registratoren.

Nach friedländischem Vorbild wurde mit Genehmigung des Kaisers wie bei den großen Kurfürsten eine dreiinstanzliche Rechtsprechung eingeführt. Die erste Instanz war ein *Hofgericht*, das ständig in Güstrow tagte, die zweite Instanz war das *Appellationsgericht* und die dritte Instanz der *Geheime Rat*. Der Geheime Rat war zugleich oberste Regierungsbehörde für das Herzogtum. Die im übrigen bereits vollzogene Trennung von Justiz und Verwaltung wurde hier wieder verwischt. Dies entsprach den Vorstellungen des Absolutismus, letztlich alles Handeln und Entscheiden in Staatssachen beim Fürsten wieder zu vereinigen. Logischerweise hatte *Wallenstein* auch den Vorsitz im Geheimen Rat, bei seiner Abwesenheit sein Statthalter. *Wallenstein* ernannte drei Geheime Räte aus dem einheimischen Adel. Die Kammeraufgaben trennte *Wallenstein* vom Geheimen Rat. Es gab wie bisher eine *Kammer*, die jetzt jedoch nach friedländischem Muster eingerichtet wurde. Die Kammer wurde von einem Präsidenten geleitet, der von fachlich versierten Kammerräten unterstützt wurde. Die Kammer verwaltete die Staatseinnahmen, die Domänen und Regalien. Im Bereich der Finanz- und Wirtschaftsverwaltung vereinheitlichte *Wallenstein* das Maß- und Gewichtswesen für das gesamte Herzogtum, „zur Beförderung des gemeinen Besten"[2]. Diese Maßnahme verfiel wieder und wurde erst 120 Jahre später neu belebt. Es wurde eine Schnellpost mit reitenden Boten, ausgehend von Güstrow, eingerichtet. Die Landwirtschaft, Ackerbau und Viehzucht, sowie deren Fortschritte wurden von der Kammer beaufsichtigt und gefördert. Der Kanal-, Wasser- und Schleusenbau wurden sowohl aus strategischen als auch aus wirtschaftspolitischen Gründen neu aufgenommen und intensiviert.

Wegen der hohen Bedeutung der Staats- und Wirtschaftseinnahmen für die Wallensteinischen Länder, sein Heer und seine Politik gegenüber Kaiser und Reichsfürsten beaufsichtigte und koordinierte ein *Regent*, der Finanzminister aller Wallensteinischen Länder, die Finanz- und Wirtschaftspolitik im Stile des Frühmerkantilismus. Die Vorsitzenden der drei Rechtsprechungs- und Verwaltungssäulen, *Geheimrat*, *Kammer* und *Kanzlei* bildeten zusammen das herzogliche *Kabinett*. Wegen *Wallensteins* vielfacher Abwesenheit bestand dieses Kabinett aus dem herzoglichen Statthalter, dem Regenten (Finanzminister aller Wallenstein-Länder) und dem Kanzler. Dem Kabinett stand ein Sekretär zur Verfügung, der zugleich *Wallensteins* Privatsekretär war. Das Kabinett setzte sich aus Landesfremden zusammen.

Für *Wallensteins* Umsicht und Toleranz in Glaubenssachen spricht, daß er als Katholik das lutherische Konsistorium fortbestehen und auch evangelische Pastoren neu einsetzen ließ. Dies geschah zu einem Zeitpunkt, als auf Drängen des bayerischen Kurfürsten *Maximilian* vom Kaiser *Ferdinand II.* die Rekatholisierung der säkularisierten geistlichen Territorien des Reiches geplant und vorbereitet, aber von *Wallenstein* abgelehnt wurde.

Im Bereich des Armenwesens wurde eine Armen-Ordnung von *Wallenstein* persönlich konzipiert, um nach friedländischem Vorbild das Armen- und Bettelwesen zu beseitigen. Er zwang die in Güstrow versammelten Landstände zu beschließen, daß in jeder Stadt und in jedem Kirchspiel binnen eines halben Jahres ein Spital oder Armenhaus einzurichten sei. Die Kosten trugen die Bürger nach ihren Vermögensverhältnissen. Nach der Rückkehr der mecklenburgischen Herzöge 1631 verfiel diese Armen-Ordnung bald. Erst im späten 19. Jahrhundert wurde ein *Landes-Arbeitshaus* eingerichtet, und zwar gerade im Güstrower Schloß.

Auf der unteren Verwaltungsebene blieben die Vogteien und Ämter erhalten. Ihnen standen wie bisher Amtmänner und Hauptleute vor. Im Bereich eines überwiegend ständischen Grundbesitzes lag die ständische Verwaltung bei einem Landrat, einem Vertreter der Stände. Diese Landräte erhielten, ähnlich wie die Amtmänner und Hauptleute, auch herzogliche Landesaufgaben übertragen, wie z.B. das Eintreiben der Kontribution und der Naturallieferungen als Abgaben für die Heeresverpflegung. In den Ämtern wurde stark gebaut, wie ein Zeitgenosse berichtete, ein Zeichen dafür, daß *Wallenstein* die Absicht hatte, sich in Mecklenburg politisch, verwaltungsmäßig und wirtschaftlich fest einzurichten.

Obwohl er auch bereit war, die Privilegien des Adels zu bestätigen, war diese Inaussichtstellung jedoch nicht so zu verstehen, daß die Dominanz der Stände gegenüber dem Landesfürsten fortbestehen würde. Die Stände huldigten *Wallenstein* und verliehen ihm damit die herzogliche Legitimität. Durch *Wallensteins* Staats- und Verwaltungsaufbau im Sinne des Frühabsolutismus und Frümerkantilismus mußte der Adel zwangsläufig in eine dienende, wenn auch standesgemäß dienende und durch Bezahlung alimentierte Funktion bei Hof eingeordnet und dem Machtwillen und Herrschaftsanspruch *Wallensteins* untergeordnet werden. „Nun sage ich, sie (Stände) sollen mich nicht auf solche Weise tractieren, wie sie die vorigen Herzöge tractiert haben, denn ich werde es gewiß nicht leiden, ..."[3]. Um dies voll in die Praxis nach dem Beispiel des Modellstaates, der *Terra Felix*, Friedland in Böhmen umzusetzen, fehlte *Wallenstein* in Mecklenburg jedoch die Zeit.

Restaurative Landesverwaltung ab 1631 und
Ländervereinigung von 1695 bis 1701

Mit der Rückkehr der mecklenburgischen Herzöge im Jahre 1631 wurde die von *Wallenstein* aufgehobene Realteilung des Gesamtstaates in zwei Herzogtümer wieder hergestellt. Die Wallensteinischen Maßnahmen in der Rechtspflege, Verwaltung, Finanz- und Wirtschaftsverwaltung wurden ohne nähere Prüfung ihres Nutzens allein zur Auslöschung der Erinnerung an *Wallenstein* beseitigt. Die alten Verwaltungsstrukturen lebten in beiden Herzogtümern wieder auf. Die unter Wallenstein gedienten einheimischen Adeligen wurden verfolgt und bestraft. Verwaltung und Wirtschaft litten zusätzlich unter den Folgen des *Dreißigjährigen Krieges*. Mit dem *Westfälischen Frieden* 1648 gab es in beiden Herzogtümern territoriale Veränderungen. Mecklenburg-Schwerin verlor die Stadt und Herrschaft Wismar und die Insel Poel an Schweden. Es erwarb dagegen die säkularisierten Bistümer Schwerin und Ratzeburg als weltliche Fürstentümer zu Reichslehen. Mecklenburg-Güstrow erwarb die zwei in der Herrschaft Stargard belegene Komptureien Nemerow und Mirow.

Die Stände erstarkten wieder, obwohl nach dem Kriege die Herzöge nach dem Muster anderer Reichsfürsten versuchten, eine teilweise absolutistische Regierung und Verwaltung in den Herzogtümern durchzusetzen. Ritterschaft und Landschaft als die beiden Stände führten mit den Landesfürsten innere Fehden und Rechtsstreitigkeiten vor dem Reichshofrat. Eine Flut kaiserlicher Entscheidungen erging zur Befriedung der Länder. Schiedsgerichtliche Entscheidungen einer ausdrücklich bestellten kaiserlichen Hofkommission mußten mit Truppengewalt durchgesetzt werden.

Als 1695 die Güstrower Linie des landesherrlichen Hauses ausstarb, wurden beide Herzogtümer im Wege der Primogenitur-Erbfolge für wenige Jahre wiedervereinigt, bis der Onkel des Herzogs aus der Schweriner Linie als nächster Verwandter des verstorbenen Herzogs Ansprüche auf das Herzogtum Mecklenburg-Güstrow erhob und auf der Grundlage des *Hamburger Vergleichs* von 1701 eine erneute Landesteilung durchsetzte.

VERFASSUNG UND VERWALTUNG IN DEN HERZOGTÜMERN MECKLENBURG-SCHWERIN UND MECKLENBURG-STRELITZ VON 1701–1803

Staatsverfassung

Durch den *Hamburger Vergleich* erfolgte eine neue, aber in der Struktur gegenüber der bisherigen Landesteilung wesentlich veränderte Gebietsteilung in zwei staatsrechtlich vollkommen selbständige Staaten mit eigener Landeshoheit. Die Landeshoheit war nur durch die ständische Union in drei Kreisen, die sich auch 1701 wieder durchgesetzt hatte, insoweit eingeschränkt geblieben. Das Herzogtum *Mecklenburg-Schwerin* trat nach der Landesvereinigung auf Grund des Hamburger Vergleichs die Herrschaft Stargard und das Fürstentum Ratzeburg ab. Beide Gebiete wurden als selbständiges Herzogtum *Mecklenburg-Strelitz* zusammengefaßt. Reichs- und Kreisstandschaft hatte Mecklenburg-Strelitz nur für das Fürstentum Ratzeburg, während Mecklenburg-Schwerin die Stimme für die Kreisstandschaft Güstrow behielt. Schließlich erwarb Mecklenburg-Schwerin durch den *Malmoer Traktat* von 1803 die im Westfälischen Frieden verlorenen Gebiete (Stadt und Herrschaft Wismar und die Insel Poel) zurück.

Mit der neuen Landesteilung trat jedoch für die Landesverfassung keine Ruhe ein. Das Herzogtum Mecklenburg-Schwerin beanspruchte für sich das ausschließliche Hoheitsrecht, die ständischen Landtage für alle drei ständischen Kreise einzuberufen. Dieses Recht beanspruchte man sowohl gegenüber den Ständen als auch gegenüber der Herrschaft Stargard, also einem Teil des Herzogtums Mecklenburg-Strelitz. Um die Streitigkeiten beizulegen, versuchten beide Herzoghäuser 1748 die Union der Stände für beide Herzogtümer durch eine *Auseinandersetzungs-Konvention* aufzuheben. Dem widersetzten sich die Stände energisch und erfolgreich durch Vertrag vom 14. Juli 1755. Danach blieb der Hamburger Vergleich grundsätzlich weiterhin in Kraft. Die ständische Union wurde gewahrt und weiter abgesichert. Mecklenburg-Schwerin erhielt das alleinige Recht, die Stände einzuberufen. Beide Herzoghäuser hatten jedoch das Recht, den Ständen eigene Vorlagen zur Entscheidung zu unterbreiten.

Im unmittelbaren Zusammenhang mit diesem Vertrag vom 14. Juli 1755 stand der *Landesgrundgesetzliche Erbvergleich* aus demselben Jahr, der für die bäuerliche Landwirtschaft Mecklenburgs gravierende negative Folgen hatte. Während von Frankreich und England aus unter dem Einfluß der Aufklärung die Gedanken der Bauernbefreiung auf wesentliche Teile Deutschlands übergriffen, drängten die Mecklenburger Stände aufgrund der Schwäche der herzoglichen Landesherrschaften die ihnen hörigen Bauern noch tiefer in die Leibeigenschaft hinein. Herzog *Christian Ludwig* von Mecklenburg-Schwerin räumte dem ritterschaftlichen Adel und der Stadt Rostock das Recht ein (§ 34 des Vergleichs), ihre bäuerlichen Untertanen zu legen und den bäuerlichen Acker zum Hofacker der Güter zu schlagen.

Zentralverwaltung in beiden Herzogtümern bis zum Ende des 18. Jahrhunderts

In beiden Herzogtümern blieb die Zentralverwaltung auch im Verlauf des 18. Jahrhunderts weitgehend gleich organisiert. In beiden Herzogtümern gab es ein *Geheimes-Rats-Kollegium*. In Mecklenburg-Schwerin wurde es nach dem landesgrundgesetzlichen Erbvergleich von 1755 im Jahre 1756 neu organisiert. Es hatte den Charakter einer Ministerkonferenz, in der sich die Chefs der einzelnen Zentralbehörden insbesondere in auswärtigen, Hoheits-, Reichs- und Gesetzesangelegenheiten kollegial berieten. Seit 1792 wurde das Kollegium als *Geheimes Ministerium* bezeichnet. In Mecklenburg-Strelitz mit Regierungssitz in *Neustrelitz* fällt auf, daß die Mehrzahl der Räte fast allen Zentralbehörden angehörten. Dadurch wurde trotz der geringen Zahl der Verwaltungsangehörigen die Gleichrangigkeit mit Mecklenburg-Schwerin im Verwaltungsaufbau angestrebt und äußerlich demonstriert. Träger der wichtigsten Landesaufgaben in beiden Staaten waren die eigentliche Regierung und die Kammer. Die Regierung erledigte die ständischen und domanialen Aufgaben, ohne daß bereits die ihr angehörenden Geheimen Räte eine feste Referatsaufteilung kannten. Der Regierung oblagen die allgemeinen Verwaltungs-, Lehens-, Städte-, Wirtschafts-, Verkehrs-, Polizei-, Justiz- und – als Besonderheit in Mecklenburg-Schwerin – die Kirchen- und Schulsachen. Die Schweriner Regierung war außerdem noch oberste Appellationsinstanz für das Fürstentum Schwerin, die Strelitzer Regierung Appellationsinstanz für das Fürstentum Ratzeburg. Die zweite bedeutende Zentralbehörde in beiden Ländern war die Kammer. Sie gliederte sich Ende des 18. Jahrhunderts jeweils in ein Kammer- und ein Forstkollegium. Personell waren beide Kollegien fast deckungsgleich. Das Forstkollegium, das mehr einem Unterausschuß des Kammerkollegiums glich, zog zu seinen Beratungen vielfach zwei bis drei Forstbeamte hinzu. In Schwerin hatten das Kammer- und Forstkollegium einen gemeinsamen Kanzler. Beiden Kollegien unterstand die Verwaltung der Domänen, Forsten, Regalien und sonstigen nicht ständischen Finanzangelegenheiten. Der Kammer unterstellt war die sog. Rentei, der die Staatskasse und die zentrale Rechnungsbehörde angehörten. Im Verlauf der zweiten Hälfte des 18. Jahrhunderts trat die Rentei in Mecklenburg-Schwerin dadurch in ihrer Bedeutung zurück, daß nach dem Vorbild der preußischen Steuerräte 1763 eine *Steuer-, Polizei- und städtische Kämmereikommission* eingerichtet wurde, der die Schuldensachen und die gesamten Städtesachen übertragen wurden.

Höchste richterliche Instanzen bildeten für Mecklenburg bis Ende des 17. Jahrhunderts der *Reichshofrat* und das *Reichskammergericht* (bis 1692 in Speyer). Nachdem der Rostocker Oberhof im 17. Jahrhundert als oberstes Gericht durch das Hof- und Landgericht in Güstrow abgelöst worden war, das im Verlauf des 18. Jahrhunderts beide Herzöge anerkannt hatten, ging die Appellationsinstanz Schritt um Schritt auf das Hof- und Landgericht über. Das Hofgericht war bis Ende des 18. Jahrhunderts als Appellationsinstanz zuständig für die Territorien der beiden alten Herzogtümer Mecklenburg-Schwerin und Mecklenburg-Güstrow sowie für die Stadt Rostock. Die Fürstentümer Schwerin und Ratzeburg als ehemalige Bistümer waren von dieser Zuständigkeit ausgeschlossen. Sie unterstanden wie bisher in Appellationssachen direkt dem Reichskammergericht (ab 1693 in Wetzlar). Die drei alten Obergerichte der ehemaligen Länder Mecklenburg-Schwerin und Mecklenburg-Güstrow sowie der Stadt Rostock sanken gegenüber dem Hofgericht teilweise zur Mittelinstanz herab. Die beiden ersten führten im 18. Jahrhundert die Bezeichnung *Justizkanzleien* mit Sitz in Schwerin und Rostock, nachdem das Hof- und Landgericht 1748 von Güstrow nach Rostock verlegt worden war. Das für die Stadt Rostock zuständige Obergericht hatte ebenfalls seinen Sitz in Rostock. Die Justizkanzleien waren für Bauern und Bürger zweite Instanz, für den Adel, die Ritterschaft, sonstige Gutsbesitzer, Beamte, Geistliche, Magistratspersonen, Notare, Offiziere und Niedergerichte die erste Instanz.

Die Einheit der staatlichen Kirchenverwaltung ging erst zu Beginn des 18. Jahrhunderts verloren, als 1701 die Landesteilung in die Herzogtümer Mecklenburg-Schwerin und Mecklenburg-Strelitz erfolgte. Für die alten Gebiete Mecklenburg-Schwerin und Mecklenburg-Güstrow, soweit diese an Mecklenburg-Schwerin fielen, blieb die Zuständigkeit des Konsistoriums in Rostock erhalten. Seine Funktion sank jedoch im Verlauf des 17. und 18. Jahrhunderts zu einem geistlichen Gericht herab, während mit der Säkularisierung des Bistums Schwerin und seiner Umwandlung in ein Fürstentum die dortige Justizkanzlei unter Hinzuziehung des Schweriner Superintendenten die Funktion eines Konsistoriums übernahm. Mecklenburg-Strelitz erhielt 1701 ein eigenes Konsistorium. Es bestand aus Mitgliedern der Landesregierung, des Strelitzer Superintendenten in Neustrelitz und des Ratzeburger Dompropstes. Sitz des Mecklenburg-Strelitzer Konsistoriums war die 1731 errichtete neue Residenz Neustrelitz, deren angegliederte Stadt gleichen Namens 1733 Stadtrechte erhielt. Unterhalb der Konsistorien bestand ein Netz von Superintendenturen und Präposituren als mittlere Verwaltungsebene der staatlichen Kirchenverwaltung. Auf der unteren Verwaltungsebene bestanden Pfarreien. Sie spiegeln durch das jeweilige Patronat wiederum die ständische Differenziertheit von fürstlicher, ritterschaftlicher und städtischer Gewalt wider.

Wandel der Amtsverwaltung im 18. Jahrhundert

Im *Landesgrundgesetzlichen Erbvergleich* von 1755 wurde neu bestimmt, was zum Domanium zu rechnen war und was daher gütermäßig in den Ämtern zur unmittelbaren Verwaltung der Herzöge gehörte. Danach wurde bestimmt, daß alle Güter, die 1748 im landesherrlichen Besitz waren, zum sog. *eigentlichen* Domanium zählten. Später erworbene Güter des Landesherrn wurden zwar auch als Domanium verwaltet; hinsichtlich der öffentlichen Abgaben gehörten sie jedoch zum ritterschaftlichen Gebiet. Der Herzog mußte also insoweit die Landeskontribution zum (ständischen) Landkasten entrichten. Diese Unterscheidung wurde in der zweiten Hälfte des 18. Jahrhunderts von größerer Bedeutung, weil unter der sparsamen Wirtschaftsführung des Herzogs *Friedrich des Frommen* (1756–1785) das Finanzwesen des Herzogtums Mecklenburg-Schwerin geordnet, verpfändetes Domanialland eingelöst und ritterschaftliche Güter erworben und zum Domanium „inkameriert" wurden. Das Domanium hatte bis Anfang des 20. Jahrhunderts wesentlichen Einfluß auf die landesfürstlichen Verwaltungen sowohl in Mecklenburg-Schwerin als auch in Mecklenburg-Strelitz. Das Domanium umfaßte Anfang des 19. Jahrhunderts 42,6% der Gesamtfläche Mecklenburgs[4]. Das Domanium wurde eingeteilt in Ämter, die seit Mitte des 18. Jahrhunderts endgültig die alte Vogteiverwaltung ablösten. Das Herzogtum Mecklenburg-Schwerin hatte im Jahre 1793 40 und Mecklenburg-Strelitz 8 Ämter, davon 6 in Stargard. Ende des 18. Jahrhunderts wurden drei Gruppen von Ämtern unterschieden: 1. die alten, meist größeren Ämter, die auf die mittelalterlichen Vogteien zurückgingen, 2. die kleineren und jüngeren Ämter, die aus säkularisiertem geistlichen Eigentum zwischen 1551–1558 gebildet wurden, 3. die im 18. Jahrhundert durch Teilung, insbesondere durch Güterkauf geschaffenen neuen Ämter. Bis in die zweite Hälfte des 18. Jahrhunderts hinein war die Amtsverwaltung der Herzöge vielfach auf die eigentliche Domänenverwaltung reduziert. Für die Agrarverfassung des 18. Jahrhunderts waren die Domänen insoweit von Bedeutung, als die dem Domanium unterstehenden Bauerngemeinden und Einzelhufen trotz der Schlechterstellung der ritterschaftlichen und städtischen (Rostocker) Bauern im

Landesgrundgesetzlichen Erbvergleich von 1755 weitgehend erhalten blieben und grundsätzlich nicht von den Herzögen durch Bauernlegen zum herzoglichen Gutsland geschlagen wurden. Die Selbstbewirtschaftung der Domänen wurde damals aus Ertragsgründen oft zugunsten der Domänengeneralpacht eines ganzen Amtes zurückgedrängt. Davon ausgeschlossen blieben insbesondere die größeren Ämter, wie z. B. Schwerin und Stargard. In großen Ämtern war der Amtmann oft Pächter einzelner oder mehrerer Güter. Im letzten Drittel des 18. Jahrhunderts wurde die Generalpacht vielfach zugungsten der Spezialpacht einzelner Güter aufgegeben, um den Ertrag zu erhöhen und das Ausfallrisiko zu mindern. Erst Ende des 18. Jahrhunderts war dann die Trennung von Amtsverwaltung und Domänenpachtung in beiden Herzogtümern mit zeitlicher Verzögerung wieder vollzogen. Zugleich waren die Amtsaufgaben materiell wieder aufgefüllt, so daß man von einer fast durchgehenden Amtsverwaltung als untere Verwaltungsebene sprechen kann.

Der ritterschaftliche Landesteil umfaßte Ende des 18. und Anfang des 19. Jahrhunderts 45,8% der Gesamtfläche der beiden Herzogtümer. Die Stadtherrschaften umfaßten das Gebiet von 42 Städten mit ihren Stadtgütern, Dörfern und lübischen Hospitaldörfern. Das auf Grund des Westfälischen Friedens an Schweden abgetretene Wismar konnte 1803 von Herzog *Franz I.* aus dem Hause Mecklenburg-Schwerin als Pfand von Schweden zurückgewonnen werden. Wismar erreichte jedoch genauso wie die Stadt Neustrelitz nicht mehr einen ständischen Rang. Beide Städte gehörten folglich zum Domanium. Der städtische Landesteil mit ständischem Rang betrug Anfang des 19. Jahrhunderts 11,5% der Gesamtfläche beider Herzogtümer. Die Stadtherrschaft Rostock erfaßte die Eingesessenen im Rostocker Distrikt. Auf diesen Gütern galt Rostocker Stadtrecht. Die städtischen Kämmerei- und Ökonomiegüter der anderen Städte zählten dagegen zum ritterschaftlichen Gebiet. Im ritterschaftlichen Landesteil galt bis 1918 das Lehnsverhältnis zum Landesherrn auf Grund des *Landesgrundgesetzlichen Erbvergleichs* von 1755 fort. Es herrschte auch in den Dörfern regelmäßig keine Gemeindeselbstverwaltung, sondern eine ritterschaftliche Verwaltung. Eine Sonderstellung in der Verwaltung der Ritterschaft nahmen wenige ritterschaftliche Bauernschaften ein, in denen sich die Leibeigenschaft nicht oder nur im Ansatz durchgesetzt hatte, weil sich die Bauern überwiegend freigekauft hatten.

Während die ritterschaftlichen Teile in den Bereichen der ehemaligen Vogteien Bestandteile der Vogteien waren und auch regelmäßig unter deren Amtsverwaltung standen, schwand im 17. Jahrhundert der landesherrliche Amtseinfluß. Die vollziehende Gewalt wurde geteilt zwischen dem Landesherrn und der Ritterschaft. Ihm oblag die örtliche Obrigkeit, insbesondere die Patrimonialgerichtsbarkeit und die Polizeigewalt, die im eigenen Namen und kraft eigenen Rechts ausgeübt wurde. Die ritterschaftlichen Eingesessenen eines Amtes hielten eigene Versammlungen und regelten in Selbstverwaltung ihre gegenüber den Herzögen und Ständen obliegenden Aufgaben, wie z. B. die Umlegung und Berechnung der Steuern, die Verteilung der militärischen Dienste in Gestalt von Einquartierungen, Fouragelieferungen und Vorspann. Außerdem wurden die Deputierten zu den Landeskonventen gewählt. An die Stelle des Vogtes traten in diesen Fällen die Deputierten der Ritterschaft. Die Bestrebung der Ritterschaft, in diesen Bezirken der ritterschaftlichen Selbstverwaltung von *ritterschaftlichen* Ämtern zu sprechen, setzte sich wegen des landesherrlichen Widerstandes staatsrechtlich nicht durch.

VERFASSUNG UND VERWALTUNG DER GROSSHERZOGTÜMER MECKLENBURG-SCHWERIN UND MECKLENBURG-STRELITZ VON 1806–1918

Verfassung

Im Zuge der preußischen Niederlage gegen Napoleon wurden auch die mecklenburgischen Herzogtümer im November 1806 bis zum Jahr 1807 von Frankreich besetzt. Von 1808 bis 1813 gehörten die Herzogtümer dem Rheinbund an, von dem sie sich bereits 1813 als erste deutsche Staaten lösten. Beide Herzöge wurden im Zuge der Ergebnisse des *Wiener Kongresses* 1815 zu *Großherzögen* erhoben. Die ständische Verfassung mit ihrer Gliederung – Landesherr, Ritterschaft und Städte – blieb sowohl staatsrechtlich als auch gebietlich erhalten. Die französische Julirevolution von 1830 und deren Nachwirkungen in einzelnen deutschen Mittel- und Kleinstaaten im Jahre 1831 brachte in den Bürgerschaften Mecklenburgs nur geringe liberale Reformen. Eine vorläufige nachhaltige Wirkung hatte die Märzrevolution von 1848. Es bildeten sich Vereine zur Reformierung der alten landständischen Verfassung von 1755. In Schwerin trat am 31. Oktober 1848 eine Abgeordnetenversammlung zusammen, die auch Mecklenburg-Strelitz vertreten wollte. Diese Versammlung schuf nach dem Frankfurter Vorbild im August 1849 ein *Staatsgrundgesetz*, das vom Mecklenburg-Schweriner Großherzog durch Verordnung vom 10. Oktober 1849 trotz des Widerspruchs des Großherzogs von Mecklenburg-Strelitz für Mecklenburg-Schwerin in Kraft gesetzt wurde. Dieses Staatsgrundgesetz sah eine konstitutionelle Staatsform vor. Die Abkehr vom Ständestaat währte jedoch nicht lange, weil auf Einspruch des Strelitzer Großherzogs, der gesamten Ritterschaft *beider* Großherzogtümer und der Seestädte 1850 der *Freienwalder Schiedsspruch* erfolgte, mit dem das Staatsgrundgesetz für ungültig und die alte Ständeverfassung für fortbestehend erklärt wurde.
Veränderungen faktischer Art ergaben sich jedoch auf Grund dieses Staatsgrundgesetzes durch den Einfluß Preußens, des Norddeutschen Bundes und des Deutschen Reiches von 1871 von oben her, die teilweise auch die Verfassungslage berührten und beeinflußten. So wurde die Landeskirchenverwaltung auf Grund des Staatsgrundgesetzes umgestellt. An ihre Spitze trat ein Oberkirchenrat für die lutherische Landeskirche. Das Militär wurde nach preußischem Muster organisiert und bildeter *eine* Division im IX. preußischen Armeekorps, das auch Schleswig-Holstein umfaßte. Während beide Großherzogtümer dem *Norddeutschen Bund* bereits am 21. August 1866 beitraten, schlossen sie sich erst 1868 dem *Deutschen Zollverein* an. Trotz des Beitritts zum *Norddeutschen Bund* und 1871 zum *Deutschen Reich* gelang es trotz einiger Reformversuche bis 1918 nicht, die ständische Verfassung abzulösen.
Landesherrschaft, Grundherrschaft und Stadtherrschaften haben sich bis 1918 zueinander kaum in der Gewichtung verändert. Auf Grund der Verfassungsreformversuche, des Anschlusses an den Norddeutschen Bund und an das Deutsche Reich gewannen die großherzoglichen Landesherrschaften gegenüber der Ritter-

schaft und den Städten innen- und außenpolitisch an Gewicht. Zwar scheiterte der Versuch der Großherzöge, zumindest die Landstädte zu landesherrlichen, staatlichen Organisationen umzugestalten und sie so durch Auflösung der Selbstverwaltung an sich zu binden. Aber die landesherrliche Oberaufsicht konnte in Mecklenburg-Schwerin erweitert werden. In Mecklenburg-Strelitz war es dem Großherzog bei der geringen Bedeutung der Städte sogar möglich, landesherrliche Kommissare neben den Mitgliedern des Magistrats für die Polizeiangelegenheiten zu bestellen. Im letzten Viertel des 19. Jahrhunderts wuchs die Zahl der Immediatstädte gering an, indem die Domanialflecken Ludwigslust 1876 und Doberan 1879 durch den Schweriner Großherzog zu Städten erhoben und 1880 bzw. 1881 mit der Landstandschaft ausgestattet wurden. Aber die Gesamtbedeutung der Stadtherrschaften sank.

Politisches Gewicht und einen gewissen Zug von Liberalität gewann die Landesherrschaft in Mecklenburg-Schwerin durch die 1820 erfolgte Bauernbefreiung von der Leibeigenschaft. Der bereits in der ersten Hälfte des 18. Jahrhunderts entworfene Plan zur Schaffung eines selbständigen Bauernstandes wurde rund ein Jahrhundert später verwirklicht. In den Bauerndörfern des Domaniums dieses Großherzogtums wurde 1822 die Separierung der Bauernhufen vom herrschaftlichen Gutsland vorgenommen. Die Bauernhufen wurden seit 1869 vorwiegend in Erbpacht an ihre Bewirtschafter übertragen. Die auf den bäuerlichen Stellen ruhenden Lasten, der *Kanon* als Gesamtheit der Lasten, wurde kapitalisiert und als hypothekarische Schuld im Grundbuch gesichert. Er konnte frei abgelöst werden. Zur Verwaltung der dadurch der Schweriner Landesherrschaft zufließenden Kapitalien wurde eine besondere Behörde geschaffen, *die Kommission zur Verwaltung des Domanial-Kapital-Fonds*. Die durch die Erbpacht geschaffenen neuen Dorfgemeinschaften hatten in vermögensmäßiger Hinsicht ein Selbstverwaltungsrecht. In hoheitlichen Angelegenheiten unterstanden sie weiter den Domänenämtern.

Staatsverwaltung

Während sich die Verwaltungsstrukturen im ritterschaftlichen und im städtischen Landesteil der beiden Herzogtümer im 19. Jahrhundert bis zum Ende des Ersten Weltkrieges nicht nennenswert veränderten, paßten sich die Landesherrschaften in ihrer Staatsverwaltung der in anderen deutschen Staaten bereits seit Anfang des 19. Jahrhunderts vorgezeichneten Verwaltung an. Das gilt insbesondere für die oberste Staatsverwaltung, während die Amtsstruktur erhalten blieb.

Mecklenburg-Schwerin

Oberste Staatsbehörde war seit Anfang des 19. Jahrhunderts ein *Geheimes Ministerium*, seit 1822 das *Geheime Staats- und Finanzministerium*. Es war besetzt mit einem Geheimratspräsidenten und einem Ersten Minister, dem (Wirklichen) Geheimen Rat und (Zweiten) Minister und bis zu zwei Geheimen (Ministerial-)

Räten. Von diesem Ministerium als Beratungsgremium des Großherzogs ist die Regierung zu unterscheiden. Sie war Träger der eigentlichen Verwaltung. Die Trennung von Ministerium und Regierung verwischte sich jedoch weitgehend dadurch, daß Ministerium und Regierung überwiegend in Personalunion geführt wurden. Erst das *Staatsgrundgesetz* von 1849 brachte zugleich ein Gesamtministerium mit Fachministerien (Verordnung vom 10. Oktober 1849). Als die Stände im Zuge des *Freienwalder Schiedsspruchs* von 1850 auch die Aufhebung der Ministerien forderten, wurde dies vom Großherzog und seiner Regierung mit dem zutreffenden Hinweis abgelehnt, daß die Organisation der Zentralverwaltung Sache der Landesherrschaft sei. Allerdings wurden die Ministerien einer Revision unterzogen (Verordnung vom 4. April 1853, *betreffend die Organisation der Ministerien*), die im wesentlichen bis zum Ende des Ersten Weltkrieges gegolten hat. Es entstanden vier Fachministerien, das Ministerium der auswärtigen Angelegenheiten, des Innern, der Finanzen und der Justiz. Wenig später wurden die Militärangelegenheiten als fünftes Fachressort durch Herauslösen aus dem Ministerium für auswärtige Angelegenheiten verselbständigt. 1868 ging die großherzogliche Militärhoheit auf Preußen und 1872 auf das Deutsche Reich über. Die Funktion der Minister nach dem Staatsgrundgesetz von 1849 und dem Organisationsgesetz von 1853 unterschied sich in einem Punkt wesentlich: Nach dem Gesetz von 1849 waren sie gegenüber dem Großherzog und den Ständen mit selbständiger Verantwortung ausgestattet, während sie auf Grund des Gesetzes von 1853 wie vor 1849 wieder zu landesherrlichen Behörden wurden, die nur dem Landesherrn verantwortlich und seinen Weisungen unterworfen waren. Um auch äußerlich die Veränderung zu dokumentieren, wurde das Gesamtministerium in *Staatsministerium* umbenannt. Regelmäßig übernahm ein Fachminister als *Staatsminister* die Gesamtleitung. Die Fachminister hatten den Titel *Staatsrat*. Beim Innenministerium ist insbesondere die Breite der Aufgaben hervorzuheben. Neben den klassischen Aufgaben der inneren Sicherheit und Ordnung oblagen diesem Ressort auch die Wohlfahrtsangelegenheiten, die Wege-, Chaussee- und Eisenbahnsachen, die Behörden und Institute zur Hebung von Landwirtschaft, Handel, Gewerbe, Industrie und Schiffahrt. Im Ministerium der Finanzen lag die Verwaltung der Steuern und Zölle, der indirekten Abgaben sowie die Verwaltung der Domänen und des Domanial-Kapital-Fonds, des landesherrlichen Schuldenwesens, des Haushalts-, Kassen- und Revisionswesens. Dem Ministerium der Justiz oblag u.a. die Aufsicht über die Zweige der streitigen und nichtstreitigen Gerichtsbarkeit, die Strafrechtspflege, die Lehns- und Fideikommissachen, die geistlichen Angelegenheiten, das Unterrichtswesen und die Medizinalangelegenheiten. Die Fachminister wirkten in einem Staatsministerium als *kollegiales* Ministergremium zusammen. Eine mittlere Verwaltungsebene bestand nicht. Die Folge war eine größere Zahl von oft wechselnden Fachkommissionen, u.a. in Bausachen, Gesundheits- und Seuchenangelegenheiten sowie in speziellen Untersuchungsfällen, da die untere Verwaltungsebene mit den Ämtern über keine ausreichende Fachkompetenz in Spezialfragen verfügte. Auf der unteren Verwaltungsebene blieb die Ämterstruktur erhalten. Die ursprüngliche Zahl von 40 Ämtern im 18. Jahrhundert reduzierte sich bis 1815 auf 30 Ämter; später wurden zwei weitere Ämter geschaffen. Neben dem Netz der 30 bzw. 32 Ämter bestand noch ein Netz von 12 Medizinalbezirken, denen Amtsärzte vorstanden. Seit Ende des 19. Jahrhunderts wurden in diesen

Bezirken auch Kreistierärzte angestellt, teils hauptamtlich, teils nebenamtlich. Praktische Seuchenkontrollen und Grenzsperren wurden von Landhütern, Gendarmen und Soldaten vorgenommen.

Mecklenburg-Strelitz

Auch in Mecklenburg-Strelitz bestand nach dem Muster von Mecklenburg-Schwerin zu Beginn des 19. Jahrhunderts ein Geheimes Ministerium und daneben noch eine Regierung. Beiden stand ein Minister vor. 1909 wurde das Ministerium in *Staatsministerium* umbenannt. Es übernahm zugleich die Regierungs- und die Verwaltungsarbeit. Damit wurde zugleich auf einen Minister verzichtet. Wegen der geringen Größe des Landes gliederte sich das Ministerium nicht in besondere Fachministerien. Die Amtsträger für die einzelnen Fachaufgaben waren oft personengleich, um aus Kostengründen den Bestand der leitenden Beamten klein zu halten. Der Staatsminister war dem Großherzog direkt verantwortlich. Das Staatsministerium leitete alle landesherrlichen und lehnsrechtlichen Angelegenheiten sowie die auswärtigen Sachen, die Beziehungen zu Mecklenburg-Schwerin, zu den anderen deutschen Ländern und zum Deutschen Reich. Das Staatsministerium verwaltete als Lehnskammer die Lehnssachen, die Landesregierung alle Regierungsgeschäfte mit Ausnahme der Finanzangelegenheiten, für die eine besondere Finanzkommission bestand. Für das landesherrliche Schuldenwesen bestand auf Grund des *Fürstbrüderlichen Hausvertrages* vom 28. November 1772 eine *Geheime Kommission zur Verwaltung des Schuldenwesens*. Sie war dem Großherzog unmittelbar unterstellt. 1909 gliederte sich das Staatsministerium in drei Ministerialabteilungen, die 1. war zuständig für die Justiz, die geistlichen, die Unterrichts- und Medizinalangelegenheiten, die 2. Abteilung für die Finanzen einschließlich Domänen, Forsten und Bausachen und die 3. Abteilung für die inneren Angelegenheiten, insbesondere also für die Sicherheit und Ordnung. 1909 entstand daneben noch ein *Ministerium des Großherzoglichen Hauses*, das vom Staatsminister geleitet wurde. Ursache für dessen Bildung war u. a. der Tod des Großherzogs und die Übernahme der Landverweserschaft durch den Großherzog von Mecklenburg-Schwerin. Da eine mittlere Verwaltungsebene genau so wie in Mecklenburg-Schwerin fehlte, gab es eine größere Zahl von oft wechselnden Kommissionen, da nicht alle Aufgaben auf der unteren Verwaltungsebene von den Ämtern erledigt werden konnten. Ihnen fehlte vielfach der fachspezifische Sachverstand. Das Land gliederte sich seit 1815 in fünf Ämter. Für das Medizinalwesen ergaben sich sechs Bezirke. Seit den achtziger Jahren des 19. Jahrhunderts verfügten die Medizinalbezirke nicht nur über Amtsärzte, sondern auch über Kreistierärzte. Praktische Seuchenkontrollen wurden von Landhütern, Gendarmen und Soldaten vorgenommen.

Freistaaten Mecklenburg-Schwerin und Mecklenburg-Strelitz (1919–1934)

Am 8. November 1918 bestimmte der Großherzog von Mecklenburg-Schwerin durch Erlaß, daß in Mecklenburg eine auf den Grundsätzen des parlamentarischen Systems beruhende Landesverfassung eingeführt werden sollte. Gleichzeitig entließ er sein Staatsministerium. Am folgenden Tag übernahm eine demokratische Regierung die Leitung des Landes.

Am 10. November 1918 entließ der Großherzog als Landesverweser für Mecklenburg-Strelitz den dortigen Staatsminister und die Staatsräte. Als am 14. November 1918 der Großherzog für Mecklenburg-Schwerin auf den Thron verzichtete, erklärte die demokratische Regierung in Mecklenburg-Strelitz, daß damit auch die Landesverweserschaft des Großherzogs für Mecklenburg-Strelitz erloschen war. Noch im Dezember 1918 fanden in Mecklenburg-Strelitz Wahlen zur verfassungsgebenden Versammlung statt. Bereits im Januar 1919 wurde das *Landesgrundgesetz* angenommen. Die Wahlen zum verfassungsgebenden Landtag in Mecklenburg-Schwerin erfolgten Ende Januar 1919. Im Mai 1920 wurde die Verfassung für Mecklenburg-Schwerin verabschiedet.

Dieser fast parallelen Entwicklung in beiden Ländern folgte bereits 1919 ein vergleichbarer Verwaltungsaufbau.

Mecklenburg-Schwerin

Oberste Verwaltungsbehörde des Landes war ab August 1919 das *Staatsministerium*, das sich in folgende Fachministerien gliederte: Ministerium des Äußeren; Ministerium des Innern, das neben den bisherigen klassischen Zuständigkeiten auch für das Verkehrswesen und die Sozialpolitik verantwortlich war; das Finanzministerium; Ministerium für Landwirtschaft, Domänen und Forsten; Justizministerium; Ministerium für Unterricht, Kunst, geistliche Angelegenheiten und Medizinalangelegenheiten; Ministerium für Hochbauwesen, dessen Aufgaben im Oktober 1923 mit dem Finanzministerium zusammengelegt wurden. Die Ministerien wurden bis 1932 zunehmend in Personalunion geführt (Zahl der Minister: Ab 1923: 4; ab 1923: 3; ab 1932: 2). Mittelbehörden gab es auch während der Weimarer Republik nicht; wie bisher wurden entsprechende Fachaufgaben durch Kommissionen erledigt. Nachdem auf der unteren Verwaltungsebene, der Amtsebene, die alten traditionellen Unterschiede in der Verwaltung des Domaniums, des ritterschaftlichen Besitzes und des Besitzes in nicht amtssäsigen, vormals immediaten Städten und Klostergütern aufgehoben waren, schuf eine Amtsordnung vom 20. Mai 1920 neue *Ämter* mit dem Schwerpunktsauftrag, die *kommunale Selbstverwaltung* der Gemeinden zu organisieren und zu überwachen. Es entstanden anfangs 17 Ämter. Ihre Zahl wurde 1925 auf 10 reduziert. Den Ämtern stand ein gewählter *Amtshauptmann* vor. Zur Durchsetzung von Staatsaufgaben wurden daneben anfangs *Landdrosteien* gebildet, die jedoch 1927 bereits wieder aufgelöst wurden. Ihre Aufgaben gingen auf die Ämter über. Aus Kostengründen mußte die Verwaltung wiederholt vereinfacht werden. Nach drei Gesetzen ab Juni 1933 bis Dezember 1933 wurde die kommunale Selbstverwaltung bereits zu Beginn des nationalsozialistischen Regimes aufgehoben. Die gewählten Amtshauptleute wurden durch Staatsbeamte abgelöst, die nach preußischem Vorbild die Amtsbezeichnung *Landrat* führten. Gleichzeitig wurden die Ämter in *Kreise* umbenannt.

Mecklenburg-Strelitz

Der neue Freistaat hatte seit dem 11. Juni 1919 ebenfalls ein *Staatsministerium* mit folgenden Ministerialabteilungen: Abteilung für Justiz; Abteilung für Unterricht und Kunst; Abteilung für Medizinalangelegenheiten; Abteilung für die Finanzen mit der Unterabteilung für Domänen, Forsten und Hochbauten; Abteilung des Innern mit der Unterabteilung für Tiefbauten. Die Ministerialabteilungen führten alle die Bezeichnung *Ministerium*. 1929 gliederte man die oberste Verwaltungsebene noch in drei Ministerien: das Staatsministerium, das Ministerium des Innern und das Finanzministerium. Eine mittlere Verwaltungsebene bestand auch in Mecklenburg-Strelitz nicht. Die Amtsverwaltung wurde gegenüber dem *Ancien régime* vereinfacht. Durch Amtsordnung vom 16. Februar 1920 entstanden zwei Ämter im Landteil Strelitz. Der leitende Beamte des Amtes wurde gewählt; er führte anfangs die Bezeichnung *Landdrost*. Bereits 1921 wurde jedoch die preußische Bezeichnung *Landrat* gewählt. Eine weitere Verwaltungsvereinfachung erfolgte bis einschließlich 1933 nicht.

Land Mecklenburg (1934–1945)

Das *Land Mecklenburg* entstand am 1. Januar 1934 durch die *Vereinigung* der bisherigen Freistaaten Mecklenburg-Schwerin und Mecklenburg-Strelitz, indem die Landtage beider Freistaaten am 13. Oktober 1933 in getrennten Sitzungen die Vereinigung beschlossen. Die Regierungsgewalt für das gesamte Land übernahm das Staatsministerium von Mecklenburg-Schwerin. Das Mecklenburg-Strelitzer Staatsministerium wurde aufgelöst. Ende 1934 wurde das bisher mit zwei Ministern besetzte Staatsministerium auf einen Minister konzentriert. Anfang 1935 wurde das Staatsministerium neu gegliedert. Es erhielt fünf, ab 1941 sieben und ab 1942 acht Abteilungen. Ab September 1943 wurde die bisherige Bezeichnung *Staatsministerium* durch Personalisierung abgeändert auf *der Mecklenburgische Staatsminister*. Neben dem Staatsminister bestellte das Reich unter der NS-Regierung auf Grund des *Zweiten Gesetzes zur Gleichschaltung der Länder mit dem Reich* vom 7. April 1933 *Reichsstatthalter* als Organ des Reiches in den Ländern. Nach dem *Reichsstatthaltergesetz* vom 30. Januar 1935 war der Reichsstatthalter auch in Mecklenburg für die Durchsetzung der politischen Richtlinien des Führers und Reichskanzlers verantwortlich. Damit trat der Staatsminister in seiner Bedeutung gegenüber dem Reichsstatthalter zurück.
Das Staatsgebiet wurde durch das Groß-Hamburg-Gesetz von 1937 durch Aufnahme von Enklaven und Abgabe von Exklaven verändert. Das Land Mecklenburg gliederte sich ab 1934 in 11 Landkreise und 6 Stadtkreise. Leiter der Kreisverwaltung war ein Landrat. Er hatte auf Weisung des Staatsministeriums zu handeln.

Durch Gesetz vom 5. Juli 1939 wurden durch Vereinheitlichungen im Behördenaufbau die Behörden der Länder gleichzeitig zu Behörden des Reiches. Spätestens mit diesem Schritt wurde auch die Unterscheidung von Landes- und Reichsaufgaben weitgehend hinfällig. Dennoch blieben die Länder und damit das Land Mecklenburg bis zum Untergang des NS-Regimes am 8. Mai 1945 nominell erhalten.

Land Mecklenburg (1945–1952)

Nachdem sich die amerikanischen und britischen Truppen im Juni 1945 aus dem westlichen Teil Mecklenburgs zurückgezogen hatten, wurde das Territorium des ehemaligen Landes Mecklenburg am 1. Juli 1945 der sowjetischen Besatzungsmacht übergeben. Mecklenburg wurde mit dem westlich der Oder gelegenen Teil Pommerns zum neuen *Land Mecklenburg-Vorpommern* vereinigt und unter die Verwaltung eines russischen Generaloberst gestellt. Bereits im Juli 1945 berief dieser den ehemaligen Amtshauptmann von Güstrow, *Willi Höcker*, zum Präsidenten der Landesverwaltung.
Aufgrund der Landtagswahlen vom 20. Oktober 1946, die bereits nicht mehr völlig frei waren, entstand am 10. Dezember 1946 die erste Landesregierung unter *Höcker*. Am 15. Januar 1947 wurde eine neue Verfassung beschlossen. Seit dem 1. März 1947 führte das Land wieder den traditionellen Namen *Land Mecklenburg*. Die von Ende 1949 auf 1950 verschobenen Wahlen brachten auch in Mecklenburg wie in den anderen Ländern der sowjetischen Besatzungszone eine Wahl nach Einheitslisten und damit die unter sowjetischer Schutzmacht gelenkte Hinwendung zur Bildung der *Deutschen Demokratischen Republik* im Jahre 1952. Bereits in dieser Phase kündigte sich die Auflösung des *Landes Mecklenburg* an. Am 25. Juli 1952 beschloß der Landtag mit dem *Gesetz über eine weitere Demokratisierung des Aufbaus und der Arbeitsweise der staatlichen Organe im Lande Mecklenburg* seine eigene Auflösung und zugleich die Auflösung Mecklenburgs als Land. Damit hat ein über 850jähriges Mecklenburg gegenwärtig aufgehört zu existieren, indem es in die *Bezirke* Rostock, Schwerin und Neubrandenburg aufgeteilt wurde.

Anmerkungen

1 Zitiert nach G. Mann, Wallenstein, S. 482 f.
2 Desgl. S. 488.
3 Desgl. S. 485.
4 Grundriß zur deutschen Verwaltungsgeschichte 1815–1945, Bd. 13. Mecklenburg, S. 1.

Wilhelm Hoffmann
KIRCHEN, FREIKIRCHEN, SEKTEN

Mecklenburg, einst ein Ort im Kreise Wismar und im 10./11. Jahrhundert Hauptfürstensitz der obotritischen Wenden sowie eines der ältesten Kirchenzentren des später nach ihm benannten Landes, wurde trotz verschiedener wendischer Aufstände (1018 bzw. 1066) dennoch christlich, weil mit den rein deutschen Siedlern das Christentum unaufhaltsam seinen Einzug hielt. Zwar erlitt die zunächst erfreuliche Entwicklung einen Rückschlag durch den völlig unnötigen Wendenkreuzzug von 1147, aber schon 1149 konnte Erzbischof Hartwig von Hamburg-Bremen den sonst unbekannten *Emmehard* als Bischof von Mecklenburg einsetzen. Strittig bleibt allerdings, ob er jemals seines Amtes walten durfte, weil zwischen Hartwig und Emmehard einerseits und dem machtbesessenen Herzog Heinrich dem Löwen andererseits ein gespanntes Verhältnis bestand.
Wirklich lebendiges kirchliches Leben entfaltete sich erst unter dem Ratzeburger *Bischof Evermod* (1154–1178) und seinem Nachfolger Bischof *Isfried* (1180–1204) sowie unter dem Schweriner Bischof Berno und dessen Nachfolger Brunward. Evermod und Isfried, beide Prämonstratenser, asketisch und erfüllt von Glaubenseifer, breiteten das Christentum aus und errichteten viele Kirchen, darunter auf mecklenburgischem Boden solche in Döbbersen, Neuenkirchen, Zarrentin, Granzin, Zahrensdorf, Rehna, Gadebusch, Hagenow, Vellahn und andere. Beide Bischöfe genossen ihrer Frömmigkeit wegen ein hohes Ansehen in der Bevölkerung; sie wurden nach ihrem Tode als Heilige und Wundertäter verehrt.
Bischof *Berno von Schwerin*, ein Zisterzienser aus dem Kloster Amelungsborn an der Weser, der auch Apostel Mecklenburgs genannt wird, betrat Mecklenburg zunächst als einfacher Mönch, durchdrungen von der Absicht, dem Heidenvolk „das Licht des Glaubens" zu bringen. Unter großen Schwierigkeiten gelang es ihm, in Schwerin Fuß zu fassen und von dort aus „taufend, die Götzenbilder vermindernd und Kirchen gründend" weiter ins Land vorzudringen. Erst nach einigen Jahren des Missionierens ernannte ihn Herzog Heinrich der Löwe zum Bischof des Bistums Schwerin, das an die Stelle des unbesetzten und verfallenen Mecklenburgs getreten war. Leider sind uns weder der Amtsantritt noch nähere Einzelheiten seines Wirkens bekannt. Lediglich die Einweihung des aus Holz gebauten Schweriner Doms am 9. September 1171 in Anwesenheit Heinrichs des Löwen, des Grafen Gunzelin von Schwerin, der Fürsten Pribislaw von Mecklenburg und Kasimir von Pommern sowie des Ratzeburger Bischofs Evermod u. a. war ein herausragendes Ereignis, worüber eine im Geheimen- und Hauptarchiv in Schwerin liegende Originalurkunde Auskunft gibt. In mönchischer Einfachheit und christlicher Demut lebend, verachtete er jegliches Streben nach äußerlichen Ehren und enthielt sich aller kirchlichen oder politischen Auseinandersetzungen. Allein die Bekehrung der Heiden und die lautere Verkündigung des Evangeliums lagen ihm

am Herzen, so daß der Chronist Arnold von Lübeck ihn als „den ersten rechtgläubigen Lehrer, den die Slawen erhielten", bezeichnete.

Hatte Bischof Berno, der 1191 starb, bei der Christianisierung seiner Diözese noch so mancherlei Schwierigkeiten mit der fast ausschließlich wendischen Bevölkerung zu überwinden, so gelang seinem Nachfolger, Bischof *Brunward* (1193–1237), ebenfalls Zisterzienser aus Amelungsborn wie Berno, doch ein beachtenswerter Durchbruch. Davon gaben schon die vielen Kirchbauten und die Festigungen des gemeindlichen Aufbaus Zeugnis. Von etwa 30 vorhandenen Kirchen bei seinem Amtsantritt, konnte er während seiner 44jährigen Tätigkeit den Bestand auf 140 Kirchen steigern, so daß um die Mitte des 13. Jahrhunderts die Mehrzahl von den 400 Pfarreien des 20. Jahrhunderts bereits damals vorhanden waren.

Eine solche günstige Entwicklung wurde möglich und gesichert durch die Ausbreitung verschiedener *Ordensgemeinschaften*, wie der Prämonstratenser, Zisterzienser, der Franziskaner, Dominikaner und Augustinereremiten, um nur einige zu nennen. In Wismar fanden auch die aus Lübeck vertriebenen Benediktiner 1239 eine neue Heimstatt, während die Benediktinerinnen schon seit 1225 in Dobbertin ihren Dienst versahen. Dieses Nonnenkloster wurde nach und nach der reichste und wohlhabendste aller Nonnenkonvente. Schließlich ließen sich in Marienehe bei Rostock Ende des 14. Jahrhunderts auch die Kartäuser, im 15. Jahrhundert die „Brüder vom gemeinsamen Leben", auch Michaelsbrüder genannt, nieder.

Hinzu kamen geistliche Ritterorden der Johanniter und der „Brüder von dem deutschen Hause". Während die Johanniter im 13. Jahrhundert Komtureien in Kraak, Mirow und Nemerow gründeten, fanden die „Brüder von dem deutschen Hause" Zugang in Wismar. Die Hospitaliter des Heiligen Antonius übten ihre Tätigkeit in Tempzin, die Heiligengeisthospitaliter in Wismar, Rostock und Ribnitz aus. Die Gemeinschaften der Beginen sowie Kalandsvereine vervollständigten die Liste der um das Wohl der Menschen besorgten Ordensmitglieder. Unter Kalandsvereinen verstand man Bündnisse von Menschen jedes Standes, Alters und Geschlechts, die ohne Bindung an irgendwelche Ordensregeln oder Vorschriften Sozialdienste (Wohltätigkeiten, Krankenpflege u. ä.) leisteten und meist nur an den Kalenden eines Monats (1. Tag des römischen Monats) – daher ihr Name – zusammenkamen. Abschließend darf man feststellen, daß die Germanisierung und Christianisierung für Mecklenburg eine neue Daseinsgrundlage geschaffen hatten.

Zur Konsolidierung des bisher Erreichten und zu einer weiteren kirchlichen Entwicklung trug auch die Gründung der *Landesuniversität Rostock* bei, die am 12. November 1419 vorgenommen und zu deren Kanzler der Schweriner Bischof bestimmt wurde. Diese erste und zunächst einzige Universität im Norden Europas erlangte sehr bald über Mecklenburgs Grenzen hinaus auch in Dänemark, Norwegen und Schweden Ansehen und Bedeutung. Mit dem Aufblühen kirchlichen Lebens ging gleichzeitig auch ein intensiver Kirchenbau einher. Die bisherigen hölzernen oder sonstigen Notkirchen wurden durch Steinbauten ersetzt, die als Zeugen von Wohlstand häufig romanische Basiliken, hochgotische Dome, mehrschiffige Hallenkirchen oder auch nur einfache rechteckige Gotteshäuser waren.

Aber wie so oft, erwies sich gerade auf dem Höhepunkt mittelalterlicher Frömmigkeit, daß wachsender Wohlstand auch den Keim des Niedergangs in sich barg; denn diese Art von Frömmigkeit war vielfach durch Wallfahrten, Stiftungen, Heiligen- und Reliquienkulte und den Ablaß nur noch äußere Form ohne echte Religiosität. Verschiedene Reformversuche, diesem Übelstande abzuhelfen, wurden immer kraftloser, so daß an eine wirkliche Erneuerung der in sich erstarrten Kirche nicht mehr zu denken war. Auch in Mecklenburg war der Augenblick gekommen, wo „eine von anderer Seite und aus anderer Tiefe schöpfende Bewegung" einen *Neuanfang* in der Kirche setzen mußte.

Die reformatorischen Ereignisse in Wittenberg und Worms, d.h. die 95 Thesen *Luthers* und sein mutiges Verhalten vor dem Reichstag von 1521 unter dem Vorsitz Kaiser Karls V., ergriffen wie ein Sturmwind das Land Mecklenburg und besonders die Stadt Rostock, nachdem Wiclifsche und Hussitische Gedanken bereits den Boden bereitet hatten. Durch seine Predigten, Herausgabe eines Gebetbuches, eines Katechismus' und zweier Gesangbücher in niederdeutscher Sprache hatte *Joachim Slüter* (1490–1532) die Reformation unter das Volk gebracht.

Trotz mancher Widerstände von katholischer Seite endeten die Verhandlungen zwischen Katholiken und Evangelischen über Zeremonien, Messe und Abendmahl damit, daß von Palmsonntag an, dem 1. April 1531, in allen Kirchen der Stadt lutherischer Gottesdienst gehalten wurde. Joachim Slüters reformatorisches Wirken war von Erfolg gekrönt. Doch die Bischöfe von Schwerin und Ratzeburg sowie die entsprechenden Domkapitel verharrten noch im katholischen Glauben. Andererseits gab es eine große Zahl frei umherziehender Mönche, besonders aus dem Augustiner- bzw. Franziskanerorden, die Luthers Lehre ausbreiteten und auf ihre Weise, d.h. oft auch als Hauslehrer bei angesehenen Familien des Landadels, für Fortschritte der reformatorischen Bewegung sorgten. Beide zu dieser Zeit regierenden Herzöge Heinrich V. der Friedfertige und Albrecht VI. der Schöne begünstigten die Ausbreitung der neuen Lehre. Heinrich nahm eine wohlwollende Haltung ein, Albrecht stand ihr anfangs nicht direkt entgegen. Darum wurde auch das Wormser Edikt (Ächtung Luthers und seiner Anhänger) in Mecklenburg nicht veröffentlicht. Ja, selbst der Reichstag zu Speyer, der noch einmal an die Durchführung des Wormser Edikts erinnern sollte, schloß am 27. August 1526 mit der Feststellung: „Jeder Stand solle in Religionssachen so leben, regieren und es halten, wie er es gegen Gott und Kaiserliche Majestät zu verantworten sich getraue." Damit wurde den einzelnen Landesfürsten in der Annahme oder Ablehnung der Reformation freie Hand gelassen. Auf diese Weise kam es zur Bildung der deutschen Landeskirchen. So entschloß sich Heinrich, für seinen Landesteil einen von Luther empfohlenen Braunschweiger Pfarrer *Johann Riebling* als Superintendenten nach Mecklenburg zu holen. 1540 verfaßte dieser einen Katechismus und eine Kirchenordnung, die sich an die Brandenburg-Nürnbergsche Kirchenordnung anlehnte und die Grundlage für allgemeine Kirchenvisitationen bildete. Letztere wurden, wenn notwendig, mit allem Nachdruck landesherrlicher Gewalt durchgeführt, zumal sie sich auch auf das Schulwesen erstreckten.

Die zunächst so günstige Entwicklung des Protestantismus erlitt einen argen Dämpfer, weil es dem Kaiser Karl V. gelungen war, dem Schmalkaldischen Bund am 24. April 1547 bei Mühlberg auf der Lochauer Heide eine empfindliche Niederlage beizubringen. Er erzwang im Mai 1548 das sog. *Augsburger Interim*, wonach den Protestanten nur der Laienkelch und die Priesterehe (aber nur bis zum nächsten Konzil) gestattet wurde, sonst aber in Lehre und Brauch die katholische Auffassung Gültigkeit haben sollte. Die Mecklenburger Herzöge zogen eine Durchführung so lange wie möglich hinaus und beriefen, als alles Zaudern und Zögern nicht mehr half, zum 19. Juli 1549 einen Landtag nach Sternberg. Unter Führung des Kanzlers Johann von Lucka lehnten alle Stände das Interim ab und bestimmten das Luthertum als Landeskonfession, wobei sie die Antwort an den Kaiser mit den Worten schlossen: „Wenn der Kaiser so befiehlt, und Gott anders – was, meint Ihr, sollen wir tun? Der Größere ist Gott. Verzeih' o Kaiser, Du drohst mit Kerker, Gott droht mit der Hölle." Mit dieser Entscheidung vom 20. Juli 1549 wurde in Mecklenburg die lutherische Landes- oder Staatskirche gegründet.

Einen besonderen Anteil am Ausbau der mecklenburgischen Landeskirche hatte der 1550/51 als Professor der Theologie nach Rostock berufene *David Chyträus* (1531–1600), der dank seiner weitgreifenden Bildung und seines Organisationstalentes bei allen wichtigen Entscheidungen bzgl. der äußeren Ordnung oder der bekenntnismäßigen Lehre maßgeblich mitwirkte. Ehrenvolle Berufungen nach Augsburg, Straßburg, Kopenhagen oder Heidelberg lehnte er zur Freude seines Herzogs Johann Albrecht I. ab, da er sich in Rostock heimisch fühlte, die Rostocker Universität förderte und Streitigkeiten zwischen dem Landesherrn und der Stadt Rostock die Rechte und Freiheiten der Universität betreffend beilegen half. Sein Ansehen zu dieser Zeit war so groß, daß er in Glaubenssachen Gutachten erstellte und von Kaiser Maximilian II. 1568 den Auftrag erhielt, für Niederösterreich sowie die Steiermark Kirchenordnungen aufzustellen und Agenden abzufassen. Nach seiner Rückkehr warteten in Mecklenburg bereits neue Aufgaben auf ihn. So schuf er im Jahre 1571 eine neue Superintendenten- und Konsistorialordnung, die grundlegend wurden für die lutherische Landeskirche. Als Streitigkeiten zwischen Anhängern Melanchthons und strengen Lutheranern aufkamen, reiste Chyträus schließlich 1576 auf Drängen des Herzogs Ulrich zu einem Konvent deutscher Theologen nach Torgau, um eine Einigung zwischen den Parteien herbeizuführen mit der herzoglichen Weisung, „in nichts zu willigen, was wider Gottes Wort und zu dieser bisher stillen Kirche in Mecklenburg Beunruhigung wäre".

Im Mai 1577 war der tüchtige Theologe Chyträus schon wieder zugegen, als im Kloster Bergen bei Magdeburg die *Konkordienformel,* ein für beide Teile verbindliches Lehrbekenntnis, endgültig abgefaßt wurde. Trotz aller Einigungsbemühungen verstärkten sich die Spannungen zwischen Lutheranern und Melanchthon-Anhängern so sehr, daß der Herzog, der die Konkordienformel am 30. Dezember 1579 unterzeichnete, sich genötigt sah, gegen die Streitenden mit strengen Strafen einzuschreiten. Um die reine Lehre Luthers zu bewahren, kam eine neue revidierte Kirchenordnung heraus, wobei Chyträus als ehemaliger Schüler Melanchthons etwas in Bedrängnis geriet. Sein Tod am 25. Juni 1600, noch vor Vollendung dieser Kirchenordnung, enthob ihn aller vorhersehbarer Schwierigkeiten. Sie wurde am 5. März 1603 veröffentlicht und von den Kanzeln verlesen und bildete somit als Bekenntnis „zu der wahren, unverfälschten Religion Augsburger Konfession" den vorläufigen Abschluß der mecklenburgischen Landeskirche in der Reformationszeit.

Auch wenn in der Folgezeit fortwährend theologische Streitigkeiten zwischen dem Luthertum einerseits und dem Calvinismus, den Anhängern Melanchtons, den Wiedertäufern oder anderen kleinen Guppen andererseits das kirchliche Leben beeinträchtigten, so blieb Mecklenburg letzten Endes rein lutherisch, zumal die Rostocker Universität auch weiterhin eine biblische Schrifttheologie vertrat, wie ehedem David Chyträus und Simon Pauli. Selbst der wieder einberufene Landtag forderte von den Herzögen die feierliche Zusage, daß sie das Land „in e i n e r Region, bei e i n e r Religion und e i n e m Rechte in e i n e m corpore ungetrennt lassen würden".

Als 1618 der unselige *Dreißigjährige Krieg*, ausgelöst durch die aufständischen Böhmen, aufflammte, wähnte man sich in Mecklenburg noch in Sicherheit, weil man glaubte, es handle sich um eine örtlich begrenzte Auseinandersetzung in weiter Ferne, und dem Kaiser gegenüber habe man ja immer „eine gehorsame und eifrige Devotion" gezeigt. Diese Überlegungen erwiesen sich als Trugschluß; denn von 1622 an näherte sich der Krieg den Grenzen Mecklenburgs. Es wurde schließlich von Wallensteins Truppen besetzt, er selbst vom Kaiser mit dem Lande belehnt und ihm die Würde eines Herzogs verliehen. Nach der Erbhuldigung seitens der Stände am 19. Januar 1630 führte er umfassende Reformen durch, tolerierte aber in vollem Umfange das Luthertum und verlangte nur, daß in das allgemeine Kirchengebet eine Fürbitte für ihn eingefügt würde. Wenn Mecklenburg während der dreijährigen Regentschaft Wallensteins „die besten und dazu erträglichsten Jahre des ganzen Dreißigjährigen Krieges gehabt hat" (K. Schmaltz), so sollte sich das nach Wallensteins Sturz, den seine Gegner mit z. T. unlauteren Mitteln beim Kaiser durchgesetzt hatten, sehr bald ändern. Die kaiserlichen Truppen (unter Tilly) und ihre Bundesgenossen durchzogen oder besetzten das ganze Land außer Güstrow, Wismar und Rostock. Sie verwüsteten es in greulichster und bestialischer Weise, so daß der schwedische General Baner seinem Kanzler Oxenstierna schrieb: „In Mecklenburg ist nichts als Sand und Luft, alles bis auf den Erdboden verheert; Dörfer und Städte sind mit krepiertem Vieh besät, die Häuser voll toter Menschen, der Jammer ist nicht zu beschreiben." Auch Herzog Adolf Friedrich I. schrieb in sein Tagebuch: „Durch das betrübte langwierige Kriegswesen und darauf erfolgte pestilenzische Seuchen und Krankheit, Hunger und Kummer sind unsere Fürstentümer und Lande an Menschen und Vieh elendiglich und dermaßen verrodet und verwüstet, daß auf etlichen adligen Höfen fast kein lebendiger Mensch übriggeblieben." Verständlich, daß unter solchen Umständen das kirchliche Leben großen Schaden nahm bzw. hier und da ganz erstorben war.

Da die kriegführenden Parteien, des Mordens, Brennens und Verwüstens überdrüssig, von 1643 an Verhandlungen für einen Frieden aufnahmen, konnte man schon von dieser Zeit an wieder langsam, aber stetig an einen Aufbau gemeindlichen Lebens herangehen, durch Besetzung von Pfarrämtern, Organisten- und Küsterstellen und Errichtung von Schulen, die mit Hilfe einer neuen Schulordnung von 1647 besonders das religiöse Element betonten, wie zum Beispiel durch Katechismusunterricht. Es zeigte sich, daß unbeschreibliches Elend und bittere Not die zähe Lebens- und Glaubenskraft der überlebenden Menschen nicht zerbrochen hatten.

Aber neben einer strengen lutherischen Rechtgläubigkeit zeichnete sich noch eine andere Bewegung ab, die man als *Frühpietismus* bezeichnen könnte. Ein Mann wie

Joachim Lütkemann (1608–1655), seit 1638 Pfarrer und Professor an der Universität in Rostock, vertrat eine praktische und lebendige Theologie, die in ihrer Ernsthaftigkeit, verbunden mit einer leicht verständlichen und geschliffenen Sprache auf fruchtbaren Boden fiel. Er wurde der am meisten geschätzte Prediger der Stadt. Leider führte ein heftiger theologischer Streit mit Vertretern der Orthodoxie durch die Entscheidung des Herzogs Adolf Friedrich I. zur Landesverweisung Lütkemanns. Unbeirrt durch diese Maßnahme verfolgten der jüngere *Johann Quistorp* (1624–1669), *Theophil Großgebauer* (1627–1661) und *Heinrich Müller* (1631–1675) das Ziel einer verinnerlichten, echten Frömmigkeit und ebneten damit den Weg in die pietistische Bewegung, wie sie von *Ph. J. Spener* (1635–1705) und seinen Freunden aufgenommen und konsequent vertreten wurde, wollte der Pietismus doch nichts anderes sein als eine Weiterführung der Reformation. Zwar bereitete *Johann Friedrich König* (1619–1664) als mecklenburgischer Superintendent und Professor in Rostock unter Berufung auf die lutherische Orthodoxie dem Pietismus noch einmal einige Schwierigkeiten, König aber blieb in seinem Widerstand ohne Erfolg, zu sehr hatte die Erweckungsbewegung mit ihrem Appell an Herz und Gemüt schon so manche Menschen gewonnen, zu denen auch Herzog Friedrich II. als eifriger Anhänger des Halleschen Pietismus gehörte. Auch in der 1701 selbständig gewordenen Strelitzer Kirche, die unter einem eigenen Konsistorium und der Leitung des Neubrandenburger, später Neustrelitzer Superintendenten stand, waren von insgesamt 55 Pfarrern 22 Vertreter des Pietismus.

Dieser Bewegung war jedoch keine längere Dauer beschieden, denn fast gleichzeitig erhob der *Rationalismus* sein Haupt. Plötzlich machte sich „ein wachsender Optimismus, ein unbegrenztes Vertrauen in die Möglichkeiten der menschlichen Vernunft, den Fortschritt des menschlichen Geschlechts" breit, der auch vor Kirche und Theologie nicht haltmachte. Man führte neue Gesangbücher, in Strelitz sogar den Herderschen Katechismus ein, schaffte viele Fest- und Feiertage ab, beschränkte die Jurisdiktion des Konsistoriums auf die Lehre, den Kultus und die Disziplinarsachen der Kirchen- und Schuldiener, forderte die jährliche Synodalversammlung der Geistlichen und die Errichtung eines theologischen Seminars an der Universität Rostock zur Unterweisung und Ausbildung der künftigen Geistlichen. Im übrigen galt der Warener Pfarrer *Johann August Hermes* (1736–1822) wegen seines Angriffs auf die lutherische Versöhnungslehre als erster Vertreter des Rationalismus, dem viele andere folgen sollten.

Am Ende des 18. und zu Beginn des 19. Jahrhunderts trat bereits eine neue, über den „Rationalismus vulgaris" hinauswachsende Generation auf den Plan mit der Hoffnung, daß durch das edle deutsche Volk, wie schon einmal, die Religion in noch „höherem Glanze wieder das Licht und der Segen der Menschheit wird". Man meinte, die vielen Religionsstreitigkeiten und besonders der Dreißigjährige Krieg sowie die pietistische Überspannung habe zu einer religiösen Ermattung geführt, der von England und Frankreich her eingedrungene Deismus und religionsfeindliche Naturalismus habe zu einer Verflachung beigetragen, Religion sei auf bloße Moral reduziert worden. Aber zum Christentum gehöre auch „das Mythische und Mystische, und nicht nur ein „dürrer Inbegriff weniger bloßer Vernunftwahrheiten". Und nun ließ *Franz Christian Boll*, Pfarrer in Neubrandenburg von 1802–1818, Reformvorschläge folgen, die das positive Ziel der jungen Generation erkennen ließen. So forderte er zunächst u. a. eine Wiedergeburt des

Staates im Sinne Fichtes und der Steinschen neuen preußischen Städteordnung, einerlei Recht durch ein ganzes engverbundenes Deutschland, eine Organisation der Gemeinden nach dem Vorbilde der Herrnhuter, eine repräsentative Kirchenordnung, Singstunden in den Schulen, damit das klassische Liedgut wieder erklingen möge, Ausbildung der Lehrer im Orgelspiel, ein allgemeines Gesangbuch für das ganze evangelische Deutschland, Verbindung des Gottesdienstes mit dem Leben und vieles mehr, das schon die kommende Entwicklung erahnen ließ. Denn wenn in der Folgezeit sich noch nicht allzuviel änderte, so kam doch Bewegung in das kirchliche Leben anläßlich der sozialpolitischen Kämpfe, die eng mit dem Superintendenten und späteren Präsidenten des Oberkirchenrates *Theodor Kliefoth* (1810–1895) verbunden war. Als Mitglied einer für den Neuaufbau der Landeskirche verantwortlichen Kommission und enger Berater des Großherzogs Friedrich Franz II. drückte er der mecklenburgischen Landeskirche den Stempel seines Geistes auf. Er leistete literarisch und organisatorisch Erstaunliches. Neben Schriften über Dogmengeschichte, Kultus und Gottesdienst bereitete er „Acht Bücher von der Kirche" vor, von denen allerdings nur der erste Band mit vier Büchern 1854 in Schwerin und Rostock herauskam. Spätere Abhandlungen befaßten sich mit exegetischen, eschatologischen und vor allem mit liturgischen Fragen, die im gesamten deutschen Protestantismus großen Einfluß ausübten. 83 Kirchen wurden neu erbaut und 192 von Grund auf erneuert. Daneben wurden Schrift und Bekenntnis wieder zur Geltung gebracht, Gottesdienst und kirchliche Handlungen in den Mittelpunkt des kirchlichen Lebens gestellt, die Verwaltung der Kirche verselbständigt und besonders das geistliche Amt gehoben, sei es in Ausbildung und Gelehrsamkeit oder in finanzieller Hinsicht. Unter seinem Einfluß gründete der Großherzog Friedrich Franz II. auch eine große Zahl von Wohlfahrts- und Fürsorgeeinrichtungen für sozial Schwache. Die Universität wurde bei gleichzeitiger Vergrößerung des Lehrkörpers und stetiger Vermehrung der akademischen Institute erweitert, Gymnasien wurden errichtet. Außerdem gelang es Kliefoth, den lutherischen Konfessionalismus neu zu stabilisieren, so daß die mecklenburgische Kirche heute zur VELKD und zum Lutherischen Weltbund gehört.
Dennoch zeichnete sich um die Jahrhundertwende ein Umbruch ab, weil die geistige Lage sich veränderte, eine „modern-positive" Theologie aufkam und die „bündische" Jugend bei einer Tagung auf dem hohen Meißner 1913 erklärte, daß sie „nach eigener Bestimmung, vor eigener Verantwortung und mit innerer Wahrhaftigkeit ihr Leben gestalten" wolle. Es war ein Sehnen nach Gemeinschaft im „Wandern und Singen, im Volkstanz und Laienspiel". Aber trotz sehr scharfer Kritik an Gesellschaft und Kirche kehrte diese Jugend doch zu stiller Andacht in die Kirchen ein. Dem hoffnungsvollen Aufschwung setzte der Weltkrieg 1914–1918 ein jähes Ende, da mit der Länge des Krieges jedwede Notstände aufbrachen, deren Bewältigung sich die Kirche zur Aufgabe gesetzt hatte. Die Innere Mission (das heutige Diakonische Werk), die schon 1899 ihre Tätigkeit in Mecklenburg unter Leitung eines Landespastors begonnen hatte, verdoppelte ihre Anstrengungen, um die drängenden Aufgaben zu meistern. Dieser Einsatz lohnte sich insofern, als die Kirche allen Belastungen durch Krieg, Revolution und neuer Aufbauphase zum Trotz mit Hilfe von tüchtigen Geistlichen und treuen Gemeindegliedern ihren Bestand sichern konnte.

Zwar war mit der Abdankung des Großherzogs Friedrich Franz IV. für beide Großherzogtümer am 14./16. November 1918 das Ende des Summepiskopats und der Staatskirche herbeigekommen, aber der Anfang zu einer synodal-bischöflichen Epoche gesetzt. Nach Wahlen zur Landessynode im Frühjahr 1921 konnte diese am 15. April eröffnet und schließlich am 12. Mai eine noch heute gültige Verfassung der Landeskirche einstimmig beschlossen werden. Dabei ging ein langgehegter Wunsch in Erfüllung. An die Spitze der Landeskirche trat nunmehr ein Geistlicher als Landesbischof. Dieses Amt bekleidete zunächst *D. Dr. Heinrich Behm* (1853–1930), der wegen seiner Herzensgüte und seiner inmitten aller wirtschaftlichen und seelischen Not geleisteten Aufbauarbeit der mecklenburgischen Landeskirche wahrhaftig ein Bischof gewesen ist. Ihm folgte der Kieler Professor für praktische Theologie *D. Heinrich Rendtorff* (1888–1960), dem leider keine lange Amtszeit beschieden war. Obwohl er sich bemüht hatte, mit dem NS-Staat und der Glaubensbewegung Deutsche Christen in ein gutes Verhältnis zu kommen, z. B. auch dadurch, daß er selbst in die NSDAP eintrat, kamen bald Spannungen auf. Seine Erklärung in seinem 16. vertraulichen Rundbrief zur deutschchristlichen Bewegung: „Sie gärt und braust, sie siedet und wallet, was auch von dem ganzen Nationalsozialismus gilt", machte NS-Pastoren und staatliche Stellen zu Gegnern, die, gestützt auf eine deutschchristliche Mehrheit (ähnlich wie in Thüringen), seinen Rücktritt erzwangen. Am 9. Januar 1934 erschien im Kirchlichen Amtsblatt die Erklärung D. Rendtorffs, daß er am 6. Januar 1934 sein Amt als Landesbischof niedergelegt habe.
Der nun entfachte Kirchenkampf erfaßte auch den Landesbischof *D. Tolzien* von Mecklenburg-Strelitz. Er wurde bereits zum 1. August 1933 emeritiert und Oberkirchenrat *Dr. Heepe* zum Landespropst ernannt. Unterdessen aber hatte die Landessynode von Mecklenburg-Schwerin am 13. September 1933 ein Landeskirchenführergesetz beschlossen und den NS-Pastor *Walter Schultz* aus Badendiek zum Landeskirchenführer bestimmt. Dieser hatte wiederum nichts Eiligeres zu tun, als den Entwurf eines Kirchengesetzes einzubringen, wonach ein Zusammenschluß beider Landeskirchen zum 1. Januar 1934 herbeigeführt werden sollte. All dies Geschehen rief natürlich die Bekennende Kirche auf den Plan, die unter Opfern und tapferem Einsatz mit Hilfe der Lutherischen Kirche von Hannover dafür sorgte, daß das Evangelium von Jesus Christus die Grundlage der mecklenburgischen Landeskirche blieb, nicht zuletzt durch den von 1946–1971 amtierenden Landesbischof *D. Dr. Niklot Beste*, der ein führender Vertreter der Bekennenden Kirche war. Nach 1945 setzte er sich dafür ein, daß die Lücken in der Pfarrerschaft durch Nachwuchs besonders von der theologischen Fakultät Rostock, Pfarrhelfer oder Diakone geschlossen wurden und die kirchliche Arbeit auch unter den erschwerten Umständen in der DDR fortgeführt werden konnte. Hoffen wir, daß Patengemeinden in der Bundesrepublik sowie Zuschüsse von der Evangelischen Kirche Deutschlands der über tausend Jahre bestehenden mecklenburgischen Kirche die Mittel an die Hand geben, um ihrem Auftrag gerecht zu werden.
Die konfessionelle Geschlossenheit der Ev.-Luth. Kirche Mecklenburgs wurde zum erstenmal gelockert, als der zum *Katholizismus* übergetretene Herzog Christian (Louis) mit seiner Gemahlin Isabella von Chatillon in Schwerin residierte und 1672 eine katholische Schloßgemeinde gründete. Die kleine Gemeinde wuchs durch Bevölkerungsaustausch oder durch polnische Schnitter, die im Lande blie-

ben, so daß sich in Schwerin, Ludwigslust und Rostock Pfarrgemeinden bilden konnten. 1910 zählte man schon 19 633 Katholiken, die in drei weiteren Orten Wismar, Parchim und Heiligendamm von elf Pastoren betreut wurden. Hinzu kamen in Mecklenburg-Strelitz die beiden Pfarrgemeinden Neustrelitz und Neubrandenburg mit drei Geistlichen. Endlich erlangte die katholische Konfession im Jahre 1903 die öffentlich rechtliche Gleichstellung mit der lutherischen Landeskirche und konnte ihre Organisation weiter ausbauen. So konnte 1910 Bischof *Hubertus Voß* von Osnabrück in Rostock die neuerbaute große Christuskirche weihen. Nach 1945 erhöhte sich die Anzahl der Katholiken durch den Zuzug von Vertriebenen und Umsiedlern so beträchtlich, daß dadurch neue Kirchenbauten notwendig wurden. So gab es 1960 etwa vierzig eigene Kirchen und Kapellen und eine Wallfahrtsstätte (Dreilützow), wobei zu bemerken ist, daß von der Landeskirche noch zusätzlich zahlreiche evangelische Kirchen zur Verfügung gestellt wurden.

Eine wesentlich kleinere Zahl von Gläubigen stellte die *Reformierte* Kirche. So entstand 1698 infolge Aufnahme hugenottischer Flüchtlinge aus Frankreich eine kleine Gemeinde in Bützow. Ein Erlaß des Herzogs Friedrich Wilhelm ermöglichte ihre Niederlassung. Seine Witwe siedelte 1713 mit ihrem Hofprediger gleichfalls nach Bützow über und begründete eine deutsche reformierte Gemeinde. Beide, die französische und die deutsche Gemeinde, vereinigten sich zu einer einzigen, der es mit Hilfe und Unterstützung holländischer Glaubensverwandter gelang, 1771 einen Kirchenbau zu errichten. Da es ihr an einer wirtschaftlichen Grundlage mangelte, konnte diese Gemeinde keine größere Bedeutung gewinnen. Obwohl um die Jahrhundertwende in Schwerin unter Leitung des Schriftsetzers Lambrecht der erste evangelische Arbeiterverein in Mecklenburg gegründet werden konnte und es 1912 schon 17 Vereine mit 1190 Mitgliedern gab, scheiterte dieser Versuch einer *sozialen Reformbewegung* am Widerstand des Berliner Oberkirchenrates, der eine Beteiligung „an sozialpolitischen Agitationen" verbot. Der jüngere Kliefoth formulierte seinen Protest mit den Worten: „Man soll sich nicht wundern, wenn die Kirche ihren Einfluß auf die große Masse verliert ...". Eine verpaßte Chance der Kirche, die doch Volkskirche sein wollte. Der offiziellen Kirche sollte allerdings eine andere Bewegung noch weitere Sorgen bereiten. Es war die durch den englischen Erweckungsprediger Pearsall Smith 1875 in Deutschland eingeführte sog. Gemeinschaftsbewegung, eine Erweckungsbewegung pietistisch-methodistischer Prägung, die, unabhängig von der verfaßten Kirche, Laienkräfte aktivieren und eine lebendige, frohmachende Frömmigkeit in der Gemeinschaft praktizieren wollte. Interessanterweise wurde sie vielfach von Adelskreisen getragen. Als erster Stützpunkt wäre das Haus der Landrätin von Plüskow auf Kowalz zu nennen, die von erweckten Kandidaten Bibel- und Erbauungsstunden halten ließ, Männer- und Frauenvereine sammelte. In Rotenmoor war es der Freiherr von Tiele-Winkler, der nicht nur selbst Andachtsstunden mit den Gutsleuten hielt, sondern auch andere Leiter der Gemeinschaftsbewegung sprechen ließ, wie: von Knobelstorff, von Bernstorff, von Rotkirch, von Viebahn u.a. Durch diesen evangelistischen Einsatz breitete sich die Bewegung weiter aus und organisierte sich in einem mecklenburgischen Brüderrat als Teil des „Deutschen Comités für Gemeinschaftspflege und Evangelisation", in dem von Tiele-Winkler die Leitung übernahm. Daher war es kein Wunder, daß 1910 in der Hälfte der mecklenburgischen

Städte kleinere oder größere Gruppen der Erweckten vorhanden waren. Das hatte zur Folge, daß es in Mecklenburg kaum Freikirchen oder Sekten gab. Nur in Rostock (seit 1880) und in Schwerin (seit 1883) gab es jeweils eine kleine Zahl (zwischen 30 und 40) von *Baptisten,* denen nach Erstellung eines Betsaals auf eigenem Grundstück 1906 öffentlicher Gottesdienst zugestanden wurde.

Von den wenigen eigentlichen Sekten, z.B. die „Apostolische Gemeinde" der *Irvingianer,* die *Neuapostolische Gemeinde,* die *Adventisten,* die schon 1905 in Rostock und 1908 in Schwerin Fuß fassen konnten, ist nichts Besonderes zu berichten. *Mormonen,* die gelegentlich auftraten, wurden ausgewiesen.

Eine auf wenige Druckseiten beschränkte Darstellung einer mehr als tausendjährigen Kirchengeschichte des Landes Mecklenburg blieb ein Wagnis, dem sich der Verfasser aber gern gestellt hat, weil es eine lebendige Geschichte war, die bei allem Auf und Ab im Verlauf der Jahrhunderte immer den roten Faden christlicher Verkündigung erkennen ließ. Immer waren Fürsten, weitsichtige und tüchtige Theologen oder gläubige Gemeindeglieder am Werke, das manchmal schlingernde Kirchenschiff auf dem richtigen Kurs zu halten. Der atheistischen Werbung, besonders unter der Jugend, suchte die Kirche durch Dorfmission bzw. Freizeitarbeit an der Landjugend und persönlichen Einsatz verantwortungsbewußter Christen für die Gemeinde zu begegnen.

Und sollten schließlich die Auseinandersetzungen in Mecklenburg und anderswo zwischen christentumsfeindlichen oder gar antireligiösen Kräften und der Kirche dazu führen, daß alle, denen das Christentum noch etwas bedeutet, näher zusammenrücken und tapfer bekennen, daß Jesus Christus der Herr sei, dann braucht uns um die Zukunft der Kirche nicht bange zu sein im Vertrauen auf das Wort der Heiligen Schrift: „Wandelt nur würdig des Evangeliums Christi, damit ihr in einem Geist steht und einmütig mit uns kämpft für den Glauben des Evangeliums und euch in keinem Stück erschrecken laßt von den Widersachern" (1. Phil. 1, 27–28).

Annemarie Haase
BILDUNGSWESEN

Schulen und Universitäten im deutschen Ostseeraum bis zum Ausgang des Mittelalters

Das mittelalterliche Bildungswesen der alten Herzogtümer Mecklenburg und Pommern weist viele gemeinsame Züge auf, da sich beide Länder im Prozeß der Kolonisation des Nord-Ostsee-Raumes zwischen Elbe und Oder herausbildeten. Im Vergleich zu anderen, im Zuge der Kolonisation entstandenen Territorien wie Sachsen und Brandenburg erfolgte in den Gebieten des Ostseeraumes die Ausbreitung des mittelalterlichen Kirchentums und des damit verbundenen klerikalen Schulwesens jedoch erst sehr spät, seit der zweiten Hälfte des 12. Jahrhunderts. Erst im 13. und 14. Jahrhundert entstandenen S c h u l e n zur Heranbildung von Geistlichen an Dom- und Kollegiatstiften, so in Lübeck, Schwerin, Ratzeburg, Güstrow, Bützow und Stettin.

In allen Diözesen entstanden in diesem Zeitraum auch zahlreiche Klöster, insbesondere Gründungen der Zisterzienser, vorzugsweise in abgelegenen, wenig kultivierten Gebieten. Doch kamen diese Klöster für die Verbreitung mittelalterlicher klerikaler Bildung kaum in Betracht, da die Zisterzienser in strenger Askese und harter körperlicher Arbeit das Ideal mönchischen Lebens sahen und den Angehörigen des Ordens die Beschäftigung mit wissenschaftlichen Studien nur soweit erlaubt wurde, als es zur Ausübung der geistlichen Pflichten notwendig erschien. *Klosterschulen* von größerer kultureller Ausstrahlung entstanden im Nord-Ostsee-Raum erst in spätmittelalterlicher Zeit, und zwar ausschließlich in den aufkommenden Städten. Hier dominierten, was den Ausbau des Bildungswesens betraf, die Bettelorden der Dominikaner und Franziskaner. In mecklenburgischen Städten ließen sich vorwiegend Franziskaner nieder, deren Ordensangehörige von der Farbe ihrer Kutte her auch „die grauen Mönche" genannt wurden im Unterschied zu den Dominikanern, den „schwarzen Mönchen". Doch war die Ausbildung ebenso wie in den *Dom- und Stiftsschulen* auch im 13. und 14. Jahrhundert in diesen Klöstern zunächst noch weitgehend dem Klerikernachwuchs vorbehalten, nur mit „äußeren Abteilungen" öffneten sie ihre Schulen den Söhnen von wohlhabenden Stadtbürgern. Bis ins 14. Jahrhundert hinein waren sie die einzigen Bildungsstätten in den größeren Städten wie Rostock, Wismar, Parchim, Neubrandenburg, Stettin und Greifswald.

Für Parchim ist schon seit 1305, für Wismar seit 1340 und für Neubrandenburg seit 1376 ein „rector scholarum" belegt, und auf eine lange Tradition, die bis ins Mittelalter reicht, konnte auch die Domschule zu Güstrow zurückblicken.

Die Ursachen für die Konzentration des mittelalterlichen Bildungswesens in den Städten dieses Raumes müssen in dem sich ständig ausdehnenden Handelsverkehr gesehen werden, der, den Spuren der Dänen und Gotländer folgend, nun zunehmend die slawisch besiedelten Gebiete an den Küsten der Ostsee einbezog. Von Lübeck aus entstanden deutsche Tochtergründungen an der mecklenburgischen Küste, von denen Rostock und Wismar die bedeutendsten waren. In solchen Städten entstand in den wohlhabenden bürgerlichen Schichten ein neuer Bildungsbedarf, denn das Lateinische war im Mittelalter nicht nur die Sprache der Kleriker, sondern auch der Kaufleute.

Dem Bildungsstreben insbesondere der den Fernhandel beherrschenden städtischen Oberschicht verdankte in den größeren Ostsee-Städten ein neuer Typus lateinischer Schulen seine Entstehung, die *Pfarr- oder Kirchspielschulen*. Sie entstanden an den Hauptkirchen der Städte unter städtischem Patronat, oft in harter Auseinandersetzung mit den ansässigen Orden, die in diesen neuen Schulen Konkurrenten ihrer Lateinschulen sahen. Solche städtischen Lateinschulen, dies belegt ein bemerkenswerter Fund mittelalterlicher Schulutensilien aus der Hansestadt Lübeck, beschränkten sich nämlich nicht nur auf das Studium lateinischer Klassiker, sie vermittelten darüber hinaus Fertigkeiten im Abfassen von Briefen geschäftlichen und politischen Inhaltes, des öfteren auch schon Grundkenntnisse im Rechnen. Die in Lübeck entdeckten Schulutensilien belegen die Vermittlung solcher Kenntnisse für den Zeitraum zwischen 1380–1450. Es wurden Wachstäfelchen gefunden, die, zu kleinen Büchern zusammengefügt, Schreibübungen enthalten. Neben Tafeln mit Fragmenten von Texten poetischen Inhalts überwiegen jedoch solche mit praxisbezogenen lateinischen Texten, so vor allem Pachtregelungen, Verkaufsbriefen, Ratschlägen an Geschäftsfreunde sowie Geldforderungen. Unter diesen Utensilien befanden sich auch bereits einige Textseiten politischen Inhalts sowie einige Rechenpfennige [1].

Doch war der Lehrstoff solcher Lateinschulen in der Regel auf Lesen, Schreiben und Elementarkenntnisse im Rechnen beschränkt. Wie man beim Erarbeiten lateinischer Texte vorging, zeigt anschaulich eine weitere Quelle aus der ersten Hälfte des 15. Jahrhunderts. Es handelt sich um eine Rostocker Kinderlehre geistlichen Inhalts. Wort für Wort wird darin der lateinische Text durch einfaches Hinzufügen der entsprechenden Wendungen in mittelniederdeutscher Sprache verdeutscht:

„Domine   here
dona eis   ghyfen
requiem internam   de ewyghen rouwe
et lux perpetua   unde dat ewyghe lycht
luceas eis   dat luchte edder schyne …" [2]

Obwohl die Leistungsfähigkeit solcher Schulen sehr unterschiedlich war, zwang der weltliche Zulauf aus den bürgerlichen Schichten zu ihrer Unterstützung durch die städtischen Magistrate, denn es mußten finanzielle Zuschüsse für die Bezahlung der Lehrer geleistet und größere Schulhäuser errichtet werden. Für solche Leistungen verlangten die Städte entsprechende Patronatsrechte, vor allem das der Aufsicht über die Schule und Mitspracherechte bei der Besetzung der Lehrerstellen. So läßt sich z.B. für Kolberg die Einflußnahme des Rates der Stadt belegen anhand eines Vertrages von 1378, in dem der Rat zwar das Recht des Domkapitels anerkennt, den Rektor der Schule einzustellen, doch behält er sich das Recht vor, diesen zu überwachen, und er kann die Absetzung des Rektors verlangen, wenn er sich als untauglich erweist.

Rektoren solcher städtischen Lateinschulen waren meist angesehene Geistliche. Sie nahmen „Schulgesellen" (lat. „socii") in ihren Dienst, oft wandernde Mönche, junge Kleriker, fahrende Studenten oder ehemalige Schüler von Lateinschulen, die solche Schulgesellendienste meist nur für eine kurze Übergangszeit verrichteten. Der damit verbundene häufige Wechsel verursachte große Qualitätsunterschiede im Lehrangebot, auch genossen die Schulgesellen ein geringes Ansehen, denn sie waren den Gewerbetreibenden gleichgestellt und erhielten ihren geringen Lohn zum Teil in Naturallieferungen.

Bis zum Ende des 15. Jahrhunderts gab es in den Fernhandels- und Exportgewerbestädten des Ostseeraumes zwischen Elbe und Oder insgesamt 50 solcher lateinischer Pfarr- und Kirchspielschulen.

Größere Städte unterhielten bereits mehrere Schulen, so gab es in Wismar zwei, in Rostock, Stralsund und Greifswald drei. Für nahezu alle mittleren Städte Mecklenburgs und Pommerns lassen sich – wie das Deutsche Städtebuch zeigt – solche Lateinschulen nachweisen, so auch in Pasewalk, Stargard, Altdamm, Rügenwalde, Freienwalde, Wolgast, Köslin, Greifenberg, Anklam, Gartz a. O., Kammin, Falkenberg und Bergen. Doch konnten sie sich nicht überall halten, da sie von der wirtschaftlichen Leistungsfähigkeit der Bürgerschaft abhängig waren. Oft entstanden sie in der Blütezeit solcher Städte und erloschen wieder, wenn diese zu wirtschaftlicher Bedeutungslosigkeit herabsanken.

Gegen Ausgang des 15. Jahrhunderts trat in zahlreichen Städten, besonders in den großen niederdeutschen und niederländischen, ein neuer Schultyp in Erscheinung, der zunehmend dort an Boden gewann, wo die Gewerbe zu hoher Blüte gelangten. Von den Niederlanden aus, wo das Weberhandwerk und der Tuchhandel sich zu bedeutenden Erwerbszweigen entwickelt hatten, breiteten sich die „dudeschen scryffscholen" aus, *deutsche Schreibschulen* im Unterschied zu den Lateinschulen. In ihnen konnten nun auch Söhne von Handwerkern und kleinen Kaufleuten Elementarkenntnisse im Lesen und Schreiben, bisweilen auch im Rechnen, erwerben. Da sich das Niederdeutsche im Ostseeraum als Verkehrssprache des Handels und der städtischen Kanzleien durchgesetzt hatte, nahm in den Seestädten der Bedarf an Schriftkundigen zu. Nachweislich gab es bis 1500 in Lübeck bereits sechs, in Hamburg vier, in Rostock und Stettin je eine dieser niederdeutschen, privat betriebenen Schreibschulen, die mit Konzession des Rates den Unterricht versahen[3].

Die Rektoren der Lateinschulen betrachteten die neue Entwicklung jedoch mit Argwohn. Sie wachten darüber, wie Quellen belegen, daß die neuen Schulen mit ihrem Lehrangebot den Rahmen einer Elementarbildung, begrenzt auf das Niederdeutsche, nicht überschritten. In einem Lübecker Schulvertrag von 1418 heißt es dementsprechend, daß man in den

> „ ... scryvescholen ... allenen schal leeren kinderen lesen
> und scryven in dem dudeschen und anders nerghen ane."[4]

Aber auch die Geistlichkeit der Städte verfolgte das Entstehen solcher Schulen mit Mißtrauen. Aus den wenigen Quellen, die Nachrichten über solche Schulen enthalten, ist zu erfahren, daß man ein Eindringen ketzerischer Lehren fürchtete, da die Lehren des John Wicliff über die Städte an der Ostsee Eingang auch in deutsche Länder fanden. John Wicliff forderte bereits, die Lehren der Bibel in der Muttersprache zu vermitteln. So befürchteten die Geistlichen, deutsche Schreib- und Leseschulen könnten Einfallstore für solches Gedankengut sein, zumal es neben den von den Stadträten konzessionierten Schulen auch noch zahlreiche „Winkel- oder Klippschulen" (von Niederdeutsch klipp=klein) gab, die schwer zu kontrollieren waren.

So fehlte es nicht an Argumenten, die lästigen Konkurrenten in ihrem Wirkungsbereich zu begrenzen, wo immer dies möglich war, oder sie ganz auszuschalten. Dennoch gelang es nicht, die „dudeschen scryffscholen" und in ihrem Gefolge auch die Winkelschulen zu verdrängen, da die Schulmeister solcher Schulen oft zugleich auch „Stuhlschreiber" (Gerichtsschreiber) waren und in dieser Eigenschaft den Schriftunkundigen Schriftsätze wie Bittschriften, Rechnungen und Briefe verfaßten. Denn die Masse der Bevölkerung blieb noch für lange Zeit auch vom Besuch solcher Schulen ausgeschlossen, da sie nur gegen Entgelt Unterricht erteilten. Der Weg zu einer planvollen, kontinuierlichen Bildung auch breiter Massen der Bevölkerung begann erst im 17. und 18. Jahrhundert.

So kann man davon ausgehen, daß am Ende des Mittelalters nahezu alle größeren und mittleren Städte des deutschen Ostseeraumes mehrere Schulen hatten, zumindest eine Lateinschule. In den Handelsmetropolen gab es oft schon verschiedene kirchliche, städtische und private Schulen nebeneinander, den verschiedenen Bildungsbedürfnissen entsprechend.

Doch reichte das an den alten Dom- und Stiftsschulen gelehrte Wissen schon seit langem nicht mehr aus, um den Nachwuchs für den Klerikerstand und für Aufgaben in städtischen und landesfürstlichen Diensten heranzubilden, denn auf dem Gebiet der Wissenschaften hatte sich ein großer Wandel vollzogen. Es gab eine neue Philosophie, auf Aristoteles gegründet, und für die Theologie selbst war mit dem Werk des Thomas von Aquin ein philosophisch begründetes Lehrgebäude geschaffen worden. Vor allem aber war das Recht nun Gegenstand wissenschaftlicher Lehre ebenso wie die Medizin, die wesentliche Impulse aus der Begegnung mit dem Islam empfangen hatte.

Neue Formen zur Vermittlung gelehrter Bildung, U n i v e r s i t ä t e n, waren deshalb überall dort entstanden, wo die Entwicklung des Städtewesens mit Handel und Gewerbe über den regionalen Bedarf hinaus die materielle Basis für einen Auf- und Ausbau geistigen Lebens bot. In Frankreich und Italien sowie in England und Spanien entstanden Universitäten bereits seit der Wende vom 12. zum 13. Jahrhundert. Erst seit der zweiten Hälfte des 14. Jahrhunderts begann man auch auf deutschem Boden solche Bildungsstätten einzurichten, meist in Anlehnung an bereits vorhandene Einrichtungen geistlicher Studien an Dom- und Kollegiatstiften. Auch die geistlichen Orden gingen dazu über, das Studium in den Klöstern gemäß den neuen Anforderungen theologisch-wissenschaftlicher Bildung umzugestalten. Ein Aktenstück aus dem Jahre 1415 belegt eine solche Studieneinrichtung auch bereits für Pommern. Es handelt sich um einen Vertrag, den acht märkische, pommersche und preußische Augustinerkonvente abschlossen zur Begründung eines „wandernden" Studiums[5]. Beteiligt waren die pommerschen Konvente von Anklam, Garz und Stargard. Das „studium continuum" sollte bei den acht Klö-

stern jeweils immer für ein Jahr durchgeführt werden. Der jährliche Wechsel erleichterte die Aufbringung der Kosten, diente aber vor allem dazu, das wissenschaftliche Leben in den beteiligten Konventen gleichmäßig und stetig zu beleben. Die Entstehung der beiden norddeutschen Universitäten des Ostseeraumes läßt sich freilich nicht nur auf geistliche Initiative zurückführen. Für die *Universität Rostock*, gegründet 1419, läßt sich bereits zu diesem Zeitpunkt ein starkes politisches Interesse des Landesfürsten wie auch des städtischen Magistrates nachweisen, denn die Hansestadt als bedeutendes Handelszentrum des Ostseeraumes übernahm mit der Bereitstellung von zwei Kollegienhäusern und der Zahlung von 800 Gulden jährlich die wirtschaftliche Sicherung der neuen Bildungsstätte. Der Nutzen, den die Stadt Rostock aus der Neugründung zog, wird deutlich im Spiegel der Zahlen von Immatrikulierten während des 15. Jahrhunderts. Deutlich ist erkennbar, daß die Hansestadt aufgrund ihrer weitverzweigten Handelsverbindungen Studierende auch aus skandinavischen Ländern, aus Livland und aus den Niederlanden anzog. Die Ursache dafür ist darin zu sehen, daß es im gesamten Ostseeraum bis zum letzten Drittel des 15. Jahrhunderts nur die Universität Rostock gab. Die Gründung der Universität von Kopenhagen erfolgte erst 1479, von Upsala 1477, von Königsberg gar erst 1544. Die überdurchschnittlich große Zahl juristischer Promotionen (im Vergleich zu anderen deutschen Universitäten dieser Zeit) zeigt, wie groß der Bedarf an geschulten Juristen war. Trotz mancher Rückschläge infolge der Pest (1451–1461) und der zeitweiligen Verwicklung in Ständekämpfe zwischen Patriziern und Handwerkern konnte sich die Universität Rostock bis zum Ende des 16. Jahrhunderts in dieser starken Position behaupten. Ihr Niedergang begann mit dem Aufstieg der Universität Wittenberg und der Durchsetzung der lutherischen Reformation im norddeutschen Raum.
Auch die 1456 gegründete *Universität Greifswald* entstand zunächst als Ausbildungsstätte für künftige Theologen und Juristen. Bereits im Gründungssemester betrug die Zahl der eingeschriebenen Studenten 554, dazu kamen noch ca. 50 Studenten aus Nachbarländern wie Mecklenburg und Brandenburg, 55 aus Skandinavien, aus den Gebieten des deutschen Ordens 18 und aus dem Baltikum 15. Wie für Rostock waren auch für Greifswald die Beziehungen zu den Handelsstädten des Ostseeraumes förderlich für die Entwicklung der neuen Universität, die mit Datum vom 29. Mai 1456 ihren päpstlichen Stiftungsbrief erhalten hatte. Als Lehrer an der Rechtsfakultät konnten erfahrene Juristen gewonnen werden, die den Herzog und die Stadt Greifswald in Rechtsstreitigkeiten erfolgreich berieten und auf diese Weise die Attraktivität der neuen Universität steigerten. Als das 15. Jahrhundert sich dem Ende zuneigte und die Universität in Machtkämpfe verstrickt wurde, litt ihr guter Ruf, und wie in Rostock verlor sie in den Wirren der Reformationszeit sehr bald an Bedeutung.

Bildungswesen in Mecklenburg und Pommern im Zeitalter der Reformation

Das mittelalterliche Bildungswesen befand sich bereits vor dem großen geistigen Umbruch, den die Reformation bewirkte, in einem Wandlungsprozeß. Von Italien aus drang eine neue geistige Reformbewegung zuerst nach Süd- und Westdeutsch-

land, dann auch in die norddeutschen Länder des Ostseeraumes vor, der *Humanismus*, erwachsen aus dem Streben nach Lebenserneuerung durch das Studium der Werke des klassischen Altertums. Eine der bedeutendsten Bildungsstätten in der Phase des Frühhumanismus war in Deutschland das Paulinum, die Domschule zu Münster. Wie neuere Forschungen zur Entwicklung des Bildungswesens im Ostseeraum zeigen, wurde das Bildungswesen im nord- und westdeutschen Raum seit Beginn des 16. Jahrhunderts nicht nur von Leipzig und Wittenberg, sondern auch von Münster aus stark beeinflußt. Ein Schüler des Paulinums war *Hermann Buschius*, einer der bedeutenden Wanderpoeten des humanistischen Zeitalters, der auf seinen Reisen auch an den Universitäten Greifswald und Rostock Vorlesungen über die klassischen lateinischen Autoren hielt und großen Anklang bei den Studenten fand. Der große Reformator Pommerns, *Johannes Bugenhagen* (1485–1558), fand als Student an der Universität Greifswald durch Buschius Zugang zu dieser neuen Bewegung, vor allem auch zu den Schriften des Konrektors am Paulinum zu Münster, Murmellius, in denen die Umgestaltung des mittelalterlichen Unterrichtswesens im humanistischen Geiste gefordert wurde.
Humanistische Einflüsse auf das Schulwesen Rostocks belegt eine Lektionsordnung des paedagogium porta coeli, einer mit der Universität verbundenen Lateinschule vom Jahre 1520. Sie zeigt, daß bereits Briefe des Cicero und Plinius benutzt worden sind für die Schulung im klassischen Latein. Johannes Bugenhagen erwarb in Greifswald hervorragende Kenntnisse des Lateinischen und war nach seiner Studienzeit Rektor der Lateinschule im pommerschen Treptow (zwischen 1505–1521). Er sandte seinen Bruder sowie frühere Schüler nach Münster, um sie am Paulinum im Sinne der humanistischen Bildungsidee ausbilden zu lassen.
Der entscheidende Kampf um die Durchsetzung des Humanismus wurde jedoch an den Universitäten ausgetragen, und hierbei waren die Universitäten Rostock und Greifswald nicht in führender Position. Zwar erreichte die neue Bewegung auch die beiden Ostsee-Universitäten um die Wende vom 15. zum 16. Jahrhundert, doch zeigt eine gedruckte Ordnung der Vorlesungen, Disputationen und Promotionen, die „observantia lectionum in universitate Rostochiensi" vom Jahre 1520, einen vom Humanismus noch kaum berührten Studienbetrieb. Als die Reformation vom mitteldeutschen Raum aus die Küstengebiete an Nord- und Ostsee erreichte, traf die beiden Hochschulen das gleiche Schicksal wie die alte ehemals berühmte Universität Erfurt, sie waren einem unaufhaltsamen Niedergang preisgegeben. Eine bildungsfeindliche Strömung führte zudem in den Sturmjahren der Reformation dazu, daß viele Studenten die Hochschulen verließen, vor allem aber bewirkte die Einziehung der Kirchengüter, daß die Aussicht auf Erlangung geistlicher Pfründe wegfiel. Universitäten und Schulen leerten sich in erschreckendem Ausmaß, und mancherorts kam der universitäre Lehrbetrieb völlig zum Erliegen, so auch in Greifswald. Erst mit dem Ruf Luthers nach Umgestaltung der Universitäten begann der Wiederaufbau des gelehrten Bildungswesens.
Doch ist der Begründer und Reorganisator protestantisch-humanistischer Bildung nicht Luther gewesen, sondern sein Freund und Kollege *Philipp Melanchthon* (1497–1560). Von ihm erhielt das protestantische Bildungswesen für Jahrhunderte einen prägenden Rahmen durch die Schaffung von Gelehrtenschulen und Landesuniversitäten. Für das Schulwesen entstand dieser neue Rahmen in Form der von Melanchthon verfaßten kursächsischen Schulordnung von 1528, die zum Vorbild

für zahlreiche Schulordnungen norddeutscher Länder und Städte wurde. Nach der Hinwendung Johannes Bugenhagens zu Luther setzten sich die Anschauungen der wittenbergischen Reformatoren vom gelehrten Unterricht auch in den Ländern und Städten des deutschen Ostseeraumes durch. Schon wenige Jahre nach dem Erscheinen der kursächsischen Schulordnung Melanchthons trat 1535 in Pommern die von Bugenhagen verfaßte Kirchenordnung in Kraft, die bereits eine Schulordnung enthielt. In Stettin wurden zwei große Schulen neu errichtet, die eine davon, ehemals eine alte Ratsschule, erhielt nun fünf Klassen und wurde in der Kirche des Karmeliterordens untergebracht. An der Stelle der alten Domschule wurde 1543 eine Landesschule gegründet und mit Einkünften aus ehemaligen Kirchengütern versehen. Bereits im Jahre 1535 schlug Bugenhagen vor, die Universität Greifswald neu zu begründen, zuvor aber, da noch die finanziellen Mittel zu dem Wiederaufbau fehlten, ein Pädagogium zu errichten, an welchem acht Professoren wirken sollten für philosophische, sprachliche, theologische und juristische Studien. Besonders die alten Sprachen Latein, Griechisch und Hebräisch sollten gelehrt werden, dazu Grundkenntnisse aus den Bereichen der Mathematik und der Medizin. Die vorhandenen alten städtischen Lateinschulen sollten zur Gründung dieses Pädagogiums zusammengelegt werden, um die finanzielle Grundlage zu sichern.
In diesem Plan Bugenhagens werden bereits die drei neuen Prinzipien für den Aufbau eines protestantischen Gelehrtenschulwesens, wie es Melanchthon zu entwickeln gedachte, deutlich sichtbar:

1. Für den Erhalt und die Ordnung des Schulwesens hatte die weltliche Obrigkeit zu sorgen, in diesem Falle die Stadt Greifswald bzw. deren Stadtrat;
2. Der gelehrte Unterricht sollte sich auf die alten Sprachen gründen, dazu auf die Philosophie;
3. Für die Unterweisung im Glauben war nunmehr eine gute Bibelkenntnis erforderlich und das Erlernen des lutherischen Katechismus.

In den Grundzügen zeigt der Plan Bugenhagens die gleiche Struktur, die das gelehrte Schulwesen Sachsens in der Form der fürstlichen Landesschulen wie Pforta und Meißen erhielt. Freilich fand Bugenhagens Plan keine Umsetzung in die Praxis, denn am 16. November 1539 konnte mit 88 Studenten die Universität Greifswald neu begründet werden. In den Statuten von 1545 tritt der Einfluß Melanchthons stark hervor, denn seine Dialektik und Grammatik sind Lehrstoff der Artistenfakultät, dazu die Autoren Livius, Terenz und Homer. Alle drei Sprachen sind nun dem Lehrbetrieb fest eingegliedert, denn auch für die Theologie gibt es bereits Vorlesungen über hebräische Grammatik. Einflüsse Melanchthons wurden auch bei der Reform der juristischen und medizinischen Studien deutlich sichtbar.
In den Jahren des Schmalkaldischen Krieges, als die Wittenberger Universität infolge der religiösen Wirren und durch Luthers Tod einen Rückgang erlebte, nahm die Universität Greifswald zwischen 1545 und 1548 einen – jedoch nur zeitweiligen – Aufschwung. Es fehlte vor allem an gut vorgebildeten Theologieprofessoren, obwohl ein Austausch zwischen Wittenberg und Greifswald von Melanchthon initiiert und tatkräftig gefördert wurde. Die Ursache für den Rückgang der Studien in Greifswald in den fünfziger Jahren des 16. Jahrhunderts waren darin

begründet, daß die Organisatoren der neuen Landeskirche noch weithin mit Anfangsschwierigkeiten zu kämpfen hatten, insbesondere mit dem Problem der Besoldung von Pfarrern und der finanziellen Erhaltung von Schulen und Universitäten. Die zunächst äußerst geringen Pfarreinkünfte lockten kaum junge Menschen, Theologie zu studieren. Außerdem übten die Universitäten Wittenberg, Helmstedt und die neue Universität Frankfurt an der Oder eine starke Anziehungskraft aus, vor allem für Studien im Bereich der Rechtswissenschaft. Zudem war das Leben in Greifswald für viele Studierwillige zu teuer. Die pommersche Landessynode von 1545 forderte deshalb die Patronatsherren der Kirchen, d.h. den Adel und die Städte auf, „benefitien" zur Förderung theologischen Nachwuchses zu stiften, um dem Mangel an Pfarrern abzuhelfen. Es wurde bereits 1539 vorgeschlagen, theologische Vorkonvikte, d.h. Studienanstalten, einzurichten, in denen angehende Theologen gemeinsam leben und lernen sollten. Doch ließen sich solche Vorschläge noch nicht durchsetzen, so daß der Pfarrermangel noch lange, bis weit ins 17. Jahrhundert hinein auf den Dörfern vorherrschend war.
Dieser kurze Einblick in die Planungen der Reformatoren zum Aufbau des Bildungswesens veranschaulicht, mit welchen Problemen die Organisatoren des protestantischen Landeskirchentums zu ringen hatten. Allmählich konnte auch das Schulwesen der Städte wiederbelebt werden, wie die Kirchenordnungen zeigen, denen meist schon eine Schulordnung beigefügt war. Den von Bugenhagen angeregten bzw. mitverfaßten Kirchenordnungen für norddeutsche Städte und Länder waren jeweils bereits Schulordnungen eingefügt, so auch der Kirchenordnung von Stralsund von 1525, einer der ältesten protestantischen Kirchenordnungen überhaupt. In Stralsund legte man 1560 aufgrund dieser Ordnung drei alte Pfarrschulen zu einer großen siebenklassigen Schule im ehemaligen Dominikanerkloster zusammen. Außerdem errichtete man bereits eine Mädchenschule mit drei Lehrkräften, ausgerichtet am biblischen Lehrstoff und Katechismusunterricht in deutscher Sprache. Hinterpommern hatte größere Schulen in Kolberg, wo die alte Domschule reformiert wurde, und in Stargard. Eine allgemeine Landesschulordnung für Pommern erfolgte jedoch erst 1563.
Auch in Mecklenburg hatten sich mit Errichtung des landesherrlichen Kirchenregimentes die Fürsten des Schulwesens angenommen, wie die Berichte der Kirchenvisitationen von 1541/42 zeigen. Diese Quelle ist ein anschaulicher Beleg dafür, daß es in 21 visitierten Städten Mecklenburgs bereits wieder lateinische Schulen gab, so in den großen Städten wie Rostock und Wismar, wo alte Stadtschulen wiederbelebt bzw. neue Lateinschulen im Geiste Melanchthons eingerichtet wurden. Erhalten wurden sie auch hier aus den Einkünften vormals geistlicher Güter. Man darf diese Erneuerung des Bildungswesens jedoch nicht als einen geradlinig und zügig verlaufenden Prozeß verstehen, vielmehr ist für seine Anfangsjahre charakteristisch, daß es ein Nebeneinanderbestehen von katholischen Dom- und Stiftsschulen und protestantischen Stadtschulen gab, nämlich überall dort, wo die Kapitel und Konvente sich der Reformation noch widersetzten. Dies war in Güstrow der Fall, vor allem aber in Schwerin, wo neben der katholischen Domschule eine zunächst nur wenige Schüler umfassende protestantische Schule Kenntnisse auch in der neuen Liturgie vermittelte.
Den entscheidenden Anstoß zum Aufbau eines leistungsfähigen prostestantischen *Gelehrtenschulwesens* in Mecklenburg gab jedoch erst der junge Herzog Johann

Albrecht, auf dessen Initiative 1550 der Humanist *Andreas Mylius* aus Meißen als Mentor privater Studien an den Hof gezogen wurde. Seit 1556 mit dem Titel eines Hofrates bekleidet, wurde Mylius zum Berater des jungen Landesfürsten auch in Fragen der Neuorganisation des Schulwesens. Mylius selbst war Schüler der fürstlichen Landesschule Meißen gewesen, und gemeinsam mit Herzog Johann Albrecht entstand der Plan, auch in Mecklenburg eine solche Bildungsstätte einzurichten. Im Jahre 1533 konnte, vermittelt durch Andreas Mylius, einer der besten Lehrer der Fürstenschule zu Meißen, der Konrektor *Matthias Markus Daberkusius* als Rektor einer künftigen mecklenburgischen Landesschule gewonnen werden. Bereits am 4. August 1553 verkündete Herzog Johann Albrecht öffentlich die Einrichtung einer „Partikularschule" – so genannt, um sie vom Studium generale der Universität abzuheben – in Schwerin, an welcher Kinder des Adels und der Bürger freien Unterricht erhalten sollten bei entsprechender Eignung. Für den Unterhalt wenig begüterter Schüler erfolgte die Bereitstellung von Stipendien. Im ehemaligen Franziskanerkloster zu Schwerin wurde die neue Schule am 10. August 1553 mit drei Klassen eröffnet. Dem Vorbild Meißens entsprechend, wurde der Unterricht von den alten Sprachen her neu begründet, wobei die Eintrittsklasse mit Latein begann, die zweite das Griechische aufnahm und so weit vertiefte, daß das griechische Neue Testament zum Religionsunterricht herangezogen werden konnte. Unter Johann Albrecht fand die neue Schule weithin im Nord-Ostseeraum Beachtung, denn sie erhielt Zuzug von Schülern auch aus Livland, Polen und Holland. Allerdings war ihr Gedeihen mit dem besonderen Interesse Johann Albrechts an gelehrten Studien verknüpft. Nach seinem Tode löste sein Bruder Ulrich die kostspielige Neugründung auf und legte sie mit der alten Domschule zu Schwerin zusammen.

Johann Albrechts Interesse an einer Neubegründung des Gelehrtenschulwesens in seinen Ländern begrenzte sich aber nicht nur auf die Einrichtung der fürstlichen Landesschule. Er nahm sich auch vielerorts des darniederliegenden Schulwesens der vorreformatorischen Zeit an, wie die Wiederaufrichtung der Domschule zu Güstrow zeigte. Hier zog auf Vermittlung des Rektors Daberkusius ein neuer Rektor ein, ebenfalls aus Sachsen stammend. Auch diese reformierte Lateinschule hatte drei Klassen, nur trat das Griechische erst in der obersten Klasse hinzu. Mit fünf Lehrkräften ausgestattet, blieb diese Schule auch unter Herzog Ulrich bestehen und erwarb sich bald den Ruf, die beste Gelehrtenschule des Landes zu sein. Der Mangel an wissenschaftlich gebildeten Predigern bewog Anfang der vierziger Jahre des 16. Jahrhunderts die großen Seestädte wie Hamburg, Lübeck, Bremen, Riga und Reval, auch die Wiederbelebung der *Universität Rostock* tatkräftig zu unterstützen. Zur Neuordnung der Universität, die ein halb landesherrliches, halb städtisches Institut war, kam es jedoch erst 1563 nach Absicherung der wirtschaftlichen Fundierung durch Einkünfte aus eingezogenen Kirchengütern. Die neuen Statuten der Universität glichen denen der Wittenberger Ordnung. Verpflichtend war für das Studium an der theologischen Fakultät nun die Erklärung der heiligen Schriften aus den Urtexten unter Zugrundelegung der Confessio Augustana (Bekenntnis der Lutheraner auf dem Reichstag zu Augsburg 1530), der Schmalkaldischen Artikel und der Schriften Martin Luthers. Dem Beispiel Wittenbergs entsprechend erfolgte auch die Umwandlung der alten Artistenfakultät in die Philosophische Fakultät, nun mit dem ausdrücklichen Auftrag, nach Melanchthons Lehrbüchern das Studium der alten Sprachen neu zu begründen. In der zweiten Hälfte des 16. Jahrhunderts gelangte die Universität Rostock zu neuer Blüte, denn zahlreiche Schüler Melanchthons wirkten hier.

Für einige Jahrzehnte erwarb sie sich sogar den Ruf, die zweite bedeutende protestantische Hochschule im deutschen Raum zu sein. Entsprechend hoch war der Zuzug von Studenten, denn die Zahl der jährlichen Immatrikulationen betrug etwa 200, wozu nicht zuletzt auch die Ausbreitung des Luthertums in den skandinavischen Ländern beitrug.

Die neue Blüte der Universität Rostock gründete sich vornehmlich auf den Neuaufbau der theologischen Studien. Rostocker Professoren wie Chyträus, Simon Pauli, Paul und Johann Tarnow gehörten zu den Begründern einer neuen Richtung protestantischer Theologie, die sich als „Schrifttheologie" verstand. Gegenüber der zunächst vorherrschenden, an den Bekenntnisschriften des Luthertums ausgerichteten Form der Bibelexegese verfolgten die „Schrifttheologen", insbesondere *Johann Tarnow*, das Ziel einer wissenschaftlichen Grundlegung der Theologie. Er forderte eine Verbesserung der Kenntnisse in den alten Sprachen und entwickelte eine neue Form der Schriftauslegung aus dieser Kenntnis heraus sowie aus dem Zusammenhang der biblischen Texte. Im Jahre 1614 als Professor nach Rostock berufen, baute er das Hebräische und das Studium der Texte des Alten Testamentes neu auf. Johann Tarnow galt nicht nur als der hervorragendste Bibelexeget der lutherischen Kirche in seiner Zeit, sondern auch noch lange darüber hinaus.

Trotz dieser Blüte der Studien an der Universität Rostock und des Wiederaufbaus von Gelehrtenschulen stagnierte – wie in den meisten protestantischen Territorien – auch in Mecklenburg und Pommern das Bildungswesen mit Beginn des 17. Jahrhunderts. Zwar wurden mehrfach Schulordnungen verbessert oder neu erlassen, aber zu einer durchgreifenden Schulreform fehlte es an tüchtigen Lehrern und an Geld. Um die Schulgebäude selbst war es zumeist sehr schlecht bestellt. Mancherorts wurden in Kirchen verlassener Klöster Holzverschläge eingerichtet, in denen der Unterricht der Schulklassen stattfand, oder man versah die Stadtkirchen mit Anbauten, die jedoch bald – weil zumeist mit geringen Mitteln erstellt – wieder baufällig wurden. Am besten war für die Güstrower Domschule gesorgt, da Herzog Ulrich ihr ein neues Gebäude errichten ließ. Noch gravierender wirkte sich der Mangel an tüchtigen Lehrern aus. Häufig versahen wandernde Studenten den Unterricht, bis sie eine andere Universität bezogen. Ihre Nahrung erhielten sie durch Speisung von Haus zu Haus, und zur Wohnung stand ihnen nur eine kleine Stube und Kammer, meist im Schulhaus selbst, zur Verfügung. Die kümmerliche Einrichtung, ebenso wie die Schulbücher, erhielten sie von den Magistraten, so daß die Städte nur einen sehr geringen Lohn an die Schullehrer zahlten. Erst im 17. Jahrhundert änderte sich die persönliche Stellung der Lehrer, denn statt der Freitische erhielten sie nun vierteljährlich Speisegelder oder statt dieser Gelder ein Deputat, z.B. ein gemästetes Schwein, einen viertel Ochsen, Heringe und Grütze und dergleichen. Auch ging man dazu über, die Lehrer auf Dauer anzustellen und fest zu besolden, doch brachte auch dies keine Verbesserung, da nun die Städte ihre Lehrer auch dann noch beschäftigten, wenn sie bereits durch hohes Alter kaum noch arbeitsfähig waren. Der größte Mangel aber muß im Fehlen einer einheitlichen landesherrlichen Schulgesetzgebung und eines einheitlichen „Schulregiments", d. h. einer Schulverwaltung gesehen werden. Denn nur die Landesschulen unterstanden den Herzögen, die Stadtschulen hingegen den Magistraten. Zudem erfaßte in der ersten Hälfte des 17. Jahrhunderts der Dreißigjährige Krieg die Länder des Ostseeraumes. Er warf sie wirtschaftlich und kulturell fast um ein Jahrhundert zurück. Die Weiterentwicklung des Bildungswesens erfolgte nach Jahren des Niedergangs erst gegen Ende des 17. Jahrhunderts, als die schlimmsten Folgen des Krieges überwunden waren.

Ansätze zum Aufbau eines Volksschulwesens in Mecklenburg und Pommern im Landesstaat des 17. Jahrhunderts

Auf der Generalsynode zu Güstrow wurde 1662 die Forderung erhoben, überall im Lande *Katechismusschulen* einzurichten, um in ihnen Männer und Frauen, vor allem aber die Jugend nach einer einheitlichen Methode zu unterweisen. Katechismusschulen gab es bereits in protestantischen Territorien wie den Kurfürstentümern Sachsen und Brandenburg seit der zweiten Hälfte des 16. Jahrhunderts und vereinzelt auch schon in Mecklenburg und Pommern. Neu ist an der Forderung der Generalsynode, solche Schulen nun *überall* im Lande einzuführen, und darin den Unterricht nach einem einheitlichen Lehrverfahren zu organisieren. Sie ist Ausdruck eines wachsenden Interesses für Fragen der Erziehung und Bildung besonders in den Kreisen der protestantischen Fürsten, die als Landesherren nun die weltliche und kirchliche Oberhoheit in einer Hand vereinigten. Allgemein ist zu beobachten, daß mit der Zunahme der landesherrlichen Pflichten im 17. Jahrhundert das Bedürfnis wuchs, reglementierend auch in den Alltag der Untertanen einzugreifen. Deshalb gewann der Gedanke, eine religiös fundierte Erziehung auch der breiten Massen des Volkes sicherzustellen, mehr und mehr an Boden. Für die Entwicklung in Mecklenburg ist von Interesse, daß im Jahre 1667 Herzog Gustav Adolf seinen Geheimsekretär nach Gotha sandte, um die dortigen kirchlichen Einrichtungen zu studieren und den Rat Herzog Ernsts des Frommen zu erbitten. Denn in dem thüringisch-sächsischen Kleinstaat war 1642 mit dem Gothaischen Schulmethodus die bedeutendste Schulordnung des 17. Jahrhunderts entstanden, in der sowohl der Zweck als auch die Methode eines *Volksschulunterrichts* erläutert wurden. Diese Schulordnung stützte sich auf Ideen zweier großer Pädagogen des 17. Jahrhunderts, Ratke und Comenius, die neben einer Verbesserung des Unterrichts an den Gelehrtenschulen nun auch den Unterricht in der Muttersprache forderten, und zwar für *alle* Kinder.
Geistesgeschichtlich läßt sich die Forderung nach einem allgemeinen Volksschulunterricht auf eine von Frankreich ausgehende pädagogische Bewegung des 17. Jahrhunderts zurückführen, die im Rationalismus wurzelte. Ratke und Comenius waren durchdrungen von der Idee, daß vernunftgemäße, an einer allgemeinen Methode ausgerichtete Erziehung den Menschen erst zur Ausbildung wahrer Frömmigkeit, Sitte, Zucht und Tüchtigkeit führte. Der Gedanke einer allgemeinen Volksunterweisung erfuhr von hier aus eine neue Fundierung. Er wurde von den Landesfürsten aufgegriffen, die für die Hebung von Handel und Gewerbe sowie für die Verbesserung der Sittlichkeit ihrer Untertanen den Wert einer allgemeinen Volksbildung erkannten. Der „Gothaische Schulmethodus" von 1642

wurde zum Modell für weitere Versuche im deutschen Raum, eine allgemeine Volksbildung aufzubauen, so auch für das Herzogtum Braunschweig-Wolfenbüttel, dessen Schulordnung von 1651 Herzog Gustav Adolf von Mecklenburg-Güstrow zum Vorbild nahm.

Zu Wegbereitern eines *ländlichen Schulwesens* in Mecklenburg wurden der Rostocker Superintendent *Samuel von Voß* und der Pfarrer *Michael Brandenburg*, der aus dem thüringischen Friedrichroda stammte und von Herzog Ernst dem Frommen auf Bitten Gustav Adolfs nach Mecklenburg gesandt worden war. Brandenburg verfaßte 1672 eine kleine Schrift, betitelt „Himmlisches Schulglöcklein", um die Gemeinden auf die Reform vorzubereiten. Dringend wandte er sich darin an die Obrigkeiten, d. h. den Adel auf den Gütern und die Magistrate der Städte, Schulen zu errichten, in denen Kinder vom 5. bis 14. Lebensjahr „wohlfeil" unterrichtet werden könnten. Selbst wenn dies, so räumte er ein, angesichts der mecklenburger Verhältnisse auf dem Lande nicht in vollem Umfang möglich sei, so sollte wenigstens der Unterricht bis zum 12. Jahre und in einer die Saat- und Erntezeit aussparenden Winter- und Sommerschule gehalten werden. In seinem unmittelbaren Wirkungsfeld, dem Boizenburger Kreis, gelang es Brandenburg, neben einigen noch bestehenden alten Küsterschulen weitere acht Dorfschulen neu einzurichten. Zugeschnitten auf die mecklenburgischen Verhältnisse verfaßte er für diese Dorfschulen eine Schulordnung und ein Lesebuch, mit dem Katechismus versehen, sowie eine Anleitung zum „Unterricht von den natürlichen Dingen". Als Fibel für den Erstleseunterricht führte er das Gothaische Abc-Büchlein ein. Es sollte in drei Altersgruppen gelernt werden, davon in der untersten das Lesen, auf der mittleren das Schreiben und Anfänge des Rechnens, auf der obersten das Schreiben nach Diktat. Darüber hinaus enthielt die Schulordnung auch bereits Bestimmungen über die Schulpflicht und die Schulaufsicht, wahrzunehmen durch die örtlichen Geistlichen.

Freilich blieben diese Reformansätze zunächst auf den *Güstrower* Landesteil beschränkt. Es gelang dem Herzog, in den meisten Amtsbezirken seines Domaniums Schulen einzurichten, so daß der Güstrower Landesteil bald durchgehend mit Volksschulen versehen war. Doch zeitigte die Reform keine bleibenden Wirkungen. Sie scheiterte an der weithin verbreiteten Armut der Bevölkerung auf dem Lande, bedingt durch die Kriegsfolgen, die drückenden Belastungen infolge der Frondienste und der landesherrlichen Steuern. Zwei Verordnungen zur Hebung des Schulwesens auf dem Lande von 1681 brachten deshalb keine grundlegenden Verbesserungen.

Auch im Herzogtum *Mecklenburg-Schwerin*, wo 1685 eine Schulordnung erlassen worden war, kam man über einige Ansätze zur Gründung von Landschulen in den herzoglichen Amtsbezirken nicht hinaus. Auch hier konnte die Reform wegen fehlender Geldmittel und mangelnder Unterstützung durch die Geistlichkeit nicht Fuß fassen, und erst recht nicht in den Teilen des Landes, in denen sich der Grundbesitz in den Händen des Feudaladels, d. h. der Ritterschaft, befand. Für die Entwicklung des Landschulwesens in Mecklenburg war dies bis ins 19. Jahrhundert hinein ein Hemmnis, denn während z. B. in Preußen und Sachsen mit der Durchsetzung des fürstlichen Absolutismus der Aufbau eines ländlichen Schulwesens zu einer Sache staatlicher Schulpolitik wurde, blieb Mecklenburg hinter dieser Entwicklung weit zurück. Die Macht der Stände konnte nicht gebrochen werden, so daß Mecklenburg an dieser für den Aufbau moderner absolutistischer Landesstaaten bedeutsamen Entwicklungsphase nicht teilnahm. Die Privilegien der Stände, d.h. der Ritterschaft und der Städte, fanden ihre Verankerung im Erbvergleich von 1755. Er blieb die rechtliche Basis für die Verfassungsverhältnisse Mecklenburgs bis 1918.

Auch in *Pommern*, das nach dem Dreißigjährigen Kriege zu einem Teil schwedisches Territorium wurde, stand es um die Entwicklung des Landschulwesens Ende des 17. Jahrhunderts nicht viel besser. Noch im Jahre 1702 stellte eine geistliche Konferenz fest, daß es auf vielen Dörfern keine Schule gebe und die Jugend „wie das liebe Vieh" aufgezogen werde. Aber auch dort, wo es Schulen gab, litt der Unterricht darunter, daß die Kinder häufig ausblieben, weil sie in der Landwirtschaft arbeiten mußten. Die Regierung in Schwedisch-Pommern unternahm zwar Versuche, diesen Zustand zu verbessern. Sie ließ Visitationen durchführen und fand auch Unterstützung durch die Geistlichkeit. Doch blieben viele Initiativen ungenützt. Erst im 18. Jahrhundert schufen Verordnungen der schwedischen Regierung neue Voraussetzungen für den Aufbau eines Schulwesens auch auf dem Lande.

Preußisch-Pommern aber, als Territorium des aufstrebenden brandenburgisch-preußischen Staates, nahm teil an der schulpolitischen Entwicklung, die in Preußen im Jahre 1710 unter König Friedrich I. mit dem Generalvisitationsedikt begann, vor allem aber mit dem Generaledikt betreffend die Schulpflicht vom 28. September 1717, das den Prozeß einer Verstaatlichung des Schulwesens einleitete. Auch für Pommern wurde 1735 bereits eine diesbezügliche Verfügung erlassen. Schulen sollten danach in ausreichender Zahl in Städten und auf dem Lande gegründet werden. Gesetzgeberische Maßnahmen erzwangen den Aufbau des Schulwesens und sicherten auf den Dörfern zumindest eine Minimalausstattung der Schulen mit Lehrern und den erforderlichen Räumlichkeiten.

Wesentliche Fortschritte wurden in Preußisch-Pommern wie in allen preußischen Landesteilen jedoch erst unter der Regierung Friedrichs des Großen erzielt, der für das Schulwesen auf dem Lande das „Generallandschulreglement" vom 17. August 1763 erließ, das zur Grundlage des preußischen Volksschulwesens wurde.

Ausbau des Schulwesens im Spannungsfeld von Reform und Restauration seit Ende des 18. Jahrhunderts

Bis zur Mitte des 18. Jahrhunderts blieb der Unterricht an den lateinischen Dom- und Stadtschulen derselbe, wie er im 16. Jahrhundert nach Melanchthons Konzept aufgebaut worden war. Doch schon im 17. Jahrhundert entstand im Zusammenhang mit dem Ausbau der Landesherrschaft ein neuer Bildungsbedarf in Bereichen, die das Gymnasium Melanchthon'scher Prägung nicht mehr abdeckte. Längst war das Lateinische aus vielen Gebieten des öffentlichen Lebens verdrängt worden. Deutsch war die Sprache in den protestantischen Kirchen, den fürstlichen und städtischen Kanzleien, Französisch die Sprache der Diplomatie. Die größten Wandlungen aber hatten sich auf dem Gebiete der Wissenschaften vollzogen. In Forschung und Lehre trat an die Stelle der Überlieferung nun der Glaube an die

Allmacht der Vernunft, und neue Forschungswege erschlossen vor allem den Naturwissenschaften neue Erkenntnisse.

Dieser Prozeß einer fortschreitenden Loslösung vom Mittelalter stürzte das alte Bildungssystem in eine schwere *Krise*. Die jungen Leute von Adel und aus reichen Bürgerhäusern, bestrebt, in Fürstendiensten Karriere zu machen, besuchten nur noch selten die traditionellen Gelehrtenschulen. Sie erhielten ihren Unterricht meist durch Informatoren, d.h. Hauslehrer, oder sie bevorzugten neue Bildungseinrichtungen, die sich – den Erfordernissen höfischer Bildung entsprechend – Ritterakademien nannten. Letztere zogen mit einem Angebot an modernen Disziplinen wie Mathematik, Physik, Geographie, Geschichte, Französisch, Fechten, Reiten und Tanzen die Söhne des Herrenstandes an.

Für die alten Gymnasien begann damit eine Zeit des Niedergangs. Um sich zu behaupten, wurden zunächst von den fürstlichen Landesgymnasien Privatkurse in den sogenannten „Realfächern" aufgenommen, ihnen folgten die großen städtischen Schulen. Mit Beginn des 18. Jahrhunderts mehrten sich die Stimmen, die den Unterricht an den Gelehrtenschulen durch lebenspraktische Fächer bereichert wissen wollten. Vielerorts wurde geklagt, daß zuviel Zeit für das Erlernen der alten Sprachen aufgewendet werden mußte. Der Modernisierungsprozeß der Gelehrtenschulen begann deshalb zunächst mit der Entwicklung neuer, vernunftgemäßer Methoden für den Sprachunterricht, führte aber bald zu weiterreichenden Überlegungen, das gesamte Konzept der höheren Bildung zu reformieren.

Im Bereich der mecklenburgischen Herzogtümer kamen *reformpädagogische* Auffassungen zuerst bei der Wiedererrichtung der Domschule zu Güstrow nach dem Dreißigjährigen Kriege zum Tragen. Noch zu Zeiten Herzog Gustav Adolfs wurden naturwissenschaftliche Studien dem Lehrangebot eingefügt. Wirksame Veränderungen traten jedoch erst seit der Mitte des 18. Jahrhunderts ein, als der hallesche Pietismus in den Herzogtümern Eingang fand mit dem Plan, ein Pädagogium, eine Realschule sowie eine Waisenanstalt nach dem Vorbild der Franckeschen Stiftungen zu Halle einzurichten. Obwohl der Plan nicht zur Ausführung gelangte, fanden die ihm zugrunde liegenden neuen pädagogischen Anschauungen Verbreitung im Lande. Die Modernisierung der alten Lateinschulen setzte sich jedoch zunächst sehr zögernd durch. Noch fehlte eine übergreifende, alle Neuerungsgedanken umfassende Bildungsidee. Sie entstand seit der Mitte des 18. Jahrhunderts im mitteldeutschen Raum und gewann bald Einfluß auch auf das höhere Schulwesen in Mecklenburg und Pommern.

Ihr Kerngedanke bestand in einer veränderten Auffassung von der Aneignung der alten Sprachen. Statt einer bloßen Nachahmung der alten Schriftsteller sollten die Lernenden nun auf induktivem Wege in das Lesen und das Verständnis von sprachlich, inhaltlich und sittlich vorbildhaften klassischen Autoren eingeführt werden. In Anlehnung an die von der Universität Göttingen ausgehende Bewegung des „*Neuhumanismus*" formte sich eine neue Bildungsidee, die sich an den Werten des klassischen Griechentums ausrichtete. Sie bewirkte eine völlige Umgestaltung des höheren Schulwesens, da man nun den Wert der Bildung nicht mehr nur in ihrer Nützlichkeit, sondern in ihren Beitrag zur Vervollkommnung des Menschen, d.h. zur Herausbildung „schöner, freier Menschlichkeit" (Goethe) sah. In Preußen entstand auf der Grundlage dieser Bildungsidee zu Beginn des 19. Jh. ein neuer Typus des Gymnasiums, der den Schulreformern im deutschen Raum als Vorbild galt.

Bereits in der zweiten Hälfte des 18. Jahrhunderts war es vereinzelt schon zur Formulierung neuer Schulordnungen auf der Grundlage neuhumanistischer Ideen gekommen, so z. B. in Braunschweig-Lüneburg. Gestützt auf dieses Modell entstanden in Mecklenburg Schulordnungen für Schwerin (1750), Parchim (1752) und Wismar (1755). Auch die große Rostocker Stadtschule beschritt unter ihrem Rektor Lasius während dessen Wirkungszeit 1771–1789 den Weg der Reform. Doch gelang zunächst nur den größeren Schulen die Umgestaltung. In den mittleren und kleinen Städten Mecklenburgs verfiel das alte Gelehrtenschulwesen fast gänzlich, teilweise sonderten sich lateinlose Bürgerschulen ab oder es entstanden „Realklassen", Vorstufen der späteren Mittel- bzw. Realschulen.

Die alte pommersche Landesschule zu Stettin wurde nach dem Dreißigjährigen Kriege als „Gymnasium academicum Carolinum" 1667 wiedererrichtet, an ihr wurde schon zu Beginn des 18. Jahrhunderts außer den alten Sprachen Mathematik, Physik, Geschichte, Genealogie und Geographie gelehrt. Es war zunächst noch das Vorbild der Ritterakademie, das dieser Reform zugrunde lag. In ähnlicher Weise wurde auch die Lateinschule in Stargard reformiert, die schon sehr früh 1717, als „Gymnasium illustre" neu konstituiert wurde. Es handelte sich bei diesem Schultyp um eine Mischform zwischen Gymnasium und Universität, die zwar nicht den Rang der Universität erreichte, aber als Ausbildungsstätte für den Beamten- und Predigernachwuchs regional von großer Bedeutung war.

Zur Durchsetzung kam die Reform der höheren Schulen in Mecklenburg und Pommern jedoch erst im 19. Jahrhundert. Pommern, als eines der Territorien des preußischen Staates, wurde nach den Befreiungskriegen und nach der Angliederung des zuvor schwedischen Neuvorpommerns ab 1815 in die Bestrebungen des preußischen Staates, das Schulwesen insgesamt neu zu regeln, einbezogen. Allerdings kam in Preußen zunächst noch kein umfassendes Unterrichtsgesetz zustande, sondern es wurden Schulordnungen für die einzelnen Provinzen erlassen. Der Grund hierfür ist darin zu sehen, daß in Preußen bereits unmittelbar nach den Befreiungskriegen der moderne pädagogische Geist des Neuhumanismus von einer klerikal-monarchischen Strömung bekämpft wurde. Wie in anderen Bereichen der preußischen Reform, z. B. der Frage des Aufbaus einer Repräsentativverfassung für Preußen, wurden weiterführende Initiativen zur Modernisierung von Staat und Gesellschaft von politischen Kräften in unmittelbarer Umgebung König Friedrich Wilhelms III. zurückgedrängt. Kirche und Stände, insbesondere der Adel in den ostelbischen Gebieten, fürchteten den Verlust ihrer Privilegien, wenn aufklärerisch progressive Vorstellungen im Volke Verbreitung fanden. Die Entwicklung des Schulwesens, ursprünglich von Humboldt in Form eines Gesamtkonzepts staatlich-nationaler Erziehung für alle Schichten des Volkes geplant, fand deshalb bildungspolitisch keine Umsetzung, an die Stelle trat der Auf- und Ausbau eines dreigliedrigen Schulsystems, orientiert an dem herrschenden ständisch-konfessionellen Leitbild für die Entwicklung von Staat und Gesellschaft in Preußen. In dieser dreigliedrigen Form wirkte Preußens staatliches Bildungssystem über die Grenzen hinweg formend auf die norddeutschen Nachbarländer ein, so auch auf Mecklenburg.

Zwar orientierten sich die Lehrpläne für mecklenburgische Gymnasien in der zweiten Hälfte des 19. Jahrhunderts zeitweilig auch an denen des Königreichs Sachsen, da das humanistische Gymnasium durch die Ausweitung des Lehrstoffs von Überbürdung bedroht war und Sachsen flexibler auf notwendige Veränderungen im Bildungsangebot reagierte als Preußen. In den Grundstrukturen aber richtete sich das höhere mecklenburgische Schulwesen an Preußen aus. Dies galt auch für den Aufbau eines mittleren Bildungswesens, d.h. die Errichtung von Realschulen ohne altsprachlichen Unterricht.

Problematischer aber verlief die Erneuerung auf dem Sektor der *Volksschulbildung*. Da in Mecklenburg die Stände erheblichen Einfluß auf die Innenpolitik ausüben konnten in Folge der eigentümlichen Verfassungsstruktur dieses Landes, konnte der Staat notwendige Innovationen nur in den Gebieten durchsetzen, in denen die Gesetzgebung allein Sache herzoglicher Gewalt war. Die Ritterschaft nutzte ihr Recht der Einflußnahme über das Instrument der ständischen Mitregierung massiv zur Durchsetzung ihrer ökonomischen und politischen Interessen. Sie nahm damit in Kauf, daß das Land bildungspolitisch gespalten wurde und das Niveau der Volksschulbildung teilweise erheblich hinter der Entwicklung in anderen deutschen Ländern zurückblieb.

Das Ausmaß der *Rückständigkeit* des mecklenburgischen Landschulwesens wird besonders daran deutlich, daß sich noch bis zur Mitte des 19. Jahrhunderts in manchen Dorfschulen der Unterricht auf das Lesen religiöser Stoffe beschränkte und das Schreiben und Rechnen nur in einem Teil der Dorfschulen, vorwiegend den landesherrlichen, erfolgte. Ein Bericht des Schweriner Schulrates Meyer aus dem Jahre 1836 beschreibt diese Situation: „Über die Erlernung des Lesens des Katechismus gehen die meisten Schulen nicht hinaus, von sogenannten Realien kommt hie und da ein Anfang in Naturgeschichte und Geographie vor".6

Über die Ursachen, weshalb die Ritterschaft den Ausbau des ländlichen Bildungswesens nicht nur vernachlässigte, sondern bewußt verhinderte, berichtet ein zeitgenössischer Beobachter 1843 mit bemerkenswerter Offenheit. Es handelt sich dabei um den Dresdner Pädagogen Gesell, der als Vorsteher einer Anstalt für verwaiste und verwahrloste Kinder nach Mecklenburg kam. Er stellte eine tiefe Kluft zwischen dem Landschulwesen Mecklenburgs und dem anderer deutscher Länder fest und fragte nach den Ursachen: „Wie war es wohl, so fragt man billig, möglich, daß man bei so großem Wohlstande und angesichts der Bildung in deutschen Ländern, seine Untertanen auf so tiefer Stufe zurücklassen konnte? So weit meine Erfahrungen reichen, hatte das seinen Grund wohl in der Besorgnis, es möchte sie ein höherer Grad von Bildung mit ihrer mehr als untergeordneten Stellung unzufrieden machen und eine freiere Auffassung von Pflicht und Recht bewirken"7.

Zwar gab es gegen diese Bildungsfeindlichkeit der Ritterschaft schon seit der Mitte des 19. Jahrhunderts zahlreiche Gegenstimmen, u.a. die des bereits genannten Schulrates Meyer, der sich nicht scheute, besonders nachlässigen Gutsherren ihre Schuld am Analphabetismus ihrer Untertanen öffentlich vorzuwerfen. Doch scheiterten auch in der zweiten Hälfte des 19. Jahrhunderts alle Bemühungen, eine zentrale großherzogliche Schulbehörde einzurichten, am Widerstand der Stände. Noch gravierender wirkte sich dieser in Kreisen der Ritterschaft und teilweise auch der Geistlichkeit verbreitete Obskurantismus, der selbst das Schreibenlernen der Landbevölkerung für schädlich hielt, für den Bereich der Lehrerbildung aus. Während die großherzogliche Regierung bereits 1782 mit der Gründung des ersten mecklenburgischen Landlehrerseminars, eines der ersten in Deutschland überhaupt, impulsgebend wirken wollte für die Verbesserung des Schulwesens auf dem

Lande, wehrte sich die Ritterschaft noch lange Zeit gegen die Aufforderung, ebenfalls ein solches Seminar zu errichten. Häufig versorgten die Gutsherren ehemalige Bediente mit der Stelle des Schullehrers in ihrem Bezirk, zumeist aber ließen sie die Küster an den Kirchen vom Pfarrer für den Lehrerberuf anlernen.

Das 1782 in Schwerin von Herzog Friedrich dem Frommen eröffnete „Schulmeister-Seminar" bewirkte, daß nun – zumindest für die Gebiete des großherzoglichen Domaniums – Volksschullehrer kontinuierlich und nach einheitlichem System ausgebildet wurden. Als Vorbild diente seit 1786 der Rochow'sche Plan für die Lehrerausbildung in Preußen, der die Einübung in die Technik des Unterrichtens an einer dem Seminar angegliederten Schule unter Anleitung eines tüchtigen Schulmeisters vorsah mit 26 Stunden in der Woche, ferner eine planmäßige Unterweisung der angehenden Lehrer in den zu unterrichtenden Schulfächern, davon 4 Stunden wöchentlich Religion und Moral, 5 Stunden Musik, je eine Stunde Rechnen, Orthographie und Geographie, vierzehntägig eine Stunde Lesen und Naturlehre. Im Jahre 1786 war dies ein großer Fortschritt, und das mecklenburgische Schulmeisterseminar war mit diesem Ausbildungskonzept eines der ersten in Deutschland. Für die Aufnahme in das Seminar war der Nachweis einer abgeschlossenen Lehre im Schneider- oder Weberhandwerk erforderlich, da die Volksschullehrer damals – wie im ausgehenden 18. Jahrhundert allgemein üblich – neben ihrer Unterrichtsarbeit ihren Lebensunterhalt in Handwerksberufen erwerben mußten.

Mit der Verlegung des Seminars in den zwanziger Jahres des 19. Jahrhunderts nach Ludwigslust wurde zugleich die Ausbildung modernisiert, gemäß dem von Harnisch im preußischen Seminar zu Weißenfels entwickelten Konzept einer Seminarausbildung mit allgemeinbildendem Charakter. Der Unterricht in Religion und Moral wurde nun auf 2 Stunden wöchentlich gekürzt zugunsten der von Harnisch entwickelten Erziehungs- und Unterrichtslehre. Charakteristisch ist für den Reformgeist dieser Epoche, daß in den dreißiger Jahren im Seminar von Ludwigslust Beiträge zur modernen Unterrichtsmethodik entstanden, wie z.B. die Abhandlung über den Elementarunterricht im Rechnen von Zehlicke, die über Mecklenburg hinaus Anerkennung in der deutschen Lehrerschaft fand.

Der rationalistische Geist dieser Reformkonzeption, die das Ludwigsluster Seminar zu einem der führenden Deutschlands in jenen Jahren machte, stieß jedoch im Vormärz auf den Widerstand konservativer Kreise. Schon 1842 wurde der Ausbildungsplan überarbeitet, wurde die Zahl der Religionsstunden wieder heraufgesetzt. Im Jahre 1852 erfolgte mit der Verlegung des Seminars nach Neukloster der Bruch mit der Ludwigsluster Ausbildungskonzeption, da man nun die Ausbildung ganz auf die Erfordernisse einer künftigen Landlehrer-Tätigkeit umstellte. Die Allgemeinbildung wurde zugunsten einer Ausbildung in der Landwirtschaft drastisch gekürzt, der Religion fielen nun wieder 1/3 aller Unterrichtsstunden zu, sie erhielt Vorrang vor allen anderen Fächern, und die wissenschaftliche Ausbildung wurde auf ein Mindestmaß begrenzt. Rein organisatorisch verbesserte man lediglich den Aufbau des Bildungskonzepts, denn die Zöglinge traten nun mit fünfzehn Jahren als Präparanden in das Seminar ein, durchliefen eine dreijährige Ausbildung bis zum Lehrerassistenten und schlossen sodann nach zweijährigem Seminarkurs ihre Ausbildung mit der Lehramtsprüfung ab.

In dieser Form blieb die mecklenburgische Landlehrerausbildung bis 1895 bestehen, erst danach setzte das Bestreben ein, sie den Ausbildungskonzepten der übrigen deutschen Länder anzugleichen. Doch dauerte es noch bis zum Jahre 1919, bis es gelang, die Volksschullehrerausbildung auch in Mecklenburg hinsichtlich der zu vermittelnden Allgemeinbildung dem Ausbildungsziel der Oberrealschule anzunähern. Wenige Jahre später wurde die alte Seminarausbildung durch ein neues Bildungskonzept abgelöst, denn es wurde Ostern 1926 ein Pädagogisches Institut in Rostock eröffnet, das als Eintrittsvoraussetzung die Hochschulreife forderte. Das mecklenburgische Lehrerbildungsgesetz vom Jahre 1927 glich die Lehrerausbildung dem Stand der preußischen Ausbildungskonzeption an. In Rostock wurde die Hochschule für Lehrerbildung gegründet, die 1937 Teil der Universität wurde[8].

Aspekte der Hochschulentwicklung in Mecklenburg und Pommern seit Beginn des 19. Jahrhunderts

Die beiden großen geistigen Strömungen des ausgehenden 17. und des 18. Jahrhunderts, der Rationalismus und der Pietismus, hatten an der Universität Rostock nicht Eingang finden können. Als Herzog Friedrich „der Fromme" 1756 an die Regierung kam, versuchte er vergebens, die Berufung eines pietistischen Theologen gegen den Widerstand der theologischen Fakultät durchzusetzen. Diese Auseinandersetzung führte zur Gründung einer neuen Universität in dem Landstädtchen Bützow. Der Herzog zwang den Teil der Professoren, der aus der landesherrlichen Kasse besoldet wurde, nach Bützow umzusiedeln. Doch konnte ein nennenswerter Studienbetrieb lediglich im Rahmen der theologischen Fakultät aufgenommen werden, da die neue Gründung nicht über die zu einem geordneten Lehrbetrieb notwendigen Studieneinrichtungen verfügte. Immerhin hielt sich die Universität Bützow bis 1789.

Das Zwischenspiel, gedacht als Maßnahme, die Universität Rostock gleichsam auszuhungern, hatte jedoch keinerlei Nutzen gebracht. Da auch die in Rostock verbliebenen städtisch besoldeten Professoren ihre Vorlesungen fortsetzten, führten beide Universitäten für Jahrzehnte ein kümmerliches Dasein. Der hierdurch entstandene Schaden warf die Universität Rostock in ihrer Bedeutung weit zurück, zumal sie wenige Jahrzehnte später in der preußischen Universität Berlin eine starke Konkurrentin erhielt.

Auf dem Hintergrund der großen geistigen Strömungen des Neuhumanismus und der Romantik waren neben der klassischen Altertumswissenschaft eine Reihe neuer Einzelwissenschaften entstanden, darunter die Geschichtswissenschaft, die germanische und romanische Philologie sowie die Geographie. Auch an der philosophischen Fakultät der Universität Rostock bildeten sich nach dem Wiederaufbau seit Beginn der dreißiger Jahre des 19. Jahrhunderts neue Institute heraus, wie das pädagogisch-theologische, das philosophische und das philosophisch-ästhetische Seminar. Aber nicht nur die Geisteswissenschaften, sondern auch die Naturwissenschaften hatten an diesem Aufschwung teil. Im Jahre 1834 entstand in Rostock ein chemisches Institut, zwei Jahre später ein physikalisches, nach 1870 erfolgte der Ausbau des Studiums der Landwirtschaft, der Zoologie, der Botanik, der Geologie und der Physik. Neue Gebäude entstanden, um die notwendigen Studieneinrichtungen aufzunehmen. Dennoch war die Zahl der Studierenden im 19. Jahrhundert gering. Im Jahre 1870 studierten 130 Studenten in Rostock, 360 um 1890, ca. 800 um 1910. Im Vergleich zu anderen deutschen Hochschulen blieb sie eine kleine Universität, doch nahm sie am großen Aufschwung der Wissenschaften in Deutschland in nahezu allen ihren Disziplinen teil.

Ein wechselvolles Schicksal erlitt auch die *Universität Greifswald,* nachdem sie als Folge des Dreißigjährigen Krieges unter die Herrschaft Schwedens gelangt war. Zwar konnte sie sich trotz mancher Rückschläge auch in den 178 Jahren ihrer Zugehörigkeit zu einem fremden Staatsverband als deutsche Universität von einigem Rang behaupten, doch erfolgte ihr Aufstieg erst wieder im 19. Jahrhundert, nachdem sie mit Neuvorpommern 1815 Preußen angegliedert worden war.

Eine Reform im Sinne Humboldts konnte erst einige Jahrzehnte später, in den vierziger Jahren, erfolgen. Auch in Greifswald setzte seit der Mitte des 19. Jahrhunderts eine Spezialisierung der Fächer ein, so daß die alten Fakultäten sich neu strukturierten bzw. neue Fakultäten entstanden.

Für die Entwicklung der Universität Greifswald ist bildungsgeschichtlich von Interesse, daß von ihr für die Entwicklung neuer wissenschaftlicher Disziplinen bedeutende Impulse ausgingen.

Protestantische Theologen von Weltruf lehrten hier, wie *Hermann Cremer* (1870/1903), einer der führenden Vertreter der systematischen Theologie, und der Kirchenhistoriker *Victor Schulze* (1883/1937). Letzterer wirkte richtungsweisend für den Aufbau des Faches der christlichen Archäologie. Weltruf erlangte auch das Greifswalder Institut für Palästinaforschung, nach seinem Gründer „Gustav-Dalman-Institut für Palästinawissenschaft" genannt. In einer der neuen Disziplinen, die sich im Rahmen der philosophischen Fakultät entwickelten, waren es drei Gelehrte, die dem neuen Fach Germanistik zu hohem Ansehen verhalfen. *Friedrich Vogt* (1874/85) trat mit seiner „Geschichte der deutschen Literatur" hervor, die bis heute zu den bedeutendsten Werken der deutschen Literaturgeschichte zählt. *Theodor Siebs* wirkte bahnbrechend für eine einheitliche Aussprache des Deutschen als Hochsprache. Sein Werk „Deutsche Bühnensprache" von 1898 setzte Maßstäbe, die bis heute gültig sind. Den Höhepunkt ihres Ansehens über Deutschland hinaus erreichte die Greifswalder Germanistik aber mit *Gustav Ehrismann,* dessen „Geschichte der deutschen Literatur bis zum Ausgang des Mittelalters", entstanden im Zeitraum von 1914 bis 1922, ein Standardwerk der deutschen Literaturgeschichte wurde.

Auch das Studium der modernen Fremdsprachen wurde am Ende des 19. Jahrhunderts ausgebaut, seit 1881 gibt es Lehrstühle für Romanistik und Anglistik. Im Sprachenangebot findet sich auch schon sehr früh das Russische, allerdings nur für zwei Semester (1801/02). Der Aufbau der Slawistik erfolgte erst gegen Ende des 19. Jahrhunderts. Aufgrund der ehemaligen Zugehörigkeit zu Schweden hatte sich die Beschäftigung mit den Sprachen und der Geschichte der skandinavischen Völker entwickelt. Zu den Vertretern dieses Faches gehörte auch der deutsche Dichter *Ernst Moritz Arndt,* der von 1800 bis 1811 dem Greifswalder Lehrkörper angehört hatte und ebenfalls in Greifswald die „Schwedischen Geschichten" schrieb, erschienen 1839. Doch erst 1918 entstand ein eigenes „Nordisches Institut", das sich den

Sprachen sowie der Geistes- und Kulturgeschichte der Völker Schwedens, Norwegens, Dänemarks, Islands und Finnlands widmete.

Von den alten Fakultäten gelangte in einigen Disziplinen auch die Medizin zu weltweitem Ansehen. Mit mehr als 500 Studierenden war diese Fakultät in den achtziger Jahren des 19. Jahrhunderts die zweitgrößte in Deutschland. Bahnbrechend wirkte *Wilhelm Baum* mit der Erfindung des Luftröhrenschnittes, der vielen von der Diphtherie befallenen Menschen das Leben rettete. Weltruhm erlangte *Carl Ludwig Schleich* als Entdecker der örtlichen Betäubung (1892), und auch *Friedrich Sauerbruch*, der später berühmte Chirurg der Berliner Charité, begann hier seine Karriere. Greifswald war auch die erste Universität, an der sich das Fach der Hals-, Nasen- und Ohrenheilkunde mit einem eigenen Lehrstuhl etablieren konnte.

Diese kurzen Hinweise auf die Bedeutung der Universität Greifswald konnten freilich nur andeuten, zu welchem internationalen Ansehen die alte pommersche Universität im 19. und zu Beginn des 20. Jahrhunderts gelangte. Gestützt auf die Konzeption freier Forschung und Lehre, dem Kernstück der Humboldt'schen Universitätsreform, erreichte sie diesen hohen Grad von Leistungsfähigkeit. Nationalsozialistische Diktatur, Krieg und Teilung Deutschlands verhinderten, daß dieser Prozeß sich fortsetzen konnte.

Heute sind die beiden alten Ostseeuniversitäten Greifswald und Rostock ebenso wie die Schulen Pommerns und Mecklenburgs Teile des sozialistischen Bildungssystems der Deutschen Demokratischen Republik, von dem die sozialistische Einheitspartei Deutschland behauptet, daß es den Weg der Humboldt'schen Reform fortgeführt und die Forderungen der Reformer eingelöst habe. Die Realität läßt freilich das Wichtigste vermissen, was diese Reform bewirken sollte: die Heranbildung freier Menschen, die in Selbstbestimmung ihr Leben gestalten können.

Anmerkungen

1 Vgl. Hellfeldt, Günter: Die Wirkung der städtischen Schulen für die intellektuelle Bildung der Bevölkerung in den Seestädten der wendischen Hanse. Wiss. Zeitschr. der Universität Rostock, 9. Jahrg. 1961, Gesellschafts- und sprachwissenschaftl. Reihe, Heft 1, S. 114.

2 Schnell, H.: Urkunden und Akten des mecklenburgischen Unterrichtswesens, Bd. I. Mon. germ. Paed. Bd. XXX, VIII, Berlin 1907. Zit. in: Hellfeldt, Günther: Zur Entstehung und Entwicklung des städtisch-bürgerlichen Schulwesens im deutschen Ostseegebiet zwischen unterer Elbe und unterer Oder bis Ende des 16. Jahrhunderts. Rostock Phil. Diss. vom 11. Juli 1956 (Masch.), S. 51.

3 Vgl. Hellfeldt, Günther: Die Wirkung der städtischen Schulen, S. 111.

4 Müller, J. (Hrsg.): Vor- und frühreformatorische Schulordnungen und Schulverträge in der deutschen und niederdeutschen Sprache, Zschopau 1885/86, S. 36, zit. bei G. Hellfeldt: Zur Entstehung und Entwicklung des städtisch-bürgerlichen Schulwesens, S. 36.

5 Vgl. Paulsen, Friedrich: Geschichte des gelehrten Unterrichts, S. 32, Anm. 1.

6 Aus dem Bericht des Schulrates Meyer vom 29. Juli 1936, zit. in Lachs, Johannes: Die mecklenburgische Landschule in der 1. Hälfte des 19. Jahrhunderts unter den Bedingungen des spätfeudalen Ständestaates. Berlin 1961, Pädag. F. Diss. vom 27. 10. 1961 (Masch.), Seite 43 f.

7 Mitgeteilt bei Hans Voß, Geschichte der Volksschule Mecklenburg-Schwerins, 1983, S. 307 f., zit. bei Lachs, die mecklenburgische Landschule, S. 204.

8 Zur Situation der mecklenburgischen Landschullehrerausbildung vgl. Scheven, Friedrich: Zur inneren Entwicklung der mecklenburgischen Lehrerbildung. In: Mecklenburgische Schulzeitung, 63. Jahrgang 1932, Nr. 17 und Nr. 18.

Gerd-H. Zuchold
BILDENDE KUNST UND ARCHITEKTUR

Das mecklenburgische Land erscheint erst spät in der Reihe der Gegenden mit einer eigenständigen Kunstentwicklung. Auch hier liegen die Anfänge – genau wie in Brandenburg – im Dunkeln, sind nur durch die Vorgeschichtsforschung in Ansätzen nachweisbar, wenn nicht schriftliche Quellen über Architektur berichten.

Im *8. und 9. Jahrhundert* waren die in mecklenburgischem Gebiet siedelnden Abodriten Ziel der Beutefahrten von Franken, Dänen und Wikingern. Im Verlauf des *10. Jahrhunderts* gelangten sie unter deutsche Herrschaft, aus der sie sich aber durch den Slawenaufstand von 983 wieder befreien konnten. Obwohl die deutschen Eroberer, die auch hier im Namen des christlichen Gottes kamen, ziemlich bald nach ihrer Machtübernahme das Land in zwei Bistümer – Ratzeburg und Mecklenburg – aufteilten, gelang es den heidnisch gebliebenen slawischen Stämmen de facto ihre Unabhängigkeit zu bewahren, bis sie sich in der Mitte des *12. Jahrhunderts* gegen drei Angreifer gleichzeitig zu erwehren hatten: Heinrich den Löwen, den Dänenkönig Waldemar und den Markgrafen Albrecht der Bär aus Brandenburg.

Mit der Gründung Schwerins als deutscher Stadt durch Heinrich im Jahre 1160 begann auch eine faßbare Kunstentwicklung in Mecklenburg. Als dann noch 1171 der Bischofssitz nach Schwerin verlegt wurde, begann man ein Jahr später mit dem Bau eines Domes, über dessen Aussehen nur Mutmaßungen angestellt werden können. Gewiß war er von den ebenfalls von Heinrich dem Löwen veranlaßten Kathedralbauten in Lübeck, Braunschweig und Ratzeburg in Struktur und Aussehen beeinflußt. Mit Sicherheit ist lediglich zu sagen, daß es sich um einen Backsteinbau handelte, wie Backstein überhaupt auch in dieser Region das charakteristische Baumaterial war.

Aber die Einflüsse aus dem kulturell hochentwickelten Süden blieben nicht aus, kamen doch die Mönche, die zur Christianisierung und zur Urbarmachung des Landes von ihren Orden hierher geschickt wurden, aus jenen Landschaften und waren mit neuen Bauformen durchaus vertraut. Nur so ist es zu erklären, daß in der Pfeilerbasilika des Benediktinerklosters in Stolpe etwa cluniazensische Einflüsse zu rekonstruieren sind, denn bei Ausgrabungen fand man Fundamente eines dreischiffigen Langhauses, einer solchen Choranlage wie auch die Gründung des westlichen Turmriegels.

Stärker noch ist der südliche Einfluß an der Klosterkirche in Bad Doberan nachweisbar – hier waren es Mönche aus dem Kloster in Amelungsborn, die burgundische Bauideen hierher brachten. Wegen häufiger späterer Umbauten sind originale Zeugnisse der ersten Architektur dieser Klosterkirche nur in geringen Resten faßbar. Mit dem Baubeginn dieser ersten Kirche wird gegen Ende der achtziger Jahre des 12. Jahrhunderts zu rechnen sein, da das Kloster erst 1186 hierher verlegt worden war.

Weiter nördlich stand das Land unter dänischem Einfluß, wie etwa die nur aufgrund ihrer ausgegrabenen Fundamente nachweisbare Kirche in Arkona auf Rügen zeigt oder die Marienkirche in Bergen, ebenfalls auf dieser Insel, deren Baubeginn in das Jahr 1180 datiert. Man begann eine ungewölbte, dreischiffige Pfeilerbasilika zu bauen, die ein Querhaus und einen gewölbten westlichen Turmriegel hatte. Der nördliche Einfluß ist hier sichtbar an dem Rundbogenfries, der an der Apsis von halbsäulenförmigen Konsolen getragen wird, am Chor und am Querhaus hingegen zwischen Pilastern liegt. Ähnliches ist auch an den Klosterkirchen im dänischen Ringsted und Sorö zu beobachten. Von hier stammen auch die Vorbilder einiger Langhauspfeiler.

Doch die großen Bauten sind in jener Zeit die Ausnahme – üblicher ist bescheidene Architektur kleineren Zuschnittes. Erst gegen Ende des ersten Viertels des 13. Jahrhunderts entstanden weitere namhafte Großbauten, die in romanischem Stil gehalten sind und die Herkunft ihrer Bauleute anhand einzelner charakteristischer Formen erkennen lassen. Typisches Beispiel ist die Kirche des Benediktiner-Nonnenklosters Sonnenkamp. Die Dreifenstergruppe mit höherem Mittelfenster kommt von Westfalen und Holstein her und hat, vermittelt durch Sonnenkamp, im Mecklenburgischen gleichsam schulbildend gewirkt.

Zu westfälischen Einflüssen kommen rheinische an der „Dom" genannten Kollegiatsstiftskirche in Güstrow, deren Baubeginn 1226 anzusetzen ist. Ersichtlich wird diese Einflußsphäre etwa an den Knospenkapitellen an den im Chor angebrachten Gewölbediensten.

Die große, bedeutende und aus Backstein, der als Baumaterial erst gegen Ende des *13. Jahrhunderts* typisch für die mecklenburgische Architektur wird, errichtete Stadtkirche in Gadebusch zeigte sich als von rheinischen und holsteinischen Vorbildern beeinflußt.

Im ersten Drittel des 13. Jahrhunderts wurde auch mit dem Bau des Güstrower Domes begonnen, dem Stil der Zeit entsprechend als kreuzförmige dreischiffige Pfeilerbasilika. Ende des 14. Jahrhunderts erfuhr dieses Gotteshaus bedeutende bauliche Erweiterungen: das nördliche Seitenschiff wurde zur zweischiffigen Pfeilerhalle umgebaut, es wurden ein querrechteckiger Westturm sowie am südlichen Seitenschiff drei Kapellen errichtet. Von der reichen Innenausstattung fallen das Wandgrab des Herzogs Ulrich auf, das von *Philipp Brandin* geschaffen wurde, sowie der Hauptaltar mit Lübecker Apostelfiguren; das berühmteste Stück aber ist ein Kunstwerk der Klassischen Moderne: für den Güstrower Dom schuf der in dieser Stadt lebende und wirkende *Ernst Barlach* die Figur eines schwebenden Engels, der 1937 von den Nazis entfernt und 1944 zur Herstellung von Waffen im sinnlosen „Endkampf" eingeschmolzen wurde. Heute hängt an der Stelle des einstigen Originals ein 1952 angefertigter Nachguß nach der Kölner Replik dieses Werkes.

Das häufig in Mecklenburg und Vorpommern seit der Mitte des 13. Jahrhunderts angewendete Bauschema allerdings stammt aus Westfalen: die Hallenkirche mit schmalen Seitenschiffen und integriertem Chor. Die Dorfkirchen hingegen zeigen ein einschiffiges Langhaus und entweder einen rechteckigen oder querrechteckigen Turm, der die geographische Herkunft der Bauleute preisgibt: Nordwestdeutschland oder Niedersachsen.

Am Ende des 13. Jahrhunderts drangen, vermittelt durch die Lübecker Marienkirche, stilistische Eigenheiten nordfranzösischer Kathedralen in das hier zu besprechende Gebiet ein. An der Nikolaikirche in Stralsund etwa sind um 1270 erstmals Spuren eines Umbaues nachweisbar, der in dieser Formensprache ausgeführt ist. Die Kirchenbauten strahlen Monumentalität und Gediegenheit aus, was besonders durch die mächtigen Turmbauten hervorgerufen wird. Von den ursprünglich geplanten zwei Türmen wurde zwar meist nur einer verwirklicht, doch war dieser dann von beeindruckender Monumentalität. Beispiele hierfür sind die Kirchenbauten in Rostock, Stralsund und Wismar.

Im *14. Jahrhundert* brachte die Marienkirche in Greifswald den für die Gegend charakteristischen Bautyps der chorlosen Hallenkirche. Bemerkenswert an dieser und den ihr vom Bautyps her verpflichteten Kirchen ist die Gliederung des Ostgiebels. Sind es an der Greifswalder Kirche noch einfach gehaltene Spitzbogenblenden, so erhielt dieser Giebel an den folgenden Bauten ein immer komplizierter werdendes Dekor, bis die der Gottesmutter geweihten Kirchen in Neubrandenburg und Prenzlau den Höhepunkt jenes Gestaltungsprinzips bezeichnen.

Wie die Architektur, so war auch die plastische Kunst jener Zeit durch den Einfluß des Lübeckers Stils gekennzeichnet. Außerordentlich eindrucksvoll zeigen das z. B. die Tafelmalereien und das Abendmahlsbild des Fronleichnamsaltares aus der Klosterkirche in Bad Doberan, die Hinterglasmalerei des Rostocker Zisterzienserklosters sowie Wandmalereien im Schweriner Dom, der Klosterkirche Rehna oder in der Nikolaikirche zu Stralsund.

Ein wichtiges Zeugnis der engen künstlerischen Beziehungen zwischen beiden Landschaften ist das laut Inschrift 1335 von dem Meister *Johannes Apengheter* in Lübeck gegossene bronzene Taufbecken in der Marienkirche zu Wismar.

Im Doberaner Kloster hingegen wurde ein anderer Weg beschritten: hier gab es seit dem Anfang des 14. Jahrhunderts eine Werkstatt, deren Mitarbeiter entweder aus Westfalen kamen oder dort ihre Kunst erlernt hatten. Zu den herausragenden Beispielen der Arbeit dieser Werkstatt zählen die mit prachtvollen Reliefs verzierten Wangen des Chorgestühls, der Hochaltar und der Aufsatz des älteren Kelchschrankes. In der zweiten Hälfte des 14. Jahrhunderts wurden die Arbeiten des *Meisters Bertram* aus Hamburg bedeutend für diese Werkstatt, der seinerseits den Stil des *Theoderich von Prag* reflektierte, so daß nun auch Böhmisches nach Mecklenburg und Vorpommern drang. Faßbar wird dieser Einfluß z. B. in den Wandmalereien in der Dorfkirche in Klinken oder an dem kurz nach 1400 entstandenen Mühlenaltar im Doberaner Münster, der aber bereits wesentlich dem „Weichen Stil" verpflichtet ist, den *Konrad von Soest,* einer der bedeutsamsten Meister der westfälischen Malerschule, zu Beginn des 15. Jahrhunderts in Norddeutschland zur Blüte führte.

Am Anfang des *15. Jahrhunderts* sind repräsentative Werke aus Werkstätten in Rostock und Wismar entstanden, deren Arbeiten zwar von einer gewissen Eigenständigkeit zeugen, deren Wirkung aber äußerst gering war. Der bedeutendste Künstler im ganzen Ostseeraum, der Bildschnitzer und Maler *Bernd Notke* (1430/40–1509) stammt aus Lassan in Vorpommern. In der Mitte des 15. Jahrhunderts entstand ein „rostockisch-stralsunder" Kunstkreis, zu dessen wichtigsten Werken der Hochaltar der Stadtkirche zu Teterow, der in der Nikolaikirche in Stralsund stehende Altar der Riemer und Beutler und der leider nur noch unvollständig erhaltene Dreikönigsaltar des Rostocker Dominikanerklosters gehören. Das Ende des 15. Jahrhunderts ist durch die Tätigkeit einer Werkstatt in Stralsund gekennzeichnet, die sich eng an Vorlagen aus Brabant orientierte. Ihr wichtigstes Werk war der von den Bergenfahrern bestellte Altar, der in der Nikolaikirche in Stralsund Aufstellung fand. Weiterhin aber dominiert der Lübecker Einfluß. So schuf der Lübecker *Johannes Kemmer*, ein Schüler *Lucas Cranachs d. Ä.*, die Flügel des Altares der Bürgermeister Osborn und Mörder, der ebenfalls in der Nikolaikirche steht. Ein Importstück dürfte der Rochusaltar in der Rostocker Marienkirche sein, dessen schlanke, überlängte Figuren mit ihrem manieristischen Formenvortrag auf die Werkstatt des Meisters der Rosenaltäre in Lübeck weist.

Anfang des *16. Jahrhunderts* fertigte *Henning von der Heyde*, der in Lübeck die Kunst des Holzschnitzens erlernt hatte, das Modell der Figur der Herzogin Sophie von Mecklenburg für deren Grabplatte in der Wismarer Nikolaikirche. *Brabantische Werke* sind der Flügelaltar in der Pfarrkirche in Güstrow sowie der vorzügliche Altar in der Dorfkirche Waase auf der zu Rügen gehörenden Insel Ummanz. Eine Architektur, die wie Kloster Chorin für das Brandenburgische symbolhafte Bedeutung erhalten hat, ist für Mecklenburg und Vorpommern das Rathaus in Stralsund, dessen Prunkfassade im 15. Jahrhundert errichtet wurde. Die aus Backstein bestehende Fassade, deren oberer Teil filigranhaft durchbrochen ist, steht in einer baulichen Traditionslinie etwa mit dem Rathaus in Frankfurt/Oder oder der Petrikirche in Brandenburg. Das Gemeinsame der Formensprache norddeutscher spätmittelalterlicher Architektur erscheint hier besonders deutlich sichtbar.

Als die *Renaissance* in Mecklenburg und Vorpommern Einzug hielt, mit immerhin einem halben Jahrhundert Verspätung, gelangten an der Antike orientierte und italienisch beeinflußte Bauweisen hierher. Zu denken wäre hier an das Güstrower Schloß, das von *Franziscus Parr*, dem 1580 verstorbenen Baumeister Herzog Ulrichs von Mecklenburg, erbaut wurde, in dessen einst vierflügeliger Anlage Italienisches mit Französischem vereint ist. Die Architektur dieses Bauwerks ist zu den bedeutendsten Leistungen deutscher Renaissance-Architektur zu zählen. Italienischen Einfluß zeigt auch das „Lange Neue Haus" des Fürstenhofes in Wismar, das wesentlich vom Palazzo Roverella in Ferrara inspiriert ist. Sächsische Einflüsse zeigten die später zerstörten Schlösser zu Wolgast, dessen Wendelstein der Dresdner Meister *Hans Kramer* (gest. 1577) errichtete, und Loitz, das von *Simon Schröter* (gest. 1568) aus Torgau erbaut wurde.

Das Güstrower Schloß wie auch das „Lange Neue Haus" in Wismar galten in den folgenden Jahren anderen Bauten der Gegend als Vorbild, so etwa dem Jagdschloß Dargun, das durch den Umbau der Klausur des dortigen Zisterzienserklosters entstand, oder dem Schloß in Gadebusch, das *Christoph Haubitz* schuf, ein mecklenburgischer Baumeister. Haubitz war Traditionalist; zeitgenössischen Berichten zufolge arbeitete er „nach alter Weise". Bei seinen Plänen für Schloß Gadebusch orientierte er sich an den Schlössern Wismar und Schwerin.

Bemerkenswert ist, daß die Terrakottaplatten für Schloß Gadebusch aus dem Atelier des *Statius van Düren* in Lübeck kamen, auf dessen Tätigkeit bereits im Band „Brandenburg" hingewiesen wurde.

Bedeutend ist auch der in dieser Zeit in Angriff genommene Umbau der Burg Schwerin zur Residenz des Herzogs Johann Albrecht. Zunächst waren *Johann Baptist Parr* als Schloßbaumeister Herzog Johann Albrechts und *Christoph Parr* als

Stukkateur – Brüder des Güstrower Baumeisters – tätig; ein Änderungsprojekt von *Ghert Evert Piloot* (gest. 1629), der 1612 in den Dienst des Herzogs Adolf Friedrich von Mecklenburg trat und der die Burg im Stil der Weser-Renaissance umbauen wollte, wurde wegen des Ausbruchs des Dreißigjährigen Krieges nicht realisiert.

Die kriegerischen Auseinandersetzungen brachten die Vervollkommnung des Festungsbaues mit sich; auch hier war es ein Italiener, mit dessen Architektur das kulturelle und technologische Süd-Nord-Gefälle ausgeglichen werden sollte. *Francesco a Bornau* schuf z. B. die Festung Dömitz oder die Bastionen des Schweriner Schlosses; Arbeiten, die auf der Höhe ihrer Zeit standen. Die militärische Architektur dieser Zeit ist Kunst im besten Sinne des Wortes. Besonders augenfällig wird dies am Steintor in Rostock.

Die Einführung der Reformation brachte es mit sich, daß die neuerbauten Kirchen dem sächsischen Bautypus verpflichtet waren; die großartigen Schloßkirchen von Schwerin und Franzburg sind in ihrer Zeit solche modernen Bauten. Doch die Hinwendung zu reformatorischem Gedankengut bedeutete nicht von vorn herein auch die Übernahme der neuen Architektur. Wie die Schloßkirchen in Lübz und Grabow zeigen, herrschten hier noch deutlich spätgotische Stilelemente vor.

1527 entstand das Epitaph für die Herzogin Helena, das *Peter Vischer d. J.* (1487–1528) in Nürnberg goß; 1560 fertigte der Freiberger Erzgießer *Wolff Hilger* (1511–1576) das Epitaph für Herzog Philipp I. in der Wolgaster Petrikirche, der Dresdner Bildhauer *Hans Walther* (1526–1586) schuf das Portal der Schloßkirche zu Schwerin, und die Kanzel samt Aufsatz in dieser Kirche stammt von den in Torgau beheimateten Bildhauern *Simon* (um 1545–1573) und *Georg* (um 1535–1586) *Schröter*.

Neben diesem süddeutsch-sächsischen Einfluß bestand weiterhin großer niederländisch-lübecker Einfluß, der sich z. B. in den Kanzeln der Parchimer Stadtkirchen oder etwa dem Freigrab für Herzog Christoph und seiner Gattin im Schweriner Dom niederschlug.

Als nach dem *Ende des Dreißigjährigen Krieges* das Land sich langsam wirtschaftlich erholte, wurden auf dem Lande auch wieder Schlösser gebaut, und es ist nun französischer Einfluß, der allenthalben spürbar ist. Den Quellen ist zu entnehmen, daß das Stadtpalais in Rostock in französischem Geschmack umgebaut wurde; der Schloßneubau in Neustadt-Glewe, der in den Jahren 1618/19 von *Ghert Evert Piloot* (gest. 1629) begonnen wurde, erfuhr seine Vollendung durch *Leonhard Christoph Sturm* (1669–1719) in französisch-niederländischem Stil. Dieser Einfluß ist auch am Vorbau des Rathauses in Rostock sichtbar.

Doch auch der mächtige Nachbar Preußen entfaltete seine Wirkung, die beispielsweise im Templiner Rathaus faßbar wird, das stilistisch zu den Arbeiten des Berliner Frühklassizismus gehört.

Im Atelier des *Andreas Schlüter* (um 1659–1714) wurde der Lettneraltar für die Nikolaikirche in Stralsund geplant; Figuren für den Schweriner Schloßpark, die der in Dresden berühmte *Balthasar Permoser* (1651–1732) geschaffen hatte, wurden erworben. Gab es in dieser Zeit eigenständige Talente, so zog es sie bald in die Zentren, wie etwa *Johann Eckstein,* der nach Berlin ging, um hier künstlerisch zu wirken, nachdem ihn die Attikafiguren der Ludwigsluster Schloßkirche berühmt gemacht hatten.

In den siebziger Jahren des 18. Jahrhunderts wurde nach Entwürfen von *Johann Joachim Busch* das Schloß in Ludwigslust erbaut. Bemerkenswert ist hier der Goldene Saal, dessen Zopfstildekor aus Pappmaché besteht. Busch, der großherzoglich-mecklenburgische Hofbaumeister und spätere Hofbaudirektor, plante nicht nur das Schloß, sondern auch die Anlage von Stadt und Park, denn in der Mitte des 18. Jahrhunderts hatte sich der Herzog Christian Ludwig II. von Mecklenburg-Schwerin entschlossen, das Dorf Klenow zu seiner und seiner Nachfolger Residenz auszubauen und es künftig Ludwigslust zu nennen. Auf den Planungen von Busch aufbauend schuf *Peter Joseph Lenné* (1789–1866) hier den größten Landschaftspark in Mecklenburg. Überaus reizvoll sind die von Busch errichteten Parkbauten, wie etwa die künstliche Ruine aus Raseneisenstein und das Schweizerhaus aus den Jahren 1788/89.

In der ersten Hälfte des 19. Jahrhunderts beherrschte der *Klassizismus* das Erscheinungsbild von Architektur und bildender Kunst in Mecklenburg und Vorpommern. Die Architekten hatten ihre Ausbildung zumeist in Berlin erhalten und ihr Handwerk bei *Friedrich Gilly* (1772–1800), dessen Vater *David* aus Altdamm bei Stettin stammte, oder *Karl Friedrich Schinkel* (1781–1841) erlernt, so daß im Stile der Berliner Schule hier wichtige Werke geschaffen wurden. So erschien auch die Neogotik hier ausgesprochen früh: Das älteste neugotische Bauwerk ist die Marienkirche im Schloßpark von Ludwigslust. Sie wurde 1803 von *Johann Christoph Heinrich von Seydewitz* (1748–1824), der 1796 Nachfolger von Johann Joachim Busch wurde, begonnen. *Georg Johann Barca,* der 1809 auf Seydewitz folgte, fügte später noch einen Kampanile hinzu. Gerade an den Beispielen jener Architektur wird deutlich, daß fortgeschrittenere Methoden der Kommunikation und der Technologie sowie der durch Bildung hervorgerufene Austausch von Wissen nun dazu führte, die Zeitverschiebung in der Aufnahme moderner Gestaltungsmittel, wie sie in der Gotik oder der Renaissance deutlich wurde, aufzuheben. Auch in Mecklenburg und Vorpommern wurde damals modern gebaut. Es gelang, das Provinzielle, das durch den Import von Kunstwerken und Künstlern ausgeglichen werden sollte, in immer stärkerem Maße abzubauen.

Schinkel selbst inspirierte die gotisierenden Formen des Jagdschlosses Granitz, die in dem späteren Jagdschlößchen Karnitz weiterwirken.

Rein klassizistisch hingegen sind die Bauten, die *Carl Theodor Severin* (1763–1836) für Bad Doberan als erstem deutschen Seebad schuf. Severin gilt als der bedeutendste Architekt des Klassizismus in Mecklenburg. Seine Ausbildung hatte er in Berlin bei Carl Gotthard Langhans d. Ä., Friedrich Gentz und Friedrich Gilly erhalten.

Prägend wurde der Einfluß Schinkels durch dessen Schüler *Georg Adolf Demmler* (1804–1886) aus Güstrow, der damit begann, das Schweriner Schloß im Stil des an der Loire gelegenen Schlosses Chambord umzubauen. Diese bedeutenden Umbautätigkeiten, in deren Verlauf das Schloß sein heutiges Aussehen bekam und zu einem hochwichtigen Denkmal historisierender Architektur wurde, fanden zwischen 1843 und 1857 statt. Neben Demmler waren an diesem Umbau der hauptsächlich in Berlin wirkende Architekt *Friedrich August Stüler* (1800–1865) und dessen Schüler *Hermann Willebrand* (1816–1899) maßgeblich beteiligt; den Thronsaal entwarf der in Berlin ausgebildete und wirkende *Heinrich Strack* (1805–1880). *Gottfried Semper,* (1803–1879) der bedeutende Theater-Architekt, schuf einen beratenden Vorentwurf im Stil der französischen Renaissance für das Umbauvorhaben, der die Demmler'schen Planungen hauptsächlich beeinflußte, und Stüler führte den Umbau schließlich zu Ende. Das Ergebnis war ein romantisches Schloß, dessen architektonische und künstlerische Bedeutung lange Zeit verkannt war, durch die jüngste Restaurierung aber vortrefflich zur Geltung kommt. Der barocke Schloßgarten wurde im Zusammenhang mit dem Umbau des Schlosses von *Peter Joseph Lenné* und *Theodor Klett* in einen englischen Landschaftsgarten umgewandelt. *Ernst Friedrich Zwirner* (1802–1861), der Kölner Oberdombaumeister, gab der Schweriner Schloßkirche einen neogotischen Chor; in Neustrelitz erbaute der Hofbaumeister *Friedrich Wilhelm Buttel* eine neogotische Schloßkirche und schuf auch die neogotische Kirche des Damenstiftes in Malchow.

In Anlehnung an die Friedrich-Werdersche Kirche in Berlin entwarf *Schinkel* Pläne für die Rekonstruktion der ehemaligen Benediktinerinnen-Klosterkirche in Dobbertin, die zwischen 1836 und 1837 von seinem Schüler *Demmler* verwirklicht wurden.

Dieser war auch maßgeblich an der Architektur des Sternberger Rathauses beteiligt, das in der Mitte des 19. Jahrhunderts in den Formen der toskanischen Palastarchitektur und des englischen Tudorstiles erbaut wurde; die gleiche Stilverbindung zeigt das zwischen 1840 und 1844 errichtete einstige Arsenal und Kaserne in Schwerin, mit der Demmler die Erweiterung der Stadt nach Westen begann. Einen ähnlich großen Einfluß erhielt die Berliner Bildhauerschule: *Schadow*, *Rauch* und ihre Schüler waren hier von großer Wirksamkeit. Schadows Denkmal des Fürsten Blücher in Rostock mag als ein Beispiel gelten.

Bedeutend wird die Landschaft Mecklenburgs und Vorpommerns als Motiv: *Caspar David Friedrich* (1774–1840) fand hier die Motive seiner Küsten- und Ruinenbilder; zu denken ist etwa an seine Darstellung der Klosterruine in Eldena oder an die von der Insel Rügen inspirierten Gemälde und seine Seestücke.

Er gehört mit *Philipp Otto Runge* (1777–1810) zu den berühmtesten hier geborenen Vertretern der Malerei. Obwohl beide kaum in ihrer Heimat arbeiteten, so ist doch ihre Bildsprache deutlich von dieser Landschaft geprägt.

Am Ende des 19. Jahrhunderts entstand in Schwerin ein mächtiges, repräsentatives Bahnhofsgebäude, 1889/90 in gründerzeitlichem Formengefüge errichtet. Der Bahnhofsvorplatz wurde 1910 durch einen Brunnen, dessen Schmuck der Thematik „Rettung aus Seenot" gewidmet ist, von *Hugo Berwald* (1863–1937) künstlerisch vollendet.

Der berühmteste Künstler, der im *20. Jahrhundert* in Mecklenburg wirkte, war der in Güstrow arbeitende *Ernst Barlach* (1870–1938), in dessen einstigem Wohnhaus heute ein Museum über das Schaffen des Meisters unterrichtet. Die in der ersten Hälfte des 15. Jahrhunderts gebaute Gertraudenkapelle, wurde – nachdem sich ihre Funktion mehrmals im Laufe der Jahrhunderte gewandelt hatte – 1953 als Ernst-Barlach-Gedenkstätte eingerichtet, in der eine repräsentative Ausstellung mit dem bildhauerischen Werk des Künstlers bekannt macht.

Seit Ende des 19. Jahrhunderts war Mecklenburg Sitz zweier *Künstlerkolonien,* die zwar nicht mit ihren berühmteren Paralleleinrichtungen in München, Dresden oder Worpswede konkurrieren konnten, aber im lokalen Rahmen durchaus von großer Bedeutung waren. Es handelt sich um die bei Rostock entstandene Künstlerkolonie in Schwaan und die bekanntere in Ahrenshoop auf dem Fischland. Die

Kolonie in *Schwaan* wurde 1892 von *Franz Bunke* (1857–1939) gegründet, mehr zufällig als geplant, denn er verbrachte seit diesem Jahr jeden Sommer in seiner Heimat, und bald folgten ihm Freunde der Weimarer Kunstschule, wo er bei *Theodor Hagen* studierte. Diese Maler hielten den Reiz der Landschaft in Ölgemälden, Zeichnungen und Aquarellen fest.

Zehn Jahre zuvor war *Ahrenshoop* von den Malern entdeckt worden. *Carl Malchin* war es, der zwei Skizzen mit dem Datum des 9. September 1882 versah, und so den Ort erstmals bildlich festgehalten hat. Eine feste Gruppe bildete sich hier aber auch erst 1892, als der Maler *Paul-Müller-Kaempff* sich ein Haus baute und andere Kollegen diesem Beispiel folgten. Im Gegensatz zu Schwaan blieben die hier ansässigen Künstler in Ahrenshoop wohnen und begründeten so eine Tradition, die bis in die Gegenwart weiterlebt. Noch heute ist das einstige Fischerdörfchen begehrter Ort vieler Maler der DDR, und – was damals auch nicht ausgeblieben war, denn nach der Künstler-Entdeckung wurde es ein Badeort – Treffpunkt der Schickeria und Privilegierten.

Die Maler, die damals hier arbeiteten, waren ebenfalls häufig Schüler von Theodor Hagen, dessen Einfluß auf die Malerei im Mecklenburg der Jahrhundertwende nicht hoch genug eingeschätzt werden kann, obwohl er selbst nie in dieser Gegend war.

Paul Müller-Kaempff gründete 1894 in Ahrenshoop eine Malschule für etwa fünfzig Schüler, die er aber während der Inflationszeit aufgeben mußte. Um seiner eigenen Arbeit sowie der seiner Schüler und Kollegen ein Ausstellungsforum zu geben, schuf er zusammen mit zwei anderen Malern den „Ahrenshooper Katen, das Haus für heimische Kunst und Kunstgewerbe", das im Sommer 1909 eröffnet wurde. Noch heute ist es begehrtes Ziel vieler Künstler, im „Kunstkaten" eine Ausstellung ermöglicht zu bekommen. Eine Reihe von DDR-Künstlern, die heute Rang und Namen haben, begann ihre künstlerische Laufbahn mit einer Ausstellung an diesem traditionsreichen Ort.

Nach dem Zweiten Weltkrieg, als Mecklenburg und Vorpommern zunächst der sowjetischen Besatzungszone, dann der DDR angehörten, gerieten die Künste und die Architektur unter den Einfluß des sozialistischen Realismus und von der Sowjetunion übernommenen Richtlinien für Architektur und Stadtplanung. Beispielhaft ist hierfür das Wohngebiet Reutershagen I in Rostock, das zwischen 1953 und 1957 entworfen wurde, sowie das am Ende desselben Jahrzehnts errichtete Reutershagen II. Dominierte in Reutershagen I noch die sowjetische Magistralenarchitektur, so ist Reutershagen II durch schmucklose Reihenarchitektur vier bzw. fünfgeschossiger Blockarchitektur charakterisiert.

In den sechziger Jahren ging man zur industriellen Bauweise über; schmucklose Hochhäuser oder Wohnscheiben wurden zu Wohngebieten „zusammengestellt", in denen in der Regel eine Infrastruktur nicht mitgebaut wurde, weil man das Hauptgewicht auf die Versorgung der Bevölkerung mit Wohnraum legte, ohne jedoch zu berücksichtigen, daß eine Ansammlung von Wohnsilos, ohne menschlichen Lebensbedürfnissen Rechnung zu tragen, zwangsläufig zur Brutstätte sozialer Krisen werden kann. In der Tat hat einerseits auch die Altbauwohnung ihre Anziehungskraft gerade deshalb nicht verloren, und andererseits herrschen in derartigen Schlafstädten dieselben Probleme, wie sie auch in gleichartigen westdeutschen Satellitenstädten auftreten.

Dafür ist die Erweiterung Rostocks an der Unterwarnow mit den Wohnkomplexen Lütten-Klein, Evershagen, Lichtenhagen, Schmarl, Groß Klein sowie Dierkow und Toitenwinkel, insgesamt für weit über 130000 Einwohner, eines der markantesten Beispiele in der DDR. Ähnliche, kleinere Wohngebiete sind in Stralsund, Wismar-Wendorf und -Friedensdorf, Greifswald-Schönewalde, Schwerin-Großer Dreesch und -Krebsförden und in Neubrandenburg-Ost und -Datzenburg entstanden.

Erst mit Beginn einer intensiver betriebenen Altstadtpflege und -sanierung wendet man sich auch in Mecklenburg und Vorpommern der Erhaltung alter Bausubstanz zu und beginnt so, Lebensbereiche zu schaffen, die von den dort wohnenden Menschen akzeptiert werden.

In der Malerei und Skulptur entwickelte sich Rostock neben Berlin, Leipzig und Halle zu einem der wichtigen Zentren der DDR-Kunst, zu deren bekanntesten Vertretern der Bildhauer *Joachim Jastram* und der Maler *Ronald Paris* gehören.

Elisabeth Scheeben
VOLKSKUNDE

Bei den im folgenden zu beschreibenden volkskundlichen Erscheinungen der mecklenburgischen Landschaft einschließlich Vorpommerns muß man sich darüber im klaren sein, daß es sich nicht um ein durch natürliche Grenzen bestimmtes Gebiet gehandelt hat – sieht man einmal ab von der Ostseeküste im Norden und der Elbe im Westen. Von einem durch ein einheitliches Volkstum geprägten Gebiet kann man ebensowenig sprechen: Es sind die Siedler gewesen, die im Zuge der Ostkolonisation seit dem 13. Jahrhundert ins Land kamen und ihm sein nachmaliges Bild der mecklenburgischen Kulturlandschaft gegeben haben.

Das zwischen der Trave im Westen und der unteren Oder im Osten gelegene Gebiet zeichnet sich im wesentlichen durch teils ebene, teils hügelige Flächen mit Lehm- und Sandböden aus. Das Rückgrat bildet die von Südosten nach Nordwesten verlaufende Seenplatte. Trotz der unterschiedlichen geographischen Voraussetzungen aber hat sich eine dementsprechende Auswirkung auf Siedlungs- und Hausformen im Grunde nicht ergeben. Die Landwirtschaft als Haupterwerbsquelle gab der Siedlungsweise ihr Gepräge mit kleineren Landstädten (unter 1000 Einwohner), Flecken und Dörfern, deren Größenunterschiede kaum ins Gewicht fielen. Handel und Gewerbe fand sich in nennenswertem Umfang nur in den größeren Städten (Rostock, Wismar).

Seit dem Spätmittelalter hat es nur wenig Veränderung im Dorfbild gegeben. Um einen zentralen Platz, der meist zu einem Anger ausgeweitet war, lagen die einzelnen Bauerngehöfte bzw. an der Straße entlang. Zum Dorfbild gehörten auch der Krug und häufig die Mühle. Der „Krüger" bewirtschaftete in der Regel eine Bauernstelle und hatte für die Kruggerechtigkeit eine besondere Pacht zu bezahlen (Naturalabgabe: Bier und Pfeffer). Die Mühle stellte eine wichtige Einnahmequelle für die Grundherren dar, da sie die Bewohner des jeweiligen Dorfes veranlassen konnten, ihr Getreide nur dort zum Mahlen zu geben („Zwangsmahlgäste"). Die Form der Mühlen – Wind- oder Wassermühle – hing von den lokalen Gegebenheiten ab.

Der eigentliche Bauer („Hufner") bewirtschaftete sein Land in Erb- oder Erbzeitpacht – ersteres als Erbleihe unbeschränkt, letzteres als Landsiedelleihe auch übertragbar. „Lebendes" und „totes" Inventar, im allgemeinen auch die Hofgebäude, besaßen der Bauer und seine Familie als persönliches Eigentum („Hofwehr").

Sowohl die Bauern als auch die „Kossäten" (Kätner, Häusler) waren abhängig vom Grundherrn, dessen Hof und Haus außerhalb des Dorfes lagen. Der Herrenhof war eine Wehranlage mit Wohnhaus und angegliedertem Wirtschaftshof. Seine Schmalseite mit dem Eingang in der Mitte bildete das Torhaus, die Stallungen und Scheunen flankierten den rechteckigen Hof auf den Längsseiten. Die Wehranlage selbst befand sich auf einer künstlichen, von einem Graben (unter Umständen mit

Wasser gefüllt) umgebene Insel. Treppentürme vor der Mitteldiele („Windelsteine") vermittelten der Anlage den Charakter einer Zwingburg. Durch den Dreißigjährigen Krieg sind die meisten dieser Hofanlagen zerstört worden, jedoch hat es wiederum Neuanlagen nach dem alten Schema gegeben (z.B. Johannsdorf im Jahre 1743). Mit der Tendenz zur Gestaltung des Hofes mit seinen Wirtschaftsgebäuden zu einer geschlossenen, von den Wohngebäuden getrennten Anlage im 18. Jahrhundert wuchs ein solcher Herrenhof immer mehr zu einem Großbetrieb heran und wurde Verkehrsmittelpunkt des jeweiligen Gutsbezirkes. Durch das „Bauernlegen" seit dem 17. Jahrhundert (Umwandlung von Bauern- in Herrschaftshofland) gab es ein zusätzliches Wachstumsmoment. Die alten Dörfer lösten sich mehr oder minder auf. Gewöhnlich bildeten sich in unmittelbarer Nähe der Herrenhöfe „Einliegerkatendörfer".

Die mecklenburgische Hausformenlandschaft prägte das Nebeneinander zweier tradierter Bauweisen – der niederdeutschen und der mitteldeutschen. Eine genaue Abgrenzung der jeweiligen Verbreitungsgebiete läßt sich nicht genau ausmachen, doch ist der niederdeutsche Typ dominierend gewesen. Charakteristisch war das *Niederdeutsche Hallenhaus*, ein eingeschossiger, von Ständerreihen getragener Bau. Die niedrigen Seitenwände waren in Gefachen „geklehmt" (später auch gemauert). Das hohe Rohr- oder Strohdach mit seinem vorderen, der Einfahrt zugewandten Giebel (verziert mit einem Pferdekopf oder einem Giebelbrett) vereinte unter sich Menschen, Tiere und Vorräte. Durch ein fuderhohes und -breites Einfahrtstor gelangte man in die hallenartige Mittellängsdiele, die durch das ganze Haus führte. In einem solchen „Einhaus" oder „Wohnstallhaus" lagen die Stallungen an den beiden Abseiten, die Scheune auf dem Dachboden, während der Wohnraum den hinteren Teil des Hauses einnahm. In dieses, auch als Durchfahrt-Dielenhaus zu charakterisierende Gebäude baute man seit dem Beginn des 17. Jahrhunderts heizbare Stuben („Dönzen"). Beheizt wurden sie vom Herd aus, der seitlich der großen Diele den Mittelpunkt eines Küchenraumes bildete. Wegen der großen Feuergefährlichkeit – das Haus ruhte auf Eichen- oder Tannenholzbalken – verlagerte man den anfänglich mit dem Herd verbundenen Backofen nach draußen. Die Grundfläche eines solchen Hauses betrug 150–200 qm, daneben gab es aber auch noch zusätzliche, außerhalb des Hauses gelegene Scheunen, Schuppen und Ställe. Der Bau des Hauses war Angelegenheit des Bauern und seiner Nachbarn, mit denen er das Gebäude aus einfachen Baustoffen (Granitfindlingen, Hartholz, Lehm und Stroh) errichtete. Lediglich für das Dach mußte die Hilfe eines Zimmermanns in Anspruch genommen werden. Mit den steigenden Anforderungen an die Bauern (Vermehrung der Frondienste) und der daraus resultierenden Verstärkung des bäuerlichen Gesindes ergab sich eine größere Personenzahl pro Bauernstelle, so daß sich die Wohnräume im „Achter(Hinter)haus" ausdehnten. Ein Teil der breiten Längsdiele fiel ihm zum Opfer und verengte sich dadurch zu einem Durchgangskorridor, das Durchfahrtsdielenhaus wurde zu einem Durchgangsdielenhaus. Der „Achtergang" war der schmale, verbleibende Teil der Längsdiele im Wohnbereich, die breitere Diele des Wirtschaftsteiles („Grotdäl") wurde zunächst durch eine brusthohe Schranke, dann durch eine Wand abgetrennt. So entwickelte sich ein „Sackdielenhaus", dessen Achtergang als „Kök" (Küche) diente und durch eine Tür auf die Grotdäl führte. Auf der gegenüberliegenden Seite ging es durch die Giebeltür nach draußen.

Im südlichen Teil Mecklenburgs ist ein Haustyp mitteldeutschen Ursprungs verbreitet gewesen, das „*Ernhaus*" (in der älteren Forschung als „Fränkisches Haus" bezeichnet). Es unterschied sich vom niederdeutschen Hallenhaus dadurch, daß es wesentlich schmaler gebaut war. Im Südwesten Mecklenburgs hieß es „Flettdielenhaus", weil eine Querdiele („Flett") den Wohn- vom Wirtschaftsteil trennte. Auf dem Flett stand der offene Herd mit Platz nach beiden Seiten, da das Flett beiderseits an die Außenlängswände reichte. Seitenfenster und -türen spendeten Licht. Vom Stubenteil aus war dieser Raum leicht zugänglich. Hinter dem Flett lag das Achterhaus, in dem sich vier Räume befanden – zwei größere Stuben und an beiden Hausecken zwei kleinere Kammern. Mit dem gesteigerten Wohnraumbedarf einer ging auch hier die Errichtung gesonderter Wirtschaftsgebäude, was jedoch nur bei größeren Höfen der Fall gewesen ist. Nach sächsischer Ständerbauweise, aber auch aus praktischen Gründen, baute man den „Hökaben" (eine Heuscheune, bei der die Abseiten fehlten), ein Backhaus (entwickelt aus dem alten überdachten Backofen) und die Kornscheune, bei der die Längsdiele seitwärts zur Traufdiele verschoben lag. Besondere Stallungen für das Kleinvieh lagen ebenfalls außerhalb des Hauses, während das wertvollere Vieh im Hauptgebäude eingestallt blieb. Eine solche Anlage besaß keine bestimmte bauliche Anordnung; es war gewissermaßen ein „Haufenhof". Im südöstlichen Landesteil, östlich der Peene und der Müritz, baute man mitteldeutsche „Querdielenhäuser", bei denen sich das Dach durch die Außenwände trug. Das Haus besaß eine Reihe von gleich hohen Räumen, die in der Firstrichtung aufeinanderfolgten. An der Giebelseite lag die Stube, in der Mitte die Küche, die zugleich Flur und Querdiele war und auf der anderen Seite an den Stallraum stieß. Zwischen Küche und Stall befand sich eventuell die Tenne („Scheuer"), etwas höher gelegen als die übrigen Räume. Die Scheune selbst war ein Extragebäude.

Im Laufe des 17./18. Jahrhunderts bildeten sich Mischformen aus den oben geschilderten Haustypen. So spricht man z.B. vom „Weizackerhaus" in den Dörfern des Pyritzer Weizackers. Es besaß einen Dreiständerquerschnitt, war ein- oder zweistöckig und im Hausinnern durch Querwände gegliedert, die senkrecht zum First verliefen und die beiden Längswände miteinander verbanden. Es fand sich, besonders in Vorpommern, häufiger auch die Verbindung des niederdeutschen Hallenhauses mit einer mitteldeutschen Hofanlage zu einem „Vierkanthof", dessen Wohn- und Wirtschaftsgebäude eine an allen vier Ecken miteinander verbundene Einheit bildeten.

Es gibt noch eine ganze Reihe von variierenden Haus- und Hofformen, die sich im mecklenburgischen Gebiet ausgeprägt haben, deren Beschreibung hier aber der Übersichtlichkeit wegen unterbleiben muß. Festgehalten werden muß allerdings, daß sich sowohl die Haus- als auch die Siedlungsformen nicht allein nach der von den Kolonisatoren mitgebrachten Tradition richteten, sondern vielmehr auch die Anpassung an die vorgefundenen geographischen Gegebenheiten und an die Schutzbedürfnisse der Siedler darstellten: Die im 13. Jahrhundert durch Urwaldrodung entstandenen „Hagendörfer", die unter der Leitung eines „Hagemeisters" eine besondere Rechtsstellung besaßen („hägersches Recht") sind ein gutes Beispiel für das Bestreben der Siedler, nicht nur das Land urbar zu machen, sondern darüber hinaus ihre eigene Position in möglichen Streitigkeiten zu sichern. Ein „Rundling" repräsentierte dagegen sehr viel offensichtlicher den Verteidigungscharakter, den eine geschlossene Dorfanlage gewaltsam Eindringenden bieten konnte.

Was zu Beginn über die Uneinheitlichkeit des Volkstums anhand der Bau- und Siedelweise gesagt worden ist, gilt in größerem Maße auch für die Trachtenformen. Man muß hierbei berücksichtigen, daß bereits vor 1900 kaum mehr die Farben- und Formenvielfalt vorhanden gewesen ist, wie sich dies in den Jahrhunderten vorher entwickelt hatte. Trachten dienten nicht nur dem praktischen Bedürfnis nach Kleidung, sondern einer sozialen Differenzierung und Abgrenzung: Der Unterschied zwischen Arm und Reich dokumentierte sich hier besonders auffällig.

Zwei große Trachtengruppen fanden sich in Mecklenburg – die der Bauern und Tagelöhner und die der an der Küste lebenden Fischer. Zu letzterer gehörten die „Poeler", die „Warnemünder" und die „Fischländer" Tracht. Eine Besonderheit der Tracht auf der Insel Poel war das weiße „Folgedook" der Schifferfrauen – ein großes, weißes Trauertuch, welches um den Kopf geschlagen und unter dem Kinn mit einer Nadel befestigt wurde, daß das Gesicht knapp frei blieb –, mit dem sie dem Sarg im Trauerzug folgten. Die „Brook" der Männer – die oberste der dreifachen Hosen, die die Fischer getragen haben – sollte einen besseren Schutz vor z. B. Wellenspritzern gewähren.

Eine der „Poeler" ähnliche, durch die natürliche Abgeschlossenheit auf der Insel Rügen bis weit ins 19. Jahrhundert hinein beständige war die „Mönchguter" Tracht. Hier dominierten die Farben schwarz, dunkelrot und dunkelblau. Für die Schürzen der Frauen verwandte man blaurot-längsgestreiftes Halfsettgewebe. Die auch für Vorpommern charakteristischen Kegelhauben der Frauen bestanden aus einem in der Mitte gefalteten und oben zusammengenähten Leinenstreifen. Darauf wurde eine aus Tuch genähte und mit Schafwolle ausgepolsterte Kegelmütze gesetzt, was die Trägerin zu einer recht steifen Kopfhaltung zwang.

Ungleich differenzierter stellte sich die allgemeine ländliche, auch „Schweriner Tracht" genannte Kleidung dar. Man trug sie bis in die Mitte des 19. Jahrhunderts im größten Teil Mecklenburgs, bis sie dem zunehmenden Einfluß der städtischen Mode gewichen ist. In der älteren Forschung wurde sie als eine wahrscheinlich ursprünglich sächsische Tracht bezeichnet.

Männer trugen Hose, Weste, Jacke und Kittel aus selbstgewebtem Leinen. Bei starker Kälte zogen sie mehrere Hosen übereinander und zogen eine Jacke aus Flanell oder gröberem Wollzeug darüber. Bei Festen und bei der Ernte wechselten die „grieslinnen" mit den „wittflässen" Hosen (aus weißem Flachsgarn). Die jungen Männer gingen in bunten, rot-blauen, häufig quergestreiften Westen zum Tanzen. Dazu trugen sie „Hemdsmaugen" (Tanzhemdärmel aus feinerem Leinen). Kniehosen, weiße Strümpfe und Schnallenschuhe gehörten ebenfalls zur Festkleidung. Über der farbigen Weste wurde der „Schlippenkittel" getragen, ein Leinenkittel mit lang herunterhängenden Rockschößen (auch „Hessensläger" oder „Dansleper" genannt). Tagelöhner besaßen einen solchen Kittel in grau, bei den Bauern war er schwarz oder blau. Für den Kirchgang zog man einen dunklen, wollenen Rock an, des weiteren einen Zylinder – der übrigens auch oft bei der Arbeit getragen worden ist! Des Winters gab es eine Pelzmütze („rug' klott"), während man zu Hause und beim Dreschen eine Zipfelmütze getragen hat. Die Bäuerin besaß selbstgewebte, buntstreifige Beiderwandröcke („Warpröcke") mit einem Saum aus

Samt- oder Seidenband. Bei jungen Mädchen sollte die Zahl der aufgenähten Bandstreifen die Höhe der Mitgift symbolisieren. Über, manchmal auch unter der schwarzen Tuchjacke wurden bei Festen bunte wollene oder auch seidene Tücher angelegt, zum Abendmahl ein weißes, reich besticktes Mulltuch. Frauenhemden hießen „Hemdschürzen", deren Leibchen aus feinerem Leinen an dem sackleinenen Unterteil angenäht waren. In der Gegend um Kröpelin zogen die Frauen, wollten sie auch in Hemdsärmeln adrett gekleidet erscheinen, ein halbes Hemd („Aewerhemd" = Oberhemd) darüber und hefteten die Ärmel an den Handgelenken mit einem roten Band zusammen. Im Südosten Mecklenburgs, besonders im Gebiet um Gnoien, trug die Frau einen Unterrock („Pie") aus grünem Fries, darüber mehrere Röcke aus Flanell. Das Mieder („Bindleib") bestand aus demselben Stoff oder aus seidenartigem Gewebe, sonntags aus rotem oder grünem Damast. Dazu trug man eine Jacke („Kamsol" oder „Jope") aus Baumseide. Sie war vorn zugehäkelt.

Zum Tanz und bei der Ernte waren es kurzärmelige Jacken, zuletzt mit Puffärmeln, die die Frauen anzogen. Die oben geschlossene Samtbluse, die nicht mit Litzen geschnürt wurde, gehörte in den Hofdörfern zur Tracht der Stubenmädchen.

Weil es als unschicklich galt, sich mit offenen Haaren sehen zu lassen, trugen die jungen Mädchen und die Frauen – wie in anderen Gebieten Deutschlands ebenso häufig üblich – eine Kopfbedeckung, genannt „Dreistücktmütz". Dies war ein um den Kopf geschlungenes Tuch aus Nesselleinen, das auch „Kohlslup" hieß. Die „Blankmütz", mit Glasfluß, Gold- oder Silberlitzen verziert, gehörte zur Festtags- und Kirchgangstracht. Sie besaß vorne einen weit vorstehenden weißen Strich. Die Konfirmandin trug eine Mütze mit gepufften Bändern und kleinen Blumenkränzen. In der Gegend um Kröpelin gab es die Blankmütz ohne Strich („drög' Mütz"). Die vielen vorhandenen Muster symbolisierten recht deutlich soziale Unterschiede, wie ja überhaupt die Kleidung diesem Zweck diente.

Als zwei der in Mecklenburg vorhanden gewesenen Sondertrachten sollen die „Biestower" und die „Rehnaer Tracht" vorgestellt werden. Die „swartbücksten" oder „wietbücksten" Bauern charakterisierten die erstere. Sie trugen halblange Stiefel (in der Gegend um Doberan auch Schnallenschuhe) zu weißen Strümpfen. Die weite Hose, wegen der ledernen Knieschleife „Zingelbücks" genannt, wurde ohne Hosenträger mit zwei großen Messingknöpfen gehalten. Die Weste („Bostdook") zog man über den Kopf – deshalb oft auch „Krup-in" genannt, und schloß sie mit einer Reihe dicht gesetzter silberner Knöpfe („Elemudderknöp", weil sie sich von den Vorfahren vererbt hatten). Um den Hals schlang der Mann ein vorne zweimal geknotetes großes Tuch. Ein niedriger runder Filzhut mit einer Zierschnur – für Verheiratete schwarz, für Unverheiratete weiß – komplettierte den Anzug. Zur Arbeit trug der Mann eine Mütze mit einer ledernen Schute.

Auch die Frauen der „Biestower" Trachtgruppe trugen dunkle Schnallenschuhe, jedoch mit hohen Hacken, dazu rote Strümpfe (außer im Trauerfall) mit eingestickten Mustern (Mühlen, Blumen o. ä.) im Zwickel. Ein rotgestreifter, faltenreicher Oberrock (sonntags schwarz) wurde bei Festen bis zu sieben Mal übereinander getragen. Zur Ausstattung gehörten ebenso die bunten Seidenschürzen, die man später aus England importiert hat. In das vorne offene Leibchen („Bindlief") steckte man eine mit besticktem Stoff überzogene Pappe – das „Bostbrett" oder „Böstchen". Darüber trug die Frau eine Jacke aus Baumseide mit rotem Futter und einem Aufschlag an den Ärmeln, die mit Metallknöpfen verziert waren. Die Jacke besaß im Rücken einen reichen Faltenwurf. An beiden Brustseiten sah ein himmelblaues Seidenband hervor. Über die Jacke legte man Brusttücher, zuerst wollene, dann aus England stammende seidene. Dabei lag das kleinste von ihnen zuoberst. Es war meist schwarz und mit bunten Rosen bestickt. Der schwarze Muff gehörte zur festlichen Kleidung (auch im Sommer!). Aus ihm mußten nach beiden Seiten kleine Tücher herausschauen, davon ein weißleinenes mit Namenszug und ein rotbuntes. Auch die schwarzen, auf der Oberseite bunt ausgenähten Handschuhe mußten dazu getragen werden. Die Frauentracht vervollständigten die üblicherweise verwendeten Kopfbedeckungen „Hüll" – eine stets dunkle Mütze mit einem perlenbestickten Beutel im Nacken, in den das Haar gesteckt wurde. Hinten hing ein langes schwarzes Seidenband herunter. Über der Hüll saß ein kleiner, wegen seiner schaufelartigen Form „Schüffelhoot" genannter Strohhut.

Das Charakteristische für die Biestower Tracht, das Verschmähen allzu reichen Zierrats, stand im Gegensatz zum zweiten größeren Trachtgebiet, dem „Rehnaer", das sich um Rehna und in den angrenzenden ratzeburgischen Kirchspielen Demern und Carlow befand.

Die Männertracht, die mittlerweile ganz verschollen ist, zeichnete sich aus durch Schnallenschuhe, Kniehose, eine kurze Jacke mit silbernen Knöpfen und einen runden Hut. Die Frauen trugen bei der Arbeit einen Rock aus buntem Kattun, zu Hause die wollene, mit schwarzem Samtband gesäumte „Pie" – ein Unterrock mit Mieder in einem Stück. Festtags gingen die Frauen in Lackschuhen, mit oder ohne Spangen, und in weißen Strümpfen. Des Winters trugen sie richtige Stiefel mit eingebranntem Schaft. Wegen des braunen oder schwarzen, kurzen Rockes hießen die Frauen der Rehnaer Tracht auch „de Kortröckten". Rock und das tief ausgeschnittene Mieder („Bostlief") waren gesäumt von buntgewebten Atlas- und Brokatbändern, die meist aus Annaberg in Sachsen stammten. Als Tanzkleidung diente die ärmellose, mit buntem Samt besetzte Pie, darüber ein Oberhemd mit langen Ärmeln und eine Schürze aus schwarzer Seide oder aus Atlas. Fuhr eine Frau oder ein junges Mädchen in die Stadt, so verbarg sie eine reich bestickte Geldtasche unter ihrer Schürze.

Besonders geschmückt zeigten sich die Kopfbedeckungen. Junge Mädchen setzten eine rote Haube („Stiermütz") auf, an der hinten lange Bänder herunterhingen. Auch im Haus trugen die Frauen eine – allerdings – schwarze Mütze. Im Ratzeburgischen dagegen trug man aus vergoldeten Kupfer- oder Silberdrähten gewirkte Hauben – immer „Hüll" genannt –, die eine Spitze in den Nacken herabfallen ließen. Eine „Rehnaer Mütze" besaß einen über der Stirn eingenähten weißen Strich, der den Scheitel sichtbar werden ließ. Das Haar mußte im Knoten gesteckt auf dem Kopf liegen, damit die Haube fest saß. Bei der „Ratzeburger Hüll" wurde der Strich nach hinten zurückgeschlagen (außer bei einem Begräbnis). Darüber legte man bei Regenwetter einen durch ein weißes Tuch geschützten Strohhut, den man, bevor man die Kirche betrat, beim Kaufmann ablegte.

Den besonderen Reiz dieser Tracht machten die reich und phantasievoll bestickten Brusttücher aus. Die schwarzen, auch grauen oder grünen – bei jungen Mädchen roten – Tücher waren aus Wollseide, auf der die Stickerei schön zur Geltung kommen konnte. Das mit runden Pailletten bestickte „Flitterdök" gab es nur in der Ratzeburger Gegend. Man bürstete die Rückseite des fertig gestickten Tuches mit

Stärke und bügelte es danach. Vielfach gab es auch „Doppeltücher", deren eine Kante farbig, die andere weiß gesäumt war. Bei einem Trauerfall trug die Frau die weiße sichtbar nach oben. Es gab überdies auch ungestickte blaue oder rote Seiden- bzw. Atlasseidentücher, ebenso Musselintücher, die entweder allein oder über ein gesticktes Tuch gehörten. Auch für die Dienstmädchen war diese Tracht verbindlich: Ein armes Mädchen bekam z. B. die abgelegte Kleidung der Bauersfrau, so daß es ebenfalls in dieser kleidsamen, farbenprächtigen Tracht auftreten konnte.

Die bedeutenden Ereignisse des menschlichen Lebens, sowohl des Einzelnen als auch der Gemeinschaft, begleitete in Mecklenburg – wie in den anderen Gebieten Deutschlands – eine Reihe von B r ä u c h e n , deren genaue Beobachtung sich von Generation zu Generation übertrug. In erster Linie galt es, sich übernatürlich gedachten Mächten gegenüber zu schützen, um deren möglicherweise unglückbringendes Wirken abzuwenden. Dann aber dienten die zu bestimmten Festen gewissermaßen institutionalisierten Bräuche in großem Maße dem Erfahren des gemeinschaftlichen Lebens und auch der sozialen Kontrolle.

Zu den ersten herausragenden Ereignissen menschlichen Lebens zählte die *Taufe*. Sie mußte möglichst schnell vollzogen werden, damit nicht böse Geister Gelegenheit fänden, unheilvoll zu wirken. Dennoch sind Haustaufen relativ selten gewesen. Für die Wöchnerin gab es obendrein eine ganze Reihe von Verhaltensvorschriften zu beachten: So durfte sie beispielsweise nicht eher über einen Kreuzweg gehen, als bis der erste Kirchgang nach der Geburt erfolgt war. Besondere Höflichkeitsformen beanspruchte das Aussuchen der Paten, die ihrem Rang entsprechend aufgesucht werden mußten. Das „Kindelbier" (Kindtauffeier) war eine fröhliche, wenn auch nicht so aufwendige Feier wie die Hochzeit.

Eine *Hochzeit* – früher Angelegenheit des ganzen Dorfes oder Kirchspiels – kündigten „Köstenbirrer" (Hochzeitsbitter; köste = Festschmaus) an. Man erkannte sie an ihrem charakteristischen Blumen- und Bänderschmuck. Es mußten außer den Verwandten auch die Nachbarn eingeladen werden, so daß es manchmal bis zu 300 Hochzeitsgäste zu bewirten gab. Die unmittelbar der Trauung vorausgehenden Handlungen symbolisierten alte Volksglaubensvorstellungen, durch die man Glück und Segen für die bevorstehende Lebensveränderung herbeirufen wollte. So dachte man z. B., daß es Glück bringe, wenn sich die Braut in einem Schweinestall zur Hochzeit ankleidete oder wenn es in ihren Brautkranz regnete. Günstiges Wetter hoffte man dadurch zu erreichen, daß man die Katzen gut fütterte. Man glaubte nämlich, daß die Göttin Freya, die Beschützerin der Liebenden, mit einem Katzengespann reiste. Deshalb hielt man auch den Freitag für den geeignetsten Hochzeitstag.

Fand die Hochzeitsfeier im Haus der Braut statt, so kam der Bräutigam allein dort hin, die anderen Mädchen – Verwandte und Freundinnen der Braut, die die Brautjungfern darstellten – waren bereits dort versammelt. Wenn die Hochzeit dagegen im Haus der Eltern des Bräutigams gefeiert werden sollte, so holte er die Braut am Abend vorher mit anderen jungen Leuten ab. Den Hochzeitswagen, dessen mit Heu ausgestopfte Säcke man zum Schutz des Brautkleides mit einem weißen Laken bedeckte, fuhr die Gesellschaft durchs Dorf. Dabei saßen zwei Mädchen beim Bräutigam und zwei bei der Braut. Die Brautjungfern trugen Beutel mit Nüssen, Äpfeln und Backbirnen bei sich für die Kinder, denen man unterwegs begegnete. Kamen Männer vorbei, so erhielten sie eine Flasche Branntwein.

Bei der Rückkehr aus der Kirche fand das Brautpaar in der Regel die Haustür verschlossen, so daß es eine Zeitlang warten mußte. Brautdiener („Schaffer") boten Salz und Brot auf einem Teller dar und bekamen dafür ein Trinkgeld. Auch das „Sneeren" (Schnüren) war üblich: Über die Straße, die der Brautzug nahm, spannte man eine Schnur („Reep"), und die Brautleute mußten sich auslösen.
Im Festhaus begann dann der Tanz. Nach einer geraumen Weile nahm man der Braut ihren Kranz ab („Brautgreifen"). Ihre Augen verband man mit einem Taschentuch und setzte ihr eine Mütze auf („unter die Mütze bringen"!). Die Musik – meistens eine Kapelle aus der Stadt – spielte „wir winden dir den Jungfernkranz", und die Brautjungfern umkreisten die Braut. Diese mußte nach einer von ihnen greifen und bestimmte damit die nächste Braut. Auch der Bräutigam bekam die Augen verbunden und eine Samtkappe aufgesetzt und mußte einen aus dem Kreis der jungen Männer greifen, der dann ebenfalls als zukünftiger Bräutigam auserkoren war. Danach tanzten das Brautpaar und das „gekürte" Paar. Eine solche Hochzeitsfeier konnte drei bis fünf Tage dauern. Nach dem üppigen Essen während des Festes gab es zum Abschluß Erbsensuppe und Hering als Speise.
Um die *Beerdigung*, mit der das Ausscheiden eines Menschen aus der Dorfgemeinschaft endgültig wurde, rankten sich ebenfalls bestimmte Bräuche. Das „Ansagen" eines Todesfalls geschah in einer festen Redeform durch besondere, hierzu beauftragte Leute, die entweder Angestellte, Verwandte oder auch die „Likenfrau" (Leichenwäscherin) sein konnten. Selbst dem Vieh teilte man den Tod seines Bauern mit. Das „Upsetten" diente der Ankündigung der Beerdigung, d.h. man wurde aufgefordert, den Sarg vom Trauerhaus zum Kirchhof zu tragen. Ein Nachbar oder Kirchendiener, wenn es im Dorf eine Kirche gab, läutete die Glocke. Den Verstorbenen fuhr der nächste Nachbar mit seinem eigenen oder mit dem Wagen des Toten. Mancherorts blieb ein solcher Leichenwagen bis zu neun Tagen unbenutzt (Verdreifachung der heiligen Zahl Drei). Den Leichenschmaus beging man mit Weißbrot, Kaffee und „Mulschellen" (süße Semmeln mit Zuckerguß), vor allem aber auch mit reichlich Alkohol („das Fell versaufen").
Hatten die oben beschriebenen Sitten während der einzelnen Lebensabschnitte die Funktion besessen, neue Situationen – ob erfreulicher oder auch trauriger Natur – im Rahmen der Gemeinschaft zu bewältigen und somit ein Zusammenhalten, so dienten die Feste im Jahreslauf in erster Linie eben der Förderung des gemeinschaftlichen Lebens im Dorf. So verbreitet wie in anderen ländlichen Gebieten Mitteldeutschlands und diesen in vielem nicht unähnlich waren die Bräuche, die Jahr für Jahr zu Weihnachten, Ostern, Pfingsten und zur Ernte neu zur Geltung kamen.
In den Bräuchen, die sich um das *Weihnachtsfest* und die Zeit unmittelbar danach, die „Zwölften", rankten, mischten sich in seltsamer Weise echte Frömmigkeit mit vorchristlichen Relikten und Lebensfrohsinn. Ein Weihnachtsfest mit einem richtigen Tannenbaum kannte man in Mecklenburg erst seit dem ausgehenden 18. Jahrhundert. Die grünen Zweige als Lebenskraft und das Licht als reinigende, Zauber abwehrende Kraft fand darin seinen symbolischen Ausdruck. Üblich war vorher, einen großen roten Apfel mitten auf den Tisch in der Stube zu legen: Man steckte Federn hinein, die man mit Rosinen spickte. Darum versammelte sich am Heiligabend die Familie. In der folgenden Nacht brachte dann der „Kinnjes" (das Christkind) die einfachen Gaben – nützliche Geschenke; Puppen aus Brotteig

und Gebäck in Tierform –, die in die von den Kindern um den „Weihnachtsbaum" gruppierten Mützen gelegt wurden. Als noch vorchristlicher Brauch kann das Umherziehen des „Ruklas" gelten. Ein in Fell und Erbsstroh gehüllter Bursche zog mit vermummten Gesellen durchs Dorf, unter ihnen auch der „Schimmelreiter" (ein Junge, der sich „Siebränder" – Holzreifen – umgebunden und ein aufgetrenntes Bettlaken darübergelegt hatte). Die Kinder, die ungehorsam gewesen waren, schlug der Ruklas mit seiner Rute – ein Beispiel für die Verfremdung des alten Schlags mit der Lebensrute.

An den *Zwölften*, den Tagen zwischen dem 25. Dezember und dem 6. Januar, mußten bestimmte Handlungen unterbleiben, um nicht die zu dieser Zeit wirksam werdenden dunklen Mächte herauszufordern. Es war z.B. verboten, an den Zwölften zu spinnen – eine möglicherweise von der Analogie des sich drehenden Sonnenrades und des Spinnrades herrührende Gedankenverbindung: Weil um diese Zeit die Sonne stillstand, sollte auch das Spinnrad nicht in Bewegung sein. Im übrigen bedeutete das Ruhen menschlicher Arbeit an diesen Tagen auch das Schöpfen neuer Kraftreserven, ebenso wie das Vegetationsjahr nun eine Pause machte. Eine „Ausnahmeerlaubnis" für das Spinnen gab es allerdings, wenn sich das Rad in entgegengesetzter Richtung drehte. Das so gesponnene Garn galt als zauberkräftig: Man legte es dem Vieh um, wenn es krank war oder benutzte es als Gegenmittel bei verhexten Kindern. „Zwölftengarn", in die Wiege gelegt, schützte das Kind vor dem bösen Blick.

Als lebendiger Glaube existierte noch 1910, nach einem Bericht des mecklenburgischen Heimatforschers Wossidlo, die Angst vor einem während der Zwölften auf Erden umherziehenden weiblichen Wesen („Fru Waur, Waus, Waul, Gaur, Goden") mit zwölf Hunden. Personifiziert als „Mudder God'sch" zogen junge Burschen verkleidet durch das Dorf. Sie drangen mit Vorliebe in die Häuser ein, in denen die Spinnstuben stattfanden und füllten die Rocken fauler Spinnerinnen mit Pferdeäpfeln.

Einer der merkwürdigsten und geheimnisvollsten Bräuche an den Zwölften war das Besenbinden. Während alle andere, nicht lebensnotwendige Arbeit ruhen mußte, galt gerade das Binden der Besen als besonders segensreich. Unter genauer Beobachtung aller der hierzu erforderlichen Verhaltensweisen ging das so vor sich: Mit der sorgfältigen Auswahl des Reisigs – es mußten zwölf verschiedene Sorten sein! –, das überdies stillschweigend geschehen mußte, begann die Arbeit. Schlag 12 Uhr fing man mit dem Binden an. Jedes Stück Reisig erhielt drei Schnitte und wurde zwölffach um den Stiel gebunden. Einem solchen Besen sagte man die unterschiedlichsten positiven Wirkungen nach: Das Fegen mit ihm vertrieb Flöhe und Läuse für das ganze folgende Jahr, doch durfte man den Besen nur einmal zu diesem Zweck benutzen. Bevor das Vieh zum ersten Mal nach der Winterpause herauskam, fegte man es ebenfalls mit dem Besen ab. Den Rauhreif von Obstbäumen abzukehren bedeutete eine ertragreiche Ernte. Vor Raupenbefall glaubte man den Kohl zu schützen, indem man ihn am Maimorgen abfegte. In der Mainacht vor die Tür gelegt, verhinderte der Besen, daß Hexen in den Stall eindringen konnten, desgleichen andere unerwünschte Besucher. Wenn man aber jemanden mit dem Besen auf den Kopf schlug, so wuchs er im folgenden Jahr nicht mehr.

Den *Silvesterabend* („Olljahrsabend") nutzte man zu Orakeln, in erster Linie Liebesorakeln, die den zukünftigen Partner erkennen lassen sollten. Das „Fummen" beispielsweise zeigte an, ob es eine Hochzeit gäbe oder nicht: Vereinigten sich zwei angezündete Flocken Hede („Flusch") in der Luft, so bedeutete dies eine baldige Hochzeit. Stiegen die Flocken aber durch den Schornstein auf, so verhieß das schlechte Aussichten. Als Ort solcher Liebesorakel dienten vielfach Schweine- oder Hühnerstall. Ein junges Mädchen sollte beispielsweise auf einem Besenstiel zum Stall reiten und dort dreimal mit dem Stiel anklopfen: Grunzte ein altes Schwein zur Antwort, so sollte dies dem Mädchen einen Witwer als zukünftigen Ehemann verheißen, „meldeten" sich Ferkel, so deutete man dies als Hinweis auf einen jungen Bräutigam, wohl aber auch auf eine längere Wartezeit. Antwortete der Hahn aus dem Hühnerstall, so symbolisierte dies den baldigen Ehestand, antworteten die Hühner, gab es keine Hoffnung darauf. Auch die Spiegelorakel sollten den Zukünftigen herbeiwünschen. Ein Mädchen, das am Silvesterabend in den Spiegel schaute und dreimal den eigenen Namen rief, sollte den Bräutigam durch die Tür treten sehen. Aber auch die jungen Männer kannten eine vergleichbare Art der Befragung: Wer sich in der Silvesternacht um 12 Uhr zu rasieren begann, dem sollte die Liebste die Rasierseife reichen. Diese mußte völlig aufgebraucht werden, weil sonst die Ehe unglücklich werden würde.

Allgemein befragte man die Zukunft durch das „Teller legen", d.h. man legte verschiedene Dinge auf mehrere Teller und ließ dann jemand mit verbundenen Augen danach greifen. Der Griff nach Krone, Ring, Schlüssel oder einem grünen Zweig kündigte eine Hochzeit an, ein Griff ins Wasser dagegen konnte zweierlei bedeuten – entweder eine bevorstehende Taufe oder den Tod durch Ertrinken. Eine Puppe symbolisierte ein neugeborenes Kind. Beim „Pantoffelorakel" warf man einen Pantoffel über den Kopf rückwärts. Zeigte die Spitze nach draußen, so ließ die Gründung eines neuen Hausstandes nicht mehr allzu lange auf sich warten. Zeigte sie quer zur Tür, so bewies es die Untreue des Bräutigams.

Außer solcher Zukunftsbefragung beschäftigten sich die Menschen sehr intensiv damit, den Zeitpunkt ihres Todes vorhergesagt zu bekommen. Man ging deshalb in ein weißes Laken gehüllt und sah durch das Schlüsselloch der Kirchentür, stellte sich an die Kirchhofpforte oder setzte sich auf ein Grab, um dort entweder den eigenen Leichnam oder den eines anderen erschauen zu können.

Menschen, die in der Silvesternacht um 12 Uhr geboren waren, galten von Natur aus als Hellseher („Spökenkieker"), die man befragen konnte. Auch das Vieh konnte in dieser Nacht in die Zukunft blicken. Es ging die Sage, daß Ochsen, aber auch Pferde oder Kühe sich dann erzählten, was ihnen Gutes oder Schlechtes während des vergangenen Jahres widerfahren sei, und wie es dem Herrn und seinem Gesinde ergehen würde. Wer die Tiere bei diesem Gespräch belauschte oder auch nur zufällig mithörte, sollte sterben oder blind werden. Wollte er am Leben bleiben, so durften ihn die Tiere nicht sehen oder er durfte das Gehörte nicht weitersagen.

Um böse Geister abzuwehren, ging der Bauer in der Silvesternacht durchs Haus, indem er mit reichlichem Lärm seine Sense schärfte, während die Knechte mit der Peitsche knallten. Mit einem solchen Getöse dachte man die Geister zu erschrecken und zu vertreiben, was besonders wirkungsvoll war, wenn an allen Ecken des Hauses geschossen wurde: „Dat nige Johr möt anschaten warden". Das Haus und alles, was darin war, sollte rein sein. Das Feuer durfte nicht verlöschen, sollte das Geld im neuen Jahr nicht ausgehen. In dieser Nacht gebackenes Brot sorgte für reichliche Nahrung im nächsten Jahr. Auch Pflanzen und Tiere wurden mit einbezogen: Man „halste" Obstbäume (Umwinden mit einem Strohseil) und legte Steine in die Astgabeln – wenn der Baum keine Früchte tragen wolle, so müsse er eben Steine ertragen. Ursprünglichen Opfercharakter besaß die Sitte, ein Geldstück in die Rinde zu schlagen oder Brotstücke an die Wurzel zu legen – eine Gabe, um etwas zurückzuerhalten. Das Vieh „räucherte" man, d. h. man führte es durch ein Feuer oder bestreute es mit Asche. Kühe sollten auf einem Strohseil kauen, um Hexen abzuwehren (Strohseil als Zaumzeug des Tiergespanns, mit dem Hexen unter Umständen reisten).

Einen Schreck für unartige Kinder stellte die „Olljohrs-, Nijors" oder „Aschenmudder" dar. Sie entsprach der Frau Gode aus der Zwölftensage. Junge Leute verkleideten sich deshalb am Silvesterabend oder am Neujahrsmorgen und gingen mit Ruten in die Häuser. Am Neujahrsmorgen unternahm man noch einmal eine Reihe von Handlungen, die Unglück abwenden sollten, besonders auch vom Vieh: Man schüttete Salz in den Futtertrog, fegte ihn aus, räucherte ihn oder fuhr mit glühenden Kohlenstücken darin umher. Da das Vieh als der wertvollste Besitz galt, mußte es natürlich ganz besonders geschützt werden. Überhaupt hieß es: „Nijohr möt'n sick vorseihn" – wer an diesem Tag ein Kleidungsstück verkehrt herum anzog, dem sollte auch im neuen Jahr alles verkehrt gehen. Wer emporkommen wollte, sollte darauf achten, die ersten Schritte im neuen Jahr treppauf oder bergauf zu tun.

Bei den übrigen Festen im Jahreslauf ging es überwiegend sehr lärmend und fröhlich zu, so daß die zugrundeliegenden Vorstellungen für das Begrüßen des Frühjahrs oder des Sommers häufig kaum mehr eine Rolle spielten: Das Schöpfen des Osterwassers vor Sonnenaufgang z. B. war eines der wenigen Relikte, welches seiner ursprünglichen Bedeutung gemäß beachtet wurde. Bei den anderen Festen überwog das gesellige, ausgelassene Beisammensein der Dorfgemeinschaft.

Zu *Pfingsten* setzte man den Maibaum mitten im Dorf. Manchem Mädchen wurde zusätzlich noch ein besonderer Busch vor das Haus gestellt – entweder als Zeichen der Zuneigung oder, wenn sich das Mädchen mit seinem Liebsten gestritten hatte, als Verweis: Sie bekam dann einen „Fulboom" (ein starkriechendes Kreuzdorngewächs) vors Fenster.

Zu dieser Zeit trieb man die Kühe zum ersten Mal wieder hinaus. Schon am Vorabend begann das Fest mit dem Peitschenknallen der Knechte und Burschen. Der Hütejunge, der seine Kühe zuletzt auf die Weide getrieben hatte, bekam den Spottnamen „Pfingstkarr". Derjenige, der als erster das Vieh hinausgetrieben hatte, galt als Gewinner und hieß dann „Dagswäper" (weil er mit der „Swäp", dem Peitschenende, den Tau abwischte – also ein Frühaufsteher war). In einem fröhlichen Treiben bewirtete der Sieger seine Kameraden, häufig mit reichlich Alkohol. Als Auszeichnung erhielt der Sieger einen „Beisenhaut" (Binsenhut), den er beim abendlichen Einzug ins Dorf tragen mußte. Auch das Vieh, geschmückt mit Birkenzweigen, kehrte abends in der gleichen Reihenfolge wie beim morgendlichen Auszug ins Dorf zurück. Den Tag beendete der Tanz im Dorfkrug.

Zum Hüten der Kühe suchten sich die Bauern um Pfingsten herum Hütejungen („Kauheurers"), meist aus armem Elternhaus stammende Jungen aus der Stadt, die noch zur Schule gingen. Der Bauer kleidete und verpflegte sie in seinem Haus, oftmals besser als in ihrem eigenen Elternhaus. Nach einer Schulprüfung durch den Pastor hatten die Hütejungen sommers schulfrei. Sie erhielten für dieses Dienstverhältnis, das Aufmerksamkeit und Pflichtgefühl erforderte, einen Lohn. Die Hütejungen eines Dorfes verband eine feste Kameradschaft, die sich in Auseinandersetzungen mit den Hütejungen des Nachbardorfes beispielsweise bewährte.

Ein in Vorpommern beliebter Pfingstbrauch war das „Tonnenabschlagen": Hierbei ritten oder radelten die jungen Männer des Dorfes unter einer hochgehängten Tonne her, aus der sie mit Hilfe von Keulen Planken herausschlagen mußten. Wer den letzten Planken herunterholte, war der „Tonnenkönig". Dieser sportliche Wettkampf basierte ursprünglich auf mythologischen Vorstellungen: Ein in der Tonne gefangenes Tier (Katze oder Hahn) sollte befreit werden.

Mit der Ernte kam auch die Zeit der *sommerlichen Feste*. Samstags wurde mit dem Anmähen begonnen, weil mit der Ernte nur dann angefangen werden durfte. Wer während des Erntens an einem Kornfeld vorbeikam, bekam ein Strohseil umgebunden. Dieser „Gebundene" mußte sich dann auslösen. Daraus entwickelte sich im Lauf der Jahre die feste Sitte, daß der Gutsbesitzer mit Gästen absichtlich vorbeikam, um sich binden zu lassen und sich durch eine großzügige Gabe wieder zu befreien.

Nachdem die letzte Garbe gebunden war – „Bindbuck" hieß derjenige, der dies getan hatte –, ging es an das kunstvolle Beladen der Erntewagen. Es dauerte meist bis September/Oktober, bis die gesamte Ernte beendet war. Dann konnte man zum „Oornbir" (Erntebier) rüsten, das die Bauern gemeinschaftlich organisierten. Die jungen Mädchen fertigten Papierblumen und Sträußchen, besonders auch für den „Oorenbirsvadder", den Bauern, in dessen Haus das Fest stattfinden sollte. Jedes Jahr kam ein anderer aus der Dorfgemeinschaft an die Reihe, dieses Fest auszurichten. Mit der Zeit verlegte man die Feierei in den Dorfkrug oder in einen eigens dafür hergerichteten Festsaal. Ein Erntekranz – in Tessin z. B. aus Hahnenputten, Eibenbeeren, Pflaumen, Perlkraut und Grünzeug gewunden – schmückte das Festhaus. Musikanten aus der Stadt spielten zum Tanz auf. Das Fest dauerte mehrere Tage, und wer den zweiten Tag verschlief, d. h. nicht pünktlich im Festhaus erschien, der wurde von den anderen auf eine Leiter gelegt und unter Gelächter durch das Dorf getragen. Ein Erntebrauch in der Gegend um Wolgast war das „Bunt Water": In eine mit Wasser gefüllte Bütte („Balje") legte man das erste Obst des Jahres um einen mit Bändern und Blüten geschmückten Zweig oder kleinen Busch. Die Form der Anordnung variierte von Dorf zu Dorf, ebenso wie das Herausfischen des Obstes, bei dem es nicht selten eine Wasserschlacht zwischen Schnittern und Binderinnen gab.

Als besonderes Fest der Knechte und Mägde galt die „Hunnköst": Wenn die Herrschaft ausgegangen war, veranstalteten sie ein Fest im Haus, bei dem auch die Vorräte des Gutsherrn verbraucht werden durften. Hunnköst bedeutete „Schmaus der Hunde", die im Haus tun und lassen konnten, was sie wollten, wenn die Herrschaft nicht zugegen war.

Als „Hänseln" bezeichnete man ein anderes Bauernfest, bei dem es um die Aufnahme eines Jungbauern in die dörfliche Gemeinschaft ging. Bei diesem ursprünglichen Hansebrauch mußte sich der „Neuling" durch eine Spende, z. B. großzügigen Branntweinausschank, einführen und sich dabei auch allerlei Schabernack der übrigen Dorfbewohner gefallen lassen.

Zu den Sommerfesten gehörte auch das sehr beliebte „Jungfernföhren": Aus zwei Wagenrädern, eines in die Erde eingegraben, das andere darübergelegt, baute man ein einfaches Karussell. Auf das obere Rad legte man Bretter und stellte einen Stuhl darauf. Auf diesen mußte sich das Mädchen setzen und wurde dann im Kreis gedreht. Dabei sollte sie nach einem Ring greifen, schlagen oder stechen. Die Siegerin wurde zur Königin gekürt und führte das anschließende Tanzvergnügen an. Beim „Tunnenkloppen" (Tonnenschlagen) brauchte man einen Spaßmacher („Anke"), der einen „Zuckerhut" aufgesetzt bekam: Aus dem blauen Papier, das einen Zuckerhut umhüllte, fertigte man einen mit roten Bändern durchflochtenen Hut. Der so Geschmückte mußte in eine Tonne kriechen und sie über sich mit einem Deckel schließen. Die Mädchen schlugen nun der Reihe nach darauf; diejenige, welche den Deckel zerschlug, wurde die Königin. Sprang der Harlekin – in Besitz und Greven hieß er „Peiatz" – heraus, mußte sie versuchen, ihn mit einer Pappklappe zu schlagen.

Obwohl das A l l t a g s l e b e n im Grunde kaum Zeit oder Gelegenheit zum Entspannen bot, hat man sich auch hier Möglichkeiten geschaffen, die aufwendigen und kraftzehrenden Tätigkeiten mit Hilfe der Nachbarn zu erleichtern. Bei der Aufbereitung des Flachses – einer reinen Frauenarbeit – kam es besonders darauf an, die hierfür bestehenden Regeln und Schutzmaßnahmen zu beachten: Zunächst trocknete man den Lein im Backofen, um die Samen von den Hüllen und Stengeln zu trennen. Das Ergebnis hieß „Kaff" oder – wenn es schlecht geriet – „Bollenkaff" (Pollen-). Danach benutze man eine von einem Pferd oder von Wasser betriebene Schwingmaschine. Das zuletzt Gedörrte – „Schäw" – blieb im Ofen, um im Winter die Kartoffeln damit zudecken zu können. Manchmal gab man es als „lütt Lienkram" den Kälbern als Mittel gegen Verstopfung. Dem Dörren folgte das Brechen des Flachses („Braken"), um diesen von Holzteilen zu befreien. Auch dies geschah in Gemeinschaftsarbeit. Man bewirtete die Hilfskräfte mit „Finbrot" (Weißbrot, mit Honig bestrichen), später auch mit Kuchen und Kaffee. Derjenige, der zuletzt fertig war, hieß „Brakelbuck" (Flachsbrecherbock). Im Winter folgte dann das Spinnen in den abendlichen Spinngesellschaften, bei denen häufig die jungen Burschen erschienen und Unfug trieben.

Die Kartoffelernte, das „Purren", gehörte ebenfalls zum Aufgabenbereich der Frauen wie die Verarbeitung des Schlachtfleisches. Hier gab es z.B. die Vorschrift, daß Leberwurst nur schweigend gekocht werden durfte, damit sie nicht platzte. Als Belustigung diente es, wenn nach dem Schweineschlachten jemand heimlich einen Schweineschwanz an die Jacke gehängt bekam („Steertanhängen"). Für das Brotbacken galt es, beim Zubereiten des Teiges kein saures Gesicht zu ziehen; geriet jedoch das Brot zu süß, so hieß es, man habe zuviel gelacht.

Die Wäsche wusch man mit Asche. Am Abend vorher eingeweicht, brachte man die Wäsche am anderen Morgen in einem Kupferkessel zum Kochen und wrang sie darin aus. Dann gab man sie in einen großen Zuber und deckte ein Laken darüber. Durch ein Sieb schüttete man die gereinigte Asche – meist Buchenasche – und goß kochendes Wasser hinterher. Diese Lauge sickerte dann auf die Wäsche, die anschließend in fließendem Wasser gespült wurde.

Seife stellte man aus Schwarten und anderen Abfällen, die man zusammen mit Seifenstein aufkochte, her. Ein solches Rezept zur Seifenherstellung vererbte sich von der Mutter auf die Tochter.

Ein üblicher *Tagesablauf* im Haus eines Bauern sah folgendermaßen aus: Ab 4 Uhr morgens stand man auf. Noch vor dem Frühstück mußten die Mägde zwei Stunden lang spinnen, die Knechte sollten in dieser Zeit drei Lagen Stroh dreschen. Allmählich bürgerte sich der Kaffee ein. Dazu gab es Buchweizen-, Hafer- oder Graupengrütze. Das eigentliche Frühstück gab es um 9 Uhr: Man tischte Brot, Eier und selbstgemachten Käse – Koch- oder Pimpkäse, letzterer quarkartig und mit Kümmel gewürzt – auf. Die Reichhaltigkeit des Essens richtete sich natürlich nach dem jeweiligen Lebensstandard. Um 11 Uhr 30 gab es Mittagessen – eine mit Milch und Reismehl gekochte Suppe („sanfter Heinrich") oder eine aus Milch und Mehl halbdick angerührte und dann in heiße Milch getropfte Mehlsuppe mit „Klackertüten". Auch Fisch wurde in den küstennahen Gebieten reichlich genossen. Obwohl die Kost ziemlich massiv war, gab es nur wenig Frischfleisch. Als „Schlachtgericht" bezeichnete man z. B. gekochte, nachher gebratene Erbsen, die mit Dickmilch übergossen wurden. Wenn überhaupt, wurden Speck oder Gepökeltes im Gemüse mitgekocht. Nachmittags aß man Brot mit Schmalz oder mit Butter und, als Leckerbissen „witten Fritz" – ein mit Quark und Zucker bestrichenes Brot.

Bei den täglichen Verrichtungen, besonders aber bei den abendlichen Spinnzusammenkünften erzählte man sich Geschichten und tradierte auf diese Weise das *Sagengut*, das es hier wie anderswo gab. Man kannte den „Drak" – eine Drachengestalt, mit der man Naturerscheinungen wie Kometen oder Sternschnuppen erklärte. Von Menschen, die andere Menschen auf einen Platz bannen konnten, wußte man viel zu erzählen. In erster Linie sollten Schäfer diese Gabe besessen haben. Der Gebannte mußte vor Sonnenaufgang wieder gelöst werden, sonst blieb er fest an seinem Platz verhaftet. Bei Zwergen oder Kobolden („Grimpken") mußte man aufpassen, daß sie nicht kleine Kinder raubten und gegen Wechselbälger austauschten. Man ließ deshalb eine Kerze in der Taufnacht brennen. Nixen hießen „Watermöhme", und man erzählte den Kindern von ihnen, nicht nur, um sie zu erschrecken, sondern einfach auch deshalb, weil man sie vor dem Ertrinken warnen und bewahren wollte.

Der schon erwähnte Schimmelreiter stellte eine Personifizierung des nordischen Gottes Wotan dar. Kröten und Frösche („Quadduxe") stellte man sich oft auch als verzauberte Menschen vor und begegnete ihnen mit Respekt, weil man ihren Unwillen nicht provozieren wollte.

Zum Schluß sei noch berichtet von einer ebenfalls nicht nur auf Mecklenburg beschränkten Erscheinung, den *Volksschwänken*. Die agrarische Struktur des Landes spiegelte sich in den Erzählungen und Schwänken wider. Die Sorge um das tägliche Brot und die Dienstverhältnisse im Haus des Gutsherrn boten reichlichen Stoff. Oft drückte sich in den Geschichten der Wunsch aus, auch im wirklichen Leben mit Humor und List weiterzukommen.

Den Handwerkerschwänken lagen ebenfalls ganz reale Existenzprobleme zugrunde. Trotz der Zunftschranken war das Handwerk überlaufen. Die Meister jagten den Aufträgen hinterher und hielten sich an ihren Gesellen und Lehrlingen schadlos, indem sie ihnen nur geringen Lohn und schmale Kost zubilligten. Pfiffige Gesellen wußten sich daher auf ihre Art an einem solch geizigen Meister zu rächen, wenn sie sich nicht auf die gleichermaßen Abenteuer und Elend verheißenden Wanderjahre begaben.

Der Bauer als Schwankfigur war sehr beliebt, konnte man doch allerlei Komisches über ihn erzählen, wenn er in die Stadt kam und sich dort plump und unbeholfen benahm. In den beliebten Pastorenschwänken karikierte man den Widerspruch zwischen der Amtswürde und der tatsächlichen Lebensführung, stand doch gerade ein Pastor im Mittelpunkt des Dorfinteresses.

Nicht vergessen sei die beliebteste Figur der mecklenburgischen *Volksdichtung*, der „Till Eulenspiegel", dessen Schelmenstreiche über die Landesgrenzen hinaus bis heute Verbreitung gefunden haben. Die Spottgeschichten über die „Teterower" lassen sich mit denen über die Schildbürger vergleichen, vielleicht aber sind mit den „Teterower Stückchen" auch die Kleinstadtbürger allgemein belacht worden.

Bei den zahlreichen Anekdoten über „König Fritz" läßt sich der eigentliche Ursprung heute kaum mehr nachvollziehen. Welche Person damit gemeint war – ein launenhafter Despot oder ein Gefoppter des Hofnarren oder gar ein Helfer der Armen gegen die Herrschaft der Großgrundbesitzer –, ist unklar. Der preußische König Friedrich der Große hatte sich während des Siebenjährigen Krieges durch die in Mecklenburg vorgenommenen Zwangsrekrutierungen sehr unbeliebt gemacht. Nach 1871, besonders seit Beginn der Glorifizierung dieses Königs, änderten die über ihn kursierenden Anekdoten ihren Tenor. Sein Bild gewann positivere Züge. Es gab neue Geschichten vom guten König als Korrektor der sozialen Ungerechtigkeiten. Den Erzähler „störte" der historische König wenig. Er besaß nur ein recht verschwommenes Bild von ihm.

Die Situationen des Alltags und die Ereignisse des menschlichen Lebens überhaupt boten für Erzähler – übrigens immer Männer – viele Möglichkeiten, die Zuhörer zu belustigen und dabei auch erzieherische Absichten zu vermitteln: Menschliche Vergnügungen wurden deshalb sehr unterschiedlich bewertet. Die Tanzerei galt als närrisch, Trunkenheit dagegen wurde fast ausnahmslos als sympathischer Zug charakterisiert (da die erzählenden Männer gern mit der Flasche liebäugelten!). Träger der mecklenburgischen Volksüberlieferung waren die sozial Benachteiligten. Das Erzählen der Schwänke – zu dem ein bestimmtes Talent gehörte – nach dem Tagewerk, in der „Schummerstunde", belebte die Unterhaltung, löste Gelächter aus und schuf eine behagliche Stimmung. Im gemeinsamen Lachen entschärfte sich die oftmals drückende Alltagssituation der ländlichen Bevölkerung.

Das oben Geschilderte vermittelt mit den Bräuchen und Volksglaubensvorstellungen den lebendigen Eindruck einer heute nicht mehr existierenden Volkskultur, deren Spuren es lohnt zu verfolgen.

Bernhard Sowinski
SPRACHE

Sprachgeschichte

Wie die meisten ehemaligen Länder der einstigen Sowjetischen Besatzungszone Deutschlands (mit Ausnahme Thüringens und Teilen Sachsen-Anhalts) war auch Mecklenburg (einschließlich Vorpommern) einstiges Kolonialland des mittelalterlichen Deutschlands und ist erst seit dem 12. Jahrhundert von deutschsprechenden Bauern, Bürgern und Mönchen besiedelt worden. Nachdem die Missionierungsbestrebungen des Bremer Erzbischofs Adalbert (1020?–1072), die zur Gründung der Bistümer Ratzeburg und Mecklenburg (1066) und zur Taufe des Abodritenfürsten Gottschalk geführt hatten, nach der Ermordung Gottschalks ebenso wie der spätere Wendenkreuzzug Heinrichs des Löwen und Albrechts des Bären 1147 keine Beruhigung der dortigen Verhältnisse und Stabilisierung einer deutschen Vorherrschaft im heutigen Mecklenburg erreicht hatten, bewirkten erst die Unterwerfung der Abodritenfürsten Pribislaw (1167), die Gründung des Klosters Doberan (1170) und die zunehmende Niederlassung deutscher Siedler im wenig bewohnten Mecklenburg eine Wandlung und den Einbezug dieses Gebietes in den deutschen Herrschafts- und Sprachraum. Während das westliche Mecklenburg etwa bis Schwerin bis 1171 sächsisch, d.h. aus dem nördlichen Niedersachsen besiedelt wurde, erfolgte die Besiedlung des übrigen Gebietes im 13. Jahrhundert vorwiegend durch westfälische Siedler. Beide Siedlergruppen sprachen Niederdeutsch, wahrscheinlich aber mit Unterschieden, die sich trotz jahrhundertelanger Ausgleichsvorgänge mitunter noch heute im Sprachgebrauch Mecklenburgs auswirken. Neben der Sprache der eingewanderten Bauern und Handwerker hat sich wahrscheinlich auch die Sprache der städtischen Kaufleute, die in den Ostseestädten den Anschluß an den großen Wirtschaftsverband der Hanse erreichten, auf die Ausprägung des Mecklenburgisch-Vorpommerschen ausgewirkt, ohne dabei ein trennendes Element zu bilden. Im Vergleich zu anderen ostdeutschen Landschaften besitzt dieses nördlichste Gebiet der heutigen DDR die größte mundartliche Einheit, die noch im heutigen Dialektgebrauch erkennbar ist.
Der Niedergang der Hanse, die Südorientierung der ostdeutschen Fürsten und der Wirtschaft und die rasche Übernahme der Lutherschen Reformation (1549) hatte auch in Mecklenburg-Vorpommern dazu geführt, daß das Hochdeutsche in der Form des „Meißnischen Deutsch" zur offiziellen Schrift- und Kirchensprache wurde, die allmählich auch die niederdeutsche Mundart im mündlichen Sprachgebrauch beeinflußte oder gar verdrängte. Auch in Mecklenburg ist so die Mundart zur Zweitsprache geworden. Die jahrhundertealte Agrarstruktur, die lange mit politischer und wirtschaftlicher Rückständigkeit und Immobilität der Bevölkerung verbunden war, hat allerdings dazu beigetragen, daß die Dialektverwendung

hier noch weitaus stärker ist als in den meisten übrigen Gebieten der DDR. Die reiche Ausprägung einer mecklenburgischen Dialektliteratur im 19. Jahrhundert und die andauernde Wertschätzung und Mundartpflege in der Gegenwart haben sicher dabei mitgewirkt[1].

Abgrenzung und Gliederung des Mecklenburgischen und Vorpommerschen

Das mecklenburgisch-vorpommersche Dialektgebiet ist verhältnismäßig leicht abgrenzbar. Im Westen bildet die Linie (Isoglosse) zwischen dem westniederdeutschen -et-Einheitsplural und dem ostniederdeutschen -en- bzw. -n-Plural der Verbformen, die östlich Travemünde-Lübeck-Ratzeburg zur Elbgrenze bei Boizenburg verläuft, eine klare Begrenzung, die auch mit der politischen Westgrenze Mecklenburgs in etwa übereinstimmt. Zwischen Boizenburg und der Eldemündung bildet die Elbe die südwestliche Staats- und Landesgrenze. Auch im Süden Mecklenburgs im Anschluß an die brandenburgische Nordmark stimmen Sprach- und Landesgrenze weitgehend überein. Als wichtigste Isoglossen können dabei die Diphthongierungen der mittelniederdeutschen Langvokale *ô, ö* und *ê* zu *au, äu* und *ei (ai)* gelten, so daß „Huhn" (mittelniederdeutsch *hôn*) als *Haun*, „süß" (mittelniederdeutsch *söte*) als *säut* und „heilen" (mittelniederdeutsch *hêlen*) als *hailen* erscheinen. Allerdings ist das alte Land Stargard, das spätere Mecklenburg-Strelitz, das ja auch zu Mecklenburg gehört, von dieser Diphthongierung ausgenommen. Ein anderes gemeinsames Merkmal des Mecklenburgischen, das auch das Land Stargard einbezieht, ist die Hebung der Langvokale *ê, ô* und *ö* vor *r* zu *ir, ûr* und *ür*, so daß „Ehre" als *Ihr* bzw. *ia*, "Ohr" als *Uhr (ua)* und „hören" als *hürn* erscheinen. Während die Diphthongierung der mittleren Vokale (e:, o:, ö:) auch im angrenzenden östlichen Niedersachsen und in Ost- und Westfalen verbreitet ist, scheint die Vokalhebung vor r, die erst im 18. Jahrhundert auftritt[2] und vielleicht aus dem Holsteiner Platt angeregt wurde, eine mecklenburgische Sonderentwicklung zu sein, die allerdings bis Lübeck nach Westen und etwas nach Süden reicht (vgl. Deutscher Sprach-Atlas, Karte „Ohren"). Nur im westmecklenburgischen Küstengebiet bis zur Warnow, z.T. bis zur Recknitz, finden sich Diphthongierungen von *i:* + *r* zu *eir* (z.B. „Bier": *beira*, „vier": *faia*), eine Erscheinung, die, wie ihr Auftreten im Lauenburgischen beweist, wohl aus Westfalen stammt[3]. Das mittelniederdeutsche *ei* wird dagegen zu langem *e* monophthongiert (z.B. *deit* → *deet* = tut). Eine gesamtmecklenburgische Erscheinung ist schließlich die sprachgeschichtlich jüngere Diminutivendung *-ing* (z.B. *Mudding* „Mütterchen", *Bläuming* „Blümchen", aber auch: *Lising* „ganz leise"), die das gemeinniederdeutsche *-ken* (= -chen) zurückgedrängt hat.

Zu diesen gesamtmecklenburgischen Sprachmerkmalen gehören auch solche, die das Mecklenburgische mit dem verwandten Ostfälischen und Westfälischen gemeinsam aufweist, etwa die Endung *-en, -n* bei „unserem" (mit r-Ausfall), oder den velaren Schlußkonsonanten im Akkusativpronomen *juch, jug* („euch") sowie das Personalpronomen *hei* („er"), das übrigens auch im Hinterpommerschen und Niederpreußischen so lautet (anstelle von *he, hä* im übrigen Niederdeutschen).

Andere Lautungen hat Mecklenburg z. T. mit Hinterpommern gemeinsam, so etwa *meur* („müde") und ebenso die r-Substitution für -d- in *brorer* („Brüder"), *morrer* („Mutter"), *to Be(r)* („zu Bett").

Im Wortschatz gibt es ebenfalls solche Gemeinsamkeiten, obwohl Lautgrenzen und Wortgrenzen in den Dialekten oft voneinander abweichen. Hingewiesen sei hier auf die Schmerzbezeichnung *Kopweidag* (für Kopfschmerzen) und *Bukweidag* (für Bauchschmerzen), die in Mecklenburg, Pommern, z. T. in Ostpreußen und im Ostfälischen vorkommen. Der Name *Urt* für die Sattlerahle findet sich als *Ort* auch im Ostfälischen und im Ostpreußischen. Die Bezeichnung der „Stricknadel" als *Knütt(el) stricken* o. ä. hat Mecklenburg ebenfalls mit dem Ostfälischen und Teilen des Nordniedersächsischen gemeinsam. Der Vogelname *Sparling* (gegen südlicheres *Spatz*) ist in Mecklenburg, Pommern und Teilen Ostfalens verbreitet. Nur mecklenburgisch ist dagegen die Bezeichnung des Wacholderbusches als *Knirk*.

Neben diesen sprachlichen Gemeinsamkeiten in Mecklenburg gibt es mundartliche Spracherscheinungen, die das Mecklenburgische gliedern. Die Sonderstellung des alten Landes Stargard, die sich auch in zahlreichen weiteren Abweichungen vom Gemeinmecklenburgischen zeigt (z. B. im Akkusativ statt Dativ bei *up det Feld* (statt: *up dem Fell*), in den ostdeutschen Bezeichnungen *Sahne* (statt mecklenburgisch *Rohm*), *Püttern* (statt *Sod*) für den „Ziehbrunnen", *Hohn* für „Huhn" (statt *Hauhn*) und *Arpel* (statt *Wâdik*) für „Enterich" (wobei die Wortgrenze hier weiter westlich reicht und auf einer Linie Bad Sülze, Güstrow, Goldberg, Meyerburg verläuft)).

Auf der politischen Sonderstellung Vorpommerns mit den Städten Stralsund, Greifswald, Wolgast, Ueckermünde und der Insel Rügen beruhen auch sprachliche Eigenheiten, die dieses Gebiet vom übrigen Mecklenburg abspalten. So kennt man hier bei Wörtern mit Hiatus einen g-ähnlichen Zwischenkonsonanten: *schnign* („schneien"), *schrign* („schreien"), *meign* („Mähen"), *bugn* („bauen") gegenüber mecklenburgischem *d*-Einschub (*schnidn, schridn* usw.) bzw. Hiatusformen. Im Wortschatz geht das Vorpommersche wiederholt mit dem Brandenburgischen oder dem Hinterpommerschen zusammen, so z. B. in den Bezeichnungen für „sich beeilen": vorpommerisch-brandenburgisch: *sik spaudn*: mecklenburgisch *tomaken*: hinterpommerisch *sik beeilen*, für den „Stellmacher" (= vorpommerisch-brandenburgisch-hinterpommerisch *Stellmoker*: mecklenburgisch-nordniedersächsisch *Radmaker*) und für die „Mütze", die im westlichen Mecklenburg *Klött, Klodd* heißt.

Eine Trennung in eine West- und ein Osthälfte Mecklenburgs bewirkt die *sik/sich*-Grenze, die wie eine Schlangenlinie vom Darß im Norden über nahe Demmin, Neubrandenburg, Waren und Wittstock weiter nach Süden verläuft. Eine ähnliche, allerdings weiter östlich gelegene Grenzlinie bildet die Verwendung von *Di(e)rn* im westlichen und *Mädchen* im östlichen Teil. Auch die Benennungen des „Kartoffelerntens" unterscheiden sich: westliches *rackn* steht gegen östliches *budd(e)ln*, ebenso stehen beim „Veredeln (Pfropfen) der Bäume" westliches *riesn* gegen östliches *echt maken*. Noch westlicher liegt die Grenze zwischen *Falg* und *Brak* als Bezeichnungen des Brachlandes.

Den zahlreichen von Norden nach Süden verlaufenden Isoglossen, die Mecklenburg in eine westliche und eine östliche Hälfte trennen, stehen nur wenige Isoglossen gegenüber, die von West nach Ost verlaufen. Eine auffallende Isolexie (Wortgrenze) ist die zwischen nördlichem *Tram* und südlicherem *Sprat* in der Bezeichnung der „Leitersprosse", die etwa nördlich von Wittenburg, südlich Schwerin, Sternberg, Goldberg, Waren, nördlich Neubrandenburg und Friedland ins Mittelpommersche verläuft. Auch nördliches *Kütik* und südliches *Harrik* für „Hederich", nördliches *Trad* und südliches *Lois* für die „Wagenspur", nördliches *Arnbier* und südliches *Austkost* für das „Erntefest" und nördliches *Abendbrot* und südliches *Vesper* sind hier zu nennen. Im Vergleich zu anderen Dialektgebieten der heutigen DDR (z. B. Thüringen, Sachsen) ist jedoch die mecklenburgische Mundartlandschaft vergleichsweise wenig differenziert.

Ein Wort noch zu den Lehnwörtern im Mecklenburgischen: Aus der Sprache der slawischen Vorbevölkerung hat der Dialekt eine Reihe von Wörtern übernommen, die sich z. T. auch im Brandenburgischen finden, z. B. *Dönß* (geheizte Stube), *Plinse* (Mehl- oder Kartoffelpfannkuchen), *Lanke* (Seebucht, Seitengewässer), *Wrucke* (Kohlrübe), *Kalitz* (viereckiger Spankorb), *Kietz* (slaw. Ortsteil), *Zappe* (Bläßhuhn), *Marl, Meddel* (Windhalm), *Jüch* (kraftlose Brühe), *Much* (Moos), *Brüch* (Bauch), *Meich* (dicker Kuhbauch).

Auch Fischerei, Seehandel und die lange schwedische Besatzung Vorpommerns haben sprachliche Spuren hinterlassen: so sind folgende niederländische Wörter auf dem Seeweg nach Mecklenburg gelangt (andere wie *Pütten* (s. o.) gelangten durch niederländische Siedler nach Brandenburg und von dort nach Mecklenburg): *Bul* (Menge), *Huk* (Landspitze) *Lome* (Eisloch), *Gru, Grü* (Lockfische), *Flit* (Schiffstakelage).

Aus dem Englischen stammen: *Bilsch* (englisch bilge, Zwischendeck), *Leimjus* (englisch lemon-juice, Zitronensaft), *Manewar* (englisch man-of-war, Kriegsschiff); aus dem Schwedischen: *Vitte* (Handelsplatz für Fische), *Lüünge* (Lichtstrahl), *Luv* (Windseite des Schiffes), *Gräne* (Fichte), *dwatt* (verkehrt, unüberlegt) und *dwatsch* (närrisch, verdreht).

Der heutige Sprachgebrauch

Der Mundartgebrauch hat in Mecklenburg zuerst Einbußen in den Städten erlitten. So haben sich die Stadtmundarten um Schwerin, in Rostock und Güstrow der mecklenburgischen Diphthongierung von o, ö, e als einer bäuerlichen Erscheinung entzogen[4]. Die Zurückdrängung der Mundart seit dem 16. Jahrhundert führte auch dazu, daß Mischungen aus hochdeutschen („meißnischen") und plattdeutschen Sprachelementen zustandekamen, wobei komisch wirkende Unrichtigkeiten aus beiden Sprachbereichen nicht ausblieben. Fritz Reuter hat dieses *Missingsch* („Meißnisch") bürgerlicher Sprecher in der Redeweise des Inspektors Bräsig in „Ut mine Stromtid" amüsant charakterisiert.

Die Formen der Sprachmischung (Interferenzen), die auch heute noch in allen Dialektgebieten und bei jedem Sprecher verschieden vorkommen, sind jedoch ein ernstes Problem sprachlicher Normenkonkurrenz, wobei allerdings der Dialekt oft abgewertet und verdrängt wird.

Heute ist auch das Mecklenburger Platt keine allgemeine Verkehrssprache mehr. Mit der aufkommenden Industrialisierung im vorigen Jahrhundert, die große Abwanderungen in die Städte, besonders nach Hamburg und Berlin brachte und den Spracheinfluß der Städte verstärkte, ist das Mundartliche in den Umgangssprachen zurückgegangen oder auf die Landgemeinden und Dörfer sowie auf den familiären und kollegialen Verkehr beschränkt worden. Der Zustrom von Flüchtlingen nach 1945, auch aus nichtniederdeutschen Dialektgebieten, sowie die Zunahme von Rundfunk und Fernsehen haben das mundartliche Gefüge noch mehr erschüttert. Nach 1961/62 im Bezirk Rostock durchgeführten (wenig differenzierten) Lehrerbefragungen sprechen in den Stadtkreisen Rostock und Wismar nur noch 16,9% der Schüler der Klassen 1–10 Plattdeutsch, nur 33,3% hören es noch zu Hause und 57,8% verstehen es noch. In den fünf Landkreisen des Bezirks sind es 21,3% : 42,5% : 68,4%, wobei die Prozentzahlen der Dörfer jeweils höher als die der Städte und die der oberen Schulklassen stets höher als die der Unterklassen liegen[5]. Der allgemeine Dialektgebrauch dürfte indes stärker und zudem differenzierter sein, als die Schulstatistik aussagt. Das geschlossene und beharrliche System der mecklenburgischen Mundarten wird aber weiteren Wandlungen entgegengehen.

Anmerkungen

1 Vgl. z. B. F. Reuter, J. Brinkmann, F. Stillfried.
2 Nach H. Teuchert 1957/8, S. 197.
3 Nach Teuchert a. a. O., S. 198.
4 Nach Teuchert a. a. O., S. 197.
5 Vgl. H. J. Gernentz 1964, S. 148–149.

Bernhard Sowinski
LITERATUR

Vom Mittelalter bis ins 19. Jahrhundert

Von den Ländern der einstigen Sowjetischen Besatzungszone weist Mecklenburg (das hier Vorpommern einschließt) im Verlaufe seiner Geschichte den geringsten Anteil an der hochdeutschen Literatur auf. Das im Vergleich zu anderen Landschaften wirtschaftlich und politisch lange Zeit rückständige Fischer- und Bauernland, in dem sich nur in den Hansestädten an der Küste und später in den Residenz- und Verwaltungsstädten ein bildungsinteressiertes Bürgertum entwickelte, bot zunächst keinen idealen Nährboden für eine weltoffene Literatur; es mußte sich durchweg mit bodenständiger Dichtung, die die engere eigene Welt in den Blick nahm, begnügen, brachte darin aber Autoren hervor, die auch wegweisend für Autoren anderer Landschaften wurden.
Bereits im Mittelalter war Mecklenburg eine Randzone des literarischen Lebens. Als im südlichen und mittleren Deutschland um 1200 die ritterlich-höfische Dichtung blühte, hatte an der mittleren Ostsee die deutsche Besiedlung unter den von Dänemark aus christianisierten slawischen Abodritenfürsten eben erst begonnen. Erst fast 100 Jahre danach begegnet uns in dem letzten slawischen Herrscher von Rügen, *Wizlav III.*, ein Literaturmäzen und Minnesänger, den die zeitgenössischen Spruchdichter (Rumslant v. Sachsen, Heinrich v. Meißen, Goldener) lobten. Nach eigenem Zeugnis von einem Stralsunder Magister, dem „*Ungelehrten*", in der Sangeskunst unterrichtet, schuf er 14 kunstvolle Minnelieder und 13 religiöse und moralische Dichtungen (wahrscheinlich vor 1288). Aus dem Spätmittelalter sind uns aus Mecklenburg nur verhältnismäßig schwache Spuren literarischen Lebens erhalten. So läßt z. B. die Totentanzdarstellung in Wismar auf einen entsprechenden Text schließen (wie ähnlich in Lübeck und Berlin (Marienkirche) bezeugt); auch läßt ein Brief des Bischofs von Ratzeburg von 1480 an den Rat der Stadt Wismar auf Spieltraditionen geistlicher Spiele schließen. Aus Wismar scheint denn auch das bedeutendste niederdeutsch geschriebene Osterspiel zu stammen, das vermutlich 1464 vom Klosterverwalter *Peter Kalff* im Doberaner Klostergut Redentin (5 km nördlich Wismar) aufgezeichnete *Redentiner Osterspiel* mit 2025 Versen. Für eine Herkunft aus Wismar (nicht – wie manche Forscher meinen – Lübeck) spricht die Erwähnung der nahen Insel *Pole* (Poel). Das in der Haupthandlung, der Auferstehung Christi, traditionell wirkende Stück ist besonders durch sein umfangreiches Teufelsspiel, in dem die Teufel die von den Patriarchen durch Christi Höllenfahrt entleerte Hölle durch sündige Handwerker und Kaufleute neu zu füllen suchen, sehr interessant. Auch geistliche Lyrik scheint in den mecklenburgischen Städten verbreitet gewesen zu sein, wie ein Rostocker Flugblatt mit dem allegorisch ausgelegten *Mühlenlied* beweist.

Rostock scheint sich um 1500 zum Zentrum des literarischen Lebens der Region entwickelt zu haben, wozu vor allem die Universität (seit 1419) und der Buchdruck beigetragen hatten. Ein Rostocker Liederbuch von 1478 überliefert uns bereits niederdeutsche Studentenlieder. Mehrere Rostocker Drucke des 16. Jahrhunderts bieten niederdeutsche Fachliteratur. 1519 erscheint hier eine niederdeutsche Bearbeitung von Sebastian Brants *Narrenschiff*, 1539 ein Neudruck des *Reinke de Vos*. Nach der Einführung der lutherischen Reformation scheint auch das protestantische Schuldrama in Mode gekommen zu sein: Der Stettiner Superintendent *Christoph Stummel* (Stymmelius) (1525–1588) verfaßte eine Komödie „*Studenten*" sowie lateinische biblische Dramen, und 1606 schrieb der Rostocker Bergenfahrer *Jochim Schlue* eine alttestamentliche „*Comedia von dem frommen, gottfürchtigen und gehorsamen Isaac*". Als Kirchenlieddichter ist *Nicolaus Gryse* (1543–1614) bekannt geblieben. Wie schon die Bewegung des Humanismus, so hat auch die barocke Dichtung hier kaum Anhänger gefunden. Lediglich der Rostocker *Johann Lauremberg* (1590–1658), der zwischen 1618–23 als Professor der Dichtkunst hier lehrte, bevor er 1623 vom dänischen König nach Sorö berufen wurde, verdient u.a. als Verfasser von vier längeren niederdeutschen Satiren erwähnt zu werden, in denen er auch das Niederdeutsche als ältere und bessere, weil reinere und beständigere Sprache dem Hochdeutschen überordnete. Von 1644–1659 lehrte der aus Bunzlau/Schlesien stammende Barocklyriker *Andreas Tscherning* (1611–1659), ein Opitz-Schüler, als Poesieprofessor in Rostock. Als Mecklenburger Autor kann auch der Satiriker *Christian Ludwig Liscow* (1701–1760) aus Wittenburg gelten, der 1736–1740 Sekretär eines mecklenburgischen Herzogs war, bevor er erst in preußische, dann in sächsische Dienste überwechselte. Für das Niederdeutsche als gleichwertige Literatursprache tritt dann erst wieder *Johann Heinrich Voß* aus Sommersdorf bei Waren (1751–1826) in seinen beiden plattdeutschen Idyllen „*De Winterawend*" und „*De Geldhapers*" (1776/77) ein. Voß, Sohn eines armen Pächters, der nur unter Schwierigkeiten das Gymnasium in Neubrandenburg besuchen konnte (1766/1769), dann als Hauslehrer in Ankershagen tätig war (1769/1772), bevor er zum Studium nach Göttingen ging und dort eine der Hauptfiguren des „Göttinger Hains" wurde, ging später nach Holstein, wo er besonders als Idyllendichter und Homer-Übersetzer hervortrat. Der Rostocker *Diederich Georg Babst* (1741–1800) hat dagegen mit seinen Dialektgedichten weniger Resonanz gefunden; immerhin nannte ihn Goethe 1820 einen schätzbaren „Natur- und Nationaldichter". Einen zweifelhaften Bekanntheitsgrad erlangte der dichtende Neustrelitzer Rechtsanwalt *Gerhard Friedrich Kegebein* (1737–1813): Fritz Reuter verspottete ihn als „Dichterling" in „Dörchläuchting". Dagegen erreichte der aus Grevesmühlen stammende *Gotthard Ludwig Theobul Kosegarten* (1758–1818), der nach Studien in Greifswald 1785 Rektor in Wolgast/Rügen und 1808 bzw. 1816 Dozent und Professor in Greifswald wurde, großen Anklang mit seinen empfindsamen Idyllen und Gedichten, Epen und Legenden (die noch Gottfried Keller beeindruckten). Ein Schüler Kosegartens war der später als romantischer Maler bekannt gewordene *Philipp Otto Runge* (1777–1810) aus Wolgast, der auch als Schriftsteller, vor allem aber als Sammler plattdeutscher Märchen („*Von dem Fischer und syner Fruh*", „*Der Machandelboom*") hervortrat. Student (1791–1793) und später Professor (1805–1810) in Greifswald (1818, 1840–1854 in Bonn) war auch *Ernst Moritz Arndt* (1769–1860) aus Groß-

Schoritz/Rügen, der noch heute als Kämpfer gegen die Leibeigenschaft in Pommern, als patriotischer Dichter der Kriege gegen Napoleon, als religiöser Lyriker und als Mitglied des Paulskirchenparlaments von 1848 in der Erinnerung fortlebt. Weniger bekannt ist, daß er auch Märchen aus Rügen im Dialekt aufzeichnete und edierte (1818). Seiner vorpommerschen Heimat stets verbunden blieb dagegen der aus Mirow stammende *Ludwig Giesebrecht* (1792–1873), der neben historischen Forschungen auch Gedichte und historische Erzählungen veröffentlichte. Zu den produktivsten Mecklenburger Autoren in der ersten Hälfte des 19. Jahrhunderts gehörte *Wilhelm Meinhold* (1797–1851) aus Nesselkow/Usedom, der lange als Pfarrer in Koserow und Wolgast wirkte. Von seinen in neun Bänden gesammelten, meist historischen Erzählungen, Reisebildern, Dramen und Gedichten wird sein altertümlich wirkender Chronikroman „*Maria Schweidler, die Bernsteinhexe*" (1843), der den Hexenprozeß und die glückliche Errettung einer bernsteinsuchenden Pfarrerstochter aus Koserow im 17. Jahrhundert in den Mittelpunkt rückt, noch heute gelesen. Weniger bekannt blieb der aus Stettin stammende und zuletzt wieder dort lebende Germanist *Robert Prutz* (1816–1872) mit seinen historischen Dramen, sozialen Romanen und patriotischen Gedichten. Mecklenburgerin von Geburt war auch die in ihrer Zeit viel gelesene, leicht exzentrisch und radikal-konservativ wie feministisch wirkende *Ida Gräfin von Hahn-Hahn* (1805–1880) aus Tressow, die allerdings ihre Heimat früh verlassen hat. Nur gelegentlich in Mecklenburg weilte der aus Brüsewitz bei Schwerin stammende *Adolf Friedrich* (seit 1876 *Graf von*) *Schack* (1815–1894), der seit 1855 dem Münchener Dichterkreis nahestand und selbst als Lyriker, Dramatiker und Erzähler sowie als Übersetzer und Kunstmäzen einen Namen hatte. Eine ähnliche Entwicklung hatte der Rostocker *Adolf* (seit 1884 *von*) *Wilbrandt* (1837–1911), der nach dem Studium 1859 nach München kam, später (1881) Burgtheaterdirektor in Wien wurde und 1887 nach Rostock zurückkehrte. Auch Wilbrandt hat viele, fast zu viele historische Dramen sowie Zeit- und Künstlerromane sowie Novellen verfaßt, die nicht immer über ein gehobenes Unterhaltungsniveau herausragten. Kritischer dagegen charakterisierte der zeitweise amtsenthobene und verbannte Lehrer und Publizist *Ludwig Reinhard* (1805–1877) in seinen Satiren und Anekdoten die mecklenburgischen Zustände zwischen 1844 und 1849.

Die mecklenburgische Mundartdichtung

Nach den Dialekterstlingen bei Lauremberg, J. H. Voß und D. G. Babst war die Dialektliteratur hier zunächst fast verstummt. Nur der Malchower Kaufmann *Friedrich August Lessen* (1780–1827), ein begeisterter Philhellene, verfaßte seinen Bericht über eine Griechenlandreise 1822 sowohl in hochdeutscher Prosa (1823) als auch in plattdeutschen (altsassischen) Versen. Mehr als Gelegenheitsdichter war dann 1848 *Dräger* mit seinem „*Plattdütsch Konfekt*" hervorgetreten.
Die entscheidende Prägung hat aber die deutsche Mundartliteratur ebenso wie die Literatur Mecklenburgs im 19. Jahrhundert durch die Werke *Fritz Reuters* (1810–1874), des Bürgermeistersohns aus Stavenhagen, erfahren. Reuters literarisches Schaffen wie auch seine Wirkung wurden maßgeblich durch sein persönliches Schicksal geprägt. Reuter hatte sich während seines Jurastudiums in Jena

einer Burschenschaft angeschlossen, wurde deshalb relegiert und in Berlin 1833 auf der Rückreise von einem neuen vergeblichen Immatrikulationsversuch an der Universität Leipzig verhaftet, nach drei Jahren Haft wegen Hochverrats zum Tode verurteilt und zu dreißig Jahren Festung „begnadigt"; erst nach einer Amnestie durch Friedrich Wilhelm IV. wurde Reuter 1840 freigelassen. Nach einem neuen, vom Vater unterbundenen Studienversuch arbeitete er als Verwaltergehilfe (Strom) auf mehreren Gütern und als Privatlehrer. 1847/50 schrieb er an einem hochdeutschen „Manuskript eines Romans", der erst 1930 und 1961 aus dem Nachlaß unter dem Titel *Herr von Hakensterz und seine Tagelöhner* herausgegeben wurde, in abgeschwächter Kritik erschienen diese Gutsbesitzersatiren später plattdeutsch in *Ut mine Stromtid* (1862–1864). 1853 gab Reuter z.T. schon einzeln erschienene gereimte Schwänke (Läuschen) und Gedichte als plattdeutsche „*Läuschen un Rimels*" heraus. Fortan schrieb Reuter nur noch in einem weitgehend mundartlichen Plattdeutsch. Gesellschaftskritischer ist dann das Versepos „*Kein Hüsung*" (1857), das den Konflikt eines Tagelöhners mit seinem selbstherrlichen Gutsherrn schildert. Erfolgreicher ist der historisch-satirische Roman aus der Vergangenheit Stavenhagens „*Ut de Franzosentid*" (1859). Das Versepos „*Hanne Nüte*" folgte als nächstes Werk. Reuters eigenes Erleben als Gefangener erzählte er in „*Ut mine Festungstid*", wobei er die preußische Justizwillkür zwar bloßstellt, das Zusammenleben mit den gleichgesinnten Mithäftlingen jedoch romanhaft-humorvoll erzählt. Reuters Hauptwerk „*Ut mine Stromtid*" (1862–1864), die plattdeutsche Umgestaltung seines Romanfragments von 1847/1850, beruht auf seinen Erfahrungen als Landwirtschaftseleve (Strom). Geschildert werden hier das Schicksal des einstigen Gutspächters und späteren Gutsverwalters Hawermann und seiner Tochter Lowise, die Verschuldung und Borniertheit adliger Gutsbesitzer, die gerissenen Machenschaften eines bürgerlich-kapitalistischen Gutsaufkäufers und die heitere Freundschaft Hawermanns mit dem Berufskollegen Bräsig, dessen mitunter kurios wirkende Sprachmischung von Hochdeutsch und Plattdeutsch als „Missingsch" bekannt geworden ist. Sorgfältiger als in seinen bisherigen Werken verbindet Reuter hier die originelle Figurencharakterisierung mit realistischer Gesellschaftsschilderung und die Ständekritik mit gütlichem Humor. Die Abgrenzung der positiven bürgerlichen Figuren Hawermann und Bräsig sowohl von den weltfremden und leichtsinnigen Adligen als auch von kapitalistischen Gaunern entsprach den Vorstellungen des bürgerlichen Publikums, das sich trotz der Barriere der plattdeutschen Sprache (die das Grobmundartliche mied) für Reuters Werke interessierte.

Von den übrigen Werken Reuters (1865 „*De Urgeschicht von Mecklenburg*", Fragment; 1855 „*De Reis nach Bellingen*"; 1866 „*Dörchläuchting*"; 1868 „*De meckelnbörgschen Montecchi un Capuletti oder De Reis nah Konstantinopel*"; 1861 „*Schurr-Murr*", Erzählungen) verdient hier nur die historisierende Fürstensatire „*Dörchläuchting*" erwähnt zu werden. Sie schildert Episoden aus dem Leben des kauzigen und zugleich verschwenderischen Herzogs Adolf Friedrich von Mecklenburg-Strelitz (1738–1792) und seiner meist bürgerlichen Umgebung in origineller humorvoller Weise.

Reuter, dessen verhängnisvolle Jugendentwicklung im thüringischen Jena ihren Ausgang nahm, zog sich 1863, nach der Verleihung der Ehrendoktorwürde in Rostock, ins thüringische Eisenach zurück, um seine angegriffene Gesundheit –

er litt seit seiner Festungszeit an krampfhaften Anfällen, die er meist nur mit Alkohol linderte – besser kurieren zu können.

Reuters literarische Bedeutung besteht nicht nur in der Durchsetzung des realistischen Mundartromans in der deutschen Literatur; er hat auch Mecklenburg in die deutsche Dichtung, ja in die Weltliteratur eingeführt. Zugleich hat Reuter – zusammen mit seinem Holsteiner Gegenspieler, dem Lyriker Klaus Groth (der stets unter Reuters größerem Ruhm litt) – der „niederdeutschen Bewegung" zur Erneuerung der plattdeutschen Literatursprache den Weg gebahnt. In der nun verstärkt einsetzenden Dialektliteratur erreichte Mecklenburg mit seinen Autoren eine besondere Geltung.

Der Ruhm, den plattdeutschen Prosaroman als erster in die deutsche Literatur eingeführt zu haben, kommt eigentlich nicht Fritz Reuter, sondern seinem Landsmann *John Brinckmann* (1814–1870) zu, der schon 1855 mit der größeren Rahmenerzählung *„Kasper-Ohm un ick"* hervortrat, die er 1868 in sechsfach erweitertem Umfang erneut herausgab. Der aus Rostock stammende Brinckmann hat ähnliche Lebenserfahrungen gemacht: 1838 wurde auch er während seines Studiums in Rostock aus politischen Gründen angeklagt, konnte jedoch zu seinem Bruder nach New York fliehen, von wo er 1842 nach Mecklenburg zurückkehrte, um sich zunächst als Hauslehrer auf den Gutshöfen durchzuschlagen, bis er 1846 mit einer Privatschule in Goldberg, ab 1849 als Lehrer an der Realschule in Güstrow eine gesichertere Existenz fand. In der dreifach gespiegelten Geschichte „Kasper-Ohm un ick", einer Erzählung des Onkels des Autors über seine Jugendstreiche, über einen alten Kapitän und dessen „Seemannsgarn", spiegelt Brinckmann nostalgisch die Rostocker Verhältnisse um 1800, wobei die Atmosphäre der Hafenstadt besonders gut herausgearbeitet ist. Auch in einer Reihe kürzerer Erzählungen und Tiergeschichten spiegelt er die Welt der Schuljugend, der Fischer und Seeleute und des Landlebens in liebevollen Detailschilderungen. In einer Gedichtsammlung *„Vagel Grip"* (Vogel Greif) mit Läuschen, Dönkes, Kinderliedern und Gedichten, benannt nach dem Wappentier von Rostock, erweist er sich als schlichter, stimmungsreicher Lyriker in der Art Klaus Groths, allerdings weniger subjektiv empfindend als vielmehr objektiv schildernd. Manche Forscher werten Brinckmann gegenüber Reuter als den größeren Dichter, dessen Ruhm nur durch Reuter zurückgedrängt wurde.

Das Beispiel Reuters und Brinckmanns hat eine Reihe Mecklenburger bzw. vorpommerscher Dialekt-Autoren zu eigenen Leistungen angeregt. Reuter selbst hatte 1858 Gedichte der zeitweise nervenkranken *Alwine Wuthenow* geb. Balthasar aus Vorpommern (1820–1908) mit dem Tiel *„En poa Blomen ut Anmariek Schulten ehren Goahren"* herausgegeben. Die vorpommersche Heimat beschrieb der in Greifswald geborene *Otto Vogel* (1838–1914) in seinem *„Pommernspegel. Ut ollen Tieden"* (1869) und in der Erzählung *„Russelbläder"*. Weniger bedeutend sind die Gedichte des auf Rügen geborenen Pastors *K. Dahmer* (1867 erschienen). Auch die Reuter-Epigonen *K. W. Reinhold* (1861 *„De Holtrevolutschon"*), *L. G. Sibeth, W. A. Quitzow* (1877 *„Mecklenburger Geschichten"*), *K. F. Dahl* (1880 *„Holthäger Geschichten")*, *A. H. Hinrichsen* (1887 *„De Evers"*), *Ludwig Wiedow, K. A. Müller/Eugen Friese „Feldblaumen"*) sind sonst nicht weiter bekannt geblieben. Mehr rezeptiv umformend war *H. Jahnke* aus Winterfelde (1845–1908), der Reuters *„Dörchläuchting"* und *„Kein Hüsung"* dramatisierte und ein Dialektstück *„Nahwer Bismarck"*

(1875) schrieb. Rezeptives in der Lyrik zeigt – neben eigenen Dialekt-Gedichten – auch *Eduard Hobein* (1817–1882), der in seinen *„Blömings un Blumen ut frömden Gorden"* (1861) Dialektgedichte von J. P. Hebel, F. von Kobell, Nadler ins Niederdeutsche übertrug. Selbständiger als Lyriker sind dagegen der Lehrer *A. C. F. Krohn*, der 1859 (gleichzeitig mit John Brinckmanns *„Vagel Grip"*) seine schlichten und religiösen *„Lütt plattdütsch Gedichte"* herausbrachte, sowie die aus Rostock stammenden Brüder *Friedrich Eggers* (1819–1872) und *Karl Eggers* (1826–1900), die in einer gemeinsamen Lyriksammlung *„Tremsen"* (= Kornblumen, 1875) formal gekonnte schlichte und gefühlsreiche Lieder und Idyllen veröffentlichten. Als plattdeutsche Lyriker traten auch *Johann Christian Losehand* (= Jochen Peiters), *Helmut Schröder* (1842–1909), *„As't de Garw girrt"* (1880); *„Plattdütsch Kräs un Struz"), Otto Piper* (1841–1921, *„In'n Middelkraug",* 1900), *Otto Welzien* (1873–1944) und *F. Cammin* (1860–?) hervor. *Helmuth Schröder* ist auch als Erzähler bekannt geworden (*„Mecklenbörger Buerhüser"* (1904–1907); *„Bi Kräuger Brets").* von den älteren Mecklenburger Mundarterzählern sind noch zu nennen: *Wilhelmine Weyergang* (1830–1903) aus Greifswald, die als *Ellen Lucia* biedermeierliche Erzählungen als *„Olle Scharteken"* veröffentlichte, *Edmund Höfer* (1819–1893) aus Greifswald mit seinem Theologenroman *„Pap Kuhn"* (1878) und *Karl Tiburtius* (1834–1910) aus Bisdamitz/Rügen cbenfalls mit einem Theologenroman *„Kandidat Bangbüx"* (1884) und kleinen Erzählungen (*„Hackels"*) sowie der eigentliche „Rügendichter" *Fritz Worm* (1863–1931) in Alt-Reddewitz/Rügen, der zahlreiche Rügengeschichten (u. a. *„För Old un Jung", „Mönchgauder Spaukgeschichten"*) sowie Schwänke und ein Volksstück (*„Truge Leiw"*) schrieb. Auf Rügen lebte auch *Alexander Ettenburg* (Eggers) (1858–1913) und verfaßte historische Dialekterzählungen (*„Dat söte Länneken",* 1904) sowie Dramen.

Als bedeutender mecklenburgischer Erzähler nach Reuter und Brinckmann wird jedoch meistens *Felix Stillfried* (= Adolf Brandt, 1851–1910), ein Rostocker Gymnasiallehrer, genannt, der vor allem durch sein Erstlingswerk, den Roman *„De Wilhelmshäger Kösterlüd"* (1887–88), der Geschichte einer Lehrerfamilie durch drei Generationen, sowie durch seine noch heute gelesene Frauengeschichte *„Dürten Blank"* (urspr. *„Ut Schloß un Kathen",* 1890), die Lebensgeschichte einer Schusterstochter, aber auch als feinsinniger Mundartlyriker hervorgetreten ist.

Ein später Reuter-Epigone war *Rudolf Tarnow* (1867–1933) aus Parchim, der seit 1911 gereimte plattdeutsche Schwänke als *„Burrkäwers"* veröffentlichte.

Als neuerer bedeutsamer Mundartlyriker Mecklenburgs gilt allerdings *August Seemann* (1872–1916) aus Groß-Roge bei Teterow, der auch als Lehrer in Berlin Dialektgedichte, besonders Gedankenlyrik, schrieb, wobei er neuere Einflüsse (Nietzsche, Dehmel, Whitman, Mombert) und Formtendenzen aufgriff. Seine sieben Gedichtbände (*„Heitblicken"* 1902, *„Andäu"* 1905, *„Tweilicht"* 1907, *„Vierblatt"* 1909, *„Hänn'n"* 1910, *„Bewernadeln"* 1913, *„Dreieinigkeit"* 1915) spiegeln seine Entwicklung als Lyriker vom traditionellen Naturgedicht und der Ballade zum Gegenstandsgedicht (auch über Technik und Industrie) und zur weltanschaulich-religiösen Reflexionslyrik seines Spätwerkes. Seemann vereinigt Plattes und Gelungenes, prägt vertraute wie neuartige Wort-Formeln und Bilder und treibt die mundartliche Aussage bis zur Grenze ihrer Sagbarkeit. Auch wenn seine poetische Leistung nicht in allem anerkannt wurde, so hat er zweifellos die Dialektlyrik nach Groth auf eine neue Stufe gehoben, von der sie erst in der Gegenwart weitergeführt wurde.

Als „Mecklenburger" hat sich auch der Hamburger Medizinprofessor *Hans Much* (1880–1932) bezeichnet, obwohl er aus der brandenburgischen Westprignitz stammt, allerdings in Neustrelitz das Gymnasium besuchte. Mit seiner Gedichtsammlung „*To Hus*" (1916) und mit seinem „*Nedderdütschen Doodendanz*" (1918) wird er gelegentlich mit Seemann verglichen.

Von den Mundarterzählern unseres Jahrhunderts sind noch zu nennen: *Wilhelm Zierow* (1871–1945) mit seinen Erzählbänden „*Irdgeruch*" (1912) und „*Plangfohrn*" sowie den Tiergeschichten „*Minschen un Vöß*", *Elisabeth Albrecht* (1874–1956) mit der Dorfgeschichte „*Heidenhoff*" (1917) und kleineren Erzählungen, *Hedwig Rodatz* mit der heiteren historischen Erzählung „*Königshof zu Bollenthin*" (1918). *Hans Wendt* wagte einen zeitkritischen Versuch in „*De Revolutschon in Mecklenburg*" (1920).

Als Dialektlyriker können noch *Hella Rehberg-Berns*, *Otto Heidmüller*, *Ernst Hamann* und *Richard Dohse* (1905 „*von Hart tan Harten*") genannt werden. Ein Dialektdrama in Mecklenburger Platt schrieb *Karl Beyer* über einen Stoff aus dem Siebenjährigen Krieg („*Ut de Preußentid*" 1904).

Die hochdeutsche Literatur seit 1850

Dem Naturalismus zeitweise verbunden war der Mecklenburger Autor *Max Dreyer* (1862–1946) aus Rostock, der zunächst eine Lehrerausbildung in Mecklenburg absolvierte, dann Journalist und freier Schriftsteller in Berlin wurde, sich schließlich auf die Insel Rügen zurückzog, wo er bis zu seinem Tod lebte. Dreyer verfaßte unter dem Einfluß von Ibsen und Gerhart Hauptmann zahlreiche Tendenzdramen und zeitkritische oder erotisch-pikante Komödien (u.a. „*Winterschlaf*" 1895, „*Liebesträume*" 1898, „*Der Probekandidat*" 1899, „*Das Tal des Lebens*" 1902). Unter dem Einfluß der Heimatkunstbewegung wandte sich Dreyer dem landschaftsorientierten Roman und der Novelle zu (u.a. „*Ohm Peter*" 1908, „*Strand*" 1909, „*Die Siedler von Hohenmoor*" 1922, „*Erdkraft*" 1941), aber auch Dialektgedichte wurden von ihm verfaßt („*Nah Huus*" 1904).

Auch einer der bekanntesten Expressionisten war Mecklenburger, wenn auch erst seit 1910, nachdem er in Güstrow seßhaft geworden war: der Bildhauer, Graphiker und Dichter *Ernst Barlach* (1870–1938) aus Wedel/Holstein. Barlach war einer der produktivsten Dramatiker des Expressionismus (u.a. „*Der arme Vetter*" 1918, „*Die Sündflut*" 1924, „*Der blaue Boll*" 1926). Die Aufführung der zumeist ekstatisch-visionären Kurzdramen Barlachs, die die Sehnsucht nach Befreiung von der Erdenschwere spiegeln, wurde von den Nazis verboten, seine Bücher 1933 verbrannt, seine Plastiken als „entartete Kunst" entfernt.

In biographisch ungewöhnlicher Weise blieb *Hans Fallada* aus Greifswald (= Rudolf Ditzen, 1893–1947), der als Erzähler der „Neuen Sachlichkeit" mit zahlreichen Romanen (z.B. „*Bauern, Bonzen und Bomben*" 1931, „*Kleiner Mann – was nun?*" 1932, „*Wer einmal aus dem Blechnapf frißt*" 1934, „*Wolf unter Wölfen*" 1937, „*Der eiserne Gustav*" 1938, „*Jeder stirbt für sich allein*" 1947) erfolgreich war, mit Mecklenburg verbunden, wo er zwischen 1893–1912 und 1933–1945 lebte. Seine Romane beruhen zu einem großen Teil auf Erlebnissen aus seiner wechselvollen Lebensgeschichte, die mit der Tötung eines Mitschülers 1911 und mehreren Selbstmordversuchen, Suchtanfällen und Sanatoriumsaufenthalten sowie Verhaftungen wegen Unterschlagungen recht ungewöhnlich waren, die Mecklenburger Jahre allerdings nur in den autobiographischen Werken („*Damals bei uns daheim*" 1941, „*Heute bei uns zu Haus*" 1943) berühren. Beständiger war hingegen die Lebensentwicklung von *Hans Franck* (1879–1964) aus Wittenburg bei Schwerin, der ebenfalls in der Mitte seines Lebens (1901–1921) außerhalb Mecklenburgs wirkte (in Hamburg, Düsseldorf), seit 1921 jedoch auf seinem Gut Frankenhorst bei Wichersdorf am Ziegelsee lebte. Auch Hans Franck war ein recht produktiver Schriftsteller, der zunächst mit Ideendramen in der Nachfolge Hebbels begann (z.B. „*Der Herzog von Reichsstatt*" 1910, „*Herzog Heinrichs Heimkehr*" 1911, „*Opfernacht*" 1921, „*Das dritte Reich*" 1922, „*Struensee*" 1926), dann sich unter dem Einfluß Wilhelm Schäfers zum Novellisten und Kurzgeschichtenautor entwickelte (vgl. z.B. „*Zeitenprisma*" 1932, „*Die Pilgerfahrt nach Lübeck*" (Bach-Novelle) 1935) und schließlich ein Meister des biographischen Romans wurde (z.B. „*Annette*" 1937, „*Sebastian*" 1949, „*Marianne*" 1953). Die Schilderung der Zustände in Mecklenburg im 19. und frühen 20. Jahrhundert bildeten die Grundlage des Briefromans „*Jürnjakob Swehn, der Amerikafahrer*", mit dem der aus Staesin stammende Lehrer *Johannes Grillhoff* (1861–1930) einen großen Erfolg erlebte.

Ein anderer erfolgreicher Autor der Zwanziger und Dreißiger Jahre, *Friedrich Griese* (1890–1975) aus Lehsten bei Waren, der auch zeitweise (1926–1935) als Lehrer außerhalb Mecklenburgs wirkte, hat – von der Heimatkunstbewegung und Gillhoff angeregt – die mecklenburgische Heimat ebenfalls in sein Werk einbezogen. Seine zahlreichen Romane und Novellen (z.B. „*Das Korn rauscht*" 1923, „*Die letzte Garbe*" 1927, „*Winter*" 1927, „*Der ewige Acker*" 1927, „*Der Saatgang*" 1932, „*Die Wagenburg*" 1935, „*Bäume im Wind*" 1937) suchen das bäuerliche Leben, das hier oft in Mecklenburg angesiedelt ist, als ständigen Kampf mit der – mitunter dämonisierten – Natur darzustellen und so zu mythologisieren, was dann leicht von den Nazis in ihre Blut- und Boden- (= Rassen- und Landexpansions-) Ideologie integriert werden konnte.

In gewissem Maße eine Gegenfigur zu Griese stellt nach Leben und Werk der aus dem brandenburgisch-vorpommerschen Grenzgebiet (Biesenbrow Kreis Angermünde) stammende und nach 1945 ständig in Mecklenburg lebende *Ehm Welk* (Pseudonym Thomas Trimm, 1884–1966) dar, der trotz seiner zeitweiligen Tätigkeit als Journalist in Stettin, Berlin und anderswo und als Seemann und trotz NS-Verfolgung (1934–1937) der norddeutschen Landschaft verbunden blieb. Weniger in seinen frühen sozialkritischen historischen Dramen („*Gewitter über Gottland*" 1927, „*Kreuzabnahme*" 1928) als vielmehr in seinen späteren Dorfromanen (besonders „*Die Heiden von Kummerow*" 1937, „*Die Lebensuhr des Gottlieb Grambauer*" 1938, „*Die Gerechten von Kummerow*" 1942) und in seinen Tiergeschichten (z.B. „*Die wundersame Freundschaft*" 1940, „*Die stillen Gefährten*" 1940), die als Gegenentwürfe zu Grieses „*Dorfmythen*" gesehen werden können.

Abschließend sei auf einige Autoren aus Mecklenburg hingewiesen, deren literarisches Schaffen erst nach 1945 anzusiedeln ist (wie ein Teil der Werke Grieses, Francks und Welks): So sind z.B. die frühen Romane *Uwe Johnsons* (1934–1985), der zwischen 1946 und 1959 in Mecklenburg lebte (Güstrow, Rostock) stark durch den Aufenthalt dort beeinflußt; als bedeutende Heimatschriftstellerin des mecklenburgischen Fischlandes (bei Ahrenshoop) sollte *Käthe Miethe* (1893–1961) zumindest erwähnt werden, die seit 1939 dort lebte und eine Reihe von Sachbüchern wie Erzählwerken über die Ostseeküste verfaßte oder edierte. Auch der linksstehende *Adam Scharrer* (1889–1948) aus Niederbayern, der längere Zeit in Berlin, später in der Tschechoslowakei und in der Sowjetunion lebte, ehe er 1948 nach Schwerin zog, hat nach einer Reihe von Romanen und Erzählungen die mecklenburgischen Verhältnisse zur Zeit der Bodenreform 1945 in einem nicht mehr vollendeten Roman („*Der Mann mit der Kugel im Rücken*") darzustellen versucht.

Dieser Überblick über die deutsche Literatur Mecklenburgs, der lediglich die Fakten ohne eingehende Wertungen und Würdigungen zu erfassen sucht, konnte dabei auch die weitreichende Sonderentwicklung der mecklenburgischen Autoren, ihre Prägung von Landschaft und Sprache dieser deutschen Region, deutlich machen. Abseits von den großen literarischen Zentren, wie Weimar, Wien und Berlin, ist hier eine Literatur entstanden, die sich in dieser Eigenart zweifellos gut einfügt in den großen Schatz deutscher Dichtung.

Harro Kieser
BUCH-, VERLAGS- UND ZEITUNGSWESEN

Buchwesen

Nach Lübeck ist *Rostock* die zweitälteste Druckerstadt im gesamten Ostseegebiet. 1475/1476 wurde die erste Buchdruckerei in der Stadt von den Brüdern zum gemeinsamen Leben oder Michaelisbrüdern eingerichtet, die 1462 nach der Ostseestadt gekommen waren und eine Niederlassung gegründet hatten. 1476 kam das erste Druckwerk heraus, eine Ausgabe der Schriften des Kirchenvaters Lactantius. Doch ist es nicht ausgeschlossen, daß bereits Ende des Jahres 1475 kleinere Drucke die Werkstatt verlassen haben. Die typographische Tätigkeit umfaßte einen Zeitraum von über fünfzig Jahren und endete 1531. Grund für die Auflösung war die Herausgabe von Emsers Neuen Testament. Hieronymus Emser, ein Gegner Luthers und der Reformation, legte 1527 seine eigene Übersetzung des Neuen Testaments vor, die zum Teil Luthers Text übernahm. Auf Veranlassung von Luther teilte Herzog Heinrich von Mecklenburg 1528 dem Rat der Stadt Rostock mit, daß er einen Druck des Emser'schen Testament nicht wünsche. Da sich die Michaelisbrüder nicht an diese Weisung hielten und den Druck herausbrachten, wurde ihnen die Erlaubnis zum weiteren Betrieb ihrer Offizin entzogen. Hauptsächlich druckten die Brüder theologische Werke und für den Kirchendienst bestimmte Schriften wie Predigtsammlungen, Agenden, Meßbücher und Ablaßbriefe. Daneben erschien auch Erbauungs- und Unterhaltungsliteratur wie die Zerstörung Trojas, das Leben Alexanders und die Geschichte der Meerfee Melusine. Ihre Werke waren mit einem Druckereisignet versehen. Das älteste besteht aus einer mit einem Kreuz ausgestatteten Weltkugel, das jüngste aus einem Holzschnitt mit dem Heiligen Michael auf einer Weltkugel.
Die zweite Offizin war die von Hermann Barckhusen, der von 1503 bis 1526 das Amt eines Stadtsekretärs in Rostock innehatte. In seiner Werkstatt entstanden vor allem juristische Werke, u.a. 1510 die Bamberger Halsgerichts-Ordnung und der Codex des lübischen Rechts, beide in niederdeutscher Sprache. Leiter der Druckerei war Ludwig Dietz, der die Werkstatt 1515 übernahm. Er war in Speyer gebürtig, kam um 1504 nach Rostock und begann als Mitarbeiter von Barckhusen. Die Drucke aus seiner Offizin tragen größtenteils den Vermerk „Tho Rozstock bey Ludewich Dyetz ghedrucket". Aufgrund seiner guten Leistungen rief ihn König Christian III. nach Dänemark, wo er eine schöne Ausgabe der Bibel in dänischer Sprache druckte. Nach eineinhalb Jahren kehrte er nach Rostock zurück. Kurz vor seinem Tod wurde er als erster Universitäts-Buchdrucker auf Lebenszeit berufen. Dietz führte alle Druckaufträge aus, die ihm zugingen, darunter Komödienzettel, Vorlesungsverzeichnisse und Lotterieankündigungen. Die Zahl der großen Drucke belief sich auf über sechzig. Von den von ihm hergestellten Werken seien

genannt: die Bibel in niederdeutscher Sprache (1553), die erste niederdeutsche Ausgabe „Van Reyneken dem Vosse", „Dat nye schipp von Narragonien" (1519), „Der Seelen Trostspegel" (1519).

Zu gleicher Zeit bestand die Druckerei von Nikolaus Marschalk. Er war ein gebürtiger Thüringer, der in Erfurt studiert hatte, 1502 an die Universität Wittenberg ging und drei Jahre später von Herzog Heinrich nach Schwerin gerufen wurde. Von dort zog er nach Rostock, wo er an der Universität Recht, Geschichte und Physik lehrte. Um seine eigenen Werke verlegen zu können, eröffnete er in seinem Haus eine Offizin, deren Leiter der Erfurter Guntherius Hiems war. Diese Offizin hatte neben lateinischen Lettern auch griechische und hebräische. Die Drucke waren mit Holzschnitten geschmückt, Titel und Überschriften meist in roter Farbe gehalten. Sein Druckerzeichen war eine gekrönte Meerjungfrau im Wappen. Nach dem Tod von Dietz leitete Stephan Möllemann (auch Müllmann, Myliander) für die Erben die Werkstatt. Später heiratete er die Witwe Anna Dietz und übernahm damit die Firma. 1580 wurde er zum Universitäts-Buchdrucker ernannt.

Von den zahlreichen Rostocker Druckern des 16. und 17. Jahrhunderts seien noch Augustin Ferber der Ältere und der Jüngere aufgeführt. Ersterer war von 1575 bis 1580 in Rostock tätig, ging dann nach Güstrow und 1581 nach Greifswald. 1587 wurde er als zweiter Universitäts-Buchdrucker wieder nach Rostock verpflichtet. In seiner Firma war sein Sohn tätig, der später gleichfalls nach Greifswald ging, jedoch auch wieder in seine Heimatstadt zurückkehrte. Von den weiteren frühen Druckorten in Mecklenburg seien (mit Angabe des ersten Druckjahres) genannt *Neubrandenburg* (1556), *Güstrow* (1581), *Wismar* (1663) und *Schwerin* (1683).

In *Barth* wurde 1582 von Herzog Bogislaw XIII. eine Herzogliche Druckerei (Officina ducalis, Officina principis) errichtet. Die Drucker waren Andreas Seitner und ab 1586 Hans Witte. Bogislaw wollte mit einem repräsentativen niederdeutschen Bibeldruck seiner Werkstatt einen Namen machen. Am 23. April 1584 erteilte er das Druckprivileg. Zur Illustration wurde ein Vertrag mit den Helmstedter Buchdruckern Jacob Lucius und Sohn abgeschlossen über die Lieferung von 170 Druckstöcken. Diese beauftragten den Hamburger Goldschmied Jacob Mores, der 99 von den geforderten 170 auch lieferte. Diese Druckstöcke gingen später nach Helmstedt zurück und wurden noch für andere Bücher verwendet. Das Titelbild der Bibel stammt aus der Werkstatt des Nürnberger Jost Amman. Noch vor Abschluß des Bibeldruckes erschien 1586 eine Passionsharmonie des pommerschen Reformators Johannes Bugenhagen, die ebenfalls mit Holzschnitten ausgeschmückt war. (Sie wurde 1985 durch einen Faksimiledruck, versehen mit einem instruktiven Nachwort von Norbert Buske, wieder zugänglich gemacht.) Von den 45 nachgewiesenen Drucken war der erste eine Ode auf die Geburt des Sohnes des Herzogs Georg und der letzte eine Hochzeitsode, die beide von Martin Marstaller, dem Kanzler des Herzogs und Prinzenerzieher, stammen. Da es sich um eine Druckerei des Herzogs handelte, der zugleich Patron der Landeskirche war, wurden vor allem Reden, Predigten, Traktate, die Gerichtsordnung, die Genealogie und der Stammbaum des Fürstenhauses gedruckt. Wegen einer Pestepidemie mußte die Druckerei 1598 ihre Tätigkeit einstellen. Sie wurde danach nicht wieder eröffnet, sondern nach Stettin verlegt.

Im selben Jahr wie in Barth entstand in *Greifswald* das erste Druckwerk in der Offizin des schon genannten Augustin Ferber des Älteren. Augustin Ferber der Jüngere wurde im Oktober 1602 anstelle seines Vaters Universitäts-Buchdrucker. Seine Werkstatt verfügte über einen guten Typenvorrat. Im Mai 1617 schied er aus dem Dienst der Universität aus und ging nach Rostock zurück. Der erste Druck in *Stralsund* ist im Jahre 1628 durch Moritz Sachs erfolgt. Kurzzeitig wirkte hier gleichfalls Augustin Ferber der Jüngere, der 1630 vom Rat der Stadt aus Rostock berufen wurde, jedoch schon im folgenden Jahr verstarb.

Verlagswesen

Von den Verlagen in Mecklenburg war der bedeutendste der *Hinstorff Verlag*. Sein Gründer war Carl Detloff Hinstorff (geboren 2. 6. 1811 Brüel/Mecklenburg, gestorben 10. 9. 1882 Wismar). Er erwarb sich schon während seiner Lehrzeit gute und umfassende Kenntnisse in allen Zweigen des Buchhandels. Mit zwanzig Jahren eröffnete er in Parchim eine Firma mit dem Namen „Hinstorff'sche Hofbuchhandlung", nachdem ihn sein Landesherr vorzeitig für volljährig erklärt hatte. Ein Jahr später erweiterte er sein Geschäft mit einer verlagsbuchhändlerischen Abteilung. Durch systematischen Ausbau wurde er in wenigen Jahren zum führenden Verleger juristischer Literatur in den mecklenburgischen Herzogtümern (u.a. Gesetzsammlungen für Mecklenburg-Schwerin, Entscheidungen der obersten Gerichtshöfe). 1835 gründete er eine Zweigniederlassung in Ludwigslust und verlegte 1849 den Hauptsitz des Verlages nach Wismar. Die ursprüngliche Firma in Parchim ging ein, jedoch wurde 1863 ein drittes Geschäft in Rostock gegründet. Neben Jura waren Theologie, Schulbücher und Heimatliteratur die Säulen des Verlages. Bekannt wurde er außerhalb Mecklenburgs durch die Herausgabe der Werke von Fritz Reuter. Noch zu Lebzeiten Hinstorffs wurde etwa eine Million Bände von Reuter auf den Markt gebracht. 1869 wurde der Verlag vom Sortiment getrennt. Nach dem Tode von C. D. Hinstorff führten die Erben das Unternehmen weiter. Die Rostocker Buchdruckerei wurde von seinem ältesten Sohn Carl übernommen, der dafür die Firma in Ludwigslust verkaufte. Nach seinem Tod (1884) ging sein Geschäft in andere Hände über. Seit 1907 war es im Besitz von Otto Heidmüller, später von Emil Erichson. Das Sortiment, dessen Alleinbesitzer 1880 Heinrich Witte, der Schwiegersohn von C. D. Hinstorff, geworden war, gehörte seit 1935 Werner Eberhardt. Nach 1945 wurde der Verlag verstaatlicht. Die Verlagsgebiete sind heute Belletristik, Werke der nordeuropäischen Gegenwartsliteratur, ferner Sachbücher zur Seefahrts- und Schiffsbaugeschichte sowie Text- und Bildbände zur Landeskunde.

Zeitungswesen

Den Ruhm, die ältesten Zeitungen besessen zu haben, können im Land Mecklenburg (einschließlich des Landesteiles der ehemaligen preußischen Provinz Pommern) die Städte Stralsund, Wismar, Rostock und Schwerin für sich in Anspruch nehmen. Die älteste in Stralsund gedruckte Zeitung „Extract aller einkommenden

Nouvellen" erschien bereits 1687. Ihr folgte der „Stralsundische Relations Courier", der zwei Jahre später herauskam und bis 1756 bestand. Die erste Zeitung in Wismar erschien um 1700, in Rostock seit 1711 mit häufig wechselnden Titeln. In Schwerin wurden die „Mecklenburgischen Nachrichten, Fragen und Anzeigen" seit 1749 veröffentlicht, die nach fast hundertzwanzigjährigem Bestehen im Jahre 1867 eingingen. In der zweiten Hälfte des 18. Jahrhunderts erschienen ferner Zeitungen in Greifswald („Pommersch-Rügianische Intelligenzen" 1753–1756), Bützow („Bützowische Ruhestunden", Teil 1–26, 1761–1767) und Güstrow („Wochenblatt" 1781). Nach einigen Zeitungsgründungen in den ersten Jahrzehnten des 19. Jahrhunderts wie Parchim (1818), Anklam (1829) und Schönberg (1830) folgten seit 1840 zahlreiche weitere, auf deren namentliche Aufführung an dieser Stelle verzichtet werden muß.

Einen Überblick über die Zeitungen in Mecklenburg (getrennt nach Mecklenburg-Schwerin und Mecklenburg-Strelitz) und Pommern (soweit nach 1945 zum Land Mecklenburg gehörend) im letzten Jahr der Weimarer Republik (1932) soll folgende Zusammenstellung geben.

Mecklenburg-Schwerin

Erscheinungsort sowie Einwohnerzahl und Titel der Zeitungen	Tendenz	Auflage
Arendsee (1100)		
Arendseer Zeitung, Amtl. Fremdenblatt des Ostseebades Arendsee, siehe Brunshaupten		
Boizenburg (5500)		
Elb-Zeitung, amtl.	parteilos	2 800
Brüel (3000)		
Brüeler Lokal-Anzeiger	–	–
Brunshaupten (2700)		
Anzeiger für Brunshaupten, Arendsee und Umgegend (Arendseer Anzeiger)	neutral	760
Brunshauptener Zeitung, Amtl. Fremdenblatt für Ostseebad Brunshaupten mit Nebenausgabe: Arendseer Zeitung, Amtl. Fremdenblatt für Ostseebad Arendsee	–	–
Bützow (5800)		
Bützower Zeitung	parteilos	–
Crivitz (3000)		
Mecklenburger Volksblatt mit Nebenausgabe: Der Volksfreund	parteilos	1 800
Dargun (2300)		
Oeffentlicher Anzeiger für den Mecklenburg-Schwerinischen Amtsgerichtsbezirk Dargun, Lokal Anzeiger für Dargun und die Städte Gnoien und Neukalen	amtlich	–
Dassow (1500)		
Dassower Nachrichten	parteilos	–
Bad Doberan (5500)		
Doberaner Nachrichten	parteilos	1 750
Dömitz (3147)		
Dömitzer Zeitung	parteilos	–
Gadebusch (2800)		
Gadebusch-Rehnaer Zeitung	parteilos	1 250
Gnoien (3900)		
Bürger- und Hausfreund	neutral	840

Goldberg (3200)		
Goldberger Tageblatt	parteilos	1 000
Grabow (5600)		
Amtsblatt für die Aemter Ludwigslust und Parchim	amtlich	16 50
Elde-Zeitung	parteilos-bürgerlich	2 000
Grabower Tageblatt	neutral	1 875
Grevesmühlen (5000)		
Grevesmühlener Zeitung mit Nebenausgabe: Zeitung für Klütz und Dassow	parteilos	3 200
Güstrow (20 000)		
Güstrower Anzeiger	neutral	–
Mecklenburgische Tageszeitung mit Nebenausgabe: Krakower Zeitung	vaterländisch	78 00
Hagenow (4500)		
Hagenower Kreisblatt, Oeffentlicher Anzeiger	parteilos	–
Krakow (2200)		
Krakower Zeitung, siehe Güstrow, Mecklenburgische Tageszeitung		
Kröpelin (2356)		
Ostsee-Bote	parteilos	1 750
Laage (2300)		
Laager Zeitung	neutral	–
Ludwigslust (7500)		
Ludwigsluster Tageblatt	parteilos	3 400
Lübtheen (3150)		
Lübtheener Nachrichten, Kreisblatt für den Amts- und Gerichtsbezirk Lübtheen, verbunden mit der Grenz-Zeitung, General-Anzeiger für die Grenzgebiete Mecklenburg-Hannover	parteilos	2 600
Lübz (3800)		
Mecklenburger Bote	neutral	–
Malchin (7000)		
Malchiner General-Anzeiger	parteilos	1 400
Malchow (4300)		
Malchower Tageblatt	parteilos	–
Neubukow (1932)		
Neubukower Anzeiger	parteilos	–
Neukalen (2000)		
Neukalener Tageblatt	amtlich	525
Neukloster (2800)		
Bote von Neukloster	parteilos	–
Neustadt-Glewe (3500)		
Neustädter Anzeiger	parteilos	1 400
Parchim (12 500)		
Norddeutsche Post	national	–
Parchimer Zeitung	parteilos	4 200
Penzlin (2800)		
Penzliner Zeitung	parteilos	980
Plau i. M. (4000)		
Plauer Anzeiger	bürgerlich	–
Plauer Zeitung	neutral	–
Rehna (1800)		
Mecklenburgische Post (Rhenaer Zeitung)	parteilos	–
Ribnitz (5000)		
Stadt- und Landbote, Ribnitzer Tageblatt	neutral	2 000
Röbel a. Müritzsee (3395)		
Röbeler Zeitung	–	1 100

Rostock (82 000)
 Das freie Wort, siehe Schwerin i. M. Mecklenburgische Volks-
  Zeitung
 Rostocker Anzeiger   rechtsstehend   60 000
 Rostocker Nachrichten   parteilos   2 600
 Volkswacht für beide Mecklenburg   K. P. D.   –
Satow (1000)
 Satower Landbote   parteilos   –
Schwaan (4000)
 Schwaaner Zeitung   parteilos   1 265
Schwerin (50 000)
 Das freie Wort   S. P. D.   –
 Mecklenburgische Zeitung   D. V. P.   16 100
 Niederdeutscher Beobachter   national- –
                          sozialistisch
Stavenhagen (4200)
 Stavenhagener Tageblatt, Mecklenburgisches Wochenblatt   parteilos   905
Sternberg (9000)
 Anzeiger für Sternberg, Brüel, Warin und umliegende Ortschaften   –   –
Sülze (2500)
 Sülzer Zeitung   parteilos   –
Tessin (2700)
 Tessiner Wochenblatt   –   610
Teterow (7500)
 Teterower Nachrichten (amtlicher Teterower Anzeiger)   neutral   1 760
 Teterower Zeitung   national   –
Waren (Müritz) (11 000)
 Amtsblatt des Mecklenburg-Schwerinschen Amtes Waren   amtlich   430
 Warener Tageblatt, Amtliches Blatt des Rates der Stadt, des
  Amtsgerichts und weiterer Behörden für Waren u. Südost-
  Mecklenburg   parteilos   –
 Warener Zeitung   parteilos   1 600
Warin (Amt Wismar) (2500)
 Amtsanzeiger des Amtes Wismar   amtlich   –
 Wariner Zeitung   –   –
Warnemünde (7000)
 Warnemünder Zeitung   parteilos   1 500
Wismar (27 015)
 Amtsanzeiger des Amtes Wismar, siehe Warin
 Mecklenburger Tageblatt (Wismarsche Zeitung)   national   –
Wittenburg (3443)
 Kreisblatt, Öffentlicher Anzeiger für Wittenburg und Umgegend
  mit Nebenausgabe: Zarrentiner Anzeiger   parteilos   –
Zarrentin (1785)
 Wochenblatt für die Kirchengemeinde Zarrentin   parteilos   300
 Zarrentiner Anzeiger, siehe Kreisblatt, Wittenburg

Mecklenburg-Strelitz

Erscheinungsort sowie Einwohnerzahl und Titel der Zeitungen   Tendenz   Auflage

Friedland (7734)
 Friedländer Zeitung, Amtl. Anzeiger   parteilos   –
Fürstenberg a. d. Nordb. (4700)
 Fürstenberger Anzeiger, amtl.   parteilos   1 050
Mirow (1754)
 Mirower Zeitung   –   –

Neubrandenburg (15 000)
　Anzeiger für Mecklenburg-Strelitz　　　　　　　　　　volkstümlich　　2 400
　Neubrandenburger Zeitung　　　　　　　　　　　　　staats-　　　　　–
　　　　　　　　　　　　　　　　　　　　　　　　　bürgerlich

Neustrelitz (20 000)
　General-Anzeiger für beide Mecklenburg und Nachbargebiete mit
　　Nebenausgaben: Feldberger Anzeiger und Wesenberger
　　Anzeiger　　　　　　　　　　　　　　　　　　　bürgerlich　　　–
　Landeszeitung für beide Mecklenburg, verbunden mit der Neu-
　　strelitzer und Wesenberger Zeitung　　　　　　　　bürgerlich-　　10 200
　　　　　　　　　　　　　　　　　　　　　　　　　parteilos

Schönberg (3473)
　Schönberger Tageblatt　　　　　　　　　　　　　　parteilos　　　　2 300
Stargard (2940)
　Stargarder Zeitung　　　　　　　　　　　　　　　parteilos　　　　–
Strelitz (6500)
　Strelitzer Nachrichten　　　　　　　　　　　　　　bürgerlich　　　1 050
Woldegk (3300)
　Woldegker-Zeitung　　　　　　　　　　　　　　　deutsch-　　　　1 200
　　　　　　　　　　　　　　　　　　　　　　　　　national

Vorpommern

Erscheinungsort sowie Einwohnerzahl und Titel der Zeitungen　　Tendenz　　Auflage

Ahlbeck (2299)
　Ahlbecker Bade-Anzeiger　　　　　　　　　　　　　–　　　　　　–
Anklam (16 000)
　Anklamer Zeitung　　　　　　　　　　　　　　　　national　　　　–
Barth (7800)
　Barther Tageblatt　　　　　　　　　　　　　　　　vaterländisch　　–
　Barther Zeitung　　　　　　　　　　　　　　　　　parteilos
Bergen (Rügen) (5000)
　Zeitung für die Stadt Bergen, siehe Sassnitz, Sassnitzer Zeitung
Demmin (13 500)
　Demminer Tageblatt　　　　　　　　　　　　　　　–　　　　　　–
Franzburg (1802)
　Franzburg-Richtenberger Zeitung　　　　　　　　　parteilos　　　　–
Gartz a. d. O. (3860)
　Gartzer Zeitung (Kreisanzeiger)　　　　　　　　　　deutsch-　　　　–
　　　　　　　　　　　　　　　　　　　　　　　　　national
Garz (Rügen) (3610)
　Zeitung für die Stadt Garz, siehe Sassnitz, Sassnitzer Zeitung
Greifswald (30 000)
　Greifswalder Volkszeitung　　　　　　　　　　　　S. P. D.　　　　–
　Greifswalder Zeitung, General-Anzeiger für Greifswald und Vor-
　　pommern　　　　　　　　　　　　　　　　　　　national　　　　–
Grimmen (4900)
　Grimmer Kreis-Zeitung　　　　　　　　　　　　　deutsch-　　　　–
　　　　　　　　　　　　　　　　　　　　　　　　　national
Gützkow (2000)
　Gützkower Zeitung, siehe Jarmen, Jarmener Zeitung
Jarmen (3000)
　Jarmener Zeitung, Tageblatt für Jarmen und Umgegend mit
　　Nebenausgabe: Gützkower Zeitung, Anzeigenblatt für
　　Gützkow und Umgegend　　　　　　　　　　　　–　　　　　　–

Lassan (2100)
   Lassaner Zeitung, siehe Wolgast, Wolgaster Zeitung
Loitz i. P. (5000)

Loitzer Zeitung	parteilos	1 080

Pasewalk (12 250)

Pasewalker Zeitung (Pasewalker Anzeiger)	bürgerlich rechts	–
Strasburger Anzeiger (Strasburger Zeitung)	bürgerlich neutral	1 200

Penkun (Kr. Randow) (2000)

Penkuner Anzeiger, Kreisbote für den Kreis Randow	regierungsfreundlich	–

Putbus a. Rügen (3100)

Rügensche Zeitung	–	6 500

Sassnitz (5000)

Sassnitzer Zeitung mit Nebenausgaben: Rügensches Tageblatt, Zeitung für die Stadt Bergen und Zeitung für die Stadt Garz	–	–

Stralsund (43 639)

Stralsunder Tageblatt, Allgemeine Zeitung für Stadt und Land, Generalanzeiger für Stralsund und Vorpommern	national	9 000
Stralsundische Zeitung	national	–
Der Vorpommer	S. P. D.	–

Torgelow (7000)

Torgelower Tageblatt	parteilos	–

Treptow a. d. Tollense (4500)

Treptower Tageblatt	deutschnational	–

Tribsees (3500)

Tribseeser Anzeiger	parteilos	–

Ueckermünde (7800)

Ueckermünder Kreis- und Tageblatt	parteilos	–

Wolgast (7500)

Wolgaster Anzeiger mit Nebenausgabe: Zinnowitzer Zeitung	parteilos	2 650
Wolgaster Zeitung mit Nebenausgabe: Lassaner Zeitung	parteilos	–

Zinnowitz (1280)
   Zinnowitzer Zeitung, siehe Wolgast, Wolgaster Anzeiger

Maria Elisabeth Brockhoff
MUSIK

Mecklenburg

Eine Musikgeschichte Mecklenburgs und Pommerns im Sinne kontinuierlicher Berichte über Ereignisse und allgemein verbreitete Musikpflege ist nicht so zu schreiben möglich, wie man das für andere Landschaften Deutschlands (etwa für den sächsisch-thüringischen Raum) tun kann. Es sind eigentlich nur Einzeldarstellungen bestimmter Perioden in einzelnen Städten möglich, und das entspricht vermutlich auch den geographischen und historischen Gegebenheiten. Abgesehen von den Seestädten, in denen in etwa gleichartige Bedingungen vorliegen, sind die anderen Städte in Mecklenburg und Pommern weit voneinander getrennt durch die fast endlosen Felder, die nur durch Waldstücke, Moore, schilfige Seen und durch die Doppelstriche der auf ein Gutshaus führenden Baumalleen unterbrochen werden. Entfernung voneinander bedeutete in früherer Zeit aber auch Isolation, Abgeschnittensein von dem, was sich in anderen Ländern des westlichen und südlichen Europas in der Musik abgespielt hatte. „Randländer" nennt man das in der Musikgeschichtsschreibung und zu den isolierenden Räumen kommt die zeitliche Isolation, die langen Distanzen der Zeiten, in denen über Mecklenburg und Pommern zu berichten ist, bis es sich etwa im 18. Jahrhundert an Tendenzen und Richtungen der aktuellen Musik anschließen konnte.
Aus Vorzeiten sind Musikzeugen des germanischen Siedlungsgebietes bekannt: das kultischen Zwecken dienende Horn von Wismar aus der Bronzezeit um 1400 v. Chr. und die Lure (ein Metallblasinstrument) von Lubzin bei Sternberg aus dem 9. vorchristlichen Jahrhundert. Nichts ist erhalten aus der Zeit der wendischen Besiedlung des 6. Jahrhunderts, nichts aus der frühen Christianisierung und was man da in Dorfkirchen des frühen Mittelalters zum Gotteslob sang, was draußen zur Freude und Unterhaltung selbst oder von fahrenden Sängern und Spielleuten musiziert wurde, das ist alles unbekannt.
Ende des 12. Jahrhunderts eroberte der Braunschweiger Herzog Heinrich der Löwe Mecklenburg und setzte 1160 einen Bischof ein, der 1171 in seinen Dom in Schwerin einziehen konnte. Der 6. Bischof, Rudolf I., stiftete dort 1249 eine Kantorei, festbesoldete Kirchenmusiksänger mit Knaben, die die Diskant- und Altstimmen zu den Tenor- und Baßstimmen der Männer sangen. Als besonderer Förderer der Kirchenmusik erwies sich der Bischof Friedrich II. v. Bülow (1366–1375), wie seine Grabplatte mit der Darstellung von König David und zahlreichen musizierenden Engeln der Nachwelt überliefert hat. Eine erste Orgel für den Schweriner Dom wird für die Mitte des 13. Jahrhunderts angenommen.
Zwischen 1480 und 1492 ist ein erhaltenes Missale im Druck auf Pergament vermutlich in der Buchdruckerei der Brüder vom Gemeinsamen Leben an

St. Michael zu Rostock entstanden. Weitere Schweriner Missale und Ordnungen des Gottesdienstes im Dom sind von 1500 und 1519. Aus diesen ist ersichtlich, daß es frühe plattdeutsche Kirchenlieder gegeben hat, sang doch das Volk bei den Prozessionen solche (wie etwa zu Ostern „Christe is opgestanden") als Antwort auf die lateinischen Prozessionsgesänge der Geistlichen. Als nach 1521 die erste gedruckte Agende erschien, ist dann alles an alten Chorbüchern (und für die Forschung unersetzlichen Quellen) als Makulatur verwendet und somit zerstört worden.

Die erhaltenen Nachrichten aus Mecklenburg und Pommern konzentrieren sich zum einen auf die Städte, von denen Schwerin, Rostock, Stettin, Stralsund, Wismar und Greifswald zu nennen sind, zum anderen auf die Höfe der Herrscher und ihrer Verwandtschaft, die Musik aus Gründen der Repräsentation oder zum eigenen Vergnügen machten und machen ließen.

Zwei mecklenburgische Herzogshöfe spielen in der Musikgeschichte des Landes eine Rolle, Schwerin und Güstrow, und die frühesten Nachrichten von Musikern und Komponisten werden oft in beiden Hofakten genannt, so daß es Überschneidungen in der Wirksamkeit gibt. Außerdem spielt zu Beginn der ersten Blütezeit auf musikalischem Gebiet Herzog Johann Albrecht I. (1525–1576) an beiden Orten eine Rolle als Herzog von Güstrow von 1547 bis 1555, als Herzog von Schwerin von 1555 bis 1576 für beide Hofkapellen, der auch dem ihm in Güstrow nachfolgenden Herzog Ulrich, der bis 1603 regierte, immer wieder mit Musikern aus Schwerin aushalf. Schwerin hatte jedoch die größere Hofkapelle. In Güstrow finden sich viele auswärtige und ausländische Musiker als Gäste für mehr oder weniger lange Zeiträume. Darunter waren Ratsspielleute aus Wismar, englische und französische Musiker, die auch die Verbindung zur aktuellen Musikpraxis in Europa darstellten.

Da Nachrichten über die Güstrower Hofkapelle nur zwischen den Jahren 1555 und 1695 existieren, soll die Güstrower Hofkapelle hier vor der Schweriner besprochen werden. Die gelegentlich zwischen den beiden Herzogshöfen wechselnden Musiker werden dann nur jeweils mit dem Namen erwähnt. Größere Einzelheiten über Leben und Werk Einzelner werden an dem Ort dargelegt, wo die meisten Lebensjahre verbracht wurden.

Als 1696 der letzte Güstrower Herzog, Gustav Adolf, starb, übernahm Herzog Friedrich Wilhelm von Schwerin die Regierung in Güstrow, die Hofkapelle war inzwischen aufgelöst worden und Güstrow kam 1701 im Vergleich von Hamburg endgültig an Schwerin.

Im 16. Jahrhundert findet sich in Güstrow die Buntfarbigkeit der Renaissance-Instrumente, die mit den jeweils nur einmal vorhandenen Instrumenten zum Typus des „Spaltklanges" beitragen. Als früheste Namen erscheinen zwischen 1555 und 1557 ein Trompeter *Jochim*, ein Organist *Paul* und ein Lautenist *Peter*, und in einer Besoldungsliste vom Juni 1557 sind als feste Mitglieder 1 Organist, 1 Lautenist und ein Sänger registriert. Dazu kam immer der Hoftrompeter, der nicht unter die Musikanten gezählt wurde, sondern als eine Art Herold für seinen Herrn galt. Streicher werden, wie später noch oft, aus den Ratsspielleuten oder den freien Zunftmusikern Wismars für einzelne Gelegenheiten engagiert worden sein, auch aus Rostock und Stralsund kam ein Zinkenbläser *Peter* bis 1567 an den Hof. Dieser Peter ist 1576 noch als Ratsspielmann in Wismar erwähnt worden.

Bei den Reisen der Güstrower (ebenso wie der Schweriner) Herzöge kamen die Musiker aus Repräsentationsgründen mit und so finden wir sie an den unterschiedlichsten Orten: in Bad Doberan, in Eldena bei Greifswald, in Flensburg, Rostock, Grabow, Friedrichsburg, in Wolfenbüttel, Barth, Stralsund, Lübeck, Parchim und im dänischen Kronenburg. Andererseits kamen auch die Musiker und Spielleute auswärtiger Fürsten bei deren Besuchen am Güstrower und auch am Schweriner Hof im Gefolge mit und es waren oft prominente Besucher: der Große Kurfürst von Brandenburg, die Königin von Dänemark, die Herzöge von Holstein, Braunschweig, Pommern, der Markgraf von Ansbach und viele andere. Der König von Dänemark erschien 1588 gar mit 12 Trompetern in Friedrichsburg, was nicht ohne Einfluß auf die Mecklenburger Hofmusik blieb.

Spät erscheint der erste Name eines Geigers: zwischen 1563 und 1568 *Christoffer Welsch*. 1571–1579 spielte *Lorenz* die Harfe.

Der als Komponist in Schwerin 1562 angestellte *Hans Frölich* war 1563–1567 in Güstrow, 1573–1575 war *Anthonius Mors* in Güstrow Organist, der 1592 noch einmal für den erkrankten Organisten *Melchior* einsprang. Bei den Besuchen der Königin von Dänemark in Güstrow 1600 und 1602 hat Anthonius Mors wieder als Gast die Orgel dort gespielt. 1576 kam der aus Schwerin stammende *Thomas Mancinus* (Menkin) als Komponist und Kapellmeister nach Güstrow. Er sollte „zwei Knaben, so gute Stimmen haben zum Gesang artig abrichten und auch einige reinstimmige Knaben aus der Schule zu Hilfe nehmen, die Stücke der Instrumente und Gesänge verändern und durch eigene Kompositionen oder sonsten verbessern." Er ist aber nur ein Jahr im Dienst in Güstrow geblieben und wurde wieder als Kantor nach Schwerin geholt.

Wie vielseitig die Musiker damals sein mußten, sieht man etwa 1579 bei der Bestallung des Zinkenbläsers *Hans Ebel*, der sich „nicht allein für einen Organisten, sondern auch Pfeiffer, Bassuner, Trompeter und Geiger und in allen musikalischen Instrumenten, darauf er gelernt hat, gebrauchen lassen."

Musiker, die eine Hofstelle anstrebten, hatten auch Jungen oder Gesellen bei sich, die sie in verschiedenen Instrumenten ausgebildet hatten und mit denen es möglich war, daß polyphone Sätze, deren jede Stimme eine andere Klangfarbe erforderte, den Spaltklang ergaben. So wurde etwa 1594 *Matthias Möller* aus Magdeburg in Güstrow bestellt „vor unsern Instrumentisten und Kunstpfeiffer nebst vieren seinen Gesellen mit allerlei musikalisch Instrumenten, darauf sie gelernt, oder noch ferner lernen können, jederzeit aufzuwarten und sich mit allerhand schönen und lieblichen Stücken hören und gebrauchen zu lassen."

Unter dem auf den Tod Herzog Ulrichs 1603 folgenden Herzog Karl (1603–1610) gab es keine Hofkapelle. Nur von Trompetern, die ja bekanntlich nicht dazu gehörten, gibt es aus dessen Regierungsjahren einige Nachrichten. Erst unter Herzog Johann Albrecht II. (1590/1611–1636) wurde wieder eine Hofkapelle aufgebaut. Durch eine englische Komödiantentruppe, die 1611 in Schwerin gastierte, entstanden wohl die Beziehungen zu englischen Musikern, denn der neue Herzog stellte 1613 zwei Engländer, *Albertum Courrien* und *Wilhelm Harß* als „musicanten und Diener" ein, die außer Geld auch noch Deputate an Getreide, 1 feist Schwein, 1 Schaf, 1/2 Kuh, sowie Hering, Stockfisch, Kabeljau, Sprotten, Butter, Eier, Gänse, Hühner und Salz pro Jahr bekamen. Der berühmteste der in Güstrow engagierten Engländer war der 1618 in den Dienst genommene *William Brade* mit seinen beiden Söhnen, der die enorme Summe von 1000 Gulden Jahresgehalt bekam. Brade war damals ein bekannter Spieler der Viola da gamba und Komponist, der an vielen Fürsten- und Königshöfen in Dienst gestanden hat. In Hamburg hatte er 1609 vier Bücher fünfstimmiger Tanzstücke herausgegeben, die sicherlich zur Gebrauchsmusik an den Höfen gehörten. 1621 wurde der englische Lautenist *John Stendle* (Johann Stanley) eingestellt, 1626 gastierte der berühmte englische Gambist *Walter Rowe* in Güstrow, dem der Herzog den jungen *Michael Rode* für ein Jahr zur Lehre mit einem offiziellen Vertrag nach London mitgab. John Stanley mußte die Prinzessinnen auf der Laute unterrichten. Der junge Michael Rode erlernte die Kunst des Gambenspieles und ist dann bis 1637 Musiker am Hof in Güstrow gewesen. In einem anderen Vertrag überließ der Londoner *Wilhelm Daniel* dem Herzog für 60 Taler den aus London stammenden Lehrjungen *Richard Quicken*, Musicant-Jungen, der von seinen 9 Lehrjahren noch „viertehalb" zu lernen hatte und daher schon verschiedene Instrumente spielen konnte. Er lernte am Güstrower Hof beim Hofkapellmeister weiter und konnte auf den schon beherrschten Instrumenten bei der Musik mitwirken. Im Jahre 1631 stellte Herzog Johann Albrecht II. (1590/1611–1636) *Johann Vierdanck* als Geiger in Güstrow an. Dieser war in der Hofkapelle in Dresden unter *Heinrich Schütz* Sängerknabe gewesen, und Schütz nannte ihn 1616 „ein feiner sittsamer Mensch" und lobte seine kompositorischen Fähigkeiten. Vierdanck verließ die Güstrower Stelle bereits 1632 wieder, um nach Lübeck und Kopenhagen zu gehen, aber 1635 nahm er die Stelle als Organist an St. Marien in Stralsund an und wurde von dort aus eingeladen, am Mecklenburgischen Hof die Hochzeitsmusik „Mein Freund komme" für die Hochzeit der Herzogin Sophie-Elisabeth mit Herzog August von Braunschweig-Lüneburg zu komponieren und aufzuführen. Als Bezahlung erhielt er das Quartalsgehalt eines Güstrower Musikers. In Stralsund, wo Vierdanck zwei Orgeln zur Verfügung hatte, war er hochgeachtet und bezog das gleiche Gehalt wie der Prediger. Viele seiner Werke wurden in Rostock gedruckt.

Unter Herzog Adolf Friedrich I. (1588/1592–1658) sind keine Nachrichten, die Musik betreffend, erhalten. Der letzte der Güstrower Herzöge, Gustav Adolf, regierte von 1654 bis 1696, und unter ihm wurde die Hofkapelle wiederum auf eine Höhe gebracht, die eine echte Konkurrenz zu der, die französische Musik bevorzugenden, Schweriner Hofkapelle darstellte. 1656–1674 wurde *Albert Schop* zum Hoforganisten ernannt. Er war der Sohn des *Johann Schop* aus Hamburg, mit dem der Schweriner Herzog Christian Louis I. in Paris bekannt geworden war. Albert Schop wurde in Güstrow seßhaft und heiratete dort eine Bürgerstochter. 1658–1681 tat der Brabanter *Daniel Danielis* in Güstrow Dienst als Bassist, danach 1661–1664 als Hofkapellmeister, dem 1662 *Augustin Pfleger* als Vize-Kapellmeister beigegeben wurde. Nach dessen Abdankung 1665 wurde Danielis wieder allein Hofkapellmeister, Augustin Pfleger ging als Kapell-Direktor an den Herzogshof Holstein-Gottorp.

1679–1687 wird *Johannes Engelhardt* als Bassist und Hofkantor genannt. Seit 1681 kennen wir die Namen der übrigen Sänger: 1681–1694 *Gottfried Meinerdt*/Tenorist, 1681–1685 *Johannes Andreas Degen*/Altist und geheimer Kammerschreiber und 1680–83 *Daniel Döbricht*/Falsettist aus Hamburg, der 1691 als Kammermusiker in der Hofkapelle von Weißenfels-Querfurt noch einmal namentlich erscheint. In Güstrow wurde die Oberstimme damals also von einem männlichen

Falsettisten, die zweite von einem männlichen Alt gesungen, was vielleicht noch auf englische Praxis hinweisen könnte, vielleicht auch klanglich in etwa als Ersatz gemeint war für die von Güstrow aus öfters gesuchten Kastraten, die aber nie den Weg in den Nordosten Deutschlands fanden. 1693/94, also kurz vor der Auflösung, ersieht man aus den Besoldungslisten sieben feste Musikanten-Stellen, außer den Trompetern und Paukern gerechnet. Die jeweils dazukommenden fremden oder besuchenden Musiker sind hierbei nicht berücksichtigt und auch nicht erfaßbar außer bei einzelnen Gelegenheiten, die Meyer angibt. Zusätzlich gab es zwischen 1660 und 1693 noch Tanz- oder Ballmeister. Zwei Discantisten-Knaben sollten stets vorhanden „und ein kleiner sollte immer in Ausbildung als gleicher Ersatz für Ausfälle durch Mutation sein". Zwischen 1669 und 1671 werden „Comödien" im Ballhaus in Güstrow angeführt. Es könnte sich um italienische Opern gehandelt haben, Einzelheiten sind jedoch nicht erhalten. 1671 sollen in einem Hof-Liebhaber-Theater „Entrées", also Tanzszenen, aufgeführt worden sein, „wobei die princesses Louyse und Elisabeth und I. Durchlaucht der Prinz von Schwerin tanzten". Dazwischen gab es Lieder und „Concerte von einigen Stimmen". Das waren vermutlich Veranstaltungen, wie sie in Versailles in den Ballets de Cour unter Mitwirkung des Adels stattfanden und die an kleineren Höfen nachgeahmt wurden. Es ist auch die Rede von einem „Hirtenspiel mit vieler Kunst repräsentiert" zum Geburtstag des Herzogs. Für regelmäßige Darstellungen von Opern waren aber wohl nicht die Mittel vorhanden.

Für die Verbindung zwischen der Musikpflege in Güstrow und S c h w e r i n , die jetzt in den Mittelpunkt gerückt werden soll, steht Herzog Johann Albrecht I., der nach seiner Güstrower Regierungszeit 1547–1555 in Schwerin zwischen 1555 und 1576 herrschte. Der Herzog war mit den Musikzentren West- und Südeuropas bekannt und unterhielt besondere Beziehungen mit Ferrara und Venedig, von wo ihm sein Hofmusiker *Dominico* 1552 Musikalien besorgt hatte. Er berief ausländische Gelehrte und Künstler an die Landesuniversität Rostock und gründete 1553 die Schweriner Gelehrtenschule nach dem Muster der Meißener Fürstenschule, an der die Kantoreiknaben für die Mitwirkung in der höfischen Musik ausgebildet wurden.

Zu seiner 1555 gefeierten Hochzeit mit der preußischen Herzogstochter Anna Sophie komponierte der römische Tonsetzer *Adrian Petit Coclicus* (1499–1562) die Festgesänge und studierte sie auch, indem „er die Knaben instruierte" selbst für die Feier am Hof in Wismar ein. Der gebürtige Niederländer, der den polyphonen Satz vertrat, war wohl durch seinen Landsmann *Hieronymus Mors* (1521–1598), der seit 1547 das Amt des Organisten am Dom und an der Schloßkirche in Schwerin innehatte, zu dieser Auftragskomposition gekommen. Petit Coclicus blieb nicht in Schwerin. Er hat vermutlich eine Wismarerin geheiratet und ist 1556 bis zu seinem Tod 1562 Mitglied der königlichen Hofkapelle in Kopenhagen gewesen. Hieronymus Mors, der in seinem langen Leben viele Organisten ausgebildet hat, die vor allem in den norddeutschen Küstenstädten amtierten, stammte aus einer Antwerpener Orgelbauerfamilie, aus der ihm seine beiden Brüder *Jakob* (1515–1585/1602) und *Antonius* (etwa 1500–1562) nach Schwerin folgten. Jakob wurde 1554 Hoforganist in Dresden, Antonius bekam 1555 einen Vertrag zum Umbau der Schweriner Dom-Orgel. 1557–1559 wurden die Pfeifen aus „fünf alten Schweriner Domorgeln" in Antwerpen umgegossen und dann an der Turmwand des Domes aufgestellt, 1560 wurde sie auf drei Manuale mit Pedal erweitert. Beziehungen zu den Niederlanden blieben in Schwerin immer bestehen. Noch 1619 wurde ein Kapellknabe, der spätere Organist *Ulrich Cornitz*, nach Amsterdam geschickt, um „die Organistenkunst zu lernen".

Mit der Verpflichtung von *Johannes Frölich* zum Kapellkomponisten begann der Aufbau der Schweriner Hofkapelle. 1563–1567 war Frölich am Hof in Güstrow, 1569/70 steht er noch einmal in den Listen der „Trummeter und Spielleute". Eine Sammlung lateinischer Motetten „Thesaurus Musicus" des *Joanellus* aus Bergamo überliefert geistliche mehrstimmige Chorwerke aus der Zeit, in der sich die große niederländische Polyphonie ihrem Ende zuzuneigen begann und neben *Orlando di Lasso*, der damals als der Fürst der Musik galt, schon die neue Kunst der affektbetonten Musica Riservata mit ihren Ausdrucksqualitäten aufstieg.

1563 wurde der aus Zwickau stammende *David Köler* (1532–1565), ehemals Schüler von Adrian Petit Coclicus in Schwerin, in Dienst genommen, der 1554 für Güstrow ein Psalmenwerk komponiert hatte. Mit Köler kamen 12 Kapellknaben „von Aldenburg aus dem Landt zu Meichssen" nach Schwerin, um zusammen mit den Schweriner Singeknaben aus der Gelehrtenschule in der Kapelle im Schloß aufzutreten. Das Datum des 17. Juni 1563, der Bestallungsurkunde Kölers, gilt bis heute als das Entstehungsdatum der Mecklenburgischen Staatskapelle, die sich als die Nachfolgerin der ehemaligen Hofkapelle betrachtet. Köler war „Capelmeister" und hatte die Aufgabe „vnns eynne Cantorey aus vnsern Statkindern hier zu Swerin beneben denen Knaben, so er mitgebracht, ahn Zurichten... Inn vnsern beiden Kirchen hier Zu Swerin" (d.h. Dom und Schloßkirche) „... vnd furnemblich ahn vnserm Tische gebuerlicher Zeit auff Zwarten." Zu den Aufgaben gehörte der „Figural Gesang ... DarZu Ihme dan vnsere Instrumentisten, Posauner, Zinckenbleser, so Ihme die Musica Zu Zieren dienstlich vnd Nutzlich sein Khonnen ...". Köler starb schon zwei Jahre später, aber er muß sehr beliebt gewesen sein, denn in einer Schweriner Chronik von 1598 heißt es „Psallebant Musae, Davide canente Colero" (Wenn David Köler sang, stimmten die Musen mit Saitenspiel ein.)

Im September 1571 wurde *Johannes Flamingus* Hofkapellmeister. Auch noch bei ihm gehörte zu seinen Pflichten die Unterrichtung der „Cantoreyknaben". Flamingus war Niederländer und stammte aus Leiden, wo in den Chorbüchern von St. Peter auch seine Werke stehen. Andere Werke gibt es noch in der Universitätsbibliothek in Rostock. Während Kölers Amtszeit war in der Kantorei der Gelehrtenschule *Thomas Mancinus* (Mencken) „die Zierde des Musikchores", der „mit seiner süßen Stimme alle seine Altersgenossen übertroffen" habe. Er war in Schwerin geboren, sang in der Schule unter dem Kantor *Sartorius*, studierte an der Landesuniversität Rostock und wurde 1572 selbst Rektor an seiner Schweriner Schule. Hofkapellmeister ist er nie gewesen, dieses Amt hatte er aber für ein Jahr, 1576, in Güstrow übernommen. Er wurde zurückgerufen, als in Schwerin 1576 der Herzog starb, die Schweriner Hofkapelle aufgelöst wurde und die Gelehrten- und die Stiftsschule zur neuen Domschule zusammengelegt wurden, zu deren Kantor Menken nun erneut berufen wurde. Erst 1579 verließ er Schwerin und wurde nach mehreren anderen Stellen (darunter zwei Jahre als Tenorist am Berliner Königshof) an den Herzogshof nach Wolfenbüttel berufen, wo er die Hofkantorei ausbaute und der unmittelbare Vorgänger von *Michael Praetorius* wurde. Mencken hat geistliche und weltliche Werke komponiert, eine 1608 in Helmstedt gedruckte Passionsmusik, die als dramatische Passion einzuordnen ist, 5-stimmige Madrigale, 4–5-stimmige weltliche Lieder und höfische Gelegenheitskompositionen.

Eine zweite musikalische Blüte kam für die Mecklenburgische Hofmusik mit der Regierungszeit Herzog Christian Louis I. (1623–1695). Dieser unterhielt Beziehungen zum französischen König Louis XIV., hatte lange in Paris gelebt. Er wurde dort katholisch und heiratete die französische Herzogin Isabella Angelika von Montmorency. Die Musik am Königshof in Paris leitete damals der weithin berühmte *Jean Baptist Lully*, der durch die Einführung des vollen Streichorchesters der „24 violons du Roi" das buntfarbige Renaissanceorchester abgelöst und die Grundlage für den Orchesterklang späterer Jahrhunderte gelegt hatte. Daher richtete sich der mecklenburgische Herzog eine Hofkapelle nach neuester französischer Art ein, zuerst mit sechs, dann noch einmal mit 8, also insgesamt 14 „violons", die zuerst, vom Geiger bis zum Kontrabassisten, alle aus Frankreich stammten, erst später kamen die Deutschen *Martin Seehausen* und der Gambist *Nicolaus Christoff Schmid* hinzu. Die Kapelle bestand zwischen 1664 und 1673. Durch diese französische Musik (von deren Bestand aber nichts erhalten ist) und durch die Umgestaltung des Schweriner Schloßparkes nach Versailler Vorbild durch französische Gartenarchitekten wurde Mecklenburg nun erstmals an die „große Welt" und die zeitgenössische europäische Musik angeschlossen. 1672 hielt das Herzogspaar seinen Einzug in das Schweriner Schloß, aber schon 1673 ging die Herzogin wieder nach Paris zurück und die „violons" begleiteten den Herzog als repräsentative Kapelle auf seinen Reisen.

Der folgende Herzog, Friedrich Wilhelm (1675–1713) hielt die französische Musik aufrecht. Er verpflichtete den Lully-Schüler *Johann Fischer* (1646–ca. 1716) als Kapellmeister und Komponisten, der, wie Mattheson von ihm schrieb, „leichte und lustige Ouverturen" komponierte. Nunmehr herrschte die reine Instrumentalmusik vor und die Ouvertüren waren damals lange Suiten mit vielen einzelnen höfischen Tanzsätzen, wie sie „zur Recreation des Gemütes" auch Bach und Händel nach französischer Anregung geschrieben haben. Der Herzog interessierte sich aber auch für die neueste deutsche Musik: er reiste oft nach Hamburg, hörte dort die Opern *Reinhard Keisers* (1674–1739) und kannte *Mattheson* und *Händel*, die an der Gänsemarkt-Oper zusammen wirkten, persönlich. Friedrich Wilhelm bestellte für seine Kapelle noch zusätzliche Violinen und Waldhörner, die mit 1694 ihr frühestes Erscheinungsdatum im Norden Deutschlands erhielten. 1703 ließ er Instrumente für „Hautboisten" kaufen (man erinnere sich an Händels Vorliebe für die Oboe und seine Oboenkonzerte), und 1708 war mit der Anschaffung eines Cembalos für den Generalbaß auch die neueste deutsche Musik spielbar. Ein Etat von 12 Musikern wurde für die Hofkapelle festgesetzt. Dazu kamen, wie auch in früheren Zeiten, bei Bedarf Trompeter und Pauker, die als Instrumente herrschaftlicher Repräsentanz immer nachweisbar waren und alle Kapellauflösungen überdauert hatten, die auch nicht dem Hofkapellmeister, sondern dem Hofmarschallamt unterstanden und an die Kapelle nur „ausgeliehen" wurden. Johann Fischer, der dem Herzog eine Tafelmusik widmete, blieb von 1701 bis 1704 am Mecklenburger Hof und ging dann nach Kopenhagen. Er kam aber nach Mecklenburg und Pommern zurück, wo er als freier Musiker in Schwerin, Stralsund und Stettin gelebt hat.

1709 kam für ein Jahr *Jean Baptiste Anet* (1661–1755) aus Paris an den Hof in Schwerin. Er war ein Schüler *Arcangelo Corellis* und damit der italienischen Musiktradition verbunden. Sein Ansehen war groß, er galt als „erster Geiger Frankreichs" und kehrte 1710 nach Paris in die königliche Kapelle zurück.

Seit dem Beginn des 17. Jh. gab es in Schwerin auch namentlich genannte Lautenisten: 1622 *Caspar Zellinger*, der aus dem Dienst der schwedischen Königin Christine kam, 1623 als zweiter Lautenist *Johann Stanley* aus England, der seit 1621 schon in Güstrow gewirkt hatte. 1696 ist der Franzose *Franciscus Lovery* als Gambist und Lautenist, 1797 *Johann Caspar König* als Lautenist nachweisbar.

Durch die Wirren des Nordischen Krieges 1709 wurde die Lage der Hofmusik in Schwerin schwierig und als Herzog Friedrich Wilhelm 1713 starb, wurde die ganze Hofkapelle erst einmal entlassen, nur die Trompeter und Pauker konnten bleiben.

Der nächste Herzog, Carl Leopold, der bis 1747 regierte, zeigte kein besonderes Interesse für den Aufbau einer Hofkapelle. Als er aber 1716 eine Nichte des russischen Zaren Peters des Großen heiratete, brachte die neue Herzogin Katarina Iwanowa drei russische Sänger mit nach Schwerin, die bis 1718 blieben und dem bisher ganz französisch orientierten Repertoire nun eine andere Richtung gaben.

1747 wurde Christian Ludwig II. (1683/1747–1756) neuer Herzog, der die Hofkapelle wieder einrichtete und sie einem Kapelldirektor unterstellte. Zum neuen Hofkapellmeister berief er den Sohn des Lübecker Marien-Organisten, *Adolph Carl Kuntzen* (1720–1781). Ein Hof-Capell-Reglement von 1752 zeigt im ersten Punkt die Aufgaben des Hofkapellmeisters an: „... gleich wie nicht nur die Composition, sondern auch die Direction und Ausführung aller geist- und weltlichen Vocal- als Instrumental-Musique, und was an dergleichen bey Unserm Hof vorfallen und von Uns verlanget werden möchte ...". Interessant ist auch der siebte Punkt: „Bey den Concerten oder dergleichen Musiquen soll der Kapellmeister allemahl zugleich die Pflichten eines Concertmeisters verwalten, mithin bey den Aufführungen als ein rechtschaffener und tüchtiger Mann selbst die Hand mit anlegen und die Violine so oft mitspielen, als zu guter Einheit oder Ausführung der Musique die Nothwendigkeit es erfordert." Daran sieht man, daß das Generalbaßzeitalter zu Ende ging, die Direktion des Orchesters nicht mehr vom Cembalo, sondern vom Konzertmeister aus, d.h. von der Oberstimme anstelle des Basses aus, erfolgte. Der dirigierende Konzertmeister wurde dann im 19. Jahrhundert (so etwa durch Mendelssohn im Leipziger Gewandhaus) durch einen neu hinzukommenden Dirigenten ersetzt. Im neunten Punkt heißt es: „Die Aufsicht, Unterricht etc. der Kapellknaben liegt dem Kapellmeister ob un erhält dafür jährlich 60 rth." Diese Kapellknaben wurden zu Vokalisten und Instrumentalisten ausgebildet und wirkten in der Hofkapelle und in den „Musicalischen Comödien" mit. Geistliche Musik sangen sie nicht, denn 1730 hatte der Herzog den Domkantor *Johann Christian Stösiger* (1701–1747) zum Hofkantor ernannt, der aus den Jungen der Domschule eine eigene Hofkantorei auszubilden hatte für die geistliche Musik, die in der Schloßkirche zur Aufführung kam. Kantaten von Stösiger sind erhalten. 1767 wirkte der spätere Bach-Biograph *Johann Nicolaus Forkel* (1749–1818) dort als Chorpräfekt.

Herzog Friedrich der Fromme (1717–1785) engagierte in Lübeck *Lucietta Affabili* (1725–1776), die in einer der berühmten Klosterschulen Venedigs im Gesang ausgebildet war und die die erste weibliche Sängerin der Hofkapelle wurde, deren Brillanz und „Genie" gerühmt wurden. Unter dem Einfluß des Erbprinzen und späteren Herzogs Friedrich, der der theologischen Richtung des Pietismus zuneigte, komponierte *Kuntzen* in Schwerin seit 1749 Passionsmusiken, Kantaten und Oratorien, die mehr als vierzig Jahre gepflegt wurden und die mit ihren Nachfolgern „zu den selbständigsten Leistungen Mecklenburgs auf dem Gebiet der Musik" gehörten. 1753 wurde Kuntzen wegen Streitigkeiten mit der Hofkapelle entlassen und im folgenden Jahr wurde der schon 1765 berufene Hofkomponist *Johann Wilhelm Hertel* (1727–1789) neuer Hofkapellmeister. Er war außerdem Sekretär der Prinzessin Ulrike Sophie und wurde später Hofrat. Von Hertel sind zahlreiche Kompositionen in Schwerin und Brüssel erhalten, Lessing rühmte in seiner „Hamburgischen Dramaturgie" Hertels in Hamburg aufgeführte Schauspiel-Musiken, seine Klavierkonzerte wurden denen von Carl Philipp Emanuel Bach an die Seite gestellt. Bestrebungen um ein deutsches Nationaltheater, das Herzog Christian Ludwig durch die Verpflichtung der Schönemannschen Gesellschaft, die die Theaterbestrebungen der Neuberin fortsetzte, heranbilden wollte, scheiterten nach dem Tod des Herzogs 1756, da sein Nachfolger Friedrich der Fromme keinen Sinn für das Theater hatte und stattdessen das Oratorium pflegte.

1761 heiratete die Prinzessin Sophia Charlotte König Georg III. von England, und Hertel mit der Schweriner Hofkapelle steuerte ein Schäferspiel nach Metastasio und eine Sinfonie zu den Festmusiken bei, die 180 mal für andere Kapellen kopiert werden mußte!

1767 wurde der Hof und damit auch die Hofkapelle von Schwerin nach L u d w i g s l u s t verlegt. Hofkapellmeister wurde *August Friedrich Westenholtz* (1736–1789), der vor allem das geistliche Oratorium pflegte. Westenholtz war in erster Ehe mit der Hofsängerin Lucietta Affabili verheiratet, in zweiter Ehe mit der Pianistin *Sophie Fritzscher* (1759–1838). Er komponierte im Verein mit Hertel, der in Schwerin blieb, und dem Kammerkompositeur *F. L. Benda* (1746–1792). Auch der Dresdner Hofkapellmeister *J. G. Naumann* (1741–1801) schrieb „Deutsche Oratorien", von denen eines hundertmal aufgeführt wurde! Die Hofkapellmeister aus Weimar *E. W. Wolf* (1732–1792) und aus Berlin *Johann Friedrich Reichardt* (1752–1814) führten ihre Werke im Schloß Ludwigslust auf. Die Darbietungen müssen von beachtlicher Qualität gewesen sein, stand doch in einer Rezension von Cramers „Magazin der Musik" 1783: „Schwerlich, mein Bester, werden Sie an irgendeinem deutschen Hofe bessere geistliche Musiken so vollständig hören als hier", und 1784 sprach Johann Abraham Peter Schulz von Schwerin als „dem berühmtesten Wohnsitz der religiösen Musik." 1780 fand hier eine vollständige Aufführung von Händels „Messias" statt. Die Darbietungen wurden nach französischem Vorbild „Concerts Spirituels" genannt und konnten von jedermann ohne Ansehen des Standes und ohne Eintrittsgeld besucht werden: ein frühes Beispiel für öffentliche Musik noch unter höfischer Aegide. Zur Kapelle gehörten damals 12 Hofsängerinnen und -sänger, 18 Hofmusiker und zusätzlich, je nach Bedarf, Oboisten, Waldhornisten, Trompeter und Pauker. Ein früher im Staatsmuseum Schwerin hängendes Gemälde zeigt die ganze Hofkapelle im Jahr 1770.

Unter dem nächsten Herzog Friedrich Franz I. (1756/1785–1837), der 1785 das Erbe antrat, wurden neben den Oratorien nun auch Sinfonien der Klassik aufge-

führt. Der musikalisch ausgebildete Herzog, der mehrere Orchesterinstrumente beherrschte und manchmal sogar seine Hofkapelle selbst leitete, ließ aus Verehrung für die Kunst *Joseph Haydns* ein Porträt des Komponisten malen und im Schloß Ludwigslust aufhängen. Eine große Zahl zeitgenössischer handschriftlicher Kopien aus Haydns Werken hat die Haydn-Forschung der Neuzeit noch wesentlich unterstützen können. In der ehemaligen Schloßbibliothek gibt es, wie Kade aufgelistet hat, 120 Werke Haydns. Im Hoforchester finden sich die Namen von *Friedrich Carl Westenholz*, einem Sohn des Hofkapellmeisters, 1774–1780 als Violoncellist in Ludwigslust, dann zur Ausbildung als Organist nach Lübeck gesandt und seit 1783 wieder Mitglied der Kapelle und an der Schloßkirche. Ihm oblag der Klavierunterricht der herzoglichen Kinder. Dann von *Carl Ludwig Cornelius Westenholz*, der als Geiger seit 1801 in der Hofkapelle solistisch tätig war. Später wurde er außerdem als vorzüglicher Pianist bis 1854 in Schwerin geführt. Und schließlich von *Anton Wilhelm Caspar Saal*, der 1782 als Bratscher in die Hofkapelle eintrat 1786 nach Weimar zur Ausbildung auf der Harfe geschickt wurde und seit 1791–1802, wo er nach Wismar und Rostock ging, als Harfenist in der Hofkapelle tätig war. Als Hofkapellmeister Westenholz 1789 starb, wurde *Franz Anton Rösler* (Antonio Rosetti), der von 1750 bis 1792 lebte, für nunmehr 1000 Rtl. und Deputate neuer Kapellmeister. Er hatte „volles Pourvoir über das ganze Orchester, die Sänger und Sängerinnen, sofern sie die Musicen beträfe" und mußte „alle Unsere Concerte sowohl im Zimmer sowie auch in der Kirche zu dirigieren, alle ihm aufgegebenen Kirchen- und andere Musiken unentgeltlich zu componieren." Unter vielen anderen Werken schrieb Rösler 1790 ein Oratorium „Jesus in Gethsemane", das er 1792 auch in Berlin in Anwesenheit des Königshofes zur Aufführung brachte. Sein Requiem wurde am 13. Dezember 1791 bei der in Prag veranstalteten Totenfeier für Wolfgang Amadeus Mozart von 120 Mitwirkenden zu Gehör gebracht. Rosettis Schäferspiel „Das Winterfest der Hirten" zum Geburtstag des Fürsten gilt als der Beginn mecklenburgischer Operntradition. Von Rosetti sind 16 Sinfonien, 6 Instrumentalkonzerte, 3 Oratorien und 2 Opern in der Schweriner Musikaliensammlung erhalten. Vorher gab es nur einzelne Gast-Opernproduktionen, von denen hier Karl Heinrich Grauns Oper „Montezuma" (auf das Libretto von König Friedrich II. von Preußen) 1755 und Hasses „Didone abbandonata" (auf einen Metastasio-Text) von 1756 genannt sein sollen. Nach Rösler wurden in Ludwigslust Grétrys „Richard Löwenherz", Marin y Solars „Cosa rara" und Georg Bendas „Der Dorfjahrmarkt" aufgeführt.
Franz Anton Rösler starb 1782, und mit der Leitung der Kapelle wurde der seit 1781 in Ludwigslust wirkende Violinvirtuose *Eligio Celestino* (1739–1812) beauftragt. Er erkrankte 1803, und der in Kassel geborene Geiger *Louis Massonneau* (1766–1848) wurde als Adjunkt, nach dem Tode Celestinos 1812 als Konzertmeister angestellt. Er war seit 1785 Konzertmeister an den in Göttingen von dem ehemaligen Schweriner Domchor-Präfekten *Johann Nikolaus Forkel* aufgebauten Akademischen Konzerten und in gleicher Eigenschaft in Frankfurt am Main, am Neuen Theater in Altona und an der Fürstlichen Kapelle in Dessau gewesen. In Schwerin war Massonneau von 1812 bis 1837 Hof-Konzertmeister und damit Leiter der Hofkapelle, die in diesem Jahr wieder nach Schwerin zurückverlegt wurde, in dem die Amtszeit Massonneaus endete. Er blieb in Ludwigslust und starb dort 1848. Von seinen Werken ist besonders eine Sinfonie „La Tempête et le Calme"

zu erwähnen, die Beethovens Pastoralsinfonie vorausnimmt. Außerdem hat Massonneau die ersten drei Mecklenburger Musikfeste geleitet und sich damit seinen Platz in der Musikgeschichte dieses Landes errungen.

Vom Ende des 18. Jahrhunderts an sind in S c h w e r i n musikalische Aktivitäten des Bürgertums nachzuweisen, das nach und nach im 19. Jahrhundert zum Träger des Musiklebens wurde. Voraussetzungen zu einer weiter gestreuten Musikpflege war die Beschaffung von Notenmaterial, und da gab es „Musikalische Lesezirkel" und „Bureaux de Musique" in den Städten, in denen man die Literatur ausleihen und sicher auch für den eigenen Gebrauch abschreiben konnte. Dazu kamen zwischen 1793 bis 1799 öffentliche „Liebhaberkonzerte", die *C. Fr. Ebers* (1770–1836), später Musikdirektor der Schweriner Hofschauspielergesellschaft, organisierte. Da Herzog Friedrich der Fromme nichts von weltlichen Schauspielen hielt, unterblieben während seiner Regierungszeit auch die Konzerte.

Nach Ebers' Tod legte der Schauspieler und Musiker *I. C. C. Fischer* (1752–1835) Pläne zu einem Nationaltheater in Mecklenburg vor, die aber auf langen Dienstwegen nur zähflüssig vorankamen. Der Herzog hingegen ließ das aus dem Jahre 1698 stammende Ballhaus zu einem Schauspielhaus umbauen, das nach den ersten höfischen Leitern 1790 I. C. C. Fischer übernahm, der im gleichen Jahr schon Mozarts „Don Giovanni" mit großem Erfolg mehrmals aufführen ließ. Im Winter gab es wöchentlich fünfmal Schauspiele und Opern, später wurde von Januar bis März in Schwerin und im Juli und August in Bad Doberan gespielt, wo ein kleines Sommertheater nach dem Vorbild von Goethes Theater in Bad Lauchstädt gebaut wurde, in dem man ab 1805 spielen konnte. Auch in Rostock, Wismar und Güstrow gastierte die Schweriner Hoftheatergesellschaft. Die Ensemble und Direktoren wechselten, erwähnt sei vielleicht noch als damals prominenter Leiter *Christoph George Heinrich Arresto* (1768–1817), ehemaliger Direktor des Kaiserlich Russischen Theaters in St. Petersburg. An Repertoire gab es außer zeitgenössischen Opern und Singspielen die Opern Mozarts, die auch in Weimar und Lauchstädt die Aufführungslisten angeführt hatten, schon 1822 Carl Maria v. Webers Opern „Preziosa" und „Der Freischütz", die mit großem Erfolg in Bad Doberan, Rostock und Güstrow mehrfach aufgeführt werden konnten. Unter Hofschauspieldirektor *I. C. Krampe* (1774–1849), der bis 1835 amtierte, erschienen Beethovens „Fidelio" und Weber „Oberon" (auch in Rostock und Wismar) und zeitgenössisches französisches Operngut mit drei Opern von Auber, darunter „Die Stumme von Portici" und Boildieus „Weiße Dame".

Liebhaber- und Laienmusizieren organisierte sich im 19. Jahrhundert vor allem in Musikvereinen und Chören, deren Organisation in Schwerin durch lange durchgehaltenen Standesdünkel nur schwer in Gang kam, wollten doch die Töchter herzoglicher Beamten nicht mit Bürgerstöchtern zusammen singen! „Über den Werth und Nutzen des Gesanges", eine Schrift des späteren Universitätsmusiklehrers *Anton Saal* (1762–1855), 1808 in Rostock gedruckt, und das „Nationalgefühl der Zeit" nach den Befreiungskriegen, führten zur Entstehung von Gesangvereinen in Schwerin, Rostock, Wismar und Güstrow. Hieraus erwuchs das erste Mecklenburgische Musikfest 1816 in Wismar, das erstmalig die beiden Musikzentren des Landes, den höfischen von Schwerin und Güstrow und den bürgerlichen der Hansestädte Rostock und Wismar unter der Leitung des Konzertmeisters Louis Massonneau in gemeinsamer Arbeit vereinte, wurde doch Joseph Haydns „Schöpfung" mit der Ludwigsluster Hofkapelle und einem hundertköpfigen Chor vieler mecklenburgischer Orte in Wismars St. Nikolaikirche zur Aufführung gebracht. Der Herzog war davon so begeistert, daß er im folgenden Jahr in Ludwigslust die ganze Veranstaltung noch einmal wiederholen ließ, als Benefizkonzert für die Armen. Das zweite Mecklenburgische Musikfest in Rostock 1819 mit Händels Oratorium „Samson" wurde schon mit 200 Sängern und der zusätzlich mitwirkenden Hofkapelle Neustrelitz gefeiert, im dritten Mecklenburger Musikfest 1820 in Wismar wirkten schon Sänger aus Berlin, Bremen, Hamburg, Lübeck, Stralsund und Greifswald in Händels „Messias" und Mozarts „Requiem" mit. Den Tag der Völkerschlacht von Leipzig am 18. Oktober feierte man mit Choraufführungen im Schweriner Dom seit 1815. Seit 1820 gab es alle zwei Wochen Abonnementskonzerte für wohltätige Zwecke durch den Gesangsverein, dem sich ein bürgerlicher Instrumentalverein anschloß.

Mit der Rückverlegung des Hofes von Ludwigslust nach Schwerin 1835 wurde die Hofkapelle umstrukturiert, und sie wirkte nunmehr in dem 1836 erbauten neuen Hoftheater am Alten Garten. Intendant war der Hofrat *Karl Zöllner* bis 1855, Musikdirektor wurde *C. Christ. L. Schmidtgen* (1796–1869). Das Orchester hatte 18 Planstellen, dazu kamen Oboisten des Militärs. Das Haus faßte 1300 Personen und wurde mit Louis Spohrs „Jessonda" und danach Mozarts „Figaros Hochzeit" und „Don Giovanni" eröffnet. Hier sang die „Schwedische Nachtigall" *Jenny Lind* 1845 in Bellinis „Nachtwandlerin" und „Norma". 1838 traten die mecklenburgischen Städte Schwerin, Rostock, Wismar und Güstrow dem Norddeutschen Musikverein in Lübeck bei und im II. Norddeutschen Musikfest 1840 in Schwerin dirigierte *Felix Mendelssohn-Bartholdy* 340 Chor-Mitglieder und ein Orchester von 150 Mitgliedern im Dom Haydns „Schöpfung" und sein eigenes Oratorium „Paulus" und spielte sein Klavierkonzert op. 40 im Schauspielhaus. Das IV. Norddeutsche Musikfest leitete der Komponist *Heinrich Marschner* 1843. Kritiker und Lehrer war in Schwerin damals *Friedrich Chrysander* (1826–1901), der sein späteres Leben der Herausgabe der Werke Georg Friedrich Händels widmete. Der letzte Kantor am Schweriner Gymnasium, *Johann Friedrich Hintz* (1802–1876), war Dirigent des Schweriner Gesangvereins. Daneben gab es Singvereine der Handwerker, des Militärs, der gebildeten Stände und der Handlungsdiener.

Erwähnt sei noch der Mecklenburger Komponist *Friedrich v. Flotow* (1812–1883), dessen Werke fast vollzählig in seiner Heimat aufgeführt wurden und die oft sogar die Geburtstagsopern am herzoglichen Hofe bildeten. Als Kuriosum sei das Janitscharen-Korps zwischen 1812 und 1830 erwähnt, in dem *Wilhelm Philipp Lappe* (1802–1871) das türkisch gekleidete und in seiner Besetzung mit „orientalischen" Instrumenten wie großer Trommel, Glockenspiel und Triangel musizierende Ensemble, das seit den „Türkenmusiken" des 18. Jahrhunderts etwa aus Mozarts „Entführung aus dem Serail" bekannt war, leitete. Der seit 1842 als neuer Musikdirektor wirkende *Heinrich Mühlenbruch* (1803–1887) leitete die erste Aufführung des „Tannhäuser" von Richard Wagner nach der Uraufführung 1845 in Dresden und in Weimar unter Franz Liszt in Norddeutschland. Beziehungen zu Wagner bestanden durch *Franziska Wagner*, die Nichte des Komponisten, die 1850–1853 „erste Heldin" am Schweriner Schauspiel war. Insgesamt kam das Werk siebenmal zur Aufführung, ein Sonderzug der neuen Eisenbahn Wismar-Schwerin wurde dafür eingesetzt. 1853 und 1854 wurden noch „Der Fliegende Holländer" und

„Lohengrin" ins Repertoire genommen, was den Kritiker Chrysander sehr verdroß. Von 1855–1863 war Friedrich v. Flotow Intendant des Schweriner Hoftheaters, und mit 1300 Opernaufführungen in 19 Jahren Tätigkeit hat er sich um die Kulturpflege in Schwerin verdient gemacht. Schwerin wurde ein norddeutsches Musikzentrum. Da Flotow selbst Gastspielverpflichtungen in ganz Europa hatte, wurde der Kapellmeister *Georg Alois Schmitt* (1827–1902) als Hofkapellmeister engagiert, der bis 1892 Opern- und Konzertaufführungen in Schwerin auf professionell hohes Niveau brachte. Von 1860 an belebte er die Mecklenburgischen Musikfeste wieder, in denen nun Chöre des ganzen Landes zu dem auf 50 Mitglieder angewachsenen eigenen Orchester miteinander musizierten. Es gab nunmehr auch regelmäßig Orchesterkonzerte und Kammermusikabende als „Soireen für Salon- und Kammermusik", in denen Schmitt als Klaviervirtuose solistisch mitwirkte. Unter der Leitung des Hofkonzertmeisters *Hugo Zahn* (1829–1910) wurde das Erste Schweriner Streichquartett gegründet. Die Komponisten und Solisten des 19. Jahrhunderts, der Geiger *Joseph Joachim*, die Pianistin *Clara Schumann*, *Johannes Brahms*, *Anton Rubinstein*, *Camille Saint-Saëns* kamen nach Schwerin zu Konzerten ihrer Werke. Unter dem Intendanten *Alfred v. Wolzogen* (1823–1883) gab es Mozart- und Wagneropern in einer Qualität, die als mustergültig empfunden und tonangebend wurde. Der erste Schweriner Kammersänger wurde *Carl Hill* (1831–1893), der von 1868–1893 alle großen Baritonpartien der Oper dort sang.

Richard Wagner hörte Hill 1873 in Schwerin und lud ihn sofort ein, in der Uraufführung des „Ring des Nibelungen" 1876 in Bayreuth den Alberich zu singen. Er verschaffte ihm Engagements in London, und 1873 sang Hill bei der Uraufführung des „Parsifal" in Bayreuth den Klingsor.

Der Großherzog von Mecklenburg, Friedrich Franz II. (1823/1842–1883), reiste zur Uraufführung des „Ringes" nach Bayreuth und kaufte dort für 6000 Mark das Recht, den Ring in Schwerin aufführen zu dürfen. So erschien zuerst die „Walküre" 1878 mit lodernden wirklichen Flammen im Finale und Carl Hill in der Partie des Wotan, mit der gesammelten deutschen Kritikerschaft im Parkett, war es doch die erste deutsche Bühne nach Bayreuth, die die „Walküre" herausbrachte. Besucher kamen in den zehn Wiederholungen zum Teil mit Sonderzügen bis aus Lübeck und Hamburg. Im Oktober 1878 folgte der „Siegfried", wiederum mit Besuchern aus ganz Norddeutschland. Die „Götterdämmerung" kam aus finanziellen Gründen nicht zur Aufführung, dafür gab es 1881 „Die Meistersinger" mit Kammersänger Hill als Sachs und der Kammersängerin *Hermine Galfy*, die sich Wagner dann in der gleichen Partie der Eva nach Bayreuth geholt hat. Wagners und Mozarts Werke standen an der Spitze der Aufführungsstatistik, ihnen folgten die deutschen Opern, darunter von Flotows „Martha" und „Alessandro Stradella". 1880 gab es erstmals Verdis „Maskenball".

Als 1882 das Schauspielhaus abbrannte, wurde in vierjähriger Bauzeit der Komplex des neuen Hoftheaters geschaffen, das dann das Mecklenburgische Staatstheater wurde, das das Interimstheater auf dem Bahnhofsplatz ablöste. Schmitt und der Zweite Kapellmeister *Arthur Meißner* (1881–1921), der in seinem letzten Lebensjahr noch Generalmusikdirektor wurde, und der neue Intendant *Karl von Ledebur* (1840–1913), seit 1883 in Schwerin, 1894 Generalintendant, hielten das Theater auf der künstlerischen Höhe. Die Bühne hatte ein eigenes elektrisches Kraftwerk, in der Stadt dagegen gab es nur Petroleumleuchten! Das neue Theater hatte auch einen Konzertsaal, in dem Orgelbauer *Friedrich Ladegast* (1818–1908), der auch die Orgel im Schweriner Dom baute, eine Orgel installierte. Das Orchester umfaßte jetzt 46 feste Stellen und Verstärkung durch die Oboisten. 1892 zog sich Hofkapellmeister Georg Alois Schmitt aus Altersgründen aus Schwerin zurück und ging nach Dresden als musikalischer Leiter des 1400 Mitglieder umfassenden Mozart-Vereins, wo er 1902 bei einem Konzert am Dirigentenpult starb. Sein Nachfolger in Schwerin wurde 1892 *Carl Gille* (1861–1917), der bis 1901 in Schwerin blieb, wo Arthur Meißner noch Hofkapellmeister war. Gille wurde 1897 Nachfolger Gustav Mahlers in Hamburg, und *Hermann Zumpe* (1850–1903) wurde nach Schwerin verpflichtet. Er schildert seine neuen Eindrücke in einem Brief so: „Das Hoftheater ist sehr schön, besitzt allervornehmste Dekorationen und Kostüme, mehrere sehr gute darstellerische Kräfte in der Oper und einen vortrefflichen Orchesterkörper." Zumpe wurde in Schwerin ein berühmter Dirigent, der im Londoner Coventgarden als Gast „Tristan", „Walküre", „Siegfried" und „Fidelio" dirigierte, lehnte aber ein Angebot für sechs Monate nach New York mit Rücksicht auf seine Schweriner Verpflichtungen ab. Der Plan einer Aufführung des „Tristan" in Schwerin erfüllte sich nicht, erst 1909 lernten die Mecklenburger dieses Werk Wagners kennen. Mit einer Aufführung der Oper „Ingwelde" von Max von Schillings 1898 wurde das Hoftheater Schwerin eingeladen, für acht Aufführungen in der Hofoper von Berlin zu gastieren. Im gleichen Jahr gastierte Zumpe in Odessa, dann in Madrid mit Wagner-Werken. 1899 wurde „Der Pfeifertag" von Max von Schillings in Schwerin uraufgeführt, 1900 folgte dann endlich eine Aufführung der „Götterdämmerung", im gleichen Jahr war Zumpe als Gastdirigent in St. Petersburg, und 1901 verließ er dann Schwerin, um als Hofkapellmeister an die Hofoper in München zu gehen, wo er sogleich Generalmusikdirektor wurde.

Das I. Mecklenburgische Musikfest (II. Serie) fand 1860 durch den Schweriner Gesangsverein und Chöre aus Rostock, Wismar und Güstrow statt unter der Leitung von Hofkapellmeister Alois Schmitt, der auch 1859 die erste Aufführung der 9. Sinfonie Beethovens dirigiert hatte. Bis 1922 haben insgesamt 15 je dreitägige Mecklenburgische Musikfeste stattgefunden, fast alle in Schwerin. Träger war der „Mecklenburgische Musikverein", im Repertoire spielten die Oratorien Händels eine große Rolle. 1885 gab es unter der Leitung des Rostocker Musikhistorikers *Hermann Kretzschmar* (1848–1924) beim IX. Musikfest Werke von J. S. Bach und erstmalig von Heinrich Schütz. Haydns und Mendelssohns Oratorien blieben stets im Programm und an neuerer Musik gab es Kompositionen von Bruch und dem Dänen Gade. Verdis Requiem erklang zuerst 1876 im Hoftheater durch den Schweriner Gesangverein, der bis 1889 von *Fritz Becker* (1839–1903) und danach von *Traugott Ochs* (1854–1919) geleitet wurde. Dieser wandelte den Schweriner Gesangverein in eine Schweriner Singakademie mit Gesangsvorschule um, was zu einer Spaltung der Mitgliedschaft führte, so daß die Konzerte der neuen Singakademie in der Tonhalle, die des Gesangvereins im Hoftheater stattfanden. Als Schmitt und Ochs beide 1892 Schwerin verließen, dauerte es noch bis 1898, bis sich beide Chöre wiedervereinigten und unter dem obengenannten Hermann Zumpe weiter konzertierten.

Die Liedertafel von 1852 gehörte zum 1848 gegründeten Mecklenburgischen Sängerbund in Güstrow. Seit 1850 fanden Mecklenburgische Sängerbundesfeste statt, und die Mecklenburger Sänger beteiligten sich auch 1856 am Fest des Norddeutschen Sängerbundes zur 25-Jahr-Feier in Braunschweig. Der Komponist *Friedrich Kücken* (1810–1882) schrieb zahlreiche, oft patriotisch betonte Chorsätze und hat, obwohl er später als Hofkapellmeister an der Stuttgarter Oper wirkte, die Beziehungen zu Mecklenburg nie aufgegeben. Er blieb Ehrenmitglied und wurde 1885 in Schwerin sogar durch die Errichtung eines Denkmals geehrt. Die Liedertafel sang 1891 am hundertsten Geburtstag Theodor Körners an dessen Grab in Wöbbelin bei Ludwigslust Sätze aus „Leier und Schwert" von Carl Maria v. Weber. 1913 kam die Berliner Liedertafel mit 270 Sängern zu Besuch zur Schweriner Liedertafel zum gemeinsamen Musizieren. 1914 fand kurz vor Ausbruch des Ersten Weltkrieges das 27. Mecklenburgische Sängerbundesfest im Hoftheater in Schwerin statt. Mehrere neue Sängervereine hatten sich in der zweiten Hälfte des 19. Jahrhunderts gebildet, darunter war seit 1893 der „Mecklenburgische Arbeitersängerbund."

Aus dem 19. Jahrhundert ist auf dem Gebiet der Kirchenmusik noch *Otto Kade* (1819–1900) zu nennen, der seit 1860 den Schweriner Schloßchor, der aus Männerstimmen der Schweriner Liedertafel und Knabenstimmen für Sopran und Alt bestand, leitete und Wesentliches zur Pflege barocker und vorbarocker Musik geleistet hat, der er sich besonders durch die Palestrina-Renaissance verbunden fühlte. Kade stammte aus Dresden, wo er den „Cäcilienverein" für gemischten Chor zur Vorführung älterer Tonwerke gegründet hatte. Er führte den Schweriner Schloßchor auf beachtliches Niveau und gastierte mit Werken der niederländischen, italienischen und englischen Renaissance auch in Hamburg und Lübeck, zur Verlobung der Herzogin Marie mit dem Großfürsten Wladimir von Rußland 1874 sang er einen vollständigen Gottesdienst in russischer Sprache nach griechisch-katholischem Ritus in Ludwigslust. Für die protestantische Kirchenmusik der Kantorei, für die die Sänger des Schloßvereins auch wirkten, schuf Kade ein vierbändiges „Cantionale für die evangelisch-lutherischen Kirchen im Großherzogthum Mecklenburg-Schwerin", das zwischen 1868 und 1887 entstand, und für die Musikforschung schuf er ein wichtiges Zentrum durch die Ordnung der Musikaliensammlung der Mecklenburgischen Landesbibliothek seit 1891, zu dem er selbst einen zweibändigen Katalog schrieb, der 1893 und 1899 in Schwerin und Wismar erschien. Zwischen 1906 und 1958 verwaltete der frühere Solobratscher der Mecklenburgischen Staatskapelle, Professor *Clemens Meyer* (1868–1958), die Sammlungen.

Im 20. Jahrhundert waren die Nachfolger Zumpes *Paul Prill* (1860–1930), Schweriner Hofkapellmeister 1901–1906, nach ihm *Willibald Kaehler* (1866–1938), der 1924 Generalmusikdirektor wurde, und der Opern, Konzerte und die Chorauffühlungen des Schweriner Gesangvereins leitete. Die Koloratursopranistin *Frieda Hempel* (1885–1955) ging von Schwerin aus an die Königliche Oper in Berlin und wurde von Cosima Wagner nach Bayreuth verpflichtet, auch Kaehler hat 1924 und 1925 den „Parsifal" in Bayreuth dirigiert.

Nach dem Ersten Weltkrieg wurde mit dem Ende des Großherzogtums aus dem Hoftheater das Mecklenburgische Landes- bzw. Staatstheater, das *Fritz Felsing* von 1919 bis 1932 leitete. Operetten, die sonst in Schwerin nur durch private Theaterunternehmer angeboten worden waren, kamen nun in das Repertoire des Staatstheaters, dazu kam der Ausbau des Balletts und durch eigene Ballettabende wurde

das Publikum damit und mit dem neu aufsteigenden Ausdruckstanz vertraut gemacht. Für Wagners Bühnenwerke blieb Schwerin eine kompetente Pflegestätte, und mit der Aufführung des „Parsifal" 1923 war das Wagner-Repertoire komplett. Heldentenöre und dramatische Soprane machten von Schwerin aus Bayreuther und internationale Karrieren.
Die Mecklenburgische Staatskapelle, die aus der Hofkapelle gewachsen war, wurde eines der ersten Orchester Deutschlands. Von 1933–1938 war *Karl Freund* der Konzertmeister, eine Bläser-Kammermusikvereinigung hatte sich 1924 aus der Staatskapelle für besondere Aufgaben herausgebildet. Zeitgenössische Opernliteratur pflegte der Erste Kapellmeister *Walter Lutze,* der von 1920 bis 1935 in Schwerin wirkte, Krenek, Janacek, Weinberger, Braunfels und Kirchner kamen zu Gehör. Das XV. Mecklenburgische Musikfest, als „Landesmusikfest" bezeichnet, im Mai 1922 war „der Schlußpunkt der landschaftlichen Musikfeste Mecklenburgs." 1928 gab es in Schwerin das 58. Tonkünstlerfest des Allgemeinen Deutschen Musikvereins.
Nachfolger Willibald Kaehlers wurde 1931 Generalmusikdirektor *Werner Ladwig* (1899–1934). An neuer Musik brachte er Hindemiths Oper „Cardillac" und in Uraufführung Paul Graeners Oper „Friedemann Bach" heraus, in der der junge *Walther Ludwig* aus Königsberg die Titelrolle sang. Werner Ladwig ging nach einer Spielzeit nach Dresden und leitete dort die Dresdner Philharmoniker, mit denen er auch in Schwerin gastierte.
1933–1935 wurde *Fritz Mechlenburg* Generalmusikdirektor, der dann von *Gustav Debarde* aus Bremerhaven abgelöst wurde. Generalmusikdirektor in Schwerin blieb Mechlenburg jedoch bis 1938. In seine Zeit fiel 1936 das hundertjährige Bestehen des Mecklenburgischen Staatstheaters und zu dieser Gelegenheit studierte *Hans Pfitzner* dort selbst seine Oper „Der arme Heinrich" ein, und die Oper gab den vollständigen „Ring des Nibelungen". Die Nachfolge Mechlenburgs als Generalmusikdirektor trat *Hans Gahlenbeck* an, der aus Rostock stammte und als Generalmusikdirektor in Kiel wirkte. Er amtierte in Schwerin 1938–1944 und 1948–1950. Die letzte Opernaufführung 1944 in Schwerin war Beethovens „Fidelio", erst 1948 gab es wieder Opern und gibt es sie bis heute.
Die musikalischen Nachrichten aus Rostock, das 1218 sein Stadtrecht erhielt, beginnen mit den Namen einzelner Musiker um 1287, mit *Herbordus* dem Paukenschläger, dem Posaunenbläser *Stacius,* dem Leiermann *Johannes.* Im 14. Jahrhundert lesen wir von dem Fiedler *Henzelin* und den Pfeifern *Raslaf* und *Busch.* Es waren seßhafte Spielleute mit Grundbesitz. Daraus läßt sich schließen, daß sie in städtischen Diensten waren. 1478 werden „de herren spellude" erwähnt. Dem Rostocker „Ambte der Spielleute" standen die beiden ältesten Ratsmusikanten als Älterleute vor", die nach den Statuten von 1600 ein „Ambtbuch" führten. Die sich entwickelnde Musikerzunft, in der sich die Musiker zusammenschlossen, die nicht im Stadtdienst standen, erforderten nachzuweisende musikalische Fähigkeiten, verlangten Aufnahmeprüfungen und Aufnahmebeiträge „zur gewinnung und freimachung des Amtes Zwanzig gulden und zwo Tonnen bier so es ein fremder, eines Meisters Sohne aber alhie soll geben zehn gulden und zwo Tonnen bier", wie es die Rostocker Spielleute Rulle bezeugten. 1623 wird dann der Leiter der Spielleute als „Directeur de Musique" bezeichnet, als erster *Balthasar Kirchhof.*

Die Blüte der Hansestadt Rostock setzte schon früh ein und führte zu den Großbauten der vier Hauptkirchen. Turmblasen wurde an St. Marien eingerichtet. 1416 wurde die Universität gegründet. In Bezug auf das Fach Musik, das im Verband der sieben freien Künste seit 1000 Jahren im Quadrivium, der Oberstufe, gemeinsam mit Arithmetik, Geometrie und Astronomie verankert war, ergab sich in diesem 15. Jahrhundert ein Niedergang der Artes Liberales, und die Musik löste sich daraus und wurde praktische Kunst des rechten Singens („musica est ars recte canendi"), aber schon im 16. Jahrhundert gab es wieder die Forderungen, Musik als akademisches Fach zu verankern, so in der Lektionsordnung der Universität Rostock von 1520 und, parallel dazu, in den Universitäts-Statuten der benachbarten Universität Greifswald. Seit *Joachim Burmeister* (um 1566–1629) in Rostock und seit 1518 *A. Ornitoparchus* in Greifswald wird dann bis heute Musiktheorie und Musikgeschichte an diesen beiden mecklenburgischen Universitäten gelehrt. 1475 begann die Druckerei der Michaelisbrüder vom Gemeinsamen Leben zu arbeiten (s. Schwerin). Wichtigstes Zeugnis des Musikrepertoires auf weltlichem Gebiet ist das zwischen 1465 und 1487 zusammengestellte „Rostocker Liederbuch", das wohl von Studenten und Freunden der gerade gegründeten Universität gesammelt und von drei Schreibern ausgeführt worden war. *Johannes, Stefanus* frater und Dominus et Magister *Andreas de Prutzia* werden genannt. Die Sammlung umfaßt vor allem hoch- und niederdeutsche Gesellschaftslieder. Aber auch Tanz-, Liebes- und Scherzlieder sowie geistliche Antiphonen und Motetten von Philipp de Vitry, Oswald von Wolkenstein und dem Münch von Salzburg sind darin überliefert in 60 Nummern mit 31 Melodien aus einer Zeitspanne von etwa 200 Jahren. Leider sind von diesem unschätzbaren Dokument einer lebendigen Musikpflege im 16. Jahrhundert mindestens 12 Blätter als Makulatur gebraucht und für den Schweriner Hof zerschnitten worden. Die Michaelisbrüder druckten 1493 eine niederdeutsche Fassung des lateinischen Kreuzhymnus „Crux fidelis", 1525 das erste plattdeutsche Gesangbuch mit 54 geistlichen Liedern (darunter 12 von Martin Luther), sowie 1531 ein zweites mit 112 Liedern, beide herausgegeben von *Joachim Slüter*, der 1532 starb.

Interessant ist ein Auflösungsbescheid der Universität von 1569 für einen akademischen Musikverein, vermutlich auf Grund der schon 1544 vorgebrachten „Grundsätze", daß die Instrumentalmusik die Studenten zu lockeren Sitten verführe. Demnach muß es schon in der ersten Hälfte des 16. Jahrhunderts sehr verbreitet Instrumentalmusik gegeben haben, von der die Musikgeschichte meistens erst aus der zweiten Hälfte zu berichten weiß. Von den seit 1563 eingerichteten sonntäglichen Turmmusiken von St. Marien erfährt man 1579 von vierstimmigen Stücken, 1585 wurden „schone gute Muteten und ander Stucken ... nach Gelegenheit der Zeit und Festen" vorgetragen, ein interessantes Beispiel für die Praxis des „Absetzens" vokaler Motetten (mehrstimmiger, polyphon gesetzter Stücke) nicht nur, wie sehr verbreitet, auf den Tasteninstrumenten Orgel oder Cembalo, sondern auch auf Bläserensemble. Bis 1900 wurde das Turmblasen in Rostock weitergeführt.

Eine zwischen 1603 und 1608 von zwei Studenten angelegte Liedersammlung überliefert etwa 200 Tänze, Choräle, Lieder und Volkslieder, zum Teil auch zusammengestellt aus zeitgenössischen Sammlungen. Diese Stücke wird wohl auch der 1623 vom Rat der Stadt als Director musices angestellte *Balthasar Kirchhof* aufgeführt haben. Auch die zweibändige Sammlung „Delitiae musicae" von 1656/58 von Hasse, die Universitätsmitgliedern gewidmet wurde, zeigt Einblicke in das studentische Musikleben.

Von dem berühmten Dresdener Hofkapellmeister Heinrich Schütz gibt es einige Lieder zu einer Komödie des Rostockers *Johann Lauremberg* (1590–1658). Fahrende Theatergruppen brachten seit 1606 Singspielmusik nach Rostock. Herzog Christian Ludwig II. richtete aber erst 1751 das Hoftheater ein, in dem Theater, Bälle und Konzerte stattfinden konnten. Daneben gab es ein Ballhaus und seit 1786 ein Schauspielhaus, in dem auch Singspiele aus Deutschland, Frankreich und Italien gegeben wurden, von denen nur 1786 Mozarts „Entführung aus dem Serail" und 1795 „Die Zauberflöte" genannt seien.

In der Kirchenmusik erschien 1601, herausgegeben von *Joachim Burmeister,* der bis 1593 Marienkantor und bis 1629 Magister und Cantor an der Nicolaischule war, die Partitur „Geistliche Psalmen D. M. L(utheri) und anderer Gottseliger Menner", das erste vierstimmige mecklenburgische Choralbuch ein Kantional mit „Melodien durchs Jahr allhie zu Rostock gebreuchlich!" Die Melodie lag im Diskant, so daß sie „von der gantzen gemeine kan gesungen werden. Die anderen drey Stimmen aber von den andern erwachsenen Knaben und gesellen auffm Chor und wer sonst in der Kirche zur Musica lust hat".

Daniel Friderici, 1618–1639 Kantor an St. Marien und seit 1623 „Kapellmeister in allen Kirchen", und *Nikolaus Hasse,* 1642–1670 Organist an St. Marien, waren die Stützen der Rostocker Kirchenmusik. Der aus Rostock stammende *Heinrich Müller* (1631–1675), Professor an der Rostocker Universität und Archidiakon an der Marienkirche, gab außer theologischen Schriften geistliche Lieder heraus, so 1659 die „Geistliche Seelenmusik" mit 409 Liedern, darunter 112 aus dem 16. Jahrhundert, die übrigen Lieder waren neuere Dichtungen und Melodien, darunter von Paul Gerhardt, Johann Rist und Angelus Silesius. 50 Lieder sind mit Generalbaß versehen. Die Sammlung steht, wie auch andere Schriften Müllers, im Dienst der Wiederbelebung des Gemeindegesanges, der durch den Niedergang im Dreißigjährigen Krieg bewirkt worden war. Nach 1697 gab es auch nur noch einen Stadtmusikanten, 1573 waren es drei und 1574 sogar 4 gewesen. Da jeder Stadtmusikant Gesellen und Lehrlinge hatte, brachten 4 Stadtmusikanten schon eine ansehnliche Kapelle zusammen.

Die aus Antwerpen stammenden Brüder Mors sind bei Schwerin genannt worden. Der in Schwerin geborene *Anton Mors,* Sohn des *Hieronymus,* war von 1573–1613 Organist an St. Jakobi in Rostock. Er studierte an der Universität und beriet den Rat der Stadt in einem Orgelvertrag mit *Heinrich Glovatz,* dessen Orgeldisposition Michael Praetorius 1619 in einem Syntagma Musicum II überliefert hat.

Aus dem 18. Jahrhundert sei der Organist an St. Marien und St. Jakobi *Eucharius Florschütz* (1756–1831) genannt, der im Mozartstil komponierte und der auch Musikschriftsteller und Kritiker war. Die Stadt übertrug 1784 dem Marien- und Hauptkantor *E. J. H. Knöchel* einen neugegründeten Chor, der „in allen hiesigen Kirchen zu den Musiquen" singen sollte. Nach 1726 gab es öffentliche Amateurkonzerte, ab 1757 „Wochenkonzerte" in Rostock unter der Leitung von Florschütz und Pannenberg, bei denen auch durchreisende Virtuosen gastierten. Seit 1781 waren von Florschütz die Winterkonzerte der Stadtkapelle im Rathaus eingerichtet worden, bei denen Oratorien von Händel, von Carl Philipp Emanuel Bach, von Benda und Haydn aufgeführt wurden. Ab 1785 gab es öffentliche Konzerte des studentischen Collegium musicum, in dem auch Rostocker Bürger mitspielen konnten. Daneben existierte seit 1801/02 eine „geschlossene musikalische Gesellschaft" mit mehr als 20 Konzerten in der Saison.

Die Begleitung zu Konzerten und Theatermusiken hatte der Stadtmusikant seit 200 Jahren inne. Aus ihm und seinen Gesellen entwickelte sich die Stadtkapelle. Im 19. Jahrhundert war von 1817–1857 *F. J. Weber* Stadtmusicus und Director musices, unter dem die Kapelle 16 Mitglieder zählte und der Abonnementskonzerte mit prominenten Solisten einführte. Unter seinem Nachfolger *Schultz* (1857–1866) war die Kapelle schon 33 Mitglieder stark. 1866–1871 war *C. W. Müller-Berghaus* außerdem Leiter eines Streichquartettes, was der klassischen Kammermusik in Rostock einen großen Aufschwung gab. Ihm folgte 1871–1880 *Bernhard Müller*. Danach war die Bürgerkapelle alleiniger Träger der Konzerte. Es gab nun auch volkstümliche Veranstaltungen und unter *H. Voß* eine Fusion mit der Militärmusik des Rostocker Infanterieregimentes. *Hermann Kretzschmar* (1857–1876 Universitäts-Musikdirektor, 1884 Titularprofessor für Musikwissenschaft) wurde 1880 zum Städtischen Musikdirektor ernannt und zum Leiter der Singakademie berufen. Sein Nachfolger *A. Thierfelder*, von 1888–1923 Universitäts-Musikdirektor und Professor für Musikgeschichte, wurde nicht mehr formell als Städtischer Musikdirektor ernannt.

Die bürgerlichen Chorvereinigungen des 19. Jahrhunderts waren die Träger der Musik- und Sängerfeste (s. Schwerin). 1819 gründete der Jakobi-Organist *J. A. Goepel* eine Chorvereinigung, die später die Singakademie wurde. Im Gründungsjahr gab es auf dem ersten Musikfest schon Händels Oratorium „Samson".

Bei dem von *Heinrich Marschner* geleiteten IV. Norddeutschen Musikfest 1843 erklang Händels „Judas Maccabaeus". 1861, 1870 und 1885 fanden weitere Musikfeste in Rostock statt. Daneben gab es ständische Musikvereine, die bei den Sängerfesten des Mecklenburger Sängerbundes mitwirkten und das gesamte Repertoire der barocken, klassischen und romantischen Oratorien vortrugen. 1865 wurde dann der Musikverein gegründet, in dem alle Stände gemeinsam singen konnten. Ein eigenes Rostocker Theater gab es erst nach der Eröffnung des Schweriner Hoftheaters 1836. Die ersten Wagneropern waren 1854 „Tannhäuser", 1860 „Der fliegende Holländer" und 1863 „Lohengrin". 1880 brannte das Schauspielhaus ab und nach Interimsbühnen wurde 1895 das neue Stadttheater eröffnet. *H. Schulz* wurde als Städtischer Musikdirektor berufen zu einem neu gebildeten Stadt- und Theaterorchester. Theaterkapellmeister *Willibald Kaehler*, der 1897–1899 wirkte, führte mit „Walküre", „Götterdämmerung" und „Meistersingern" die Wagnertradition fort. Später kamen noch „Tristan", der ganze „Ring" und „Parsifal" hinzu, die zum Teil in Festspielen mit berühmten Sängern und Dirigenten gegeben wurden. Gustav Mahlers IV. Sinfonie und das „Lied von der Erde", die Sinfonischen Dichtungen von Hugo Wolf und Richard Strauß entsprachen auf dem Konzertsektor der Vorliebe für die großformatige Musik der zweiten Hälfte des 19. und des beginnenden 20. Jahrhunderts. Das Orchester versah im Sommer auch die Kurmusik in Warnemünde. 1942 wurde das Theater durch Bomben zerstört. Heute führen das Volkstheater mit Opern und das Philharmonische Orchester mit Konzerten die musikalischen Traditionen fort neben den Aufführungen zeitgenössischer Musik. Die Musikbestände an der Universitätsbibliothek sind erhalten geblieben.

Wismar hatte schon früh Stadtmusiker, so gab es schon 1343 einen Erlaß von Hochzeits- oder Spielmannsordnungen, in denen festgelegt wurde, welche Musik bei wem gespielt werden durfte, und welcher Aufwand für Hochzeitsmusik überhaupt erlaubt war, was sich wiederum nach den Ständen richtete. Der Stadtmusicus war derjenige, „der das Privilegium hat, alle in der Stadt vorkommenden ... Musiken gegen Bezahlung ausschließlich anzuführen." Zum Stadtmusicus gehörten, wie überall, seine Gesellen und Lehrlinge, die er selbst halten mußte. Spielleute wanderten auch. Bis zum Meister waren drei Wanderjahre vorgeschrieben, und freie Spielleute wanderten von Ort zu Ort für ihren Lebensunterhalt. So ist z. B. der 1588 als Stadtmusicus und Türmer (= Turmbläser) in Stettin engagierte *Paul Lütkeman* 1587 in Wismar als Stadtpfeifergeselle nachweisbar.

Johann Friedrich Zuber, von dessen Herkunft nichts bekannt ist, hat nach 1678 wohl als Nachfolger von *Friedrich Rincke* als Ratsmusikant und Director der Instrumentalmusik in Wismar gearbeitet, woraus ersichtlich ist, daß es auch hier schon im 17. Jahrhundert den Titel des Musikdirectors gegeben hat (s. Rostock). 1683 ist er in Wismar gestorben. Die von ihm komponierten Lieder sind in Ratzeburg und Berlin gedruckt worden. Instrumentalstücke sind von ihm nicht erhalten.

Anton Wilhelm Caspar Saal (1763–1855), Bratscher in der Hofkapelle in Ludwigslust, später auch als Harfenist, wurde 1802 von seinem Herzog „weil er recht gut schreiben und rechnen konnte" als Postmeister nach Wismar berufen, wurde 1805 Postsekretär in Rostock, 1808 dort Privatmusiklehrer, 1821–1839 Gesanglehrer an der Großen Stadtschule in Rostock, ab 1823 akademischer Musiklehrer an der Universität. Eine 1808 in Rostock gedruckte Schrift „Über den Werth und Nutzen des Gesanges sowie über die Vernachlässigung desselben in Mecklenburg-Schwerin" und eine weitere „Über den Nutzen und die Nothwendigkeit, die Jugend in Schulen, vorzüglich in den Landschulen, im Singen der Choralmelodien zu unterrichten und über das von dem Organisten Bade ... zu diesem Bezug erfundene Instrument", 1820 in Rostock gedruckt, zeigen „die Reformideen des philanthropischen und christlich-humanistischen Bildungsdenkens", auch im Sinne von Herders Ideen zur Schulreform und den 1790 von Johann Abraham Peter Schulz vorgelegten „Gedanken über den Einfluß der Musik auf die Bildung eines Volkes". Der in Wismar 1849 geborene *Hermann Ritter* wurde Schüler *Joseph Joachims* in Berlin und danach Geiger in der Schweriner Hofkapelle. Er wechselte auf die Viola über und entwickelte 1876 eine Viola alta, die er in dem von ihm begründeten Ritter-Quartett für den Streichquartettklang einsetzte. Er hat Lehrwerke, Vortragsstücke und Lieder komponiert und in theoretischen Schriften die Viola alta propagiert. 1926 starb er in Würzburg.

Vorpommern

In Stralsund wurde 1592 *Claus Maess* durch Erwerb des Bürgerrechtes seßhaft. Er war Orgelbauer, der wahrscheinlich aus Nord-Brabant stammte und seit 1603 als Hof-Orgelbauer König Christians IV. in Kopenhagen lebte, wo er 1615 starb.

Über die instrumentale Vielseitigkeit der Stadtpfeifer hören wir aus Stralsund 1607 von dem Kunstpfeifer *Jonas Depensee* über seinen Sohn: „... erstlich ist er ein guter trompeter, zum anderen ein guter zinckenbläser, zum dritten geiget er einen guten discant, pfeiffet eine gute querpfeiffe, auff dulcian, auff der quart posaune tenor und alt posaune, in summa auff allerley instrumenten gar perfect!" 1608 erfahren wir von dem Stralsunder Orgelbauer *Nicolaus Maass* durch den von ihm ausgebildeten *Johan Lorentz*, der sich in Flensburg als Orgelbaumeister niederließ.

Der aus Nürnberg stammende Organist *Johann Martin Rubert* (1615–1680) wurde 1646 nach Stralsund eingeladen zum Probespiel für die Nachfolge *Philipp Kadens* aus Wolgast und danach zum Organisten an St. Nicolai bestellt. Er hat Arien, Lieder und geistliche Vokalwerke komponiert, von denen „Musicalischer Arien erster Theil, mit 2,3 Voc. und 2,3 Instr. Stimmen nebenst beygefügtem doppelten GB(Generalbaß) gesetzt" 1647 in Stralsund gedruckt wurde. Rubert war sehr beliebt und ist, wie Mattheson berichtet, „von den vornehmsten Standespersonen der Stadt Stralsund geehret worden, daß sie um seiner Musik willen ihn, sonderlich im Sommer, oft besuchet, und sich in seinem Garten miteinander lustig gemacht haben." Johann Rist in Hamburg schrieb von ihm: „Du bis der deutschen Welt von Witz und Kunst bekannt, Vor allem liebet dich das große Pommerland!" Im Titelbild der „Musicalischen Arien" sieht man die Musiker um einen Tisch herum sitzen, an der einen Längsseite den Clavichordspieler, dann drei Sänger, zwei Lautenisten, einen Diskant- und einen Tenorgambisten und einen Taktschläger, vielleicht den Komponisten.

Christoph Raupach (1686–1744), der bei seinem Vater *Georg Raupach* und bei dem Hamburger Organisten *Georg Bronner* das Orgelspiel gelernt hatte, kam durch Vermittlung des Rostocker Postmeisters und Organisten *Babst* 1703 als Organist an die St. Nicolaikirche in Stralsund, wo er bis zu seinem Tode blieb. Eine seiner theoretischen Schriften hat Mattheson 1717 herausgegeben. Babst hat Kantaten, Oden und (verloren gegangene) Suiten komponiert.

Für Stettin gilt noch verstärkter die Behinderung in kultureller Hinsicht durch die Randlage als für die Städte Mecklenburgs. Da aber eine große Zahl von Musikernamen die musikgeschichtliche Bedeutung der Stadt dennoch unterstreicht und die Musikgeschichte Vorpommerns ohne die einstige Metropole nicht hinreichend zu würdigen ist, sei Stettin (heute Szczecin) ausnahmsweise ergänzend mit berücksichtigt, obwohl die Stadt mit dem westlich der Oder gelegenen Vorland seit 1945 vom übrigen Vorpommern abgegrenzt und unter polnische Verwaltung gestellt worden ist.

Direkte Beziehungen zu Süddeutschland, zu Italien, Frankreich, England fehlen hier und kunstsinnige Herzöge mit Hofkapellen gab es hier auch nicht. Als die pommerschen Herzöge 1637 mit Bogislaw XIV. ausstarben, gelangte Pommern unter schwedische Herrschaft und nicht an Berlin-Brandenburg. Nach der Belagerung durch den Großen Kurfürsten 1677 war die Stadt ein Trümmerhaufen. 1709 fielen 2000 Menschen der Pest zum Opfer. 1712/13 gab es eine erneute Belagerung durch Russen, Sachsen, Polen und Dänen. 1716 besetzte Preußen als neutrale Macht Stettin und nach dem Frieden von Stockholm 1720 wurden Stettin und Vorpommern bis zur Peene preußisch. Das waren keine der Musik günstigen Zeiten.

In Stettin muß man zwischen zwei unterschiedlichen Amtsbezirken unterscheiden. Der Königliche Bezirk, der der Regierung unterstand, und der Städtische, in dem der Magistrat regierte. Durch die unterschiedliche Größe der Bezirke war z. B. der Stadtmusicus besser gestellt als der Königliche Musicus instrumentalis, was zu immerwiederkehrenden Streitigkeiten über Zuständigkeiten, Gebühren etc. führte. Zum Königlichen Bezirk gehörte die Hauptkirche St. Marien, 1263 von Herzog Barnim I. gestiftet. Sie wurde bei der Belagerung von 1677 durch Brand zerstört, aber mit Unterstützung des Belagerers, des Kurfürsten von Brandenburg, wieder aufgebaut. St. Peter und Paul, die älteste der Stettiner Kirchen, wurde 1124 von Otto von Bamberg gestiftet und kam 1263 unter das Patronat der Marienkirche. Die Kirche stürzte 1677 ein, wurde aber in den folgenden vier Jahren wiederhergestellt. Die Schloßkirche, 1346 von Herzog Barnim III. zum Gedächtnis Otto von Bambergs erbaut, wurde 1575 zusammen mit dem alten Schloß niedergerissen und mit ihm wieder neu aufgebaut.

Das Akademische Gymnasium (Marienstift) wurde von Herzog Barnim XI. als Fürstenschule erbaut, wie es sie auch in anderen deutschen Landen nach der Reformation gab. Seit 1667 ist es als Akademisches Gymnasium Carolinum (zu Ehren Carls XI.) geführt, als „Mittelstufe zwischen Schule und Universität" deren Lehrer sich Professoren nannten.

1721 entstand in Stettin unter Friedrich Wilhelm I. eine französische Kolonie, die „Französisch-reformierte Gemeinde", die ihre Gottesdienste in der Schloßkirche abhielt gegen jährlich 3 Dukaten und eine Neujahrsgabe an den Organisten. Die „Deutsch-reformierte Gemeinde" hatte ihre Vorsänger und Kantoren, die auch die Jugend im „Singen nach Noten" zu unterweisen hatten, und hielt ihren Gottesdienst in der (städtischen) Johanniskirche in Vereinbarung mit dem dortigen Organisten ab.

St. Jacobi war die Hauptkirche der Stadt und des Städtischen Bezirks, 1187 von Beringer aus Bamberg gegründet und dem Michaelskloster in Bamberg unterstellt worden. Nach Streitigkeiten in der Reformationszeit erhielt 1612 die Stadt das Patronat. Als 1677 die Orgel zerstört wurde, ging der Plan für den Neubau zur Begutachtung an den berühmten Dietrich Buxtehude, Organist an St. Marien in Lübeck, der ihm 1695 zustimmte. 1696 begann unter *Schurich* der Neubau, fortgesetzt durch *Balthasar Heldt,* der aus der Werkstatt des weitberühmten *Arp Schnitger* in Hamburg stammte. Heldt mußte auch die Orgel von St. Nicolai reparieren.

1241 gründeten Franziskanermönche aus Westfalen das Johanniskloster, das sie zur Zeit der Reformation wieder verließen. Der Rat der Stadt nutzte das Kloster als Waisenhaus und Hospital für arme Bürger. Der Küster der Johanniskirche war gleichzeitig Vorsänger, einen eigenen Organisten konnte man sich dort nie leisten. Vom 17. bis zum 19. Jahrhundert war die Kirche mit den Kirchen St. Jacobi, St. Nicolai und St. Gertrud verbunden, deren Organisten an Festtagen dort aushalfen. Erste Nachrichten von St. Nicolai auf dem Neuen Markt gibt es von 1305, wo alle 14 Tage, in Abwechslung mit St. Jacobi, musiziert wurde.

1391 errichtete die Stadt das Ratslyceum, die Schola Senatoria Sediniensis, die 1404 bestätigt, aber erst 1540 eröffnet wurde. Hier gab es, wie im Akademischen Gymnasium, Kantoren für den Musikunterricht. 1540 wurden Armenhaus und Armenschule gegründet.

Der erste Stettiner Organistenname ist 1475 *Michil Schuwarth*. Eine kontinuierliche Folge gibt es erst seit dem 17. Jahrhundert: 1690–1693 *Fr. Spahn*, 1693–1706 *Caspar Beyer*, der kurz vor seinem Tod um das „Gnadenjahr" für seine fünf Kinder bat und vorschlug, die älteste Tochter „durch Verheyrathung an dem, der den Dienst hinwieder ambiiret ... also versorget werden mögen". Diese Praxis der Einheirat, um die Hinterbliebenen des Vorgängers zu versorgen, gab es z.B. auch in Lübeck bei Thunder und Buxtehude. Der Stettiner Nachfolger *Michael Rohde,* der 1706–1732 Marienorganist war, hat die Tochter nicht geheiratet. 1714 bekam er noch die Organistenstelle an St. Peter und Paul und diese Stellenkombination blieb den Marienorganisten in der Folgezeit erhalten. Rohdes Witwe erhielt 1732 das Gnadenjahr und danach eine Rente. Der Nachfolger, *Christian Michael Wolff,* der 1732–1789 amtierte, stammt aus einer Musikerfamilie, war doch sein Vater *Christian Friedrich Wolff* Director musices und sein Großvater *Friedrich Wolff* Cantor an St. Marien. Christian Michael Wolff war 1728–1732 schon Adjunkt *Friedrich Quantes* an St. Nicolai gewesen und übernahm 1729–1732 gleichzeitig eine Vertretung in Berlin. 1745 erhielt er noch zusätzlich die Stelle des Schloß-Organisten. Er spielte bei zwei Orgeleinweihungen, 1751 der neuen Schloßkirchenorgel des *Peter Migendt* und 1771 der neuen Marienorgel von *Voigt. Friedrich Wilhelm Haack* aus Potsdam und 1779 Organist an der Marienkirche in Stargard wurde 1789 bis 1827 Nachfolger Wolffs an St. Marien, an der Schloßkirche und an St. Peter und Paul. 1793 wurde er Leiter der Liebhaberkonzerte, nach 1800 gelegentlich Theaterkapellmeister, ab 1812 Kantor der Mariengemeinde. *Theophilus Andreas Volckmar* aus Stettin war Organist an St. Peter und Paul von 1707–1712 und ging dann nach Danzig. *Christian David Gryffentroch* wurde 1712–1714 Organist und ging nach Gollnow, danach wurde die Stelle mit dem Marienorganistenamt vereinigt. In der Schloßkirche war 1695–1729 *Christoph Schmidt* Organist. Seit 1722 hatte er *Johann Christian Stürmer* als Adjunkt, und seit 1729 bis 1745 als Nachfolger. Danach kam auch diese Organistenstelle an St. Marien. Dadurch waren nun alle Königlichen Kirchen mit dem gleichen Organisten besetzt.

Die Kantorennamen an St. Marien hat Freytag seit *Vitus Gardeleben* (1575–1579) bis zu *Johann August Golz* (1788–1811) vorgelegt. Dazwischen ist *Paulus Jetze* (1684–1694), der eigentlich Professor am Akademischen Gymnasium und dort auch Director Musices war, um Instrumental- und dramatische Musik aufzuführen. Da das mit seinen Aufgaben als Professor für Griechisch und Poetik immer mehr kollidierte, gab er das Amt zurück, das dann *Christian Friedrich Wolff* (s. o.) erhielt. Bis zur Belagerung von 1677 hat es 12 Sängerstellen gegeben. Zu den Kantorenpflichten gehörte auch die Beachtung der Hochzeits- und Leichenordnung, die jedem Stand genau vorschrieb, wieviel Musiker er bestellen konnte. Zum 1. Stand gehörten „Bürgermeister und Raht/wie auch Doctores und Licentiati/Item Assessores des Stadt-Gerichts/Alterleute des Kauffmanns/und alle deroselben Witwen und Kinder". Zum 2. Stand gehörten „Magistri/Kauffleute/Brauer/Crahmer/Stadt-Gerichts-Procuratores, Notarii, Schulgesellen, Organisten und dergleichen Personen/ wie auch deroselben Witwen, Kindern und Gesellen." Zum 3. Stand gehörten alle Handwerker, zum 4. Stand „Alle diejenigen, die in der Stadt/auf den Lastadien/und den Wieken wohnen/als Fischer/Fuhrleute/Botsgesellen, Schoppenbrauer, Messer und Träger/Sager/Holtzhauer/Boten und Tagelöhner/Kellerleute und dergleichen." Die Spielleute und Kunstpfeifer hatten sich aber bei Hochzeiten „des Blasens, Trommetens und Pauckenschlagens bey der Mahlzeit und hernachher bei arbitrar Straffe zu enthalten", denn diese Art der Tafelmusik mit Trompeten und Pauken stand nur dem Adel und dem Hof zu. Bei den „Leichen" gab es ebenfalls feste Ordnungen: „Bei den Leichen von der 1., 2., 3. Klasse wird figuraliter musicirt". Hier lagen Einnahmen für die Kantoren, wie wir das von Johann Sebastian Bach an der Leipziger Thomaskirche wissen und eine „Leiche in der Stille auf schwedische Manier", d. h. ohne Musik zu beerdigen, bedeutete reale Einnahmeausfälle.

Die Königlichen Musici instrumentales mußten an St. Marien und in der Schloßkirche in Absprache mit dem Kantor spielen. An St. Peter und Paul gab es keine Instrumentalmusik. Sie spielten auch bei Aufführungen und Jubiläen des Gymnasiums, die Gymnasiasten konnten sie zu Abendständchen mieten.

Zwischen 1695 bis 1725 war *Heinrich Zeumer* „mit seinen Gesellen und Jungen" Musicus instrumentalis, 1725 bis 1754 wurde es der Stadtmusicus aus Greifenhagen, *Johann Friedrich Ramnitz,* der 1732 noch das Turmbläseramt von St. Nicolai nach St. Marien übertrug. Dazu war er seit 1738 Pächter der Musik in der Stadt Wollin und den umliegenden Ortschaften. *Anton Theodor Schiffer* wurde 1755 (bis 1766) auf Fürsprache des Herzogs August Wilhelm von Braunschweig-Bevern, der 1747–1781 Gouverneur von Stettin war, Nachfolger von Ramnitz. Schiffer war Regiments-Hautboist, der wegen einer „Brustkrankheit" nicht mehr blasen konnte. Für das Turmblasen mußte er daher jemanden anstellen. Zusätzlich besorgte er nunmehr „die Musik auf dem Tanzboden des Gymnasiums", da Tanzunterricht dort Lehrfach war. Die Zeit der drei folgenden Musici *David Eckart* (1766–1789), *Friedrich Wilhelm Gottholdt* (1789–1810) und *Klehmet* (1810–182?) ist gekennzeichnet von oft erbitterten Kämpfen mit den Stadtmusici um Zuständigkeit und Bezirke bei den Hochzeitsfeiern und Leichenbegängnissen.

Als am 9. Juli 1789 St. Marien abbrannte, gingen nicht nur die Turmbläserei und die entsprechende Stelle dort ein, der Bezirk verlor seine Hauptkirche, da keine Mittel zum Wiederaufbau da waren. Das Akademische Gymnasium wurde mit dem Ratslyceum 1805 vereinigt.

An der Städtischen Hauptkirche St. Jacobi wurde nach dem Tode des *Hieronymus Jenrich* (1668–1698), der Organist der Johannis- und Nicolaikirche war, St. Johannis mit St. Jacobus vereinigt. Der dort seit 1690 wirkende Organist *Friederich Quante* wurde 1699 ganz nach St. Nicolai versetzt, so daß die Stelle an den beiden Kirchen St. Jacobi und St. Johannis nunmehr frei war für *Friedrich Gottlieb Klingenberg* (1699–1720). Er mußte gleich die neue Orgel abnehmen, für deren Bau der berühmte Orgelbauer *Arp Schnitger* aus Hamburg gekommen war. Die feierliche Einweihung fand am 11. Januar 1700 statt. Sein Nachfolger war *Gotthilf Klingenberg* (1721–1746), danach Theophilus *Andreas Volckmar* (1747–1768) aus Stettin, der schon in Danzig an St. Trinitatis und St. Catharinen Organist gewesen war, an St. Marien in Köslin und seit 1733 in Stettin an St. Nicolai. Er erwies sich als Querulant: „Er ist von seinem Recht so eingenommen, daß man glaubet, Er schwere darauff, daß es noch gegründeter, als das Heyl. Evangelium sey." Später machte man ihm Vorwürfe wegen „erschräcklicher Cacophonien und Verwirrungen mit der Music auch selbst bey simplesten Gesängen und melodeyen". Da früher ein Zittern in den Gliedern erwähnt wurde, könnte der Organist wohl auch von der Parkinsonschen Krankheit befallen gewesen sein, was, neben dem schlechten Zustand der Orgel, durchaus eine Erklärung für die „Cacophonien" geben könnte.

Johann Samuel Held (1768–1812) „aus dem Orgelbauer-Geblüth" war Volckmars Nachfolger. Aus einer seiner Eingaben erfährt man, daß „nach altem gebrauch in den Fasten die Passion in allen Kirchen aufgeführt werden muß, wobei die Orgel und der Flügel abwechseln und sich allemahl 2 Organisten helffen müssen". *Johann Friedrich Hoffmann* (1813–1820), seit 1811 Adjunkt Helds, wurde sein Nachfolger. *Johann Gottfried Carl Loewe* wurde 1820 Kantor und spielte während der Erkrankung Hoffmanns die Jacobi-Orgel, an die er 1821 nach dessen Tod als Organist berufen wurde. Loewe hatte in Halle Theologie studiert und bekam nunmehr eine neue Stelle, die des Musikdirektors, mit der das Jacobi-Organistenamt für ihn vereinigt wurde. Er war nun der Kantor, der Leiter des Singechores. Die Kantoren des städtischen Ratslyceums sind von Freytag von 1549 (*Paul Praetorius*) bis 1820 *(Johann Friedrich Hoffmann)* aufgeführt.

Der Singechor (Chorus symphoniacus) sang in der Kirche an Sonn- und Feiertagen, hatte die Pflicht des „Wegsingens der Leichen" und die Pflichten regelmäßiger Übungsstunden mit dem Kantor. Das „Wegsingen der Leichen" war ein Hindernis gegen den Wunsch vieler wohlhabender Eltern, die Kinder in eine öffentliche Schule zu schicken. Es galt damals für „unanständig 1. in einem Zuge mit den Currenden Knaben gehen zu lassen, 2. vor Häusern stehen und singen zu lassen, worin Leute von geringer extraction seyn, 3. während dem singens oder fortgehens vom Pöbel oder muthwilligen Jungen umringt und incommodirt" zu werden. Bei den Versuchen, dieses Leichensingen abzuschaffen, wurde zu bedenken gegeben, was man an Einkünften verliere, denn „eine öffentliche Schulleiche gibt 3 auch wohl 4 mal mehr, als eine ohne Schule". Außerdem habe die Bürgerschaft ein Recht „ihre Todten durch die Schule wegsingen zu lassen." Der Streit führte zu einem königlichen Erlaß von 1774, der eine Trennung brachte; die Schulchoristen sollten nur noch bei den Leichen „ansehnlicher Einwohner" singen, die „geringeren Bürger" sollte die Currende übernehmen. Nachdem 1805 das Akademische Gymnasium im Städtischen Ratslyceum aufgegangen war, versuchte man, den Gesangsunterricht ganz abzuschaffen und 1812/13 verschwand das Singen vom Lehrplan.

Die Kurrende war eine private Schöpfung der Pastoren von St. Jacobi und St. Nicolai, die diesen Chor ohne Zuschüsse von Stadt oder Kirche unterhielten. Die erste Ordnung stammt von 1582. Die Kurrende war Versorgungs- und Erziehungsanstalt, arme Kinder (zu denen nach einem Jahreszuschuß des Königs Friedrich Wilhelm I. auch Soldatenkinder hinzukamen) erhielten täglich drei Stunden allgemeinen Schulunterricht, danach Musikunterricht und die Praxis des „Gehens" in Umzügen etc. Dazu kamen Speisung und Kleidung sowie Taschengeld. 1814 wurde die Kurrendeklasse mit der Armen-Schule vereinigt. Das Amt des bisherigen Vorstehers, des Praecentors, entfiel. Ein Schullehrer übernahm die Klasse mit.

Als dritten Sängerchor gab es in Stettin das Jageteuffelsche Collegium, 1399 von Otto Jageteuffel gestiftet und 1412 unter dem Patronat des Magistrats eingerichtet, wo „24 arme Kinder, auch Findlinge" aufgenommen wurden. Das Collegium wurde der Ratsschule unterstellt und ein Baccalaureus führte dort die Aufsicht. Über die Pflichten heißt es: „Die Knaben ... sollen in unser lieben Frauen Kirche, wie vormahls geschehen, zu singen verhaftet bleiben." Das ergab Konflikte zwischen Königlichem und Städtischem Bezirk, und mit dem Brand von St. Marien 1789 hörte dann das Singen der Collegianer und des Baccalaureus auf. Die Stadtmusiker, von denen die Turmbläser, als zum königlichen Bezirk gehörend, hier ausgenommen werden müssen, haben in Stettin keine eigene Zunft gehabt. Im Ämterverzeichnis von 1736 wird kein Musicus erwähnt. An Namen von Musikern gibt es den 1716 verstorbenen *Theodorus Horning* und den ihm nachfolgenden *Balthasar Knoll*, dann 1721–1757 *Christian Albrecht Schadenhausen*. Er tat sich mit dem Marien-Musiker *Ramnitz* zusammen und erzwang für die Dörfer um Stettin „nicht eher zu copulieren, als die Gebühren entrichtet sind". Dieser 1744 durchgesetzte Beschluß sicherte ihm die Hochzeitseinnahmen und verärgerte die Prediger. Der König verfügte dabei auch, daß „alle Leute, die bei Hochzeiten Musik haben wollen, den zuständigen „Pächter der Musique" gebrauchen und sich deshalb mit ihm abfinden sollen." Schadenhausen war sehr angesehen und wurde auch Turmbläser an St. Jacobi. Nach seinem Tode hinterließ er u.a. 60 Musikinstrumente. Sein Nachfolger als Stadtmusicus und Turmbläser wurde *Christian Gottfried Junge* (1757–1781) „mit seinen 10 leuten". Er zog in das Stadtmusikantenhaus, durfte aber des Lärms wegen „nur bei geschlossenen Fenstern" üben! Musikalische Konkurrenz, gegen die er sich beim Rat wehrte, erwuchs ihm aus Hautboisten und Soldaten, die sozusagen „schwarz" bei Hochzeiten spielten.

Die geschiedene Gemahlin des Kronprinzen Friedrich Wilhelm II. wurde 1769 nach Stettin verbannt. Sie war eine große Musikliebhaberin. Auf ihre Fürsprache hin erhielt der ehemalige Hautboist *Johann Friedrich Schmidt* (1782–1807), der „10 Jahr die hohe Gnade genossen, Ihro Hoheit aufm Schloß im Concert zu accompagniren", die Stelle als Stadtmusicus. Er war der erste, der in diesem Amt ein öffentliches Konzert gab, sein Violinspiel wurde sehr gerühmt. Sein Sohn, *August Friedrich Schmidt* (1808–1824) wurde sein Nachfolger im Amt. Er gab 1812 den Turmbläserdienst auf, da keine Einnahmen mehr daraus zu erzielen waren. Als 1810 die Gewerbefreiheit eingeführt wurde, verloren die Stadtmusikanten das alleinige Musizierrecht im Stadtbezirk. 1821 hatte er keine Leute mehr, um den Dienst ordnungsgemäß ausführen zulassen. Er mußte sich mit 50 Talern von seinem Gehalt davon freikaufen und lebte mit einem kümmerlichen Gehalt von 100 Talern bis zu seinem Tode 1824.

Seit 1767 bzw. 1774 gab es mit Sicherheit öffentliche Konzerte in Stettin. Unter Singspielen und Operetten gab es 1773 das Singspiel „Der Teufel ist los" von Johann Adam Hiller, ausgeführt von durchreisenden Truppen. Daneben fanden in den Adelskreisen geschlossene Vorstellungen klassischer Werke statt, mit musikalischen Zwischenspielen, in denen die adligen Damen „Italiänische Arietten" sangen. Die berühmte preußische Hofsängerin Astrua gastierte in Stettin und Swinemünde und in den Schlössern Mellin und Damzo. Der Aufenthalt wurde gefeiert als „eine wirkliche Epoche für unser Pommern!" Die beiden Stettiner Freimaurerlogen nahmen sich der öffentlichen Konzerte an „im Winter alle vierzehn, manchmal alle acht Tage". Sie erfolgten unentgeltlich unter der Leitung von Musikdirektor *Wolff* um 1785. Das Orchester umfaßte 12–16 Personen. Seit 1799 übernahm Musikdirektor *Haack* die Leitung, unterstützt von einer seit 1793 gegründeten Musikgesellschaft. Virtuosen auf der Durchreise und Wunderkinder wurden präsentiert, Orgelkonzerte gaben fremde Organisten, unter ihnen der berühmte Abt *Vogler* 1789, unter den Sängerinnen waren Madame *Benda* und *La Mara*. 1798 gab es Mozarts „La Clemenza di Tito" konzertant, durch Musikdirektor Haack, 1801 und 1805 waren die Aufführungen von Joseph Haydns „Schöpfung" Höhepunkte der Konzertsaisons. 1805 folgten Haydns „Jahreszeiten". Das Theaterwesen wurde von durchreisenden Truppen bestritten, die 1794 Mozarts „Zauberflöte" und 1795 dessen „Don Giovanni" nach Stettin brachten, Höhepunkte in dem sonst üblichen Repertoire von Singspielen und komischen Opern. 1799 hielt sich „eine der größten Zierden der deutschen Tonkunst, der berühmte Kapellmeister *J. A. P. Schulz* seit einigen Monaten" in Stettin auf, zog aber im gleichen Jahr nach Schwedt, wo er verstarb. Von Stettiner Komponisten sind vor allem Gebrauchsmusiken, darunter viele Hochzeitsarien überliefert, die man in den „Vitae Pomeranorum" findet und die der Forderung Matthesons (in seiner „Critica Musica" 1725) entsprechen „Der Text muß so vernehmlich vorgebracht werden, daß er von den Zuhörern verstanden werden kann". Komponisten waren u.a. *F. G. Klingenberg, M. Rohde* und *G. Klingenberg*, die Organisten von St. Jacobi und St. Marien. F. G. Klingenberg hat schon 1704 Waldhörner in Stettin eingeführt, früher als das R. Keiser im Hamburg getan hat. Friedrich Gottlieb Klingenberg und Michael Rohde schrieben zahlreiche Kirchenkompositionen, hauptsächlich Kantaten für Solo- und mehrstimmige Besetzung. Von *Theophilus Andreas Volckmar* gibt es Lieder, Arien und Kirchensonaten, von *Christian Michael Wolff* Orgelübung-Vorspiele, Sonaten, Psalmen, Oden und Lieder („zum Singen beym Clavier und Harfe"). Die 1786 erschienenen „Lieder und Gesänge am Klavier zu singen" des Ratslyceum-Kantors *Samuel Friedrich Brede* sind von den „Liedern im Volkston" J. A. P. Schulz' beeinflußt.

Die Wirkungszeit *Carl Loewes* von 1820 bis 1866 hat für Stettin ein erfolgreiches Musikleben bedeutet, war er doch nicht nur Organist an St. Jacobi, sondern auch Kantor und Lehrer an den Höheren Schulen und Musikdirektor. Als letzterer hat er schon 1831 Johann Sebastian Bachs „Matthäuspassion" und 1841 dessen „Johannespassion" in Stettin zu Gehör gebracht. Er machte Konzertreisen im Inland nach Berlin, Mainz und Jena, im Ausland nach Österreich, Frankreich, England und Norwegen, wo er auch als bekannter Tenor auftrat, der Balladen, darunter seine eigenen, die schnell berühmt wurden, sang. Als er 1832 den Ehrendoktorhut der Universität Greifswald erhielt, zeigte sich auch darin das Ansehen, das er genoß. Er veranstaltete historische Konzerte mit Vorträgen zur Musik. Die letzten drei Lebensjahre bis zu seinem Tod 1869 verbrachte Carl Loewe im holsteinischen Kiel. Nach seinem Weggang verkümmerte das musikalische Leben Stettins. Vor dem Zweiten Weltkrieg gab es kein Opernhaus, und in den Symphoniekonzerten und den gelegentlichen Operngastspielen reisender Truppen hatten immer andere Dirigenten die Leitung, einmal, 1913 sogar *Anton von Webern*. Im Zweiten Weltkrieg wurde die Stadt schwer zerstört und erst danach wurde auf Initiative des polnischen Rundfunks hin ein neues Musikleben von unten, von den Schulen ausgehend, in Gang gesetzt.

Wenn auch aus Vorpommerns Musikgeschichte nicht so viel zu berichten ist wie aus der anderer deutscher Länder, so soll doch am Ende ein kleines Gedicht „Vom Tydtverdryff" stehen, das am 26. Juni 1702 eine muntere Hochzeitsgesellschaft in

Stettin erfreute und in dem man hört, daß auch in schweren Zeiten Musik studiert und praktiziert werden konnte, und daß man seine Freude an ihr hatte:

„Een Styndjen geyth vorby mit Dantzen und mit Springen,
Denn lern' ick Menuett, Courant und Paspie,
Pas, Capriol'n, Cupeè, Changees und andre Dingen,
Und wo Ick hüppen sckall, wen man dantzt een Boureè.
De ander Stynd lern' Ick Musiq' nam Tact tho maacken,
Idt sy een Stück gesett in be Mol oder Dur,
In Cis, fis, na ut, re, mi, fa und solcke Dingen,
Dat ick in Compagnee kan sing'n nahr Tabletour."

Heinz-Peter Schmiedebach
MEDIZIN

Vorbildliche oder herausragende Ereignisse hat die Entwicklung der Medizin und des Gesundheitswesens in Mecklenburg und Vorpommern nicht aufzuweisen. Die Widersprüche zwischen Herzögen bzw. Großherzögen, Städten und Ständen und die dabei offenkundig vordergründigen Interessenwahrnehmungen der einzelnen Gruppen haben in den nicht besonders reichen ständisch-feudalen Agrarländern kein Klima entstehen lassen, das für den Fortschritt der Medizin und für den frühen Aufbau eines Gesundheitswesens besonders förderlich gewesen wäre.

Mecklenburg

Erste Ärzte werden in Urkunden des 13. Jahrhunderts erwähnt. Insgesamt sind aus dem 13. und 14. Jahrhundert uns namentlich zehn Ärzte bekannt, die zum größten Teil in Rostock angesiedelt waren.
Im 14. Jahrhundert erreichte die von der Mongolei ausgehende Pestpandemie auch Mecklenburg, wo sie in den Jahren zwischen 1348 und 1639, oft mit mehreren Epidemien innerhalb eines Jahrzehnts, besonders die Städte heimsuchte. Am häufigsten waren als wichtigste Verkehrs- und Handelsplätze die Städte Wismar, Schwerin, Rostock und Güstrow betroffen, die oftmals innerhalb weniger Tage die Hälfte ihrer Einwohner verloren haben. Die sozialen und politischen Auswirkungen der Pest sind für Mecklenburg nur wenig erforscht. Vermutlich schon in den Jahren 1348 bis 1350 wurden in Bützow und Parchim eigene Gilden zur Bestattung der Pestopfer gegründet. 1518 und 1565 verließen Professoren und Studenten der Universität Rostock aus Angst vor dem „schwarzen Tod" die Stadt. Im Zusammenhang mit der Epidemie von 1597 ernannten Rostock und Güstrow eigene Pestärzte und Pestbarbiere. 1638 mußten die Armen Güstrows zur Abwehr der Pest die Stadt verlassen, gleichzeitig wurden von der Stadt ein Pestbarbier, sechs Totengräber sowie zwei Frauen zur Bekleidung der Toten eingestellt. Mit dem Jahr 1639 war diese schlimme Infektionskrankheit im Gebiet Mecklenburgs etwa achtzig Jahre früher als in anderen Gegenden Europas beendet.
Eine einmalig aufgestellte Gesundheitsstatistik aus dem Jahr 1860, die drei Viertel der gesamten Einwohnerschaft des Großherzogtums Mecklenburg-Strelitz erfaßte, gibt uns Aufschlüsse über ärztliche Versorgung, Krankheitsverbreitung und Todesursachen. Für die damalige Bevölkerung von 84000 Menschen standen 31 Ärzte, acht Wundärzte 1. Klasse und etwa vierzig Hebammen zur Versorgung bereit. Anhand eines Vergleichs mit den in den Kirchenbüchern registrierten Todesfällen ergab sich, daß vier Siebtel, also mehr als die Hälfte aller Todesfälle, den Ärzten und Hebammen unbekannt geblieben waren. Diese Zahl stellt einen

gewissen Indikator für die geringe Konsultation der Ärzte dar. Mit mehr als 25% rangierten die Erkrankungen des Verdauungstraktes an erster Stelle vor den Epidemien und „Fiebern" sowie den Krankheiten des Respirationstraktes, wobei letztere allerdings die meisten Todesfälle aufwiesen. Der Typhus hatte als Epidemie mit 208 Todesfällen auf 1000 Erkrankte die höchste Letalität, ohne jedoch die zahlenmäßig bedeutsamste Epidemie gewesen zu sein.

Entbindungen wurden bei Frauen zwischen dem 16. und 49. Lebensjahr registriert, die älteste Erstgebärende war eine Frau von 42 Jahren. Im Vergleich mit den letzen dreißig Jahren hatte die Anzahl der unehelichen Geburten konstant zugenommen. 1860 kamen rund 21% aller Neugeborenen unehelich zur Welt; der große Teil von 83% dieser Kinder wurde auf dem Lande geboren. Erst in der zweiten Hälfte des 19. Jahrhunderts – später als in anderen deutschen Staaten – wurden in Mecklenburg einheitliche Aus- und Weiterbildungsbedingungen für Hebammen geschaffen, obwohl bereits 1683 den Hebammen eine „gefährliche Unwissenheit und Nachlässigkeit" testiert worden war. Damals jedoch war lediglich die Prüfung durch „einen dazu verordneten Medici" vorgeschrieben. Die Medizinalordnung von 1751 enthielt etwas umfangreichere und bestimmtere Vorschriften. Eine minimale Ausbildungsqualität kam aber erst mit der Verordnung von 1774 und einem weiteren Reskript von 1793 zustande, als der Professor ordinarius J. W. Josephi (1763–1845), der außerdem an der Universität Anatomie, Chirurgie, Militärstaatsarzneikunde, Pathologie und Augenheilkunde zu lesen hatte, mit einem öffentlichen Hebammenunterricht in Rostock betraut wurde. In seinem Lehrbuch, das 1797 zur amtlich verbindlichen Grundlage des Unterrichts geworden war, plädierte er für eine Geburtshilfe, die die Geburtsabläufe möglichst den Naturkräften überlassen sollte und nicht „frevelnd vorgreifen" dürfe. Seine Verbesserungsvorschläge betrafen nicht nur die Ausbildungsfragen, sondern auch den Modus der Bezahlung – das Einkommen der Hebammen auf dem Lande lag oft unter dem einer Tagelöhnerin – und der sozialen Absicherung sowie die Kontrollmöglichkeiten, die er durch die Verpflichtungen der Hebammen zur Führung eines tabellarischen Tagebuches gewährt wissen wollte. Von 1793 bis 1837 hat Josephi 400 Frauen zu Hebammen ausgebildet.

Trotz seiner Bemühungen war der praktische Unterricht nur in Ausnahmefällen gegeben. Mit der Einrichtung einer staatlichen Hebammenschule in Kombination mit einer eigenständigen geburtshilflichen Klinik im Jahr 1859 fand der praktische Aspekt in der Ausbildung endlich Berücksichtigung. Nachdem die Landstände ihren Widerstand aufgegeben hatten, konnte schließlich 1885 eine Hebammenordnung erlassen werden, die u. a. verbot, völlig veraltete Lehrbücher zu benutzen, darüber hinaus ein einheitliches Instrumentarium einführte und besondere Maßnahmen zur Senkung der mütterlichen Todesfälle und zur Verhütung des Puerperalfiebers durch Desinfektionsanleitungen vorschrieb. Im gleichen Jahr wurde ein gewisser Kündigungsschutz für Hebammen eingeführt; eine Versorgung für alte und vorzeitig arbeitsunfähige Hebammen, wie sie seit 1817 in Preußen und in größerem Maße seit 1818 in Sachsen existierte, war allerdings noch nicht gegeben. Auch die Gründung eines öffentlichen, mit der Medizinischen Fakultät der Universität Rostock verbundenen Krankenhauses erfolgte erst recht spät im Jahre 1855. Hierfür war die Uneinigkeit bezüglich der Finanzierung zwischen Magistrat und herzoglicher bzw. großherzoglicher Regierung verantwortlich. In den Jahren

1790 und 1794 hatte die Fakultät die herzogliche Regierung um Errichtung eines „klinisch-medicinisch-chirurgischen Hospitals" gebeten. Die Regierung wünschte, daß der Magistrat den Bau finanziere, der sich jedoch weigerte. So war die Versorgung der Kranken bis in die Mitte des 19. Jahrhunderts durch Zwischenlösungen und private Anstalten charakterisiert.

Von 1805 bis 1846 bestand ein städtisches „interimistisches Krankenhaus", das 16 Kranke aufnehmen konnte und von 1828 bis 1838 eine Poliklinik besaß. Diese war von dem Professor *H. H. L. Spitta* (1799–1860) eingerichtet und zum Unterricht der Studenten benutzt worden. Der schon erwähnte Josephi führte ebenso eine kleine Privatklinik wie *Carl. F. Quittenbaum* (1793–1852), der von 1821 bis zu seinem Tode dem anatomischen Institut vorstand und bisweilen leerstehende Zimmer des Anatomiegebäudes zur Patientenversorgung benutzte. Am bedeutsamsten war die vom Professor der Chirurgie *C. F. Strempel* (1800–1872) 1828 gegründete Klinik, die nach der Schließung des „interimistischen Krankenhauses" auch die städtischen Armenkranken aufnehmen durfte. In dieser Privatklinik wurden im Jahr 1847/48 717 Kranke verpflegt.

Im April 1852 fällte der Magistrat den Beschluß, ein städtisches Krankenhaus zu errichten, das 1855 eröffnet wurde und 136 Kranke aufnehmen konnte. Als sich das Haus bereits 1862 als zu klein erwies, beteiligte sich die großherzogliche Regierung mit 90000 Mark an der Finanzierung eines neuen Ostflügels, dessen Baukosten insgesamt 190000 Mark betrugen. 1865 verpflichtete sich der Staat in einem Krankenhausvertrag zur pekuniären Unterstützung des die Universitätskliniken enthaltenden Krankenhauses, indem er u.a. die Besoldung der drei als leitende Ärzte fungierenden Professoren übernahm, drei Assistenzärzte bezahlte und für die Anschaffung des notwendigen chirurgischen Instrumentariums aufkam.

Aus den ersten Jahrzehnten des Bestehens der Medizinischen Fakultät an der 1419 gegründeten Universität Rostock kennen wir nur die Namen der ersten Lehrer. Die erste praktische Anatomie ist für das Jahr 1513 bezeugt. Die Sektion im Franziskanerkloster St. Catharinae wurde wahrscheinlich von *Rhembertus Giltzheim* (um 1485–1535) durchgeführt, der als einer der beiden Professoren der Medizin auch von 1515–1521 als Pfarrer tätig war, dann aber wegen seiner Heirat aus dem geistlichen Stande ausscheiden mußte.

Die durch die Reformation hervorgerufenen Auseinandersetzungen führten für mehrere Jahrzehnte zur Stagnation der medizinischen und naturwissenschaftlichen Studien. Erst als 1563 mit der „Formula concordiae" das Patronat des Landesfürsten und das Kompatronat der Stadt besiegelt war, restituierte sich die Medizinische Fakultät. Der nun folgende Aufschwung hielt bis zur Mitte des 17. Jahrhunderts an und verschaffte der Universität einen weitreichenden guten Ruf, der durch die von Herzog Ulrich von Mecklenburg (1527–1603) nach Rostock berufenen niederländischen Gelehrten noch verstärkt wurde.

Der in Flandern geborene *Heinrich van den Brock* (1530–1593) führte im Dezember 1567 wieder eine Sektion durch und brachte das Studium auf die Höhe der Kenntnisse der Anatomie *Vesals* (1514–1564), der 1543 seine sieben Bücher über den Bau des menschlichen Körpers veröffentlicht und damit einer exakten modernen Anatomie den Weg bereitet hatte. Als Gründungstermin für ein anatomisches Theater kann das Jahr 1696 angenommen werden, als eine „Anatomiekammer" für die Aufnahme der „Curiositätensammlung" bereitgestellt wurde.

Die von 1760 bis 1789 dauernde, aus einem Streit des Landesfürsten mit der Theologischen Fakultät und der Stadt resultierende Verlegung der Universität nach Bützow war für die Medizinische Fakultät extrem ungünstig: nicht selten blieb die Fakultät in dieser Phase ganz ohne Studenten. Nach der Rückverlegung erhielt Josephi den Auftrag, den darniederliegenden anatomischen Unterricht wieder in Gang zu bringen, wozu 1790 ein „Zergliederungshaus" eröffnet worden war. Seine Vorliebe für Gynäkologie und Geburtshilfe sowie seine diesbezüglichen Ausbildungsverpflichtungen gegenüber den Hebammen waren für diese Aufgabe recht abträglich, so daß eine tatsächliche Förderung der Anatomie erst durch den schon erwähnten Quittenbaum stattfand. Nach seinem Tode 1853 wurde die Anatomie endgültig von der Chirurgie getrennt.

Das 19. Jahrhundert brachte mit dem Fortschritt der naturwissenschaftlichen Erkenntnis und deren Übertragung auf die Medizin eine weitere Differenzierung der theoretischen und klinischen Fächer. In der zweiten Hälfte erreichte die medizinische Forschung an der Universität Rostock durchaus eine überregionale Bedeutung.

Nach dem Tod des Physiologen *Karl Georg Lukas Christian Bergmann* (1814–1865) erhielt die Physiologie 1865 den Status eines selbständigen Lehrfachs. 1878 erfolgte die Zusammenfassung aller medizinisch-theoretischen Institute in einem eigens dafür errichteten Studiengebäude. Nachdem *Christian Krauel* (1800–1854) 1846 öffentlicher Hebammenlehrer geworden war, trennte er die geburtshilfliche Klinik von der Chirurgie ab. 1859 konnte unter der Leitung von *Gustav von Veit* (1824–1903), der in seiner Klinik sehr bald Maßnahmen zur Prophylaxe des Kindbettfiebers einführte, eine neue geburtshilfliche Klinik ihre Arbeit aufnehmen. Bereits 1869 erhielt die Fakultät ein Ordinariat für Augenheilkunde; dagegen etablierte sich die Psychiatrie mit einem eigenen Lehrstuhl erst 1896.

An herausragenden Klinikern Ende des 19. und Anfang des 20. Jahrhunderts sind auf chirurgischem Gebiet *Franz König* (1832–1910), *Friedrich Trendelenburg* (1844–1924), *Otto Madelung* (1846–1926) und *Karl Garrè* (1857–1928) zu nennen, dem 1898 die erste erfolgreiche Naht am Pankreas gelungen war. Der Internist *Hans Curschmann* (1875–1950) vertrat als profilierter Wissenschaftler über zwei Jahrzehnte die Innere Medizin und wurde 1948 noch einmal für kurze Zeit an die neu eröffnete Universität berufen.

Nach 1933 gehörten die führenden nationalsozialistischen Kräfte fast ausschließlich der Medizinischen Fakultät an. Alle ab 1936 amtierenden Rektoren, die Führer der Dozentenschaft und die Gaudozentenbundführer von 1935 bis 1945 stammten aus dieser Fakultät. Der 1933 aus Jena nach Rostock berufene Dermatologe *Ernst-Heinrich Brill* (1892–1945) war der „Vertrauensmann" der Reichsleitung der NSDAP an der Medizinischen Fakultät und bekam 1936 das Rektoramt. In dieser Funktion nahm er großen Einfluß auf die gesamte Personalpolitik der Universität und bemühte sich um die Einrichtung eines Lehrstuhls für Rassenhygiene. Außerdem rief er eine Gemeinschaftsvorlesung mehrerer Professoren ins Leben, die die „Rasse- und Erbgesetze des neuen Reiches und ihre Notwendigkeit" bekannt machen sollten.

Rostocker Wissenschaftler beteiligten sich auch an der praktischen Durchführung der Sterilisation von sogenannten „Minderwertigen" und an der Auswahl der im

Rahmen des „Euthanasie"-Programms zu tötenden Patienten. Die Professoren *Brill* und *Wolf Skalweit* (1900–1986) – letzterer war ab 1953 Direktor der psychiatrischen Heilstätten in Berlin-Wittenau – fungierten als Mitglieder des Erbgesundheitsobergerichts; unter der Leitung des Gynäkologen *Gustav Haselhorst* (1893–1955) wurden an seiner Klinik Unfruchtbarmachungen an Frauen durchgeführt.

Zusammenfassend ist festzuhalten, daß die Medizin in Mecklenburg – von wenigen Ausnahmen abgesehen – hinter der anderer deutscher Staaten zurückgeblieben war. Erst in der zweiten Hälfte des 19. Jahrhunderts erfuhr sie einen mehrere Jahrzehnte dauernden Aufschwung; ab 1933 stellte die Medizinische Fakultät in Rostock ein Zentrum nationalsozialistischer Ärzte dar.

Vorpommern

Als Sohn eines schwedischen Regimentsfeldscherers wurde 1708 in Anklam *Christian Andreas Cothenius* (1708–1789) geboren, der 1750 zum Leibmedikus Friedrichs II. (1712/1740–1786) und zum Generalstabsmedikus des preußischen Heeres ernannt wurde. Cothenius hatte eine Reihe von Verwaltungsfunktionen inne, war Mitglied der Akademie der Wissenschaften in Berlin und genoß das Vertrauen des Königs, der Ärzten gegenüber recht kritisch eingestellt war. Dieses Vertrauen hielt Friedrich allerdings nicht davon ab, sich in die Therapievorschläge seines Leibarztes einzumischen.

Als erste reichsdeutsche Ärztin gilt die in Bisdamitz auf Rügen geborene *Franziska Tiburtius* (1843–1927). Nach ihrer Schulausbildung war sie zuerst in England bei verschiedenen Familien als Erzieherin und Privatlehrerin tätig, als ihr Interesse für die Medizin erwachte, dem sie aber in Deutschland, wo das Medizinstudium für Frauen verboten war, nicht nachgehen konnte. So studierte sie ab 1871 in Zürich, ging nach ihrem Studium nach Berlin und eröffnete hier – trotz vieler Schwierigkeiten und Anfeindungen – die erste Poliklinik für Frauen. Bis zum Jahr 1907 war sie in der Patientenversorgung aktiv.

An der 1456 gegründeten Universität Greifswald bestand seit Beginn eine Medizinische Fakultät. Der erste und alleinige Vertreter der Medizin war der aus Leipzig gekommene *Vitalis Flegk* (gest. 1475), der 1450 als Lehrer und Vizekanzler der Leipziger Universität tätig gewesen war. Da bis 1559 die Medizinische Fakultät nur durch einen Professor vertreten wurde, die medizinischen Promotionsprüfungen aber von drei Professoren abgenommen werden mußte, hatten bis zu diesem Jahr auch Professoren aus anderen Fakultäten bei den Examina anwesend zu sein. Wie Friedrich Schubel feststellt, ist bis in die Mitte des 18. Jahrhunderts – von wenigen Ausnahmen abgesehen – kaum Nennenswertes zu verzeichnen. Während beispielsweise in Wien die erste anatomische Leichenzergliederung 1404 vorgenommen worden war, erfolgte eine solche in Greifswald erst 1624 im Auditorium der Juristen. In dem 1750 neu eingeweihten Universitätsbau war endlich ein Theatrum anatomicum vorgesehen, das tatsächlich dann 1757 benutzt werden konnte.

1779 erhielt Greifswald durch König Gustav III. (1746/1771–1792) ein Gesundheitskollegium und damit erste organisierte Formen eines Gesundheitswesens.

Diesem Kollegium gehörten damals zwei Professoren der Medizin an; es führte Aufsicht über öffentliche Gesundheitseinrichtungen und hatte alle anzustellenden Ärzte, Wundärzte, Bader, Apotheker, Geburtshelfer und Hebammen zu prüfen. Von diesem Kollegium wurde 1781 ein öffentliches Krankenhaus für zwanzig Kranke eingerichtet.

Im 19. Jahrhundert erfolgte, ähnlich der Entwicklung an anderen Universitäten, eine weitergehende Differenzierung der klinischen und theoretischen Fächer. Als erste Universität im deutschen Sprachraum versah Greifswald die Hals-, Nasen- und Ohrenheilkunde bereits 1869 mit einem Ordinariat; dagegen erhielt die Physiologie erst 1872 eine neu geschaffene Professur, nachdem ab 1857 im Etat des Anatomischen Instituts jährlich 100 Taler für physiologische Demonstrationen vorgesehen waren.

Viele die medizinische Wissenschaft maßgeblich beeinflussende Theoretiker und Kliniker waren vorübergehend in Greifswald tätig. Stellvertretend seien hier folgende genannt: *Max Schultze* (1825–1874), der von 1850 bis 1854 als Privatdozent auf dem Gebiet der Physiologie forschte und später auf den Unterschied zwischen Stäbchen- und Zapfenzellen der Netzhaut aufmerksam machte. Der Mitbegründer der physiologischen Chemie *Felix Hoppe-Seyler* (1825–1895) begann seine glänzende wissenschaftliche Laufbahn von 1854 bis 1856 an der Universität in Greifswald. *Carl Ludwig Schleich* (1859–1922), der Verfasser des Buches „Besonnte Vergangenheit" und Entdecker der örtlichen Betäubung (1892) ging aus der Chirurgischen Klinik Greifswalds hervor; dieser gehörten auch *Ferdinand Sauerbruch* (1861–1951) von 1905 bis 1907 und *August Bier* (1861–1949) an, der während seiner Tätigkeit in Greifswald den Neubau der Chirurgischen Klinik von 1900–1903 veranlaßte, bevor er nach Berlin wechselte.

Hans-Georg John
SPORT

Während im mittel- und süddeutschen Raum die Spuren körperlich-sportlicher Betätigung seiner Bewohner bis weit in die Vorzeit zurückreichen und ein lebendiges Bild einer frühen Körperkultur hinterlassen haben, sind die Zeugnisse sportlicher Betätigung im Lande an der Ostsee zwischen der Lübecker und der Pommerschen Bucht nur spärlich. Vielleicht hat dies seinen Grund in der durch Felder und Wiesen, Wälder, Seen und Hügel geprägten norddeutschen Landschaft, in der vor allem Landwirtschaft und Fischfang betrieben wurden und in der auch die insgesamt weniger zahlreichen städtischen Siedlungsgemeinschaften einen mehr ländlichen Charakter bewahrten.
In das zwischen 500 und 700 von slawischen Völkern besiedelte Gebiet drang im 10. Jahrhundert die Ostkolonisation vor. Sie begann unter Heinrich I., der zur Förderung der Wehrhaftigkeit im Zusammenhang mit der Einführung des fränkischen Rittertums und Rittergutes *Reiterspiele* eingeführt hatte, die als Vorläufer des späteren Turniers gesehen werden können.
Im mitteldeutschen Raum erfreute sich dieses ritterliche Spiel zu Pferde während des Hohen und Späten Mittelalters einer lebhaften Pflege und Verbreitung. Aber im Norden fließen die Quellen der mittelalterlichen Ritterkultur ebenso spärlich wie im angrenzenden Brandenburg. Zu dieser Zeit hatte die Ostkolonisation auch erst den äußersten Westen Mecklenburgs erreicht. Ihr Hauptstoß erfolgte zwischen 1200 und 1250 bis in den Raum östlich der Oder und führte zur Gründung von Städten, nach Schwerin zum Beispiel Rostock, Plau, Greifswald, Stralsund, Stettin u. a. In diesen städtischen Siedlungsgemeinschaften entwickelten sich bald eigenständige körperliche Bedürfnisse und ein dementsprechendes spezialisiertes Bewegungsverhalten. Aus der Wehrpflicht der Bürger zur Verteidigung der Stadt ging eine dieser typischen sportlichen Erscheinungen der Stadtkultur hervor, das *Schützenwesen*, nachdem bereits im 12. Jahrhundert die Armbrust in Gebrauch gekommen war. Die Beziehungen im Rahmen der Hanse förderten sicher auch den Austausch und die Verbreitung solcher körperlicher Gewohnheiten und Bräuche. Das Band der Hansestädte zog sich von Wismar im Westen über Rostock, Stralsund, Greifswald und Anklam bis nach Stettin.
Die sporthistorische Forschung hat sich diesem interessanten Gegenstand bisher kaum zugewandt; eine ganze Reihe lokalgeschichtlicher Untersuchungen wäre vonnöten. In Stralsund ist zum Beispiel für das Jahr 1451 das Vogelschießen durch den Diakon Berckmann bezeugt. Es war sicher nicht das erste Schießen dieser Art. Im Jahre 1477 gründete man eine Schützengilde in Pasewalk. Eine 1775 in Swinemünde gegründete Schützengesellschaft steht wohl nicht mehr im Zusammenhang mit der mittelalterlichen bürgerlichen Wehrgemeinschaft.

Auch andere von den Bürgern hervorgebrachte Bewegungsformen und Bräuche wie das *Fechten*, *Tanzen* und *Baden* sowohl in städtischen Badestuben wie im Freien sind aus zahlreichen Quellen überliefert.

1534 kam Johannes Bugenhagen als Reformator nach Pommern. Mit ihm begann die Zeit der Schulordnungen im protestantischen Norden wie schon vorher in Hamburg und Braunschweig. Hatten schon die Reformatoren Luther und Zwingli den Nutzen einer körperlichen Ertüchtigung erkannt und die Einbeziehung von *Leibesübungen* in die Schulerziehung der Kinder empfohlen, so schwebte auch Bugenhagen eine harmonische Gesamtausbildung mit körperlich-geistiger Ausgewogenheit als Leitziel vor. Die Stralsunder Schulordnung von 1561 ließ spürbar seinen Einfluß erkennen. In ihr waren Leibesübungen einschließlich des Badens im Freien enthalten.

Das zugrunde liegende Harmonie-Ideal erwartete allerdings von der körperlichen Erziehung mehr die Ausbildung zu anmutiger und gefälliger als zu volkstümlicher, freier, ungelenkter Bewegung in der Natur. So verwundert es wenig, daß manche Schulordnungen auch ängstliche Vorbehalte und Einschränkungen gegenüber körperlicher Bewegung enthielten. Nachdem zum Beispiel die lateinische Schulordnung von Wollin 1594 verschiedene Leibesübungen verboten hatte, untersagte die im vorpommerschen Wolgast 1601 verschiedene winterliche Leibesübungen, das Wandern und gar das Spazierengehen.

Auch in den drei Herzogtümern Mecklenburg-Schwerin, Mecklenburg-Strelitz und Pommern hielten die Herrschaft und Kultur des Territorialfürstentums ihren Einzug. Zur Heranbildung der höfischen Beamten entstanden Fürstenschulen, deren Bildungskanon vom Ideal des galant homme geprägt war und sowohl galante Umgangsformen als auch die alten ritterlichen Künste wie Reiten, Fechten und Tanzen enthielt.

Zu den sportlichen Aktivitäten der höfischen Führungsschicht gehörte u. a. ein tennisartiges Rückschlagspiel, das in eigens dafür angelegten *Ballhäusern* betrieben wurde. Im Jahre 1623 erlaubte der Rat der Stadt Rostock dem Ballmeister Abraham de Capella, ein Ballhaus zu bauen und Unterricht an Studenten zu erteilen. 1655 bewarb sich der Kieler Ballmeister Mossheim um dieses Haus. Es fiel schließlich 1760 einem Sturm zum Opfer. Auch in Güstrow hat zu dieser Zeit ein Ballhaus existiert. Das Gedankengut der Aufklärung zeitigte zwei bemerkenswerte Auswirkungen auf das Körperbewußtsein und das Bewegungsverhalten der Menschen im Norden. In dem unter Friedrich Wilhelm I. preußisch gewordenen Vorpommern wurde 1763 wie in ganz Preußen die Schulpflicht eingeführt. Dadurch konnte sich zum Ausgang des 18. Jahrhunderts das philanthropische Gedankengut auch in diesem Gebiet entfalten und die Verbreitung von Leibesübungen in Schulen fördern.

Ein anderer Impuls zum Betreiben natürlicher Leibesübungen entsprang dem aufklärerischen Nützlichkeitsdenken. Gegen Ende des 18. Jahrhunderts entdeckte man die gesundheitsfördernde Wirkung des *Badens* in der See. Der Gedanke sprang von England, wo das Seebad als Heilmittel gegen die sich in den schnell wachsenden Bevölkerungsströmen der Städte ausbreitenden Krankheiten und Epidemien erkannt worden war, schnell nach Deutschland über. Die junge Intelligenz hielt die Einrichtung von Seebädern nach dem englischen Beispiel Bad Brighton für nachahmenswert. Der Schriftsteller Georg Christoph Lichtenberg schrieb im „Göttingenschen Taschenkalender" 1793 den Aufsatz: „Warum hat Deutschland noch kein großes öffentliches Seebad?" Der Rostocker Professor der Medizin Samuel Gottlieb Vogel ergriff die Initiative mit einem Brief an den Herzog Friedrich Franz von Mecklenburg-Schwerin und schlug die Errichtung eines Seebades in Doberan vor. Der Herzog ging auf den Vorschlag ein, und so entstand im Jahre 1793 das erste deutsche Seebad beim Sommersitz des Landesherren in Heiligendamm bei Doberan, vom Herzog persönlich eröffnet. In kurzer Zeit folgten weitere Bäder an der mecklenburgischen und vorpommerschen Küste, zumeist in der Nähe von Küstenstädten angelegt, von wo aus bereits Wege oder Straßen zu bevorzugten Ausflugszielen führten: 1810 Warnemünde, Boltenhagen, 1815 Greifswald – Wieck, 1816 Putbus und Neuendorf/Rügen, 1818 Lauterbach/Rügen, 1819 Stralsund, 1821 Wismar-Wendorf, Alt-Gaarz an der Müritz, 1824 Heringsdorf und Swinemünde. Dies geschah zur gleichen Zeit, da überall in Deutschland sich das Baden und Schwimmen durch das Wirken der Halloren, des Philanthropisten GutsMuths und des preußischen Offiziers Ernst von Pfuel schnell ausbreiteten.

Sehr starke Wurzeln hat das Jahnsche *Turnen* in den nördlichen Gebieten geschlagen. Dies mag einen Grund darin haben, daß Jahn hier selbst zeitweilig gelebt und gewirkt hat. Geboren und aufgewachsen ist er in der Prignitz an der Grenze zum Herzogtum Mecklenburg. Am 31. Mai 1802 ließ er sich unter dem Namen Andreas Christoph Moritz Fritz an der Universität Greifswald immatrikulieren, um hier seinen Kampf gegen die landsmannschaftliche Organisation der Studentenschaft fortzusetzen und vor allem bei Ernst Moritz Arndt die deutsche Sprache zu studieren. Aber bereits nach kurzer Zeit, am 7. Februar 1803, erhielt er wegen fortgesetzter Raufhändel den Rat zum Abgang. Die folgenden zwei Jahre verbrachte er als Hauslehrer bei Waren auf der Torgelower Glashütte.

Nachdem Jahn 1810 in Berlin das Turnen eingeführte hatte, wurde Deutschland bald von einem Netz von Turnplätzen überzogen. Sowohl in das herzogliche Mecklenburg als auch in das preußische Vorpommern breitete sich das Turnwesen aus. Zwischen 1812 und 1817 entstanden in Mecklenburg Turnplätze in Parchim, Perleberg, Neubrandenburg, Malchin, Neustrelitz, Schwerin, Wismar, Rostock und Güstrow. Der Herzog von Mecklenburg-Strelitz kümmerte sich höchstpersönlich um die Errichtung eines öffentlichen Turnplatzes in der Residenzstadt und bat Jahn um die Entsendung eines geeigneten Turnlehrers. In Neustadt/Dosse wurden Turnübungen am Lehrerseminar eingeführt.

In Vorpommern entstanden Turnplätze u. a. in den Dörfern Putzer, Schwerinsburg und Wusseken des Kreises Anklam, in Stettin und anderenorts. Im Jahre 1817 unternahm Jahn mit 18 Turnern eine Wanderung durch Pommern. Am Geburtstag des preußischen Königs führten sie ein Schauturnen in Putbus/Rügen, dem Geburtsort Ernst Moritz Arndts, durch.

Nach dem Mord an Kotzebue begann in Deutschland die Zeit der sogenannten Demagogenverfolgungen. Diesen fiel das Turnwesen im preußischen Pommern zum Opfer. Mecklenburg dagegen gehörte zu den wenigen Hoheitsgebieten, in denen das Turnen nicht verfolgt wurde. So konnten 1825 Studenten das Turnen in Rostock beleben, und einige Jahre danach richtete die Stadt gar einen Turnplatz ein. Neue Impulse erhielt das Turnen auch in Wismar im Zusammenhang mit der Stadtschule, in Parchim durch Gerlach und in Güstrow durch Prehl.

Im Jahre 1830 veröffentlichte C. Kirchner in Stralsund eine Programmschrift über die Notwendigkeit der Wiedereinführung der Gymnastik an Gymnasien. Minister von Altenstein lobte Kirchners Bemühungen, und 1834 wurde dann die Erlaubnis dazu erteilt. Dies war ein wichtiger Schritt auf dem Wege zur endgültigen Einführung des Turnens in die Schule.

In Mecklenburg breitete sich das Schulturnen schnell aus. 1847 existierte es zum Beispiel in Boitzenburg, Friedland, Goldberg, Grabow, Hagenow, Laage, Ludwigslust, Mirow, Neubrandenburg, Neustrelitz, Parchim, Plau, Rostock, Schönberg, Schwerin, Teterow, Wismar und auf einigen Gütern des Grafen von Hahn.

Im letzten Drittel des 19. Jahrhunderts entstanden im Norden zahlreiche Turnvereine, die der Deutschen Turnerschaft angehörten. Auch akademische Turnvereine etablierten sich 1869 in Greifswald und 1883 in Rostock.

Sehr früh begann in Mecklenburg die Ära des Sports. Bereits 1822 gründeten Adlige und Grundbesitzer unter dem Protektorat des Herzogs einen Verein für Pferdezucht und Wettrennen, gehörte das *Reiten* doch schon in der Epoche des Territorialfürstentums zur Kultur des Adels und der führenden Schicht. Über die Anfänge des Pferdesports berichtete die von von Wachenhusen 1825 in Hamburg herausgegebene „Zeitung für Pferdeliebhaber". 1822 wurde in Doberan die erste Rennbahn für Galopprennen errichtet. Ihr folgten solche in Güstrow (1827) und Neubrandenburg (1828). 1827 fand in Doberan auch erstmals ein Hindernis- und Jagdrennen statt.

Aber auch andere Sportarten hielten früh ihren Einzug in diese nördliche Region. An der Oder um Stettin herum schlug das *Rudern* zeitig Wurzeln. Besonders aktiv waren dabei Schüler an Stettiner Gymnasien. Von der pommerschen Metropole breitete sich der Rudersport oderaufwärts – in Gartz entstand 1891 ein Schülerruderverein – und in das vor- und hinterpommersche Umfeld aus.

Stettiner Gymnasiasten machten auch das von den Brüdern Schwant 1886 eingeführte *Fußballspiel* in Pommern heimisch, und seit 1890 bildeten sich *Athletenvereine* und *-verbände*.

Insgesamt vollzog sich die Entwicklung des Vereins- und Verbandssports in Mecklenburg und Pommern sehr verhalten. Das zeigt sich an der relativ späten Gründung und geringen Verbreitung von Schwimmvereinen in dieser wasser- und bäderreichen Region. 1910 existierten in Mecklenburg lediglich der Rostocker Schwimmklub, in Pommern gab es nur in Stettin fünf Vereine. Erst danach, zumeist nach dem Ersten Weltkrieg, bildeten sich in Pasewalk, Barth, Greifswald, Stralsund und Anklam sowie in Schwerin, Neustrelitz, Wismar, Neustadt und Güstrow Schwimmvereine.

Nach dem Erlaß des Preußischen Ministers für Wissenschaft, Kunst und Volkserziehung vom 30. September 1925, in dem die Einrichtung von Hochschulinstituten für Leibesübungen festgelegt worden war, hielt die *Sportwissenschaft* ihren Einzug in die Universitäten Greifswald und Rostock. Der Rostocker Institutsleiter Klemens C. Wildt gehörte zu den wenigen Sportpädagogen, die sich bis 1940 habilitiert hatten. In der NS-Zeit erhielt die Sportschule in Neustrelitz als zentrale Stätte für Ausbildung und Training der Elite eine berühmt-berüchtigte Bedeutung. Die dort lange zurückreichende sportliche Tradition lebt heute im DDR-Sport weiter.

ZEITTAFELN

Mecklenburg

10000–3000 v. Chr.	Mittelsteinzeit
3000–1600 v. Chr.	Neusteinzeit. Übergang zum Ackerbau. Große Steinkammern, Dolmen, als Sippengrabstätten in Nordmecklenburg
1600–600 v. Chr.	Bronzezeit. Kegelgräber. Bewohner Mecklenburgs wahrscheinlich Germanen
750 v. Chr.–400 n. Chr.	Eisenzeit. Langobarden, Sachsen u. Semnonen in Mecklenburg. Von 600 n. Chr. an dringen slawische Stämme in Mecklenburg ein
789	Feldzug Karls des Großen gegen die Wilzen
1147	Wendenfeldzug
1160–1167	Eroberung Mecklenburgs durch Heinrich den Löwen
1160	Der Abodritenfürst Niklot fällt im Kampf bei Werle. Heinrich der Löwe gründet die Graftschaften Schwerin, Ratzeburg und Dannenberg und die Bistümer Schwerin und Ratzeburg
1167	Heinrich der Löwe gibt Nordmecklenburg an Pribislaw, den Stammvater des späteren mecklenburgischen Fürstengeschlechts zurück
1170	Schwerin gegründet, 1218 Rostock und 1128 Wismar
1171	Das Kloster Doberan von Zisterzienser Mönchen gegründet
1180	Heinrich der Löwe in die Reichsacht getan
1181	Pribislaw wird Reichsfürst
1227	Schlacht bei Bornhöved. Die dänische Lehnsoberhoheit über Mecklenburg beendet
1229	1. Teilung Mecklenburgs in die 4 Teilfürstentümer Mecklenburg, Parchim, Güstrow (Werle) und Rostock
1348	Die mecklenburgischen Fürsten werden reichsunmittelbare Herzöge
1389	Der mecklenburgische Herzog Albrecht III. wird König von Schweden
1419	Gründung der Universität Rostock

1523	Union der Landstände (hohe Geistliche, Adel und Bürger der Städte)
1523	Beginn der Reformation in Rostock
1549	Auf der Tagung des Landtages an der Sagsdorfer Brücke bei Sternberg wird der Übertritt zum evangelischen Glaubensbekenntnis beschlossen
1621	2. Hauptteilung des Landes in die Herzogtümer Mecklenburg-Schwerin und Mecklenburg-Güstrow
1628–30	Wallenstein Herzog von Mecklenburg
1648	Im Westfälischen Frieden fallen Wismar, die Insel Poel und das Amt Neukloster an Schweden; die Stifte Schwerin und Ratzeburg an Mecklenburg
1701	3. und letzte Teilung des Landes in Mecklenburg-Schwerin und Mecklenburg-Strelitz
1803	Wismar wird von Schweden an Mecklenburg zurückgegeben
1815	Auf dem Wiener Kongreß erhalten die mecklenburgischen Fürsten die Würde eines Großherzogs
1820	Aufhebung der Leibeigenschaft
1849	Mecklenburg wird eine konstitutionelle Monarchie
1850	Durch den Freienwalder Schiedsspruch Wiedereinführung der Ständeverfassung
1918	Verzicht Friedrichs Franz IV. auf seine Kronrechte
1919/20	Vollständige Trennung von Mecklenburg-Schwerin u. Mecklenburg-Strelitz
1933	13. Okt. Vereinigung von Mecklenburg-Strelitz u. Mecklenburg-Schwerin
1945	Mecklenburg mit Vorpommern und Rügen vereint
1952	Aufteilung Mecklenburgs in die Bezirke Rostock, Schwerin und Neubrandenburg

Vorpommern

2. Jtsd.	Germanische Völker in Vorpommern
6. Jh.	Einwanderung des wendischen Stammes der Liutizen
782	Karl der Große dringt bis an die Peene vor
Um 900	Wikinger beherrschen die Küste Vorpommerns
983	Der große Slawenaufstand beendet die deutsche Vorherrschaft über Vorpommern
992–1025	Regierung des Polenkönigs Boleslaw I. Chroby. Nach seinem Tod befreit sich Vorpommern von der polnischen Lehnsoberhoheit
1147	Albrecht der Bär und Konrad von Wettin unternehmen einen Kreuzzug nach Vorpommern. Heinrich der Löwe zwingt die Pommernherzöge zur Anerkennung seiner Lehnsoberhoheit

1168	Der Dänenkönig erobert die Tempelburg des wendischen Götzen Swantewit auf Arkona und zwingt die Fürsten von Rügen zur Anerkennung seiner Lehnsoberhoheit bis 1325
1181	Boleslaw I. wird vom deutschen Kaiser Friedrich I. mit Pommern belehnt
1227	Schlacht bei Bornhöved, Beendigung der dänischen Vorherrschaft zugunsten von Brandenburg
1239	Gründung von Stralsund
1295	Nach Erbstreitigkeiten der pommerschen Fürsten gehört das nördliche Vorpommern bis zur Peene zum Herzogtum Pommern-Wolgast und das südlich der Peene gelegene Gebiet zu Pommern-Stettin
1325	Aussterben des Fürstenhauses Rügen, die Insel fällt an Pommern-Wolgast
1338	Anerkennung des Herzogtums Stettin als kaiserliches Lehen durch Brandenburg
1370	Frieden zu Stralsund zwischen den Hansestädten und Dänemark. Beendigung der dänischen Vorherrschaft im ganzen Ostseeraum
1456	Gründung der Universität Greifswald
1478	Vereinigung ganz Pommerns unter Bogislaw X.
1628	Vergeblicher Versuch Wallensteins der Eroberung von Stralsund
1630	Landung von Gustav Adolf in Pommern, Schweden übernimmt die Verwaltung
1648	Brandenburg erhält Hinterpommern mit Ausnahme eines schmalen Landstreifens an der Oder
1720	Brandenburg erhält Vorpommern bis zur Peene und die Inseln Usedom und Wollin
1796	Ernst Moritz Arndt wird in Groß Schoritz auf Rügen geboren
1815	Vereinigung Schwedisch-Vorpommerns und Rügens mit Preußen auf dem Wiener Kongreß
1818	Aufteilung Vorpommerns in die Kreise Anklam, Demmin, Randow und Ueckermünde
1863	Bahnverbindung zwischen Stralsund, Stettin und Berlin
1936	Bau des Rügendammes
1945	Einfügung Vorpommerns in das Land Mecklenburg
1952	Aufteilung Mecklenburgs in die Bezirke Rostock, Schwerin und Neubrandenburg

VERZEICHNIS DER STÄDTE

Einwohnerzahlen der Jahre *1880, 1900* und *1925* nach den Statistiken des Deutschen Reiches NF Bd. 32, Berlin 1888, Bd. 151, Berlin 1903 und Bd.401, Berlin 1930.
Einwohnerzahlen des Jahres *1939* nach dem amtlichen Gemeindeverzeichnis des Deutschen Reiches von 1941.
Einwohnerzahlen der Jahre *1950* und *1986* nach den Statistischen Jahrbüchern der DDR nur für die Städte über 10 000 Einwohner.
Gebietsumfang nach dem Stand von 1952.

Mecklenburg

	1880	1900	1925	1939	1950	1986
Boizenburg	3 614	3 658	5 298	7 063	11 749	12 137
Brüel	2 277	2 089		2 199		
Bützow	5 192	5 549	5 844	7 259	10 757	10 504
Crivitz	3 214	2 980	2 916	3 414		
Dargun	2 278	2 290	2 175	3 308		
Dassow				2 649		
Bad Doberan	3 905	4 954	5 355	7 104	11 646	12 208
Dömitz	2 558	2 943	2 942	3 292		
Feldberg				1 588		
Friedland	5 452	7 175	7 549	8 530		
Fürstenberg	2 242	2 459	4 037	5 089		
Gadebusch	2 557	2 421	2 372	2 628		
Gnoien	3 474	4 157	3 650	3 743		
Goldberg	2 986	2 906	3 112	3 319		
Grabow	4 470	5 296	5 502	6 081		
Grevesmühlen	4 597	4 447	4 818	6 197	10 518	11 707
Güstrow	11 997	16 882	18 821	28 191	35 237	38 971
Hagenow	4 088	4 106	4 418	6 631	10 764	14 324
Klütz				1 579		
Krakow am See	2 025	2 005	2 121	2 457		
Kröpelin	2 542	2 336	2 355	2 623		
Bad Kühlungsborn				4 404		

	1880	1900	1925	1939	1950	1986
Laage	2 251	2 503	2 353	2 922		
Ludwigslust	6 269	6 634	7 211	10 521	12 080	15 536
Lübtheen	2 282	2 717	3 129	3 628		
Lübz	2 647	3 149	3 837	4 325		
Malchin	6 075	7 449	6 754	6 056	7 599	11 027
Malchow	3 550	3 809	4 116	6 056		
Marlow				1 871		
Mirow				3 167		
Neubrandenburg	8 406	10 559	13 773	21 854	22 412	87 235
Neubukow				2 281		
Neukalen	2 448	2 459	1 945	2 070		
Neukloster		2 150	2 354	2 528		
Neustadt-Gleve		2 746	3 215	4 963		
Neustrelitz	9 407	11 340	12 340	26 094	26 780	27 300
Parchim	9 063	10 242	11 868	15 387	19 948	23 454
Penzlin	2 845	2 838	2 711	3 094		
Plau	4 114	4 290	4 205	4 831		
Rhena	2 467	2 007		1 872		
Rerik				4 855		
Ribnitz-Damgarten	4 195	4 482	4 550	12 452	17 251	17 512
Röbel	3 532	3 461	3 301	3 799		
Rostock	36 967	54 735	78 483	121 192	133 109	249 349
Schönberg	2 960	2 889	2 624	2 986		
Schwaan	3 847	4 101	3 951	4 841		
Schwerin	30 146	38 672	46 322	64 614	93 576	128 328
Burg Stargard	2 149	2 401	2 745	3 330		
Stavenhagen	2 784	2 459	3 675	4 180		
Sternberg	2 470	2 735	2 823	2 852		
Bad Sülze	2 527	2 175	2 425	2 623		
Tessin	2 728	2 928	2 624	2 969		
Teterow	5 646	7 090	7 153	7 799	11 010	11 492
Waren	6 389	8 848	10 622	15 242	20 594	24 318
Warin				2 258		
Wesenberg				2 303		
Wismar	15 518	20 222	25 764	36 700	47 786	58 066
Wittenburg	3 622	3 349	3 422	3 849		
Woldegk	3 097	3 964	3 253	3 562		
Zarrentin				1 882		

Vorpommern

	1880	1900	1925	1939	1950	1986
Altentreptow	4 034	4 212	4 340	5 282		
Anklam	12 361	14 617	14 624	19 841	20 160	19 946
Barth	5 792	7 070	7 197	11 639	13 838	12 033
Bergen/Rügen	3 662	4 005	4 701	6 366	9 028	16 713
Demmin	10 507	12 079	12 618	15 996	17 715	16 992
Eggesin		2 524	3 090	3 142		
Franzburg				1 961		
Gartz	5 182	4 061	3 583	4 161		
Garz		2 118		2 533		
Greifswald	19 924	22 950	26 850	37 051	44 468	67 298
Grimmen	3 392	3 616	4 527	5 926	11 585	14 423
Gützkow		2 055	1 982	2 671		
Jarmen		2 863	2 982	3 644		
Lassan	2 520	2 210	1 889	2 017		
Loitz	4 093	3 908	3 596	5 151		
Pasewalk	9 469	10 299	11 717	12 568	11 073	15 717
Penkun				1 892		
Putbus		1 950	2 089	4 167		
Richtenberg				2 007		
Saßnitz			4 501	7 792	7 410	14 077
Stralsund	29 481	31 076	39 242	52 931	58 303	75 857
Torgelow	2 134	5 302	6 873	7 309	9 690	13 970
Tribsees	3 094	3 277	3 149	3 838		
Ueckermünde	5 405	6 482	7 782	8 930	12 565	12 304
Usedom				1 939		
Wolgast	7 832	8 251	7 193	7 752	11 271	16 847

LITERATUR

*Vor- und Frühgeschichte – Geschichte – Fürstenhäuser – Wappen
– Militärwesen – Sozialgeschichte*

Adler, F.: Westpommern, Neuvorpommern und Rügen, Berlin 1927
ders.: Pommern, Stralsund ²1928
Arndt, E. M.: Versuch einer Geschichte der Leibeigenschaft in Pommern und
 Rügen, Berlin 1803
ders.: Geschichte der Veränderung der bäuerlichen und herrschaftlichen Verhältnisse in dem vormaligen Schwedischen Pommern und Rügen vom Jahre 1806
 bis zum Jahre 1816 ..., Berlin 1817

Barthold, F. W.: Geschichte von Rügen und Pommern, 5 Bde., Hamburg
 1839–1843
Behm, W.: Die Mecklenburger 1812 im russischen Feldzuge, Hamburg 1912
ders.: Die Mecklenburger 1813 bis 1815 in den Befreiungskriegen, Hamburg 1913
Bernitt, H.: Vom alten und vom neuen Mecklenburg, Schwerin 1954
Boddien, H. v.: Die Mecklenburgischen Freiwilligen-Jäger-Regimenter. Denkwürdigkeiten aus den Jahren 1813 und 1814, Ludwigslust 1863
Bodendenkmalpflege in Mecklenburg. Jahrbuch 1, 1953–34, 1986
Boll, E.: Geschichte Mecklenburgs mit besonderer Berücksichtigung der Culturgeschichte, Neubrandenburg 1855–1856
Brandt, v.: Die Hanse im Ostseeraum, Lübeck 1983
Buelow, K. v.: Heimatkunde von Pommern, 2 Bde., Greifswald 1924–1925
Burmeister, W.: Mecklenburg, Berlin 1926

Eggert, O.: Geschichte Pommerns, Hamburg 1959, ³1961
Endler, C. A.: Geschichte des Landes Mecklenburg-Strelitz 1701–1933, 1935
Engel, F.: Niedersachsen, Mecklenburg-Pommern. Über die Einheit des norddeutschen Raumes seit der mittelalterlichen Ostkolonisation (= Schriftenr. d. Landeszentr. f. Heimatdienst in Niedersachsen, Reihe B, H. 3, Hannover 1956)
Erbe, M.: Deutsche Geschichte 1713–1790, Stuttgart 1985
Ewe, H.: Rügen, Rostock 1968

Fink, T.: Deutschland als Problem Dänemarks, Flensburg 1968
Forstmann, W.: Die Geschichte Mecklenburgs und Pommerns (= Deutschland.
 Porträt einer Nation, Bd. 9 S. 132–138, Gütersloh 1986)

Genealogisches Handbuch der Fürstlichen Häuser. Fürstliche Häuser, Bd. V, Limburg 1959; Bd. IX, Limburg 1971

Göschel, H. (Hg.): Lexikon Städte und Wappen der Deutschen Demokratischen Republik, Leipzig ³1985

Gummel, H.: Aus Pommerns Vorgeschichte, Greifswald 1925

Hamann, M.: Das staatliche Werden Mecklenburgs, Köln/Graz 1962

ders.: Mecklenburgische Geschichte von den Anfängen bis zur Landständischen Union von 1523 (= Mitteldeutsche Forschungen, Bd. 51, Köln/Graz 1968)

Hannemann, W.: Die Münzen des Landes Mecklenburg-Strelitz. Beiträge zur Münzkunde und Geschichte Mecklenburgs, Bielefeld 1979

Helas, V.: Kultur gestern und heute (= Deutschland. Porträt einer Nation, Bd. 9, S. 140–147, Gütersloh 1986)

Heess, W.: Geschichtliche Bibliographie von Mecklenburg (= Arbeiten d. Hist. Komm. f. Mecklenburg, I. Teil, N: Heerwesen, S. 488–503, Rostock 1944)

Hegel, K. v.: Geschichte der mecklenburgischen Landstände bis zum Jahre 1755, Rostock 1856. Reprint 1968

Herrmann, J. (Hg.): 25 Jahre archäologische Forschung in der Deutschen Demokratischen Republik (= Ausgrabungen und Funde 21, 1976, S. 1ff.)

Hof- und Staatshandbuch des Großherzogtums Mecklenburg-Strelitz

Hofer, E.: Die Beziehungen Mecklenburgs zu Kaiser und Reich (1620–1638) (= Wiss. Beitr. z. Gesch. u. Landeskde. Ost- u. Mitteleur., Nr. 22, Marburg 1956)

Hubatsch, W.: Epochen politischer Gestaltung im nordostdeutschen Raum vom Mittelalter bis zur Mitte des 18. Jahrhunderts, Marburg 1966

Jacobi, C.: Das zehnte Armee-Corps des deutschen Bundesheeres, Hannover ²1958

Junack, R.: Adolf Friedrich Herzog zu Mecklenburg. Leben und Wirken, Hamburg 1963

Kaiser, K.-D.: Die Eingliederung der ehemals selbständigen norddeutschen Truppenkörper in die preußische Armee in den Jahren nach 1866, Diss. phil. Berlin 1973

Klauser, H.: Lexikon deutscher Herrscher und Fürstenhäuser, Salzburg ²1984

Kraft, A.; Naujok, R.: Pommern. Mit Neumark und Ostseeküste, Augsburg

Landsmannschaft Mecklenburg (Hg.): Heimatzeitschrift für Landsleute und Freunde Mecklenburgs, Hamburg

Lisch, G. C. F.; Wigger, F.; Grotefend, H. (Hg.): Jb. d. Ver. f. Mecklenbg. Gesch. u. Altertumskde., Schwerin/Leipzig

Loennies, Th.: Pommern-Fibel: Wissenswertes über Pommern, Hamburg 1975

Madaus, C.: Beiträge zur Mecklenburgischen Militärgeschichte von 1700–1871, Hamburg 1979

Milarch, A. A. F.: Denkwürdigkeiten des Mecklenburg-Strelitzschen Husaren-Regiments 1813–15, Neubrandenburg 1854. Reprint Wiesbaden 1980

Nilius, I.: Das Neolithikum in Mecklenburg zur Zeit und unter besonderer Berücksichtigung der Trichterbecherkultur, Schwerin 1971

Pagel, K.: Mecklenburg. Biographie eines deutschen Landes, Göttingen 1969
Paul, J.: Europa im Ostseeraum, 1961
Pöls, W. (Hg.).: Deutsche Sozialgeschichte, Dokumente und Skizzen, München 1973
Pogel, K.: Mecklenburg, Göttingen 1969

Raabe, W.: Mecklenburgische Vaterlandskunde, Bd. 1–3, Wismar ^{1}1857–1861, ^{2}1894–1896
Riedinger, H.: Stammeskunde von Schleswig-Holstein und Mecklenburg (= Hdb. d. dtsch. Stammeskde., Potsdam 1942)

Sachse, L.: Mecklenburg-schwerinsche und mecklenburg-strelitzsche Truppen 1831. 25 kolorierte Lithographien, Berlin 1831
Sante, G. W.: Geschichte der deutschen Länder. Territorien-Ploetz, Würzburg 1964
Schach-Dörges, H.: Die Bodenfunde des 3. bis 6. Jahrhunderts n. Chr. zwischen unterer Elbe und Oder, Neumünster 1970
Schäfer, E.: Mecklenburgs Militärwesen vor und in den Freiheitskriegen (= Jb. d. Ver. f. Mecklenbg. Gesch. u. Altertumskde., 80, 1915)
Schubart, H.: Die Funde der älteren Bronzezeit in Mecklenburg, Neumünster 1972
Schuldt, E.: Mecklenburg – urgeschichtlich. Eine gemeinverständliche Einführung, Schwerin 1954
ders. (Hg.): Bodendenkmalpflege in Mecklenburg (= Jb. f. Bodendenkmalpfl. in M., Schwerin 1955 ff.)
ders.: Die mecklenburgischen Megalithgräber, Berlin 1972
Schultz, W. v.: Mecklenburg und der Siebenjährige Krieg (= Jb. V. Mecklenbg. Gesch. 53, 1888; 54, 1889)
Sell: Mecklenburgische Truppen im dänischen Dienste (= Jb. V. Mecklenbg. Gesch. 52, 1887)
Großherzoglich Mecklenburg-Schwerinscher *Staats-Kalender* 1811–1867
Steinberg, S.: Und die Meere rauschen, Düsseldorf 1980
Steinmann, P.: Ritter und Bauer in Mecklenburg, Schwerin 1960
ders.: Die Mecklenburg-Strelitzsche Landgendarmerie, ihre Vorgeschichte, ihre Gründung im Jahre 1798 und ihre Entwicklung (= Carolinum 42, 1977/78, Nr. 78, 79)

Tessin, G.: Mecklenburgs Soldaten 1648–1914 (= Nachr. a.d. Wehrkreis II, Jg. 1936, 1937)
ders.: Mecklenburgisches Militär in Türken- und Franzosenkriegen 1648–1718 (= Mitteldtsch. Forschg., 42, Köln/Graz 1966)
ders.: Die Regimenter der europäischen Staaten im Ancien Regime des XVI. bis XVIII. Jahrhunderts, Teil 1: Die Stammlisten, Osnabrück 1986

Vitense, O.: Geschichte von Mecklenburg, Gotha 1920; Würzburg 1985
Volz, B.: Großherzog Franz II. von Mecklenburg-Schwerin. Ein deutsches Fürstenleben nach Aufzeichnungen und Erinnerungen, Wismar 1893

Wegener, W.: Die Herzöge von Pommern, Göttingen ²1969
Wehrmann, H.: Geschichte von Pommern, Gotha 1919–1921
Wehrmann, M.: Genealogie des pommerschen Herzoghauses, 1937
Wenzel, H.: Unsere Ostseehäfen, Leipzig 1977
Wigger, F.: Stammtafeln des Großherzogl. Hauses Mecklenburg (= Jb. V. Mecklenbg. Gesch. 50, 1885)
Witte, H.: Geschichte Mecklenburgs, 2 Bde., Wismar 1913

Siedlungsgeschichte – Städte – Geographie

Abel, W.: Verdorfung und Gutsbildung in Deutschland zu Beginn der Neuzeit (= Ztschrft. f. Agrargesch. u. Agrarsoz., 1961)
Adler, F.: Stralsund, Berlin 1938

Bark, A.: Siedlungsverhältnisse in Mecklenburg-Schwerin, mit einer kurzen Darstellung der geschichtlichen Entwicklung Mecklenburgs, Wismar 1930
Benthin, B. u. Kollektiv: Greifswald und seine Umgebung (= Werte der deutschen Heimat, Bd. 14, Berlin 1968)
Bocknig, E.; Fukarek, F.; Jeschke, L.: Pflanzenwelt (= Atlas d. Bez. Rostock, Schwerin u. Neubrandenburg. Bd. 1: Natur d. Landes, Schwerin 1962)
Bollnow, H.: Studien zur Geschichte der pommerschen Burgen und Städte im 12. und 13. Jahrhundert, Köln/Graz 1964
Brandt, H.: Der Nordosten (= Krebs, N. (Hg.): Landeskde. v. Deutschland, Bd. II, Leipzig/Berin 1931)
Braun, G.: Die Formenwelt des deutschen Bodens, Berlin 1939
Bubnoff, S. v.: Überblick über die Geologie Ostmecklenburgs (Vorpommerns) und seiner Grenzgebiete, Berlin 1949
Bülow, K. v.: Deutschlands Wald- und Ackerböden, Berlin 1936
ders.: Abriß der Geologie von Mecklenburg, Berlin (O) 1952
Burmeister, W.: Seestadt Wismar, Berlin 1938

Deecke, W.: Landeskunde von Pommern. Sammlung Göschen, Leipzig 1912
Diercke: Weltatlas $^{21-212}$1970

Eckart, K.: DDR, Stuttgart ²1984
Endler, C. A.; Folkers, J. U.: Das mecklenburgische Bauerndorf (= Mecklbg. Monographien, hg. v. O. Gehrig, Rostock 1930)
Engel, F.: Erläuterungen zur historischen Siedlungsformenkarte Mecklenburgs und Pommerns (= Ztschrft. f. Ostforschung, Jg. 2, H. 2, 1953, S. 208–230)
ders.: Niedersachsen, Mecklenburg-Pommern. Über die Einheit des norddeutschen Raumes seit der mittelalterlichen Ostkolonisation (= Schriftenr. d. Landeszentr. f. Heimatdienst in Niedersachsen, Reihe B, H. 3, Hannover 1956)

ders. (Hg.): Historischer Atlas von Pommern (= Veröfftl. d. Hist. Komm. f. Pommern, R. 3, Köln/Graz 1959–1964)
ders. (Hg.): Historischer Atlas von Mecklenburg, 1–4, Köln/Graz 1960–1962; Köln/Wien 1969
Ewe, H.: Stralsund, Rostock 1965

Franz, G.: Der Dreißigjährige Krieg und das deutsche Volk. Untersuchungen zur Bevölkerungs- und Agrargeschichte, Jena 1940
ders.: Geschichte des deutschen Bauernstandes vom frühen Mittelalter bis zum 19. Jahrhundert (= Deutsche Agrargeschichte, Bd. IV, Stuttgart 1970)
Fukarek, F.: Zur Pflanzengeographie Mecklenburgs (= Hurtig, Th.: Physische Geographie von Mecklenburg, Berlin 1957, S. 189–222)

Geinitz, F. E.: Der Boden Mecklenburgs (= Forschg. z. dtsch. Landes- u. Volkskd., Bd. 1, H. 1, Stuttgart 1885)
ders.: Geologischer Führer durch Mecklenburg (= Sammlg. geol. Führer 2, Berlin 1899)
Grümbke, J. J.: Streifzüge durch das Rügenland, Altona 1805
ders.: Neue und genaue geographisch-statistisch-historische Darstellungen von der Insel und dem Fürstenthume Rügen, 2 Teile, Berlin 1819

Häfke, F.: Physische Geographie Deutschlands, Berlin 1959
Harms: Geschichts- und Kulturatlas, Frankfurt/M. [49–51]1959
Heckmann, H.: Neubaugebiete nach 1945 (= Deutschland. Porträt einer Nation, Bd. 9, Gütersloh 1986, S. 115)
Heil, B.: Die Gründung der nordostdeutschen Kolonialstädte und ihre Entwicklung bis zum Ende des 13. Jahrhunderts, Wiesbaden 1896
Helas, V.: Kultur gestern und heute (= Deutschland. Porträt einer Nation, Bd. 9, Gütersloh 1986, S 140–147)
Hempel, G.: Geographisch-statistisch-historisches Handbuch des Mecklenburger Landes, 2 Bde., Parchim/Ludwigslust 1842/1843
Hohl, H.; Marcinek, J.; Nitz, B.: Geographie der DDR, Gotha/Leipzig 1978
Hoffmann, K.: Die Stadtgründungen Mecklenburg-Schwerins in der Kolonisationszeit vom 12.–14. Jahrhundert (= Jb. d. Verf. f. Mecklenbg. Gesch. u. Altertumskde., Jg. 1930)
Hornemann, W.: Zur Veränderung des slawischen Siedlungsbildes nach 1250 in den Ländern Lassan und Wusterhausen (= Greifswald-Stralsunder Jb., Bd. 8, 1968/69, S. 19–28)
Hurtig, Th.: Physische Geographie von Mecklenburg, Berlin (O) 1957

Jacobs, E.: Mecklenburgische Herrenhöfe, Sternberg 1937
Jeschke, L.; Klafs, G.; Schmidt, H.; Starke, W.: Die Naturschutzgebiete der Bezirke Rostock, Schwerin und Neubrandenburg (= Hdb. d. Naturschutzgebiete der DDR, Bd. 1, Leipzig/Jena/Berlin ²1980)

Känel, A. v.: Grundzüge der Siedlungsstruktur in den Nordbezirken der DDR (= Wiss. Abhdlg. d. Geogr. Ges. d. DDR, Bd. 12, 1975, S. 45–68)

Karbaum, H.; Reinhard, H.: Hydrologie (= Atlas der Bezirke Rostock, Schwerin und Neubrandenburg, Bd. 1: Natur des Landes, Schwerin 1962)
Keyser, E. (Hg.): Deutsches Städtebuch, Bd. 1, Stuttgart 1939
Kötzschke, R.: Die Siedlungsformen des deutschen Nordostens und Südostens in volks- und sozialgeschichtlicher Bedeutung (= Dtsch. Ostforschung, 1942)
Kohl, H.; Jacob, G.; Kramm, H. J.; Roubitschek, W.; Schmidtrenner, G. (Hg.): Ökonomische Geographie der Deutschen Demokratischen Republik. Bevölkerung, Siedlungen, Wirtschaftsbereiche, Gotha/Leipzig ^{2}1970
dies. (Hg.): Die Bezirke der Deutschen Demokratischen Republik. Ökonomische Geographie, Gotha/Leipzig 1974

Lenz, K.: Die Wüstungen der Insel Rügen (= Forschg. z. dtsch. Landeskde., Bd. 113, Remagen 1958)
Liedtke, H.: Die nordischen Vereisungen in Mitteleuropa (= Forschg. z. dtsch. Landeskde., Bd. 204, Trier ^{2}1981)
Lisch, G. Chr. F.; Wedemeier, F.: Album mecklenburgischer Schlösser und Landgüter, Leipzig/Schwerin/Neustrelitz o.J. (1860–1862)
Mager, F.: Geschichte des Bauerntums und der Bodenkultur im Lande Mecklenburg, Berlin 1955
Meyers Reisebücher: Rügen und die Pommersche Küste mit Hinterland, Leipzig ^{2}1924
Meynen, E.; Schmithüsen, J. (Hg.): Handbuch der naturräumlichen Gliederung Deutschlands, Remagen 1953–1962
Miethe, K.: Das Fischland. Ein Heimatbuch, Rostock 1953
Müller, M. J.: Handbuch ausgewählter Klimastationen der Erde (= Univ. Trier, Forschungsst. Bodenerosion, H.5, Trier ^{4}1987)
Müller-Miny, H.: Die Großregionen als naturräumliche Einheiten (= Geogr. Taschenb. 1960/1961)

Niekammers Landwirtschaftliche Güter-Adreßbücher, Bd. IV, Mecklenburg-Schwerin und Strelitz, Leipzig ^{4}1928
Nugent, Th.: Reisen durch Deutschland und vorzüglich durch Mecklenburg, Berlin/Stettin 1781–1782

Obenaus, H.: Umgestaltung des Gutssiedlungsbildes im mecklenburgischen Raum durch die demokratische Bodenreform (= Wiss. Abhdl. d. Geogr. Ges. d. DDR., Bd. 12, 1975, S. 159–184)
Ott, L.: Probleme der ländlichen Siedlung in Mecklenburg-Schwerin, Diss. Rostock 1927

Piltz, G.: Norddeutsche Landschaft, Dresden 1953
Püschel, A.: Das Anwachsen der Städte in der Zeit der mittelalterlichen Kolonialbewegung, Berlin 1910

Quade, G.: Quade's Führer durch Mecklenburg, Wismar 1897

Reinhard, H.: Klimatologie. Phänologie (= Atlas d. Bez. Rostock, Schwerin und Neubrandenburg, Bd. 1: Natur des Landes, Schwerin 1962)
Richter, G.: Die Landschaften der Bezirke Mecklenburg und Vorpommerns (= Deutschland. Porträt einer Nation, Bd. 9. Gütersloh 1986)
Rörig, F.: Die europäische Stadt und die Kultur des Bürgertums im Mittelalter (= Kl. Vandenhoek-R.12/13, Göttingen 1955)

Schmidt, G. (Hg.): Der Rostocker Raum, die Stadt Rostock und ihr Hafen. Exkursionsführer, Rostock 1966
Schmidt, H.: Natur- und Landschaftsschutzgebiet (= Atlas d. Bez. Rostock, Schwerin u. Neubrandenburg, Bd. 1: Natur des Landes, Schwerin 1962)
Schöller, P.: Die deutschen Städte (= Erdkundl. Wissen, H.17, Wiesbaden 1967)
Schröder, K. H.; Schwarz, G.: Die ländlichen Siedlungsformen in Mitteleuropa. Grundzüge und Probleme ihrer Entwicklung (= Forschg. z. dtsch. Landeskde., Bd. 175, Bad Godesberg 1969)
Sedlmaier, R.: Rostock, Berlin ²1943
Stremme, H.: Die Böden der DDR, Berlin (O) 1950
Stübs, J.: Über die Vogelwelt Mecklenburgs (= Hurtig, Th.: Phys. Geographie von Mecklenburg, Berlin 1957, S. 223–252)
ders.: Über den Vogelzug im Norden der Deutschen Demokratischen Republik (= Atlas d. Bez. Rostock, Schwerin u. Neubrandenburg, Bd. 1: Natur des Landes, Schwerin 1962)

Techen, F.: Geschichte der Seestadt Wismar, Wismar 1929

Ule, W.: Mecklenburg (= Monograpien z. Erdkunde, Bd. 43, Bielefeld/Leipzig 1930)

VEB Topographischer Dienst Schwerin (Hg.): Atlas der Bezirke Rostock, Schwerin und Neubrandenburg, Bd. 1: Natur des Landes. Kartenband und Textheft, Schwerin 1962
Voelz, W.: Die Siedlungstätigkeit der Mecklenburgischen Landesgesellschaft, ein Beispiel deutscher ländlicher Siedlungspolitik, Diss. Hamburg; Berlin 1935

Werner, F.: Stadt, Städtebau, Architektur in der DDR, Erlangen 1981
Westermann-Verlag (Hg.): Lexikon der Geographie, 4. Bde., So.-Ausg. 1983

Wirtschaft – Rechtspflege und Verwaltung

Balck, C. W. A.: Dominale Verhältnisse in Mecklenburg-Schwerin, Rostock 1864
ders. (Bearb.): Verwaltungsnormen in Mecklenburg-Schwerin, Schwerin 1883 ff.
ders.: Finanzverhältnisse in Mecklenburg-Schwerin mit besonderer Berücksichtigung ihrer geschichtlichen Entwicklung. Bd. 1, Schwerin, Rostock/Ludwigslust 1877; Bd. 2, Schwerin 1878

Barnewitz, H. W.: Wirtschafts- und Verwaltungsgeschichte des Domanialamtes Doberan; Diss. Rostock, Masch.-Schrft. 1924. (In gekürzter Fassung auch Mecklenburg. Monatsh. 8, 1932, Schwerin 1932)

Blanck, W.: Verfassung und Verwaltung der mecklenburg-strelitzschen Landeskirche von 1701–1926 (= Mecklenburg-Strelitzer Geschichtsbl., Bd. 5, 1928, S. 211 ff., Neustrelitz 1928)

Böhlau, J.: Über Ursprung und Wesen der Leibeigenschaft in Mecklenburg (= Zeitschr. f. Rechtsgesch., Bd. 10, Rostock)

ders.: Mecklenburgisches Landrecht I., II., III., Weimar 1871–1880

ders.: Fiscus, landesherrliches und Landes-Vermögen im Großherzogthum Mecklenburg-Schwerin, 1877

Bosse, W.: Die Politik der Kammer als Domanialbehörde im Lande Stargard (1755–1806) (= Mecklenburg-Strelitzer Gesch.bl., Bd. 6, 1930, Neustrelitz 1930)

Büchner, K.: Wirtschaftsgeographie von Mecklenburg-Schwerin (= Veröfftl. d. Geogr. Sem. d. Univ. Leipzig, H.12, Langensalza 1936)

Büsing, O.: Das Staatsrecht der Großherzogtümer Mecklenburg-Schwerin und Mecklenburg-Strelitz (= Hdb. d. Oeffentlichen Rechts. 3. Bd., Das Staatsrecht des Deutschen Reiches und der Deutschen Staaten. II., S. 5–72, Freiburg i. Brsg./Tübingen 1884)

Cordeshagen, Chr.: Amt Neustadt; Quellen zur ländlichen Wirtschafts-, Rechts- und Sozialgeschichte Mecklenburgs im 15. und 16. Jahrhundert, Rostock 1965

Dittmer: Sammlung von Gesetzen und Urkunden, welche auf das Mecklenburgische Staatsrecht bezug haben, Bde. 1 und 2

Dittmer, H.: Mecklenburgische Banken, Jena 1913

Droege, G.: Deutsche Wirtschafts- und Sozialgeschichte, Frankfurt/Berlin/Wien 1972

Ebel, W.: Die Entwicklung des mecklenburgischen Rechtswesens in Mecklenburg. Werden und Sein eines Gaues, S. 309 ff.

ders.: Lübisches Recht im Ostseeraum, Köln/Opladen 1967

Eckert, K.: Veränderungen der agraren Nutzungsstruktur in den beiden Staaten in Deutschland (= Forschg. z. dtsch. Landeskde., Bd. 227, Trier 1985)

Endler, C. A.: Mecklenburgische Bauernlisten des 15. und 16. Jahrhunderts. H. 3: Die Ämter Feldberg, Fürstenberg, Strelitz und Wesenberg mit den Komtureien Mirow und Nemerow und dem Kloster Wanzka, Schwerin 1941

Endler, C. A. (Bearb.); Meltz (Vorwort): Steuerlisten mecklenburgischer Bauerndörfer des 15. und 16. Jahrhunderts. Amt Gadebusch und Kloster Rehna, Köln 1978

Engel, Fr.: Beiträge zur Siedlungsgeschichte und historischen Landeskunde Mecklenburg, Pommern, Niedersachsen, Köln 1970

Förster, Fr.: Wallenstein, Herzog zu Mecklenburg, Friedland und Sagan, als Feldherr und Landesfürst, Potsdam 1834

Gebhardt: Handbuch der deutschen Geschichte, Stuttgart ⁹1970
Grotefend, O.: Mecklenburg unter Wallenstein und die Wiedereroberung des Landes durch die Herzöge, Marburg 1901

Habermalz, W.: Rinderseuchen in Mecklenburg-Strelitz (1710–1753); Diss. vet., Berlin 1935
Hagemeister: Versuch einer Einleitung in das Mecklenburgische Staatsrecht, 1793
Hamann, M.: Das staatliche Werden Mecklenburgs, Köln 1962
ders.: Mecklenburgische Geschichte, Köln 1968
Historischer Atlas von Mecklenburg, Köln 1960
Historischer Atlas von Mecklenburg; Mecklenburg-Strelitz, Köln 1963
Huntziger, O.: Wallenstein als Landesfürst, insbesondere als Herzog von Mecklenburg, Zürich 1875

Ihde, R.: Amt Schwerin. Geschichte seiner Steuern, Abgaben und Verwaltung bis 1655, Diss. phil. Rostock; Schwerin 1912

Klein, Th.: Großherzogtümer Mecklenburg
1. Mecklenburg-Schwerin
2. Mecklenburg-Strelitz mit Fürstentum Ratzeburg (= Deutsche Verwaltungsgeschichte, Bd. 3, Das Deutsche Reich bis zum Ende der Monarchie, Stuttgart 1984)
Kliefoth, H.: Das Polizeiverordnungsrecht in Mecklenburg-Schwerin, Diss. Rostock 1929 (= Rost. Abh. Rechtswiss. Reihe, H. VI)
Küvern, H. H.: Beschreibung des Herzogtums Mecklenburg und dazu gehörender Länder und Örter etc. Andere Auflage, Hamburg 1737
Köster, L.: Die Jagd in der Rostocker Heide und das Jagdrecht in Mecklenburg in frühester Zeit bis zur Gegenwart, Wismar 1929
Küster, R.: Die Verwaltungsorganisation von Mecklenburg im 13. und 14. Jahrhundert, Diss. jur. Freiburg i. Brsg.; Schwerin 1909. (In gekürzter Fassung auch Mecklenburg. Jb. 1909, Bd. 74, Rostock 1909)

Lembke, G.: Die Entwicklung der bäuerlichen Verhältnisse auf der Insel Poel vom 12. Jahrhundert bis 1803, Schwerin 1935
Lisch, G. C. F.: Der Kammerpräsident Luben von Wulffen und die Vererbpachtung (= Mecklenburgisches Jb. Nr. 13, 1848, S. 197–234, Rostock 1848)
ders.: Wallensteins Kirchen- und Schul-Regierung in Mecklenburg (= Jb. d. Ver. f. Mecklenburg. Gesch. u. Altertumskde., 37. Jg., Schwerin 1872)
ders.: Wallensteins Armenversorgungsordnung in Mecklenburg (= Jb. d. Ver. f. Mecklenburg. Gesch. u. Altertumskde., 35. Jg., S. 45ff., Schwerin 1870)
ders.: Über Wallensteins Regierungsform in Mecklenburg (= Jb. d. Ver. f. Mecklenburg. Gesch. u. Altertumskde., 37. Jg., Schwerin 1871)
Lorenz, O.: Wallenstein und der Besitz von Mecklenburg (= Deutsche Rundschau, Bd. XXIII., Berlin 1880)

Mager, F.: Geschichte des Bauerntums und der Bodenkultur im Lande Mecklenburg (= Dt. Akad. d. Wiss. zu Berlin, Veröfftl. d. Hist. Komm. Bd. 1, Berlin 1955)

Marold, K.: Seebäder und Erholungswesen im Rostocker Bereich (= Wiss. Abhdlg. d. Geogr. Ges. d. DDR, Bd. 4, S. 209–238, Leipzig 1966)

Maybaum, H.: Die Entstehung der Gutsherrschaft im nordwestlichen Mecklenburg (Amt Gadebusch und Amt Grevesmühlen) (= Vierteljahrsschr. f. Sozial- und Wirtschaftsgesch., Beiheft 6, Stuttgart 1926)

Mecklenburgisches Statistisches Landesamt (Hg.): Staatshandbuch für Mecklenburg, 149. Jg., Schwerin 1939

Meltz, O.: Der Strelitzer Thronfolgefall von 1918 (= Aus tausend Jahren mecklenburgischer Geschichte. Festschrift für Georg Tessin zur Vollendung seines 80. Lebensjahres zugeeignet von der Stiftung Mecklenburg, S. 160–174, Köln 1979)

Mielck, V.: Die mecklenburgische Bonitierung nach Scheffel Saat aufgrund des Landesgrundgesetzlichen Erbvergleichs von 1755, Rostock 1926

Müller, W.: Rostocks Seeschiffahrt und Seehandel im Wandel der Zeiten. Ein Beitrag zur Geschichte der deutschen Seestädte, Rostock 1930

Murjahn, M.: Die gutsherrlich-bäuerlichen Verhältnisse des 17. Jahrhunderts (Stargard, Breda, ...) Diss. Rostock (= Mecklenburg. Jb. 1934, Bd. 98, Rostock 1934)

Oestreich, G.: Verfassungsgeschichte vom Ende des Mittelalters bis zum Ende des alten Reiches (= Hdb. d. dtsch. Gesch., Bd. 11, München ^{9}1986)

Ott, H.; Schäfer, H.: Wirtschaftsploetz, Freiburg/Würzburg 1984

Pagel, K.: Mecklenburg. Biographie eines deutschen Landes, Göttingen 1969

Proposch, W.: Vernichtung mecklenburgischen Bauerntums von 1570 bis 1900 (Malchin) (= Berichte über Landwirtschaft, Bd. 20, 1935, Heft 2, S. 222–242, Berlin 1935)

Radloff, W.: Das landesfürstliche Beamtentum Mecklenburgs im Mittelalter, Diss. jur.; Kiel 1910

Richter, G.: Wirtschafts- und Sozialstruktur der Bezirke Mecklenburgs und Pommerns (= Deutschland. Porträt einer Nation, Bd. 9, S. 120–130, Gütersloh 1986)

Roerig, F.: Zur Rechtsgeschichte der Territorialgewässer: Reede, Strom und Küstengewässer (= Abhdlg. d. Dtsch. Akad. d. Wiss. zu Berlin, Phil.-hist. Kl., Jg. 1948, Nr. 2, Berlin 1949)

Rudloff, F. A.: Pragmatisches Handbuch der Mecklenburgischen Geschichte. 1. Teil, Schwerin 1780; 2. Teil, 1. und 2. Abteilung, Schwerin/Wismar/Bützow 1785; 2. Teil, 3. und 4. Abteilung, Schwerin/Wismar/Bützow 1786

Schäfer, E.: Mecklenburg und sein Handwerk, Berlin ^{2}o. J.

Schlesinger, E.: Staats- und Verwaltungsrecht des Großherzogtums Mecklenburg-Schwerin, Berlin 1980

ders.: Die Mecklenburg-schwerinschen Landesgerichte im Wandel der Zeiten (= Mecklenburger Monatshefte, Bd. 5, 1929, S. 567 ff.)

ders.: Burgen und Burgbezirke (= Von Land und Kultur. Festschrift für R. Koetzschke, 1937)

ders.: Mitteldeutsche Beiträge zur deutschen Verfassungsgeschichte des Mittelalters, Göttingen 1961

ders.: Die Entstehung der Landesherrschaft, Dresden 1941. Nachdruck Darmstadt 1964

Schmoller, G.: Umrisse und Untersuchungen zur Verfassungs-, Verwaltungs- und Wirtschaftsgeschichte, Leipzig 1898

Schnelle: Ritter- und Landschaft Mecklenburgs, Berlin 1861

Schulenburg, O.: Die Vertreibung der mecklenburgischen Herzöge Adolf Friedrich und Johann Albrecht und ihre Restitution, Rostock 1892

Staatliche Zentralverwaltung für Statistik (Hg.): Statistisches Jahrbuch der DDR, Berlin (O)

Stammer, M.: Die Anfänge des mecklenburgischen Liberalismus bis zum Jahre 1848, Köln 1908

Statistik des Deutschen Reiches, Bd. VII 1874; Bd. IX 1875

Statistische Praxis, Jg. 3, H.7, 1948

Steinmann, P.: Ritter und Bauer in Mecklenburg, Schwerin 1960

ders.: Amt Crivitz (mit Land Silesen) und Vogtei Parchim. Quellen zur ländlichen Siedlungs-, Wirtschafts-, Rechts- und Sozialgeschichte Mecklenburgs im 15. und 16. Jahrhundert, Schwerin 1962

Strecker, W.; Cordshagen, Chr.: Mecklenburg (= Gesch. d. dtsch. Länder, Bd. 1, S. 530–545, Würzburg 1964)

Tausend Jahre Aus tausend Jahren mecklenburgischer Geschichte, Köln 1979

Techen, F.: Über die Bede in Mecklenburg bis zum Jahre 1385 (= Jahrb. f. Mecklenburg. Gesch., Bd. 67, Schwerin)

Tscharnke, H.: Der Ständestaat und die Verwaltungsorganisation in Mecklenburg (= Mecklenburg. Werden und Sein eines Gaues)

Verband Deutscher Ostseebäder (Hg.): Die deutschen Ostsee-Bäder, 13. Ausg., Berlin 1912

Weber, E.: Einige Entwicklungsprobleme der rügenschen Seebäder bis zum ersten Weltkrieg in ökonomisch-geographischer Sicht (= Wiss. Abhdlg. d. Geogr. Ges. der DDR, Bd. 8, S. 75–85, 1970)

Wick, P.: Versuche zur Errichtung des Absolutismus in Mecklenburg in der 1. Hälfte des 18. Jahrhunderts. Ein Beitrag zur Geschichte des deutschen Territorialabsolutismus, Berlin (O) 1964

Wolff: Repertorium der mecklenburgischen Landesangelegenheiten

Kirchen, Freikirchen, Sekten

Bartz, W.: Freikirchen in Deutschland, Trier 1973
Beste, N.: Der Kirchenkampf in Mecklenburg von 1933–1945, Göttingen 1975
Biographisches Wörterbuch zur deutschen Geschichte, Bd. 2, München 1974

Haendler, G.: Geschichte des Frühmittelalters und der Germanenmission (= Die Kirche in ihrer Geschichte. Hg.: K. D. Schmidt u. E. Wolf, Göttingen 1961)
Heyden, H.: Verzeichnis von Büchern und Aufsätzen zur Kirchengeschichte Pommerns, Hannover 1952
ders.: Kirchengeschichte Pommerns, 2 Bde. (= Osteuropa u. d. dtsch. Osten, R.3, Buch 5, Köln 1957)

Religion in Geschichte und Gegenwart, Bd. I–VI, Tübingen 1957–1962
Reller, H. (Hg.): Handbuch Religiöser Gemeinschaften, Gütersloh 1978

Schmaltz, K.: Kirchengeschichte Mecklenburgs, Bd. I, Schwerin 1935; Bd. II, Schwerin 1936; Bd. III, Berlin 1952
Schnell, H.: Die Einführung der Reformation in Mecklenburg, Halle/Saale 1899
Sieder, J.: Katechismen und Katechismus – Unterweisung in Mecklenburg seit der Reformation bis zu Anfang des 18. Jahrhunderts, Schwerin 1930
Stökl, G.: Geschichte der Slawenmission (= Die Kirche in ihrer Geschichte. Hg.: K. D. Schmidt u. E. Wolf, Göttingen 1961)

Westin, G.: Der Weg der freien christlichen Gemeinden durch die Jahrhunderte, Kassel 1956
Wiggers, J.: Kirchengeschichte Mecklenburgs, Parchim/Ludwigslust 1840
Witte, O.: Erläuterungen zur Karte der kirchlichen Gliederung Mecklenburgs, Köln 1970

Bildungswesen

Bölkow, W.: Zur Entwicklung des Landschulwesens in Mecklenburg in der ersten Hälfte des 19. Jahrhunderts (= Wirtschaft, Technik und Geschichte. Für Albrecht Timm zum 65. Geburtstag. Hg.: Volker Schmidtchen und Eckhard Jäger, S. 259–265, Berlin 1980)
Boll, E.: Geschichte Mecklenburgs. Teile I–II, Neubrandenburg 1855
Brandt, W.: Die staatliche Domschule zu Güstrow 1903–1928. Gedenkschrift, Bayreuth 1928

Festschrift zur 500 Jahrfeier der Universität Greifswald 17. 10. 1956, Greifswald 1956

Hellfeldt, G.: Zur Entstehung und Entwicklung des städtisch-bürgerlichen Schulwesens im deutschen Ostseegebiet zwischen unterer Elbe und unterer Oder bis Ende des 16. Jahrhunderts. Phil. Diss. Rostock v. 11. 7. 1956 (Masch.)

ders.: Die Wirkung der städtischen Schulen für die intellektuelle Bildung der Bevölkerung in dessen Seestädten der wendischen Hanse (= Wiss. Zeitschr. der Universität Rostock, Gesellschafts- und sprachwissenschaftl. Reihe, 9. Jg. 1961, H.1, S. 111ff.)

Kretschmann, P.: Universität Rostock (= Mitteldeutsche Hochschulen, Bd. 3, Hg.: Mitteldeutscher Kulturrat Bonn/Köln/Wien 1969)

Laabs, H.-J.: Beiträge zur Geschichte der Schulen des Landes Mecklenburg (= „Pädagogik" Jg. 10, 1955, H.5, S. 370ff.)
Lachs, J.: Die mecklenburgische Landschule in der 1. Hälfte des 19. Jahrhunderts unter den Bedingungen des spätfeudalen Ständestaates, Berlin 1961. Pädag. F. Diss. vom 27. 10. 1961 (Masch.)

Paulsen, F.: Geschichte des gelehrten Unterrichts an den deutschen Schulen und Universitäten vom Ausgang des Mittelalters bis zur Gegenwart. Teile I–II, Leipzig ³1919

Scheven, F.: Zur inneren Entwicklung der mecklenburgischen Lehrerbildung (= Mecklenburgische Schulzeitung, 63. Jg. 1932, Nr. 17 u. 18)
Schmalz, K.: Kirchengeschichte Mecklenburgs. 3 Bde., Schwerin 1935–1952
Schubel, F.: Universität Greifswald (= Mitteldeutsche Hochschulen, Bd. 4, Hg.: Mitteldeutscher Kulturrat Bonn, Frankfurt/Main 1960)

Universität Rostock, Geschichte 1419–1969. Festschrift zur Fünfhundertfünfzig-Jahr-Feier der Universität. Bd. I: Die Universität von 1419–1945, Rostock 1969

Wehrmann, M.: Geschichte von Pommern, Stettin 1921
Witte, O.: Die Bedeutung des münsterischen Humanismus für die Entwicklung des Bildungswesens im Ostseeraum, bes. in Pommern (= Pommern, Kunst, Geschichte, Volkstum. H.2, 1968, VI. Jg.)

Volkskunde – Sprache – Literatur – Buch-, Verlags- und Zeitungswesen

Adler, F.: Deutsche Volkskunst: Pommern, Würzburg 1982 (Reprint d. Ausg. v. 1930)
Albrecht, G. u.a. (Hg.): Lexikon deutschsprachiger Schriftsteller von den Anfängen bis zur Gegenwart, Leipzig 1967, ³1974
Altmann, U.: Buchdruck in Rostock 1476, Rostock 1976
Annoncen-Expedition Rudolf Mosse. Zeitungskatalog. Berlin 58, 1932

Bachmann, J.: Die Entwicklung der periodischen Presse beider Mecklenburg, 1928
Bake, W.: Die Frühzeit des pommerschen Buchdrucks im Lichte neuerer Forschung, Pyritz 1934

Barge, H.: Geschichte der Buchdruckerkunst von ihren Anfängen bis zur Gegenwart, Leipzig 1940

Bartsch, K.: Sagen, Märchen und Gebräuche aus Mecklenburg, 2 Bde., Wien 1879. Reprint

Baumgarten, K.: Zimmermannswerk in Mecklenburg. Die Scheune (= Dtsch. Akad. d. Wissensch. z. Berlin, Veröfftl. d. Inst. f. dtsch. Volkskde., Bd. 26, Berlin (O) 1961)

ders.: Das Bauernhaus in Mecklenburg (= Dtsch. Akad. d. Wissen. sch. z. Berlin, Veröfftl. d. Inst. f. dtsch. Volkskde., Bd. 34, Berlin (O) 1965)

ders.: Hallenhäuser in Mecklenburg. Eine historische Dokumentation (= Dtsch. Akad. d. Wissensch. z. Berlin, Veröfftl. d. Inst. f. dtsch. Volkskde., Bd. 54, Berlin (O) 1970)

Benzing, J.: Die Buchdrucker des 16. und 17. Jahrhunderts im deutschen Sprachgebiet, Wiesbaden ²1982

ders.: Die deutschen Verleger des 16. und 17. Jahrhunderts. Eine Neubearbeitung, Frankfurt/M. 1977

Folkers, J. U.: Mecklenburg (= H. Riediger (Hg.): Stammkunde von Schleswig-Holstein u. Mecklenburg, S. 71 ff., Potsdam 1942

ders.: Haus und Hof deutscher Bauern, Bd. 3 Mecklenburg, Münster 1961

Franck, H.: Mecklenburgische Sagen und Märchen

Geldner, F.: Die deutsche Inkunabeldrucker. Ein Handbuch der deutschen Buchdrucker des XV. Jahrhunderts nach Druckorten, Bd. 1: Das deutsche Sprachgebiet, Stuttgart 1968

Gerds, P.: Buchdruck im alten Rostock (= Marginalien. 95, 1984, S. 36–41)

Gernentz, H.-J.: Niederdeutsch – gestern und heute. Beiträge zur Sprachsituation in den nördlichen Bezirken der Deutschen Demokratischen Republik in Geschichte und Gegenwart., Berlin (O) 1964 (= Wissenschaftl. Taschenbücher 15)

Herrmann-Winter, R.: Kleines plattdeutsches Wörterbuch für den mecklenburgisch-vorpommerschen Sprachraum

Julien, R.: Die deutschen Volkstrachten zu Beginn des 20. Jahrhunderts, München 1912

Kahns, I.: Zur Volkskunde des Landes Mecklenburg am Beispiel des alten Amtes Boizenburg zu Beginn des 20. Jahrhunderts, Dortmund 1983

Kaiser, K. (Hg.): Beiträge zur Volkskunde Pommerns, Greifswald 1939

König, W.: dtv-Atlas zur deutschen Sprache. Tafeln und Texte, München 1978 (= dtv 3025)

Lendvai-Dircksen, E.: Das deutsche Volksgesicht. Mecklenburg und Pommern, Bayreuth 1940

Leopoldi, H. H.: Mecklenburgische Volkstrachten, Teil 1 Bauerntrachten (= Veröfftl. d. Inst. f. Volkskunstforschg. b. Zentralhaus f. Volkskunst Leipzig 1957)

Mackensen, L.: Pommersche Volkskunde, Kitzingen/M. o. J. (= Göttinger Arbeitskreis, Schriftenr. H.27)
Madaus, Chr.: Sprichwörter und Redensarten aus Mecklenburg
ders. (Bearb.): Heil- und Zaubersprüche, Sagen und Spukgeschichten aus Mecklenburg, Hamburg 1979
Madaus, Chr.; Hüne, W.: Mecklenburgisches Autorenheft. Verzeichnis mecklenburgischer Schriftsteller, Dichter und Journalisten (= Kulturkreis Mecklenburg, Hamburg)
Mager, F.: Geschichte des Bauerntums und der Bodenkultur im Lande Mecklenburg (= Dtsch. Akad. d. Wissenschftn. z. Berlin. Veröfftl. d. hist. Komm. Bd. 1, Berlin (O) 1955)
Mecklenburgische Montashefte. 7/1931
Mielke, R.: Das schöne deutsche Dorf in deutschen Landen, Leipzig 1925

Pries, J. F.: Die Entwicklung des mecklenburgischen Niedersachsenhauses zum Querhaus und das mecklenburgische Seemannshaus, Stuttgart 1928
ders.: Der Ziegelbau in Mecklenburg (= Mecklenburg, Ztschrft. d. Heimatbds. M., 14. Jg., Nr. 1, Schwerin 1919)
ders.: Das niedersächsische Bürgerhaus in Mecklenburg

Raeck, F.: Pommersche Literatur. Proben und Daten, Hamburg 1969
Reinhard, H. W.: Geschichte des Zeitungswesens in Stralsund, 1936
Reuter, F.: Werke in drei Bänden

Schmidt, R.: Deutsche Buchhändler, deutsche Buchdrucker. Beiträge zu einer Firmengeschichte des deutschen Buchgewerbes. 6 Bände in einem Band. Nachdruck der Ausgabe 1902–1908, Hildesheim/New York 1979
Schroeder, K.: Mecklenburg und die Mecklenburger in der schönen Literatur (= Mecklenbg. Gesch. i. Einzeldarst. H.11/12, Berlin 1909)
Schweikle, G. u. I. (Hg.): Metzler Literaturlexikon, Stichwörter zur Weltliteratur, Stuttgart 1984
Stellmacher, D.: Ostniederdeutsch (= Lexikon d. germ. Linguistik, Tübingen 1973, S. 332 ff.)
Stieda, W.: Die Anfänge der periodischen Presse in Mecklenburg, 1897

Teuchert, H.: Entwurf einer mecklenburgischen Sprachgeschichte (= Wiss. Ztschr. d. Univ. Rostock, Gesellsch. u. Sprachwiss. Reihe 7. Jg. 1957/58, H.2, S. 197–202)

Wehrmann, M.: Die pommerschen Zeitungen und Zeitschriften in alter und neuer Zeit, 1936
Wermer, U.: Das Buch an der Kette. 400 Jahre Druckprivileg der Barther Bibel (= Marginalien. 95. 1984, S. 41–52)
Wiesinger, P.: Die Einteilung der deutschen Dialekte (= Dialektologie. Ein Handb. z. dtsch. u. allg. Dialektforschg., hg. v. W. Besch u.a., 2. Halbbd., Berlin 1983 (= Hdb. z. Sprach- u. Kommunik.-wissenschaft Bd. 1.2, S. 807 ff., bes. S. 882–886)

Wilpert, G. v.: Deutsches Dichterlexikon. Biogr.-bibliogr. Handwörterbuch zur deutschen Literaturgeschichte, Stuttgart 1963, ²1976 (= Kröners Taschenbuchausgabe Bd. 288)

Wossidlo, R.: Mecklenburgische Volksüberlieferungen, Teil I–IV, Wismar 1899–1931

ders.: Altmecklenburgische Sitten und Volksbräuche in den Zwölften, zu Weihnachten, Silvester und Neujahr. Nach Aufzeichnungen R. Wossidlows bearb. von O. Kröplin u. O. Schmidt (= Beitr. z. Heimatkde., Bd. 2, Wismar 1936)

ders.: Mecklenburgische Sagen, 2 Bde., Rostock 1939

ders.: Volksschwänke in Mecklenburg, hg. von S. Neumann, Berlin 1963, ⁵1968

Bildende Kunst – Architektur

Adamiak, J.: Schlösser und Gärten in Mecklenburg, Leipzig 1977

Badstüber, S. u. a.: Kunstdenkmäler der Bezirke Neubrandenburg, Rostock und Schwerin (Bildband), Berlin (O) 1975

Baier, G.: Bad Doberan, Leipzig 1964

ders.: Deutsche Kunstdenkmäler. Ein Bildhandbuch. Bezirke Neubrandenburg, Rostock, Schwerin, Leipzig 1970

ders.: Kunstdenkmale des Kreises Greifswald, Leipzig 1973

ders.: Dom und Pfarrkirche Güstrow (= Das christliche Denkmal 17/17A), Berlin 1979

Baier, G.; Ende, H.; Krüger, R. (Bearb.): Die Denkmale im Bezirk Rostock. I. A. d. Min. f. Kultur d. DDR hg. v. Inst. f. Denkmalpfl., Arbst. Schwerin. Die Denkmale des Kreises Greifswald, Leipzig 1973

Berckenhagen, E.: Die mittelalterlichen Wandmalereien in Stralsund und im westlichen Pommern, Diss. Berlin 1952

Bernitt, J. J.: Malerei aus den Künstlerkolonien Ahrenshoop und Schwaan. Kat. Ausst. Rostock, Kulturhist. Museum

Bethe, H.: Die Kunst am Hofe der pommerschen Herzöge, Berlin 1937

Brandt, J.: Altmecklenburgische Schlösser und Herrensitze, Berlin 1925

Clasen, K. H.: Die Baukunst an der Ostseeküste zwischen Elbe und Oder (= Dtsch. Bauakad., Schriftenr. d. Forschg.-Inst. f. Theorie u. Gesch. d. Baukunst, Dresden 1955)

Dehio, G.: Handbuch der deutschen Kunstdenkmäler. Die Bezirke Neubrandenburg, Rostock, Schwerin. Bearb. v. d. Arbst. f. Kunstgesch., Berlin 1968

Dettmann, G.: Johann Joachim Busch, der Baumeister von Ludwigslust (= Mecklenbg. Monogr., hg. v. Oscar Gehrig, Rostock 1929)

Dobert, P.: Bauten und Baumeister in Ludwigslust, Diss. TH Berlin, Magdeburg 1920

Eckardt, G. (Hg.): Schicksale dtsch. Baudenkmale im zweiten Weltkrieg, eine Dokumentation d. Schäden u. Totalverluste a. d. Gebiet d. DDR, 2 Bde., Berlin (O) 1980

Eimer, G.: Carl Gustav Wrangel som byggherre i Pommern och Sverige, Stockholm 1961
Ende, H.: Die Stadtkirchen in Mecklenburg
ders.: Dorfkirchen in Mecklenburg, Berlin (O) 1975

Fründt, E.: Bibliographie zur Kunstgeschichte von Mecklenburg und Vorpommern, Berlin 1962

Gehrig, O.: Die bürgerliche Baukunst in Wismar (= Mecklbg. Hefte, Rostock 1925)
Gerhardt, J.: Pommern (= Die Kunst im dtsch. Osten, München 1958)
Gesellschaft für Pommersche Geschichte und Alterthumskunde (Hg.): Die Bau- und Kunstdenkmäler der Provinz Pommern, Stettin
Gothein, M. L.: Geschichte der Gartenkunst, Jena 1914

Hahn, G. u. a.: Architekturführer DDR: Bezirk Schwerin, Berlin (O) 1984
Hauke, K.: Das Bürgerhaus in Mecklenburg und Pommern, Tübingen 1975
Haselberg, E. v.: Baudenkmäler des Regierungsbezirkes Stralsund, Stettin 1881–1902

Institut für Denkmalpflege Berlin (Hg.): Denkmale in Mecklenburg. Ihre Erhaltung und Pflege in den Bezirken Rostock, Schwerin und Neubrandenburg, Weimar 1976

Krüger, G.: Kunst- und Geschichts-Denkmäler des Freistaates Mecklenburg-Strelitz, Neubrandenburg 1921–1934
Krumbholz, H.: Burgen, Schlösser, Parks und Gärten (= Tourist-Führer, Berlin/Leipzig ²1986)
Kugler, F.: Pommersche Kunstgeschichte (= Pomm. Ges. f. Gesch. u. Alterthumskde. (Hg.): Baltische Studien, Bd. 8., Stettin 1840)
Kunst- und Geschichts-Denkmäler des Freistaates Mecklenburg-Strelitz, 2 Bde., Neubrandenburg 1921–1862

Lisch, G. Chr. F.; Wedemeier, F.: Album mecklenburgischer Schlösser und Landgüter, Leipzig/Schwerin/Neustrelitz 1860–1924
Löffler, F. (Hg.): Das christliche Denkmal (zahlreiche Hefte)
Lorenz, A. F.: Torhäuser und Kapellen in mecklenburgischen Burgen (= Wiss. Ztschr. Univ. Halle, Ges. Sprachwiss. X/1, 1961, S. 199–210)
Lorenz, A. F.; Baier, G.: Der Dom zu Schwerin, (= Das christliche Denkmal 9), Berlin (O) 1975

Madaus, Chr.: Mecklenburgisches Malerverzeichnis von 1750–1980, Hamburg 1980
Mansfeld, H.: Ghert Evert Piloot. Ein Baumeister der Spätrenaissance in Mecklenburg (= Denkmalpflege in Mecklenburg, Jb. 1951/52, S. 56–89)
Möller, H. O. u. a.: Architekturführer DDR. Bezirk Rostock, Berlin (O) 1978

Mrusek, H.-J.: Zur Denkmalpflege in der Deutschen Demokratischen Republik. Ergebnisse und Probleme der Wiederherstellung der Kulturdenkmale (= Wiss. Ztschr. Univ. Halle, Ges.-Sprachwiss. IX/1, 1960, S. 59–122)

Ohle, W.; Baier, G. (Bearb.): Die Kunstdenkmale im Bezirk Rostock. I. A. d. Min. f. Kultur d. DDR hg. v. Inst. f. Denkmalpfl., Arbst. Schwerin. Die Kunstdenkmale des Kreises Rügen, Leipzig 1962

Piltz, G.; Peter, R.: Die Kunst Nordost-Deutschlands, Dresden 1961
Piltz, G.: Kunstführer durch die DDR, Leipzig usw. ^{3}1972
ders.: Deutsche Demokratische Republik, Kunst- und Reiseführer, Stuttgart/Berlin/Köln/Mainz ^{8}1979

Rendschmidt, M.: Die Hausbautypen des norddeutschen hanseatischen Bürgerhauses (= Die Denkmalpflege, 1932, S. 149–155)

Sarre, F.: Der Fürstenhof zu Wismar und die norddeutsche Terrakotta-Architektur im Zeitalter der Renaissance, Berlin 1890
Schlie, F. (Bearb.): Die Kunst- und Geschichts-Denkmäler des Großherzogthums Mecklenburg-Schwerin, Bd. 1–5, Schwerin/Leipzig 1896–1902
Schüttauf, H.: Parke und Gärten in der DDR, Leipzig 1973
Sieber, H.: Schlösser und Herrensitze in Mecklenburg
Stiehl, O.: Backsteinbauten in Norddeutschland und Dänemark, Stuttgart
Stier, W.: Das alte bürgerliche Wohnhaus in Wismar, Diss. Berlin 1916
Straub, Th.: Mittelalterliche Backsteingiebel im Profanbau der Hansestädte des wendischen Kreises, Diss. Rostock, Rostock 1929
Suhr, P.: Der Backsteingiebel des norddeutschen Bürgerhauses im Mittelalter, Diss. TH Danzig, Berlin 1935

Wundemann, J. Chr. F.: Mecklenburg in Hinsicht aus Kultur, Kunst und Geschmack, Schwerin/Wismar 1800–1803

Zander, D.: Neue Nutzung für ehemalige Burgen, Schlösser und Gutshäuser im Bezirk Schwerin (= Mttlg. d. Inst. f. Denkmpfl., Außenst. Schwerin, Nr. 21, Sept. 1973)
Zaske, N.: Die gotischen Kirchen Stralsunds und ihre Kunstwerke, Berlin 1964
Zaske, N. und R.: Kunst in Hansestädten, Leipzig 1985

Musik

Erdmann, H.: Schwerin als Stadt der Musik, Lübeck 1967

Freytag, W.: Musikgeschichte der Stadt Stettin im 18. Jahrhundert, Diss. Greifswald 1936

Haacke, W.: Die Entwicklungsgeschichte des Orgelbaus im Lande Mecklenburg-Schwerin, Wolfenbüttel/Berlin 1935

Kade, O.: Die Musikaliensammlung des Mecklenburg-Schweriner Fürstenhauses, Band I und II, Schwerin 1893 und 1899. Nachdrucke im Olms-Verlag Hildesheim

ders.: Ordnung der Spelelude (Joculatorum) in Wismar vom Jahre 1343 (= Monatsschr. f. Musik-Geschichte, 14. Jg., 1882, Nr. 7)

Meyer, C.: Geschichte der Güstrower Hofkapelle (= Jb. d. Ver. f. mecklenburgische Gesch. u. Alterthumskde., 83. Jg., Schwerin 1919)

Steffens, H.: Musikland DDR, Berlin (O) 1977

Medizin – Sport

Festschrift zur 500-Jahrfeier der Universität Greifswald, Bd. II, Greifswald 1956

Goertchen, R.: Über die Geschichte der Pest in Mecklenburg (= NTM Schriftenreihe f. Gesch. d. Naturwissenschaften Technik u. Medizin 8, Leipzig 1971, 1, S. 75–81)

John, H.-G. (Red.): Vom Verein zum Verband. Die Gründerzeit des Sports in Deutschland (= dvs-Protokolle Nr. 27, Clausthal-Zellerfeld 1987)

Madelung, O.: Das Stadt-Krankenhaus. Separatdruck aus: Hygienische Topographie der Stadt Rostock, Rostock 1888

Pocher, D.: Die Entwicklung des Hebammenwesens in einem ständisch feudalen Agrarstaat, dargest. am Bsp. des ehem. Großherzogtums Mecklenburg-Schwerin (1815–1918). Diss. med. Humboldt-Univ. Berlin 1980

Prignitzs, H.: Wasserkur und Badelust, Leipzig 1986

Schönfeld, W.: Zur Geschichte der Medizinischen Fakultät und zur Entwicklung von Lehre und Forschung in den Haut- und Geschlechtskrankheiten an der Universität Greifswald (= Greifswalder Universitätsreden 23, Greifswald 1929)

Schumacher, G.-H.; Wischhusen, H.: Anatomia Rostochiensis, Berlin 1970

Ueberhorst, H. (Hg.): Geschichte der Leibesübungen. Teilband 3/1: Leibesübungen und Sport in Deutschland von den Anfängen bis zum Ersten Weltkrieg, Berlin 1980; Teilband 3/2: Leibesübungen und Sport in Deutschland vom Ersten Weltkrieg bis zur Gegenwart, Berlin 1982

Wildt, K. G.: Daten zur Sportgeschichte, Teil I: Die alte Welt und Europa bis 1750, Schorndorf 1970; Teil II: Europa von 1750 bis 1894, Schorndorf 1972

Willgeroth, G.: Die Mecklenburgischen Aerzte von den ältesten Zeiten bis zur Gegenwart. Gesammelt und herausgegeben von A. Blanck 1874, fortgesetzt von Axel Wilhelmi 1901, Schwerin 1929

Zehender, W.: Bericht über die Erkrankungen, Todesfälle und Geburten, welche im Jahre 1860 im Großherzogtum Mecklenburg-Strelitz zur ärztlichen Kenntnis gekommen sind, Erlangen 1861

AUTOREN

Ulrike Asche-Zeit

Geboren 1954 in Eisenach. Studium der Geschichte, Kunstgeschichte und Philosophie in Bonn und Freiburg. Dr. phil. Während des Studiums freie Mitarbeit im Hause des Deutschen Ostens in Düsseldorf. Lebt in Gelsenkirchen. Tätig als Lektorin.
Veröffentlichungen: „Roms Weltherrschaftsidee und Außenpolitik in der Spätantike" (1983).

Maria Elisabeth Brockhoff

Geboren 1922 in Ludwigsburg. Studium der Musikwissenschaft, Kunstgeschichte und Philosophie in Münster, Heidelberg und Wien, Promotion 1944 in Münster. Postgraduate-Stipendien in Zürich (Universität) und New York (Columbia University). 1947 Habilitation Universität Münster, danach Professur für Musikwissenschaft bis zur Pensionierung 1987. Jetzt Lehraufträge, wie früher bereits, Kurse an Volkshochschulen und Musikkritiken. 1947–1988 Lehraufträge für historische Musikgeschichte und Geschichte und Analyse Neuer Musik an der Hochschule für Musik Detmold, Institut Münster.
Veröffentlichungen: Dissertation, Habilitationsschriften im Manuskript, zahlreiche Aufsätze in musikwissenschaftlichen Kongreßberichten, in Vierteljahrsschrift „Westfalen", im Kirchenmusikalischen Jahrbuch, in der Musikforschung, im Deutschen Institut für Bildung und Wissen, Institut für Film und Bild in Wissenschaft und Unterricht.
Aus den letzten Jahren: Musikgeschichte der Stadt Paderborn 1982; Musik und Medizin, eine Bestandsaufnahme in kritischer Sicht, Beitrag zu einem Sammelband „Therapieformen" ed. Mannzmann/Kossolapow 1985; Schulfach Musik, Vorstellung und Wirklichkeit in historischer Sicht, Beitrag zum Sammelband Geschichte der Schulfächer, Hg. A. Mannzmann, 1983; Musik seit 1800, in: Westfälische Geschichte Bd. 2, Hg. W. Kohl, 1983; Musik aus Deutschlands Mitte, Hg. Weineck, darin G. Fr. Händel, 1985; Kulturelles Erbe II aus Deutschlands Mitte, Hg. Stiftung mitteldeutscher Kulturrat, darin: Heinrich von Meißen, Johann Kuhnau, Felix Mendelssohn-Bartholdy, 1985; Musik und Medizin in Geschichte und Gegenwart, in: Musik- und Kunsttherapie, 1986.

Annemarie Haase

Geboren 1930 in Halle/Saale. Studium der Geschichte, Musikerziehung und Germanistik an den Universitäten Halle/Saale und Köln. Dr. phil. Bis 1969 Oberstu-

dienrätin an einem Gymnasium in Köln, seit 1970 Akademische Oberrätin an der Pädagogischen Hochschule Rheinland, Abt. Aachen.
Dissertation zur Geschichte des Staatsbürgerkundeunterrichts in der DDR. Mitautorin von Themenheften zur Politischen Bildung „Gestaltung und Gefährdung des Rechtsstaates" (1978); „Europa, Dritte Welt und Rüstungswettlauf" (1979) im Oldenbourg-Verlag München. Mitglied der Fachkommission für die Gestaltung des Schülerwettbewerbs für Politische Bildung der Bundeszentrale für Politische Bildung in Bonn.

Wilhelm Hoffmann

Geboren 1906 in Eberswalde (Kurmark). Studium der Theologie und Philosophie in Leipzig und Berlin. Pfarrer i.R.
Veröffentlichungen: Zeitschriftenartikel über sächsische Geschichte. Vorträge im Deutschlandfunk über Dresdner Cruciander, die Leipziger Thomaner und August Hermann Francke.

Hans-Georg John

Geboren 1929 in Stettin. Studium der Geschichte, Körpererziehung/Sportwissenschaft und Pädagogik in Halle/Saale, Bonn und Graz. Promotion. Studienprofessor, tätig in der Abteilung Sportpädagogik der Universität Essen.
Veröffentlichungen zur Sportgeschichte, Sporthistoriographie und Sportpädagogik.

Harro Kieser

Geboren 1939 in Riesa. Studium der Geschichte und Germanistik an den Universitäten Marburg und Bonn. Seit 1966 Wissenschaftlicher Bibliothekar in Frankfurt/M., lebt in Bad Homburg v.d.H.
Veröffentlichungen in Zeitschriften und Sammelwerken, Mitarbeit an Lexika und Nachschlagewerken. Ferner zahlreiche Beiträge zur Kultur- und Geistesgeschichte des mitteldeutschen Raumes, vor allem der Provinz Sachsen und der Stadt Halle.

Julius Paul Martin Lauckner

Geboren 1909 in Dresden. Studium der Theologie und Geschichte in Tübingen, Berlin, Wien und Leipzig. Dr. phil. Pfarrer in Ehrenfriedersdorf, dann in Deutschenbora, ab 1967 Pastor und Oberarchivrat in der Ev.-Luth. Landeskirche Schleswig-Holsteins, seit 1975 im Ruhestand, lebt in Hamburg. Redakteur der Monatszeitschrift „Sächsische Heimat" bis 1986.
Veröffentlichungen: „Die Städtewappen im einst mark-meißnischen Gebiet, Beschreibung und Entstehungsgeschichte", 1936. Zahlreiche Artikel über Sachsen und sächsische Geistesschaffende.

Martin Mantzke

Geboren 1944 in Halle/Saale. Studium der Politischen Wissenschaft, Geschichte und Philosophie in München und Bonn, 1974 Dr. phil. 1974 bis 1983 Mitherausgeber der „Akten zur deutschen auswärtigen Politik 1918–1945" im Auswärtigen Amt. Seit 1984 Redakteur in Bonn.

Gerhard Mildenberger

Geboren 1915 in Naumburg/Saale. Studium der Vor- und Frühgeschichte, Geschichte, Geographie und Völkerkunde in Göttingen, Königsberg und Halle. Dr. phil. 1939 und 1947–1949 Mitarbeiter im Landesmuseum für Vorgeschichte in Halle, 1949 Assistent Universität Leipzig, dort 1954 Professor mit Lehrauftrag, 1959 außerplanmäßiger Professor in Marburg, 1965–1980 ordentlicher Professor in Bochum. Lebt in Bochum.
Veröffentlichungen: „Die germanischen Funde der Völkerwanderungszeit in Sachsen", Leipzig 1959; „Mitteldeutschlands Ur- und Frühgeschichte", Leipzig 1959; „Sozial- und Kulturgeschichte der Germanen", Stuttgart 1972, ²1977; „Germanische Burgen", Münster 1978.

Helmut Möller

Geboren 1918 in Karwesee/Osthavelland. Studium der Geschichte, Geographie, Germanistik und Erziehungswissenschaft in Jena. Dr. phil. 1950–1955 wissenschaftlicher Assistent und Oberassistent an der Pädagogischen Fakultät Universität Jena sowie zeitweise Lehrauftrag für Wirtschafts- und Sozialgeschichte. 1963 Studienrat im Hochschuldienst, 1972 Professor für Erziehungswissenschaft an der Universität Gießen.
Veröffentlichungen zur Allgemeinen Erziehungswissenschaft und Geschichte der Pädagogik in Sammelbänden/Festschriften, Reihen und Fachzeitschriften. „Berichte, Mitteilungen, Beiträge". Ein mitteldeutsches Periodikum, Folge 1, 1987; Folge 2, 1989 (Hg. für die Stiftung mitteldeutscher Kulturrat Bonn).

Joachim Niemeyer

Geboren 1940 in Hamburg. Studium der Rechtswissenschaft, Politikwissenschaft und Geschichte. Dr. phil. Seit 1981 als Militärhistoriker am Wehrgeschichtlichen Museum in Rastatt.
Veröffentlichungen zu Clausewitz, Scharnhorst und zur Epoche der preußischen Heeresreform; Militärgeschichte und Heereskunde Niedersachsens des 18. und 19. Jahrhunderts.

Herbert Pruns

Geboren 1935 in Henstedt/Krs. Segeberg. Studium der Rechts- und Staatswissenschaften an den Universitäten Hamburg und Freiburg/Brsg. 1. jur. Staatsexamen 1962, 2. jur. Staatsexamen 1966. Seit 1967 im Bundesministerium für Ernährung, Landwirtschaft und Forsten, Bonn. Regierungsdirektor, Leiter des Personalreferates. Dr. jur. 1977.
Einzelveröffentlichung: Staat und Agrarwirtschaft 1800–1865. Subjekte und Mittel der Agrarverfassung und Agrarverwaltung im Frühindustrialismus; 2 Bde. Hamburg und Berlin 1978. Veröffentlichungen in Fachzeitschriften über Finanzverfassung, Agrarstruktur, Agrar- und Verwaltungsgeschichte, Geschichte der Rübenzuckerindustrie und des Zuckerrübenanbaus.

Gerold Richter

Geboren 1932 in Böhmisch-Leipa. Studium der Geographie, Bodenkunde und Geologie in Greifswald. Dr. rer. nat., o. Professor für Physische Geographie an der Universität Trier. 1. Vorsitzender des Zentralausschusses für deutsche Landeskunde e. V.
Wissenschaftliche Publikationen im Zusammenhang mit der Landeskunde Deutschlands: Bodenerosion in der Bundesrepublik Deutschland, 1965; „Bodenerosion in Mitteleuropa. Wege der Forschung", Bd. 430, 1976; Mitherausgeber des „Transparent-Atlas Deutschland im Weltraumbild", 1983 und des „ Transparent-Atlas Weltraumbild. Typenlandschaften Deutschlands", 1984; „Deutschland-Porträt einer Nation", Bd. 9: „Mecklenburg und Vorpommern: Landschaften; Wirtschafts- u. Sozialstruktur; Städte-ABC", 1986.

Elisabeth Scheeben

Geboren 1957 in Köln. Studium der Geschichte, Völkerkunde und Ur- und Frühgeschichte. 1986 Promotion mit einer Arbeit über Herzog Ernst II. von Sachsen-Coburg und Gotha. Zur Zeit Archivarsausbildung.
Veröffentlichungen: Volkskundliche Beiträge zu den historischen Landeskunden Thüringens, Sachsen-Anhalts und Brandenburgs.

Heinz-Peter Schmiedebach

Geboren 1952 in Sobernheim/Rheinland-Pfalz. Studium der Biologie, Geschichte, Germanistik und Medizin von 1972 bis 1981 in Tübingen, Mainz, Berlin. Dr. med. Von 1981 bis September 1986 Wissenschaftlicher Mitarbeiter am Institut für Geschichte der Medizin der FU Berlin. Danach bis Oktober 1987 klinisch-chirurgische Tätigkeit am Klinikum Steglitz der FU Berlin. Seit November 1987 Wissenschaftlicher Assistent am Institut für Geschichte der Medizin der FU Berlin.

Veröffentlichungen zur Geschichte der Psychiatrie, ärztlichen Ethik und Standeskunde und Medizin im Nationalsozialismus.

Bernhard Sowinski

Geboren 1931 in Hergisdorf/Eisleben. Studium der Germanistik und Geschichte in Halle und Köln. Dr. phil. 1958–1966 höherer Schuldienst, 1966–1970 Studienrat i. H., 1970–1982 Studienprofessor an der Universität Köln, 1981 Habilitation, ab 1982 Professor für deutsche Philologie an der Universität Köln.
Veröffentlichungen zur deutschen Sprache (u.a. Germanistik I, Deutsche Stilistik, Textlinguistik, Werbeanzeigen u. -sendungen), zur deutschen Literatur (u.a. Lehrhafte Dichtung im Mittelalter, Helmbrecht, Literatur der Neuzeit in Thüringen) und Fachdidaktik (Fachdidaktik Deutsch).

Otto Witte

Geboren 1903 in Prisannewitz bei Rostock, Studium der Geschichte, Anglistik und Psychologie in Jena und Rostock. Dr. phil. Dozent an der Hochschule für Lehrerbildung in Rostock, von 1950 bis 1968 Oberstudienrat am Gymnasium in Iserlohn. Lehrauftrag für Geschichte in Dortmund, Mitglied der Wissenschaftlichen Prüfungsämter der Universitäten Münster und Bochum, Bundesverdienstkreuz.
Veröffentlichungen über die Beziehungen Westfalens zu Mecklenburg und Pommern, Geschichte des Märkischen Kreises und Mecklenburgs.

Gerd-H. Zuchold

Geboren 1950 in Guben. Studium der Klassischen Archäologie, Kunstgeschichte, Christlichen Archäologie und Vor- und Frühgeschichte an der Humboldt-Universität in Berlin (O). 1976–1980 wissenschaftlicher Mitarbeiter an den Staatlichen Museen Berlin (O), zuletzt als Kustos. Dr. phil. 1980 Universität Halle. 1980/81 Studienleiter an der Evangelischen Akademie Magdeburg. Lebt seit 1981 in Berlin (W).
Veröffentlichungen zur Kunst der Spätantike, des Mittelalters, des 19. Jahrhunderts und der Gegenwart in Jahrbüchern, Ausstellungskatalogen und Fachzeitschriften.

Abbildungsnachweis

Landkarte (Vorsatz): Studie Freudenthal, Hamburg (Landesgrenzen von 1949 für Mecklenburg einschließlich Vorpommern), Wappen (nach Otto Hupp): Barbara Brade, Wedel.
Abbildungen: Prof. Richter (9); Mecklenburg-Schwerin, Braunschweig-Lüneburg. Gedenkbuch, hg. a. Anl. d. Vermählung seiner kgl. Hoheit d. Großhzgs. Fr. Franz IV. ..., Schwerin 1904 (12); Hirschfeld: Fr. Franz II. Großhzg. v. M.-Schwerin ..., Leipzig 1891 (2); Schröder: Fr. Franz III. Großhzg. v. M.-Schwerin ..., Schwerin, 1898 (1); Schwerin, die Stadt der Seen u. Wälder, Schwerin o.J. (1); die Kunst- u. Gesch.-Dkm. ... M.-Schwerin, Schwerin 1901 (1); Die Kunst- u. Gesch.-Dkm. ... M.-Strelitz, Neubrandenburg 1925 (4); Kl. Städtereihe Bd. 11 Wismar, Leipzig 1963 (1); Dtsch. Volkstrachten, Reichenbach i.V. (2); Warnemünde, ein Gang d. d. Heimatmuseum, Rostock 1963 (1); Heeß (Bearb.): Gesch. Bibl. a. Mecklenburg, 1944 (3); alle übrigen: Bildarchiv Stiftung MKR. Die Kupferstiche der Stadtansichten stammen von Merian.

PERSONENVERZEICHNIS

Adalbert v. Bremen 104, 245
Adolf Friedrich 60
Adolf Friedrich I. 24–26, 58, 193, 194, 223, 272
Adolf Friedrich II. 27, 30, 58, 59
Adolf Friedrich III. 27, 59
Adolf Friedrich IV. 30, 59, 254
Adolf Friedrich V. 60
Adolf Friedrich VI. 37, 60
Affabili, L. 277
Albrecht I. 165
Albrecht II. 13, 19, 57, 165
Albrecht III. 19, 20, 57, 165, 307
Albrecht V. 22, 58, 89
Albrecht VI. 191
Albrecht VII. 58
Albrecht d. Bär 41, 45, 104, 219, 245, 308
Albrecht, E. 257
Alexander I. 59
Alexander d. Gr. 261
Alexandrine 35, 59
Allenstein, v. 306
Anastasia 59
Anet, J. B. 276
Antonius, Hl. 190
Aquin, Th. v. 202
Arndt, E. M. 50, 51, 53, 136, 217, 252, 305, 309
Arnold v. Lübeck 190
Arresto, Chr. G. H. 279
Astrua 294
Auber 279
August v. Braunschw.-L. 272
August Wilhelm v. Braunschw.-Bev. 292

Babst 289
Babst, D. G. 252, 253
Bach, J. S. 275, 282, 292
Bach, Ph. E. 277, 286
Bade 288
Balthasar 21
Barbarossa 13, 14
Barca, G. J. 224
Barckhusen, H. 261
Barlach, E. 220, 225, 257
Barnim I. 61, 290
Barnim III. 290

Barnim XI. 290
Bauer 193
Baum 218
Beatrix 18
Becher, F. 282
Beethoven, L. v. 279, 282, 284
Behm, H. 196
Bellini 280
Benda 294
Benda, F. L. 277
Benda, G. 278, 286
Berckmann 303
Bergmann, K. G. L. Chr. 300
Bernhard v. Clairvaux 12
Berno 161, 189, 190
Bernstorff, v. 197
Bertram 221
Berwald, H. 225
Beskow, B. 49
Beste, N. 196
Beyer, C. 290
Beyer, K. 257
Bier, A. 302
Billung, H. 12
Bismarck, O. v. 35, 36, 82
Blücher, G. L. v. 32, 225
Bogislaw I. 14, 41, 42, 60
Bogislaw X. 43, 51, 309
Bogislaw XIII. 262
Bogislaw XIV. 48, 61
Bole, F. Chr. 194
Boleslaw I. Chrobry 41, 308, 309
Bornau, F. a 223
Brade, W. 271
Bräsig 248, 254
Brahms, J. 281
Brandenburg, M. 210
Brandin, Ph. 220
Brandt, A. 256
Brant, S. 252
Braunfels 284
Brede, S. F. 295
Brill, E. H. 300, 301
Brinckmann, J. 255, 256
Brock, H. v. d. 299
Bronner, G. 289
Bruch 282

Brunward 189, 190
Buchwald, F. v. 88
Bugenhagen, J. 54, 204, 206, 262, 304
Bunke, F. 226
Burmeister, J. 285, 286
Busch 284
Busch, J. J. 224
Buschius, H. 54, 204
Buske, N. 262
Buttel, F. W. 225
Buxtehude, D. 290, 291

Cammin, F. 256
Carl XI. 290
Carl Leopold 89, 276
Carl Michael 60
Cecilie 59
Celestino, E. 278
Christian 196
Christian III. 261
Christian IV. 288
Christian Ludwig 60, 89, 286
Christian Ludwig I. 26, 27, 272, 275
Christian Ludwig II. 28, 58, 79, 91, 178, 224, 276, 277
Christine 276
Christoph 223
Christoph II. 18
Chrysander, F. 280, 281
Chyträus, D. 192, 193, 208
Cicero 204
Claudius, M. 54
Coclicus, A. P. 273, 274
Coesfelde, A. de 15
Comenius 209
Conrad v. Zähr. 161
Corelli, A. 276
Cornitz, U. 274
Cothenius, Chr. A. 301
Courrien, A. 271
Cramer 277
Cranach, L. 222
Cremer, H. 217
Curschmann, H. 300

Daberkusius, M. M. 207
Dahl, K. F. 255
Dahmer, K. 255
Dalman, G. 217
Daniel, W. 272
Danielis, D. 272
David 269
Davout 81
Debarde, G. 284
Degen, J. A. 272
Dehmel, R. 256
Demmler, G. A. 224, 225
Depensee, J. 288

Dietz, A. 262
Dietz, L. 261, 262
Dobricht, D. 272
Dohse, R. 257
Dräger 253
Dragowit 40
Düren, St. v. 222

Ebel, H. 271
Eberhardt, W. 263
Ebers, C. F. 279
Eckart, D. 292
Eckstein, J. 223
Eggers, F. 256
Eggers, K. 256
Ehristers, G. 217
Emmehard 189
Emser, H. 261
Engelhardt, J. 272
Erich 18
Erich v. Pommern 48
Erich Menved 165
Erichson, E. 263
Ernst d. Fromme 209
Ernst August 60
Ettenburg, A. 256
Eversmod 189

Fallada, H. 54, 257
Fallois, v. 81
Ferber, A. 263
Ferdinand II. 24, 176
Fischer, I. C. C. 279
Fischer, J. 275
Flamingus, J. 274
Flegk, V. 301
Florschütz, E. 286
Flotow, F. v. 280, 281
Forkel, J. N. 276, 278
Franck, H. 258
Francke, H. 212
Franz I. 181
Freund, K. 284
Friderici, D. 286
Friedrich 112
Friedrich I., König 211
Friedrich I. Barbarossa 42, 61, 161, 162, 309
Friedrich I. 20, 58
Friedrich II., Kaiser 42, 162, 164
Friedrich II. d. Gr. 29, 30, 49, 243, 278, 301
Friedrich II. 20
Friedrich II., Bischof 269
Friedrich d. Fromme 30, 58, 215, 216
Friedrich, C. D. 53, 225
Friedrich Franz 60, 80, 81
Friedrich Franz I. 31, 58, 59, 150, 277, 305
Friedrich Franz II. 34–36, 59, 82, 195, 281

Friedrich Franz III. 59
Friedrich Franz IV. 37, 59, 60, 196, 308
Friedrich Wilhelm 58, 197, 276
Friedrich Wilhelm 60
Friedrich Wilhelm I. d. Gr. Kf. 27, 49, 271
Friedrich Wilhelm I. 290, 304
Friedrich Wilhelm II. 294
Friedrich Wilhelm III. 35, 213
Friedrich Wilhelm IV. 254
Friese, E. 255
Fritz, A. Chr. M. 305
Fritzscher, S. 277
Frölich, H. 271
Frölich, J. 274

Gade 282
Gahlenbeck, H. 284
Galfy, H. 281
Gardeleben, V. 291
Garré, K. 300
Gentz, F. 224
Georg 60
Georg III. 277
Gerhardt, P. 286
Gerlach 305
Gero 104, 160
Gesell 214
Giesebrecht, L. 253
Gille, C. 282
Gillhoff, J. 258
Gilly, F. 224
Giltzheim, R. 299
Glovatz, H. 286
Goepel, J. A. 287
Goethe, J. W. v. 32, 212, 279
Göttrik 11
Goldener 251
Golz, J. A. 291
Gottholdt, F. W. 292
Gottschalk 103, 245
Graener, P. 284
Graun, K. H. 278
Gravenwoldt, A. 170
Grétry 278
Großgebauer, Th. 194
Groth, K. 255, 256
Gryffentroch, Chr. D. 291
Gryse, N. 252
Gunzelin v. Hagen 13, 162, 189
Gustav III. 301
Gustav Adolf, König 47, 48, 58, 209, 210, 212, 309
Gustav Adolf 270
GutsMuths, J. Chr. F. 305

Haack, V. F. W. 291, 294, 295
Händel, G. F. 275, 277, 280, 286

Hagen, Th. 226
Hahn-Hahn, I. v. 253
Hamann, E. 257
Harnisch 215
Harß, W. 271
Hartwig v. Bremen 161, 189
Haselhorst, G. 301
Hasse, N. 286
Haubitz, Chr. 222
Hauptmann, G. 257
Hawermann 254
Haydn, J. 278–280, 286, 295
Hebbel, F. 258
Hebel, J. P. 256
Heepe 196
Hegmann, P. 52
Heidmüller, O. 257, 263
Heinkel, E. 144
Heinrich 60
Heinrich I. 104, 160, 303
Heinrich II. d. Löwe 18, 19, 165
Heinrich IV. d. Dicke 20, 21, 57
Heinrich V. d. Friedfertige 57, 58, 89, 191
Heinrich d. Löwe 10, 12–18, 41, 45, 57, 85, 96, 104, 128, 131, 161–163, 171, 189, 219, 245, 269, 307, 308
Heinrich v. Meißen 251
Heinrich Burwin I. 13, 57, 86, 164, 172
Heinrich Burwin II. 164
Held, J. S. 292, 293
Heldt, B. 290
Helena 223
Hempel, F. 282
Henzelin 284
Herbordus 284
Herder, J. G. v. 194, 288
Hermann Billung 104, 160
Hermes, J. A. 194
Hertel, J. W. 277
Heyde, H. v. 222
Hiems, G. 262
Hilger, W. 223
Hill, C. 281
Hiller, J. A. 294
Hindemith, P. 284
Hinrichsen, A. H. 255
Hinstorff, C. 263
Hinstorff, C. D. 263
Hintz, J. F. 263
Hobein, E. 256
Höcker 76, 188
Höfer, E. 256
Hoffmann, J. F. 293
Homer 205
Horning, Th. 294
Humboldt, W. v. 217
Hus, J. 191

Ibsen, H. 257
Isabella v. Chatillon 196
Isfried 189

Jacoby, G. 52
Jahn, F. L. 305
Jahnke, H. 255
Janacek 284
Jaromar 128
Jastram, J. 227
Jenrich, H. 292
Jetze, P. 291
Joachim, J. 281
Joachims, J. 288
Joanellus 274
Jochim 270
Johann 19, 20, 57
Johann I. 57, 165
Johann Albrecht 60
Johann Albrecht I. 23, 24, 58, 192, 206, 207, 270, 273
Johann Albrecht II. 24, 58, 271, 272
Johann Friedrich 58
Johannes 284
Johannes 285
Johnsen, U. 258
Josephi, J. W. 298–300
Juliana 60
Junge, Chr. G. 294

Kade, O. 278, 283
Kadens, Ph. 289
Kaehler, W. 282, 287
Karl 59
Karl II. 59, 60, 271
Karl IV. 51, 57
Karl IV., Kaiser 165
Karl V. 191
Karl X. 27
Karl XII. 49
Karl d. Gr. 12, 40, 159, 160, 307, 308
Karl Leopold 27, 28, 58, 79, 80
Kasimir I. 189
Kasimir II. 76
Katarina Iwanowa 276
Kegebeim, G. F. 252
Keiser, R. 275
Kemmer, J. 222
Kirchhof, B. 284, 285
Kirchner 284
Kirchner, C. 306
Klehmet 292
Kleinenberger, P. 47
Klett, Th. 225
Kliefoth, Th. 195
Klingenberg, F. G. 292, 295
Klingenberg, G. 292, 295

Knesebeck 29
Knobelsdorff, v. 197
Knöchel, E. J. H. 286
Knoll, B. 294
Knut II. 14
Knut IV. 41
Knut VI. 61
Kobell, F. v. 256
Köler, D. 274
König, F. 300
König, J. F. 194
Körner, Th. 283
Konrad v. Soest 221
Konrad v. Wettin 41, 308
Kosegarten, G. L. Th. 252
Kotzebue, A. v. 305
Kramer, H. 222
Krampe, I. C. 279
Krauel, Chr. 280
Krenek 284
Kretzschmar, H. 282, 287
Krohn, A. C. F. 256
Kücken, F. 283
Kuntzen, A. C. 276, 277

Lactantius 261
Ladegast, F. 282
Ladewig, W. 284
La Mara 295
Lambrecht 197
Langhans, C. G. 224
Lappe, W. Ph. 280
Lauremberg, J. 252, 253, 286
Ledebur, K. v. 281
Lenné, P. J. 224, 225
Leopold 30
Lessen, F. A. 253
Lilienthal, O. 54
Lind, J. 280
Livius 205
Loewe, C. 295
Loewe, J. G. 293
Lorentz, J. 283
Lorenz 271
Losehand, J. Chr. 256
Lothar III. 41
Lovery, F. 276
Lowe 54
Lowise 254
Lucia, E. 256
Lucius, J. 262
Ludwig XIV. 27, 275
Ludwig d. Bayer 19
Ludwig d. Fromme 12
Ludwig, W. 284
Lütkemann, J. 194
Lütkemann, P. 288

Luise 35, 59
Lully, J. B. 275
Luther, M. 22, 48, 54, 191, 192, 204, 205, 207, 245, 261, 304
Lutze, W. 284

Maass, N. 289
Madelung, O. 300
Maess, C. 288
Magnus 22
Magnus II. 20, 21, 57, 89, 167
Magnus II., König 19, 57
Mahler, G. 282
Malchin, C. 226
Maltzahn 33
Mancinius, Th. 271, 274
Margarete 19
Marschalk, N. 262
Marschner, H. 280, 287
Marstaller, M. 262
Massoneau, L. 278, 279
Mathilde 13
Mattheson 275, 295
Maximilian I. 176
Maximilian II. 192
Mechlenburg, F. 284
Meinerdt, G. 272
Meinhold, W. 253
Meißner, A. 281, 282
Melanchthon, Ph. 48, 54, 192, 204–208, 211
Mendelssohn-Bartholdy, F. 280, 282
Meyer 214
Meyer, C. 282
Michael, Hl. 261
Miethe, K. 258
Migendt, P. 291
Möllemann, St. 262
Möller, M. 271
Mombert 256
Moritz v. Sachsen 58
Mors, A. 271, 273
Mors, A. 286
Mors, H. 273
Mors, H. 286
Mors, J. 273
Mossheim 304
Mozart, W. A. 278–281, 286, 295
Much, H. 257
Mühlenbruch, H. 280
Müller, B. 287
Müller, H. 194
Müller, H. 286
Müller, K. A. 255
Müller-Berghaus, C. W. 287
Müller-Kaempff, P. 226
Murmellius 204
Mylius, A. 207

Napoleon 31, 59
Naumann, J. G. 277
Nietzsche, F. W. 256
Niklot 12, 13, 57, 85, 104, 161, 307
Niklot II. 74
Norman, G. 48
Notke, B. 53, 221

Ochs, T. 282
Oertzen, v. 35
Ornitoparchus, A. 285
Otto I. 12, 40, 104, 160
Otto II. 40
Otto III. 10
Otto v. Bamberg 104, 290

Palestrina 282
Paris, R. 227
Parr, B. 24, 222
Parr, Chr. 24, 222
Parr, F. 24, 222
Paul 208
Paul 270
Paul Friedrich 35, 59
Pauli, S. 193, 208
Peiters, J. 256
Permoser, B. 223
Peter 270
Peter d. Gr. 27, 58, 276
Pfitzner, H. 284
Pfleger, A. 272
Pfuel, E. v. 305
Philipp I. 52, 223
Philipp d. Großm. 58
Philipp Julius 61
Piloot, G. E. 223
Piper, O. 256
Platen, B. v. 49
Plinius 204
Plüskow, v. 197
Polentz, J. 92
Praetorius, M. 274, 286
Preatorius, P. 293
Prehl 305
Pribislaw 13, 14, 57, 104, 189, 245, 307
Prill, P. 283
Prutz, R. 253
Prutzia, A. de 285
Putbus, M. zu 51
Putbus, W. M. zu 51

Quante, F. 291, 292
Quicken, R. 272
Quistorp, J. 194
Quittenbaum, C. F. 299, 300
Quitzow, W. A. 255

Ramnitz, J. F. 292, 294
Raslaf 284
Ratibor I. 60
Ratke 209
Rauch, Chr. 225
Raupach, Chr. 289
Raupach, G. 289
Rehberg-Berns, H. 257
Rehmke, J. 52
Rehnskiöld, C. G. 49
Reichardt, J. F. 277
Reinhard, L. 253
Reinhold, K. W. 255
Rendtorff, H. 196
Reuter, F. 26, 35, 36, 59, 142, 146, 148, 150, 252–255
Riebling, J. 191
Rincke, F. 288
Rist, J. 286
Ritter, H. 288
Rochow 215
Rodatz, H. 257
Rode, M. 272
Rösler, F. A. 278
Rohde, M. 291, 295
Rolevink, W. 43
Rotkirch, v. 197
Rowe, W. 272
Rubert, J. M. 283
Rubinstein, A. 281
Rudolf I. 269
Rumsland v. Sachsen 251
Runge, Ph. O. 53, 54, 225, 252

Saal, A. W. C. 278, 279, 288
Saint-Saëns, C. 281
Salzburg, M. v. 285
Sartorius 274
Sauerbruch, F. 218, 302
Schack, A. F. v. 253
Schadenhausen, Chr. A. 204
Schadow, J. G. 32, 225
Schäfer, W. 258
Scharrer, A. 259
Scheele, C. W. 50
Scheven, A. v. 47
Scheven, Cord I. v. 47
Scheven, Cord II. v. 47
Scheven, J. v. 47
Scheven, M. v. 47
Schiffer, A. Th. 292
Schill, F. v. 81
Schilling, M. v. 282
Schinkel, F. 150, 224, 225
Schleich, C. L. 218, 302
Schleiermacher, F. 150
Schlue, J. 252

Schlüter, A. 223
Schmid, N. Chr. 275
Schmidt, A. F. 294
Schmidt, Chr. 291
Schmidt, J. F. 294
Schmidtgen, C. Chr. L. 280
Schmitt, A. 282
Schmitt, G. A. 281
Schnittger, A. 290, 292
Schop, A. 272
Schop, J. 272
Schröder, H. 256
Schröter, G. 223
Schröter, S. 223
Schütz, H. 272, 282, 286
Schultz 287
Schultz, W. 196
Schultze, M. 302
Schulz, H. 287
Schulz, J. A. P. 288, 295
Schulz, P. 277
Schulze, V. 217
Schumann, C. 281
Schurich 290
Schuwarth, M. 290
Schwerin, C. v. 79
Seehausen, M. 275
Seemann, A. 256
Seitner, A. 262
Semper, G. 224
Severin, C. Th. 224
Seydewitz, J. Chr. H. v. 224
Seyler, F. H. 302
Sibeth, L. G. 255
Siebs, Th. 217
Silesius, A. 286
Simon 208
Sinclair, C. G. 49
Skalweit, W. 301
Slüter, J. 22, 191, 285
Smith, P. 197
Solar, M. y. 278
Sophia Charlotte 277
Sophie-Elisabeth 272
Spahn, F. 290
Spener, Ph. J. 194
Spitta, H. H. L. 299
Spohr, L. 280
Stacius 284
Stanley, J. 276
Stefanus 285
Stein, K. v. u. z. 33, 51
Stendle, J. 272
Stillfried, F. 256
Stösiger, J. Chr. 276
Strack, H. 224
Strauß, R. 287

Stüler, F. A. 224
Stürmer, J. Chr. 291
Stummel, Chr. 252
Sturm, L. Chr. 223
Swantewit 41, 309

Tarnow, J. 208, 256
Terenz 205
Tessin, N. d. Ä. 49
Tessin, N. d. J. 49
Theoderich v. Prag 221
Thierfelder, A. 287
Thorild, Th. 50
Thunder 291
Tiburtius, F. 301
Tiburtius, K. 256
Tilly 193
Tolzien 196
Treudelenburg, F. 300
Trufanow 75
Tschernik, A. 252
Türk 34

Ulrich II. 20
Ulrich III. 24, 58, 192, 207, 220, 222, 270, 271
Ulrike Sophie 277

Veit, G. v. 300
Verdi, G. 281
Viebahn 197
Vierdanck, J. 272
Vischer, P. 223
Vitry, Ph. de 285
Vogel, O. 255
Vogel, S. G. 304
Vogler 294
Vogt, F. 217
Volckmar, Th. A. 291, 292, 295
Vos, J. 22
Vos, R. de 252
Voß, H. 197
Voß, H. 287
Voß, J. H. 252, 253
Voß, S. v. 210

Wachenhusen, v. 306
Wagner, C. 282
Wagner, F. 280
Wagner, R. 280–282
Waldemar 18
Waldemar I. 14, 41, 219
Waldemar II. 162
Waldemar IV. 42
Wallenstein, A. v. 19, 24, 25, 48, 58, 80, 97, 174–177, 193, 308, 309

Walther, H. 223
Wasa 48
Weber, F. J. 287
Weber, C. M. v. 279, 282
Webern, A. v. 295
Weigel, Chr. E. v. 50
Welk, E. 258
Welsch, Chr. 271
Welzin, O. 256
Wendt, H. 257
Westenholtz, A. F. 277
Westenholtz, C. L. 278
Westenholtz, F. C. 278
Weyergang, W. 256
Wiclif, J. 191, 202
Wiedow, L. 255
Wiggers 34
Wilbrand 34
Wilbrandt, A. 253
Wilhelm I. 35, 36, 59
Wilhelm II. 59
Wilhelm v. Wenden 20
Wilhelmina 60
Wilke, J. C. 50
Willebrand, H. 224
Withmann 256
Witte, H. 262, 263
Witzleben, v. 82
Wizlaw I. 44
Wizlaw III. 42, 46, 251
Wladimir v. Rußland 282
Wolf, E. W. 277
Wolf, H. 287
Wolff, Chr. F. 291, 294
Wolff, Chr. M. 291
Wolff, F. 291
Wolkenstein, O. v. 285
Wolkow, P. 21
Wolzogen, A. v. 281
Worm, F. 256
Wossidlo, R. 237
Wratislaw I. 41, 60
Wratislaw II. 61
Wuthenow, A. 255

Zahn, H. 281
Zellinger, C. 276
Zeumer, H. 292
Zierow, W. 257
Zieten, H. J. v. 30
Zöllner, K. 280
Zuber, J. F. 288
Zülow, v. 79
Zumpe, H. 282
Zwingli, U. 304
Zwirner, E. F. 225

ORTSVERZEICHNIS

Aarhus 53
Ahlbeck 99, 154, 267
Ahrenshoop 99, 154, 225, 226, 258
Altdamm 201, 224
Altencamp 105
Alten Kirchen 41
Altentreptow 96, 97, 100, 101
Alt-Gaarz 11, 305
Althof 162
Altona 278
Alt-Reddewitz 256
Altsülstorf 105
Amelungsborn 17, 105, 161, 189, 190, 219
Amsterdam 274
Angermünde 258
Ankershagen 252
Anklam 42, 44–47, 51, 54, 80, 96, 97, 102, 106, 132, 147, 148, 201, 202, 264, 267, 301, 303, 305, 306
Annaberg 234
Antwerpen 149, 273, 286
Arendsee 152, 264
Arkona 40, 41, 220, 309
Auerstädt 31
Augsburg 191, 192, 207

Baabe 154
Badendiek 196
Bamberg 290
Bansin 152–154
Bardowiek 132
Barth 89, 99, 106, 132, 147, 148, 157, 262, 263, 267, 271, 306
Bayreuth 36, 281, 283, 284
Bergamo 274
Bergen 96, 103, 106, 111, 131, 151, 201, 220, 267
Berlin 34, 36, 37, 102, 112, 140, 147, 153, 155, 197, 216, 218, 223–225, 227, 249, 251, 254, 256–259, 274, 277, 278, 280, 282, 283, 288, 289, 291, 295, 301, 302, 309
Bernstorf 97
Beyershagen 46
Biesenbrow 258
Binz 99, 154
Bisdamitz 256, 301
Boitzenburg 306

Boizenburg 12, 29, 96, 99, 106, 114, 118, 246, 264
Bologna 164, 172
Boltenhagen 99, 150, 154, 305
Bonn 252
Borgwall 47
Bornhöved 14, 42, 105, 162, 307, 309
Brandenburg 172, 222
Braunschweig 13, 191, 219, 283, 304
Breege 151, 154
Breesen 96
Bremen 13, 148, 149, 189, 207, 280
Bremerhaven 284
Brüel 263, 264
Brüsewitz 253
Brüssel 277
Brunshaupten 152, 264
Bützow 16, 96, 97, 101, 117, 199, 216, 233, 264, 295, 297
Bunzlau 252

Carlow 234
Carlshagen 154
Chambord 97, 224
Chorin 222
Colmar 83
Conow 101, 117
Cordshagen 46
Crivitz 100, 264

Damgarten 46, 81, 95, 142, 147, 148
Damzow 294
Dannenberg 13, 14, 18
Danzig 27, 37, 81, 291, 292
Dargun 41, 42, 86, 103, 113, 144, 162, 167, 222, 264
Dassow 17, 113, 159, 264
Demern 234
Demmin 9, 40–42, 45, 51, 55, 80, 96, 97, 100, 104, 113, 116, 131, 147, 247, 267
Dessau 278
Devin 154
Diekhof 97
Dierhagen 154
Dietrichshagen 16, 46
Dobbertin 23, 28, 86, 90, 131, 190, 225
Doberan, Bad 16, 17, 59, 86, 97, 99, 101, 102, 104, 105, 113, 131, 150, 151, 162,

167, 183, 219, 221, 224, 233, 245, 251, 264, 271, 279, 305–307
Döbbersen 189
Dömitz 13, 16, 19, 22, 27, 79–81, 96, 102, 119, 223, 264
Dolfen 103
Dortmund 132
Dreilützow 197
Dresden 53, 54, 214, 222, 223, 225, 272, 273, 277, 280, 282, 284, 286
Düsseldorf 258

Eggesin 113
Eisenach 254
Eldena 41, 45, 53, 102, 110, 131, 162, 225, 271
Eldenburg 18
Erfurt 204, 262

Falkenberg 201
Falsterbo 44
Fehrbellin 27, 49
Feldberg 113
Ferrara 222, 273
Flensburg 60, 271, 289
Frankenhorst 258
Frankfurt/Main 32, 182, 278
Frankfurt/Oder 206, 222
Franzburg 46, 111, 131, 223, 267
Frederikshall 49
Freesenort 106
Freest 154
Freiberg 223
Freienwalde 35, 201, 308
Friedland 95, 101, 106, 248, 266, 306
Friedrichroda 210
Friedrichsburg 271
Friedrichshagen 46
Friedrichsmoor 100
Friedrichsruh 10
Fürstenberg 266

Gadebusch 17, 96, 111, 172, 189, 222, 264
Gartz 39, 201, 267, 306
Garz 96, 106, 202, 267
Gelnhausen 12
Gersdorf 103
Gitschin 24
Glashagen 101
Glowe 154
Glücksburg 60
Gnemern 96
Gnoien 144, 233, 264
Göhren 154
Göteborg 49
Göttingen 212, 252, 278, 305
Goldberg 101, 247, 248, 255, 265, 306

Gollnow 291
Goslar 13
Gotha 208
Graal-Müritz 101, 153, 154
Grabow 13, 18, 135, 136, 223, 265, 271, 306
Grangemouth 149
Granitz 100, 224
Granzin 189
Greifenberg 201
Greifenhagen 292
Greifswald 41, 42, 44–46, 50, 52–54, 61, 80, 82, 96, 97, 99, 102, 103, 105, 110, 111, 114, 116, 117, 122, 131, 132, 143, 147, 148, 199, 201, 203–206, 217, 218, 221, 227, 247, 252, 255–257, 262–264, 267, 270, 271, 280, 285, 295, 301, 305, 306, 309
Grevesmühlen 100, 106, 125, 252, 265
Grimmen 46, 101, 117, 143, 267
Großluckow 105
Groß-Roge 256
Groß Schoritz 50, 253, 309
Großwelzin 105
Gültz 103
Güstrow 9, 10, 19, 20, 23, 24, 27, 28, 33, 34, 40, 57, 80, 87, 89, 96, 97, 103, 111–114, 131, 147, 172, 175, 176, 179, 188, 193, 199, 206–209, 212, 220, 222–225, 247, 248, 255, 257, 258, 262, 264, 270–274, 276, 279, 282, 295, 304, 306
Gützkow 267

Hagenow 104, 111, 118, 147, 189, 265, 306
Halle 194, 227, 293
Hamburg 12, 14, 27, 54, 81, 102, 112, 140, 147–150, 153, 173, 189, 201, 207, 221, 249, 257, 258, 262, 270, 272, 275, 277, 280–283, 289, 290, 292, 295, 304, 306
Hasenburg 106
Heidelberg 192
Heiligendamm 31, 150, 151, 154, 197, 305
Helmstedt 206, 262, 275
Heringsdorf 99, 101, 154, 305
Hermannshagen 46
Herrnhut 195
Hiwichshagen 46
Höchstedt 78
Hohen-Viecheln 9
Hoppenrade 97

Ilow 10
Iquique 149

Jarmen 46, 96, 102, 267
Jasmund 117
Jena 31, 253, 254, 295, 300

Jerusalem 13
Jessenitz 101, 117
Johannsdorf 230
Jumme 128

Kalmar 48
Kammin 102, 201
Karlsbad 32
Karnitz 224
Kassel 278
Kiel 9, 37, 105, 284, 295, 304
Kirchdorf 96, 154
Kittendorf 97
Kleinluckow 105
Kleinwelzin 105
Klenow 224
Klinken 10, 221
Kloster 154
Klütz 100, 113
Köln 132, 220, 225
Kölpinsee 154
Königgrätz 36
Königsberg 203
Köping 50
Körchow 97
Köslin 201, 292
Kolberg 200
Kopenhagen 53, 54, 147, 192, 203, 272, 273, 275, 288
Koserow 154, 253
Kowalz 197
Kraak 190
Krakow 10, 99, 106, 265
Kröpelin 15, 233, 265
Krummin 103
Kühlungsborn 9, 99, 106, 113, 151–154
Kulm 82
Kurztrechow 105

Laage 25, 265, 306
Langtrechow 105
Lassan 53, 221, 267
Lauchstädte, Bad 279
Lauenburg 21, 32, 129, 159
Lauterbach 150, 151, 305
Lehsten 258
Leiden 274
Leipzig 140, 204, 227, 254, 276, 280, 292, 301
Leith 149
Lenzen 100, 105, 119
Lewitz 100, 121
Loigny 83
Loitz 96, 98, 104, 222, 267
Lohme 154
London 149, 272, 281, 282
Lubmin 99, 154

Lubzin 269
Ludorf 105
Ludwigslust 60, 80, 82, 83, 86, 97, 98, 101, 102, 111, 118, 147, 183, 197, 215, 223, 224, 263, 265, 277, 278, 280, 283, 306
Lübeck 13, 14, 20, 31, 42, 44–46, 53, 61, 105, 107, 114, 116, 132, 147, 149, 159, 163, 171, 173, 190, 199, 200, 201, 207, 219, 221, 222, 246, 251, 261, 271, 272, 276, 278, 280, 281, 283, 290, 291
Lübtheen 97, 101, 113, 117, 119, 143, 265
Lübz 10, 30, 106, 119, 223, 265
Lüdershagen 46
Lüneburg 132
Lüttich 83

Madrid 282
Magdeburg 60, 172, 271
Mainz 295
Malchin 16, 28, 37, 87, 96, 98, 113, 116, 120, 144, 265, 305
Malchow 23, 28, 86, 90, 225, 253, 265
Malliß 101, 117
Marienehe 190
Marlow 15
Mecklenburg 10, 18, 99, 159, 161, 189
Meißen 205, 207, 273
Mellin 294
Metz 83
Meyerburg 247
Mildenitz 97
Mirow 30, 113, 190, 253, 266, 306
Möckern 82
Mönchshagen 16
Moisall 47
Montmedy 82
Mühlberg 191
München 54, 225, 253
Münster 17, 54, 132, 204

Neapel 164
Nemerow 190
Nesselkow 253
Neubrandenburg 16, 18, 37, 96–98, 101, 102, 112–114, 116, 147, 194, 197, 199, 221, 227, 247, 248, 252, 262, 267, 305, 306
Neubukow 265
Neuencamp 103, 105, 131
Neuendorf 154
Neuendorf 305
Neuenhagen 47
Neuenkirchen 189
Neuenlübke 46
Neuenrost 46
Neuhaus 32, 119, 154
Neukalen 144, 265

Neukloster 31, 113, 131, 215, 265
Neustadt-Glewe 24, 97, 101, 106, 114, 121, 223, 265, 305, 306
Neustrelitz 27, 30, 34, 37, 59, 60, 83, 86, 97, 100–102, 108, 111–113, 125, 147, 180, 181, 194, 197, 225, 252, 257, 267, 305, 306
Neusülstorf 105
Neu-Umkran 101
Neuwendischthun 105
Newcastle 149
New York 149, 255, 282
Niendorf 29
Nienhagen 154
Nowgorod 44
Nürnberg 36, 170, 223, 262

Odessa 282
Oldenburg 13
Osnabrück 197

Padua 164, 172
Parchim 10, 18, 24, 30, 57, 81, 83, 87, 106, 117, 118, 197, 199, 213, 223, 256, 263–265, 271, 295, 305, 306
Paris 27, 83, 272, 275, 276
Pasewalk 82, 96, 102, 105, 106, 125, 201, 268, 303, 306
Peenemünde 89
Penkun 268
Penzlin 33, 172, 265
Perleberg 7, 102, 118, 305
Pernien 47
Petersburg 279, 282
Pforta 205
Philadelphia 149
Plau 16, 30, 81, 98, 119, 265, 303, 306
Potsdam 54, 55, 291
Prenzlau 221
Prerow 102, 154
Putbus 50, 97, 106, 113, 150, 151, 154, 268, 305
Putzer 305
Pyritz 231

Querfurt 272
Quetzin 10

Randow 51, 98, 100
Ratzeburg 13, 16, 18, 20, 21, 27, 34, 102, 119, 163, 191, 199, 219, 246, 251, 288
Redentin 251
Regensburg 30
Rehna 111, 189, 221, 234, 265
Reinkenhagen 117
Rerik 11, 100, 105, 113, 154
Rethra 40

Reval 49, 53, 207
Rheinsberg 30
Ribnitz 15, 17, 23, 28, 86, 90, 102, 190, 265
Ribnitz-Damgarten 96
Riga 49, 207
Ringstedt 220
Röbel 74, 105, 119, 172, 265
Roskilde 41, 102
Rostock 9, 14–19, 21, 22, 24, 25, 27, 29, 32, 34, 40, 44, 46, 47, 57–60, 73, 74, 79, 81–83, 87, 99, 101–103, 108, 111, 113, 114, 116, 131, 132, 143, 144, 147–151, 153, 163, 167, 168, 170–174, 179, 181, 190–193, 195–201, 203, 204, 206–208, 210, 213, 216–218, 221–223, 225–229, 248, 249, 251–258, 261–264, 266, 270–274, 278–280, 282, 284–289, 297–301, 303–308
Rotenmoor 197
Rügenwalde 201
Rugard 96, 104

Sagsdorf 308
Sarntkewitz 128
Saßnitz 52, 102, 106, 113, 114, 147, 150–152, 154, 268
Satow 266
Schönberg 111, 264, 267, 306
Schöndorf 106
Schwaan 225, 226, 266
Schwedt 295
Schwerin 10, 13–15, 18–21, 23, 24, 27, 30–32, 34, 36, 37, 57, 74, 79, 81–83, 89, 92, 96, 97, 100–102, 104, 105, 108, 109, 111–114, 116, 118, 119, 131, 147, 161, 163, 172, 179, 182, 189–191, 195–199, 206, 207, 213–215, 219, 221–225, 227, 245, 253, 258, 259, 262–264, 266, 269, 270–285, 287, 288, 295, 303, 305–307
Schwerinsburg 305
Seddin 7
Sellin 99, 151, 154
Simckendorf 47
Skanör 44
Soest 15, 17, 22, 132
Sommersdorf 252
Sonnenkamp 220
Sorö 220, 252
Spantekow 96
Speyer 179, 191, 261
Sprockhövel 47
Staesin 258
Stargard 18–20, 27, 42, 96, 201, 206, 213, 267, 291
Stavenhagen 16, 144, 253, 254, 266
Steder 29
Sternberg 23, 28, 192, 225, 248, 266, 269, 308

Sternhagen 47
Stettin 39, 41–43, 46, 48, 49, 51, 52, 55, 102, 108–110, 132, 147–150, 199, 201, 205, 224, 252, 253, 258, 262, 270, 275, 289–295, 305, 306, 309
St. Germain 49
Stockholm 47, 49, 50, 52, 53, 289
Stolpe 219
Stralsund 39, 42, 44–52, 55, 95–97, 99, 101, 102, 107, 109, 110, 113, 114, 116, 117, 131, 132, 142, 148, 149, 201, 206, 221–223, 227, 247, 251, 263, 268, 270–272, 275, 280, 288, 289, 303–306, 309
Strasburg 125, 268
Straßburg 45, 192
Strelitz 27, 32, 37, 267
Stuer 101
Stuttgart 283
Sülze, Bad 101, 117, 247, 266
Sukow 11
Swinemünde 39, 108, 147–149, 294, 305

Templin 125, 223
Tempzin 190
Teschen 53
Tessin 266
Teterow 11, 41, 96, 106, 113, 120, 144, 221, 256, 266, 306
Thießow 154
Torgau 192, 222, 223
Torgelow 99, 101, 113, 268, 305
Toul 83
Tournay 53
Trassenheide 99
Travemünde 246
Trelleborg 113
Treptow 204, 268
Tressow 253
Tribsees 46, 81, 268
Trinwillershagen 157
Troja 261

Ueckeritz 154
Ueckermünde 51, 101, 102, 125, 132, 147, 148, 247, 268
Upsala 203

Valparaiso 149
Vellahn 189
Venedig 273, 276
Verchen 131
Versailles 273, 275
Vietlübbe 17
Vitte 154

Volkenshagen 16
Volsrade 96

Waase 222
Walsmühlen 79
Waren 34, 101, 113, 122, 194, 247, 248, 252, 258, 266, 305
Warin 96, 266
Warnemünde 31, 151, 154, 266, 287, 305
Wartenberg 82
Wedel 257
Weimar 226, 259, 277–280
Weißenfels 215, 272
Werle 10, 13, 18, 20, 307
Wetzlar 179
Wichersdorf 258
Wien 27, 32, 51, 182, 253, 259, 308
Wilhelmsburg 81
Winterfelde 255
Wismar 9, 10, 14, 15, 17–19, 22, 24, 29, 31, 46, 49, 50, 57, 58, 77, 82, 83, 87, 95–99, 101, 102, 106, 108, 110, 111, 113, 114, 116, 131, 132, 142, 147–150, 159, 163, 168, 170–173, 177, 178, 181, 190, 193, 197, 199, 200, 206, 213, 221, 222, 227, 229, 249, 251, 262–264, 266, 269, 270, 273, 278–280, 282, 283, 288, 295, 303, 305–308
Wittenberg 191, 203–207, 262
Wittenberge 114, 119
Wittenburg 17, 98, 248, 252, 258, 266
Wittstock 20, 102, 247
Wöbbelin 283
Woldegk 267
Wolfenbüttel 271, 274
Wolgast 52–54, 96, 97, 99, 107, 114, 132, 147–150, 201, 222, 223, 247, 252, 253, 268, 289, 304
Wollin 40, 54, 292, 304
Worms 43, 190, 191
Worpswede 225
Wredenhagen 18
Würzburg 288
Wusseken 305
Wustrow 99, 103, 104, 154

Zahrensdorf 189
Zarrentin 113, 189, 266
Zempin 154
Zingst 154
Zinnowitz 154, 268
Zippendorf 102
Zudar 135
Zürich 301
Zwickau 274

WAPPEN MECKLENBURGISCHER STÄDTE

Darstellung nach Hupp. Abgesehen von permanent erfolgenden Modernisierungen, haben einige Städte, besonders nach 1945, neue Wappen erhalten. Den Stand von 1985 enthält das „Lexikon Städte und Wappen der Deutschen Demokratischen Republik".

schwarz — gold — silber — rot — blau — grün

Boizenburg — Brüel — Bützow — Crivitz

Dargun — Bad Doberan — Dömitz — Friedland

Fürstenberg — Gadebusch — Gnoien — Goldberg

| Grabow | Grevesmühlen | Güstrow | Hagenow |

| Krakow | Kröpelin | Laage | Ludwigslust |

| Lübtheen | Lübz | Malchin | Malchow |

| Marlow | Neubrandenburg | Neubukow | Neukalen |

| Neustadt | Neustrelitz | Parchim | Penzlin |

| Plau | Rhena | Ribnitz | Röbel |

 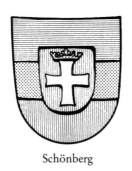  

| Rostock | Schönberg | Schwaan | Schwerin |

| Stargard | Stavenhagen | Sternberg | Strelitz |

 Bad Sülze
 Tessin
 Teterow
 Waren

 Warin
 Wesenberg
 Wismar
 Wittenburg

 Woldegk

WAPPEN VORPOMMERSCHER STÄDTE

Ahlbeck

Anklam

Barth

Bergen

Binz

Damgarten

Demmin

Franzburg

Gartz

Garz

Greifswald

Grimmen

| Gützkow | Jarmen | Lassan | Loitz |

| Pasewalk | Penkun | Putbus | Richtenberg |

| Stralsund | Treptow | Tribsees | Ueckermünde |

Usedom   Wolgast

Großsteingrab Klein Görnow, Kreis Steinberg

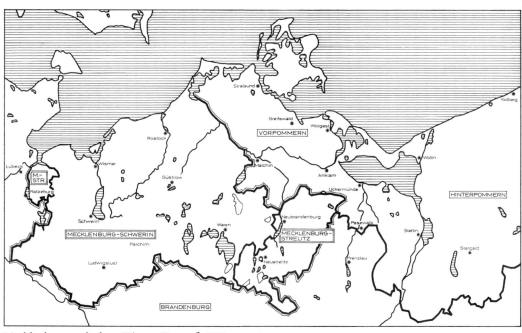

Mecklenburg nach dem Wiener Kongreß 1815

DAS FÜRSTENHAUS MECKLENBURGS

Pribislaw
(?/1160–1178)

Heinrich Burwin I.
(?/1179–1227)

Heinrich I. der Pilger
(um 1230/1264–1302)

Heinrich II. der Löwe
(1267/1287–1298/1329)

Magnus II.
1441/1477–1503)

Johann Albrecht I.
(1525/1547–1576)

Adolf Friedrich I.
(1588/1592–1658)

Christian Ludwig II.
(1683/1747–1756)

Großherzog Paul Friedrich
(1800/1837–1842)

Großherzog Friedrich Franz II.
(1823/1842–1883)

Großherzog Friedrich Franz III.
(1851/1883–1897)

Großherzog Friedrich Franz IV.
(1882/1897–1918/1945)

DAS FÜRSTENHAUS VORPOMMERNS

Herzog Barnim IX. (XI.)
(1501/?–1573)

Herzog Philipp I.
(1515/1532–1560)

Herzog Bogislaw XI. (XIV.)
(1580/1620–1637)

LANDSCHAFT

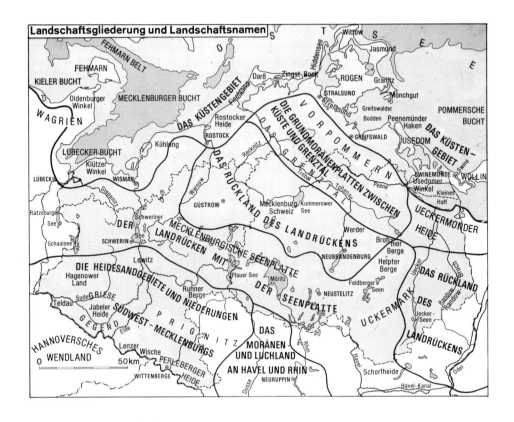

Stubbenkammer auf Rügen

HISTORISCHE STADTKERNE

MECKLENBURG

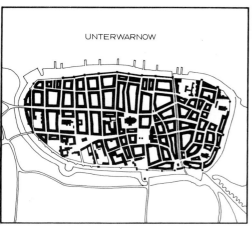

Rostock

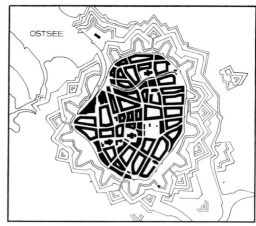

Wismar

VORPOMMERN

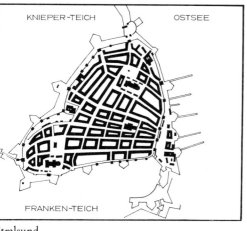

Stralsund

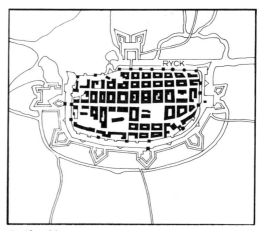

Greifswald

STÄDTE IN MECKLENBURG

Rostock

Wismar

Schwerin

STÄDTE IN VORPOMMERN

Stralsund

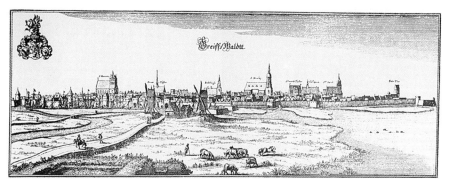

Greifswald

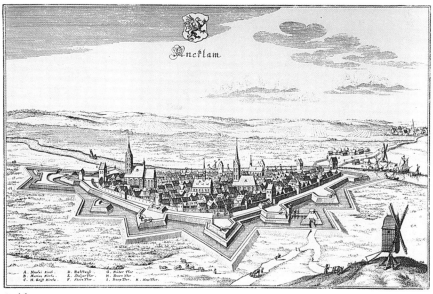

Anklam

ARCHITEKTUR IN MECKLENBURG

Zisterzienser-Klosterkirche Bad Doberan
(Anfang 14. Jh.)

St. Nikolai Wismar
(14./15. Jh.)

St. Marien Rostock
(Anfang 15. Jh.)

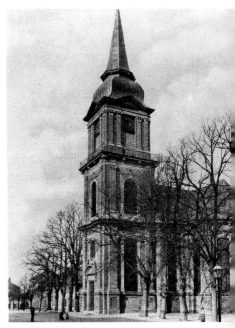

Schelfkirche Schwerin
(1708–1713)

Treptower Torturm Neubrandenburg
(um 1400)

Wassertor Wismar
(Ende 15. Jh.)

Friedländer Tor Neubrandenburg
(14./15. Jh.)

Neubrandenburger Tor Friedland
(15. Jh.)

Schloß Güstrow (1558–1594)

Schloß Ludwigslust (1772–1776)

ARCHITEKTUR IN VORPOMMERN

St. Nikolai Stralsund (13./14. Jh.)

St. Marien Stralsund (Ende 14. Jh.)

St. Nikolai Greifswald (13./14. Jh)

Theater Putbus (1819–1821)

WIRTSCHAFT

Überseehafen Rostock

Warnow-Hafen Rostock

Kreidegrube bei Saßnitz

Fischereihafen Warnemünde

Mathias-Thesen-Werft Wismar

VOLKSKUNDE'

Warnemünder Volkstracht

Rehnaer Volkstracht

Rostocker Bauerntracht

WISSENSCHAFT

Friedrich
Christian
Dahlmann
(1785–1860)

Friedrich
Lisch
(1801–1883)

Heinrich
Schliemann
(1822–1890)

Richard
Wossidlo
(1859–1939)

Otto Lilienthal
(1848–1896)

Otto Lilienthals Segelapparat 1895 im Gleitflug

MEDIZIN

Christian Andreas Cothenius (1708–1789). Kupferstich von J. Pauli

J. W. Josephi
(1763–1845)

Carl Friedrich
Strempel
(1800–1872)

Gustav von Veit
(1824–1903)

Franz König
(1832–1910)

Otto Wilhelm Madelung
(1846–1926)

BILDENDE KUNST IN MECKLENBURG

Georg Friedrich Kersting (1785–1847): Frau am Fenster

Ernst Barlach (1870–1938): Selbstbildnis

Ernst Barlach: Frau Sorge

BILDENDE KUNST IN VORPOMMERN

Caspar David Friedrich
1774–1840): Selbstbildnis

Caspar David Friedrich: Greifswalder Bodden

Philipp Otto Runge
1777–1810): Selbstbildnis

Philipp Otto Runge: Die Hülsenbeckschen Kinder

SPRACHE

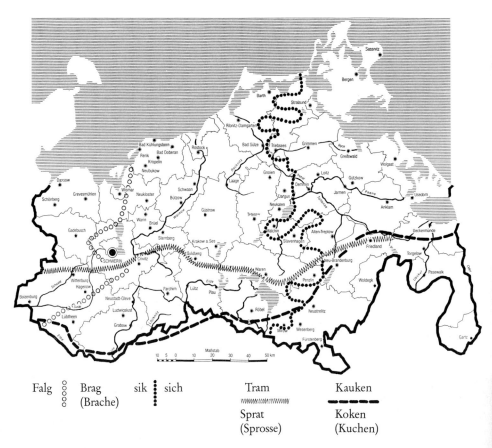

Falg ◦ Brag   sik ⋮ sich   Tram 〰〰   Kauken ━━
    ◦ (Brache)   Sprat   Koken
                              (Sprosse)   (Kuchen)

Die Dialekte in Mecklenburg/Vorpommern

Johann Christoph Adelung
(1732–1806)

Johann Heinrich Voss
(1751–1826)

LITERATUR/SCHAUSPIEL/MUSIK

Ludwig Theobul Gotthard
Kosegarten (1758–1818)

Ernst Moritz Arndt
(1769–1860)

John Brinckmann
(1814–1870)

Fritz Reuter
(1810–1874)

Alfred Döblin
(1878–1957)

Heinrich George
(1893–1946)

Friedrich Freiherr von
Flotow (1812–1883)

MILITÄR

Fürst Gebhard Leberecht von Blücher
(1742–1819)

Helmuth Graf von Moltke
(1800–1891)

Hans von Beseler
(1850–1921)

Die Reihe

HISTORISCHE LANDESKUNDE MITTELDEUTSCHLANDS

der Stiftung Mitteldeutscher Kulturrat
besteht aus den Bänden

SACHSEN
1985
ISBN 3 8035 1259 X

THÜRINGEN
1986
ISBN 3 8035 1293 X

SACHSEN ANHALT
1986
ISBN 3 8035 1294 X

BRANDENBURG
1988
ISBN 3 8035 1311 1

MECKLENBURG mit VORPOMMERN
1989
ISBN 3 8035 1314 6

VERLAG WEIDLICH WÜRZBURG